Third Edition

P9-DGG-001

501 GERMAN VERBS

fully conjugated in all the tenses
in a new easy-to-learn format,
alphabetically arranged

Henry Strutz

Formerly Associate Professor of Languages
S.U.N.Y., Agricultural & Technical College
Alfred, New York

BARRON'S EDUCATIONAL SERIES, INC.

All inquiries should be addressed to:
Barron's Educational Series, Inc.
250 Wireless Boulevard
Hauppauge, New York 11788
http://www.barronseduc.com

ISBN-13: 978-0-7641-0284-4
ISBN-10: 0-7641-0284-2

Library of Congress Catalog Card No. 97-78401

PRINTED IN CANADA

25 24 23 22 21 20 19 18

Contents

Foreword

The verb is a very important part of speech; it denotes action or state of being. The noted American historian and poet, Carl Sandburg, once declared that the Civil War was fought over a verb, namely whether it was correct to say "The United States *is*" or "The United States *are*."

For each of the 501 verbs listed in this book, the student will find the principal parts of each verb at the top of the page. The principal parts consist of:

1. the Infinitive
2. the third person singular of the Past Tense
3. the Past Participle (preceded by *ist* for *sein* verbs)
4. the third person singular of the Present Tense

EXAMPLE: ENGLISH: *to speak, spoke, spoken, speaks*
          GERMAN: *sprechen, sprach, gesprochen, spricht*

These are the basic forms of the verb and should be memorized, especially in the case of the irregular or strong verbs, i.e., verbs which change the stem vowel of the Infinitive to form the Past Tense and whose Past Participle ends in *en*. More than one-half the verbs in this book are strong or irregular verbs.

Weak or regular verbs do not change the stem vowel of the Infinitive to form the Past Tense but merely add the ending *te* (plus personal endings in the second person singular and the three persons of the plural). Past Participles of weak verbs end in *t*.

EXAMPLE: ENGLISH: *to play, played, played, plays*
          GERMAN: *spielen, spielte, gespielt, spielt*

Both English and German have strong and weak verbs.

With the exception of a small group of verbs called irregular weak verbs (in some texts called mixed verbs or "hybrids"—see index), verbs in German are either weak or strong. The strong or irregular verbs are not as difficult to learn as it might seem, if it is remembered that most of them can be classified into seven major groups. For example, the verbs *bleiben, leihen, meiden, preisen, reiben, scheiden, scheinen, schreien, schweigen, steigen, treiben, verzeihen, weisen,* etc., all follow the same pattern as *schreiben* in their principal parts:

schreiben, schrieb, geschrieben, schreibt

There are six other major groupings (the "Ablautsreihen") of the strong verbs with which you should familiarize yourself. You will then agree that the English author, H. H. Munro (Saki), exaggerated the difficulty of German verbs when, in his story "Tobermory," he told of a professor who had to flee England after a cat, which he had trained to talk, compromised the weekend guests at an English manor house by revealing their secrets which it (the cat) had overheard. A few weeks thereafter, the newspapers reported that the professor had been found dead in the Dresden Zoo in Germany. Upon hearing this news, one of the guests, who had been embarrassed by the activities of the professor and his remarkable cat, commented that it served the professor right if he was trying to teach the poor animals those horrible German irregular verbs.

Below the principal parts, you will find the Imperative or Command Form. Since there are three ways of saying *you* in German (*du, ihr* and *Sie*), there are thus three ways of giving commands to people. The first form of the Imperative is the *du* or familiar singular form which ends in *e* in most cases, although this *e* is frequently dropped in colloquial speech. The second form is the *ihr* or Familiar Plural Imperative. It is exactly the same as the *ihr* form (second person plural) of the Present Tense. The polite or *Sie* Imperative (called in some texts the Conventional or Formal Imperative) is simply the infinitive plus *Sie*, except for the imperative of *sein*, which is *seien Sie!*

The fully conjugated forms of the six tenses of the Indicative will be found on the left hand side of each page. These six tenses state a fact, or, in their interrogative (question) form, ask a question about a fact. You should refer to a grammar for more detailed information concerning the use of these tenses: the idiomatic use of the Present for the Future; the use of the Present Perfect in colloquial speech and in non-connected narratives where English uses the past; the Future and Future Perfect used idiomatically to express probability; the very important matter of *sein* and intransitive verbs, etc. See also "Special Verb Uses," page xxii.

The right-hand side of each page is devoted to the tenses of the Subjunctive mood, which is used to denote unreality, possibility, doubt in the mind of the speaker, etc. For information concerning the use of the Subjunctive (indirect discourse; the use of the Past Subjunctive or Present Subjunctive II for the Conditional; etc.), you should also consult a grammar and "The Subjunctive Mood," page xxx.

There are four "Times" in the Subjunctive: Present, Past, Future, and Future Perfect time. Each of these "Times" has a primary and a secondary form (indicated by I and II in many grammars). This more recent classification of the forms of the Subjunctive corresponds better to its actual use. However, since some grammars still use the traditional names for the tenses of the Subjunctive (which parallel the names for the tenses of the Indicative), they have been given in parentheses. The form *ginge*, for example, may be called the Imperfect or Past Subjunctive of *gehen* in some books. In most grammars published today, however, it will be called the Present Subjunctive Secondary (II) or General Subjunctive. The student will find *ginge* listed in this book under Subjunctive, Present Time, Secondary. The alternate designation Imperfect Subjunctive is also given in parentheses.

The Present Participle of the verb (i.e., *dancing* dolls, *flying* saucers, *singing* dogs) has been omitted, since in almost all cases it merely adds a *d* to the infinitive. The student should remember that the Present Participle is used only adjectivally (as in the above examples) or adverbially. Verbal nouns are expressed in German by the infinitive: *das Tanzen*—dancing; *das Fliegen*—flying; *das Singen*—singing.

German verbs can often be combined with prefixes. The matter of prefixes is of great importance. The index therefore devotes considerable attention to them, although, of necessity, it is by no means complete in its listings of verbs which can be combined with prefixes. There are three groups of prefixes: the separable, inseparable and doubtful prefixes.

This new edition of 501 GERMAN VERBS has many features that should be very useful to you in studying German. The new sections "Prefix Verbs" (p. 502) and "Word Order" (p. 505) will help you to understand and master difficult areas. In addition, you now have a 55-page practice section ("Verb Drills and Tests with Answers Explained," p. 506) that provides hands-on instruction in correct verb usage.

Because this book is a quick reference source for the completely conjugated forms of German verbs, it should assist you considerably in learning and using German verbs.

Henry Strutz

Pronunciation

Anyone unfamiliar with both English and German would find German pronunciation easier. Once the basic German sound system is learned, there are few problems, since, unlike English, German is spoken as it is written. There are few deviations from specific sound values.

Long and Short Vowels

An unstressed **e** usually in the last syllable of a word, is always pronounced, as in **komme, Rose, Lampe.** In verb forms like the first person singular of the present tense, the **e** is often dropped in colloquial speech. Both **ich komme** and **ich komm** are possible. The **e** in inseparable prefixes (**be, emp, ent, er, ge, miß, ver, zer**) and in the combinations **el, eln, en, er, ern, et** at the end of a word is unstressed and always short.

EXAMPLES: **begonnen, verrechnet, Bremen, Regel, Lehrer**

As a general rule, a vowel is long if it is:

1. doubled (**Seele, Beethoven, Boot**),
2. followed by an "h" (**Mahler, Brahms, Ohm**),
3. followed by a single consonant (**Schumann, Not, Ton**)

LONG VOWELS	APPROXIMATE ENGLISH EQUIVALENTS	EXAMPLES
a	alms, gods, ah, balm	**baden, Wahn**
e	eight, great, gate	**ehren, ewig**
i or **ie**	bee, beaver, eagle, glee	**Wien, lieben, wir**
o	so, boat, glow, road	**Rose, Ton, Mohn**
u	boom, bloom, womb, tomb	**ruhen, rufen**

DIPHTHONGS	APPROXIMATE ENGLISH EQUIVALENTS	EXAMPLES
au	chow house, town, bow	**Maus, braun**
ei, ai	kite, bright, white, light	**Wein, mein, Kaiser**
eu, äu	foil, joint, toil, toy	**freuen, streuen, Häuser**

LONG UMLAUTED VOWELS	APPROXIMATE ENGLISH EQUIVALENTS	EXAMPLES
ä	pale, sacred, grail	**Ähre, Mähren**
ö	early, bird, worm, her (with lips forward and rounded)	**öd, öl, hören**
ü	cream, treat, feel (with lips forward and rounded)	**fühlen, für, trüb**

SHORT VOWELS	APPROXIMATE ENGLISH EQUIVALENTS	EXAMPLES
a	pond, wand, lot	**alt, Apfel, A̲nf̲ang**
e	let, help, get	**vergessen, Brett, Netz**
i	bring, fish, win	**ich, will, Fisch**
o	love, sub, blood	**Loch, noch, trotz**
u	bush, good, full	**Busch, Butter, Kuß**

SHORT UMLAUTED VOWELS	APPROXIMATE ENGLISH EQUIVALENTS	EXAMPLES
ä	when, men, ten	**Händel, Äpfel, Bäcker**
ö	girl, hurl, twirl (with lips forward and rounded)	**Hölle, Köchin, Götter**
ü	wish, pin, thin (with lips forward and rounded)	**Küßchen, Schüssel, wünschen, Sünde, dünn**

Consonants

LETTERS	SOUND IN ENGLISH	EXAMPLES
b	*b* (as in English *boy*)	**bin, lieben, beben**
	p (between vowel and consonant or at end of word, as in *map*)	**liebt, Leib**
c	*ts* (before *e, i, ö*, and ä, as in *wits*)	**Cäsar**
	k (as in *cold*)	**Coburg**
ch	*kh* (strongly aspirated, breathy sound, as in *hula-hula* or *Hugh*)	**durch**
chs	*k* (as in *king, locks, box*)	**Lachs, wachsen**
d	*d* (as in *dollar*)	**Dank, Bruder**
	t (between vowel and consonant and at end of word, as in *cat*)	**band, Hund**
g	*g* (as in *gods*)	**tragen, Geist**
	k (at end of word, as in *back*)	**Tag, trug**
h	*h* (as in *hand*)	**Hand, Hans**
	not sounded between two vowels	**gehen, sehen**
-ig	sounded like **ich** in North German pronunciation	**ewig, König**
j	*y* (as in *year*)	**Jahr, ja**
qu	*kv* (as in kvass, a fermented beverage)	**Quell, Qualität**
r	*r* (rolled in the throat, as in French, or trilled with the tip of the tongue, as in Spanish or Irish)	**Reise**

s	z (preceding vowels or between them, as in *zap, is*)	**See, sehen, lesen**
	sh (at the beginning of a word before *p* or *t*, as in *shell*)	**spielen, stellen**
	s, ss (in all other cases, as in *sing*)	**Was ist das?**
ß, ss	s, ss (as in *sell*)	**Weiß, wissen**
sch	sh (as in *show*)	**Fisch, Fleisch, Schande**
sh	pronounced separately	**aushalten (aus + halten)**
ti, tz	ts (as in *wits*)	**Katze, Nation**
v	f (as in *father*)	**Vater, vier**
	v (words of non-Germanic origin, as in *violin*)	**Violine, violett**
w	v (as in *vest*)	**Wasser, wir**
z	ts (as in *grits*)	**Zeit, kurz, ganz**

Tenses and Moods in German, with English Equivalents

German	English
Infinitiv (Nennform)	Infinitive
Imperativ (Befehlsform)	Imperative or Command
Präsens (Gegenwart)	Present Indicative
Imperfekt (Vergangenheit)	Past or Imperfect Indicative
Perfekt (vollendete Gegenwart)	Present Perfect Indicative
Plusquamperfekt (vollendete Vergangenheit)	Pluperfect or Past Perfect Indicative
Futur, I (Zukunft)	Future Indicative
Futur, II (vollendete Zukunft)	Future Perfect Indicative
Konjunktiv (Möglichkeitsform) Präsens	Present Subjunctive, primary (Pres. Subj.)
Konjunktiv Imperfekt	Present Subjunctive, secondary (Past Subjunctive)
Konjunktiv Perfekt	Past Subjunctive, primary (Perfect Subjunctive)
Konjunktiv Plusquamperfekt	Past Subjunctive, secondary (Pluperf. Subj.)
Konjunktiv Futur, I	Future Subjunctive, primary (Future Subjunctive)
Konjunktiv Futur, II	Future Perfect Subj., primary (Fut. Perf. Subj.)
Konditional (Bedingungsform)	Future Subjunctive, secondary (Pres. Conditional)
Konditional Perfekt	Future Perfect Subjunctive, secondary (Past Conditional)

Sample English Verb Conjugation

speak

PRINC. PARTS: to speak, spoke, spoken, speaks
IMPERATIVE: speak

INDICATIVE		SUBJUNCTIVE	
		PRIMARY	SECONDARY
		Present Time	
	Present	*(Pres. Subj.)*	*(Imperf. Subj.)*
I	speak (am speaking, do speak)	speak (may speak)	spoke (might or would speak)
you	speak	speak	spoke
he (she, it)	speaks	speak	spoke
we	speak	speak	spoke
you	speak	speak	spoke
they	speak	speak	spoke
	Imperfect		
I	spoke (was speaking, did speak)		
you	spoke		
he (she, it)	spoke		
we	spoke		
you	spoke		
they	spoke		
		Past Time	
	Perfect	*(Perf. Subj.)*	*(Pluperf. Subj.)*
I	have spoken (spoke)	have spoken (may have spoken)	had spoken (might or would have spoken)
you	have spoken		
he (she, it)	has spoken	have spoken	had spoken
we	have spoken	have spoken	had spoken
you	have spoken	have spoken	had spoken
they	have spoken	have spoken	had spoken
	Pluperfect		
I	had spoken		
you	had spoken		
he (she, it)	had spoken		
we	had spoken		
you	had spoken		
they	had spoken		
		Future Time	
	Future	*(Fut. Subj.)*	*(Pres. Conditional)*
I	shall speak	shall speak (may speak)	should speak
you	will speak	will speak	would speak
he (she, it)	will speak	will speak	would speak
we	shall speak	shall speak	should speak
you	will speak	will speak	would speak
they	will speak	will speak	would speak
		Future Perfect Time	
	Future Perfect	*(Fut. Perf. Subj.)*	*(Past Conditional)*
I	shall have spoken	shall (would, may) have spoken	should have spoken
you	will have spoken	will have spoken	would have spoken
he (she, it)	will have spoken	will have spoken	would have spoken
we	shall have spoken	shall have spoken	should have spoken
you	will have spoken	will have spoken	would have spoken
they	will have spoken	will have spoken	would have spoken

Sample German Verb Conjugation

PRINC. PARTS: sprechen, sprach, gesprochen, spricht
IMPERATIVE: sprich!, sprecht!, sprechen Sie!

sprechen
to speak, talk

	INDICATIVE		SUBJUNCTIVE			
			PRIMARY		SECONDARY	
			Present Time			
	Present		*(Pres. Subj.)*		*(Imperf. Subj.)*	
ich	sprech	E	sprech	E	spräch	E
du	sprich	ST	sprech	EST	spräch	EST
er	sprich	T	sprech	E	spräch	E
wir	sprech	EN	sprech	EN	spräch	EN
ihr	sprech	T	sprech	ET	spräch	ET
sie	sprech	EN	sprech	EN	spräch	EN

	Imperfect	
ich	sprach	
du	sprach	ST
er	sprach	
wir	sprach	EN
ihr	sprach	T
sie	sprach	EN

		Past Time	
	Perfect	*(Perf. Subj.)*	*(Pluperf. Subj.)*
ich	habe gesprochen	habe gesprochen	hätte gesprochen
du	hast gesprochen	habest gesprochen	hättest gesprochen
er	hat gesprochen	habe gesprochen	hätte gesprochen
wir	haben gesprochen	haben gesprochen	hätten gesprochen
ihr	habt gesprochen	habet gesprochen	hättet gesprochen
sie	haben gesprochen	haben gesprochen	hätten gesprochen

	Pluperfect
ich	hatte gesprochen
du	hattest gesprochen
er	hatte gesprochen
wir	hatten gesprochen
ihr	hattet gesprochen
sie	hatten gesprochen

		Future Time	
	Future	*(Fut. Subj.)*	*(Pres. Conditional)*
ich	werde sprechen	werde sprechen	würde sprechen
du	wirst sprechen	werdest sprechen	würdest sprechen
er	wird sprechen	werde sprechen	würde sprechen
wir	werden sprechen	werden sprechen	würden sprechen
ihr	werdet sprechen	werdet sprechen	würdet sprechen
sie	werden sprechen	werden sprechen	würden sprechen

		Future Perfect Time	
	Future Perfect	*(Fut. Perf. Subj.)*	*(Past Conditional)*
ich	werde gesprochen haben	werde gesprochen haben	würde gesprochen haben
du	wirst gesprochen haben	werdest gesprochen haben	würdest gesprochen haben
er	wird gesprochen haben	werde gesprochen haben	würde gesprochen haben
wir	werden gesprochen haben	werden gesprochen haben	würden gesprochen haben
ihr	werdet gesprochen haben	werdet gesprochen haben	würdet gesprochen haben
sie	werden gesprochen haben	werden gesprochen haben	würden gesprochen haben

Sample English Verb Conjugation — Passive Voice

to be loved PRINC. PARTS: to be loved, was loved, has been loved, is loved
IMPERATIVE: be loved

	INDICATIVE	SUBJUNCTIVE PRIMARY	SECONDARY
		Present Time	
	Present	*(Pres. Subj.)*	*(Imperf. Subj.)*
I	am loved	may be loved	were loved (might or would be loved)
you	are loved	may be loved	were loved
he (she, it)	is loved	may be loved	were loved
we	are loved	may be loved	were loved
you	are loved	may be loved	were loved
they	are loved	may be loved	were loved
	Imperfect		
I	was loved		
you	were loved		
he (she, it)	was loved		
we	were loved		
you	were loved		
they	were loved		
		Past Time	
	Perfect	*(Perf. Subj.)*	*(Pluperf. Subj.)*
I	have been loved (was loved)	may have been loved	had been loved (might or would have been loved)
you	have been loved	may have been loved	had been loved
he (she, it)	has been loved	may have been loved	had been loved
we	have been loved	may have been loved	had been loved
you	have been loved	may have been loved	had been loved
they	have been loved	may have been loved	had been loved
	Pluperfect		
I	had been loved		
you	had been loved		
he (she, it)	had been loved		
we	had been loved		
you	had been loved		
they	had been loved		
		Future Time	
	Future	*(Fut. Subj.)*	*(Pres. Conditional)*
I	shall be loved	shall be loved (may be loved)	should be loved
you	will be loved	will be loved	would be loved
he (she, it)	will be loved	will be loved	would be loved
we	shall be loved	shall be loved	should be loved
you	will be loved	will be loved	would be loved
they	will be loved	will be loved	would be loved
		Future Perfect Time	
	Future Perfect	*(Fut. Perf. Subj.)*	*(Past Conditional)*
I	shall have been loved	shall (may, would) have been loved	should have been loved
you	will have been loved	will have been loved	would have been loved
he (she, it)	will have been loved	will have been loved	would have been loved
we	shall have been loved	shall have been loved	should have been loved
you	will have been loved	will have been loved	would have been loved
they	will have been loved	will have been loved	would have been loved

Sample German Verb Conjugation — Passive Voice

PRINC. PARTS: geliebt werden, wurde geliebt, ist geliebt
worden, wird geliebt

IMPERATIVE: werde geliebt!, werdet geliebt!,
werden Sie geliebt!

geliebt werden

to be loved

INDICATIVE	SUBJUNCTIVE	
	PRIMARY	SECONDARY

Present Time

	Present	*(Pres. Subj.)*	*(Imperf. Subj.)*
ich	werde geliebt	werde geliebt	würde geliebt
du	wirst geliebt	werdest geliebt	würdest geliebt
er	wird geliebt	werde geliebt	würde geliebt
wir	werden geliebt	werden geliebt	würden geliebt
ihr	werdet geliebt	werdet geliebt	würdet geliebt
sie	werden geliebt	werden geliebt	würden geliebt

	Imperfect
ich	wurde geliebt
du	wurdest geliebt
er	wurde geliebt
wir	wurden geliebt
ihr	wurdet geliebt
sie	wurden geliebt

Past Time

	Perfect	*(Perf. Subj.)*	*(Pluperf. Subj.)*
ich	bin geliebt worden	sei geliebt worden	wäre geliebt worden
du	bist geliebt worden	seiest geliebt worden	wärest geliebt worden
er	ist geliebt worden	sei geliebt worden	wäre geliebt worden
wir	sind geliebt worden	seien geliebt worden	wären geliebt worden
ihr	seid geliebt worden	seiet geliebt worden	wäret geliebt worden
sie	sind geliebt worden	seien geliebt worden	wären geliebt worden

	Pluperfect
ich	war geliebt worden
du	warst geliebt worden
er	war geliebt worden
wir	waren geliebt worden
ihr	wart geliebt worden
sie	waren geliebt worden

Future Time

	Future	*(Fut. Subj.)*	*(Pres. Conditional)*
ich	werde geliebt werden	werde geliebt werden	würde geliebt werden
du	wirst geliebt werden	werdest geliebt werden	würdest geliebt werden
er	wird geliebt werden	werde geliebt werden	würde geliebt werden
wir	werden geliebt werden	werden geliebt werden	würden geliebt werden
ihr	werdet geliebt werden	werdet geliebt werden	würdet geliebt werden
sie	werden geliebt werden	werden geliebt werden	würden geliebt werden

Future Perfect Time

	Future Perfect	*(Fut. Perf. Subj.)*	*(Past Conditional)*
ich	werde geliebt worden sein	werde geliebt worden sein	würde geliebt worden sein
du	wirst geliebt worden sein	werdest geliebt worden sein	würdest geliebt worden sein
er	wird geliebt worden sein	werde geliebt worden sein	würde geliebt worden sein
wir	werden geliebt worden sein	werden geliebt worden sein	würden geliebt worden sein
ihr	werdet geliebt worden sein	werdet geliebt worden sein	würdet geliebt worden sein
sie	werden geliebt worden sein	werden geliebt worden sein	würden geliebt worden sein

Weak and Strong Verbs

Most verbs, in English and in German, are weak, i.e., they do not change their stem vowel but merely add a suffix to form the past tense. In English this suffix is "ed." In German it is "te."

	Infinitive	Imperfect	Past Participle
EXAMPLE:			
English:	to hope	hoped	hoped
German:	hoffen	hoffte	gehofft

Such verbs are called "weak" or regular because the verb itself does not do the "work" of showing the change to past time, but instead relies upon a suffix to do it.

In the case of strong verbs, however, in English and German, the verb itself accomplishes the change to past time by changing its stem vowel.

	Infinitive	Imperfect	Past Participle
EXAMPLE:			
English:	to write	wrote	written
German:	schreiben	schrieb	geschrieben

The *Ablautsreihen* will not be discussed as such, since the subject is fraught with much philology with which the student need not be burdened. It will, nevertheless, aid in the learning of strong verbs to know that most of them can be classified according to their pattern of change.

Principal Parts of Some Strong Verbs
Arranged According to Pattern of Change

I INFINITIVE	PAST (IMPERFECT)	PAST PARTICIPLE	3RD SINGULAR PRESENT
ei	**i**	**i**	**ei**
A beißen—*to cut*	biß	gebissen	beißt
gleichen—*to equal*	glich	geglichen	gleicht
gleiten*—*to glide*	glitt	ist geglitten	gleitet
greifen—*to seize*	griff	gegriffen	greift
kneifen—*to pinch*	kniff	gekniffen	kneift
leiden—*to suffer*	litt	gelitten	leidet
pfeifen—*to whistle*	pfiff	gepfiffen	pfeift
reißen—*to tear*	riß	gerissen	reißt
schleichen—*to sneak*	schlich	ist geschlichen	schleicht
schleifen—*to polish*	schliff	geschliffen	schleift
schmeißen—*to fling*	schmiß	geschmissen	schmeißt
schneiden—*to cut*	schnitt	geschnitten	schneidet
schreiten—*to stride*	schritt	ist geschritten	schreitet
streichen—*to stroke*	strich	gestrichen	streicht
streiten—*to quarrel*	stritt	gestritten	streitet
weichen—to yield	wich	ist gewichen	weicht

*THE WEAK FORMS: gleiten, gleitete. ist gegleitet, gleitet, are less frequently found

I INFINITIVE	PAST (IMPERFECT)	PAST PARTICIPLE	3RD SINGULAR PRESENT
ei	**ie**	**ie**	**ei**
B bleiben—*to remain*	blieb	ist geblieben	bleibt
gedeihen—*to thrive*	gedieh	ist gediehen	gedeiht
leihen—*to lend*	lieh	geliehen	leiht
meiden—*to avoid*	mied	gemieden	meidet
preisen—*to praise*	pries	gepriesen	preist
reiben—*to rub*	rieb	gerieben	reibt
scheiden—*to separate*	schied	geschieden	scheidet
scheinen—*to shine, seem*	schien	geschienen	scheint
schreiben—*to write*	schrieb	geschrieben	schreibt
schreien—*to scream*	schrie	geschrieen	schreit
schweigen—*to be silent*	schwieg	geschwiegen	schweigt
speien—*to spew*	spie	gespieen	speit
steigen—*to climb*	stieg	ist gestiegen	steigt
treiben—*to drive*	trieb	getrieben	treibt
weisen—*to point out*	wies	gewiesen	weist

II INFINITIVE	PAST (IMPERFECT)	PAST PARTICIPLE	3RD SINGULAR PRESENT
ie	**o***	**o***	**ie**
biegen—*to bend*	bog	gebogen	biegt
bieten—*to offer*	bot	geboten	bietet
fliegen—*to fly*	flog	ist geflogen	fliegt
fliehen—*to flee*	floh	ist geflohen	flieht
fließen—*to flow*	floß	ist geflossen	fließt
frieren—*to freeze*	fror	gefroren	friert
genießen—*to enjoy*	genoß	genossen	genießt
gießen—*to pour*	goß	gegossen	gießt
kriechen—*to creep*	kroch	ist gekrochen	kriecht
riechen—*to smell*	roch	gerochen	riecht
schieben—*to push*	schob	geschoben	schiebt
schießen—*to shoot*	schoß	geschossen	schießt
schließen—*to close*	schloß	geschlossen	schließt
wiegen—*to weigh*	wog	gewogen	wiegt
ziehen—*to pull*	zog **	gezogen **	zieht

*(Note change to *g* from *h* of infinitive in Past Tense and Past Participle)

* When one consonant follows *o* in the Past Tense and in the Past Participle, the *o* is a long *o*. When two consonants follow (ß is a double consonant), the *o* is short.

Other verbs which follow this pattern but do not have "ie" in the infinitive are:

saufen—*to drink*	soff	gesoffen	säuft
saugen—*to suck*	sog	gesogen	saugt
heben—*to lift*	hob	gehoben	hebt

Exception

liegen—*to lie*	lag	gelegen	liegt

	INFINITIVE	PAST (IMPERFECT)	PAST PARTICIPLE	3RD SINGULAR PRESENT
III				
	i	**a**	**u**	**i**
A	binden—*to bind*	band	gebunden	bindet
	dringen—*to urge*	drang	ist gedrungen	dringt
	finden—*to find*	fand	gefunden	findet
	gelingen—*to succeed*	gelang	ist gelungen	gelingt
	klingen—*to ring*	klang	geklungen	klingt
	ringen—*to struggle*	rang	gerungen	ringt
	schwingen—*to swing*	schwang	geschwungen	schwingt
	singen—*to sing*	sang	gesungen	singt
	springen—*to jump*	sprang	ist gesprungen	springt
	stinken—*to stink*	stank	gestunken	stinkt
	trinken—*to drink*	trank	getrunken	trinkt
	zwingen—*to force*	zwang	gezwungen	zwingt
	i	**a**	**o**	**i**
B	beginnen—*to begin*	begann	begonnen	beginnt
	gewinnen—*to win*	gewann	gewonnen	gewinnt
	rinnen—*to run*	rann	ist geronnen	rinnt
	schwimmen—*to swim*	schwamm	ist geschwommen	schwimmt
	sinnen—*to meditate*	sann	gesonnen	sinnt
	spinnen—*to spin*	spann	gesponnen	spinnt

IV INFINITIVE	PAST (IMPERFECT)	PAST PARTICIPLE	3RD SINGULAR PRESENT
e	**a**	**e**	**i, ie, e**
A essen—*to eat*	aß	gegessen	ißt
geben—*to give*	gab	gegeben	gibt
genesen—*to recover*	genas	ist genesen	genest
geschehen—*to happen*	geschah	ist geschehen	geschieht
lesen—*to read*	las	gelesen	liest
messen—*to measure*	maß	gemessen	mißt
sehen—*to see*	sah	gesehen	sieht
treten—*to step*	trat	ist getreten	tritt
vergessen—*to forget*	vergaß	vergessen	vergißt
e	**a**	**o**	**i, ie**
B befehlen—*to order*	befahl	befohlen	befiehlt
bergen—*to save*	barg	geborgen	birgt
brechen—*to break*	brach	gebrochen	bricht
empfehlen—*to recommend*	empfahl	empfohlen	empfiehlt
helfen—*to help*	half	geholfen	hilft
nehmen—*to take*	nahm	genommen	nimmt
sprechen—*to speak*	sprach	gesprochen	spricht
stehlen—*to steal*	stahl	gestohlen	stiehlt
sterben—*to die*	starb	ist gestorben	stirbt
treffen—*to meet, hit*	traf	getroffen	trifft
verderben—*to spoil*	verdarb	verdorben	verdirbt
werben—*to solicit*	warb	geworben	wirbt
werfen—*to throw*	warf	geworfen	wirft

V INFINITIVE	PAST (IMPERFECT)	PAST PARTICIPLE	3RD SINGULAR PRESENT
a	**u**	**a**	**ä, a**
backen—*to bake*	buk	gebacken	bäckt
fahren—*to travel*	fuhr	ist gefahren	fährt
graben—*to dig*	grub	gegraben	gräbt
schaffen—*to create*	schuf	geschaffen	schafft
schlagen—*to beat*	schlug	geschlagen	schlägt
tragen—*to carry*	trug	getragen	trägt
wachsen—*to grow*	wuchs	ist gewachsen	wächst
waschen—*to wash*	wusch	gewaschen	wäscht

VI INFINITIVE	PAST (IMPERFECT)	PAST PARITCIPLE	3RD SINGULAR PRESENT
a	**ie**	**a**	**ä**
blasen—*to blow*	blies	geblasen	bläst
braten—*to roast*	briet	gebraten	brät
fallen—*to fall*	fiel	ist gefallen	fällt
halten—*to hold*	hielt	gehalten	hält
lassen—*to let*	ließ	gelassen	läßt
raten—*to advise*	riet	geraten	rät
schlafen—*to sleep*	schlief	geschlafen	schläft

The following verbs, because they have the same change in the Past, and show the same vowel in the Infinitive and Past Participle, are also listed in Group VI:

heißen—*to be called*	hieß	geheißen	heißt
laufen—*to run*	lief	ist gelaufen	läuft
rufen—*to call*	rief	gerufen	ruft
stoßen—*to push*	stieß	gestoßen	stößt

Irregular Verbs Which Do Not Fit into the Other Patterns

VII INFINITIVE	PAST (IMPERFECT)	PAST PARTICIPLE	3RD SINGULAR PRESENT
gehen—*to go*	ging	ist gegangen	geht
haben—*to have*	hatte	gehabt	hat
kommen—*to come*	kam	ist gekommen	kommt
sein—*to be*	war	ist gewesen	ist
tun—*to do*	tat	getan	tut
werden—*to become*	wurde	ist geworden	wird

Principal Parts of Modal Auxiliaries

dürfen—*to be permitted*	durfte	gedurft, dürfen*	darf
können—*to be able*	konnte	gekonnt, können*	kann
mögen—*to like*	mochte	gemocht, mögen*	mag
müssen—*to have to*	mußte	gemußt, müssen*	muß
sollen—*to be supposed to*	sollte	gesollt, sollen*	soll
wollen—*to want*	wollte	gewollt, wollen*	will

* When immediately preceded by an infinitive.

These verbs are called "mixed" because they have the characteristics of both weak and strong verbs. Like weak verbs, they add "te" endings to the Past Tense, and their Past Participles end in "t." They also, in the manner of strong verbs, change the stem vowel of the Infinitive in the Past Tense and in the Past Participle.

INFINITIVE	PAST (IMPERFECT)	PAST PARTICIPLE	3RD SINGULAR PRESENT
brennen—*to burn*	brannte	gebrannt	brennt
bringen—*to bring*	brachte	gebracht	bringt
denken—*to think*	dachte	gedacht	denkt
kennen—*to know*	kannte	gekannt	kennt
nennen—*to name*	nannte	genannt	nennt
rennen—*to run*	rannte	gerannt	rennt
senden—*to send*	sandte	gesandt	sendet
wenden—*to turn*	wandte	gewandt	wendet
wissen—*to know* (*a fact*)	wußte	gewußt	weiß

Special Verb Uses

Verbal Nouns

Verbal nouns are identical with the Infinitive. Like all German nouns, they are capitalized. All are neuter. Usually they are translated by "ing" forms in English, although sometimes it is better to use the Infinitive.

> **Papageno konnte das Plaudern nicht lassen.**
> Papageno couldn't stop chattering.
> **Siegfried hatte das Fürchten nicht gelernt.**
> Siegfried had not learned to fear.

In compound German nouns the verbal noun is second, whereas it appears first in English.

> **Im Weiterschreiten find' er Qual und Glück.** (*Faust, II*)
> In striding onward let him find torment and bliss.
> **„Beim Memoirenschreiben bleiben Sie bei der Wahrheit," riet er dem Präsidenten.**
> "When writing (your) memoirs, stick to the truth," he advised the President.
> **Sie sang „Beim Schlafengehen" von Richard Strauß.**
> She sang "Upon Going To Sleep" by Richard Strauss.

Present Participles

The present participles of **sein** and **tun** are **seiend** and **tuend.** All other verbs merely add a "d" to the Infinitive. Present Participles translate into "ing" forms in English. But they are not verbal nouns. They are used only as adjectives, with ending patterns like other adjectives, or as adverbs. Adverbs never take an ending.

> **Sie erzählte die rührende Geschichte vom Fliegenden Holländer.**
> She told the touching story of the Flying Dutchman.
> **Verzweifelnd, aber dennoch suchend, kam er ans Land.**
> Despairing, yet seeking, he came ashore.
> **Wählen Sie ein Thema, das Sie brennend interessiert!**
> Choose a subject that interests you passionately.
> **Das Innere des Tempels bot uns einen atemberaubenden Anblick.**
> The interior of the temple presented us with a breathtaking sight.

English Forms of "to be" and "to do"

Do not translate progressive ("to be") and emphatic ("to do") forms of English Present and Past Tenses and of the Negative Imperative (command form).

> **Ich schreibe einen Brief an Vatti. Haben Sie eine Briefmarke?**
> I'm writing a letter to daddy. Do you have a stamp?

Wo arbeitet sie? Arbeitete sie nicht für ihren Vater? Arbeitet sie noch für ihn?
Where is she working? Wasn't she working for her father? Does she still work for
    him?
Regnet es viel hier in Salzburg?
Does it rain much here in Salzburg?
Ja, aber heute regnet es nicht, und gestern regnete es auch nicht.
Yes, but it isn't raining today and it didn't rain yesterday.

Archaic and jocular constructions in English, especially in proverbs, resemble
German usage.

Wer den Pfennig nicht ehrt, ist des Thalers nicht wert.
Who honors not the penny deserves not the dollar. (Whoever doesn't respect the penny
doesn't deserve the dollar.)

Past Participles

In both English and German, Past or ''Perfect'' Participles are used to form
Compound Tenses. In German the Past Participle is placed at the end of the
clause, except in subordinate clauses, when the finite (conjugated auxiliary) verb
comes last.

Wir haben es schon gesehen.
We have already seen it.
Sie hat ihm einen Brief geschrieben.
She has written him a letter.

The word order of the two examples above in subordinate clauses is as
follows:

Ich weiß nicht, ob wir es schon gesehen haben.
I don't know if we've already seen it.
Ich glaube, daß sie ihm einen Brief geschrieben hat.
I believe that she has written him a letter.

As in English, Past Participles can also be used as adjectives. In German, of
course, the rules for adjective endings apply:

in ungemessenen Räumen
in unmeasured areas of space
verlorenes (gesuchtes, gefundenes) Glück
lost (sought, found) happiness
nie geahnte Möglichkeiten
never suspected possibilities

Adjectives placed after the noun they modify (postpositive) have no ending, as
in: **Der Stuhl ist gebrochen.** (The chair is broken.)

With the exception of most "**-ieren**" verbs and all verbs beginning with an inseparable prefix (**be-, emp-, ent-, er-, ge-, miß-, ver-, zer-**), the past participle begins with **ge**, as in all of the above examples except "**verloren**."

Past Participles of Strong Verbs end in **en**, as in:

gebissen	bitten	**gesungen**	sung
gegeben	given	**getrunken**	drunk

Weak, or Regular Verbs, have a participle ending in "**t**," as do the Irregular Mixed Verbs.

gelebt	lived	**gebracht**	brought
geliebt	loved	**gedacht**	thought

To help you with Strong (irregular) Verbs, you should study the table of "Principal Parts of Some Strong Verbs—Arranged According to Pattern of Change" on page xvi.

Sein Verbs

Most verbs use **haben** as the helping verb in the perfect tenses. But verbs that do not generally take a direct object, known as Intransitive Verbs, are conjugated with **sein**.

aufstehen—*to get up*	**laufen**—*to run*
begegnen—*to meet*	**reisen**—*to travel*
bleiben—*to remain*	**schreiten**—*to step*
fahren—*to travel*	**schwimmen**—*to swim*
fallen—*to fall*	**sein**—*to be*
fliegen—*to fly*	**springen**—*to jump*
fliehen—*to flee*	**steigen**—*to climb*
folgen—*to follow*	**sterben**—*to die*
gehen—*to go*	**wandern**—*to wander, hike*
geschehen—*to happen*	**weichen**—*to yield*
kommen—*to come*	**werden**—*to become*

The verbs listed above are among those usually conjugated with **sein**. Nevertheless, some of them can be used transitively (with a direct object), and then the auxiliary is **haben**. Contrast the following:

Ich bin mit der Bahn, nicht mit dem Wagen gefahren. (intransitive)
I traveled by train, not by car.
Ich habe den neuen Wagen noch nicht gefahren. (transitive)
I haven't yet driven the new car.
Meine Freunde haben mich nach Hause gefahren. (transitive)
My friends drove me home.

Remember that the inseparable prefix **be** often serves to make intransitive verbs transitive. Thus **kommen** is intransitive, but **bekommen** (to receive, get) is transitive.

Wir sind nicht gekommen.   **Wir hatten die Antwort schon bekommen.**
We didn't come.   We had already received the answer.

Reisen is conjugated with **sein,** but **bereisen** uses **haben** as the auxiliary.

Er ist durch viele Länder gereist.
He traveled through many countries.
Er hat viele Länder bereist.
He traveled (in) many countries.

Sometimes, however, as with **fahren** and **schwimmen,** the verb itself can be used transitively. The form **beschwimmen** does not exist.

Die Rheinmädchen haben den ganzen Rhein von der Schweiz bis zur Nordsee geschwommen.
The Rhine Maidens swam the entire Rhine from Switzerland to the North Sea.

The Rhine is the direct object, and therefore **haben** is the auxiliary. More usually, when a preposition completes the meaning, **schwimmen** is conjugated with **sein.**

Wir sind im Schwimmbad (im Rhein, im See) geschwommen.
We swam in the swimming pool (the Rhine, the lake).

Some Pointers on the Use of Tenses

The word "tense" derives from *tempus* (time). The names of the tenses are labels that enable you to identify when an action takes place.

Present Tense

With the exception of the Emphatic ("to do") and Progressive ("to be") forms discussed in "Special Verb Uses," the Present is generally used as in English:

Wer zuletzt lacht, lacht am besten.
Who laughs last laughs best.

Most first person singular (**ich**) forms end in "**e.**" The "**e**" is generally omitted in colloquial speech. Nevertheless, it can be used for emphasis.

Ich schwöre (versichere, behaupte, sage, schreibe), ich habe es nicht getan.
I swear (assure, declare, say, write) I didn't do it.

Both English and German can use the Present Tense for the Future. This is done more frequently in German.

„**Morgen les ich wieder Angelus Silesius. Dann koch ich euch ein schönes schlesisches Himmelreich.**"
„**So etwas eß ich nicht.**"
„**Du bekommst es sowieso.**"
"Tomorrow I'll read Angelus Silesius again. Then I'll cook you a heavenly Silesian dish."
"I won't eat anything like that."
"You'll be getting it anyway."

Continuing Action

German, like French, Spanish, or Italian, uses the Present Tense for action begun in the past and continuing into the present. **Seit** (since) or **schon** (already) usually accompany the verb.

Seit Jahren träumen und sprechen wir davon.
For years we've been dreaming and talking about that.
Er ist schon zwei Jahre bei der Bundeswehr.
He has already been in the army for two years.
Lili wartet schon zehn Minuten unter der Laterne.
Lili has already been waiting for ten minutes under the street light.

Imperfect

The Imperfect, sometimes referred to as a "Narrative Past Tense," is used in written and spoken German to express a series of connected past events.

Newspaper accounts and reports (oral or written) normally employ the Imperfect. Sometimes a speaker may begin with the Present Perfect (the usual past tense in conversation) and then switch to the Imperfect for telling a story. Sie hat uns ein modernes Märchen vorgelesen. Sie erzählte:

„Es war einmal ein König. Er hatte eine schöne Tochter. Sie erkrankte an einem unbekannten Leiden. Alle Weisen und Priester konnten ihr nicht helfen. Ein kühner Student kam, und versuchte, sie zu heilen. Er kannte viele Heilkräuter und wollte neue entdecken. Mit zahlreichen Priestern und Weisen zog er in den Wald. Der König unterstützte ihr Unternehmen, und verbot allen anderen die weitere Plünderung und Ausnutzung des Waldes. Er beschloß auch, die Luft- und Bodenverseuchung zu bekämpfen. Der Student und seine neuen Wissenschaftler suchten und fanden neue Pflanzen. Die Forscher kamen in die Stadt zurück, und machten viele Versuche. Endlich gelang es ihnen, wirksame Heilmittel herzustellen. Die Prinzessin wurde geheilt und heiratete den Studenten. Sie lebten glücklich immerdar.“

She read a modern fairy tale to us. She related:

"Once upon a time there was a king. He had a beautiful daughter. She took sick with an unknown illness. All the wise men and priests couldn't help her. A bold student came and tried to heal her. He was familiar with many medicinal herbs and wanted to discover new ones. He went to the woods with numerous priests and wise men. The king supported their undertaking and forbade all others any further plundering and exploitation of the forest. He also resolved to combat air and soil pollution. The student and his new scientists looked for and found new plants. The researchers returned to the city and performed many experiments. Finally, they succeeded in producing effective therapies. The princess was cured and married the student. They lived happily ever after."

In the preceding story some of the imperfect forms are weak (i.e., they end in te) and some are strong because the vowel of the Infinitive changes. See "Principal Parts of Some Strong Verbs" (page xvi) and "Principal Parts of Irregular Mixed Verbs" (page xxi).

Here is a recapitulation of some of the weak and strong forms with their infinitives.

STRONG

Es war einmal ein König. Er verbot, beschloß . . . . (sein, verbieten, beschließen)
Once upon a time there was a king. He forbade, resolved . . . . (to be, to forbid, to resolve)
Ein Student kam, zog in den Wald. (kommen, ziehen)
A student came, went to the woods. (to come, to go)
Sie fanden. (finden)
They found. (to find)

WEAK

Sie suchten, machten, heilten. (suchen, machen, heilen)
They looked for (sought), made, healed. (to look for, to make, to heal)
Sie lebten glücklich. (leben)
They lived happily. (to live)

Present Perfect

A tense formed with a Past Participle and a helping verb (auxiliary) is called a "Perfect" Tense in both English and German. In German the auxiliary can be either **haben** (to have) or **sein** (to be).

The German Present Perfect sometimes can be translated as an English Present Perfect. But often an English Imperfect (Past) Tense must be used.

Sie hat es schon gekauft.　　　　　　**Sie hat es letzte Woche gekauft.**
She has already bought it.　　　　　　She bought it last week.
Gestern haben wir Champagner getrunken.
Yesterday we drank champagne.
Goethe hat länger als Schiller gelebt.
Goethe lived longer than Schiller.

Speakers in Bavaria, Austria, and other southern areas have a preference for the Present Perfect and tend to avoid the Imperfect. Nevertheless, the Imperfect of **sein (war), haben (hatte),** and of the modal auxiliaries (**durfte, konnte, mochte, mußte, sollte, wollte**) is quite common in colloquial speech.

Sie war froh, denn sie hatte alles, was sie wollte.
She was content, for she had everything she wanted.

For most verbs, however, the Present Perfect is commonly used for past actions, especially if they are not sequential.

Wir haben den neuen Wagen genommen. Immer sind wir langsam gefahren. Unterwegs haben wir viel Interessantes gesehen und erlebt.
We took the new car. We always drove slowly. Along the way we saw and experienced many interesting things.

If the speaker then went on to relate one of those interesting experiences, she or he might switch to the Imperfect, especially in northern areas.

Past Perfect

The Pluperfect, or Past Perfect Tense is used, as in English, for an action in the past completed before another action or time in the past.

Er suchte seine Uhr, aber er hatte sie verloren. Man hatte sie ihm gestohlen.
He looked for his watch but he had lost it. It had been stolen from him.

Future and Future Perfect

Both English and German use an auxiliary with the Infinitive to form the Future Tense. In English the auxiliaries are "shall," "will," or forms of "to go." German uses the Present Tense of **werden** plus the Infinitive.

Wir werden es bald tun.
We shall (will) do it soon.

Note that forms of **gehen** are never used to express the future in German. "We're going to do it soon," would either be expressed in the Future Tense, as above, or colloquially, by the use of the Present Tense with a future implication:

Wir tun's bald.
We'll do it soon.

The Future Perfect also uses the Present Tense of **werden** but with a Perfect Infinitive, i.e., the Past Participle of the main verb and the auxiliaries **haben** or **sein.**

Bis dann, werden wir es getan haben.
By then, we will have done it.

Both the Future and Future Perfect are used to express probability; the adverb **wohl** usually accompanies. In the German folk song "Verständige Liebe" ("Sensible Love"), a young man hears a stirring outside and sings:

Wird wohl mein Feinsliebchen sein.
That's probably my little sweetheart.

But when she passes by and pays him no mind, he declares:

Wird's wohl nicht gewesen sein.
It probably wasn't she.

The Conditional

English forms of "would" to express the Conditional are expressed in German by the Imperfect Subjunctive (Subjunctive II) forms of **werden**. These are: **würde, würdest, würde; würden, würdet, würden.** Both languages use the auxiliary "would" **(würde)** with the Infinitive.

Würden Sie bitte so lieb sein?
Would you please be so kind?
Was würde sie an meiner Stelle tun?
What would she do in my place?

The Conditional is often combined with the Subjunctive.

Sie würde uns helfen, wenn sie (es) nur könnte.
She would help us if she only could.

For additional examples, see "The Subjunctive Mood" (page xxx).

The Subjunctive Mood

The Indicative Mood states, indicates, or questions something factual. Possibility, uncertainty, or contingency are the province of the Subjunctive, a word that means "subjoined," i.e., connected to or dependent on some other conditions. Contrast the following:

INDICATIVE	SUBJUNCTIVE
The Force is with you.	The Force be with you.
It pleases the court.	If it please the court.
God helps me.	So help me God.
God saves the Queen.	God save the Queen.
Death does part us.	Till death us do part.
The king lives long.	Long live the king!

In English the Subjunctive form of "is" is "be"; in German the Subjunctive of **ist** is **sei**. In almost all other instances in English the Present Indicative and Subjunctive are distinguished by the absence of an "s" in the Subjunctive forms, as in the examples above. In German, the third person singular of the Present Indicative ends in "**t**"; in the Subjunctive, the ending is "**e**."

> **Er stehe fest und sehe hier sich um.** (Goethe, *Faust II*)
> Let him stand fast and look about him.
> **Er bringe es sofort!**
> Let him bring it at once.

The Subjunctive is often used in combination with the Conditional to express conditions contrary to fact.

> **Wenn wir mehr Geld hätten, würden wir lange Reisen machen.**
> If we had more money, we would take long trips.
> **Wenn wir mehr Geld gehabt hätten, würden wir lange Reisen gemacht haben.**
> If we had had more money, we would have taken long trips.

Imperfect Subjunctive

The Imperfect Subjunctive (also called Secondary or General or Subjunctive II) can substitute for the Conditional (the forms with "would" in English or **würde** in German). For weak verbs the Imperfect Indicative and the Imperfect Subjunctive are the same (endings in **te, test,** etc.) To form the Imperfect Subjunctive of strong verbs, Subjunctive endings are added to the Past Tense (Imperfect Indicative):

ich —— e		wir —— en	
du —— est		ihr —— et	
er, sie, es, man —— e		sie, Sie —— en	

Strong verbs also add an **umlaut** in the Subjunctive if the vowel in the Past Tense is an "**a**," "**o**," or "**u**."

INDICATIVE   SUBJUNCTIVE

kam   **käme**
flog   **flöge**
trug   **trüge**

Imperfect Subjunctive forms of **kommen, wissen,** the six modals, and especially of **haben (hätte)** and **sein (wäre)** are colloquial and are used frequently.

Wenn er nur könnte!
If he only could!
Hätten wir nur mehr Zeit (Geld, Glück, Liebe, Verständnis) gehabt.
If we had only had more time (money, luck, love, understanding).

The Imperfect Subjunctive forms of many strong verbs often are used in a more literary sense. The Conditional usually substitutes for them. "If we had more free time, we would read more" can be expressed in German as, ,,**Wenn wir mehr Freizeit hätten, würden wir mehr lesen.**" or ,,**Wenn wir mehr Freizeit hätten, läsen wir mehr.**" The Conditional (**würde**) is more common than the construction with **läsen.**

In addition to strong verbs, the modal auxiliaries, **haben,** and **wissen,** also add an **umlaut** to the Imperfect Indicative to form the Imperfect Subjunctive. Contrast the Indicative **flog** and the Subjunctive **flöge** in the following excerpt from Eichendorff's famous poem "**Mondnacht**":

Es war, als hätt' der Himmel	It was as if the sky had
Die Erde still geküßt,	Quietly kissed the earth
Daß sie . . .	So that she (earth, Gaia)
Von ihm nun träumen müßt' . . .	Might dream of him, Sky, . . .
Und meine Seele . . .	And my soul . . .
Flog durch die stillen Lande,	Flew through the silent countryside
Als flöge sie nach Haus.	As if it were flying home.

Hätte, müßte, and **flöge** are umlauted Subjunctive forms. An umlauted verb form is not a sure sign of the subjunctive. **Küssen** and **träumen** are regular, weak verbs and have an umlaut in all forms. A few strong verbs, such as **fallen, halten, lassen,** and **laufen,** umlaut the second and third person singular forms of the Present Indicative but have no umlauts in any other forms, Indicative or Subjunctive (see "Principal Parts of Some Strong Verbs, Group VI") (page xvi).

Indirect Discourse

A special use of the subjunctive is for Indirect Discourse, speech not quoted directly but reported or summarized. There is a distinct possibility that, unwittingly or deliberately, someone recounting another's statement may not cite it exactly as it was uttered. To use the Subjunctive in indirect discourse doesn't necessarily mean that you disbelieve or seek to cast doubt on what you're reporting. It is a formal way of maintaining objectivity, keeping distance, not committing yourself. It is commonly heard in news broadcasts. Because Austria is concerned with safeguarding its nonaligned status, Austrian news media make frequent and scrupulous use of it.

In the following examples, direct and indirect speech are contrasted. Either the Present or Imperfect Subjunctive is used. As in English, Conditional forms often replace the Future. In English and in German "that" may be omitted. Remember, however, that **daß** is a subordinating conjunction. If used, the finite verb will be at the end; if not, normal word order is used.

> **Der Präsident sagte: ,,Unser Land hat keine Atomwaffen.''**
> The President said, "Our country has no atomic weapons."
> **Der Präsident sagte, sein Land habe (hätte) keine Atomwaffen.**
> The President said his country has (had) no atomic weapons.
> **Der Botschafter versicherte: ,,Meine Regierung arbeitet unermüdlich für den Frieden.''**
> The ambassador assured, "My government is working tirelessly for peace."
> **Der Botschafter versicherte, seine Regierung arbeite (arbeitete) unermüdlich für den Frieden.**
> The ambassador assured that his government was working tirelessly for peace.
> **Der Minister erklärte: ,,Unsere Republik ist eine echte Demokratie.''**
> The minister declared, "Our republic is a genuine democracy."
> **Der Minister erklärte, seine Republik sei (wäre) eine echte Demokratie.**
> The minister declared (that) his republic was a genuine democracy.

Of course, it is possible to have the Subjunctive in a direct quote. The President in the first example could have continued his speech in the Subjunctive:

> **,,Selbst wenn wir sie hätten, würden wir sie nur zu friedlichen Zwecken gebrauchen.''**
> "Even if we had them (atomic weapons), we would use them only for peaceful purposes."

Verbs with a Dative Object

In German the dative case is used to indicate an indirect object. "Dative" derives from the Latin "to give"; one gives (offers, swears, lends) service, trust, allegiance, thanks, orders, advice, congratulations, etc. to someone. The words "to" or "for" can be used when translating into English, but they are frequently omitted.

„Ich kann Ihnen Fisch oder Fleisch bringen (geben, servieren).
Aber ich empfehle Ihnen den Fisch," sagte der Kellner.
"I can bring (give, serve) you (to you) fish or meat.
But I recommend the fish (to you)," said the waiter.

In the examples above, "you" is the indirect object (dative), and "fish" and "meat" are direct objects.
Some verbs take the dative (indirect object) in German but the accusative (direct object) in English. Some of the more common verbs that take the dative are:

antworten—*to answer*	**gleichen**—*to resemble*
ausweichen—*to avoid, be evasive*	**gratulieren**—*to congratuate*
begegnen—*to meet*	**helfen**—*to help*
danken—*to thank*	**nutzen**—*to be of use, utilize*
dienen—*to serve*	**passen**—*to fit*
drohen—*to threaten*	**raten**—*to advise*
fehlen—*to be lacking*	**schaden**—*to be harmful*
folgen—*to follow*	**trotzen**—*to defy*
gefallen—*to be pleasing*	**vertrauen**—*to trust*
gehorchen—*to obey*	**verzeihen**—*to excuse*
gehören—*to belong*	**weh tun**—*to hurt*
gelingen—*to succeed*	**widersprechen**—*to contradict*
genügen—*to suffice, be enough*	**zustimmen**—*to agree to*

Note the dative objects in the following passage about the Rhine gold legend.

Die Rheinmädchen vertrauten ihren eigenen Kräften zu sehr. Das schadete ihnen. Es gelang dem Zwerg, ihnen das Gold zu stehlen. Der Ring gehörte den Riesen nicht. Brünnhilde sollte dem Willen ihres Vaters dienen. Er befahl ihr, dem Wälsung nicht zu helfen. Sie aber gehorchte ihm nicht. Sie trotzte seinen Befehlen.
The Rhine Maidens trusted their own powers too much. That was harmful to them. The dwarf succeeded in stealing the gold from them. The ring didn't belong to the giants. Brünnhilde was supposed to serve the will of her father. He ordered her not to help the Volsung. But she didn't obey him. She defied his orders.

Subject Pronouns and Verb Forms in the Imperative Mood

Unlike English, German has three ways to say "you": **du, ihr,** and **Sie.** The second person singular **du** and its plural **ihr** are the familiar forms, used to address family members, friends, animals, children, and deities. The formal or polite **Sie** is both singular and plural.

The pronouns **du** and **ihr** are usually omitted in the Imperative. **Sie** is expressed.

Most familiar singular (**du**) Imperatives end in "**e.**" In colloquial German this "**e**" is dropped. In the following examples **du, ihr,** and **Sie** Imperative forms are compared.

Komm(e) Zigan, spiel(e) uns 'was vor! Sing(e) und tanz(e) mit uns!
Come, Gypsy, play something for us. Sing and dance with us.
Kommt, Zigeuner, spielt uns 'was vor! Singt und tanzt mit uns!
Come, Gypsies, play something for us. Sing and dance with us.
Kommen Sie, Zigeuner, spielen Sie uns 'was vor!
Come, Gypsies, play something for us.
Singen Sie und tanzen Sie mit uns!
Sing and dance with us.

If you include yourself in a command, either invert the "we" form of the present or use the **ihr** Imperative of **lassen.**

Singen wir! Tanzen wir! Die ganze Nacht.
Nein! Trinken wir noch eins und dann gehen wir!
Let's sing, let's dance all night!
No! Let's have one more drink and (let's) go.
Laßt uns singen (tanzen, trinken), fröhlich sein!
Let us sing (dance, drink), be happy!

Subject Pronouns

singular	plural
ich (**I**)	*wir* (**we**)
du (**you**)	*ihr* (**you**)
er (**he**), *sie* (**she**),	*sie* (**they**)
es (**it**), *man* (**one**)	*Sie* (**you**)

*The polite form *Sie* (you) is used to address one person or several. Only a capital *S* distinguishes it from the *sie* (they) form. Both, therefore, constitute the third person plural.

PRINC. PARTS: achten, achtete, geachtet, achtet
IMPERATIVE: achte!, achtet!, achten Sie!

to pay attention;
respect; heed

INDICATIVE		SUBJUNCTIVE	
		PRIMARY	SECONDARY
		Present Time	
	Present	*(Pres. Subj.)*	*(Imperf. Subj.)*
ich	achte	achte	achtete
du	achtest	achtest	achtetest
er	achtet	achte	achtete
wir	achten	achten	achteten
ihr	achtet	achtet	achtetet
sie	achten	achten	achteten

	Imperfect
ich	achtete
du	achtetest
er	achtete
wir	achteten
ihr	achtetet
sie	achteten

			Past Time	
	Perfect	*(Perf. Subj.)*	*(Pluperf. Subj.)*
ich	habe geachtet	habe geachtet	hätte geachtet
du	hast geachtet	habest geachtet	hättest geachtet
er	hat geachtet	habe geachtet	hätte geachtet
wir	haben geachtet	haben geachtet	hätten geachtet
ihr	habt geachtet	habet geachtet	hättet geachtet
sie	haben geachtet	haben geachtet	hätten geachtet

	Pluperfect
ich	hatte geachtet
du	hattest geachtet
er	hatte geachtet
wir	hatten geachtet
ihr	hattet geachtet
sie	hatten geachtet

			Future Time	
	Future	*(Fut. Subj.)*	*(Pres. Conditional)*
ich	werde achten	werde achten	würde achten
du	wirst achten	werdest achten	würdest achten
er	wird achten	werde achten	würde achten
wir	werden achten	werden achten	würden achten
ihr	werdet achten	werdet achten	würdet achten
sie	werden achten	werden achten	würden achten

			Future Perfect Time	
	Future Perfect	*(Fut. Perf. Subj.)*	*(Past Conditional)*
ich	werde geachtet haben	werde geachtet haben	würde geachtet haben
du	wirst geachtet haben	werdest geachtet haben	würdest geachtet haben
er	wird geachtet haben	werde geachtet haben	würde geachtet haben
wir	werden geachtet haben	werden geachtet haben	würden geachtet haben
ihr	werdet geachtet haben	werdet geachtet haben	würdet geachtet haben
sie	werden geachtet haben	werden geachtet haben	würden geachtet haben

Examples: *Der Schüler hat auf den Unterschied zwischen „ich achte" und „ich achtete"* *nicht geachtet.* The schoolboy didn't pay attention to the distinction between "I pay attention" and "I paid attention." **Achten** is often used with **auf**.

1

ächzen

to groan, moan

PRINC. PARTS: ächzen, ächzte, geächzt, ächzt
IMPERATIVE: ächze!, ächzt!, ächzen Sie!

INDICATIVE	SUBJUNCTIVE	
	PRIMARY	SECONDARY
	Present Time	
Present	*(Pres. Subj.)*	*(Imperf. Subj.*
ich ächze	ächze	ächzte
du ächzt	ächzest	ächztest
er ächzt	ächze	ächzte
wir ächzen	ächzen	ächzten
ihr ächzt	ächzet	ächztet
sie ächzen	ächzen	ächzten

Imperfect
ich ächzte
du ächztest
er ächzte
wir ächzten
ihr ächztet
sie ächzten

		Past Time	
Perfect	*(Perf. Subj.)*	*(Pluperf. Subj.)*
ich habe geächzt	habe geächzt	hätte geächzt
du hast geächzt	habest geächzt	hättest geächzt
er hat geächzt	habe geächzt	hätte geächzt
wir haben geächzt	haben geächzt	hätten geächzt
ihr habt geächzt	habet geächzt	hättet geächzt
sie haben geächzt	haben geächzt	hätten geächzt

Pluperfect
ich hatte geächzt
du hattest geächzt
er hatte geächzt
wir hatten geächzt
ihr hattet geächzt
sie hatten geächzt

		Future Time	
Future	*(Fut. Subj.)*	*(Pres. Conditional)*
ich werde ächzen	werde ächzen	würde ächzen
du wirst ächzen	werdest ächzen	würdest ächzen
er wird ächzen	werde ächzen	würde ächzen
wir werden ächzen	werden ächzen	würden ächzen
ihr werdet ächzen	werdet ächzen	würdet ächzen
sie werden ächzen	werden ächzen	würden ächzen

		Future Perfect Time	
Future Perfect	*(Fut. Perf. Subj.)*	*(Past Conditional)*
ich werde geächzt haben	werde geächzt haben	würde geächzt haben
du wirst geächzt haben	werdest geächzt haben	würdest geächzt haben
er wird geächzt haben	werde geächzt haben	würde geächzt haben
wir werden geächzt haben	werden geächzt haben	würden geächzt haben
ihr werdet geächzt haben	werdet geächzt haben	würdet geächzt haben
sie werden geächzt haben	werden geächzt haben	würden geächzt haben

Examples: *„Laß doch dein ewiges Ächzen und Stöhnen!" sagte Helene ihrem Mann.*
"Will you quit your eternal moaning and groaning!" said Helene to her husband.
Ächzen is a verbal noun (see p. xxii) here.

2

PRINC. PARTS: anfangen, fing an, angefangen, fängt an
IMPERATIVE: fange an!, fangt an!, fangen Sie an!

INDICATIVE	SUBJUNCTIVE	
	PRIMARY	SECONDARY

Present Time

Present	*(Pres. Subj.)*	*(Imperf. Subj.)*
ich fange an	fange an	finge an
du fängst an	fangest an	fingest an
er fängt an	fange an	finge an
wir fangen an	fangen an	fingen an
ihr fangt an	fanget an	finget an
sie fangen an	fangen an	fingen an

Imperfect
ich fing an
du fingst an
er fing an
wir fingen an
ihr fingt an
sie fingen an

Past Time

Perfect	*(Perf. Subj.)*	*(Pluperf. Subj.)*
ich habe angefangen	habe angefangen	hätte angefangen
du hast angefangen	habest angefangen	hättest angefangen
er hat angefangen	habe angefangen	hätte angefangen
wir haben angefangen	haben angefangen	hätten angefangen
ihr habt angefangen	habet angefangen	hättet angefangen
sie haben angefangen	haben angefangen	hätten angefangen

Pluperfect
ich hatte angefangen
du hattest angefangen
er hatte angefangen
wir hatten angefangen
ihr hattet angefangen
sie hatten angefangen

Future Time

Future	*(Fut. Subj.)*	*(Pres. Conditional)*
ich werde anfangen	werde anfangen	würde anfangen
du wirst anfangen	werdest anfangen	würdest anfangen
er wird anfangen	werde anfangen	würde anfangen
wir werden anfangen	werden anfangen	würden anfangen
ihr werdet anfangen	werdet anfangen	würdet anfangen
sie werden anfangen	werden anfangen	würden anfangen

Future Perfect Time

Future Perfect	*(Fut. Perf. Subj.)*	*(Past Conditional)*
ich werde angefangen haben	werde angefangen haben	würde angefangen haben
du wirst angefangen haben	werdest angefangen haben	würdest angefangen haben
er wird angefangen haben	werde angefangen haben	würde angefangen haben
wir werden angefangen haben	werden angefangen haben	würden angefangen haben
ihr werdet angefangen haben	werdet angefangen haben	würdet angefangen haben
sie werden angefangen haben	werden angefangen haben	würden angefangen haben

Examples: „*Sie hat schon angefangen. Zuerst konnte sie nichts mit dem neuen Computer anfangen.*" „*Ja, aller Anfang ist schwer.*" "She's already started. At first she didn't know what to do with the new computer." "Yes, all beginnings are difficult." As in sent. 2, **anfangen** is often used idiomatically with modals: *Was soll ich damit anfangen?* What am I supposed to do with that?

3

ankommen
to arrive; succeed;
matter

PRINC. PARTS: ankommen, kam an, ist angekommen, kommt an

IMPERATIVE: komme an!, kommt an!, kommen Sie an!

INDICATIVE	SUBJUNCTIVE	
	PRIMARY	SECONDARY
	Present Time	
Present	*(Pres. Subj.)*	*(Imperf. Subj.)*
ich komme an	komme an	käme an
du kommst an	kommest an	kämest an
er kommt an	komme an	käme an
wir kommen an	kommen an	kämen an
ihr kommt an	kommet an	kämet an
sie kommen an	kommen an	kämen an
Imperfect		
ich kam an		
du kamst an		
er kam an		
wir kamen an		
ihr kamt an		
sie kamen an	*Past Time*	
Perfect	*(Perf. Subj.)*	*(Pluperf. Subj.)*
ich bin angekommen	sei angekommen	wäre angekommen
du bist angekommen	seiest angekommen	wärest angekommen
er ist angekommen	sei angekommen	wäre angekommen
wir sind angekommen	seien angekommen	wären angekommen
ihr seid angekommen	seiet angekommen	wäret angekommen
sie sind angekommen	seien angekommen	wären angekommen
Pluperfect		
ich war angekommen		
du warst angekommen		
er war angekommen		
wir waren angekommen		
ihr wart angekommen		
sie waren angekommen	*Future Time*	
Future	*(Fut. Subj.)*	*(Pres. Conditional)*
ich werde ankommen	werde ankommen	würde ankommen
du wirst ankommen	werdest ankommen	würdest ankommen
er wird ankommen	werde ankommen	würde ankommen
wir werden ankommen	werden ankommen	würden ankommen
ihr werdet ankommen	werdet ankommen	würdet ankommen
sie werden ankommen	werden ankommen	würden ankommen
	Future Perfect Time	
Future Perfect	*(Fut. Perf. Subj.)*	*(Past Conditional)*
ich werde angekommen sein	werde angekommen sein	würde angekommen sein
du wirst angekommen sein	werdest angekommen sein	würdest angekommen sein
er wird angekommen sein	werde angekommen sein	würde angekommen sein
wir werden angekommen sein	werden angekommen sein	würden angekommen sein
ihr werdet angekommen sein	werdet angekommen sein	würdet angekommen sein
sie werden angekommen sein	werden angekommen sein	würden angekommen sein

---

Examples: „*Wann soll ihr Zug ankommen?*" „*Es kommt darauf an, ob sie mit dem IC fährt. Leider kommt er oft spät an.*" "When is her train supposed to arrive?" "It depends on whether she's taking the IC (Inter City express). Unfortunately, it often arrives late." In sent. 1, **ankommen** is the complementary infin. used with the modal **soll**. Es **kommt darauf an** is a frequent idiomatic use of **ankommen**.

antworten

PRINC. PARTS: antworten, antwortete, geantwortet, antwortet
IMPERATIVE: antworte!, antwortet!, antworten Sie!

INDICATIVE	SUBJUNCTIVE	
	PRIMARY	SECONDARY

INDICATIVE

Present

ich	antworte
du	antwortest
er	antwortet
wir	antworten
ihr	antwortet
sie	antworten

Imperfect

ich	antwortete
du	antwortetest
er	antwortete
wir	antworteten
ihr	antwortetet
sie	antworteten

Perfect

ich	habe geantwortet
du	hast geantwortet
er	hat geantwortet
wir	haben geantwortet
ihr	habt geantwortet
sie	haben geantwortet

Pluperfect

ich	hatte geantwortet
du	hattest geantwortet
er	hatte geantwortet
wir	hatten geantwortet
ihr	hattet geantwortet
sie	hatten geantwortet

Future

ich	werde antworten
du	wirst antworten
er	wird antworten
wir	werden antworten
ihr	werdet antworten
sie	werden antworten

Future Perfect

ich	werde geantwortet haben
du	wirst geantwortet haben
er	wird geantwortet haben
wir	werden geantwortet haben
ihr	werdet geantwortet haben
sie	werden geantwortet haben

SUBJUNCTIVE

Present Time

(Pres. Subj.)	(Imperf. Subj.)
antworte	antwortete
antwortest	antwortetest
antworte	antwortete
antworten	antworteten
antwortet	antwortetet
antworten	antworteten

Past Time

(Perf. Subj.)	(Pluperf. Subj.)
habe geantwortet	hätte geantwortet
habest geantwortet	hättest geantwortet
habe geantwortet	hätte geantwortet
haben geantwortet	hätten geantwortet
habet geantwortet	hättet geantwortet
haben geantwortet	hätten geantwortet

Future Time

(Fut. Subj.)	(Pres. Conditional)
werde antworten	würde antworten
werdest antworten	würdest antworten
werde antworten	würde antworten
werden antworten	würden antworten
werdet antworten	würdet antworten
werden antworten	würden antworten

Future Perfect Time

(Fut. Perf. Subj.)	(Past Conditional)
werde geantwortet haben	würde geantwortet haben
werdest geantwortet haben	würdest geantwortet haben
werde geantwortet haben	würde geantwortet haben
werden geantwortet haben	würden geantwortet haben
werdet geantwortet haben	würdet geantwortet haben
werden geantwortet haben	würden geantwortet haben

Examples: „Wer ist für die Verzögerung verantwortlich? Antworten Sie mir sofort! Sie haben viel zu verantworten." "Who is responsible for the delay? Answer me right away. You have much to answer for." **Antworten** is in the imperative in sent. 2. Note the dative (indirect) object **mir**. **Verantworten** (to answer for) is a related verb.

sich anziehen

to get dressed

PRINC. PARTS: sich anziehen, zog sich an, sich angezogen, zieht sich an

IMPERATIVE: ziehe dich an!, zieht euch an!, ziehen Sie sich an!

	INDICATIVE		SUBJUNCTIVE	
			PRIMARY	SECONDARY
			Present Time	
	Present		*(Pres. Subj.)*	*(Imperf. Subj.)*
ich	ziehe mich an		ziehe mich an	zöge mich an
du	ziehst dich an		ziehest dich an	zögest dich an
er	zieht sich an		ziehe sich an	zöge sich an
wir	ziehen uns an		ziehen uns an	zögen uns an
ihr	zieht euch an		ziehet euch an	zöget euch an
sie	ziehen sich an		ziehen sich an	zögen sich an
	Imperfect			
ich	zog mich an			
du	zogst dich an			
er	zog sich an			
wir	zogen uns an			
ihr	zogt euch an			
sie	zogen sich an		**Past Time**	
	Perfect		*(Perf. Subj.)*	*(Pluperf. Subj.)*
ich	habe mich angezogen		habe mich angezogen	hätte mich angezogen
du	hast dich angezogen		habest dich angezogen	hättest dich angezogen
er	hat sich angezogen		habe sich angezogen	hätte sich angezogen
wir	haben uns angezogen		haben uns angezogen	hätten uns angezogen
ihr	habt euch angezogen		habet euch angezogen	hättet euch angezogen
sie	haben sich angezogen		haben sich angezogen	hätten sich angezogen
	Pluperfect			
ich	hatte mich angezogen			
du	hattest dich angezogen			
er	hatte sich angezogen			
wir	hatten uns angezogen			
ihr	hattet euch angezogen			
sie	hatten sich angezogen		**Future Time**	
	Future		*(Fut. Subj.)*	*(Pres. Conditional)*
ich	werde mich anziehen		werde mich anziehen	würde mich anziehen
du	wirst dich anziehen		werdest dich anziehen	würdest dich anziehen
er	wird sich anziehen		werde sich anziehen	würde sich anziehen
wir	werden uns anziehen		werden uns anziehen	würden uns anziehen
ihr	werdet euch anziehen		werdet euch anziehen	würdet euch anziehen
sie	werden sich anziehen		werden sich anziehen	würden sich anziehen
			Future Perfect Time	
	Future Perfect		*(Fut. Perf. Subj.)*	*(Past Conditional)*
ich	werde mich angezogen haben		werde mich angezogen haben	würde mich angezogen haben
du	wirst dich angezogen haben		werdest dich angezogen haben	würdest dich angezogen haben
er	wird sich angezogen haben		werde sich angezogen haben	würde sich angezogen haben
wir	werden uns angezogen haben		werden uns angezogen haben	würden uns angezogen haben
ihr	werdet euch angezogen haben		werdet euch angezogen haben	würdet euch angezogen haben
sie	werden sich angezogen haben		werden sich angezogen haben	würden sich angezogen haben

Examples: *Dagwald Bumstedt zog sich schnell seinen neuen Anzug an. Nur halb angezogen verließ er sein Haus.* Dagwood Bumstead quickly put on his new suit. Only half-dressed, he left his house. In the pres. and imperf. (past) tenses of sep. prefix verbs, the prefix is placed at the end. The past part. **angezogen** is used as an adj. here, not as a verb. Therefore there is no auxiliary (helping verb).

arbeiten

PRINC. PARTS: arbeiten, arbeitete, gearbeitet, arbeitet
IMPERATIVE: arbeite!, arbeitet!, arbeiten Sie!

to work

INDICATIVE	SUBJUNCTIVE	
	PRIMARY	SECONDARY
	Present Time	
Present	*(Pres. Subj.)*	*(Imperf. Subj.)*
ich arbeite	arbeite	arbeitete
du arbeitest	arbeitest	arbeitetest
er arbeitet	arbeite	arbeitete
wir arbeiten	arbeiten	arbeiteten
ihr arbeitet	arbeitet	arbeitetet
sie arbeiten	arbeiten	arbeiteten
Imperfect		
ich arbeitete		
du arbeitetest		
er arbeitete		
wir arbeiteten		
ihr arbeitetet		
sie arbeiteten	*Past Time*	
Perfect	*(Perf. Subj.)*	*(Pluperf. Subj.)*
ich habe gearbeitet	habe gearbeitet	hätte gearbeitet
du hast gearbeitet	habest gearbeitet	hättest gearbeitet
er hat gearbeitet	habe gearbeitet	hätte gearbeitet
wir haben gearbeitet	haben gearbeitet	hätten gearbeitet
ihr habt gearbeitet	habet gearbeitet	hättet gearbeitet
sie haben gearbeitet	haben gearbeitet	hätten gearbeitet
Pluperfect		
ich hatte gearbeitet		
du hattest gearbeitet		
er hatte gearbeitet		
wir hatten gearbeitet		
ihr hattet gearbeitet		
sie hatten gearbeitet	*Future Time*	
Future	*(Fut. Subj.)*	*(Pres. Conditional)*
ich werde arbeiten	werde arbeiten	würde arbeiten
du wirst arbeiten	werdest arbeiten	würdest arbeiten
er wird arbeiten	werde arbeiten	würde arbeiten
wir werden arbeiten	werden arbeiten	würden arbeiten
ihr werdet arbeiten	werdet arbeiten	würdet arbeiten
sie werden arbeiten	werden arbeiten	würden arbeiten
	Future Perfect Time	
Future Perfect	*(Fut. Perf. Subj.)*	*(Past Conditional)*
ich werde gearbeitet haben	werde gearbeitet haben	würde gearbeitet haben
du wirst gearbeitet haben	werdest gearbeitet haben	würdest gearbeitet haben
er wird gearbeitet haben	werde gearbeitet haben	würde gearbeitet haben
wir werden gearbeitet haben	werden gearbeitet haben	würden gearbeitet haben
ihr werdet gearbeitet haben	werdet gearbeitet haben	würdet gearbeitet haben
sie werden gearbeitet haben	werden gearbeitet haben	würden gearbeitet haben

---

Examples: „*Wir würden vielleicht fleißiger arbeiten, wenn uns die Arbeit mehr inter-essierte*", *behaupteten die Arbeiter.* "Maybe we'd work harder if the work interested us more," declared the workers. Sent. 1 is in the conditional, formed by the auxiliary **würde** (would) + the infin. at the end of the clause.

atmen

to breathe

PRINC. PARTS: atmen, atmete, geatmet, atmet
IMPERATIVE: atme!, atmet!, atmen Sie!

INDICATIVE	SUBJUNCTIVE	
	PRIMARY	SECONDARY
	Present Time	
Present	*(Pres. Subj.)*	*(Imperf. Subj.)*
ich atme	atme	atmete
du atmest	atmest	atmetest
er atmet	atme	atmete
wir atmen	atmen	atmeten
ihr atmet	atmet	atmetet
sie atmen	atmen	atmeten

Imperfect

ich	atmete
du	atmetest
er	atmete
wir	atmeten
ihr	atmetet
sie	atmeten

Past Time

Perfect	*(Perf. Subj.)*	*(Pluperf. Subj.)*
ich habe geatmet	habe geatmet	hätte geatmet
du hast geatmet	habest geatmet	hättest geatmet
er hat geatmet	habe geatmet	hätte geatmet
wir haben geatmet	haben geatmet	hätten geatmet
ihr habt geatmet	habet geatmet	hättet geatmet
sie haben geatmet	haben geatmet	hätten geatmet

Pluperfect

ich	hatte geatmet
du	hattest geatmet
er	hatte geatmet
wir	hatten geatmet
ihr	hattet geatmet
sie	hatten geatmet

Future Time

Future	*(Fut. Subj.)*	*(Pres. Conditional)*
ich werde atmen	werde atmen	würde atmen
du wirst atmen	werdest atmen	würdest atmen
er wird atmen	werde atmen	würde atmen
wir werden atmen	werden atmen	würden atmen
ihr werdet atmen	werdet atmen	würdet atmen
sie werden atmen	werden atmen	würden atmen

Future Perfect Time

Future Perfect	*(Fut. Perf. Subj.)*	*(Past Conditional)*
ich werde geatmet haben	werde geatmet haben	würde geatmet haben
du wirst geatmet haben	werdest geatmet haben	würdest geatmet haben
er wird geatmet haben	werde geatmet haben	würde geatmet haben
wir werden geatmet haben	werden geatmet haben	würden geatmet haben
ihr werdet geatmet haben	werdet geatmet haben	würdet geatmet haben
sie werden geatmet haben	werden geatmet haben	würden geatmet haben

Examples: *Wir atmeten tief auf, als wir den Gipfel erreichten und die atemberaubende Aussicht genießen konnten. Unsere Joga Lehrerin atmete tief und begann ihre Atemübungen.* We breathed a sigh of relief when we reached the summit and could enjoy the breathtaking view. Our yoga instructor breathed deeply and began her breathing exercises. Since the stem ends in **-m**, **e** is added in some forms. **Aufatmen** (sent. 1) is sep.

PRINC. PARTS: aufhalten, hielt auf, aufgehalten,
hält auf
IMPERATIVE: halte auf!, haltet auf!, halten Sie auf!

aufhalten

to stop, delay, arrest

INDICATIVE		SUBJUNCTIVE	
		PRIMARY	SECONDARY
		Present Time	
	Present	*(Pres. Subj.)*	*(Imperf. Subj.)*
ich	halte auf	halte auf	hielte auf
du	hältst auf	haltest auf	hieltest auf
er	hält auf	halte auf	hielte auf
wir	halten auf	halten auf	hielten auf
ihr	haltet auf	haltet auf	hieltet auf
sie	halten auf	halten auf	hielten auf
	Imperfect		
ich	hielt auf		
du	hieltest auf		
er	hielt auf		
wir	hielten auf		
ihr	hieltet auf		
sie	hielten auf	*Past Time*	
	Perfect	*(Perf. Subj.)*	*(Pluperf. Subj.)*
ich	habe aufgehalten	habe aufgehalten	hätte aufgehalten
du	hast aufgehalten	habest aufgehalten	hättest aufgehalten
er	hat aufgehalten	habe aufgehalten	hätte aufgehalten
wir	haben aufgehalten	haben aufgehalten	hätten aufgehalten
ihr	habt aufgehalten	habet aufgehalten	hättet aufgehalten
sie	haben aufgehalten	haben aufgehalten	hätten aufgehalten
	Pluperfect		
ich	hatte aufgehalten		
du	hattest aufgehalten		
er	hatte aufgehalten		
wir	hatten aufgehalten		
ihr	hattet aufgehalten		
sie	hatten aufgehalten	*Future Time*	
	Future	*(Fut. Subj.)*	*(Pres. Conditional)*
ich	werde aufhalten	werde aufhalten	würde aufhalten
du	wirst aufhalten	werdest aufhalten	würdest aufhalten
er	wird aufhalten	werde aufhalten	würde aufhalten
wir	werden aufhalten	werden aufhalten	würden aufhalten
ihr	werdet aufhalten	werdet aufhalten	würdet aufhalten
sie	werden aufhalten	werden aufhalten	würden aufhalten
		Future Perfect Time	
	Future Perfect	*(Fut. Perf. Subj.)*	*(Past Conditional)*
ich	werde aufgehalten haben	werde aufgehalten haben	würde aufgehalten haben
du	wirst aufgehalten haben	werdest aufgehalten haben	würdest aufgehalten haben
er	wird aufgehalten haben	werde aufgehalten haben	würde aufgehalten haben
wir	werden aufgehalten haben	werden aufgehalten haben	würden aufgehalten haben
ihr	werdet aufgehalten haben	werdet aufgehalten haben	würdet aufgehalten haben
sie	werden aufgehalten haben	werden aufgehalten haben	würden aufgehalten haben

Examples: „*Sie halten sich immer bei Kleinigkeiten auf*", *klagte er.* "You're always dwelling on (hung up on) trifles," he complained. *Ich will dich nicht länger aufhalten.* I don't want to hold you up any longer. **Aufhalten** is sep. The reflexive **sich aufhalten + mit** or **bei** means "to dwell on something."

auskommen

*to come out; have enough of,
make do; get along with*

PRINC. PARTS: auskommen, kam aus, ist
ausgekommen, kommt aus
IMPERATIVE: komme aus!, kommt aus!,
kommen Sie aus!

	INDICATIVE	SUBJUNCTIVE	
		PRIMARY	SECONDARY
		Present Time	
	Present	(*Pres. Subj.*)	(*Imperf. Subj.*)
ich	komme aus	komme aus	käme aus
du	kommst aus	kommest aus	kämest aus
er	kommt aus	komme aus	käme aus
wir	kommen aus	kommen aus	kämen aus
ihr	kommt aus	kommet aus	kämet aus
sie	kommen aus	kommen aus	kämen aus
	Imperfect		
ich	kam aus		
du	kamst aus		
er	kam aus		
wir	kamen aus		
ihr	kamt aus		
sie	kamen aus	*Past Time*	
	Perfect	(*Perf. Subj.*)	(*Pluperf. Subj.*)
ich	bin ausgekommen	sei ausgekommen	wäre ausgekommen
du	bist ausgekommen	seiest ausgekommen	wärest ausgekommen
er	ist ausgekommen	sei ausgekommen	wäre ausgekommen
wir	sind ausgekommen	seien ausgekommen	wären ausgekommen
ihr	seid ausgekommen	seiet ausgekommen	wäret ausgekommen
sie	sind ausgekommen	seien ausgekommen	wären ausgekommen
	Pluperfect		
ich	war ausgekommen		
du	warst ausgekommen		
er	war ausgekommen		
wir	waren ausgekommen		
ihr	wart ausgekommen		
sie	waren ausgekommen	*Future Time*	
	Future	(*Fut. Subj.*)	(*Pres. Conditional*)
ich	werde auskommen	werde auskommen	würde auskommen
du	wirst auskommen	werdest auskommen	würdest auskommen
er	wird auskommen	werde auskommen	würde auskommen
wir	werden auskommen	werden auskommen	würden auskommen
ihr	werdet auskommen	werdet auskommen	würdet auskommen
sie	werden auskommen	werden auskommen	würden auskommen
		Future Perfect Time	
	Future Perfect	(*Fut. Perf. Subj.*)	(*Past Conditional*)
ich	werde ausgekommen sein	werde ausgekommen sein	würde ausgekommen sein
du	wirst ausgekommen sein	werdest ausgekommen sein	würdest ausgekommen sein
er	wird ausgekommen sein	werde ausgekommen sein	würde ausgekommen sein
wir	werden ausgekommen sein	werden ausgekommen sein	würden ausgekommen sein
ihr	werdet ausgekommen sein	werdet ausgekommen sein	würdet ausgekommen sein
sie	werden ausgekommen sein	werden ausgekommen sein	würden ausgekommen sein

Examples: *Wir kommen mit meinem Gehalt allein nicht mehr aus.* We can't get along on my salary anymore. *Es ist unmöglich, mit unseren reichen Verwandten auszukommen.* It's impossible to get along with our rich relatives. **Auskommen** can be used idiomatically (last sent.). Note that **zu** is written as part of the infinitive.

PRINC. PARTS: ausstellen, stellte aus, ausgestellt, stellt aus

IMPERATIVE: stelle aus!, stellt aus!, stellen Sie aus!

to exhibit, expose;
write out

	INDICATIVE	SUBJUNCTIVE	
		PRIMARY	SECONDARY
		Present Time	
	Present	*(Pres. Subj.)*	*(Imperf. Subj.)*
ich	stelle aus	stelle aus	stellte aus
du	stellst aus	stellest aus	stelltest aus
er	stellt aus	stelle aus	stellte aus
wir	stellen aus	stellen aus	stellten aus
ihr	stellt aus	stellet aus	stelltet aus
sie	stellen aus	stellen aus	stellten aus
	Imperfect		
ich	stellte aus		
du	stelltest aus		
er	stellte aus		
wir	stellten aus		
ihr	stelltet aus		
sie	stellten aus	*Past Time*	
	Perfect	*(Perf. Subj.)*	*(Pluperf. Subj.)*
ich	habe ausgestellt	habe ausgestellt	hätte ausgestellt
du	hast ausgestellt	habest ausgestellt	hättest ausgestellt
er	hat ausgestellt	habe ausgestellt	hätte ausgestellt
wir	haben ausgestellt	haben ausgestellt	hätten ausgestellt
ihr	habt ausgestellt	habet ausgestellt	hättet ausgestellt
sie	haben ausgestellt	haben ausgestellt	hätten ausgestellt
	Pluperfect		
ich	hatte ausgestellt		
du	hattest ausgestellt		
er	hatte ausgestellt		
wir	hatten ausgestellt		
ihr	hattet ausgestellt		
sie	hatten ausgestellt	*Future Time*	
	Future	*(Fut. Subj.)*	*(Pres. Conditional)*
ich	werde ausstellen	werde ausstellen	würde ausstellen
du	wirst ausstellen	werdest ausstellen	würdest ausstellen
er	wird ausstellen	werde ausstellen	würde ausstellen
wir	werden ausstellen	werden ausstellen	würden ausstellen
ihr	werdet ausstellen	werdet ausstellen	würdet ausstellen
sie	werden ausstellen	werden ausstellen	würden ausstellen
		Future Perfect Time	
	Future Perfect	*(Fut. Perf. Subj.)*	*(Past Conditional)*
ich	werde ausgestellt haben	werde ausgestellt haben	würde ausgestellt haben
du	wirst ausgestellt haben	werdest ausgestellt haben	würdest ausgestellt haben
er	wird ausgestellt haben	werde ausgestellt haben	würde ausgestellt haben
wir	werden ausgestellt haben	werden ausgestellt haben	würden ausgestellt haben
ihr	werdet ausgestellt haben	werdet ausgestellt haben	würdet ausgestellt haben
sie	werden ausgestellt haben	werden ausgestellt haben	würden ausgestellt haben

Examples: *Suzanne hat ihre Gemälde in vielen Galerien ausgestellt. Sie hofft, ihre Werke bei der nächsten Weltausstellung auszustellen.* Suzanne has exhibited her paintings in many galleries. She hopes to exhibit her works at the next World's Fair. When used with an auxiliary to form the perf. tenses, as in sent. 1, the past part. never changes.

sich ausziehen

PRINC. PARTS: sich ausziehen, zog sich aus, hat sich ausgezogen, zieht sich aus

IMPERATIVE: ziehe dich aus!, zieht euch aus! ziehen Sie
sich aus!

to get undressed

	INDICATIVE		SUBJUNCTIVE	
			PRIMARY	SECONDARY
			Present Time	
	Present		*(Pres. Subj.)*	*(Imperf. Subj.)*
ich	ziehe mich aus		ziehe mich aus	zöge mich aus
du	ziehst dich aus		ziehest dich aus	zögest dich aus
er	zieht sich aus		ziehe sich aus	zöge sich aus
wir	ziehen uns aus		ziehen uns aus	zögen uns aus
ihr	zieht euch aus		ziehet euch aus	zöget euch aus
sie	ziehen sich aus		ziehen sich aus	zögen sich aus
	Imperfect			
ich	zog mich aus			
du	zogst dich aus			
er	zog sich aus			
wir	zogen uns aus			
ihr	zogt euch aus			
sie	zogen sich aus		*Past Time*	
	Perfect		*(Perf. Subj.)*	*(Pluperf. Subj.)*
ich	habe mich ausgezogen		habe mich ausgezogen	hätte mich ausgezogen
du	hast dich ausgezogen		habest dich ausgezogen	hättest dich ausgezogen
er	hat sich ausgezogen		habe sich ausgezogen	hätte sich ausgezogen
wir	haben uns ausgezogen		haben uns ausgezogen	hätten uns ausgezogen
ihr	habt euch ausgezogen		habet euch ausgezogen	hättet euch ausgezogen
sie	haben sich ausgezogen		haben sich ausgezogen	hätten sich ausgezogen
	Pluperfect			
ich	hatte mich ausgezogen			
du	hattest dich ausgezogen			
er	hatte sich ausgezogen			
wir	hatten uns ausgezogen			
ihr	hattet euch ausgezogen			
sie	hatten sich ausgezogen		*Future Time*	
	Future		*(Fut. Subj.)*	*(Pres. Conditional)*
ich	werde mich ausziehen		werde mich ausziehen	würde mich ausziehen
du	wirst dich ausziehen		werdest dich ausziehen	würdest dich ausziehen
er	wird sich ausziehen		werde sich ausziehen	würde sich ausziehen
wir	werden uns ausziehen		werden uns ausziehen	würden uns ausziehen
ihr	werdet euch ausziehen		werdet euch ausziehen	würdet euch ausziehen
sie	werden sich ausziehen		werden sich ausziehen	würden sich ausziehen
			Future Perfect Time	
	Future Perfect		*(Fut. Perf. Subj.)*	*(Past Conditional)*
ich	werde mich ausgezogen haben		werde mich ausgezogen haben	würde mich ausgezogen haben
du	wirst dich ausgezogen haben		werdest dich ausgezogen haben	würdest dich ausgezogen haben
er	wird sich ausgezogen haben		werde sich ausgezogen haben	würde sich ausgezogen haben
wir	werden uns ausgezogen haben		werden uns ausgezogen haben	würden uns ausgezogen haben
ihr	werdet euch ausgezogen haben		werdet euch ausgezogen haben	würdet euch ausgezogen haben
sie	werden sich ausgezogen haben		werden sich ausgezogen haben	würden sich ausgezogen haben

Examples: *Die Tänzer zogen sich langsam aus. Aber sie weigerten sich, sich ganz
auszuziehen.* The dancers undressed slowly. But they refused to undress completely.
Hier wird man wirklich ausgezogen. They really fleece you here. Note the prefix at the
end in the past in sent. 1. In the second example, **man** is a substitute for the passive.

Ausziehen is sep.

PRINC. PARTS: backen, buk (backte), gebacken, bäckt
IMPERATIVE: backe!, backt!, backen Sie!

backen
to bake

	INDICATIVE		SUBJUNCTIVE			
			PRIMARY		SECONDARY	

Present / (Pres. Subj.) / Present Time (Imperf. Subj.)

	Present		(Pres. Subj.)	(Imperf. Subj.)	
ich	backe		backe	büke	backte
du	bäckst *or* backst		backest	bükest	backtest
er	bäckt *or* backt		backe	büke *or* backte	
wir	backen		backen	büken *or* backten	
ihr	backt		backet	büket	backtet
sie	backen		backen	büken	backten

Imperfect

ich	buk	backte	
du	bukst	backtest	
er	buk *or* backte		
wir	buken *or* backten		
ihr	bukt	backtet	
sie	buken	backten	

Perfect / Past Time

	Perfect	(Perf. Subj.)	(Pluperf. Subj.)
ich	habe gebacken	habe gebacken	hätte gebacken
du	hast gebacken	habest gebacken	hättest gebacken
er	hat gebacken	habe gebacken	hätte gebacken
wir	haben gebacken	haben gebacken	hätten gebacken
ihr	habt gebacken	habet gebacken	hättet gebacken
sie	haben gebacken	haben gebacken	hätten gebacken

Pluperfect

ich	hatte gebacken
du	hattest gebacken
er	hatte gebacken
wir	hatten gebacken
ihr	hattet gebacken
sie	hatten gebacken

Future / Future Time

	Future	(Fut. Subj.)	(Pres. Conditional)
ich	werde backen	werde backen	würde backen
du	wirst backen	werdest backen	würdest backen
er	wird backen	werde backen	würde backen
wir	werden backen	werden backen	würden backen
ihr	werdet backen	werdet backen	würdet backen
sie	werden backen	werden backen	würden backen

Future Perfect / Future Perfect Time

	Future Perfect	(Fut. Perf. Subj.)	(Past Conditional)
ich	werde gebacken haben	werde gebacken haben	würde gebacken haben
du	wirst gebacken haben	werdest gebacken haben	würdest gebacken haben
er	wird gebacken haben	werde gebacken haben	würde gebacken haben
wir	werden gebacken haben	werden gebacken haben	würden gebacken haben
ihr	werdet gebacken haben	werdet gebacken haben	würdet gebacken haben
sie	werden gebacken haben	werden gebacken haben	würden gebacken haben

---

Examples: „Alles, was in unserer Bäckerei gebacken wird, ist hervorragend. Heute morgen backte ich schmackhafte Brötchen", sagte der Bäcker. "Everything baked in our bakery is outstanding. This morning I baked tasty rolls," said the baker. The weak imperf. forms **backte**, etc. are more common nowadays. Our baker uses **backte**.

baden

to bathe

PRINC. PARTS: baden, badete, gebadet, badet
IMPERATIVE: bade!, badet!, baden Sie!

	INDICATIVE	**SUBJUNCTIVE**	
		PRIMARY	SECONDARY
		Present Time	
	Present	*(Pres. Subj.)*	*(Imperf. Subj.)*
ich	bade	bade	badete
du	badest	badest	badetest
er	badet	bade	badete
wir	baden	baden	badeten
ihr	badet	badet	badetet
sie	baden	baden	badeten

	Imperfect
ich	badete
du	badetest
er	badete
wir	badeten
ihr	badetet
sie	badeten

			Past Time	
	Perfect	*(Perf. Subj.)*	*(Pluperf. Subj.)*
ich	habe gebadet	habe gebadet	hätte gebadet
du	hast gebadet	habest gebadet	hättest gebadet
er	hat gebadet	habe gebadet	hätte gebadet
wir	haben gebadet	haben gebadet	hätten gebadet
ihr	habt gebadet	habet gebadet	hättet gebadet
sie	haben gebadet	haben gebadet	hätten gebadet

	Pluperfect
ich	hatte gebadet
du	hattest gebadet
er	hatte gebadet
wir	hatten gebadet
ihr	hattet gebadet
sie	hatten gebadet

		Future Time	
	Future	*(Fut. Subj.)*	*(Pres. Conditional)*
ich	werde baden	werde baden	würde baden
du	wirst baden	werdest baden	würdest baden
er	wird baden	werde baden	würde baden
wir	werden baden	werden baden	würden baden
ihr	werdet baden	werdet baden	würdet baden
sie	werden baden	werden baden	würden baden

		Future Perfect Time	
	Future Perfect	*(Fut. Perf. Subj.)*	*(Past Conditional)*
ich	werde gebadet haben	werde gebadet haben	würde gebadet haben
du	wirst gebadet haben	werdest gebadet haben	würdest gebadet haben
er	wird gebadet haben	werde gebadet haben	würde gebadet haben
wir	werden gebadet haben	werden gebadet haben	würden gebadet haben
ihr	werdet gebadet haben	werdet gebadet haben	würdet gebadet haben
sie	werden gebadet haben	werden gebadet haben	würden gebadet haben

Examples: *Unsere Tochter Klärchen badet gern ihre Puppe. Manchmal badet sie sich mit der Puppe.* Our daughter Klärchen likes to bathe her doll. Sometimes she bathes with the doll. Verbs whose stem ends in -d add an -e in some forms. The example contrasts reflexive/nonreflexive use. In Eng. we usually omit the reflexive pronoun and say "I wash," not "I wash myself."

bauen

PRINC. PARTS: bauen, baute, gebaut, baut
IMPERATIVE: baue!, baut!, bauen Sie!

to build, construct, cultivate,
mine

INDICATIVE		SUBJUNCTIVE	
		PRIMARY	SECONDARY
		Present Time	
	Present	*(Pres. Subj.)*	*(Imperf. Subj.)*
ich	baue	baue	baute
du	baust	bauest	bautest
er	baut	baue	baute
wir	bauen	bauen	bauten
ihr	baut	bauet	bautet
sie	bauen	bauen	bauten

	Imperfect
ich	baute
du	bautest
er	baute
wir	bauten
ihr	bautet
sie	bauten

		Past Time	
	Perfect	*(Perf. Subj.)*	*(Pluperf. Subj.)*
ich	habe gebaut	habe gebaut	hätte gebaut
du	hast gebaut	habest gebaut	hättest gebaut
er	hat gebaut	habe gebaut	hätte gebaut
wir	haben gebaut	haben gebaut	hätten gebaut
ihr	habt gebaut	habet gebaut	hättet gebaut
sie	haben gebaut	haben gebaut	hätten gebaut

	Pluperfect
ich	hatte gebaut
du	hattest gebaut
er	hatte gebaut
wir	hatten gebaut
ihr	hattet gebaut
sie	hatten gebaut

		Future Time	
	Future	*(Fut. Subj.)*	*(Pres. Conditional)*
ich	werde bauen	werde bauen	würde bauen
du	wirst bauen	werdest bauen	würdest bauen
er	wird bauen	werde bauen	würde bauen
wir	werden bauen	werden bauen	würden bauen
ihr	werdet bauen	werdet bauen	würdet bauen
sie	werden bauen	werden bauen	würden bauen

		Future Perfect Time	
	Future Perfect	*(Fut. Perf. Subj.)*	*(Past Conditional)*
ich	werde gebaut haben	werde gebaut haben	würde gebaut haben
du	wirst gebaut haben	werdest gebaut haben	würdest gebaut haben
er	wird gebaut haben	werde gebaut haben	würde gebaut haben
wir	werden gebaut haben	werden gebaut haben	würden gebaut haben
ihr	werdet gebaut haben	werdet gebaut haben	würdet gebaut haben
sie	werden gebaut haben	werden gebaut haben	würden gebaut haben

Examples: *Der Architekt hat viele Neubauten gebaut. Wir wollen uns von ihm ein schönes Haus bauen lassen. Auf ihn und seine Firma können wir bauen.* The architect built many new buildings. We want to have him build us a nice new house. We can count on him and his firm. **Lassen,** here used with **bauen,** can be used with any verb meaning "to have (something) done." The idiom **bauen auf** means "to count on."

15

beben

to tremble, quake

PRINC. PARTS: beben, bebte, gebebt, bebt
IMPERATIVE: bebe!, bebt!, beben Sie!

INDICATIVE		SUBJUNCTIVE	
		PRIMARY	SECONDARY
		Present Time	
	Present	(*Pres. Subj.*)	(*Imperf. Subj.*)
ich	bebe	bebe	bebte
du	bebst	bebest	bebtest
er	bebt	bebe	bebte
wir	beben	beben	bebten
ihr	bebt	bebet	bebtet
sie	beben	beben	bebten

	Imperfect
ich	bebte
du	bebtest
er	bebte
wir	bebten
ihr	bebtet
sie	bebten

INDICATIVE		PRIMARY	SECONDARY
		Past Time	
	Perfect	(*Perf. Subj.*)	(*Pluperf. Subj.*)
ich	habe gebebt	habe gebebt	hätte gebebt
du	hast gebebt	habest gebebt	hättest gebebt
er	hat gebebt	habe gebebt	hätte gebebt
wir	haben gebebt	haben gebebt	hätten gebebt
ihr	habt gebebt	habet gebebt	hättet gebebt
sie	haben gebebt	haben gebebt	hätten gebebt

	Pluperfect
ich	hatte gebebt
du	hattest gebebt
er	hatte gebebt
wir	hatten gebebt
ihr	hattet gebebt
sie	hatten gebebt

INDICATIVE		PRIMARY	SECONDARY
		Future Time	
	Future	(*Fut. Subj.*)	(*Pres. Conditional*)
ich	werde beben	werde beben	würde beben
du	wirst beben	werdest beben	würdest beben
er	wird beben	werde beben	würde beben
wir	werden beben	werden beben	würden beben
ihr	werdet beben	werdet beben	würdet beben
sie	werden beben	werden beben	würden beben

INDICATIVE		PRIMARY	SECONDARY
		Future Perfect Time	
	Future Perfect	(*Fut. Perf. Subj.*)	(*Past Conditional*)
ich	werde gebebt haben	werde gebebt haben	würde gebebt haben
du	wirst gebebt haben	werdest gebebt haben	würdest gebebt haben
er	wird gebebt haben	werde gebebt haben	würde gebebt haben
wir	werden gebebt haben	werden gebebt haben	würden gebebt haben
ihr	werdet gebebt haben	werdet gebebt haben	würdet gebebt haben
sie	werden gebebt haben	werden gebebt haben	würden gebebt haben

Examples: *Beim letzten Erdbeben hat die Erde wenig gebebt. Aber die Menschen bebten vor Furcht.* During the last earthquake the earth trembled only a little. But people trembled in fright. Sent. 1 is in the pres. perf., colloquially used for past time. The imperf., however, is used for narratives, for relating connected events in the past. The speaker switched to the imperf. to recount details of the earthquake.

16

bedeuten

to mean, signify

	INDICATIVE	SUBJUNCTIVE	
		PRIMARY	SECONDARY
		Present Time	
	Present	*(Pres. Subj.)*	*(Imperf. Subj.)*
ich	bedeute	bedeute	bedeutete
du	bedeutest	bedeutest	bedeutetest
er	bedeutet	bedeute	bedeutete
wir	bedeuten	bedeuten	bedeuteten
ihr	bedeutet	bedeutet	bedeutetet
sie	bedeuten	bedeuten	bedeuteten

	Imperfect
ich	bedeutete
du	bedeutetest
er	bedeutete
wir	bedeuteten
ihr	bedeutetet
sie	bedeuteten

			Past Time	
	Perfect	*(Perf. Subj.)*	*(Pluperf. Subj.)*
ich	habe bedeutet	habe bedeutet	hätte bedeutet
du	hast bedeutet	habest bedeutet	hättest bedeutet
er	hat bedeutet	habe bedeutet	hätte bedeutet
wir	haben bedeutet	haben bedeutet	hätten bedeutet
ihr	habt bedeutet	habet bedeutet	hättet bedeutet
sie	haben bedeutet	haben bedeutet	hätten bedeutet

	Pluperfect
ich	hatte bedeutet
du	hattest bedeutet
er	hatte bedeutet
wir	hatten bedeutet
ihr	hattet bedeutet
sie	hatten bedeutet

			Future Time	
	Future	*(Fut. Subj.)*	*(Pres. Conditional)*
ich	werde bedeuten	werde bedeuten	würde bedeuten
du	wirst bedeuten	werdest bedeuten	würdest bedeuten
er	wird bedeuten	werde bedeuten	würde bedeuten
wir	werden bedeuten	werden bedeuten	würden bedeuten
ihr	werdet bedeuten	werdet bedeuten	würdet bedeuten
sie	werden bedeuten	werden bedeuten	würden bedeuten

			Future Perfect Time	
	Future Perfect	*(Fut. Perf. Subj.)*	*(Past Conditional)*
ich	werde bedeutet haben	werde bedeutet haben	würde bedeutet haben
du	wirst bedeutet haben	werdest bedeutet haben	würdest bedeutet haben
er	wird bedeutet haben	werde bedeutet haben	würde bedeutet haben
wir	werden bedeutet haben	werden bedeutet haben	würden bedeutet haben
ihr	werdet bedeutet haben	werdet bedeutet haben	würdet bedeutet haben
sie	werden bedeutet haben	werden bedeutet haben	würden bedeutet haben

Examples: *Der Dichter sagte, er wüßte nicht, was es bedeuten sollte.* The poet said he didn't know what it meant. *Was bedeutet eigentlich Materialismus?* What does materialism really mean? The stem ends in -t and therefore an extra e is added in some forms. Insep. **bedeuten** is used more often than the basic verb **deuten**.

sich bedienen

to help one's-self; make use of something

PRINC. PARTS: sich bedienen, bediente sich, hat sich bedient, bedient sich

IMPERATIVE: bediene dich!, bedient euch!, bedienen Sie sich!

INDICATIVE		SUBJUNCTIVE	
		PRIMARY	SECONDARY

Present Time

Present		(*Pres. Subj.*)	(*Imperf. Subj.*)
ich	bediene mich	bediene mich	bediente mich
du	bedienst dich	bedienest dich	bedientest dich
er	bedient sich	bediene sich	bediente sich
wir	bedienen uns	bedienen uns	bedienten uns
ihr	bedient euch	bedienet euch	bedientet euch
sie	bedienen sich	bedienen sich	bedienten sich

Imperfect	
ich	bediente mich
du	bedientest dich
er	bediente sich
wir	bedienten uns
ihr	bedientet euch
sie	bedienten sich

Past Time

Perfect		(*Perf. Subj.*)	(*Pluperf. Subj.*)
ich	habe mich bedient	habe mich bedient	hätte mich bedient
du	hast dich bedient	habest dich bedient	hättest dich bedient
er	hat sich bedient	habe sich bedient	hätte sich bedient
wir	haben uns bedient	haben uns bedient	hätten uns bedient
ihr	habt euch bedient	habet euch bedient	hättet euch bedient
sie	haben sich bedient	haben sich bedient	hätten sich bedient

Pluperfect	
ich	hatte mich bedient
du	hattest dich bedient
er	hatte sich bedient
wir	hatten uns bedient
ihr	hattet euch bedient
sie	hatten sich bedient

Future Time

Future		(*Fut. Subj.*)	(*Pres. Conditional*)
ich	werde mich bedienen	werde mich bedienen	würde mich bedienen
du	wirst dich bedienen	werdest dich bedienen	würdest dich bedienen
er	wird sich bedienen	werde sich bedienen	würde sich bedienen
wir	werden uns bedienen	werden uns bedienen	würden uns bedienen
ihr	werdet euch bedienen	werdet euch bedienen	würdet euch bedienen
sie	werden sich bedienen	werden sich bedienen	würden sich bedienen

Future Perfect Time

Future Perfect		(*Fut. Perf. Subj.*)	(*Past Conditional*)
ich	werde mich bedient haben	werde mich bedient haben	würde mich bedient haben
du	wirst dich bedient haben	werdest dich bedient haben	würdest dich bedient haben
er	wird sich bedient haben	werde sich bedient haben	würde sich bedient haben
wir	werden uns bedient haben	werden uns bedient haben	würden uns bedient haben
ihr	werdet euch bedient haben	werdet euch bedient haben	würdet euch bedient haben
sie	werden sich bedient haben	werden sich bedient haben	würden sich bedient haben

---

Examples: „ *Du hast dich am Büfett reichlich bedient. Heute bist du krank und brauchst jemand, der dich bedient.*" "You helped yourself copiously at the buffet. Today you're sick and need somebody to wait on you." **Sich bedienen** is reflexive; note the reflexive pronoun **dich**. Nonreflexive **bedienen** also means "to make use of something; to operate."

PRINC. PARTS: bedingen, bedingte, bedungen, bedingt
IMPERATIVE: bedinge!, bedingt!, bedingen Sie!

to stipulate, limit

INDICATIVE	SUBJUNCTIVE	
	PRIMARY	SECONDARY

Present Time

	Present	*(Pres. Subj.)*	*(Imperf. Subj.)*
ich	bedinge	bedinge	bedünge
du	bedingst	bedingest	bedüngest
er	bedingt	bedinge	bedünge
wir	bedingen	bedingen	bedüngen
ihr	bedingt	bedinget	bedünget
sie	bedingen	bedingen	bedüngen

	Imperfect
ich	bedingte
du	bedingtest
er	bedingte
wir	bedingten
ihr	bedingtet
sie	bedingten

Past Time

	Perfect	*(Perf. Subj.)*	*(Pluperf. Subj.)*
ich	habe bedungen	habe bedungen	hätte bedungen
du	hast bedungen	habest bedungen	hättest bedungen
er	hat bedungen	habe bedungen	hätte bedungen
wir	haben bedungen	haben bedungen	hätten bedungen
ihr	habt bedungen	habet bedungen	hättet bedungen
sie	haben bedungen	haben bedungen	hätten bedungen

	Pluperfect
ich	hatte bedungen
du	hattest bedungen
er	hatte bedungen
wir	hatten bedungen
ihr	hattet bedungen
sie	hatten bedungen

Future Time

	Future	*(Fut. Subj.)*	*(Pres. Conditional)*
ich	werde bedingen	werde bedingen	würde bedingen
du	wirst bedingen	werdest bedingen	würdest bedingen
er	wird bedingen	werde bedingen	würde bedingen
wir	werden bedingen	werden bedingen	würden bedingen
ihr	werdet bedingen	werdet bedingen	würdet bedingen
sie	werden bedingen	werden bedingen	würden bedingen

Future Perfect Time

	Future Perfect	*(Fut. Perf. Subj.)*	*(Past Conditional)*
ich	werde bedungen haben	werde bedungen haben	würde bedungen haben
du	wirst bedungen haben	werdest bedungen haben	würdest bedungen haben
er	wird bedungen haben	werde bedungen haben	würde bedungen haben
wir	werden bedungen haben	werden bedungen haben	würden bedungen haben
ihr	werdet bedungen haben	werdet bedungen haben	würdet bedungen haben
sie	werden bedungen haben	werden bedungen haben	würden bedungen haben

---

Examples: *Sie werden an Vertragsverhandlungen teilnehmen nur unter der Bedingung, daß sie sich noch vieles ausbedingen können.* They will participate in treaty negotiations only on condition that they can make stipulations about many points.
Sich etwas ausbedingen is sep. and means "to stipulate s.th., to make s.th. a condition."

sich beeilen

to hurry

PRINC. PARTS: sich beeilen, beeilte sich, hat sich beeilt, beeilt sich
IMPERATIVE: beeile dich!, beeilt euch!, beeilen Sie sich!

	INDICATIVE		PRIMARY	SECONDARY

SUBJUNCTIVE

Present Time

	Present		*(Pres. Subj.)*	*(Imperf. Subj.)*
ich	beeile mich		beeile mich	beeilte mich
du	beeilst dich		beeilest dich	beeiltest dich
er	beeilt sich		beeile sich	beeilte sich
wir	beeilen uns		beeilen uns	beeilten uns
ihr	beeilt euch		beeilet euch	beeiltet euch
sie	beeilen sich		beeilen sich	beeilten sich

	Imperfect
ich	beeilte mich
du	beeiltest dich
er	beeilte sich
wir	beeilten uns
ihr	beeiltet euch
sie	beeilten sich

Past Time

	Perfect	*(Perf. Subj.)*	*(Pluperf. Subj.)*
ich	habe mich beeilt	habe mich beeilt	hätte mich beeilt
du	hast dich beeilt	habest dich beeilt	hättest dich beeilt
er	hat sich beeilt	habe sich beeilt	hätte sich beeilt
wir	haben uns beeilt	haben uns beeilt	hätten uns beeilt
ihr	habt euch beeilt	habet euch beeilt	hättet euch beeilt
sie	haben sich beeilt	haben sich beeilt	hätten sich beeilt

	Pluperfect
ich	hatte mich beeilt
du	hattest dich beeilt
er	hatte sich beeilt
wir	hatten uns beeilt
ihr	hattet euch beeilt
sie	hatten sich beeilt

Future Time

	Future	*(Fut. Subj.)*	*(Pres. Conditional)*
ich	werde mich beeilen	werde mich beeilen	würde mich beeilen
du	wirst dich beeilen	werdest dich beeilen	würdest dich beeilen
er	wird sich beeilen	werde sich beeilen	würde sich beeilen
wir	werden uns beeilen	werden uns beeilen	würden uns beeilen
ihr	werdet euch beeilen	werdet euch beeilen	würdet euch beeilen
sie	werden sich beeilen	werden sich beeilen	würden sich beeilen

Future Perfect Time

	Future Perfect	*(Fut. Perf. Subj.)*	*(Past Conditional)*
ich	werde mich beeilt haben	werde mich beeilt haben	würde mich beeilt haben
du	wirst dich beeilt haben	werdest dich beeilt haben	würdest dich beeilt haben
er	wird sich beeilt haben	werde sich beeilt haben	würde sich beeilt haben
wir	werden uns beeilt haben	werden uns beeilt haben	würden uns beeilt haben
ihr	werdet euch beeilt haben	werdet euch beeilt haben	würdet euch beeilt haben
sie	werden sich beeilt haben	werden sich beeilt haben	würden sich beeilt haben

Examples: *Wir beeilen uns, Ihren Brief zu beantworten.* We hasten to reply to your letter. *Sie beeilte sich, rechtzeitig nach Hause zu kommen.* She hurried to get home on time. Be careful to sound the **e** of the prefix **be** when pronouncing **beeilen**.

PRINC. PARTS: befehlen, befahl, befohlen, befiehlt
IMPERATIVE: befiehl!, befehlt!, befehlen Sie!

to order, command

INDICATIVE		SUBJUNCTIVE	
		PRIMARY	SECONDARY
		Present Time	
	Present	*(Pres. Subj.)*	*(Imperf. Subj.)*
ich	befehle	befehle	*beföhle
du	befiehlst	befehlest	beföhlest
er	befiehlt	befehle	beföhle
wir	befehlen	befehlen	beföhlen
ihr	befehlt	befehlet	beföhlet
sie	befehlen	befehlen	beföhlen
	Imperfect		
ich	befahl		
du	befahlst		
er	befahl		
wir	befahlen		
ihr	befahlt		
sie	befahlen		
		Past Time	
	Perfect	*(Perf. Subj.)*	*(Pluperf. Subj.)*
ich	habe befohlen	habe befohlen	hätte befohlen
du	hast befohlen	habest befohlen	hättest befohlen
er	hat befohlen	habe befohlen	hätte befohlen
wir	haben befohlen	haben befohlen	hätten befohlen
ihr	habt befohlen	habet befohlen	hättet befohlen
sie	haben befohlen	haben befohlen	hätten befohlen
	Pluperfect		
ich	hatte befohlen		
du	hattest befohlen		
er	hatte befohlen		
wir	hatten befohlen		
ihr	hattet befohlen		
sie	hatten befohlen		
		Future Time	
	Future	*(Fut. Subj.)*	*(Pres. Conditional)*
ich	werde befehlen	werde befehlen	würde befehlen
du	wirst befehlen	werdest befehlen	würdest befehlen
er	wird befehlen	werde befehlen	würde befehlen
wir	werden befehlen	werden befehlen	würden befehlen
ihr	werdet befehlen	werdet befehlen	würdet befehlen
sie	werden befehlen	werden befehlen	würden befehlen
		Future Perfect Time	
	Future Perfect	*(Fut. Perf. Subj.)*	*(Past Conditional)*
ich	werde befohlen haben	werde befohlen haben	würde befohlen haben
du	wirst befohlen haben	werdest befohlen haben	würdest befohlen haben
er	wird befohlen haben	werde befohlen haben	würde befohlen haben
wir	werden befohlen haben	werden befohlen haben	würden befohlen haben
ihr	werdet befohlen haben	werdet befohlen haben	würdet befohlen haben
sie	werden befohlen haben	werden befohlen haben	würden befohlen haben

*The forms befähle, befählest, etc. are also acceptable.

Examples: *Der Oberbefehlshaber befahl den Soldaten, auf den Feind zu schießen, aber sie gehorchten ihm nicht. Er befahl sich Gott und erschoß sich.* The Commander in Chief ordered the soldiers to shoot at the enemy, but they didn't obey him. He commended himself to God and shot himself. The imperf. (past) is used here to recount connected events in the past.

sich befinden

*to be, find
oneself; feel*

PRINC. PARTS: sich befinden, befand sich, hat sich befunden, befindet sich
IMPERATIVE: befinde dich!, befindet euch!, befinden Sie sich!

INDICATIVE	SUBJUNCTIVE	
	PRIMARY	SECONDARY
	Present Time	
Present	*(Pres. Subj.)*	*(Imperf. Subj.)*
ich befinde mich	befinde mich	befände mich
du befindest dich	befindest dich	befändest dich
er befindet sich	befinde sich	befände sich
wir befinden uns	befinden uns	befänden uns
ihr befindet euch	befindet euch	befändet euch
sie befinden sich	befinden sich	befänden sich

Imperfect

ich	befand mich
du	befandest dich
er	befand sich
wir	befanden uns
ihr	befandet euch
sie	befanden sich

Past Time		
Perfect	*(Perf. Subj.)*	*(Pluperf. Subj.)*
ich habe mich befunden	habe mich befunden	hätte mich befunden
du hast dich befunden	habest dich befunden	hättest dich befunden
er hat sich befunden	habe sich befunden	hätte sich befunden
wir haben uns befunden	haben uns befunden	hätten uns befunden
ihr habt euch befunden	habet euch befunden	hättet euch befunden
sie haben sich befunden	haben sich befunden	hätten sich befunden

Pluperfect

ich	hatte mich befunden
du	hattest dich befunden
er	hatte sich befunden
wir	hatten uns befunden
ihr	hattet euch befunden
sie	hatten sich befunden

Future Time		
Future	*(Fut. Subj.)*	*(Pres. Conditional)*
ich werde mich befinden	werde mich befinden	würde mich befinden
du wirst dich befinden	werdest dich befinden	würdest dich befinden
er wird sich befinden	werde sich befinden	würde sich befinden
wir werden uns befinden	werden uns befinden	würden uns befinden
ihr werdet euch befinden	werdet euch befinden	würdet euch befinden
sie werden sich befinden	werden sich befinden	würden sich befinden

Future Perfect Time		
Future Perfect	*(Fut. Perf. Subj.)*	*(Past Conditional)*
ich werde mich befunden haben	werde mich befunden haben	würde mich befunden haben
du wirst dich befunden haben	werdest dich befunden haben	würdest dich befunden haben
er wird sich befunden haben	werde sich befunden haben	würde sich befunden haben
wir werden uns befunden haben	werden uns befunden haben	würden uns befunden haben
ihr werdet euch befunden haben	werdet euch befunden haben	würdet euch befunden haben
sie werden sich befunden haben	werden sich befunden haben	würden sich befunden haben

Examples: *Die Chefin befindet sich jetzt auf einer Asienreise.* The boss is away on a trip to Asia now. *Wie befinden sich Ihre Eltern?* How are your parents feeling (doing)?
Verbs whose stem ends in **d** insert an **e** in some forms. The past part. of **finden**, the basic verb, is **gefunden**. **Be-**, however, is an insep. prefix.

befreien

PRINC. PARTS: befreien, befreite, befreit, befreit
IMPERATIVE: befreie!, befreit!, befreien Sie!

to liberate, set free; exempt

INDICATIVE	SUBJUNCTIVE	
	PRIMARY	SECONDARY

Present Time

	Present	(*Pres. Subj.*)	(*Imperf. Subj.*)
ich	befreie	befreie	befreite
du	befreist	befreiest	befreitest
er	befreit	befreie	befreite
wir	befreien	befreien	befreiten
ihr	befreit	befreiet	befreitet
sie	befreien	befreien	befreiten

	Imperfect
ich	befreite
du	befreitest
er	befreite
wir	befreiten
ihr	befreitet
sie	befreiten

Past Time

	Perfect	(*Perf. Subj.*)	(*Pluperf. Subj.*)
ich	habe befreit	habe befreit	hätte befreit
du	hast befreit	habest befreit	hättest befreit
er	hat befreit	habe befreit	hätte befreit
wir	haben befreit	haben befreit	hätten befreit
ihr	habt befreit	habet befreit	hättet befreit
sie	haben befreit	haben befreit	hätten befreit

	Pluperfect
ich	hatte befreit
du	hattest befreit
er	hatte befreit
wir	hatten befreit
ihr	hattet befreit
sie	hatten befreit

Future Time

	Future	(*Fut. Subj.*)	(*Pres. Conditional*)
ich	werde befreien	werde befreien	würde befreien
du	wirst befreien	werdest befreien	würdest befreien
er	wird befreien	werde befreien	würde befreien
wir	werden befreien	werden befreien	würden befreien
ihr	werdet befreien	werdet befreien	würdet befreien
sie	werden befreien	werden befreien	würden befreien

Future Perfect Time

	Future Perfect	(*Fut. Perf. Subj.*)	(*Past Conditional*)
ich	werde befreit haben	werde befreit haben	würde befreit haben
du	wirst befreit haben	werdest befreit haben	würdest befreit haben
er	wird befreit haben	werde befreit haben	würde befreit haben
wir	werden befreit haben	werden befreit haben	würden befreit haben
ihr	werdet befreit haben	werdet befreit haben	würdet befreit haben
sie	werden befreit haben	werden befreit haben	würden befreit haben

Examples: *Sie sind zu oft von zu vielen Armeen befreit worden. Sie möchten sich gerne von ihren „Befreiern" befreien.* They've been liberated too often by too many armies. They would like to free themselves from their "liberators." Sent. 1: In the perf. tenses of the passive, the past part. of the helping verb **werden** (p. 483) loses its **ge-** when used with another past part.

begegnen

to meet

PRINC. PARTS: begegnen, begegnete, ist begegnet, begegnet
IMPERATIVE: begegne!, begegnet!, begegnen Sie!

INDICATIVE	SUBJUNCTIVE	
	PRIMARY	SECONDARY
	Present Time	
Present	*(Pres. Subj.)*	*(Imperf. Subj.)*
ich begegne	begegne	begegnete
du begegnest	begegnest	begegnetest
er begegnet	begegne	begegnete
wir begegnen	begegnen	begegneten
ihr begegnet	begegnet	begegnetet
sie begegnen	begegnen	begegneten

Imperfect

ich	begegnete
du	begegnetest
er	begegnete
wir	begegneten
ihr	begegnetet
sie	begegneten

Past Time

Perfect	*(Perf. Subj.)*	*(Pluperf. Subj.)*
ich bin begegnet	sei begegnet	wäre begegnet
du bist begegnet	seiest begegnet	wärest begegnet
er ist begegnet	sei begegnet	wäre begegnet
wir sind begegnet	seien begegnet	wären begegnet
ihr seid begegnet	seiet begegnet	wäret begegnet
sie sind begegnet	seien begegnet	wären begegnet

Pluperfect

ich	war begegnet
du	warst begegnet
er	war begegnet
wir	waren begegnet
ihr	wart begegnet
sie	waren begegnet

Future Time

Future	*(Fut. Subj.)*	*(Pres. Conditional)*
ich werde begegnen	werde begegnen	würde begegnen
du wirst begegnen	werdest begegnen	würdest begegnen
er wird begegnen	werde begegnen	würde begegnen
wir werden begegnen	werden begegnen	würden begegnen
ihr werdet begegnen	werdet begegnen	würdet begegnen
sie werden begegnen	werden begegnen	würden begegnen

Future Perfect Time

Future Perfect	*(Fut. Perf. Subj.)*	*(Past Conditional)*
ich werde begegnet sein	werde begegnet sein	würde begegnet sein
du wirst begegnet sein	werdest begegnet sein	würdest begegnet sein
er wird begegnet sein	werde begegnet sein	würde begegnet sein
wir werden begegnet sein	werden begegnet sein	würden begegnet sein
ihr werdet begegnet sein	werdet begegnet sein	würdet begegnet sein
sie werden begegnet sein	werden begegnet sein	würden begegnet sein

Examples: „*Gestern bin ich unserer alten Lehrerin Frau Weber begegnet.*" „*Erna hat mir erzählt, daß sie ihr auch neulich begegnet ist.*" "Yesterday I met our old teacher Ms. Weber." "Erna told me that she also met her recently." **Begegnen** takes a dat. obj. (see p. xxxiii.) It is also a **sein** verb, that is, it uses **sein** (to be) not **haben** (to have) to form the perfect tenses.

PRINC. PARTS: begehren, begehrte, begehrt, begehrt
IMPERATIVE: begehre!, begehrt!, begehren Sie!

to desire; covet

INDICATIVE	SUBJUNCTIVE	
	PRIMARY	SECONDARY
	Present Time	
Present	*(Pres. Subj.)*	*(Imperf. Subj.)*
ich begehre	begehre	begehrte
du begehrst	begehrest	begehrtest
er begehrt	begehre	begehrte
wir begehren	begehren	begehrten
ihr begehrt	begehret	begehrtet
sie begehren	begehren	begehrten

Imperfect
ich begehrte
du begehrtest
er begehrte
wir begehrten
ihr begehrtet
sie begehrten

INDICATIVE	PRIMARY	SECONDARY
	Past Time	
Perfect	*(Perf. Subj.)*	*(Pluperf. Subj.)*
ich habe begehrt	habe begehrt	hätte begehrt
du hast begehrt	habest begehrt	hättest begehrt
er hat begehrt	habe begehrt	hätte begehrt
wir haben begehrt	haben begehrt	hätten begehrt
ihr habt begehrt	habet begehrt	hättet begehrt
sie haben begehrt	haben begehrt	hätten begehrt

Pluperfect
ich hatte begehrt
du hattest begehrt
er hatte begehrt
wir hatten begehrt
ihr hattet begehrt
sie hatten begehrt

INDICATIVE	PRIMARY	SECONDARY
	Future Time	
Future	*(Fut. Subj.)*	*(Pres. Conditional)*
ich werde begehren	werde begehren	würde begehren
du wirst begehren	werdest begehren	würdest begehren
er wird begehren	werde begehren	würde begehren
wir werden begehren	werden begehren	würden begehren
ihr werdet begehren	werdet begehren	würdet begehren
sie werden begehren	werden begehren	würden begehren

INDICATIVE	PRIMARY	SECONDARY
	Future Perfect Time	
Future Perfect	*(Fut. Perf. Subj.)*	*(Past Conditional)*
ich werde begehrt haben	werde begehrt haben	würde begehrt haben
du wirst begehrt haben	werdest begehrt haben	würdest begehrt haben
er wird begehrt haben	werde begehrt haben	würde begehrt haben
wir werden begehrt haben	werden begehrt haben	würden begehrt haben
ihr werdet begehrt haben	werdet begehrt haben	würdet begehrt haben
sie werden begehrt haben	werden begehrt haben	würden begehrt haben

Examples: „Du sollst nicht begehren deines Nächsten Weib." "Thou shalt not covet thy neighbor's wife." *Altgriechische Münzen sind bei Numismatikern begehrt.* Ancient Greek coins are much sought after by numismatists. More usual for "to want" are **mögen, wollen,** and **wünschen. Begehren** is frequently found in literature and in the sense "sought after."

beginnen
to begin

PRINC. PARTS: beginnen, begann, begonnen, beginnt
IMPERATIVE: beginne!, beginnt! beginnen Sie!

INDICATIVE		SUBJUNCTIVE	
		PRIMARY	SECONDARY
		Present Time	
	Present	*(Pres. Subj.)*	*(Imperf. Subj.)*
ich	beginne	beginne	begönne *
du	beginnst	beginnest	begönnest
er	beginnt	beginne	begönne
wir	beginnen	beginnen	begönnen
ihr	beginnt	beginnet	begönnet
sie	beginnen	beginnen	begönnen

	Imperfect
ich	begann
du	begannst
er	begann
wir	begannen
ihr	begannt
sie	begannen

			Past Time	
	Perfect	*(Perf. Subj.)*	*(Pluperf. Subj.)*
ich	habe begonnen	habe begonnen	hätte begonnen
du	hast begonnen	habest begonnen	hättest begonnen
er	hat begonnen	habe begonnen	hätte begonnen
wir	haben begonnen	haben begonnen	hätten begonnen
ihr	habt begonnen	habet begonnen	hättet begonnen
sie	haben begonnen	haben begonnen	hätten begonnen

	Pluperfect
ich	hatte begonnen
du	hattest begonnen
er	hatte begonnen
wir	hatten begonnen
ihr	hattet begonnen
sie	hatten begonnen

			Future Time	
	Future	*(Fut. Subj.)*	*(Pres. Conditional)*
ich	werde beginnen	werde beginnen	würde beginnen
du	wirst beginnen	werdest beginnen	würdest beginnen
er	wird beginnen	werde beginnen	würde beginnen
wir	werden beginnen	werden beginnen	würden beginnen
ihr	werdet beginnen	werdet beginnen	würdet beginnen
sie	werden beginnen	werden beginnen	würden beginnen

			Future Perfect Time	
	Future Perfect	*(Fut. Perf. Subj.)*	*(Past Conditional)*
ich	werde begonnen haben	werde begonnen haben	würde begonnen haben
du	wirst begonnen haben	werdest begonnen haben	würdest begonnen haben
er	wird begonnen haben	werde begonnen haben	würde begonnen haben
wir	werden begonnen haben	werden begonnen haben	würden begonnen haben
ihr	werdet begonnen haben	werdet begonnen haben	würdet begonnen haben
sie	werden begonnen haben	werden begonnen haben	würden begonnen haben

*The forms begänne, begännest, etc. are also acceptable.

Examples: *Die Lehrerin hatte begonnen, ein Märchen vorzulesen. „Es war einmal", so beginnen die Märchen.* The teacher had begun to read a fairy tale aloud. "Once upon a time" is how fairy tales begin. The pluperfect (past perf.) in sent. 1 is used for an action in the past that started before another action. The **be-** of **beginnen** is never separated.

PRINC. PARTS: begleiten, begleitete, begleitet, begleitet
IMPERATIVE: begleite!, begleitet!, begleiten Sie!

to accompany

INDICATIVE	SUBJUNCTIVE	
	PRIMARY	SECONDARY
	Present Time	
Present	*(Pres. Subj.)*	*(Imperf. Subj.)*
ich begleite	begleite	begleitete
du begleitest	begleitest	begleitetest
er begleitet	begleite	begleitete
wir begleiten	begleiten	begleiteten
ihr begleitet	begleitet	begleitetet
sie begleiten	begleiten	begleiteten

Imperfect

ich	begleitete
du	begleitetest
er	begleitete
wir	begleiteten
ihr	begleitetet
sie	begleiteten

Past Time

Perfect	*(Perf. Subj.)*	*(Pluperf. Subj.)*
ich habe begleitet	habe begleitet	hätte begleitet
du hast begleitet	habest begleitet	hättest begleitet
er hat begleitet	habe begleitet	hätte begleitet
wir haben begleitet	haben begleitet	hätten begleitet
ihr habt begleitet	habet begleitet	hättet begleitet
sie haben begleitet	haben begleitet	hätten begleitet

Pluperfect

ich	hatte begleitet
du	hattest begleitet
er	hatte begleitet
wir	hatten begleitet
ihr	hattet begleitet
sie	hatten begleitet

Future Time

Future	*(Fut. Subj.)*	*(Pres. Conditional)*
ich werde begleiten	werde begleiten	würde begleiten
du wirst begleiten	werdest begleiten	würdest begleiten
er wird begleiten	werde begleiten	würde begleiten
wir werden begleiten	werden begleiten	würden begleiten
ihr werdet begleiten	werdet begleiten	würdet begleiten
sie werden begleiten	werden begleiten	würden begleiten

Future Perfect Time

Future Perfect	*(Fut. Perf. Subj.)*	*(Past Conditional)*
ich werde begleitet haben	werde begleitet haben	würde begleitet haben
du wirst begleitet haben	werdest begleitet haben	würdest begleitet haben
er wird begleitet haben	werde begleitet haben	würde begleitet haben
wir werden begleitet haben	werden begleitet haben	würden begleitet haben
ihr werdet begleitet haben	werdet begleitet haben	würdet begleitet haben
sie werden begleitet haben	werden begleitet haben	würden begleitet haben

Examples: *Lola sang und er begleitete sie am Flügel. Nach dem Konzert wollte er sie nach Hause begleiten.* Lola sang and he accompanied her at the piano. After the concert he wanted to see her home. The stem of **begleiten** ends in **-t**. An **e** is added in some forms, such as the imperf. here. In sent. 2, **begleiten** is the complementary infin. of the modal, **wollte**, and is therefore at the end of the sent.

beglücken

to make happy;
gratify; gladden

PRINC. PARTS: beglücken, beglückte, beglückt, beglückt
IMPERATIVE: beglücke!, beglückt!, beglücken Sie!

	INDICATIVE	SUBJUNCTIVE	
		PRIMARY	SECONDARY
			Present Time
	Present	*(Pres. Subj.)*	*(Imperf. Subj.)*
ich	beglücke	beglücke	beglückte
du	beglückst	beglückest	beglücktest
er	beglückt	beglücke	beglückte
wir	beglücken	beglücken	beglückten
ihr	beglückt	beglücket	beglücktet
sie	beglücken	beglücken	beglückten
	Imperfect		
ich	beglückte		
du	beglücktest		
er	beglückte		
wir	beglückten		
ihr	beglücktet		
sie	beglückten		
			Past Time
	Perfect	*(Perf. Subj.)*	*(Pluperf. Subj.)*
ich	habe beglückt	habe beglückt	hätte beglückt
du	hast beglückt	habest beglückt	hättest beglückt
er	hat beglückt	habe beglückt	hätte beglückt
wir	haben beglückt	haben beglückt	hätten beglückt
ihr	habt beglückt	habet beglückt	hättet beglückt
sie	haben beglückt	haben beglückt	hätten beglückt
	Pluperfect		
ich	hatte beglückt		
du	hattest beglückt		
er	hatte beglückt		
wir	hatten beglückt		
ihr	hattet beglückt		
sie	hatten beglückt		
			Future Time
	Future	*(Fut. Subj.)*	*(Pres. Conditional)*
ich	werde beglücken	werde beglücken	würde beglücken
du	wirst beglücken	werdest beglücken	würdest beglücken
er	wird beglücken	werde beglücken	würde beglücken
wir	werden beglücken	werden beglücken	würden beglücken
ihr	werdet beglücken	werdet beglücken	würdet beglücken
sie	werden beglücken	werden beglücken	würden beglücken
			Future Perfect Time
	Future Perfect	*(Fut. Perf. Subj.)*	*(Past Conditional)*
ich	werde beglückt haben	werde beglückt haben	würde beglückt haben
du	wirst beglückt haben	werdest beglückt haben	würdest beglückt haben
er	wird beglückt haben	werde beglückt haben	würde beglückt haben
wir	werden beglückt haben	werden beglückt haben	würden beglückt haben
ihr	werdet beglückt haben	werdet beglückt haben	würdet beglückt haben
sie	werden beglückt haben	werden beglückt haben	würden beglückt haben

Examples: *„Ich denke, was ich will und was mich beglücket..."* "I think (about) what I want and what makes me happy ... " *Schuberts Ständchen endet mit den Worten: „Komm, beglücke mich!"* Schubert's serenade ends with the words, "Come, make me happy!" **Beglücket** is an old-fashioned form of **beglückt**. Such forms are often found in the Bible, the cantatas of Bach, and older literature.

PRINC. PARTS: behalten, behielt, behalten, behält
IMPERATIVE: behalte!, behaltet!, behalten Sie!

to retain, keep

INDICATIVE		SUBJUNCTIVE	
		PRIMARY	SECONDARY
		Present Time	
Present		*(Pres. Subj.)*	*(Imperf. Subj.)*
ich	behalte	behalte	behielte
du	behältst	behaltest	behieltest
er	behält	behalte	behielte
wir	behalten	behalten	behielten
ihr	behaltet	behaltet	behieltet
sie	behalten	behalten	behielten

Imperfect	
ich	behielt
du	behieltest
er	behielt
wir	behielten
ihr	behieltet
sie	behielten

		Past Time	
Perfect		*(Perf. Subj.)*	*(Pluperf. Subj.)*
ich	habe behalten	habe behalten	hätte behalten
du	hast behalten	habest behalten	hättest behalten
er	hat behalten	habe behalten	hätte behalten
wir	haben behalten	haben behalten	hätten behalten
ihr	habt behalten	habet behalten	hättet behalten
sie	haben behalten	haben behalten	hätten behalten

Pluperfect	
ich	hatte behalten
du	hattest behalten
er	hatte behalten
wir	hatten behalten
ihr	hattet behalten
sie	hatten behalten

		Future Time	
Future		*(Fut. Subj.)*	*(Pres. Conditional)*
ich	werde behalten	werde behalten	würde behalten
du	wirst behalten	werdest behalten	würdest behalten
er	wird behalten	werde behalten	würde behalten
wir	werden behalten	werden behalten	würden behalten
ihr	werdet behalten	werdet behalten	würdet behalten
sie	werden behalten	werden behalten	würden behalten

		Future Perfect Time	
Future Perfect		*(Fut. Perf. Subj.)*	*(Past Conditional)*
ich	werde behalten haben	werde behalten haben	würde behalten haben
du	wirst behalten haben	werdest behalten haben	würdest behalten haben
er	wird behalten haben	werde behalten haben	würde behalten haben
wir	werden behalten haben	werden behalten haben	würden behalten haben
ihr	werdet behalten haben	werdet behalten haben	würdet behalten haben
sie	werden behalten haben	werden behalten haben	würden behalten haben

Examples: *„Wenn Sie das Endziel stets im Auge behalten, werden wir die Oberhand behalten. Behalten Sie Ihre Fassung! Dann behalten wir recht", verlangte der Chef.* "If you always keep the final goal in sight, then we'll continue to have the upper hand. Keep your composure. Then we'll be proven right," demanded the boss. The **Sie** and **wir** forms of the pres. resemble the infin. in most verbs.

29

beißen

to bite

PRINC. PARTS: beißen, biß, gebissen, beißt
IMPERATIVE: beiße!, beißt!, beißen Sie!

INDICATIVE		SUBJUNCTIVE	
		PRIMARY	SECONDARY
		Present Time	
	Present	*(Pres. Subj.)*	*(Imperf. Subj.)*
ich	beiße	beiße	bisse
du	beißt	beißest	bissest
er	beißt	beiße	bisse
wir	beißen	beißen	bissen
ihr	beißt	beißet	bisset
sie	beißen	beißen	bissen

	Imperfect
ich	biß
du	bissest
er	biß
wir	bissen
ihr	bißt
sie	bissen

			Past Time	
	Perfect	*(Perf. Subj.)*	*(Pluperf. Subj.)*	
ich	habe gebissen	habe gebissen	hätte gebissen
du	hast gebissen	habest gebissen	hättest gebissen
er	hat gebissen	habe gebissen	hätte gebissen
wir	haben gebissen	haben gebissen	hätten gebissen
ihr	habt gebissen	habet gebissen	hättet gebissen
sie	haben gebissen	haben gebissen	hätten gebissen

	Pluperfect
ich	hatte gebissen
du	hattest gebissen
er	hatte gebissen
wir	hatten gebissen
ihr	hattet gebissen
sie	hatten gebissen

			Future Time	
	Future	*(Fut. Subj.)*	*(Pres. Conditional)*	
ich	werde beißen	werde beißen	würde beißen
du	wirst beißen	werdest beißen	würdest beißen
er	wird beißen	werde beißen	würde beißen
wir	werden beißen	werden beißen	würden beißen
ihr	werdet beißen	werdet beißen	würdet beißen
sie	werden beißen	werden beißen	würden beißen

			Future Perfect Time	
	Future Perfect	*(Fut. Perf. Subj.)*	*(Past Conditional)*	
ich	werde gebissen haben	werde gebissen haben	würde gebissen haben
du	wirst gebissen haben	werdest gebissen haben	würdest gebissen haben
er	wird gebissen haben	werde gebissen haben	würde gebissen haben
wir	werden gebissen haben	werden gebissen haben	würden gebissen haben
ihr	werdet gebissen haben	werdet gebissen haben	würdet gebissen haben
sie	werden gebissen haben	werden gebissen haben	würden gebissen haben

Examples: *Der Chef machte der Konkurrenz ein Angebot. Sie aber bissen nicht an. Er machte bissige Bermerkungen; mußte aber trotzdem in den sauren Apfel beißen.* The boss made an offer to the competition. But they didn't take the bait. He made nasty remarks, but had to swallow the bitter pill. **Anbeißen** in sent. 2 is used idiomatically.

bejahen

PRINC. PARTS: bejahen, bejahte, bejaht, bejaht
IMPERATIVE: bejahe!, bejaht!, bejahen Sie!

to answer in the affirmative,
agree, assent

INDICATIVE	SUBJUNCTIVE	
	PRIMARY	SECONDARY
	Present Time	
Present	(*Pres. Subj.*)	(*Imperf. Subj.*)
ich bejahe	bejahe	bejahte
du bejahst	bejahest	bejahtest
er bejaht	bejahe	bejahte
wir bejahen	bejahen	bejahten
ihr bejaht	bejahet	bejahtet
sie bejahen	bejahen	bejahten

Imperfect

ich bejahte
du bejahtest
er bejahte
wir bejahten
ihr bejahtet
sie bejahten

	Past Time	
Perfect	(*Perf. Subj.*)	(*Pluperf. Subj.*)
ich habe bejaht	habe bejaht	hätte bejaht
du hast bejaht	habest bejaht	hättest bejaht
er hat bejaht	habe bejaht	hätte bejaht
wir haben bejaht	haben bejaht	hätten bejaht
ihr habt bejaht	habet bejaht	hättet bejaht
sie haben bejaht	haben bejaht	hätten bejaht

Pluperfect

ich hatte bejaht
du hattest bejaht
er hatte bejaht
wir hatten bejaht
ihr hattet bejaht
sie hatten bejaht

	Future Time	
Future	(*Fut. Subj.*)	(*Pres. Conditional*)
ich werde bejahen	werde bejahen	würde bejahen
du wirst bejahen	werdest bejahen	würdest bejahen
er wird bejahen	werde bejahen	würde bejahen
wir werden bejahen	werden bejahen	würden bejahen
ihr werdet bejahen	werdet bejahen	würdet bejahen
sie werden bejahen	werden bejahen	würden bejahen

	Future Perfect Time	
Future Perfect	(*Fut. Perf. Subj.*)	(*Past Conditional*)
ich werde bejaht haben	werde bejaht haben	würde bejaht haben
du wirst bejaht haben	werdest bejaht haben	würdest bejaht haben
er wird bejaht haben	werde bejaht haben	würde bejaht haben
wir werden bejaht haben	werden bejaht haben	würden bejaht haben
ihr werdet bejaht haben	werdet bejaht haben	würdet bejaht haben
sie werden bejaht haben	werden bejaht haben	würden bejaht haben

---

Examples: *Die meisten bejahten alles, was der Chef vorlegte, aber einige sagten nichts. „Wer schweigt, bejaht", folgerte er.* Most agreed with everything the boss proposed. But a few said nothing. "Silence gives consent," he concluded. Here the insep. prefix **be-** makes a verb out of another part of speech: the word **ja** (plus the letter **h**).

bekehren

to convert

PRINC. PARTS: bekehren, bekehrte, bekehrt, bekehrt
IMPERATIVE: bekehre!, bekehrt!, bekehren Sie!

	INDICATIVE		SUBJUNCTIVE	
			PRIMARY	SECONDARY
			Present Time	
	Present		*(Pres. Subj.)*	*(Imperf. Subj.)*
ich	bekehre		bekehre	bekehrte
du	bekehrst		bekehrest	bekehrtest
er	bekehrt		bekehre	bekehrte
wir	bekehren		bekehren	bekehrten
ihr	bekehrt		bekehret	bekehrtet
sie	bekehren		bekehren	bekehrten
	Imperfect			
ich	bekehrte			
du	bekehrtest			
er	bekehrte			
wir	bekehrten			
ihr	bekehrtet			
sie	bekehrten			
			Past Time	
	Perfect		*(Perf. Subj.)*	*(Pluperf. Subj.)*
ich	habe bekehrt		habe bekehrt	hätte bekehrt
du	hast bekehrt		habest bekehrt	hättest bekehrt
er	hat bekehrt		habe bekehrt	hätte bekehrt
wir	haben bekehrt		haben bekehrt	hätten bekehrt
ihr	habt bekehrt		habet bekehrt	hättet bekehrt
sie	haben bekehrt		haben bekehrt	hätten bekehrt
	Pluperfect			
ich	hatte bekehrt			
du	hattest bekehrt			
er	hatte bekehrt			
wir	hatten bekehrt			
ihr	hattet bekehrt			
sie	hatten bekehrt			
			Future Time	
	Future		*(Fut. Subj.)*	*(Pres. Conditional)*
ich	werde bekehren		werde bekehren	würde bekehren
du	wirst bekehren		werdest bekehren	würdest bekehren
er	wird bekehren		werde bekehren	würde bekehren
wir	werden bekehren		werden bekehren	würden bekehren
ihr	werdet bekehren		werdet bekehren	würdet bekehren
sie	werden bekehren		werden bekehren	würden bekehren
			Future Perfect Time	
	Future Perfect		*(Fut. Perf. Subj.)*	*(Past Conditional)*
ich	werde bekehrt haben		werde bekehrt haben	würde bekehrt haben
du	wirst bekehrt haben		werdest bekehrt haben	würdest bekehrt haben
er	wird bekehrt haben		werde bekehrt haben	würde bekehrt hapen
wir	werden bekehrt haben		werden bekehrt haben	würden bekehrt haben
ihr	werdet bekehrt haben		werdet bekehrt haben	würdet bekehrt haben
sie	werden bekehrt haben		werden bekehrt haben	würden bekehrt haben

Examples: *Der berühmte Bekehrer konnte viele zum neuen Glauben bekehren, nur nicht sich selbst. Er war wirklich nicht vom Alkohol bekehrt.* The famous missionary was able to convert many to the new faith, but not himself. He really hadn't turned his back on alcohol. The basic verb is **kehren** (to sweep; turn). **Bekehren** is used for an inner turning. It is often used with "to" (**zu**), but note the idiom **bekehrt von**.

PRINC. PARTS: bekommen, bekam, bekommen, bekommt   *1. to get, receive;*
IMPERATIVE: bekomme!, bekommt!, bekommen Sie!   *2. to agree with, suit**

INDICATIVE	SUBJUNCTIVE	
	PRIMARY	SECONDARY
	Present Time	
Present	*(Pres. Subj.)*	*(Imperf. Subj.)*
ich bekomme	bekomme	bekäme
du bekommst	bekommest	bekämest
er bekommt	bekomme	bekäme
wir bekommen	bekommen	bekämen
ihr bekommt	bekommet	bekämet
sie bekommen	bekommen	bekämen
Imperfect		
ich bekam		
du bekamst		
er bekam		
wir bekamen		
ihr bekamt		
sie bekamen	*Past Time*	
Perfect	*(Perf. Subj.)*	*(Pluperf. Subj.)*
ich habe bekommen	habe bekommen	hätte bekommen
du hast bekommen	habest bekommen	hättest bekommen
er hat bekommen	habe bekommen	hätte bekommen
wir haben bekommen	haben bekommen	hätten bekommen
ihr habt bekommen	habet bekommen	hättet bekommen
sie haben bekommen	haben bekommen	hätten bekommen
Pluperfect		
ich hatte bekommen		
du hattest bekommen		
er hatte bekommen		
wir hatten bekommen		
ihr hattet bekommen		
sie hatten bekommen	*Future Time*	
Future	*(Fut. Subj.)*	*(Pres. Conditional)*
ich werde bekommen	werde bekommen	würde bekommen
du wirst bekommen	werdest bekommen	würdest bekommen
er wird bekommen	werde bekommen	würde bekommen
wir werden bekommen	werden bekommen	würden bekommen
ihr werdet bekommen	werdet bekommen	würdet bekommen
sie werden bekommen	werden bekommen	würden bekommen
	Future Perfect Time	
Future Perfect	*(Fut. Perf. Subj.)*	*(Past Conditional)*
ich werde bekommen haben	werde bekommen haben	würde bekommen haben
du wirst bekommen haben	werdest bekommen haben	würdest bekommen haben
er wird bekommen haben	werde bekommen haben	würde bekommen haben
wir werden bekommen haben	werden bekommen haben	würden bekommen haben
ihr werdet bekommen haben	werdet bekommen haben	würdet bekommen haben
sie werden bekommen haben	werden bekommen haben	würden bekommen haben

* In this meaning *bekommen* is conjugated with *sein*, usually impersonally.
EXAMPLE: *Das ist ihm gut bekommen.*

Examples: *In der ganzen Stadt war kein Zimmer zu bekommen. Ich war auch nahe daran, einen Schnupfen zu bekommen. Endlich gelang es mir, in einem Gasthof im Nachbardorf, ein Zimmer zu bekommen.* In the whole city no room was to be had. I was also close to catching a cold. Finally I succeeded in getting a room at an inn in a neighboring village. Note the 3 infin. phrases and the different tr. possibilities.

beleben

to enliven, animate; cheer,
brighten

PRINC. PARTS: beleben, belebte, belebt, belebt
IMPERATIVE: belebe!, belebt!, beleben Sie!

	INDICATIVE	SUBJUNCTIVE	
		PRIMARY	SECONDARY
	Present	*(Pres. Subj.)*	*(Imperf. Subj.)*
ich	belebe	belebe	belebte
du	belebst	belebest	belebtest
er	belebt	belebe	belebte
wir	beleben	beleben	belebten
ihr	belebt	belebet	belebtet
sie	beleben	beleben	belebten

	Imperfect
ich	belebte
du	belebtest
er	belebte
wir	belebten
ihr	belebtet
sie	belebten

		Past Time	
	Perfect	*(Perf. Subj.)*	*(Pluperf. Subj.)*
ich	habe belebt	habe belebt	hätte belebt
du	hast belebt	habest belebt	hättest belebt
er	hat belebt	habe belebt	hätte belebt
wir	haben belebt	haben belebt	hätten belebt
ihr	habt belebt	habet belebt	hättet belebt
sie	haben belebt	haben belebt	hätten belebt

	Pluperfect
ich	hatte belebt
du	hattest belebt
er	hatte belebt
wir	hatten belebt
ihr	hattet belebt
sie	hatten belebt

		Future Time	
	Future	*(Fut. Subj.)*	*(Pres. Conditional)*
ich	werde beleben	werde beleben	würde beleben
du	wirst beleben	werdest beleben	würdest beleben
er	wird beleben	werde beleben	würde beleben
wir	werden beleben	werden beleben	würden beleben
ihr	werdet beleben	werdet beleben	würdet beleben
sie	werden beleben	werden beleben	würden beleben

		Future Perfect Time	
	Future Perfect	*(Fut. Perf. Subj.)*	*(Past Conditional)*
ich	werde belebt haben	werde belebt haben	würde belebt haben
du	wirst belebt haben	werdest belebt haben	würdest belebt haben
er	wird belebt haben	werde belebt haben	würde belebt haben
wir	werden belebt haben	werden belebt haben	würden belebt haben
ihr	werdet belebt haben	werdet belebt haben	würdet belebt haben
sie	werden belebt haben	werden belebt haben	würden belebt haben

Examples: *Nach einem Operettenbesuch in Wien fühlte sich Graf Dracula neu belebt.* „*Wiener Blut, du belebst uns, erhebst uns den Mut*", *sang er.* After going to an operetta in Vienna, Count Dracula felt reinvigorated. "Vienna blood, you cheer us, you raise our spirits," he sang. **Belebt** (1) is the past part. used as an adj. Because it comes after the noun it modifies, it has no ending.

PRINC. PARTS: beleidigen, beleidigte, beleidigt, beleidigt
IMPERATIVE: beleidige!, beleidigt!, beleidigen Sie!

to insult, offend

	INDICATIVE	PRIMARY	SECONDARY

Present Time

	Present	*(Pres. Subj.)*	*(Imperf. Subj.)*
ich	beleidige	beleidige	beleidigte
du	beleidigst	beleidigest	beleidigtest
er	beleidigt	beleidige	beleidigte
wir	beleidigen	beleidigen	beleidigten
ihr	beleidigt	beleidiget	beleidigtet
sie	beleidigen	beleidigen	beleidigten

	Imperfect
ich	beleidigte
du	beleidigtest
er	beleidigte
wir	beleidigten
ihr	beleidigtet
sie	beleidigten

Past Time

	Perfect	*(Perf. Subj.)*	*(Pluperf. Subj.)*
ich	habe beleidigt	habe beleidigt	hätte beleidigt
du	hast beleidigt	habest beleidigt	hättest beleidigt
er	hat beleidigt	habe beleidigt	hätte beleidigt
wir	haben beleidigt	haben beleidigt	hätten beleidigt
ihr	habt beleidigt	habet beleidigt	hättet beleidigt
sie	haben beleidigt	haben beleidigt	hätten beleidigt

	Pluperfect
ich	hatte beleidigt
du	hattest beleidigt
er	hatte beleidigt
wir	hatten beleidigt
ihr	hattet beleidigt
sie	hatten beleidigt

Future Time

	Future	*(Fut. Subj.)*	*(Pres. Conditional)*
ich	werde beleidigen	werde beleidigen	würde beleidigen
du	wirst beleidigen	werdest beleidigen	würdest beleidigen
er	wird beleidigen	werde beleidigen	würde beleidigen
wir	werden beleidigen	werden beleidigen	würden beleidigen
ihr	werdet beleidigen	werdet beleidigen	würdet beleidigen
sie	werden beleidigen	werden beleidigen	würden beleidigen

Future Perfect Time

	Future Perfect	*(Fut. Perf. Subj.)*	*(Past Conditional)*
ich	werde beleidigt haben	werde beleidigt haben	würde beleidigt haben
du	wirst beleidigt haben	werdest beleidigt haben	würdest beleidigt haben
er	wird beleidigt haben	werde beleidigt haben	würde beleidigt haben
wir	werden beleidigt haben	werden beleidigt haben	würden beleidigt haben
ihr	werdet beleidigt haben	werdet beleidigt haben	würdet beleidigt haben
sie	werden beleidigt haben	werden beleidigt haben	würden beleidigt haben

Examples: *Es war nicht meine Absicht, Ernst zu beleidigen, aber er fühlt sich leicht beleidigt. Er spielt oft die beleidigte Leberwurst.* It wasn't my intention to insult Ernst. But he's easily offended. He's often in a huff. **Beleidigt** is the past part. used as an adj., with no ending in sent. 1 because it follows the noun it modifies. In the last sent. it precedes **die Leberwurst** and therefore has an ending.

bellen

to bark, bay

PRINC. PARTS: bellen, bellte, gebellt, bellt
IMPERATIVE: belle!, bellt!, bellen Sie!

INDICATIVE	SUBJUNCTIVE	
	PRIMARY	SECONDARY

Present Time

	Present	(Pres. Subj.)	(Imperf. Subj.)
ich	belle	belle	bellte
du	bellst	bellest	belltest
er	bellt	belle	bellte
wir	bellen	bellen	bellten
ihr	bellt	bellet	belltest
sie	bellen	bellen	bellten

	Imperfect
ich	bellte
du	belltest
er	bellte
wir	bellten
ihr	belltet
sie	bellten

Past Time

	Perfect	(Perf. Subj.)	(Pluperf. Subj.)
ich	habe gebellt	habe gebellt	hätte gebellt
du	hast gebellt	habest gebellt	hättest gebellt
er	hat gebellt	habe gebellt	hätte gebellt
wir	haben gebellt	haben gebellt	hätten gebellt
ihr	habt gebellt	habet gebellt	hättet gebellt
sie	haben gebellt	haben gebellt	hätten gebellt

	Pluperfect
ich	hatte gebellt
du	hattest gebellt
er	hatte gebellt
wir	hatten gebellt
ihr	hattet gebellt
sie	hatten gebellt

Future Time

	Future	(Fut. Subj.)	(Pres. Conditional)
ich	werde bellen	werde bellen	würde bellen
du	wirst bellen	werdest bellen	würdest bellen
er	wird bellen	werde bellen	würde bellen
wir	werden bellen	werden bellen	würden bellen
ihr	werdet bellen	werdet bellen	würdet bellen
sie	werden bellen	werden bellen	würden bellen

Future Perfect Time

	Future Perfect	(Fut. Perf. Subj.)	(Past Conditional)
ich	werde gebellt haben	werde gebellt haben	würde gebellt haben
du	wirst gebellt haben	werdest gebellt haben	würdest gebellt haben
er	wird gebellt haben	werde gebellt haben	würde gebellt haben
wir	werden gebellt haben	werden gebellt haben	würden gebellt haben
ihr	werdet gebellt haben	werdet gebellt haben	würdet gebellt haben
sie	werden gebellt haben	werden gebellt haben	würden gebellt haben

---

Examples: *„Das andauernde Bellen Ihres Hundes kann ich nicht mehr aushalten", sagte der Nachbar. „Bellende Hunde beißen nicht. Gestern hat er alle angebellt, aber heute ist er ausgebellt", sagte die Nachbarin."* "I can't put up with your dog's barking any more," said the neighbor (male). "Barking dogs don't bite. Yesterday he barked at everybody. But today he's all barked out," said the neighbor (female).

bergen

PRINC. PARTS: bergen, barg, geborgen, birgt
IMPERATIVE: birg!, bergt!, bergen Sie!

to recover; conceal

	INDICATIVE	SUBJUNCTIVE		
		PRIMARY	SECONDARY	

Present Time

	Present	*(Pres. Subj.)*	*(Imperf. Subj.)*	
ich	berge	berge	bürge	bärge
du	birgst	bergest	bürgest	bärgest
er	birgt	berge	bürge *or* bärge	
wir	bergen	bergen	bürgen	bärgen
ihr	bergt	berget	bürget	bärget
sie	bergen	bergen	bürgen	bärgen

	Imperfect
ich	barg
du	bargst
er	barg
wir	bargen
ihr	bargt
sie	bargen

Past Time

	Perfect	*(Perf. Subj.)*	*(Pluperf. Subj.)*
ich	habe geborgen	habe geborgen	hätte geborgen
du	hast geborgen	habest geborgen	hättest geborgen
er	hat geborgen	habe geborgen	hätte geborgen
wir	haben geborgen	haben geborgen	hätten geborgen
ihr	habt geborgen	habet geborgen	hättet geborgen
sie	haben geborgen	haben geborgen	hätten geborgen

	Pluperfect
ich	hatte geborgen
du	hattest geborgen
er	hatte geborgen
wir	hatten geborgen
ihr	hattet geborgen
sie	hatten geborgen

Future Time

	Future	*(Fut. Subj.)*	*(Pres. Conditional)*
ich	werde bergen	werde bergen	würde bergen
du	wirst bergen	werdest bergen	würdest bergen
er	wird bergen	werde bergen	würde bergen
wir	werden bergen	werden bergen	würden bergen
ihr	werdet bergen	werdet bergen	würdet bergen
sie	werden bergen	werden bergen	würden bergen

Future Perfect Time

	Future Perfect	*(Fut. Perf. Subj.)*	*(Past Conditional)*
ich	werde geborgen haben	werde geborgen haben	würde geborgen haben
du	wirst geborgen haben	werdest geborgen haben	würdest geborgen haben
er	wird geborgen haben	werde geborgen haben	würde geborgen haben
wir	werden geborgen haben	werden geborgen haben	würden geborgen haben
ihr	werdet geborgen haben	werdet geborgen haben	würdet geborgen haben
sie	werden geborgen haben	werden geborgen haben	würden geborgen haben

---

Examples: *Die Mannschaft ist geborgen, aber man hat das Schiff nicht bergen können.*
The crew is safe, but they couldn't save the ship. „*Mein Sohn, was birgst du so bang dein
Gesicht?*" "My son, why do you hide your face so?" In sent. 1 the past part. **geborgen** is
used as an adj. In sent. 2, **bergen** means "to conceal." More usual now in this sense is
verbergen.

berichten

to report

PRINC. PARTS: berichten, berichtete, berichtet, berichtet
IMPERATIVE: berichte!, berichtet!, berichten Sie!

INDICATIVE	SUBJUNCTIVE	
	PRIMARY	SECONDARY
	Present Time	
Present	*(Pres. Subj.)*	*(Imperf. Subj.)*
ich berichte	berichte	berichtete
du berichtest	berichtest	berichtetest
er berichtet	berichte	berichtete
wir berichten	berichten	berichteten
ihr berichtet	berichtet	berichtetet
sie berichten	berichten	berichteten

Imperfect
ich berichtete
du berichtetest
er berichtete
wir berichteten
ihr berichtetet
sie berichteten

	Past Time	
Perfect	*(Perf. Subj.)*	*(Pluperf. Subj.)*
ich habe berichtet	habe berichtet	hätte berichtet
du hast berichtet	habest berichtet	hättest berichtet
er hat berichtet	habe berichtet	hätte berichtet
wir haben berichtet	haben berichtet	hätten berichtet
ihr habt berichtet	habet berichtet	hättet berichtet
sie haben berichtet	haben berichtet	hätten berichtet

Pluperfect
ich hatte berichtet
du hattest berichtet
er hatte berichtet
wir hatten berichtet
ihr hattet berichtet
sie hatten berichtet

	Future Time	
Future	*(Fut. Subj.)*	*(Pres. Conditional)*
ich werde berichten	werde berichten	würde berichten
du wirst berichten	werdest berichten	würdest berichten
er wird berichten	werde berichten	würde berichten
wir werden berichten	werden berichten	würden berichten
ihr werdet berichten	werdet berichten	würdet berichten
sie werden berichten	werden berichten	würden berichten

	Future Perfect Time	
Future Perfect	*(Fut. Perf. Subj.)*	*(Past Conditional)*
ich werde berichtet haben	werde berichtet haben	würde berichtet haben
du wirst berichtet haben	werdest berichtet haben	würdest berichtet haben
er wird berichtet haben	werde berichtet haben	würde berichtet haben
wir werden berichtet haben	werden berichtet haben	würden berichtet haben
ihr werdet berichtet haben	werdet berichtet haben	würdet berichtet haben
sie werden berichtet haben	werden berichtet haben	würden berichtet haben

Examples: *Lange hatte unsere Berichterstatterin wenig Erfreuliches zu berichten. Es wird aber soeben berichtet, daß die Lage besser wird.* For a long time our correspondent had little good news to report. But reports now say that the situation is improving. The literal tr. of **wird soeben berichtet** (is just being reported) is awkward. It is best to tr. freely.

PRINC. PARTS: bersten,* barst, ist geborsten, birst
IMPERATIVE: birst!, berstet!, bersten Sie!**

to burst

	INDICATIVE		SUBJUNCTIVE	
		PRIMARY		SECONDARY
			Present Time	
	Present	*(Pres. Subj.)*		*(Imperf. Subj.)*
ich	berste	berste	bärste	börste
du	birst	berstest	bärstest	börstest
er	birst	berste	bärste *or*	börste
wir	bersten	bersten	bärsten	börsten
ihr	berstet	berstet	bärstet	börstet
sie	bersten	bersten	bärsten	börsten

	Imperfect
ich	barst
du	barstest
er	barst
wir	barsten
ihr	barstet
sie	barsten

			Past Time	
	Perfect	*(Perf. Subj.)*		*(Pluperf. Subj.)*
ich	bin geborsten	sei geborsten	wäre geborsten	
du	bist geborsten	seiest geborsten	wärest geborsten	
er	ist geborsten	sei geborsten	wäre geborsten	
wir	sind geborsten	seien geborsten	wären geborsten	
ihr	seid geborsten	seiet geborsten	wäret geborsten	
sie	sind geborsten	seien geborsten	wären geborsten	

	Pluperfect
ich	war geborsten
du	warst geborsten
er	war geborsten
wir	waren geborsten
ihr	wart geborsten
sie	waren geborsten

			Future Time	
	Future	*(Fut. Subj.)*		*(Pres. Conditional)*
ich	werde bersten	werde bersten	würde bersten	
du	wirst bersten	werdest bersten	würdest bersten	
er	wird bersten	werde bersten	würde bersten	
wir	werden bersten	werden bersten	würden bersten	
ihr	werdet bersten	werdet bersten	würdet bersten	
sie	werden bersten	werden bersten	würden bersten	

			Future Perfect Time	
	Future Perfect	*(Fut. Perf. Subj.)*		*(Past Conditional)*
ich	werde geborsten sein	werde geborsten sein	würde geborsten sein	
du	wirst geborsten sein	werdest geborsten sein	würdest geborsten sein	
er	wird geborsten sein	werde geborsten sein	würde geborsten sein	
wir	werden geborsten sein	werden geborsten sein	würden geborsten sein	
ihr	werdet geborsten sein	werdet geborsten sein	würdet geborsten sein	
sie	werden geborsten sein	werden geborsten sein	würden geborsten sein	

* Forms other than the third person are infrequently found.
** The imperative is unusual.

Examples: „*Die Wasserleitungen sind geborsten. Mein Mann versucht, sie zu reparieren, aber er macht alles nur schlimmer. Wenn Sie nicht sofort kommen, werde ich vor Wut bersten*", sagte Blondchen dem Klempner. "The water pipes have burst. My husband is trying to repair them but he's just making everything worse. If you don't come right away, I'll burst with rage," Blondie said to the plumber.

beschuldigen

to accuse, charge (with)

PRINC. PARTS: beschuldigen, beschuldigte, beschuldigt, beschuldigt

IMPERATIVE: beschuldige!, beschuldigt!, beschuldigen Sie!

INDICATIVE	PRIMARY	SECONDARY
	SUBJUNCTIVE	
	Present Time	
Present	(Pres. Subj.)	(Imperf. Subj.)
ich beschuldige	beschuldige	beschuldigte
du beschuldigst	beschuldigest	beschuldigtest
er beschuldigt	beschuldige	beschuldigte
wir beschuldigen	beschuldigen	beschuldigten
ihr beschuldigt	beschuldiget	beschuldigtet
sie beschuldigen	beschuldigen	beschuldigten
Imperfect		
ich beschuldigte		
du beschuldigtest		
er beschuldigte		
wir beschuldigten		
ihr beschuldigtet		
sie beschuldigten	*Past Time*	
Perfect	(Perf. Subj.)	(Pluperf. Subj.)
ich habe beschuldigt	habe beschuldigt	hätte beschuldigt
du hast beschuldigt	habest beschuldigt	hättest beschuldigt
er hat beschuldigt	habe beschuldigt	hätte beschuldigt
wir haben beschuldigt	haben beschuldigt	hätten beschuldigt
ihr habt beschuldigt	habet beschuldigt	hättet beschuldigt
sie haben beschuldigt	haben beschuldigt	hätten beschuldigt
Pluperfect		
ich hatte beschuldigt		
du hattest beschuldigt		
er hatte beschuldigt		
wir hatten beschuldigt		
ihr hattet beschuldigt		
sie hatten beschuldigt	*Future Time*	
Future	(Fut. Subj.)	(Pres. Conditional)
ich werde beschuldigen	werde beschuldigen	würde beschuldigen
du wirst beschuldigen	werdest beschuldigen	würdest beschuldigen
er wird beschuldigen	werde beschuldigen	würde beschuldigen
wir werden beschuldigen	werden beschuldigen	würden beschuldigen
ihr werdet beschuldigen	werdet beschuldigen	würdet beschuldigen
sie werden beschuldigen	werden beschuldigen	würden beschuldigen
	Future Perfect Time	
Future Perfect	(Fut. Perf. Subj.)	(Past Conditional)
ich werde beschuldigt haben	werde beschuldigt haben	würde beschuldigt haben
du wirst beschuldigt haben	werdest beschuldigt haben	würdest beschuldigt haben
er wird beschuldigt haben	werde beschuldigt haben	würde beschuldigt haben
wir werden beschuldigt haben	werden beschuldigt haben	würden beschuldigt haben
ihr werdet beschuldigt haben	werdet beschuldigt haben	würdet beschuldigt haben
sie werden beschuldigt haben	werden beschuldigt haben	würden beschuldigt haben

Examples: „Man hat Fritz des Diebstahls beschuldigt. Er behauptet, er sei nicht schuldig. Glauben Sie, daß er schuldig oder unschuldig ist?" "They've accused Fritz of theft. He claims he's not guilty. Do you think he's guilty or innocent?"
Beschuldigen takes a genitive object. It is often used in a legal context.

PRINC. PARTS: beseelen, beseelte, beseelt, beseelt
IMPERATIVE: beseele!, beseelt!, beseelen Sie!

to animate

	INDICATIVE		SUBJUNCTIVE	
			PRIMARY	SECONDARY
			Present Time	
	Present		*(Pres. Subj.)*	*(Imperf. Subj.)*
ich	beseele		beseele	beseelte
du	beseelst		beseelest	beseeltest
er	beseelt		beseele	beseelte
wir	beseelen		beseelen	beseelten
ihr	beseelt		beseelet	beseeltet
sie	beseelen		beseelen	beseelten

	Imperfect
ich	beseelte
du	beseeltest
er	beseelte
wir	beseelten
ihr	beseeltet
sie	beseelten

			Past Time	
	Perfect		*(Perf. Subj.)*	*(Pluperf. Subj.)*
ich	habe beseelt		habe beseelt	hätte beseelt
du	hast beseelt		habest beseelt	hättest beseelt
er	hat beseelt		habe beseelt	hätte beseelt
wir	haben beseelt		haben beseelt	hätten beseelt
ihr	habt beseelt		habet beseelt	hättet beseelt
sie	haben beseelt		haben beseelt	hätten beseelt

	Pluperfect
ich	hatte beseelt
du	hattest beseelt
er	hatte beseelt
wir	hatten beseelt
ihr	hattet beseelt
sie	hatten beseelt

			Future Time	
	Future		*(Fut. Subj.)*	*(Pres. Conditional)*
ich	werde beseelen		werde beseelen	würde beseelen
du	wirst beseelen		werdest beseelen	würdest beseelen
er	wird beseelen		werde beseelen	würde beseelen
wir	werden beseelen		werden beseelen	würden beseelen
ihr	werdet beseelen		werdet beseelen	würdet beseelen
sie	werden beseelen		werden beseelen	würden beseelen

			Future Perfect Time	
	Future Perfect		*(Fut. Perf. Subj.)*	*(Past Conditional)*
ich	werde beseelt haben		werde beseelt haben	würde beseelt haben
du	wirst beseelt haben		werdest beseelt haben	würdest beseelt haben
er	wird beseelt haben		werde beseelt haben	würde beseelt haben
wir	werden beseelt haben		werden beseelt haben	würden beseelt haben
ihr	werdet beseelt haben		werdet beseelt haben	würdet beseelt haben
sie	werden beseelt haben		werden beseelt haben	würden beseelt haben

Examples: *Dr. Coppelius gelang es nicht, seine mechanische Puppe zu beseelen.* Dr. Coppelius didn't succeed in animating his mechanical doll. *Sein fester Glaube beseelt diesen Theologen.* His firm faith inspires this theologian. In sent. 1, **gelingen** is used impersonally. Dependent on it is the infinitive phrase **zu beseelen.**

41

besitzen

to possess, own

PRINC. PARTS: besitzen, besaß, besessen, besitzt
IMPERATIVE: besitze!, besitzt!, besitzen Sie!

INDICATIVE		SUBJUNCTIVE	
		PRIMARY	SECONDARY
		Present Time	
	Present	*(Pres. Subj.)*	*(Imperf. Subj.)*
ich	besitze	besitze	besäße
du	besitzt	besitzest	besäßest
er	besitzt	besitze	besäße
wir	besitzen	besitzen	besäßen
ihr	besitzt	besitzet	besäßet
sie	besitzen	besitzen	besäßen

	Imperfect
ich	besaß
du	besaßest
er	besaß
wir	besaßen
ihr	besaßt
sie	besaßen

			Past Time	
	Perfect	*(Perf. Subj.)*	*(Pluperf. Subj.)*
ich	habe besessen	habe besessen	hätte besessen
du	hast besessen	habest besessen	hättest besessen
er	hat besessen	habe besessen	hätte besessen
wir	haben besessen	haben besessen	hätten besessen
ihr	habt besessen	habet besessen	hättet besessen
sie	haben besessen	haben besessen	hätten besessen

	Pluperfect
ich	hatte besessen
du	hattest besessen
er	hatte besessen
wir	hatten besessen
ihr	hattet besessen
sie	hatten besessen

			Future Time	
	Future	*(Fut. Subj.)*	*(Pres. Conditional)*
ich	werde besitzen	werde besitzen	würde besitzen
du	wirst besitzen	werdest besitzen	würdest besitzen
er	wird besitzen	werde besitzen	würde besitzen
wir	werden besitzen	werden besitzen	würden besitzen
ihr	werdet besitzen	werdet besitzen	würdet besitzen
sie	werden besitzen	werden besitzen	würden besitzen

			Future Perfect Time	
	Future Perfect	*(Fut. Perf. Subj.)*	*(Past Conditional)*
ich	werde besessen haben	werde besessen haben	würde besessen haben
du	wirst besessen haben	werdest besessen haben	würdest besessen haben
er	wird besessen haben	werde besessen haben	würde besessen haben
wir	werden besessen haben	werden besessen haben	würden besessen haben
ihr	werdet besessen haben	werdet besessen haben	würdet besessen haben
sie	werden besessen haben	werden besessen haben	würden besessen haben

---

Examples: *Der Drache wollte nur liegen, besitzen und schlafen.* All the dragon wanted to do was stay put, possess, and sleep. *„Was du ererbt von deinen Vätern hast, erwirb es, um es zu besitzen!"* "Earn what you've inherited from your ancestors, so that you (truly) own it." In 1, the infinitives are dependent on the modal; no **zu** is used. In 2, an infin. phrase with **um … zu** is used.

PRINC. PARTS: bestellen, bestellte, bestellt,
bestellt
IMPERATIVE: bestelle!, bestellt!, bestellen Sie!

bestellen
to order (goods); arrange;
deliver (regards, message)

	INDICATIVE		SUBJUNCTIVE	
			PRIMARY	SECONDARY
			Present Time	
	Present		(*Pres. Subj.*)	(*Imperf. Subj.*)
ich	bestelle		bestelle	bestellte
du	bestellst		bestellest	bestelltest
er	bestellt		bestelle	bestellte
wir	bestellen		bestellen	bestellten
ihr	bestellt		bestellet	bestelltet
sie	bestellen		bestellen	bestellten

	Imperfect
ich	bestellte
du	bestelltest
er	bestellte
wir	bestellten
ihr	bestelltet
sie	bestellten

Past Time

	Perfect	(*Perf. Subj.*)	(*Pluperf. Subj.*)
ich	habe bestellt	habe bestellt	hätte bestellt
du	hast bestellt	habest bestellt	hättest bestellt
er	hat bestellt	habe bestellt	hätte bestellt
wir	haben bestellt	haben bestellt	hätten bestellt
ihr	habt bestellt	habet bestellt	hättet bestellt
sie	haben bestellt	haben bestellt	hätten bestellt

	Pluperfect
ich	hatte bestellt
du	hattest bestellt
er	hatte bestellt
wir	hatten bestellt
ihr	hattet bestellt
sie	hatten bestellt

Future Time

	Future	(*Fut. Subj.*)	(*Pres. Conditional*)
ich	werde bestellen	werde bestellen	würde bestellen
du	wirst bestellen	werdest bestellen	würdest bestellen
er	wird bestellen	werde bestellen	würde bestellen
wir	werden bestellen	werden bestellen	würden bestellen
ihr	werdet bestellen	werdet bestellen	würdet bestellen
sie	werden bestellen	werden bestellen	würden bestellen

Future Perfect Time

	Future Perfect	(*Fut. Perf. Subj.*)	(*Past Conditional*)
ich	werde bestellt haben	werde bestellt haben	würde bestellt haben
du	wirst bestellt haben	werdest bestellt haben	würdest bestellt haben
er	wird bestellt haben	werde bestellt haben	würde bestellt haben
wir	werden bestellt haben	werden bestellt haben	würden bestellt haben
ihr	werdet bestellt haben	werdet bestellt haben	würdet bestellt haben
sie	werden bestellt haben	werden bestellt haben	würden bestellt haben

Examples: *Im Restaurant bestellen Klaus und Trude immer nur die teuersten Gerichte.*
At the restaurant Klaus and Trude always order only the most expensive dishes.
Bestellen Sie ihnen einen schönen Gruß von uns! Give them our best regards.
In simple, declarative sents., the verb is the 2nd unit. In sent. 1, the prepositional phrase "at the restaurant" is the 1st unit; the verb is the 2nd.

besuchen

to visit, attend

PRINC. PARTS: besuchen, besuchte, besucht, besucht
IMPERATIVE: besuche!, besucht!, besuchen Sie!

INDICATIVE	SUBJUNCTIVE	
	PRIMARY	SECONDARY
	Present Time	
Present	*(Pres. Subj.)*	*(Imperf. Subj.)*
ich besuche	besuche	besuchte
du besuchst	besuchest	besuchtest
er besucht	besuche	besuchte
wir besuchen	besuchen	besuchten
ihr besucht	besuchet	besuchtet
sie besuchen	besuchen	besuchten

Imperfect
ich besuchte
du besuchtest
er besuchte
wir besuchten
ihr besuchtet
sie besuchten

	Past Time	
Perfect	*(Perf. Subj.)*	*(Pluperf. Subj.)*
ich habe besucht	habe besucht	hätte besucht
du hast besucht	habest besucht	hättest besucht
er hat besucht	habe besucht	hätte besucht
wir haben besucht	haben besucht	hätten besucht
ihr habt besucht	habet besucht	hättet besucht
sie haben besucht	haben besucht	hätten besucht

Pluperfect
ich hatte besucht
du hattest besucht
er hatte besucht
wir hatten besucht
ihr hattet besucht
sie hatten besucht

	Future Time	
Future	*(Fut. Subj.)*	*(Pres. Conditional)*
ich werde besuchen	werde besuchen	würde besuchen
du wirst besuchen	werdest besuchen	würdest besuchen
er wird besuchen	werde besuchen	würde besuchen
wir werden besuchen	werden besuchen	würden besuchen
ihr werdet besuchen	werdet besuchen	würdet besuchen
sie werden besuchen	werden besuchen	würden besuchen

	Future Perfect Time	
Future Perfect	*(Fut. Perf. Subj.)*	*(Past Conditional)*
ich werde besucht haben	werde besucht haben	würde besucht haben
du wirst besucht haben	werdest besucht haben	würdest besucht haben
er wird besucht haben	werde besucht haben	würde besucht haben
wir werden besucht haben	werden besucht haben	würden besucht haben
ihr werdet besucht haben	werdet besucht haben	würdet besucht haben
sie werden besucht haben	werden besucht haben	würden besucht haben

Examples: *Letztes Jahr haben wir unsere Freunde in Wien besucht. Wir besuchten oft das Theater und haben Dürrenmatts* Der Besuch der alten Dame *gesehen.* Last year we visited our friends in Vienna. We went to the theater a lot and saw Dürrenmatt's The Visit. Sent. 1 uses the pres. perf., most commonly used for past action. The imperfect (sent. 2) is used for repeated, habitual, or frequent past action.

PRINC. PARTS: beten, betete, gebetet, betet
IMPERATIVE: bete!, betet!, beten Sie!

INDICATIVE		SUBJUNCTIVE	
		PRIMARY	SECONDARY
		Present Time	
Present		*(Pres. Subj.)*	*(Imperf. Subj.)*
ich	bete	bete	betete
du	betest	betest	betetest
er	betet	bete	betete
wir	beten	beten	beteten
ihr	betet	betet	betetet
sie	beten	beten	beteten

Imperfect	
ich	betete
du	betetest
er	betete
wir	beteten
ihr	betetet
sie	beteten

		Past Time	
Perfect		*(Perf. Subj.)*	*(Pluperf. Subj.)*
ich	habe gebetet	habe gebetet	hätte gebetet
du	hast gebetet	habest gebetet	hättest gebetet
er	hat gebetet	habe gebetet	hätte gebetet
wir	haben gebetet	haben gebetet	hätten gebetet
ihr	habet gebetet	habet gebetet	hättet gebetet
sie	haben gebetet	haben gebetet	hätten gebetet

Pluperfect	
ich	hatte gebetet
du	hattest gebetet
er	hatte gebetet
wir	hatten gebetet
ihr	hattet gebetet
sie	hatten gebetet

		Future Time	
Future		*(Fut. Subj.)*	*(Pres. Conditional)*
ich	werde beten	werde beten	würde beten
du	wirst beten	werdest beten	würdest beten
er	wird beten	werde beten	würde beten
wir	werden beten	werden beten	würden beten
ihr	werdet beten	werdet beten	würdet beten
sie	werden beten	werden beten	würden beten

		Future Perfect Time	
Future Perfect		*(Fut. Perf. Subj.)*	*(Past Conditional)*
ich	werde gebetet haben	werde gebetet haben	würde gebetet haben
du	wirst gebetet haben	werdest gebetet haben	würdest gebetet haben
er	wird gebetet haben	werde gebetet haben	würde gebetet haben
wir	werden gebetet haben	werden gebetet haben	würden gebetet haben
ihr	werdet gebetet haben	werdet gebetet haben	würdet gebetet haben
sie	werden gebetet haben	werden gebetet haben	würden gebetet haben

Examples: *Diese Forschungsreisende hat in vielen Tempeln, Kirchen und Moscheen gebetet. „Erfindet neue Gebete und betet auch an die noch werdenden Götter und Göttinnen!" riet sie.* This explorer has prayed in many temples, churches, and mosques. "Devise new prayers and pray to the developing gods and goddesses, too," she advised. The be in **beten** is not an insep. prefix, but part of the verb stem.

45

betrügen

to deceive, cheat

PRINC. PARTS: betrügen, betrog, betrogen, betrügt
IMPERATIVE: betrüge!, betrügt!, betrügen Sie!

INDICATIVE	SUBJUNCTIVE	
	PRIMARY	SECONDARY
	Present Time	
Present	*(Pres. Subj.)*	*(Imperf. Subj.)*
ich betrüge	betrüge	betröge
du betrügst	betrügest	betrögest
er betrügt	betrüge	betröge
wir betrügen	betrügen	betrögen
ihr betrügt	betrüget	betröget
sie betrügen	betrügen	betrögen

Imperfect
ich betrog
du betrogst
er betrog
wir betrogen
ihr betrogt
sie betrogen

		Past Time	
Perfect	*(Perf. Subj.)*	*(Pluperf. Subj.)*
ich habe betrogen	habe betrogen	hätte betrogen
du hast betrogen	habest betrogen	hättest betrogen
er hat betrogen	habe betrogen	hätte betrogen
wir haben betrogen	haben betrogen	hätten betrogen
ihr habt betrogen	habet betrogen	hättet betrogen
sie haben betrogen	haben betrogen	hätten betrogen

Pluperfect
ich hatte betrogen
du hattest betrogen
er hatte betrogen
wir hatten betrogen
ihr hattet betrogen
sie hatten betrogen

		Future Time	
Future	*(Fut. Subj.)*	*(Pres. Conditional)*
ich werde betrügen	werde betrügen	würde betrügen
du wirst betrügen	werdest betrügen	würdest betrügen
er wird betrügen	werde betrügen	würde betrügen
wir werden betrügen	werden betrügen	würden betrügen
ihr werdet betrügen	werdet betrügen	würdet betrügen
sie werden betrügen	werden betrügen	würden betrügen

		Future Perfect Time	
Future Perfect	*(Fut. Perf. Subj.)*	*(Past Conditional)*
ich werde betrogen haben	werde betrogen haben	würde betrogen haben
du wirst betrogen haben	werdest betrogen haben	würdest betrogen haben
er wird betrogen haben	werde betrogen haben	würde betrogen haben
wir werden betrogen haben	werden betrogen haben	würden betrogen haben
ihr werdet betrogen haben	werdet betrogen haben	würdet betrogen haben
sie werden betrogen haben	werden betrogen haben	würden betrogen haben

Examples: *Der Betrüger hat die Aktionäre um ihr Geld betrogen. Er hat sie belogen und betrogen. „Du wirst auch mich einmal betrügen", seufzte seine Frau. Er hat sie aber niemals betrogen.* The swindler defrauded the stockholders of their money. He lied to them and deceived them. "You'll betray me too, one day," sighed his wife. But he never cheated on her.

PRINC. PARTS: bewegen, bewegte, bewegt, bewegt
IMPERATIVE: bewege!, bewegt!, bewegen Sie!

to move, agitate, shake

INDICATIVE		SUBJUNCTIVE	
		PRIMARY	SECONDARY
		Present Time	
	Present	*(Pres. Subj.)*	*(Imperf. Subj.)*
ich	bewege	bewege	bewegte
du	bewegst	bewegest	bewegtest
er	bewegt	bewege	bewegte
wir	bewegen	bewegen	bewegten
ihr	bewegt	beweget	bewegtet
sie	bewegen	bewegen	bewegten
	Imperfect		
ich	bewegte		
du	bewegtest		
er	bewegte		
wir	bewegten		
ihr	bewegtet		
sie	bewegten		
		Past Time	
	Perfect	*(Perf. Subj.)*	*(Pluperf. Subj.)*
ich	habe bewegt	habe bewegt	hätte bewegt
du	hast bewegt	habest bewegt	hättest bewegt
er	hat bewegt	habe bewegt	hätte bewegt
wir	haben bewegt	haben bewegt	hätten bewegt
ihr	habt bewegt	habet bewegt	hättet bewegt
sie	haben bewegt	haben bewegt	hätten bewegt
	Pluperfect		
ich	hatte bewegt		
du	hattest bewegt		
er	hatte bewegt		
wir	hatten bewegt		
ihr	hattet bewegt		
sie	hatten bewegt		
		Future Time	
	Future	*(Fut. Subj.)*	*(Pres. Conditional)*
ich	werde bewegen	werde bewegen	würde bewegen
du	wirst bewegen	werdest bewegen	würdest bewegen
er	wird bewegen	werde bewegen	würde bewegen
wir	werden bewegen	werden bewegen	würden bewegen
ihr	werdet bewegen	werdet bewegen	würdet bewegen
sie	werden bewegen	werden bewegen	würden bewegen
		Future Perfect Time	
	Future Perfect	*(Fut. Perf. Subj.)*	*(Past Conditional)*
ich	werde bewegt haben	werde bewegt haben	würde bewegt haben
du	wirst bewegt haben	werdest bewegt haben	würdest bewegt haben
er	wird bewegt haben	werde bewegt haben	würde bewegt haben
wir	werden bewegt haben	werden bewegt haben	würden bewegt haben
ihr	werdet bewegt haben	werdet bewegt haben	würdet bewegt haben
sie	werden bewegt haben	werden bewegt haben	würden bewegt haben

Examples: *Gestern war ich so schwach, daß ich meinen Koffer nicht von der Stelle bewegen konnte.* Yesterday I was so weak I couldn't budge my suitcase from the spot.
Kopernikus behauptete, die Erde bewege sich um die Sonne. Copernicus asserted that the earth moves around the sun. The subj. **bewege** in ex. 2 is an ex. of indirect discourse.

bewegen

to induce, persuade,
prevail upon

PRINC. PARTS: bewegen, bewog, bewogen, bewegt
IMPERATIVE: bewege!, bewegt!, bewegen Sie!

INDICATIVE	SUBJUNCTIVE	
	PRIMARY	SECONDARY

Present Time

	Present	*(Pres. Subj.)*	*(Imperf. Subj.)*
ich	bewege	bewege	bewöge
du	bewegst	bewegest	bewögest
er	bewegt	bewege	bewöge
wir	bewegen	bewegen	bewögen
ihr	bewegt	beweget	bewöget
sie	bewegen	bewegen	bewögen

	Imperfect
ich	bewog
du	bewogst
er	bewog
wir	bewogen
ihr	bewogt
sie	bewogen

Past Time

	Perfect	*(Perf. Subj.)*	*(Pluperf. Subj.)*
ich	habe bewogen	habe bewogen	hätte bewogen
du	hast bewogen	habest bewogen	hättest bewogen
er	hat bewogen	habe bewogen	hätte bewogen
wir	haben bewogen	haben bewogen	hätten bewogen
ihr	habt bewogen	habet bewogen	hättet bewogen
sie	haben bewogen	haben bewogen	hätten bewogen

	Pluperfect
ich	hatte bewogen
du	hattest bewogen
er	hatte bewogen
wir	hatten bewogen
ihr	hattet bewogen
sie	hatten bewogen

Future Time

	Future	*(Fut. Subj.)*	*(Pres. Conditional)*
ich	werde bewegen	werde bewegen	würde bewegen
du	wirst bewegen	werdest bewegen	würdest bewegen
er	wird bewegen	werde bewegen	würde bewegen
wir	werden bewegen	werden bewegen	würden bewegen
ihr	werdet bewegen	werdet bewegen	würdet bewegen
sie	werden bewegen	werden bewegen	würden bewegen

Future Perfect Time

	Future Perfect	*(Fut. Perf. Subj.)*	*(Past Conditional)*
ich	werde bewogen haben	werde bewogen haben	würde bewogen haben
du	wirst bewogen haben	werdest bewogen haben	würdest bewogen haben
er	wird bewogen haben	werde bewogen haben	würde bewogen haben
wir	werden bewogen haben	werden bewogen haben	würden bewogen haben
ihr	werdet bewogen haben	werdet bewogen haben	würdet bewogen haben
sie	werden bewogen haben	werden bewogen haben	würden bewogen haben

Examples: *Was hat ihn dazu bewogen?* What made him do that? *Er wurde von seinen Freunden dazu bewogen. Von falschem Idealismus bewogen, richteten sie viel Unheil an.* He was led into it by his friends. Motivated by false idealism, they caused much misfortune. Contrast this strong verb with the preceding weak one. Both are insep. prefix verbs.

bezeichnen

PRINC. PARTS: bezeichnen, bezeichnete, bezeichnet, bezeichnet
IMPERATIVE: bezeichne!, bezeichnet!, bezeichnen Sie!

to designate,
mark, label

		PRIMARY	SECONDARY
			Present Time
	Present	*(Pres. Subj.)*	*(Imperf. Subj.)*
ich	bezeichne	bezeichne	bezeichnete
du	bezeichnest	bezeichnest	bezeichnetest
er	bezeichnet	bezeichne	bezeichnete
wir	bezeichnen	bezeichnen	bezeichneten
ihr	bezeichnet	bezeichnet	bezeichnetet
sie	bezeichnen	bezeichnen	bezeichneten
	Imperfect		
ich	bezeichnete		
du	bezeichnetest		
er	bezeichnete		
wir	bezeichneten		
ihr	bezeichnetet		
sie	bezeichneten		
			Past Time
	Perfect	*(Perf. Subj.)*	*(Pluperf. Subj.)*
ich	habe bezeichnet	habe bezeichnet	hätte bezeichnet
du	hast bezeichnet	habest bezeichnet	hättest bezeichnet
er	hat bezeichnet	habe bezeichnet	hätte bezeichnet
wir	haben bezeichnet	haben bezeichnet	hätten bezeichnet
ihr	habt bezeichnet	habet bezeichnet	hättet bezeichnet
sie	haben bezeichnet	haben bezeichnet	hätten bezeichnet
	Pluperfect		
ich	hatte bezeichnet		
du	hattest bezeichnet		
er	hatte bezeichnet		
wir	hatten bezeichnet		
ihr	hattet bezeichnet		
sie	hatten bezeichnet		
			Future Time
	Future	*(Fut. Subj.)*	*(Pres. Conditional)*
ich	werde bezeichnen	werde bezeichnen	würde bezeichnen
du	wirst bezeichnen	werdest bezeichnen	würdest bezeichnen
er	wird bezeichnen	werde bezeichnen	würde bezeichnen
wir	werden bezeichnen	werden bezeichnen	würden bezeichnen
ihr	werdet bezeichnen	werdet bezeichnen	würdet bezeichnen
sie	werden bezeichnen	werden bezeichnen	würden bezeichnen
			Future Perfect Time
	Future Perfect	*(Fut. Perf. Subj.)*	*(Past Conditional)*
ich	werde bezeichnet haben	werde bezeichnet haben	würde bezeichnet haben
du	wirst bezeichnet haben	werdest bezeichnet haben	würdest bezeichnet haben
er	wird bezeichnet haben	werde bezeichnet haben	würde bezeichnet haben
wir	werden bezeichnet haben	werden bezeichnet haben	würden bezeichnet haben
ihr	werdet bezeichnet haben	werdet bezeichnet haben	würdet bezeichnet haben
sie	werden bezeichnet haben	werden bezeichnet haben	würden bezeichnet haben

Examples: *Die Soldaten betraten ein Minenfeld, das auf ihrer Landkarte nicht bezeichnet war. Den Überlebenden wurde das Verwundetenabzeichen verliehen. Die Presse bezeichnete sie als Helden.* The soldiers walked into a mine field that wasn't indicated on their map. The survivors were awarded the Wound Badge ("Purple Heart").

biegen

to bend; turn *

PRINC. PARTS: biegen, bog, gebogen, biegt
IMPERATIVE: biege!, biegt!, biegen Sie!

INDICATIVE	SUBJUNCTIVE	
	PRIMARY	SECONDARY
	Present Time	
Present	*(Pres. Subj.)*	*(Imperf. Subj.)*
ich biege	biege	böge
du biegst	biegest	bögest
er biegt	biege	böge
wir biegen	biegen	bögen
ihr biegt	bieget	böget
sie biegen	biegen	bögen

Imperfect

ich	bog
du	bogst
er	bog
wir	bogen
ihr	bogt
sie	bogen

	Past Time	
Perfect	*(Perf. Subj.)*	*(Pluperf. Subj.)*
ich habe gebogen	habe gebogen	hätte gebogen
du hast gebogen	habest gebogen	hättest gebogen
er hat gebogen	habe gebogen	hätte gebogen
wir haben gebogen	haben gebogen	hätten gebogen
ihr habt gebogen	habet gebogen	hättet gebogen
sie haben gebogen	haben gebogen	hätten gebogen

Pluperfect

ich	hatte gebogen
du	hattest gebogen
er	hatte gebogen
wir	hatten gebogen
ihr	hattet gebogen
sie	hatten gebogen

	Future Time	
Future	*(Fut. Subj.)*	*(Pres. Conditional)*
ich werde biegen	werde biegen	würde biegen
du wirst biegen	werdest biegen	würdest biegen
er wird biegen	werde biegen	würde biegen
wir werden biegen	werden biegen	würden biegen
ihr werdet biegen	werdet biegen	würdet biegen
sie werden biegen	werden biegen	würden biegen

	Future Perfect Time	
Future Perfect	*(Fut. Perf. Subj.)*	*(Past Conditional)*
ich werde gebogen haben	werde gebogen haben	würde gebogen haben
du wirst gebogen haben	werdest gebogen haben	würdest gebogen haben
er wird gebogen haben	werde gebogen haben	würde gebogen haben
wir werden gebogen haben	werden gebogen haben	würden gebogen haben
ihr werdet gebogen haben	werdet gebogen haben	würdet gebogen haben
sie werden gebogen haben	werden gebogen haben	würden gebogen haben

*In this meaning *biegen* is conjugated with *sein*.

Examples: *Der strenge alte Grammatiker war ganz unbiegsam. Alle um ihn mußten sich vor seiner Unbiegsamkeit schmiegen und biegen.* The stern old grammarian was quite unyielding. All those around him had to cringe and kowtow to his inflexibility.
Sich schmiegen und biegen is an idiom.

bieten

to offer, bid

INDICATIVE		SUBJUNCTIVE	
		PRIMARY	SECONDARY
		Present Time	
	Present	*(Pres. Subj.)*	*(Imperf. Subj.)*
ich	biete	biete	böte
du	bietest	bietest	bötest
er	bietet	biete	bötet
wir	bieten	bieten	böten
ihr	bietet	bietet	bötet
sie	bieten	bieten	böten
	Imperfect		
ich	bot		
du	botest		
er	bot		
wir	boten		
ihr	botet		
sie	boten		
		Past Time	
	Perfect	*(Perf. Subj.)*	*(Pluperf. Subj.)*
ich	habe geboten	habe geboten	hätte geboten
du	hast geboten	habest geboten	hättest geboten
er	hat geboten	habe geboten	hätte geboten
wir	haben geboten	haben geboten	hätten geboten
ihr	habt geboten	habet geboten	hättet geboten
sie	haben geboten	haben geboten	hätten geboten
	Pluperfect		
ich	hatte geboten		
du	hattest geboten		
er	hatte geboten		
wir	hatten geboten		
ihr	hattet geboten		
sie	hatten geboten		
		Future Time	
	Future	*(Fut. Subj.)*	*(Pres. Conditional)*
ich	werde bieten	werde bieten	würde bieten
du	wirst bieten	werdest bieten	würdest bieten
er	wird bieten	werde bieten	würde bieten
wir	werden bieten	werden bieten	würden bieten
ihr	werdet bieten	werdet bieten	würdet bieten
sie	werden bieten	werden bieten	würden bieten
		Future Perfect Time	
	Future Perfect	*(Fut. Perf. Subj.)*	*(Past Conditional)*
ich	werde geboten haben	werde geboten haben	würde geboten haben
du	wirst geboten haben	werdest geboten haben	würdest geboten haben
er	wird geboten haben	werde geboten haben	würde geboten haben
wir	werden geboten haben	werden geboten haben	würden geboten haben
ihr	werdet geboten haben	werdet geboten haben	würdet geboten haben
sie	werden geboten haben	werden geboten haben	würden geboten haben

---

Examples: *Auf der Versteigerung hatte sie viel Geld auf das Gemälde geboten. Aber ihr Gebot wurde überboten.* At the auction she had bid a lot of money for the painting, but she was outbid. *Von dieser verbotenen Frucht hat man uns nichts angeboten.* They didn't offer us any of that forbidden fruit. **Bieten** is cognate with "bid." Don't confuse this verb with the insep. prefix verb **gebieten** (to command).

binden

to bind, tie

PRINC. PARTS: binden, band, gebunden, bindet
IMPERATIVE: binde!, bindet!, binden Sie!

INDICATIVE	SUBJUNCTIVE	
	PRIMARY	SECONDARY

Present Time

	Present	(*Pres. Subj.*)	(*Imperf. Subj.*)
ich	binde	binde	bände
du	bindest	bindest	bändest
er	bindet	binde	bände
wir	binden	binden	bänden
ihr	bindet	bindet	bändet
sie	binden	binden	bänden

	Imperfect
ich	band
du	bandest
er	band
wir	banden
ihr	bandet
sie	banden

Past Time

	Perfect	(*Perf. Subj.*)	(*Pluperf. Subj.*)
ich	habe gebunden	habe gebunden	hätte gebunden
du	hast gebunden	habest gebunden	hättest gebunden
er	hat gebunden	habe gebunden	hätte gebunden
wir	haben gebunden	haben gebunden	hätten gebunden
ihr	habt gebunden	habet gebunden	hättet gebunden
sie	haben gebunden	haben gebunden	hätten gebunden

	Pluperfect
ich	hatte gebunden
du	hattest gebunden
er	hatte gebunden
wir	hatten gebunden
ihr	hattet gebunden
sie	hatten gebunden

Future Time

	Future	(*Fut. Subj.*)	(*Pres. Conditional*)
ich	werde binden	werde binden	würde binden
du	wirst binden	werdest binden	würdest binden
er	wird binden	werde binden	würde binden
wir	werden binden	werden binden	würden binden
ihr	werdet binden	werdet binden	würdet binden
sie	werden binden	werden binden	würden binden

Future Perfect Time

	Future Perfect	(*Fut. Perf. Subj.*)	(*Past Conditional*)
ich	werde gebunden haben	werde gebunden haben	würde gebunden haben
du	wirst gebunden haben	werdest gebunden haben	würdest gebunden haben
er	wird gebunden haben	werde gebunden haben	würde gebunden haben
wir	werden gebunden haben	werden gebunden haben	würden gebunden haben
ihr	werdet gebunden haben	werdet gebunden haben	würdet gebunden haben
sie	werden gebunden haben	werden gebunden haben	würden gebunden haben

Examples: *Odysseus ließ sich an den Mast binden.* Ulysses had himself tied to the mast. *Jetzt halten wir den Vertrag für nicht mehr bindend.* Now we no longer consider the contract binding. **Lassen** + an infin. (2) means "to have something done." Because it follows the noun it modifies (**Vertrag**), **bindend** has no ending here.

PRINC. PARTS: bitten, bat, gebeten, bittet
IMPERATIVE: bitte!, bittet!, bitten Sie!

to ask (for), request, beg, intercede

	INDICATIVE		SUBJUNCTIVE	
			PRIMARY	SECONDARY
	Present		*Present Time*	
			(Pres. Subj.)	*(Imperf. Subj.)*
ich	bitte		bitte	bäte
du	bittest		bittest	bätest
er	bittet		bitte	bäte
wir	bitten		bitten	bäten
ihr	bittet		bittet	bätet
sie	bitten		bitten	bäten

	Imperfect
ich	bat
du	batest
er	bat
wir	baten
ihr	batet
sie	baten

	Perfect		*Past Time*	
			(Perf. Subj.)	*(Pluperf. Subj.)*
ich	habe gebeten		habe gebeten	hätte gebeten
du	hast gebeten		habest gebeten	hättest gebeten
er	hat gebeten		habe gebeten	hätte gebeten
wir	haben gebeten		haben gebeten	hätten gebeten
ihr	habt gebeten		habet gebeten	hättet gebeten
sie	haben gebeten		haben gebeten	hätten gebeten

	Pluperfect
ich	hatte gebeten
du	hattest gebeten
er	hatte gebeten
wir	hatten gebeten
ihr	hattet gebeten
sie	hatten gebeten

	Future		*Future Time*	
			(Fut. Subj.)	*(Pres. Conditional)*
ich	werde bitten		werde bitten	würde bitten
du	wirst bitten		werdest bitten	würdest bitten
er	wird bitten		werde bitten	würde bitten
wir	werden bitten		werden bitten	würden bitten
ihr	werdet bitten		werdet bitten	würdet bitten
sie	werden bitten		werden bitten	würden bitten

	Future Perfect	*Future Perfect Time*	
		(Fut. Perf. Subj.)	*(Past Conditional)*
ich	werde gebeten haben	werde gebeten haben	würde gebeten haben
du	wirst gebeten haben	werdest gebeten haben	würdest gebeten haben
er	wird gebeten haben	werde gebeten haben	würde gebeten haben
wir	werden gebeten haben	werden gebeten haben	würden gebeten haben
ihr	werdet gebeten haben	werdet gebeten haben	würdet gebeten haben
sie	werden gebeten haben	werden gebeten haben	würden gebeten haben

Examples: *Man bittet um Erlaubnis.* One asks for permission. *Bitte schön.* You're welcome. *Elisabeth hat für Tannhäuser gebeten und auch für ihn gebetet.* Elisabeth interceded for Tannhäuser and also prayed for him. Don't confuse **bitten** (to ask <u>for</u>) and **fragen** (to ask a question). **Bitten** should also not be confused with **beten** (to pray).

blasen

to blow; *to play a wind or brass instrument*

PRINC. PARTS: blasen, blies, geblasen, bläst
IMPERATIVE: blase!, blast!, blasen Sie!

INDICATIVE	SUBJUNCTIVE	
	PRIMARY	SECONDARY

Present Time

	Present	(Pres. Subj.)	(Imperf. Subj.)
ich	blase	blase	bliese
du	bläst	blasest	bliesest
er	bläst	blase	bliese
wir	blasen	blasen	bliesen
ihr	blast	blaset	blieset
sie	blasen	blasen	bliesen

	Imperfect
ich	blies
du	bliesest
er	blies
wir	bliesen
ihr	bliest
sie	bliesen

Past Time

	Perfect	(Perf. Subj.)	(Pluperf. Subj.)
ich	habe geblasen	habe geblasen	hätte geblasen
du	hast geblasen	habest geblasen	hättest geblasen
er	hat geblasen	habe geblasen	hätte geblasen
wir	haben geblasen	haben geblasen	hätten geblasen
ihr	habt geblasen	habet geblasen	hättet geblasen
sie	haben geblasen	haben geblasen	hätten geblasen

	Pluperfect
ich	hatte geblasen
du	hattest geblasen
er	hatte geblasen
wir	hatten geblasen
ihr	hattet geblasen
sie	hatten geblasen

Future Time

	Future	(Fut. Subj.)	(Pres. Conditional)
ich	werde blasen	werde blasen	würde blasen
du	wirst blasen	werdest blasen	würdest blasen
er	wird blasen	werde blasen	würde blasen
wir	werden blasen	werden blasen	würden blasen
ihr	werdet blasen	werdet blasen	würdet blasen
sie	werden blasen	werden blasen	würden blasen

Future Perfect Time

	Future Perfect	(Fut. Perf. Subj.)	(Past Conditional)
ich	werde geblasen haben	werde geblasen haben	würde geblasen haben
du	wirst geblasen haben	werdest geblasen haben	würdest geblasen haben
er	wird geblasen haben	werde geblasen haben	würde geblasen haben
wir	werden geblasen haben	werden geblasen haben	würden geblasen haben
ihr	werdet geblasen haben	werdet geblasen haben	würdet geblasen haben
sie	werden geblasen haben	werden geblasen haben	würden geblasen haben

Examples: *Roland blies zum letzten Mal in sein Horn.* Roland blew his horn for the last time. *Kalt bläst der Wind.* There's a cold wind blowing. *Sie nannte Baron Ochs einen aufgeblasenen schlechten Kerl.* She called Baron Ochs a puffed-up, bad fellow. The 2nd and 3rd person sing. of the pres. have an umlaut, as in **bläst**.

PRINC. PARTS: bleiben, blieb, ist geblieben, bleibt
IMPERATIVE: bleibe!, bleibt!, bleiben Sie!

to remain, stay

INDICATIVE	SUBJUNCTIVE	
	PRIMARY	SECONDARY
	Present Time	
Present	*(Pres. Subj.)*	*(Imperf. Subj.)*
ich bleibe	bleibe	bliebe
du bleibst	bleibest	bliebest
er bleibt	bleibe	bliebe
wir bleiben	bleiben	blieben
ihr bleibt	bleibet	bliebet
sie bleiben	bleiben	blieben

Imperfect

ich	blieb
du	bliebst
er	blieb
wir	blieben
ihr	bliebt
sie	blieben

	Past Time	
Perfect	*(Perf. Subj.)*	*(Pluperf. Subj.)*
ich bin geblieben	sei geblieben	wäre geblieben
du bist geblieben	seiest geblieben	wärest geblieben
er ist geblieben	sei geblieben	wäre geblieben
wir sind geblieben	seien geblieben	wären geblieben
ihr seid geblieben	seiet geblieben	wäret geblieben
sie sind geblieben	seien geblieben	wären geblieben

Pluperfect

ich	war geblieben
du	warst geblieben
er	war geblieben
wir	waren geblieben
ihr	wart geblieben
sie	waren geblieben

	Future Time	
Future	*(Fut. Subj.)*	*(Pres. Conditional)*
ich werde bleiben	werde bleiben	würde bleiben
du wirst bleiben	werdest bleiben	würdest bleiben
er wird bleiben	werde bleiben	würde bleiben
wir werden bleiben	werden bleiben	würden bleiben
ihr werdet bleiben	werdet bleiben	würdet bleiben
sie werden bleiben	werden bleiben	würden bleiben

	Future Perfect Time	
Future Perfect	*(Fut. Perf. Subj.)*	*(Past Conditional)*
ich werde geblieben sein	werde geblieben sein	würde geblieben sein
du wirst geblieben sein	werdest geblieben sein	würdest geblieben sein
er wird geblieben sein	werde geblieben sein	würde geblieben sein
wir werden geblieben sein	werden geblieben sein	würden geblieben sein
ihr werdet geblieben sein	werdet geblieben sein	würdet geblieben sein
sie werden geblieben sein	werden geblieben sein	würden geblieben sein

Examples: *Räder rollten, aber der Sieg blieb aus. Viele sind im Krieg geblieben. Die Jugend will nicht alles beim alten bleiben lassen. Warum soll das unter uns bleiben?*
Wheels rolled but there was no victory. Many died in the war. Youth doesn't want to leave everything as it is. Why should we keep that to ourselves?
Note the various idiomatic translations possible for **bleiben**.

blicken

to look, glance

PRINC. PARTS: blicken, blickte, geblickt, blickt
IMPERATIVE: blicke!, blickt!, blicken Sie!

INDICATIVE	SUBJUNCTIVE	
	PRIMARY	SECONDARY
	Present Time	
Present	*(Pres. Subj.)*	*(Imperf. Subj.)*
ich blicke	blicke	blickte
du blickst	blickest	blicktest
er blickt	blicke	blickte
wir blicken	blicken	blickten
ihr blickt	blicket	blicktet
sie blicken	blicken	blickten

Imperfect

ich blickte
du blicktest
er blickte
wir blickten
ihr blicktet
sie blickten

		Past Time	
Perfect	*(Perf. Subj.)*	*(Pluperf. Subj.)*
ich habe geblickt	habe geblickt	hätte geblickt
du hast geblickt	habest geblickt	hättest geblickt
er hat geblickt	habe geblickt	hätte geblickt
wir haben geblickt	haben geblickt	hätten geblickt
ihr habt geblickt	habet geblickt	hättet geblickt
sie haben geblickt	haben geblickt	hätten geblickt

Pluperfect

ich hatte geblickt
du hattest geblickt
er hatte geblickt
wir hatten geblickt
ihr hattet geblickt
sie hatten geblickt

		Future Time	
Future	*(Fut. Subj.)*	*(Pres. Conditional)*
ich werde blicken	werde blicken	würde blicken
du wirst blicken	werdest blicken	würdest blicken
er wird blicken	werde blicken	würde blicken
wir werden blicken	werden blicken	würden blicken
ihr werdet blicken	werdet blicken	würdet blicken
sie werden blicken	werden blicken	würden blicken

		Future Perfect Time	
Future Perfect	*(Fut. Perf. Subj.)*	*(Past Conditional)*
ich werde geblickt haben	werde geblickt haben	würde geblickt haben
du wirst geblickt haben	werdest geblickt haben	würdest geblickt haben
er wird geblickt haben	werde geblickt haben	würde geblickt haben
wir werden geblickt haben	werden geblickt haben	würden geblickt haben
ihr werdet geblickt haben	werdet geblickt haben	würdet geblickt haben
sie werden geblickt haben	werden geblickt haben	würden geblickt haben

---

Examples: *Sie haben sich seit zwanzig Minuten nicht blicken lassen.* You haven't put in an appearance for 20 minutes. *Augenblick mal! Warum blicken Sie mich so gehässig an?* Just a minute now. Why are you giving me such a nasty look? **Blicken** is used for a short look, for glancing. An **Augenblick** (moment, second) is shorter still. For "to look at," the sep. **anblicken** is used.

blitzen

PRINC. PARTS: blitzen*, blitzte, geblitzt, blitzt
IMPERATIVE: blitze!, blitzt!, blitzen Sie!

*to emit lightning;
flash; take flash photos*

INDICATIVE		SUBJUNCTIVE		
		PRIMARY		SECONDARY

Present Time

	Present	*(Pres. Subj.)*	*(Imperf. Subj.)*
ich	blitze	blitze	blitzte
du	blitzt	blitzest	blitztest
er	blitzt	blitze	blitzte
wir	blitzen	blitzen	blitzten
ihr	blitzt	blitzet	blitztet
sie	blitzen	blitzen	blitzten

	Imperfect
ich	blitzte
du	blitztest
er	blitzte
wir	blitzten
ihr	blitztet
sie	blitzten

Past Time

	Perfect	*(Perf. Subj.)*	*(Pluperf. Subj.)*
ich	habe geblitzt	habe geblitzt	hätte geblitzt
du	hast geblitzt	habest geblitzt	hättest geblitzt
er	hat geblitzt	habe geblitzt	hätte geblitzt
wir	haben geblitzt	haben geblitzt	hätten geblitzt
ihr	habt geblitzt	habet geblitzt	hättet geblitzt
sie	haben geblitzt	haben geblitzt	hätten geblitzt

	Pluperfect
ich	hatte geblitzt
du	hattest geblitzt
er	hatte geblitzt
wir	hatten geblitzt
ihr	hattet geblitzt
sie	hatten geblitzt

Future Time

	Future	*(Fut. Subj.)*	*(Pres. Conditional)*
ich	werde blitzen	werde blitzen	würde blitzen
du	wirst blitzen	werdest blitzen	würdest blitzen
er	wird blitzen	werde blitzen	würde blitzen
wir	werden blitzen	werden blitzen	würden blitzen
ihr	werdet blitzen	werdet blitzen	würdet blitzen
sie	werden blitzen	werden blitzen	würden blitzen

Future Perfect Time

	Future Perfect	*(Fut. Perf. Subj.)*	*(Past Conditional)*
ich	werde geblitzt haben	werde geblitzt haben	würde geblitzt haben
du	wirst geblitzt haben	werdest geblitzt haben	würdest geblitzt haben
er	wird geblitzt haben	werde geblitzt haben	würde geblitzt haben
wir	werden geblitzt haben	werden geblitzt haben	würden geblitzt haben
ihr	werdet geblitzt haben	werdet geblitzt haben	würdet geblitzt haben
sie	werden geblitzt haben	werden geblitzt haben	würden geblitzt haben

* Third person forms are most frequently found. EXAMPLE: *Es blitzt.* There is lightning.

Examples: *Draußen donnerte und blitzte es, als man die Polka <u>Donner und Blitz</u> spielte.* Outside there was thunder and lightning when they played the polka <u>Thunder and Lightning</u>. Except for the slang meaning "to flash; to moon," **blitzen** is used impersonally.

blühen

to bloom, flower, flourish

PRINC. PARTS: blühen, blühte, geblüht, blüht
IMPERATIVE: blühe!, blüht!, blühen Sie!

INDICATIVE	SUBJUNCTIVE	
	PRIMARY	SECONDARY

Present Time

	Present	*(Pres. Subj.)*	*(Imperf. Subj.)*
ich	blühe	blühe	blühte
du	blühst	blühest	blühtest
er	blüht	blühe	blühte
wir	blühen	blühen	blühten
ihr	blüht	blühet	blühtet
sie	blühen	blühen	blühten

	Imperfect
ich	blühte
du	blühtest
er	blühte
wir	blühten
ihr	blühtet
sie	blühten

Past Time

	Perfect	*(Perf. Subj.)*	*(Pluperf. Subj.)*
ich	habe geblüht	habe geblüht	hätte geblüht
du	hast geblüht	habest geblüht	hättest geblüht
er	hat geblüht	habe geblüht	hätte geblüht
wir	haben geblüht	haben geblüht	hätten geblüht
ihr	habt geblüht	habet geblüht	hättet geblüht
sie	haben geblüht	haben geblüht	hätten geblüht

	Pluperfect
ich	hatte geblüht
du	hattest geblüht
er	hatte geblüht
wir	hatten geblüht
ihr	hattet geblüht
sie	hatten geblüht

Future Time

	Future	*(Fut. Subj.)*	*(Pres. Conditional)*
ich	werde blühen	werde blühen	würde blühen
du	wirst blühen	werdest blühen	würdest blühen
er	wird blühen	werde blühen	würde blühen
wir	werden blühen	werden blühen	würden blühen
ihr	werdet blühen	werdet blühen	würdet blühen
sie	werden blühen	werden blühen	würden blühen

Future Perfect Time

	Future Perfect	*(Fut. Perf. Subj.)*	*(Past Conditional)*
ich	werde geblüht haben	werde geblüht haben	würde geblüht haben
du	wirst geblüht haben	werdest geblüht haben	würdest geblüht haben
er	wird geblüht haben	werde geblüht haben	würde geblüht haben
wir	werden geblüht haben	werden geblüht haben	würden geblüht haben
ihr	werdet geblüht haben	werdet geblüht haben	würdet geblüht haben
sie	werden geblüht haben	werden geblüht haben	würden geblüht haben

Examples: *Vor dem Krieg blühten der Handel und die Künste.* Before the war, commerce and the arts flourished. *Das blühend schöne Mädchen pflückte Blumen und legte sie auf das Grab.* The vital, beautiful girl picked flowers and placed them on the grave. **Blühen** is a regular (weak) verb. Every form has an umlaut, so you need not be concerned about when or where to add one.

PRINC. PARTS: bluten, blutete, geblutet, blutet
IMPERATIVE: blute!, blutet!, bluten Sie!

INDICATIVE	PRIMARY	SECONDARY
	SUBJUNCTIVE	

Present Time

	Present	*(Pres. Subj.)*	*(Imperf. Subj.)*
ich	blute	blute	blutete
du	blutest	blutest	blutetest
er	blutet	blute	blutete
wir	bluten	bluten	bluteten
ihr	blutet	blutet	blutetet
sie	bluten	bluten	bluteten

	Imperfect
ich	blutete
du	blutetest
er	blutete
wir	bluteten
ihr	blutetet
sie	bluteten

Past Time

	Perfect	*(Perf. Subj.)*	*(Pluperf. Subj.)*
ich	habe geblutet	habe geblutet	hätte geblutet
du	hast geblutet	habest geblutet	hättest geblutet
er	hat geblutet	habe geblutet	hätte geblutet
wir	haben geblutet	haben geblutet	hätten geblutet
ihr	habt geblutet	habet geblutet	hättet geblutet
sie	haben geblutet	haben geblutet	hätten geblutet

	Pluperfect
ich	hatte geblutet
du	hattest geblutet
er	hatte geblutet
wir	hatten geblutet
ihr	hattet geblutet
sie	hatten geblutet

Future Time

	Future	*(Fut. Subj.)*	*(Pres. Conditional)*
ich	werde bluten	werde bluten	würde bluten
du	wirst bluten	werdest bluten	würdest bluten
er	wird bluten	werde bluten	würde bluten
wir	werden bluten	werden bluten	würden bluten
ihr	werdet bluten	werdet bluten	würdet bluten
sie	werden bluten	werden bluten	würden bluten

Future Perfect Time

	Future Perfect	*(Fut. Perf. Subj.)*	*(Past Conditional)*
ich	werde geblutet haben	werde geblutet haben	würde geblutet haben
du	wirst geblutet haben	werdest geblutet haben	würdest geblutet haben
er	wird geblutet haben	werde geblutet haben	würde geblutet haben
wir	werden geblutet haben	werden geblutet haben	würden geblutet haben
ihr	werdet geblutet haben	werdet geblutet haben	würdet geblutet hapen
sie	werden geblutet haben	werden geblutet haben	würden geblutet haben

Examples: *Der Zarewitsch blutete oft. Rasputin wußte, dieses Bluten aufzuhalten. Er versuchte auch, das Blutvergießen des Krieges zu verhindern. Aber Millionen verbluteten auf den blutigen Schlachtfeldern.* The Tsarevitch was a haemophiliac and bled often. Rasputin knew how to stop this bleeding. He also tried to prevent the bloodshed of the war. But millions bled to death on the bloody battlefields.

braten

to roast

PRINC. PARTS: braten, briet, gebraten, brät
IMPERATIVE: brate!, bratet!, braten Sie!

INDICATIVE	SUBJUNCTIVE	
	PRIMARY	SECONDARY
	Present Time	
Present	*(Pres. Subj.)*	*(Imperf. Subj.)*
ich brate	brate	briete
du brätst	bratest	brietest
er brät	brate	briete
wir braten	braten	brieten
ihr bratet	bratet	brietet
sie braten	braten	brieten

Imperfect
ich briet
du brietst
er briet
wir brieten
ihr brietet
sie brieten

	Past Time	
Perfect	*(Perf. Subj.)*	*(Pluperf. Subj.)*
ich habe gebraten	habe gebraten	hätte gebraten
du hast gebraten	habest gebraten	hättest gebraten
er hat gebraten	habe gebraten	hätte gebraten
wir haben gebraten	haben gebraten	hätten gebraten
ihr habt gebraten	habet gebraten	hättet gebraten
sie haben gebraten	haben gebraten	hätten gebraten

Pluperfect
ich hatte gebraten
du hattest gebraten
er hatte gebraten
wir hatten gebraten
ihr hattet gebraten
sie hatten gebraten

	Future Time	
Future	*(Fut. Subj.)*	*(Pres. Conditional)*
ich werde braten	werde braten	würde braten
du wirst braten	werdest braten	würdest braten
er wird braten	werde braten	würde braten
wir werden braten	werden braten	würden braten
ihr werdet braten	werdet braten	würdet braten
sie werden braten	werden braten	würden braten

	Future Perfect Time	
Future Perfect	*(Fut. Perf. Subj.)*	*(Past Conditional)*
ich werde gebraten haben	werde gebraten haben	würde gebraten haben
du wirst gebraten haben	werdest gebraten haben	würdest gebraten haben
er wird gebraten haben	werde gebraten haben	würde gebraten haben
wir werden gebraten haben	werden gebraten haben	würden gebraten haben
ihr werdet gebraten haben	werdet gebraten haben	würdet gebraten haben
sie werden gebraten haben	werden gebraten haben	würden gebraten haben

Examples: *„Soll ich dir das Fleisch am Spieß braten?" „Du kannst warten, daß dir gebratene Tauben in den Mind fliegen, bevor ich wieder für dich koche."* "Shall I roast the meat on the spit for you?" "You can wait till roast doves fly into your mouth before I cook for you again." The past part. is used as an adj. in the idiom **warten bis einem gebratene Tauben in den Mund fliegen.**

PRINC. PARTS: brauchen, brauchte, gebraucht, braucht
IMPERATIVE: brauche!, braucht!, brauchen Sie!

to need

	INDICATIVE	SUBJUNCTIVE	
		PRIMARY	SECONDARY

Present Time

	Present	*(Pres. Subj.)*	*(Imperf. Subj.)*
ich	brauche	brauche	brauchte*
du	brauchst	brauchest	brauchtest
er	braucht	brauche	brauchte
wir	brauchen	brauchen	brauchten
ihr	braucht	brauchet	brauchtet
sie	brauchen	brauchen	brauchten

	Imperfect
ich	brauchte
du	brauchtest
er	brauchte
wir	brauchten
ihr	brauchtet
sie	brauchten

Past Time

	Perfect	*(Perf. Subj.)*	*(Pluperf. Subj.)*
ich	habe gebraucht	habe gebraucht	hätte gebraucht
du	hast gebraucht	habest gebraucht	hättest gebraucht
er	hat gebraucht	habe gebraucht	hätte gebraucht
wir	haben gebraucht	haben gebraucht	hätten gebraucht
ihr	habt gebraucht	habet gebraucht	hättet gebraucht
sie	haben gebraucht	haben gebraucht	hätten gebraucht

	Pluperfect
ich	hatte gebraucht
du	hattest gebraucht
er	hatte gebraucht
wir	hatten gebraucht
ihr	hattet gebraucht
sie	hatten gebraucht

Future Time

	Future	*(Fut. Subj.)*	*(Pres. Conditional)*
ich	werde brauchen	werde brauchen	würde brauchen
du	wirst brauchen	werdest brauchen	würdest brauchen
er	wird brauchen	werde brauchen	würde brauchen
wir	werden brauchen	werden brauchen	würden brauchen
ihr	werdet brauchen	werdet brauchen	würdet brauchen
sie	werden brauchen	werden brauchen	würden brauchen

Future Perfect Time

	Future Perfect	*(Fut. Perf. Subj.)*	*(Past Conditional)*
ich	werde gebraucht haben	werde gebraucht haben	würde gebraucht haben
du	wirst gebraucht haben	werdest gebraucht haben	würdest gebraucht haben
er	wird gebraucht haben	werde gebraucht haben	würde gebraucht haben
wir	werden gebraucht haben	werden gebraucht haben	würden gebraucht haben
ihr	werdet gebraucht haben	werdet gebraucht haben	würdet gebraucht haben
sie	werden gebraucht haben	werden gebraucht haben	würden gebraucht haben

*The umlauted forms: *bräuchte*, etc. are also found.

Examples: *„Sie sagen, sie brauchen diese Ware dringendst." „Wozu brauchen sie so viel davon? Können sie in der Tat so viel gebrauchen?"* "They say they need this merchandise most urgently." "What do they need so much of it for? Can they really use that much?" Don't confuse **brauchen** with **gebrauchen** (to use). The past part. of both is **gebraucht**. The context will tell you which is which.

brauen

to brew

PRINC. PARTS: brauen, braute, gebraut, braut
IMPERATIVE: braue!, braut!, brauen Sie!

INDICATIVE		SUBJUNCTIVE	
		PRIMARY	SECONDARY
		Present Time	
	Present	*(Pres. Subj.)*	*(Imperf. Subj.)*
ich	braue	braue	braute
du	braust	brauest	brautest
er	braut	braue	braute
wir	brauen	brauen	brauten
ihr	braut	brauet	brautet
sie	brauen	brauen	brauten

	Imperfect
ich	braute
du	brautest
er	braute
wir	brauten
ihr	brautet
sie	brauten

INDICATIVE		SUBJUNCTIVE	
		Past Time	
	Perfect	*(Perf. Subj.)*	*(Pluperf. Subj.)*
ich	habe gebraut	habe gebraut	hätte gebraut
du	hast gebraut	habest gebraut	hättest gebraut
er	hat gebraut	habe gebraut	hätte gebraut
wir	haben gebraut	haben gebraut	hätten gebraut
ihr	habt gebraut	habet gebraut	hättet gebraut
sie	haben gebraut	haben gebraut	hätten gebraut

	Pluperfect
ich	hatte gebraut
du	hattest gebraut
er	hatte gebraut
wir	hatten gebraut
ihr	hattet gebraut
sie	hatten gebraut

INDICATIVE		SUBJUNCTIVE	
		Future Time	
	Future	*(Fut. Subj.)*	*(Pres. Conditional)*
ich	werde brauen	werde brauen	würde brauen
du	wirst brauen	werdest brauen	würdest brauen
er	wird brauen	werde brauen	würde brauen
wir	werden brauen	werden brauen	würden brauen
ihr	werdet brauen	werdet brauen	würdet brauen
sie	werden brauen	werden brauen	würden brauen

INDICATIVE		SUBJUNCTIVE	
		Future Perfect Time	
	Future Perfect	*(Fut. Perf. Subj.)*	*(Past Conditional)*
ich	werde gebraut haben	werde gebraut haben	würde gebraut haben
du	wirst gebraut haben	werdest gebraut haben	würdest gebraut haben
er	wird gebraut haben	werde gebraut haben	würde gebraut haben
wir	werden gebraut haben	werden gebraut haben	würden gebraut haben
ihr	werdet gebraut haben	werdet gebraut haben	würdet gebraut haben
sie	werden gebraut haben	werden gebraut haben	würden gebraut haben

Examples: *Einst braute der Braumeister ein besseres Bier. Damals hielt er das Bierbrauen für eine große Kunst. Später aber betrank er sich oft im Brauhaus. Bald mußte der Brauer seine Brauerei schließen.* Once the brew master brewed a better beer. Then he considered beer brewing a great art. But later he often got drunk in the brew house. Soon the brewer had to close his brewery.

brausen

PRINC. PARTS: brausen, brauste, gebraust, braust
IMPERATIVE: brause!, braust!, brausen Sie!

to storm, roar;
take a shower

INDICATIVE	SUBJUNCTIVE	
	PRIMARY	SECONDARY

Present Time

	Present	*(Pres. Subj.)*	*(Imperf. Subj.)*
ich	brause	brause	brauste
du	braust	brausest	braustest
er	braust	brause	brauste
wir	brausen	brausen	brausten
ihr	braust	brauset	braustet
sie	brausen	brausen	brausten

	Imperfect
ich	brauste
du	braustest
er	brauste
wir	brausten
ihr	braustet
sie	brausten

Past Time

	Perfect	*(Perf. Subj.)*	*(Pluperf. Subj.)*
ich	habe gebraust	habe gebraust	hätte gebraust
du	hast gebraust	habest gebraust	hättest gebraust
er	hat gebraust	habe gebraust	hätte gebraust
wir	haben gebraust	haben gebraust	hätten gebraust
ihr	habt gebraust	habet gebraust	hättet gebraust
sie	haben gebraust	haben gebraust	hätten gebraust

	Pluperfect
ich	hatte gebraust
du	hattest gebraust
er	hatte gebraust
wir	hatten gebraust
ihr	hattet gebraust
sie	hatten gebraust

Future Time

	Future	*(Fut. Subj.)*	*(Pres. Conditional)*
ich	werde brausen	werde brausen	würde brausen
du	wirst brausen	werdest brausen	würdest brausen
er	wird brausen	werde brausen	würde brausen
wir	werden brausen	werden brausen	würden brausen
ihr	werdet brausen	werdet brausen	würdet brausen
sie	werden brausen	werden brausen	würden brausen

Future Perfect Time

	Future Perfect	*(Fut. Perf. Subj.)*	*(Past Conditional)*
ich	werde gebraust haben	werde gebraust haben	würde gebraust haben
du	wirst gebraust haben	werdest gebraust haben	würdest gebraust haben
er	wird gebraust haben	werde gebraust haben	würde gebraust haben
wir	werden gebraust haben	werden gebraust haben	würden gebraust haben
ihr	werdet gebraust haben	werdet gebraust haben	würdet gebraust haben
sie	werden gebraust haben	werden gebraust haben	würden gebraust haben

Examples: *Wollen wir brausen, bevor wir ins Schwimbad gehen?* "Shall we take a shower before going into the swimming pool? *Man sagt, du wärest so ein Brausekopf. Die Leute sprechen noch von deinen tollen Brausejahren.* They say you're such a hothead. People still talk about your wild, impetuous youth. Note that the 2nd and 3rd pers. sing. pres. of **brausen** are identical.

63

brechen

to break

PRINC. PARTS: brechen, brach, gebrochen, bricht
IMPERATIVE: brich!, brecht!, brechen Sie!

INDICATIVE		SUBJUNCTIVE	
		PRIMARY	SECONDARY
		Present Time	
	Present	*(Pres. Subj.)*	*(Imperf. Subj.)*
ich	breche	breche	bräche
du	brichst	brechest	brächest
er	bricht	breche	bräche
wir	brechen	brechen	brächen
ihr	brecht	brechet	brächet
sie	brechen	brechen	brächen
	Imperfect		
ich	brach		
du	brachst		
er	brach		
wir	brachen		
ihr	bracht		
sie	brachen		
		Past Time	
	Perfect	*(Perf. Subj.)*	*(Pluperf. Subj.)*
ich	habe gebrochen	habe gebrochen	hätte gebrochen
du	hast gebrochen	habest gebrochen	hättest gebrochen
er	hat gebrochen	habe gebrochen	hätte gebrochen
wir	haben gebrochen	haben gebrochen	hätten gebrochen
ihr	habt gebrochen	habet gebrochen	hättet gebrochen
sie	haben gebrochen	haben gebrochen	hätten gebrochen
	Pluperfect		
ich	hatte gebrochen		
du	hattest gebrochen		
er	hatte gebrochen		
wir	hatten gebrochen		
ihr	hattet gebrochen		
sie	hatten gebrochen		
		Future Time	
	Future	*(Fut. Subj.)*	*(Pres. Conditional)*
ich	werde brechen	werde brechen	würde brechen
du	wirst brechen	werdest brechen	würdest brechen
er	wird brechen	werde brechen	würde brechen
wir	werden brechen	werden brechen	würden brechen
ihr	werdet brechen	werdet brechen	würdet brechen
sie	werden brechen	werden brechen	würden brechen
		Future Perfect Time	
	Future Perfect	*(Fut. Perf. Subj.)*	*(Past Conditional)*
ich	werde gebrochen haben	werde gebrochen haben	würde gebrochen haben
du	wirst gebrochen haben	werdest gebrochen haben	würdest gebrochen haben
er	wird gebrochen haben	werde gebrochen haben	würde gebrochen haben
wir	werden gebrochen haben	werden gebrochen haben	würden gebrochen haben
ihr	werdet gebrochen haben	werdet gebrochen haben	würdet gebrochen haben
sie	werden gebrochen haben	werden gebrochen haben	würden gebrochen haben

Examples: *Wir haben die Verhandlungen abgebrochen, weil der Vorsitzende sein Wort gebrochen hat.* We broke off negotiations because the chairman broke his word. *Bei einbrechender Nacht versuchten die Einbrecher ins Geschäft einzubrechen.* At nightfall the burglars attempted to break into the store. *Du brichst ja immer alles übers Knie.* You always rush things.

PRINC. PARTS: brennen, brannte, gebrannt, brennt
IMPERATIVE: brenne!, brennt!, brennen Sie!

brennen
to burn; distill

	INDICATIVE	SUBJUNCTIVE	
		PRIMARY	SECONDARY

Present Time

	Present	*(Pres. Subj.)*	*(Imperf. Subj.)*
ich	brenne	brenne	brennte
du	brennst	brennest	brenntest
er	brennt	brenne	brennte
wir	brennen	brennen	brennten
ihr	brennt	brennet	brenntet
sie	brennen	brennen	brennten

	Imperfect
ich	brannte
du	branntest
er	brannte
wir	brannten
ihr	branntet
sie	brannten

Past Time

	Perfect	*(Perf. Subj.)*	*(Pluperf. Subj.)*
ich	habe gebrannt	habe gebrannt	hätte gebrannt
du	hast gebrannt	habest gebrannt	hättest gebrannt
er	hat gebrannt	habe gebrannt	hätte gebrannt
wir	haben gebrannt	haben gebrannt	hätten gebrannt
ihr	habt gebrannt	habet gebrannt	hättet gebrannt
sie	haben gebrannt	haben gebrannt	hätten gebrannt

	Pluperfect
ich	hatte gebrannt
du	hattest gebrannt
er	hatte gebrannt
wir	hatten gebrannt
ihr	hattet gebrannt
sie	hatten gebrannt

Future Time

	Future	*(Fut. Subj.)*	*(Pres. Conditional)*
ich	werde brennen	werde brennen	würde brennen
du	wirst brennen	werdest brennen	würdest brennen
er	wird brennen	werde brennen	würde brennen
wir	werden brennen	werden brennen	würden brennen
ihr	werdet brennen	werdet brennen	würdet brennen
sie	werden brennen	werden brennen	würden brennen

Future Perfect Time

	Future Perfect	*(Fut. Perf. Subj.)*	*(Past Conditional)*
ich	werde gebrannt haben	werde gebrannt haben	würde gebrannt haben
du	wirst gebrannt haben	werdest gebrannt haben	würdest gebrannt haben
er	wird gebrannt haben	werde gebrannt haben	würde gebrannt haben
wir	werden gebrannt haben	werden gebrannt haben	würden gebrannt haben
ihr	werdet gebrannt haben	werdet gebrannt haben	würdet gebrannt haben
sie	werden gebrannt haben	werden gebrannt haben	würden gebrannt haben

---

Examples: *In Silkes Zimmer brannte noch Licht. Erich brannte darauf, ihr seine Liebe zu erklären.* There was still a light on in Silke's room. Erich ardently longed to declare his love to her. **Brennen** belongs to a special group of "irregular mixed verbs" with characteristics of both weak and strong verbs (see p. xxi).

bringen

to bring, convey

PRINC. PARTS: bringen, brachte, gebracht, bringt
IMPERATIVE: bringe!, bringt!, bringen Sie!

INDICATIVE	SUBJUNCTIVE	
	PRIMARY	SECONDARY
	Present Time	
Present	*(Pres. Subj.)*	*(Imperf. Subj.)*
ich bringe	bringe	brächte
du bringst	bringest	brächtest
er bringt	bringe	brächte
wir bringen	bringen	brächten
ihr bringt	bringet	brächtet
sie bringen	bringen	brächten

Imperfect

ich brachte
du brachtest
er brachte
wir brachten
ihr brachtet
sie brachten

		Past Time	
Perfect	*(Perf. Subj.)*	*(Pluperf. Subj.)*
ich habe gebracht	habe gebracht	hätte gebracht
du hast gebracht	habest gebracht	hättest gebracht
er hat gebracht	habe gebracht	hätte gebracht
wir haben gebracht	haben gebracht	hätten gebracht
ihr habt gebracht	habet gebracht	hättet gebracht
sie haben gebracht	haben gebracht	hätten gebracht

Pluperfect

ich hatte gebracht
du hattest gebracht
er hatte gebracht
wir hatten gebracht
ihr hattet gebracht
sie hatten gebracht

		Future Time	
Future	*(Fut. Subj.)*	*(Pres. Conditional)*
ich werde bringen	werde bringen	würde bringen
du wirst bringen	werdest bringen	würdest bringen
er wird bringen	werde bringen	würde bringen
wir werden bringen	werden bringen	würden bringen
ihr werdet bringen	werdet bringen	würdet bringen
sie werden bringen	werden bringen	würden bringen

		Future Perfect Time	
Future Perfect	*(Fut. Perf. Subj.)*	*(Past Conditional)*
ich werde gebracht haben	werde gebracht haben	würde gebracht haben
du wirst gebracht haben	werdest gebracht haben	würdest gebracht haben
er wird gebracht haben	werde gebracht haben	würde gebracht haben
wir werden gebracht haben	werden gebracht haben	würden gebracht haben
ihr werdet gebracht haben	werdet gebracht haben	würdet gebracht haben
sie werden gebracht haben	werden gebracht haben	würden gebracht haben

---

Examples:„*Herr Ober, bringen Sie uns bitte die Weinkarte!*" „*Nichts kann mich dazu bringen, Wein zu trinken*", *sagte Anna.* „*Aber wir müssen doch unserem Freund eine Gesundheit bringen, denn er hat es zu Ruhm und Reichtum gebracht.*" "Waiter, please bring us the wine list again." "Nothing can induce me to drink more wine," said Anna. "But we must drink a toast to our friend since he has achieved fame and fortune."

PRINC. PARTS: brüllen, brüllte, gebrüllt, brüllt
IMPERATIVE: brülle!, brüllt!, brüllen Sie!

to roar, shout

INDICATIVE		SUBJUNCTIVE	
		PRIMARY	SECONDARY
		Present Time	
	Present	*(Pres. Subj.)*	*(Imperf. Subj.)*
ich	brülle	brülle	brüllte
du	brüllst	brüllest	brülltest
er	brüllt	brülle	brüllte
wir	brüllen	brüllen	brüllten
ihr	brüllt	brüllet	brülltet
sie	brüllen	brüllen	brüllten
	Imperfect		
ich	brüllte		
du	brülltest		
er	brüllte		
wir	brüllten		
ihr	brülltet		
sie	brüllten		
		Past Time	
	Perfect	*(Perf. Subj.)*	*(Pluperf. Subj.)*
ich	habe gebrüllt	habe gebrüllt	hätte gebrüllt
du	hast gebrüllt	habest gebrüllt	hättest gebrüllt
er	hat gebrüllt	habe gebrüllt	hätte gebrüllt
wir	haben gebrüllt	haben gebrüllt	hätten gebrüllt
ihr	habt gebrüllt	habet gebrüllt	hättet gebrüllt
sie	haben gebrüllt	haben gebrüllt	hätten gebrüllt
	Pluperfect		
ich	hatte gebrüllt		
du	hattest gebrüllt		
er	hatte gebrüllt		
wir	hatten gebrüllt		
ihr	hattet gebrüllt		
sie	hatten gebrüllt		
		Future Time	
	Future	*(Fut. Subj.)*	*(Pres. Conditional)*
ich	werde brüllen	werde brüllen	würde brüllen
du	wirst brüllen	werdest brüllen	würdest brüllen
er	wird brüllen	werde brüllen	würde brüllen
wir	werden brüllen	werden brüllen	würden brüllen
ihr	werdet brüllen	werdet brüllen	würdet brüllen
sie	werden brüllen	werden brüllen	würden brüllen
		Future Perfect Time	
	Future Perfect	*(Fut. Perf. Subj.)*	*(Past Conditional)*
ich	werde gebrüllt haben	werde gebrüllt haben	würde gebrüllt haben
du	wirst gebrüllt haben	werdest gebrüllt haben	würdest gebrüllt haben
er	wird gebrüllt haben	werde gebrüllt haben	würde gebrüllt haben
wir	werden gebrüllt haben	werden gebrüllt haben	würden gebrüllt haben
ihr	werdet gebrüllt haben	werdet gebrüllt haben	würdet gebrüllt haben
sie	werden gebrüllt haben	werden gebrüllt haben	würden gebrüllt haben

Examples: *Die Menge brüllte dem Fußballspieler Beifall. Später, zu Hause, brüllte er seine Frau zornig an.* The crowd roared its cheers to the soccer player. Later, at home, he shouted angrily at his wife. In sent. 1 "soccer player" is an indirect obj., (cheers for or to). The sep. prefix verb **zubrüllen** could have been used. Sent. 2 uses the sep. prefix verb **anbrüllen**.

sich brüsten

PRINC. PARTS: **sich brüsten, brüstete sich, hat sich gebrüstet, brüstet sich**

to boast, brag   IMPERATIVE: **brüste dich!, brüstet euch!, brüsten Sie sich!**

INDICATIVE	SUBJUNCTIVE	
	PRIMARY	SECONDARY

Present Time

	Present	*(Pres. Subj.)*	*(Imperf. Subj.)*
ich	brüste mich	brüste mich	brüstete mich
du	brüstest dich	brüstest dich	brüstetest dich
er	brüstet sich	brüste sich	brüstete sich
wir	brüsten uns	brüsten uns	brüsteten uns
ihr	brüstet euch	brüstet euch	brüstetet euch
sie	brüsten sich	brüsten sich	brüsteten sich

	Imperfect
ich	brüstete mich
du	brüstetest dich
er	brüstete sich
wir	brüsteten uns
ihr	brüstetet euch
sie	brüsteten sich

Past Time

	Perfect	*(Perf. Subj.)*	*(Pluperf. Subj.)*
ich	habe mich gebrüstet	habe mich gebrüstet	hätte mich gebrüstet
du	hast dich gebrüstet	habest dich gebrüstet	hättest dich gebrüstet
er	hat sich gebrüstet	habe sich gebrüstet	hätte sich gebrüstet
wir	haben uns gebrüstet	haben uns gebrüstet	hätten uns gebrüstet
ihr	habt euch gebrüstet	habet euch gebrüstet	hättet euch gebrüstet
sie	haben sich gebrüstet	haben sich gebrüstet	hätten sich gebrüstet

	Pluperfect
ich	hatte mich gebrüstet
du	hattest dich gebrüstet
er	hatte sich gebrüstet
wir	hatten uns gebrüstet
ihr	hattet euch gebrüstet
sie	hatten sich gebrüstet

Future Time

	Future	*(Fut. Subj.)*	*(Pres. Conditional)*
ich	werde mich brüsten	werde mich brüsten	würde mich brüsten
du	wirst dich brüsten	werdest dich brüsten	würdest dich brüsten
er	wird sich brüsten	werde sich brüsten	würde sich brüsten
wir	werden uns brüsten	werden uns brüsten	würden uns brüsten
ihr	werdet euch brüsten	werdet euch brüsten	würdet euch brüsten
sie	werden sich brüsten	werden sich brüsten	würden sich brüsten

Future Perfect Time

	Future Perfect	*(Fut. Perf. Subj.)*	*(Past Conditional)*
ich	werde mich gebrüstet haben	werde mich gebrüstet haben	würde mich gebrüstet haben
du	wirst dich gebrüstet haben	werdest dich gebrüstet haben	würdest dich gebrüstet haben
er	wird sich gebrüstet haben	werde sich gebrüstet haben	würde sich gebrüstet haben
wir	werden uns gebrüstet haben	werden uns gebrüstet haben	würden uns gebrüstet haben
ihr	werdet euch gebrüstet haben	werdet euch gebrüstet haben	würdet euch gebrüstet haben
sie	werden sich gebrüstet haben	werden sich gebrüstet haben	würden sich gebrüstet haben

Examples: *König Ludwig sah zu, während die Schwäne sich brüsteten.* King Ludwig looked on while the swans stood with outspread wings. *Mussolini warf sich oft in die Brust, und brüstete sich mit allem, was er für sein Land getan hatte.* Mussolini often gave himself airs and boasted of everything he had done for his country. All forms of this verb have an umlaut.

PRINC. PARTS: buchen, buchte, gebucht, bucht
IMPERATIVE: buche!, bucht!, buchen Sie!

to book; enter

INDICATIVE	SUBJUNCTIVE	
	PRIMARY	SECONDARY
	Present Time	
Present	*(Pres. Subj.)*	*(Imperf. Subj.)*
ich buche	buche	buchte
du buchst	buchest	buchtest
er bucht	buche	buchte
wir buchen	buchen	buchten
ihr bucht	buchet	buchtet
sie buchen	buchen	buchten

Imperfect
ich buchte
du buchtest
er buchte
wir buchten
ihr buchtet
sie buchten

Past Time

Perfect	*(Perf. Subj.)*	*(Pluperf. Subj.)*
ich habe gebucht	habe gebucht	hätte gebucht
du hast gebucht	habest gebucht	hättest gebucht
er hat gebucht	habe gebucht	hätte gebucht
wir haben gebucht	haben gebucht	hätten gebucht
ihr habt gebucht	habet gebucht	hättet gebucht
sie haben gebucht	haben gebucht	hätten gebucht

Pluperfect
ich hatte gebucht
du hattest gebucht
er hatte gebucht
wir hatten gebucht
ihr hattet gebucht
sie hatten gebucht

Future Time

Future	*(Fut. Subj.)*	*(Pres. Conditional)*
ich werde buchen	werde buchen	würde buchen
du wirst buchen	werdest buchen	würdest buchen
er wird buchen	werde buchen	würde buchen
wir werden buchen	werden buchen	würden buchen
ihr werdet buchen	werdet buchen	würdet buchen
sie werden buchen	werden buchen	würden buchen

Future Perfect Time

Future Perfect	*(Fut. Perf. Subj.)*	*(Past Conditional)*
ich werde gebucht haben	werde gebucht haben	würde gebucht haben
du wirst gebucht haben	werdest gebucht haben	würdest gebucht haben
er wird gebucht haben	werde gebucht haben	würde gebucht haben
wir werden gebucht haben	werden gebucht haben	würden gebucht haben
ihr werdet gebucht haben	werdet gebucht haben	würdet gebucht haben
sie werden gebucht haben	werden gebucht haben	würden gebucht haben

Examples: „Haben Sie schon Ihre Hochzeitsreise gebucht?" fragte der Reiseberater. „Buchen Sie sofort, bevor alle Plätze ausgebucht sind." "Have you booked your wedding trip yet?" asked the travel agent. "Book right away before all the seats are booked up." The use is largely as in English, in the senses "to make a reservation" and in business language "to enter into the books."

sich bücken

to stoop, bend

PRINC. PARTS: sich bücken, bückte sich, hat sich gebückt, bückt sich

IMPERATIVE: bücke dich!, bückt euch!, bücken Sie sich!

INDICATIVE	SUBJUNCTIVE	
	PRIMARY	SECONDARY
	Present Time	
Present	*(Pres. Subj.)*	*(Imperf. Subj.)*
ich bücke mich	bücke mich	bückte mich
du bückst dich	bückest dich	bücktest dich
er bückt sich	bücke sich	bückte sich
wir bücken uns	bücken uns	bückten uns
ihr bückt euch	bücket euch	bücktet euch
sie bücken sich	bücken sich	bückten sich
Imperfect		
ich bückte mich		
du bücktest dich		
er bückte sich		
wir bückten uns		
ihr bücktet euch		
sie bückten sich	*Past Time*	
Perfect	*(Perf. Subj.)*	*(Pluperf. Subj.)*
ich habe mich gebückt	habe mich gebückt	hätte mich gebückt
du hast dich gebückt	habest dich gebückt	hättest dich gebückt
er hat sich gebückt	habe sich gebückt	hätte sich gebückt
wir haben uns gebückt	haben uns gebückt	hätten uns gebückt
ihr habt euch gebückt	habet euch gebückt	hättet euch gebückt
sie haben sich gebückt	haben sich gebückt	hätten sich gebückt
Pluperfect		
ich hatte mich gebückt		
du hattest dich gebückt		
er hatte sich gebückt		
wir hatten uns gebückt		
ihr hattet euch gebückt		
sie hatten sich gebückt	*Future Time*	
Future	*(Fut. Subj.)*	*(Pres. Conditional)*
ich werde mich bücken	werde mich bücken	würde mich bücken
du wirst dich bücken	werdest dich bücken	würdest dich bücken
er wird sich bücken	werde sich bücken	würde sich bücken
wir werden uns bücken	werden uns bücken	würden uns bücken
ihr werdet euch bücken	werdet euch bücken	würdet euch bücken
sie werden sich bücken	werden sich bücken	würden sich bücken
	Future Perfect Time	
Future Perfect	*(Fut. Perf. Subj.)*	*(Past Conditional)*
ich werde mich gebückt haben	werde mich gebückt haben	würde mich gebückt haben
du wirst dich gebückt haben	werdest dich gebückt haben	würdest dich gebückt haben
er wird sich gebückt haben	werde sich gebückt haben	würde sich gebückt haben
wir werden uns gebückt haben	werden uns gebückt haben	würden uns gebückt haben
ihr werdet euch gebückt haben	werdet euch gebückt haben	würdet euch gebückt haben
sie werden sich gebückt haben	werden sich gebückt haben	würden sich gebückt haben

Examples: *Der bucklige Rigoletto mußte sich vor dem Herzog und den Höflingen bücken und ducken.* Hunchbacked Rigoletto had to bow and scrape to the duke and the courtiers. *„Halte dich nicht immer so gebückt,"* *sagte die Mutter ihrer Tochter.* "Don't stoop so much," said the mother to her daughter. **Bücken** and **ducken** in sent. 1 are complementary infinitives.

buhlen

PRINC. PARTS: buhlen, buhlte, gebuhlt, buhlt
IMPERATIVE: buhle!, buhlt!, buhlen Sie!

to make love to, woo;
strive, vie

INDICATIVE	SUBJUNCTIVE	
	PRIMARY	SECONDARY

Present Time

	Present	*(Pres. Subj.)*	*(Imperf. Subj.)*
ich	buhle	buhle	buhlte
du	buhlst	buhlest	buhltest
er	buhlt	buhle	buhlte
wir	buhlen	buhlen	buhlten
ihr	buhlt	buhlet	buhltet
sie	buhlen	buhlen	buhlten

	Imperfect
ich	buhlte
du	buhltest
er	buhlte
wir	buhlten
ihr	buhltet
sie	buhlten

Past Time

	Perfect	*(Perf. Subj.)*	*(Pluperf. Subj.)*
ich	habe gebuhlt	habe gebuhlt	hätte gebuhlt
du	hast gebuhlt	habest gebuhlt	hättest gebuhlt
er	hat gebuhlt	habe gebuhlt	hätte gebuhlt
wir	haben gebuhlt	haben gebuhlt	hätten gebuhlt
ihr	habt gebuhlt	habet gebuhlt	hättet gebuhlt
sie	haben gebuhlt	haben gebuhlt	hätten gebuhlt

	Pluperfect
ich	hatte gebuhlt
du	hattest gebuhlt
er	hatte gebuhlt
wir	hatten gebuhlt
ihr	hattet gebuhlt
sie	hatten gebuhlt

Future Time

	Future	*(Fut. Subj.)*	*(Pres. Conditional)*
ich	werde buhlen	werde buhlen	würde buhlen
du	wirst buhlen	werdest buhlen	würdest buhlen
er	wird buhlen	werde buhlen	würde buhlen
wir	werden buhlen	werden buhlen	würden buhlen
ihr	werdet buhlen	werdet buhlen	würdet buhlen
sie	werden buhlen	werden buhlen	würden buhlen

Future Perfect Time

	Future Perfect	*(Fut. Perf. Subj.)*	*(Past Conditional)*
ich	werde gebuhlt haben	werde gebuhlt haben	würde gebuhlt haben
du	wirst gebuhlt haben	werdest gebuhlt haben	würdest gebuhlt haben
er	wird gebuhlt haben	werde gebuhlt haben	würde gebuhlt haben
wir	werden gebuhlt haben	werden gebuhlt haben	würden gebuhlt haben
ihr	werdet gebuhlt haben	werdet gebuhlt haben	würdet gebuhlt haben
sie	werden gebuhlt haben	werden gebuhlt haben	würden gebuhlt haben

Examples: *Viele Schauspielerinnen buhlten um die Gunst des Regisseurs.* Many actresses vied for the film director's favor. In the sense "to make love," **buhlen** is literary or pejorative today. **Um die Gunst buhlen** (to vie for, court) is not literary or old-fashioned.

bürsten

to brush

PRINC. PARTS: bürsten, bürstete, gebürstet, bürstet
IMPERATIVE: bürste!, bürstet!, bürsten Sie!

	INDICATIVE	SUBJUNCTIVE	
		PRIMARY	SECONDARY
		Present Time	
	Present	*(Pres. Subj.)*	*(Imperf. Subj.)*
ich	bürste	bürste	bürstete
du	bürstest	bürstest	bürstetest
er	bürstet	bürste	bürstete
wir	bürsten	bürsten	bürsteten
ihr	bürstet	bürstet	bürstetet
sie	bürsten	bürsten	bürsteten
	Imperfect		
ich	bürstete		
du	bürstetest		
er	bürstete		
wir	bürsteten		
ihr	bürstetet		
sie	bürsteten		
		Past Time	
	Perfect	*(Perf. Subj.)*	*(Pluperf. Subj.)*
ich	habe gebürstet	habe gebürstet	hätte gebürstet
du	hast gebürstet	habest gebürstet	hättest gebürstet
er	hat gebürstet	habe gebürstet	hätte gebürstet
wir	haben gebürstet	haben gebürstet	hätten gebürstet
ihr	habt gebürstet	habet gebürstet	hättet gebürstet
sie	haben gebürstet	haben gebürstet	hätten gebürstet
	Pluperfect		
ich	hatte gebürstet		
du	hattest gebürstet		
er	hatte gebürstet		
wir	hatten gebürstet		
ihr	hattet gebürstet		
sie	hatten gebürstet		
		Future Time	
	Future	*(Fut. Subj.)*	*(Pres. Conditional)*
ich	werde bürsten	werde bürsten	würde bürsten
du	wirst bürsten	werdest bürsten	würdest bürsten
er	wird bürsten	werde bürsten	würde bürsten
wir	werden bürsten	werden bürsten	würden bürsten
ihr	werdet bürsten	werdet bürsten	würdet bürsten
sie	werden bürsten	werden bürsten	würden bürsten
		Future Perfect Time	
	Future Perfect	*(Fut. Perf. Subj.)*	*(Past Conditional)*
ich	werde gebürstet haben	werde gebürstet haben	würde gebürstet haben
du	wirst gebürstet haben	werdest gebürstet haben	würdest gebürstet haben
er	wird gebürstet haben	werde gebürstet haben	würde gebürstet haben
wir	werden gebürstet haben	werden gebürstet haben	würden gebürstet haben
ihr	werdet gebürstet haben	werdet gebürstet haben	würdet gebürstet haben
sie	werden gebürstet haben	werden gebürstet haben	würden gebürstet haben

Examples: *Klara bürstete sich die Haare und die Schuhe. Am Nachmittag bürstete sie den Hund. Danach mußte sie ihre Kleidung abbürsten.* Klara brushed her hair and her shoes. In the afternoon she brushed the dog. After that she had to brush off her clothes. In the above exs., the verb is used both reflexively and nonreflexively. Sound the umlaut correctly so **bürsten** doesn't sound like **bersten**.

*dämpfen

PRINC. PARTS: dämpfen, dämpfte, gedämpft, dämpft
IMPERATIVE: dämpfe!, dämpft!, dämpfen Sie!

to muffle, damp, quench, attenuate, smother

INDICATIVE	SUBJUNCTIVE	
	PRIMARY	SECONDARY

Present Time

	Present	*(Pres. Subj.)*	*(Imperf. Subj.)*
ich	dämpfe	dämpfe	dämpfte
du	dämpfst	dämpfest	dämpftest
er	dämpft	dämpfe	dämpfte
wir	dämpfen	dämpfen	dämpften
ihr	dämpft	dämpfet	dämpftet
sie	dämpfen	dämpfen	dämpften

	Imperfect
ich	dämpfte
du	dämpftest
er	dämpfte
wir	dämpften
ihr	dämpftet
sie	dämpften

Past Time

	Perfect	*(Perf. Subj.)*	*(Pluperf. Subj.)*
ich	habe gedämpft	habe gedämpft	hätte gedämpft
du	hast gedämpft	habest gedämpft	hättest gedämpft
er	hat gedämpft	habe gedämpft	hätte gedämpft
wir	haben gedämpft	haben gedämpft	hätten gedämpft
ihr	habt gedämpft	habet gedämpft	hättet gedämpft
sie	haben gedämpft	haben gedämpft	hätten gedämpft

	Pluperfect
ich	hatte gedämpft
du	hattest gedämpft
er	hatte gedämpft
wir	hatten gedämpft
ihr	hattet gedämpft
sie	hatten gedämpft

Future Time

	Future	*(Fut. Subj.)*	*(Pres. Conditional)*
ich	werde dämpfen	werde dämpfen	würde dämpfen
du	wirst dämpfen	werdest dämpfen	würdest dämpfen
er	wird dämpfen	werde dämpfen	würde dämpfen
wir	werden dämpfen	werden dämpfen	würden dämpfen
ihr	werdet dämpfen	werdet dämpfen	würdet dämpfen
sie	werden dämpfen	werden dämpfen	würden dämpfen

Future Perfect Time

	Future Perfect	*(Fut. Perf. Subj.)*	*(Past Conditional)*
ich	werde gedämpft haben	werde gedämpft haben	würde gedämpft haben
du	wirst gedämpft haben	werdest gedämpft haben	würdest gedämpft haben
er	wird gedämpft haben	werde gedämpft haben	würde gedämpft haben
wir	werden gedämpft haben	werden gedämpft haben	würden gedämpft haben
ihr	werdet gedämpft haben	werdet gedämpft haben	würdet gedämpft haben
sie	werden gedämpft haben	werden gedämpft haben	würden gedämpft haben

*The verb dampfen (no umlaut in any form) means "to steam; fume; reek".

Examples: *Oft versuchte er, die Lebensfreude seiner Frau zu dämpfen. „Du solltest die Farben in deinem Gemälde etwas abdämpfen," riet er.* Often he tried to dampen his wife's enthusiasm for life. "You should tone down (soften) the colors in your painting," he advised. **Dämpfen** is used transitively (with a dir. obj.), as in "to dampen musical instruments, colors"; "to muffle the voice"; "to steam vegetables."

danken

to thank

PRINC. PARTS: danken, dankte, gedankt, dankt
IMPERATIVE: danke!, dankt!, danken Sie!

INDICATIVE	SUBJUNCTIVE	
	PRIMARY	SECONDARY
	Present Time	
Present	*(Pres. Subj.)*	*(Imperf. Subj.)*
ich danke	danke	dankte
du dankst	dankest	danktest
er dankt	danke	dankte
wir danken	danken	dankten
ihr dankt	danket	danktet
sie danken	danken	dankten

Imperfect
ich dankte
du danktest
er dankte
wir dankten
ihr danktet
sie dankten

	Past Time	
Perfect	*(Perf. Subj.)*	*(Pluperf. Subj.)*
ich habe gedankt	habe gedankt	hätte gedankt
du hast gedankt	habest gedankt	hättest gedankt
er hat gedankt	habe gedankt	hätte gedankt
wir haben gedankt	haben gedankt	hätten gedankt
ihr habt gedankt	habet gedankt	hättet gedankt
sie haben gedankt	haben gedankt	hätten gedankt

Pluperfect
ich hatte gedankt
du hattest gedankt
er hatte gedankt
wir hatten gedankt
ihr hattet gedankt
sie hatten gedankt

	Future Time	
Future	*(Fut. Subj.)*	*(Pres. Conditional)*
ich werde danken	werde danken	würde danken
du wirst danken	werdest danken	würdest danken
er wird danken	werde danken	würde danken
wir werden danken	werden danken	würden danken
ihr werdet danken	werdet danken	würdet danken
sie werden danken	werden danken	würden danken

	Future Perfect Time	
Future Perfect	*(Fut. Perf. Subj.)*	*(Past Conditional)*
ich werde gedankt haben	werde gedankt haben	würde gedankt haben
du wirst gedankt haben	werdest gedankt haben	würdest gedankt haben
er wird gedankt haben	werde gedankt haben	würde gedankt haben
wir werden gedankt haben	werden gedankt haben	würden gedankt haben
ihr werdet gedankt haben	werdet gedankt haben	würdet gedankt haben
sie werden gedankt haben	werden gedankt haben	würden gedankt haben

Examples: *Die Dame wollte dem Ritter danken.* The lady wanted to thank the knight. *Die letzten Kaiser von Deutschland und Österreich haben 1918 abgedankt. „Wir haben ihnen viel zu verdanken," behaupteten die Monarchisten.* The last emperors of Germany and Austria abdicated in 1918. "We have much to be grateful to them for," asserted the monarchists.

PRINC. PARTS: decken, deckte, gedeckt, deckt
IMPERATIVE: decke!, deckt!, decken Sie!

to cover; set (a table)

INDICATIVE	SUBJUNCTIVE	
	PRIMARY	SECONDARY

Present Time

	Present	*(Pres. Subj.)*	*(Imperf. Subj.)*
ich	decke	decke	deckte
du	deckst	deckest	decktest
er	deckt	decke	deckte
wir	decken	decken	deckten
ihr	deckt	decket	decktet
sie	decken	decken	deckten

	Imperfect
ich	deckte
du	decktest
er	deckte
wir	deckten
ihr	decktet
sie	deckten

Past Time

	Perfect	*(Perf. Subj.)*	*(Pluperf. Subj.)*
ich	habe gedeckt	habe gedeckt	hätte gedeckt
du	hast gedeckt	habest gedeckt	hättest gedeckt
er	hat gedeckt	habe gedeckt	hätte gedeckt
wir	haben gedeckt	haben gedeckt	hätten gedeckt
ihr	habt gedeckt	habet gedeckt	hättet gedeckt
sie	haben gedeckt	haben gedeckt	hätten gedeckt

	Pluperfect
ich	hatte gedeckt
du	hattest gedeckt
er	hatte gedeckt
wir	hatten gedeckt
ihr	hattet gedeckt
sie	hatten gedeckt

Future Time

	Future	*(Fut. Subj.)*	*(Pres. Conditional)*
ich	werde decken	werde decken	würde decken
du	wirst decken	werdest decken	würdest decken
er	wird decken	werde decken	würde decken
wir	werden decken	werden decken	würden decken
ihr	werdet decken	werdet decken	würdet decken
sie	werden decken	werden decken	würden decken

Future Perfect Time

	Future Perfect	*(Fut. Perf. Subj.)*	*(Past Conditional)*
ich	werde gedeckt haben	werde gedeckt haben	würde gedeckt haben
du	wirst gedeckt haben	werdest gedeckt haben	würdest gedeckt haben
er	wird gedeckt haben	werde gedeckt haben	würde gedeckt haben
wir	werden gedeckt haben	werden gedeckt haben	würden gedeckt haben
ihr	werdet gedeckt haben	werdet gedeckt haben	würdet gedeckt haben
sie	werden gedeckt haben	werden gedeckt haben	würden gedeckt haben

Examples: *Unser Tisch wurde immer reichlich gedeckt. Alle dachten an das Märchen, Tischlein Deck Dich! Aber schließlich konnten wir die Kosten nicht mehr decken.* Our table was always abundantly set. All thought of the fairy tale, Little Table, Set Yourself. But finally we couldn't meet expenses any more. It is very common to drop the -e ending of the **du** imperative, as in sent. 2.

denken
to think

PRINC. PARTS: denken, dachte, gedacht, denkt
IMPERATIVE: denke!, denkt!, denken Sie!

INDICATIVE	SUBJUNCTIVE	
	PRIMARY	SECONDARY

Present Time

	Present	(Pres. Subj.)	(Imperf. Subj.)
ich	denke	denke	dächte
du	denkst	denkest	dächtest
er	denkt	denke	dächte
wir	denken	denken	dächten
ihr	denkt	denket	dächtet
sie	denken	denken	dächten

	Imperfect
ich	dachte
du	dachtest
er	dachte
wir	dachten
ihr	dachtet
sie	dachten

Past Time

	Perfect	(Perf. Subj.)	(Pluperf. Subj.)
ich	habe gedacht	habe gedacht	hätte gedacht
du	hast gedacht	habest gedacht	hättest gedacht
er	hat gedacht	habe gedacht	hätte gedacht
wir	haben gedacht	haben gedacht	hätten gedacht
ihr	habt gedacht	habet gedacht	hättet gedacht
sie	haben gedacht	haben gedacht	hätten gedacht

	Pluperfect
ich	hatte gedacht
du	hattest gedacht
er	hatte gedacht
wir	hatten gedacht
ihr	hattet gedacht
sie	hatten gedacht

Future Time

	Future	(Fut. Subj.)	(Pres. Conditional)
ich	werde denken	werde denken	würde denken
du	wirst denken	werdest denken	würdest denken
er	wird denken	werde denken	würde denken
wir	werden denken	werden denken	würden denken
ihr	werdet denken	werdet denken	würdet denken
sie	werden denken	werden denken	würden denken

Future Perfect Time

	Future Perfect	(Fut. Perf. Subj.)	(Past Conditional)
ich	werde gedacht haben	werde gedacht haben	würde gedacht haben
du	wirst gedacht haben	werdest gedacht haben	würdest gedacht haben
er	wird gedacht haben	werde gedacht haben	würde gedacht haben
wir	werden gedacht haben	werden gedacht haben	würden gedacht haben
ihr	werdet gedacht haben	werdet gedacht haben	würdet gedacht haben
sie	werden gedacht haben	werden gedacht haben	würden gedacht haben

Examples: *„Ich denke, morgen nach Paris abzureisen. Da werde ich mich gut amüsieren, denke ich." „Denken Sie auch an uns! Bringen Sie uns ein kleines Andenken mit zurück!"* "I plan to leave for Paris tomorrow. I'll have a good time there, I think." "Think of us, too. Bring us back a little souvenir." **Denken** is an irregular mixed verb with a -te ending in the past.

dichten

PRINC. PARTS: dichten, dichtete, gedichtet, dichtet
IMPERATIVE: dichte!, dichtet!, dichten Sie!

to write poetry; invent;
to tighten; caulk

INDICATIVE	SUBJUNCTIVE	
	PRIMARY	SECONDARY

Present Time

	Present	*(Pres. Subj.)*	*(Imperf. Subj.)*
ich	dichte	dichte	dichtete
du	dichtest	dichtest	dichtetest
er	dichtet	dichte	dichtete
wir	dichten	dichten	dichteten
ihr	dichtet	dichtet	dichtetet
sie	dichten	dichten	dichteten

	Imperfect
ich	dichtete
du	dichtetest
er	dichtete
wir	dichteten
ihr	dichtetet
sie	dichteten

Past Time

	Perfect	*(Perf. Subj.)*	*(Pluperf. Subj.)*
ich	habe gedichtet	habe gedichtet	hätte gedichtet
du	hast gedichtet	habest gedichtet	hättest gedichtet
er	hat gedichtet	habe gedichtet	hätte gedichtet
wir	haben gedichtet	haben gedichtet	hätten gedichtet
ihr	habt gedichtet	habet gedichtet	hättet gedichtet
sie	haben gedichtet	haben gedichtet	hätten gedichtet

	Pluperfect
ich	hatte gedichtet
du	hattest gedichtet
er	hatte gedichtet
wir	hatten gedichtet
ihr	hattet gedichtet
sie	hatten gedichtet

Future Time

	Future	*(Fut. Subj.)*	*(Pres. Conditional)*
ich	werde dichten	werde dichten	würde dichten
du	wirst dichten	werdest dichten	würdest dichten
er	wird dichten	werde dichten	würde dichten
wir	werden dichten	werden dichten	würden dichten
ihr	werdet dichten	werdet dichten	würdet dichten
sie	werden dichten	werden dichten	würden dichten

Future Perfect Time

	Future Perfect	*(Fut. Perf. Subj.)*	*(Past Conditional)*
ich	werde gedichtet haben	werde gedichtet haben	würde gedichtet haben
du	wirst gedichtet haben	werdest gedichtet haben	würdest gedichtet haben
er	wird gedichtet haben	werde gedichtet haben	würde gedichtet haben
wir	werden gedichtet haben	werden gedichtet haben	würden gedichtet haben
ihr	werdet gedichtet haben	werdet gedichtet haben	würdet gedichtet haben
sie	werden gedichtet haben	werden gedichtet haben	würden gedichtet haben

Examples: *Goethe hat als Kind schon gedichtet.* Goethe already wrote poetry when he was a child. *„Das Schiff muß gedichtet werden. Auch ich muß zum Schuster, denn meine Schuhe sind nicht mehr dicht,"* sagte der alte Kapitän zur See. "The ship must be caulked. I've also got to go to the shoemaker because my shoes are no longer watertight," said the old sea captain.

dienen

to serve

PRINC. PARTS: dienen, diente, gedient, dient
IMPERATIVE: diene!, dient!, dienen Sie!

INDICATIVE		SUBJUNCTIVE	
		PRIMARY	SECONDARY
		Present Time	
	Present	(*Pres. Subj.*)	(*Imperf. Subj.*)
ich	diene	diene	diente
du	dienst	dienest	dientest
er	dient	diene	diente
wir	dienen	dienen	dienten
ihr	dient	dienet	dientet
sie	dienen	dienen	dienten

	Imperfect
ich	diente
du	dientest
er	diente
wir	dienten
ihr	dientet
sie	dienten

		Past Time	
	Perfect	(*Perf. Subj.*)	(*Pluperf. Subj.*)
ich	habe gedient	habe gedient	hätte gedient
du	hast gedient	habest gedient	hättest gedient
er	hat gedient	habe gedient	hätte gedient
wir	haben gedient	haben gedient	hätten gedient
ihr	habt gedient	habet gedient	hättet gedient
sie	haben gedient	haben gedient	hätten gedient

	Pluperfect
ich	hatte gedient
du	hattest gedient
er	hatte gedient
wir	hatten gedient
ihr	hattet gedient
sie	hatten gedient

		Future Time	
	Future	(*Fut. Subj.*)	(*Pres. Conditional*)
ich	werde dienen	werde dienen	würde dienen
du	wirst dienen	werdest dienen	würdest dienen
er	wird dienen	werde dienen	würde dienen
wir	werden dienen	werden dienen	würden dienen
ihr	werdet dienen	werdet dienen	würdet dienen
sie	werden dienen	werden dienen	würden dienen

		Future Perfect Time	
	Future Perfect	(*Fut. Perf. Subj.*)	(*Past Conditional*)
ich	werde gedient haben	werde gedient haben	würde gedient haben
du	wirst gedient haben	werdest gedient haben	würdest gedient haben
er	wird gedient haben	werde gedient haben	würde gedient haben
wir	werden gedient haben	werden gedient haben	würden gedient haben
ihr	werdet gedient haben	werdet gedient haben	würdet gedient haben
sie	werden gedient haben	werden gedient haben	würden gedient haben

Examples: „Ich dien" ist die Devise des Prinzen von Wales. „Ich bin der erste Diener meines Staates" soll Friedrich der Große gesagt haben. "I serve" is the motto of the Prince of Wales. "I am the first servant of my state," Frederick the Great is supposed to have said. The -e ending on the 1ˢᵗ pers. sing. (**ich** form) pres. is frequently omitted in colloquial speech (see p. xxvi).

dringen

PRINC. PARTS: dringen, drang, ist gedrungen, dringt
IMPERATIVE: dringe!, dringt!, dringen Sie!

to urge; press forward;
rush; pierce; penetrate

INDICATIVE	SUBJUNCTIVE	
	PRIMARY	SECONDARY
	Present Time	
Present	*(Pres. Subj.)*	*(Imperf. Subj.)*
ich dringe	dringe	dränge
du dringst	dringest	drängest
er dringt	dringe	dränge
wir dringen	dringen	drängen
ihr dringt	dringet	dränget
sie dringen	dringen	drängen

Imperfect
ich drang
du drangst
er drang
wir drangen
ihr drangt
sie drangen

	Past Time	
Perfect	*(Perf. Subj.)*	*(Pluperf. Subj.)*
ich bin gedrungen	sei gedrungen	wäre gedrungen
du bist gedrungen	seiest gedrungen	wärest gedrungen
er ist gedrungen	sei gedrungen	wäre gedrungen
wir sind gedrungen	seien gedrungen	wären gedrungen
ihr seid gedrungen	seiet gedrungen	wäret gedrungen
sie sind gedrungen	seien gedrungen	wären gedrungen

Pluperfect
ich war gedrungen
du warst gedrungen
er war gedrungen
wir waren gedrungen
ihr wart gedrungen
sie waren gedrungen

	Future Time	
Future	*(Fut. Subj.)*	*(Pres. Conditional)*
ich werde dringen	werde dringen	würde dringen
du wirst dringen	werdest dringen	würdest dringen
er wird dringen	werde dringen	würde dringen
wir werden dringen	werden dringen	würden dringen
ihr werdet dringen	werdet dringen	würdet dringen
sie werden dringen	werden dringen	würden dringen

	Future Perfect Time	
Future Perfect	*(Fut. Perf. Subj.)*	*(Past Conditional)*
ich werde gedrungen sein	werde gedrungen sein	würde gedrungen sein
du wirst gedrungen sein	werdest gedrungen sein	würdest gedrungen sein
er wird gedrungen sein	werde gedrungen sein	würde gedrungen sein
wir werden gedrungen sein	werden gedrungen sein	würden gedrungen sein
ihr werdet gedrungen sein	werdet gedrungen sein	würdet gedrungen sein
sie werden gedrungen sein	werden gedrungen sein	würden gedrungen sein

Examples: *Ich dringe auf mein Recht und dringe in Sie, mir zu helfen.* I insist on my right and I'm urging you to help me. *Es ist aber dringend. Die Zeit dringt. Ich bin auch vor Kälte und Nässe durchdrungen.* But it's urgent. Time is pressing. I'm also cold and wet through. Note the different prepositions in **dringen auf** and **dringen in**.

drucken

to print

PRINC. PARTS: drucken, druckte, gedruckt, druckt
IMPERATIVE: drucke!, druckt!, drucken Sie!

INDICATIVE	SUBJUNCTIVE	
	PRIMARY	SECONDARY
	Present Time	
Present	*(Pres. Subj.)*	*(Imperf. Subj.)*
ich drucke	drucke	druckte
du druckst	druckest	drucktest
er druckt	drucke	druckte
wir drucken	drucken	druckten
ihr druckt	drucket	drucktet
sie drucken	drucken	druckten

Imperfect

ich	druckte	
du	drucktest	
er	druckte	
wir	druckten	
ihr	drucktet	
sie	druckten	

		Past Time	
Perfect		*(Perf. Subj.)*	*(Pluperf. Subj.)*
ich	habe gedruckt	habe gedruckt	hätte gedruckt
du	hast gedruckt	habest gedruckt	hättest gedruckt
er	hat gedruckt	habe gedruckt	hätte gedruckt
wir	haben gedruckt	haben gedruckt	hätten gedruckt
ihr	habt gedruckt	habet gedruckt	hättet gedruckt
sie	haben gedruckt	haben gedruckt	hätten gedruckt

Pluperfect

ich	hatte gedruckt
du	hattest gedruckt
er	hatte gedruckt
wir	hatten gedruckt
ihr	hattet gedruckt
sie	hatten gedruckt

		Future Time	
Future		*(Fut. Subj.)*	*(Pres. Conditional)*
ich	werde drucken	werde drucken	würde drucken
du	wirst drucken	werdest drucken	würdest drucken
er	wird drucken	werde drucken	würde drucken
wir	werden drucken	werden drucken	würden drucken
ihr	werdet drucken	werdet drucken	würdet drucken
sie	werden drucken	werden drucken	würden drucken

		Future Perfect Time	
Future Perfect		*(Fut. Perf. Subj.)*	*(Past Conditional)*
ich	werde gedruckt haben	werde gedruckt haben	würde gedruckt haben
du	wirst gedruckt haben	werdest gedruckt haben	würdest gedruckt haben
er	wird gedruckt haben	werde gedruckt haben	würde gedruckt haben
wir	werden gedruckt haben	werden gedruckt haben	würden gedruckt haben
ihr	werdet gedruckt haben	werdet gedruckt haben	würdet gedruckt haben
sie	werden gedruckt haben	werden gedruckt haben	würden gedruckt haben

Examples: *Berühmte Druckereien in Mainz, Straßburg und Venedig haben die „Wiegendrucke" gedruckt.* Famous printing presses in Mainz, Strasbourg, and Venice printed the "incunabula." **Wiege** means "cradle." **Wiegendrucke** are works printed in the infancy of printing, before 1501.

drücken

INDICATIVE	SUBJUNCTIVE	
	PRIMARY	SECONDARY

Present Time

	Present	(Pres. Subj.)	(Imperf. Subj.)
ich	drücke	drücke	drückte
du	drückst	drückest	drücktest
er	drückt	drücke	drückte
wir	drücken	drücken	drückten
ihr	drückt	drücket	drücktet
sie	drücken	drücken	drückten

	Imperfect
ich	drückte
du	drücktest
er	drückte
wir	drückten
ihr	drücktet
sie	drückten

Past Time

	Perfect	(Perf. Subj.)	(Pluperf. Subj.)
ich	habe gedrückt	habe gedrückt	hätte gedrückt
du	hast gedrückt	habest gedrückt	hättest gedrückt
er	hat gedrückt	habe gedrückt	hätte gedrückt
wir	haben gedrückt	haben gedrückt	hätten gedrückt
ihr	habt gedrückt	habet gedrückt	hättet gedrückt
sie	haben gedrückt	haben gedrückt	hätten gedrückt

	Pluperfect
ich	hatte gedrückt
du	hattest gedrückt
er	hatte gedrückt
wir	hatten gedrückt
ihr	hattet gedrückt
sie	hatten gedrückt

Future Time

	Future	(Fut. Subj.)	(Pres. Conditional)
ich	werde drücken	werde drücken	würde drücken
du	wirst drücken	werdest drücken	würdest drücken
er	wird drücken	werde drücken	würde drücken
wir	werden drücken	werden drücken	würden drücken
ihr	werdet drücken	werdet drücken	würdet drücken
sie	werden drücken	werden drücken	würden drücken

Future Perfect Time

	Future Perfect	(Fut. Perf. Subj.)	(Past Conditional)
ich	werde gedrückt haben	werde gedrückt haben	würde gedrückt haben
du	wirst gedrückt haben	werdest gedrückt haben	würdest gedrückt haben
er	wird gedrückt haben	werde gedrückt haben	würde gedrückt haben
wir	werden gedrückt haben	werden gedrückt haben	würden gedrückt haben
ihr	werdet gedrückt haben	werdet gedrückt haben	würdet gedrückt haben
sie	werden gedrückt haben	werden gedrückt haben	würden gedrückt haben

Examples: *Die Zensur hätte ein Auge zudrücken können.* The censors could have closed an eye. *Wir drücken die Daumen fur Sie.* We'll keep our fingers crossed for you. *Goethe drückte sich kräftig aus.* Goethe expressed himself strongly. Don't confuse **drucken** with **drücken.** The idiom **die Daumen drücken** is lit. "to press the thumbs."

ducken

to stoop; duck; humble;
bring down

PRINC. PARTS: ducken, duckte, geduckt, duckt
IMPERATIVE: ducke!, duckt!, ducken Sie!

INDICATIVE		SUBJUNCTIVE	
		PRIMARY	SECONDARY
		Present Time	
	Present	*(Pres. Subj.)*	*(Imperf. Subj.)*
ich	ducke	ducke	duckte
du	duckst	duckest	ducktest
er	duckt	ducke	duckte
wir	ducken	ducken	duckten
ihr	duckt	ducket	ducktet
sie	ducken	ducken	duckten
	Imperfect		
ich	duckte		
du	ducktest		
er	duckte		
wir	duckten		
ihr	ducktet		
sie	duckten		
		Past Time	
	Perfect	*(Perf. Subj.)*	*(Pluperf. Subj.)*
ich	habe geduckt	habe geduckt	hätte geduckt
du	hast geduckt	habest geduckt	hättest geduckt
er	hat geduckt	habe geduckt	hätte geduckt
wir	haben geduckt	haben geduckt	hätten geduckt
ihr	habt geduckt	habet geduckt	hättet geduckt
sie	haben geduckt	haben geduckt	hätten geduckt
	Pluperfect		
ich	hatte geduckt		
du	hattest geduckt		
er	hatte geduckt		
wir	hatten geduckt		
ihr	hattet geduckt		
sie	hatten geduckt		
		Future Time	
	Future	*(Fut. Subj.)*	*(Pres. Conditional)*
ich	werde ducken	werde ducken	würde ducken
du	wirst ducken	werdest ducken	würdest ducken
er	wird ducken	werde ducken	würde ducken
wir	werden ducken	werden ducken	würden ducken
ihr	werdet ducken	werdet ducken	würdet ducken
sie	werden ducken	werden ducken	würden ducken
		Future Perfect Time	
	Future Perfect	*(Fut. Perf. Subj.)*	*(Past Conditional)*
ich	werde geduckt haben	werde geduckt haben	würde geduckt haben
du	wirst geduckt haben	werdest geduckt haben	würdest geduckt haben
er	wird geduckt haben	werde geduckt haben	würde geduckt haben
wir	werden geduckt haben	werden geduckt haben	würden geduckt haben
ihr	werdet geduckt haben	werdet geduckt haben	würdet geduckt haben
sie	werden geduckt haben	werden geduckt haben	würden geduckt haben

Examples: *Gut, daß ich mich rechtzeitig geduckt habe.* It's a good thing I ducked in time. *„Duckt er da, folgt er uns eben auch,"* zitiert Mephistopheles *in Goethes* <u>Faust</u>. "If he's submissive (to religion), he'll follow us too," quotes Mephistopheles in Goethe's <u>Faust</u>. **Ducken** is often used reflexively (ex. 1).

*to be permitted,
be allowed, may*

INDICATIVE		SUBJUNCTIVE	
		PRIMARY	SECONDARY
		Present Time	
Present		*(Pres. Subj.)*	*(Imperf. Subj.)*
ich	darf	dürfe	dürfte
du	darfst	dürfest	dürftest
er	darf	dürfe	dürfte
wir	dürfen	dürfen	dürften
ihr	dürft	dürfet	dürftet
sie	dürfen	dürfen	dürften

	Imperfect
ich	durfte
du	durftest
er	durfte
wir	durften
ihr	durftet
sie	durften

			Past Time	
	Perfect		*(Perf. Subj.)*	*(Pluperf. Subj.)*
ich	habe gedurft		habe gedurft	hätte gedurft
du	hast gedurft		habest gedurft	hättest gedurft
er	hat gedurft		habe gedurft	hätte gedurft
wir	haben gedurft		haben gedurft	hätten gedurft
ihr	habt gedurft		habet gedurft	hättet gedurft
sie	haben gedurft		haben gedurft	hätten gedurft

	Pluperfect
ich	hatte gedurft
du	hattest gedurft
er	hatte gedurft
wir	hatten gedurft
ihr	hattet gedurft
sie	hatten gedurft

			Future Time	
	Future		*(Fut. Subj.)*	*(Pres. Conditional)*
ich	werde dürfen		werde dürfen	würde dürfen
du	wirst dürfen		werdest dürfen	würdest dürfen
er	wird dürfen		werde dürfen	würde dürfen
wir	werden dürfen		werden dürfen	würden dürfen
ihr	werdet dürfen		werdet dürfen	würdet dürfen
sie	werden dürfen		werden dürfen	würden dürfen

			Future Perfect Time	
	Future Perfect		*(Fut. Perf. Subj.)*	*(Past Conditional)*
ich	werde gedurft haben		werde gedurft haben	würde gedurft haben
du	wirst gedurft haben		werdest gedurft haben	würdest gedurft haben
er	wird gedurft haben		werde gedurft haben	würde gedurft haben
wir	werden gedurft haben		werden gedurft haben	würden gedurft haben
ihr	werdet gedurft haben		werdet gedurft haben	würdet gedurft haben
sie	werden gedurft haben		werden gedurft haben	würden gedurft haben

* **Dürfen** when preceded by an infinitive. See sprechen dürfen.

Examples: *In der Stadt Mahagonny durfte man fast alles. Heutzutage darf man alles, heißt es in einem Lied von Cole Porter.* In the city of Mahagonny almost everything was permitted. Today, anything goes, maintains Cole Porter in a song. Modals take complementary (completing) infinitives. But verbs like **tun** are sometimes understood and therefore not expressed.

dürsten*

to thirst, be thirsty

PRINC. PARTS: dürsten, dürstete, gedürstet, dürstet
IMPERATIVE: dürste!, dürstet!, dürsten Sie!

INDICATIVE	SUBJUNCTIVE	
	PRIMARY	SECONDARY

Present Time

	Present	(Pres. Subj.)	(Imperf. Subj.)
ich	dürste	dürste	dürstete
du	dürstest	dürstest	dürstetest
er	dürstet	dürste	dürstete
wir	dürsten	dürsten	dürsteten
ihr	dürstet	dürstet	dürstetet
sie	dürsten	dürsten	dürsteten

	Imperfect
ich	dürstete
du	dürstetest
er	dürstete
wir	dürsteten
ihr	dürstetet
sie	dürsteten

Past Time

	Perfect	(Perf. Subj.)	(Pluperf. Subj.)
ich	habe gedürstet	habe gedürstet	hätte gedürstet
du	hast gedürstet	habest gedürstet	hättest gedürstet
er	hat gedürstet	habe gedürstet	hätte gedürstet
wir	haben gedürstet	haben gedürstet	hätten gedürstet
ihr	habt gedürstet	habet gedürstet	hättet gedürstet
sie	haben gedürstet	haben gedürstet	hätten gedürstet

	Pluperfect
ich	hatte gedürstet
du	hattest gedürstet
er	hatte gedürstet
wir	hatten gedürstet
ihr	hattet gedürstet
sie	hatten gedürstet

Future Time

	Future	(Fut. Subj.)	(Pres. Conditional)
ich	werde dürsten	werde dürsten	würde dürsten
du	wirst dürsten	werdest dürsten	würdest dürsten
er	wird dürsten	werde dürsten	würde dürsten
wir	werden dürsten	werden dürsten	würden dürsten
ihr	werdet dürsten	werdet dürsten	würdet dürsten
sie	werden dürsten	werden dürsten	würden dürsten

Future Perfect Time

	Future Perfect	(Fut. Perf. Subj.)	(Past Conditional)
ich	werde gedürstet haben	werde gedürstet haben	würde gedürstet haben
du	wirst gedürstet haben	werdest gedürstet haben	würdest gedürstet haben
er	wird gedürstet haben	werde gedürstet haben	würde gedürstet haben
wir	werden gedürstet haben	werden gedürstet haben	würden gedürstet haben
ihr	werdet gedürstet haben	werdet gedürstet haben	würdet gedürstet haben
sie	werden gedürstet haben	werden gedürstet haben	würden gedürstet haben

* The unumlauted forms **dursten, durstete, gedurstet, durstet,** are less frequently encountered.

Examples: „*Es dürstet mich. Ich dürste nach Liebe. Ich habe lange dursten müssen. Willst du meinen Durst nicht stillen, schöne Wirtin?*" *fragte der hungrige und durstige Dichter.* "I'm thirsty. I'm thirsting for love. I've had to go thirsty for a long time. Will you not quench my thirst, beautiful innkeeper?" asked the hungry and thirsty poet. *Es dürstet mich* is poetic, literary for *ich habe Durst/ich bin durstig.*

ehren

PRINC. PARTS: ehren, ehrte, geehrt, ehrt
IMPERATIVE: ehre!, ehrt!, ehren Sie!

to honor; esteem

	INDICATIVE		PRIMARY	SUBJUNCTIVE	SECONDARY
				Present Time	
	Present		*(Pres. Subj.)*		*(Imperf. Subj.)*
ich	ehre		ehre		ehrte
du	ehrst		ehrest		ehrtest
er	ehrt		ehre		ehrte
wir	ehren		ehren		ehrten
ihr	ehrt		ehret		ehrtet
sie	ehren		ehren		ehrten

	Imperfect
ich	ehrte
du	ehrtest
er	ehrte
wir	ehrten
ihr	ehrtet
sie	ehrten

				Past Time	
	Perfect		*(Perf. Subj.)*		*(Pluperf. Subj.)*
ich	habe geehrt		habe geehrt		hätte geehrt
du	hast geehrt		habest geehrt		hättest geehrt
er	hat geehrt		habe geehrt		hätte geehrt
wir	haben geehrt		haben geehrt		hätten geehrt
ihr	habt geehrt		habet geehrt		hättet geehrt
sie	haben geehrt		haben geehrt		hätten geehrt

	Pluperfect
ich	hatte geehrt
du	hattest geehrt
er	hatte geehrt
wir	hatten geehrt
ihr	hattet geehrt
sie	hatten geehrt

				Future Time	
	Future		*(Fut. Subj.)*		*(Pres. Conditional)*
ich	werde ehren		werde ehren		würde ehren
du	wirst ehren		werdest ehren		würdest ehren
er	wird ehren		werde ehren		würde ehren
wir	werden ehren		werden ehren		würden ehren
ihr	werdet ehren		werdet ehren		würdet ehren
sie	werden ehren		werden ehren		würden ehren

				Future Perfect Time	
	Future Perfect		*(Fut. Perf. Subj.)*		*(Past Conditional)*
ich	werde geehrt haben		werde geehrt haben		würde geehrt haben
du	wirst geehrt haben		werdest geehrt haben		würdest geehrt haben
er	wird geehrt haben		werde geehrt haben		würde geehrt haben
wir	werden geehrt haben		werden geehrt haben		würden geehrt haben
ihr	werdet geehrt haben		werdet geehrt haben		würdet geehrt haben
sie	werden geehrt haben		werden geehrt haben		würden geehrt haben

Examples: *Sehr geehrte Damen und Herren, Ihr Vertrauen ehrt mich. Ganz ehrlich muß ich Ihnen aber sagen, daß ich grundsätzlich alle Ehrenämter ablehne.* Dear Ladies and Gentlemen: Your confidence honors me. I must tell you quite frankly, however, that as a matter of principle I refuse all honorary offices. The past part., **geehrt,** is used as an adj. in the salutation.

empfangen

to receive

PRINC. PARTS: empfangen, empfing, empfangen, empfängt
IMPERATIVE: empfange!, empfangt!, empfangen Sie!

INDICATIVE	SUBJUNCTIVE	
	PRIMARY	SECONDARY

Present Time

	Present	*(Pres. Subj.)*	*(Imperf. Subj.)*
ich	empfange	empfange	empfinge
du	empfängst	empfangest	empfingest
er	empfängt	empfange	empfinge
wir	empfangen	empfangen	empfingen
ihr	empfangt	empfanget	empfinget
sie	empfangen	empfangen	empfingen

	Imperfect
ich	empfing
du	empfingst
er	empfing
wir	empfingen
ihr	empfingt
sie	empfingen

Past Time

	Perfect	*(Perf. Subj.)*	*(Pluperf. Subj.)*
ich	habe empfangen	habe empfangen	hätte empfangen
du	hast empfangen	habest empfangen	hättest empfangen
er	hat empfangen	habe empfangen	hätte empfangen
wir	haben empfangen	haben empfangen	hätten empfangen
ihr	habt empfangen	habet empfangen	hättet empfangen
sie	haben empfangen	haben empfangen	hätten empfangen

	Pluperfect
ich	hatte empfangen
du	hattest empfangen
er	hatte empfangen
wir	hatten empfangen
ihr	hattet empfangen
sie	hatten empfangen

Future Time

	Future	*(Fut. Subj.)*	*(Pres. Conditional)*
ich	werde empfangen	werde empfangen	würde empfangen
du	wirst empfangen	werdest empfangen	würdest empfangen
er	wird empfangen	werde empfangen	würde empfangen
wir	werden empfangen	werden empfangen	würden empfangen
ihr	werdet empfangen	werdet empfangen	würdet empfangen
sie	werden empfangen	werden empfangen	würden empfangen

Future Perfect Time

	Future Perfect	*(Fut. Perf. Subj.)*	*(Past Conditional)*
ich	werde empfangen haben	werde empfangen haben	würde empfangen haben
du	wirst empfangen haben	werdest empfangen haben	würdest empfangen haben
er	wird empfangen haben	werde empfangen haben	würde empfangen haben
wir	werden empfangen haben	werden empfangen haben	würden empfangen haben
ihr	werdet empfangen haben	werdet empfangen haben	würdet empfangen haben
sie	werden empfangen haben	werden empfangen haben	würden empfangen haben

Examples: *Wir haben die Sendung noch nicht empfangen.* We haven't received the shipment yet. *Beim Empfang will die Botschafterin alle Gäste persönlich empfangen. Sie empfängt alle immer sehr herzlich.* At the reception the ambassador wants to receive all the guests personally. She always receives everyone very cordially.

PRINC. PARTS: empfehlen, empfahl, empfohlen, empfiehlt
IMPERATIVE: empfiehl!, empfehlt!, empfehlen Sie!

	INDICATIVE	SUBJUNCTIVE		
		PRIMARY	SECONDARY	
	Present	*(Pres. Subj.)*	*Present Time* *(Imperf. Subj.)*	
ich	empfehle	empfehle	empföhle	empfähle
du	empfiehlst	empfehlest	empföhlest	empfählest
er	empfiehlt	empfehle	empföhle *or*	empfähle
wir	empfehlen	empfehlen	empföhlen	empfählen
ihr	empfehlt	empfehlet	empföhlet	empfählet
sie	empfehlen	empfehlen	empföhlen	empfählen
	Imperfect			
ich	empfahl			
du	empfahlst			
er	empfahl			
wir	empfahlen			
ihr	empfahlt			
sie	empfahlen			
	Perfect	*(Perf. Subj.)*	*Past Time* *(Pluperf. Subj.)*	
ich	habe empfohlen	habe empfohlen	hätte empfohlen	
du	hast empfohlen	habest empfohlen	hättest empfohlen	
er	hat empfohlen	habe empfohlen	hätte empfohlen	
wir	haben empfohlen	haben empfohlen	hätten empfohlen	
ihr	habt empfohlen	habet empfohlen	hättet empfohlen	
sie	haben empfohlen	haben empfohlen	hätten empfohlen	
	Pluperfect			
ich	hatte empfohlen			
du	hattest empfohlen			
er	hatte empfohlen			
wir	hatten empfohlen			
ihr	hattet empfohlen			
sie	hatten empfohlen			
	Future	*(Fut. Subj.)*	*Future Time* *(Pres. Conditional)*	
ich	werde empfehlen	werde empfehlen	würde empfehlen	
du	wirst empfehlen	werdest empfehlen	würdest empfehlen	
er	wird empfehlen	werde empfehlen	würde empfehlen	
wir	werden empfehlen	werden empfehlen	würden empfehlen	
ihr	werdet empfehlen	werdet empfehlen	würdet empfehlen	
sie	werden empfehlen	werden empfehlen	würden empfehlen	
	Future Perfect	*(Fut. Perf. Subj.)*	*Future Perfect Time* *(Past Conditional)*	
ich	werde empfohlen haben	werde empfohlen haben	würde empfohlen haben	
du	wirst empfohlen haben	werdest empfohlen haben	würdest empfohlen haben	
er	wird empfohlen haben	werde empfohlen haben	würde empfohlen haben	
wir	werden empfohlen haben	werden empfohlen haben	würden empfohlen haben	
ihr	werdet empfohlen haben	werdet empfohlen haben	würdet empfohlen haben	
sie	werden empfohlen haben	werden empfohlen haben	würden empfohlen haben	

Examples: „*Herr Ober, gibt es heute etwas Besonderes zu empfehlen?*" *fragte der Feinschmecker.* „*Der Inhaber will, daß ich den Fisch empfehle. Aber bei diesem Wetter empfiehlt es sich nicht, Fisch zu essen.*" "Waiter, can you recommend anything special today?" asked the gourmet. "The proprietor wants me to recommend the fish. But in this weather it's not advisable to eat fish."

entbehren

to do without; lack, miss

PRINC. PARTS: entbehren, entbehrte, entbehrt, entbehrt
IMPERATIVE: entbehre!, entbehrt!, entbehren Sie!

INDICATIVE	SUBJUNCTIVE	
	PRIMARY	SECONDARY
	Present Time	
Present	*(Pres. Subj.)*	*(Imperf. Subj.)*
ich entbehre	entbehre	entbehrte
du entbehrst	entbehrest	entbehrtest
er entbehrt	entbehre	entbehrte
wir entbehren	entbehren	entbehrten
ihr entbehrt	entbehret	entbehrtet
sie entbehren	entbehren	entbehrten

Imperfect
ich entbehrte
du entbehrtest
er entbehrte
wir entbehrten
ihr entbehrtet
sie entbehrten

		Past Time	
Perfect	*(Perf. Subj.)*	*(Pluperf. Subj.)*
ich habe entbehrt	habe entbehrt	hätte entbehrt
du hast entbehrt	habest entbehrt	hättest entbehrt
er hat entbehrt	habe entbehrt	hätte entbehrt
wir haben entbehrt	haben entbehrt	hätten entbehrt
ihr habt entbehrt	habet entbehrt	hättet entbehrt
sie haben entbehrt	haben entbehrt	hätten entbehrt

Pluperfect
ich hatte entbehrt
du hattest entbehrt
er hatte entbehrt
wir hatten entbehrt
ihr hattet entbehrt
sie hatten entbehrt

		Future Time	
Future	*(Fut. Subj.)*	*(Pres. Conditional)*
ich werde entbehren	werde entbehren	würde entbehren
du wirst entbehren	werdest entbehren	würdest entbehren
er wird entbehren	werde entbehren	würde entbehren
wir werden entbehren	werden entbehren	würden entbehren
ihr werdet entbehren	werdet entbehren	würdet entbehren
sie werden entbehren	werden entbehren	würden entbehren

		Future Perfect Time	
Future Perfect	*(Fut. Perf. Subj.)*	*(Past Conditional)*
ich werde entbehrt haben	werde entbehrt haben	würde entbehrt haben
du wirst entbehrt haben	werdest entbehrt haben	würdest entbehrt haben
er wird entbehrt haben	werde entbehrt haben	würde entbehrt haben
wir werden entbehrt haben	werden entbehrt haben	würden entbehrt haben
ihr werdet entbehrt haben	werdet entbehrt haben	würdet entbehrt haben
sie werden entbehrt haben	werden entbehrt haben	würden entbehrt haben

Examples: „*Entbehren sollst du, mußt entbehren,*" *klagte Faust. Auch wir haben im Krieg große Entbehrungen auf uns genommen. Wir mußten vieles entbehren lernen, was wir früher für unentbehrlich gehalten hatten.* "Do without, you've got to do without," complained Faust. We, too, had to make many sacrifices in the war. We had to learn how to do without many things that we formerly thought indispensable.

entfernen

PRINC. PARTS: entfernen, entfernte, entfernt, entfernt
IMPERATIVE: entferne!, entfernt!, entfernen Sie!

to remove; make
distant

	INDICATIVE		SUBJUNCTIVE	
			PRIMARY	SECONDARY
			Present Time	
	Present		*(Pres. Subj.)*	*(Imperf. Subj.)*
ich	entferne		entferne	entfernte
du	entfernst		entfernest	entferntest
er	entfernt		entferne	entfernte
wir	entfernen		entfernen	entfernten
ihr	entfernt		entfernet	entferntet
sie	entfernen		entfernen	entfernten
	Imperfect			
ich	entfernte			
du	entferntest			
er	entfernte			
wir	entfernten			
ihr	entferntet			
sie	entfernten			
			Past Time	
	Perfect		*(Perf. Subj.)*	*(Pluperf. Subj.)*
ich	habe entfernt		habe entfernt	hätte entfernt
du	hast entfernt		habest entfernt	hättest entfernt
er	hat entfernt		habe entfernt	hätte entfernt
wir	haben entfernt		haben entfernt	hätten entfernt
ihr	habt entfernt		habet entfernt	hättet entfernt
sie	haben entfernt		haben entfernt	hätten entfernt
	Pluperfect			
ich	hatte entfernt			
du	hattest entfernt			
er	hatte entfernt			
wir	hatten entfernt			
ihr	hattet entfernt			
sie	hatten entfernt			
			Future Time	
	Future		*(Fut. Subj.)*	*(Pres. Conditional)*
ich	werde entfernen		werde entfernen	würde entfernen
du	wirst entfernen		werdest entfernen	würdest entfernen
er	wird entfernen		werde entfernen	würde entfernen
wir	werden entfernen		werden entfernen	würden entfernen
ihr	werdet entfernen		werdet entfernen	würdet entfernen
sie	werden entfernen		werden entfernen	würden entfernen
			Future Perfect Time	
	Future Perfect		*(Fut. Perf. Subj.)*	*(Past Conditional)*
ich	werde entfernt haben		werde entfernt haben	würde entfernt haben
du	wirst entfernt haben		werdest entfernt haben	würdest entfernt haben
er	wird entfernt haben		werde entfernt haben	würde entfernt haben
wir	werden entfernt haben		werden entfernt haben	würden entfernt haben
ihr	werdet entfernt haben		werdet entfernt haben	würdet entfernt haben
sie	werden entfernt haben		werden entfernt haben	würden entfernt haben

Examples: *Der Taugenichts entfernte das Gemüse und pflanzte Blumen.* The good-for-nothing removed the vegetables and planted flowers. *„Entfernen Sie sich," sagte zornig die Herzogin.* "Remove yourself (go away)," said the duchess angrily. **Fern** means "distant." **Entfernen** is thus "to make distant." **Sich entfernen** is "to make oneself distant."

entführen

to carry off,
abduct, kidnap

PRINC. PARTS: entführen, entführte, entführt, entführt
IMPERATIVE: entführe!, entführt!, entführen Sie!

	INDICATIVE	SUBJUNCTIVE	
		PRIMARY	SECONDARY
		Present Time	
	Present	*(Pres. Subj.)*	*(Imperf. Subj.)*
ich	entführe	entführe	entführte
du	entführst	entführest	entführtest
er	entführt	entführe	entführte
wir	entführen	entführen	entführten
ihr	entführt	entführet	entführtet
sie	entführen	entführen	entführten

	Imperfect
ich	entführte
du	entführtest
er	entführte
wir	entführten
ihr	entführtet
sie	entführten

			Past Time	
	Perfect		*(Perf. Subj.)*	*(Pluperf. Subj.)*
ich	habe entführt		habe entführt	hätte entführt
du	hast entführt		habest entführt	hättest entführt
er	hat entführt		habe entführt	hätte entführt
wir	haben entführt		haben entführt	hätten entführt
ihr	habt entführt		habet entführt	hättet entführt
sie	haben entführt		haben entführt	hätten entführt

	Pluperfect
ich	hatte entführt
du	hattest entführt
er	hatte entführt
wir	hatten entführt
ihr	hattet entführt
sie	hatten entführt

			Future Time	
	Future		*(Fut. Subj.)*	*(Pres. Conditional)*
ich	werde entführen		werde entführen	würde entführen
du	wirst entführen		werdest entführen	würdest entführen
er	wird entführen		werde entführen	würde entführen
wir	werden entführen		werden entführen	würden entführen
ihr	werdet entführen		werdet entführen	würdet entführen
sie	werden entführen		werden entführen	würden entführen

			Future Perfect Time	
	Future Perfect		*(Fut. Perf. Subj.)*	*(Past Conditional)*
ich	werde entführt haben		werde entführt haben	würde entführt haben
du	wirst entführt haben		werdest entführt haben	würdest entführt haben
er	wird entführt haben		werde entführt haben	würde entführt haben
wir	werden entführt haben		werden entführt haben	würden entführt haben
ihr	werdet entführt haben		werdet entführt haben	würdet entführt haben
sie	werden entführt haben		werden entführt haben	würden entführt haben

Examples: *In Tolstoys* Krieg und Frieden *wird Natascha nicht entführt, obwohl sie sich gerne entführen lassen wollte.* In Tolstoy's War and Peace Natasha is not abducted, although she was very willing to elope. *Die Terroristen entführten den General. Als er befreit wurde, sagten sie, daß sie andere entführen würden.* The terrorists kidnapped the general. When he was liberated, they said they'd kidnap others.

PRINC. PARTS: entgegnen, entgegnete, entgegnet, entgegnet
IMPERATIVE: entgegne!, entgegnet!, entgegnen Sie!

to reply, retort, answer

INDICATIVE	SUBJUNCTIVE	
	PRIMARY	SECONDARY

Present Time

	Present	*(Pres. Subj.)*	*(Imperf. Subj.)*
ich	entgegne	entgegne	entgegnete
du	entgegnest	entgegnest	entgegnetest
er	entgegnet	entgegne	entgegnete
wir	entgegnen	entgegnen	entgegneten
ihr	entgegnet	entgegnet	entgegnetet
sie	entgegnen	entgegnen	entgegneten

	Imperfect
ich	entgegnete
du	entgegnetest
er	entgegnete
wir	entgegneten
ihr	entgegnetet
sie	entgegneten

Past Time

	Perfect	*(Perf. Subj.)*	*(Pluperf. Subj.)*
ich	habe entgegnet	habe entgegnet	hätte entgegnet
du	hast entgegnet	habest entgegnet	hättest entgegnet
er	hat entgegnet	habe entgegnet	hätte entgegnet
wir	haben entgegnet	haben entgegnet	hätten entgegnet
ihr	habt entgegnet	habet entgegnet	hättet entgegnet
sie	haben entgegnet	haben entgegnet	hätten entgegnet

	Pluperfect
ich	hatte entgegnet
du	hattest entgegnet
er	hatte entgegnet
wir	hatten entgegnet
ihr	hattet entgegnet
sie	hatten entgegnet

Future Time

	Future	*(Fut. Subj.)*	*(Pres. Conditional)*
ich	werde entgegnen	werde entgegnen	würde entgegnen
du	wirst entgegnen	werdest entgegnen	würdest entgegnen
er	wird entgegnen	werde entgegnen	würde entgegnen
wir	werden entgegnen	werden entgegnen	würden entgegnen
ihr	werdet entgegnen	werdet entgegnen	würdet entgegnen
sie	werden entgegnen	werden entgegnen	würden entgegnen

Future Perfect Time

	Future Perfect	*(Fut. Perf. Subj.)*	*(Past Conditional)*
ich	werde entgegnet haben	werde entgegnet haben	würde entgegnet haben
du	wirst entgegnet haben	werdest entgegnet haben	würdest entgegnet haben
er	wird entgegnet haben	werde entgegnet haben	würde entgegnet haben
wir	werden entgegnet haben	werden entgegnet haben	würden entgegnet haben
ihr	werdet entgegnet haben	werdet entgegnet haben	würdet entgegnet haben
sie	werden entgegnet haben	werden entgegnet haben	würden entgegnet haben

Examples: *Er konnte mir nichts entgegnen.* He could give me no answer. *„Unsere Gegner haben eine so schlagende Entgegnung nicht erwartet," sagte die Rechtsanwältin ihrem Mandanten.* "Our opponents weren't expecting a snappy retort like that," said the lawyer to her client. **Entgegnen** is often literary or legal.

enthalten

to contain, hold

PRINC. PARTS: enthalten,* enthielt, enthalten, enthält
IMPERATIVE: enthalte!, enthaltet!, enthalten Sie!

INDICATIVE	SUBJUNCTIVE	
	PRIMARY	SECONDARY
	Present Time	
Present	*(Pres. Subj.)*	*(Imperf. Subj.)*
ich enthalte	enthalte	enthielte
du enthältst	enthaltest	enthieltest
er enthält	enthalte	enthielte
wir enthalten	enthalten	enthielten
ihr enthaltet	enthaltet	enthieltet
sie enthalten	enthalten	enthielten
Imperfect		
ich enthielt		
du enthieltest		
er enthielt		
wir enthielten		
ihr enthieltet		
sie enthielten		
	Past Time	
Perfect	*(Perf. Subj.)*	*(Pluperf. Subj.)*
ich habe enthalten	habe enthalten	hätte enthalten
du hast enthalten	habest enthalten	hättest enthalten
er hat enthalten	habe enthalten	hätte enthalten
wir haben enthalten	haben enthalten	hätten enthalten
ihr habt enthalten	habet enthalten	hättet enthalten
sie haben enthalten	haben enthalten	hätten enthalten
Pluperfect		
ich hatte enthalten		
du hattest enthalten		
er hatte enthalten		
wir hatten enthalten		
ihr hattet enthalten		
sie hatten enthalten		
	Future Time	
Future	*(Fut. Subj.)*	*(Pres. Conditional)*
ich werde enthalten	werde enthalten	würde enthalten
du wirst enthalten	werdest enthalten	würdest enthalten
er wird enthalten	werde enthalten	würde enthalten
wir werden enthalten	werden enthalten	würden enthalten
ihr werdet enthalten	werdet enthalten	würdet enthalten
sie werden enthalten	werden enthalten	würden enthalten
	Future Perfect Time	
Future Perfect	*(Fut. Perf. Subj.)*	*(Past Conditional)*
ich werde enthalten haben	werde enthalten haben	würde enthalten haben
du wirst enthalten haben	werdest enthalten haben	würdest enthalten haben
er wird enthalten haben	werde enthalten haben	würde enthalten haben
wir werden enthalten haben	werden enthalten haben	würden enthalten haben
ihr werdet enthalten haben	werdet enthalten haben	würdet enthalten haben
sie werden enthalten haben	werden enthalten haben	würden enthalten haben

* the reflexive verb sich enthalten, enthielt sich, hat sich enthalten, enthält sich, means to abstain from

---

Examples: *Ernst braute Karl einen Tee, der wunderbare Kräuter enthält. Karl konnte sich nicht enthalten, seinem Bruder zu sagen: „Du kannst ihn behalten, deinen Tee." Manchmal kann er seinen Bruder Ernst nicht aushalten.* Ernst brewed a tea containing marvelous herbs for Karl. Karl couldn't restrain himself from telling his brother, "You can keep it, your tea." Sometimes he can't stand his brother Ernst.

entkommen

to escape, get away

INDICATIVE	SUBJUNCTIVE	
	PRIMARY	SECONDARY

Present Time

	Present	(Pres. Subj.)	(Imperf. Subj.)
ich	entkomme	entkomme	entkäme
du	entkommst	entkommest	entkämest
er	entkommt	entkomme	entkäme
wir	entkommen	entkommen	entkämen
ihr	entkommt	entkommet	entkämet
sie	entkommen	entkommen	entkämen

	Imperfect
ich	entkam
du	entkamst
er	entkam
wir	entkamen
ihr	entkamt
sie	entkamen

Past Time

	Perfect	(Perf. Subj.)	(Pluperf. Subj.)
ich	bin entkommen	sei entkommen	wäre entkommen
du	bist entkommen	seiest entkommen	wärest entkommen
er	ist entkommen	sei entkommen	wäre entkommen
wir	sind entkommen	seien entkommen	wären entkommen
ihr	seid entkommen	seiet entkommen	wäret entkommen
sie	sind entkommen	seien entkommen	wären entkommen

	Pluperfect
ich	war entkommen
du	warst entkommen
er	war entkommen
wir	waren entkommen
ihr	wart entkommen
sie	waren entkommen

Future Time

	Future	(Fut. Subj.)	(Pres. Conditional)
ich	werde entkommen	werde entkommen	würde entkommen
du	wirst entkommen	werdest entkommen	würdest entkommen
er	wird entkommen	werde entkommen	würde entkommen
wir	werden entkommen	werden entkommen	würden entkommen
ihr	werdet entkommen	werdet entkommen	würdet entkommen
sie	werden entkommen	werden entkommen	würden entkommen

Future Perfect Time

	Future Perfect	(Fut. Perf. Subj.)	(Past Conditional)
ich	werde entkommen sein	werde entkommen sein	würde entkommen sein
du	wirst entkommen sein	werdest entkommen sein	würdest entkommen sein
er	wird entkommen sein	werde entkommen sein	würde entkommen sein
wir	werden entkommen sein	werden entkommen sein	würden entkommen sein
ihr	werdet entkommen sein	werdet entkommen sein	würdet entkommen sein
sie	werden entkommen sein	werden entkommen sein	würden entkommen sein

Examples: *Mehrmals versuchte Uwe, Grete ins Wasser zu ziehen, aber sie entkam ihm immer wieder. „Diesmal entkommst mir nicht," sagte er ihr lächelnd.* Uwe repeatedly tried to pull Grete into the water, but she always got away from him. "This time you won't escape from me," he said smiling. **Ent-** often conveys the idea of "away from" and takes a dative obj.

93

entschuldigen

to excuse; apologize

PRINC. PARTS: entschuldigen, entschuldigte, entschuldigt, entschuldigt

IMPERATIVE: entschuldige!, entschuldigt!, entschuldigen Sie!

	INDICATIVE	SUBJUNCTIVE	
		PRIMARY	SECONDARY
		Present Time	
	Present	(*Pres. Subj.*)	(*Imperf. Subj.*)
ich	entschuldige	entschuldige	entschuldigte
du	entschuldigst	entschuldigest	entschuldigtest
er	entschuldigt	entschuldige	entschuldigte
wir	entschuldigen	entschuldigen	entschuldigten
ihr	entschuldigt	entschuldiget	entschuldigtet
sie	entschuldigen	entschuldigen	entschuldigten
	Imperfect		
ich	entschuldigte		
du	entschuldigtest		
er	entschuldigte		
wir	entschuldigten		
ihr	entschuldigtet		
sie	entschuldigten		
		Past Time	
	Perfect	(*Perf. Subj.*)	(*Pluperf. Subj.*)
ich	habe entschuldigt	habe entschuldigt	hätte entschuldigt
du	hast entschuldigt	habest entschuldigt	hättest entschuldigt
er	hat entschuldigt	habe entschuldigt	hätte entschuldigt
wir	haben entschuldigt	haben entschuldigt	hätten entschuldigt
ihr	habt entschuldigt	habet entschuldigt	hättet entschuldigt
sie	haben entschuldigt	haben entschuldigt	hätten entschuldigt
	Pluperfect		
ich	hatte entschuldigt		
du	hattest entschuldigt		
er	hatte entschuldigt		
wir	hatten entschuldigt		
ihr	hattet entschuldigt		
sie	hatten entschuldigt		
		Future Time	
	Future	(*Fut. Subj.*)	(*Pres. Conditional*)
ich	werde entschuldigen	werde entschuldigen	würde entschuldigen
du	wirst entschuldigen	werdest entschuldigen	würdest entschuldigen
er	wird entschuldigen	werde entschuldigen	würde entschuldigen
wir	werden entschuldigen	werden entschuldigen	würden entschuldigen
ihr	werdet entschuldigen	werdet entschuldigen	würdet entschuldigen
sie	werden entschuldigen	werden entschuldigen	würden entschuldigen
		Future Perfect Time	
	Future Perfect	(*Fut. Perf. Subj.*)	(*Past Conditional*)
ich	werde entschuldigt haben	werde entschuldigt haben	würde entschuldigt haben
du	wirst entschuldigt haben	werdest entschuldigt haben	würdest entschuldigt haben
er	wird entschuldigt haben	werde entschuldigt haben	würde entschuldigt haben
wir	werden entschuldigt haben	werden entschuldigt haben	würden entschuldigt haben
ihr	werdet entschuldigt haben	werdet entschuldigt haben	würdet entschuldigt haben
sie	werden entschuldigt haben	werden entschuldigt haben	würden entschuldigt haben

Examples: *Karl versuchte sich wegen seines schlechten Benehmens bei seiner Frau zu entschuldigen. Sie aber antwortete ihm: „So etwas läßt sich nicht entschuldigen."* Karl tried to apologize to his wife for his bad behavior. But she answered him, "A thing like that can't be excused." The insep. prefix **ent-** often denotes separation, as in the previous verb.

entstellen

to disfigure, deform

INDICATIVE	SUBJUNCTIVE	
	PRIMARY	SECONDARY

Present Time

	Present	*(Pres. Subj.)*	*(Imperf. Subj.)*
ich	entstelle	entstelle	entstellte
du	entstellst	entstellest	entstelltest
er	entstellt	entstelle	entstellte
wir	entstellen	entstellen	entstellten
ihr	entstellt	entstellet	entstelltet
sie	entstellen	entstellen	entstellten

	Imperfect
ich	entstellte
du	entstelltest
er	entstellte
wir	entstellten
ihr	entstelltet
sie	entstellten

Past Time

	Perfect	*(Perf. Subj.)*	*(Pluperf. Subj.)*
ich	habe entstellt	habe entstellt	hätte entstellt
du	hast entstellt	habest entstellt	hättest entstellt
er	hat entstellt	habe entstellt	hätte entstellt
wir	haben entstellt	haben entstellt	hätten entstellt
ihr	habt entstellt	habet entstellt	hättet entstellt
sie	haben entstellt	haben entstellt	hätten entstellt

	Pluperfect
ich	hatte entstellt
du	hattest entstellt
er	hatte entstellt
wir	hatten entstellt
ihr	hattet entstellt
sie	hatten entstellt

Future Time

	Future	*(Fut. Subj.)*	*(Pres. Conditional)*
ich	werde entstellen	werde entstellen	würde entstellen
du	wirst entstellen	werdest entstellen	würdest entstellen
er	wird entstellen	werde entstellen	würde entstellen
wir	werden entstellen	werden entstellen	würden entstellen
ihr	werdet entstellen	werdet entstellen	würdet entstellen
sie	werden entstellen	werden entstellen	würden entstellen

Future Perfect Time

	Future Perfect	*(Fut. Perf. Subj.)*	*(Past Conditional)*
ich	werde entstellt haben	werde entstellt haben	würde entstellt haben
du	wirst entstellt haben	werdest entstellt haben	würdest entstellt haben
er	wird entstellt haben	werde entstellt haben	würde entstellt haben
wir	werden entstellt haben	werden entstellt haben	würden entstellt haben
ihr	werdet entstellt haben	werdet entstellt haben	würdet entstellt haben
sie	werden entstellt haben	werden entstellt haben	würden entstellt haben

Examples: *Viele Statuen aus dem klassischen Altertum sind leider durch Verstümmelung entstellt worden.* Many statues from classical antiquity have unfortunately been disfigured by mutilation. *„Warum versuchen Sie immer wieder, die Wahrheit zu entstellen?" fragte der Rechtsanwalt.* "Why do you repeatedly try to distort the truth?" asked the lawyer.

erfinden

to invent; discover;
find out

PRINC. PARTS: erfinden, erfand, erfunden, erfindet
IMPERATIVE: erfinde!, erfindet!, erfinden Sie!

INDICATIVE		SUBJUNCTIVE	
		PRIMARY	SECONDARY
		Present Time	
	Present	*(Pres. Subj.)*	*(Imperf. Subj.)*
ich	erfinde	erfinde	erfände
du	erfindest	erfindest	erfändest
er	erfindet	erfinde	erfände
wir	erfinden	erfinden	erfänden
ihr	erfindet	erfindet	erfändet
sie	erfinden	erfinden	erfänden

	Imperfect
ich	erfand
du	erfandst
er	erfand
wir	erfanden
ihr	erfandet
sie	erfanden

			Past Time	
	Perfect	*(Perf. Subj.)*	*(Pluperf. Subj.)*
ich	habe erfunden	habe erfunden	hätte erfunden
du	hast erfunden	habest erfunden	hättest erfunden
er	hat erfunden	habe erfunden	hätte erfunden
wir	haben erfunden	haben erfunden	hätten erfunden
ihr	habt erfunden	habet erfunden	hättet erfunden
sie	haben erfunden	haben erfunden	hätten erfunden

	Pluperfect
ich	hatte erfunden
du	hattest erfunden
er	hatte erfunden
wir	hatten erfunden
ihr	hattet erfunden
sie	hatten erfunden

			Future Time	
	Future	*(Fut. Subj.)*	*(Pres. Conditional)*
ich	werde erfinden	werde erfinden	würde erfinden
du	wirst erfinden	werdest erfinden	würdest erfinden
er	wird erfinden	werde erfinden	würde erfinden
wir	werden erfinden	werden erfinden	würden erfinden
ihr	werdet erfinden	werdet erfinden	würdet erfinden
sie	werden erfinden	werden erfinden	würden erfinden

			Future Perfect Time	
	Future Perfect	*(Fut. Perf. Subj.)*	*(Past Conditional)*
ich	werde erfunden haben	werde erfunden haben	würde erfunden haben
du	wirst erfunden haben	werdest erfunden haben	würdest erfunden haben
er	wird erfunden haben	werde erfunden haben	würde erfunden haben
wir	werden erfunden haben	werden erfunden haben	würden erfunden haben
ihr	werdet erfunden haben	werdet erfunden haben	würdet erfunden haben
sie	werden erfunden haben	werden erfunden haben	würden erfunden haben

Examples: *Paul ist sehr erfinderisch, und ich bewundere seine Erfindungsgabe. Ich glaube aber, daß er die Geschichte von seiner Jupiterreise erfunden hat.* Paul is very inventive and I admire his talent for invention. But I think he invented the story of his trip to Jupiter. **Er-** is an insep. prefix. Therefore the past part. does not begin with **ge-**.

PRINC. PARTS: erhalten, erhielt, erhalten, erhält
IMPERATIVE: erhalte!, erhaltet!, erhalten Sie!

to obtain, receive; preserve

INDICATIVE		SUBJUNCTIVE	
		PRIMARY	SECONDARY
		Present Time	
	Present	*(Pres. Subj.)*	*(Imperf. Subj.)*
ich	erhalte	erhalte	erhielte
du	erhältst	erhaltest	erhieltest
er	erhält	erhalte	erhielte
wir	erhalten	erhalten	erhielten
ihr	erhaltet	erhaltet	erhieltet
sie	erhalten	erhalten	erhielten
	Imperfect		
ich	erhielt		
du	erhieltest		
er	erhielt		
wir	erhielten		
ihr	erhieltet		
sie	erhielten		
		Past Time	
	Perfect	*(Perf. Subj.)*	*(Pluperf. Subj.)*
ich	habe erhalten	habe erhalten	hätte erhalten
du	hast erhalten	habest erhalten	hättest erhalten
er	hat erhalten	habe erhalten	hätte erhalten
wir	haben erhalten	haben erhalten	hätten erhalten
ihr	habt erhalten	habet erhalten	hättet erhalten
sie	haben erhalten	haben erhalten	hätten erhalten
	Pluperfect		
ich	hatte erhalten		
du	hattest erhalten		
er	hatte erhalten		
wir	hatten erhalten		
ihr	hattet erhalten		
sie	hatten erhalten		
		Future Time	
	Future	*(Fut. Subj.)*	*(Pres. Conditional)*
ich	werde erhalten	werde erhalten	würde erhalten
du	wirst erhalten	werdest erhalten	würdest erhalten
er	wird erhalten	werde erhalten	würde erhalten
wir	werden erhalten	werden erhalten	würden erhalten
ihr	werdet erhalten	werdet erhalten	würdet erhalten
sie	werden erhalten	werden erhalten	würden erhalten
		Future Perfect Time	
	Future Perfect	*(Fut. Perf. Subj.)*	*(Past Conditional)*
ich	werde erhalten haben	werde erhalten haben	würde erhalten haben
du	wirst erhalten haben	werdest erhalten haben	würdest erhalten haben
er	wird erhalten haben	werde erhalten haben	würde erhalten haben
wir	werden erhalten haben	werden erhalten haben	würden erhalten haben
ihr	werdet erhalten haben	werdet erhalten haben	würdet erhalten haben
sie	werden erhalten haben	werden erhalten haben	würden erhalten haben

Examples: *Wir haben Ihre Anfrage dankend erhalten. Alle Kunstwerke, die wir verkaufen, sind gut erhalten.* We received your letter and thank you for it. All the artworks we sell are in a good state of preservation. *Kennen Sie Haydns Hymne: „Gott Erhalte Franz, den Kaiser"?* Do you know Haydn's hymn, "May God Maintain Franz, the Emperor"? Because of the insep. prefix **er-**, the past part. does not begin with **ge-**.

sich erkälten

to catch a cold

PRINC. PARTS: sich erkälten, erkältete sich, hat sich erkältet, erkältet sich

IMPERATIVE: erkälte dich!, erkältet euch!, erkälten Sie sich!

INDICATIVE	SUBJUNCTIVE	
	PRIMARY	SECONDARY

Present Time

	Present	(Pres. Subj.)	(Imperf. Subj.)
ich	erkälte mich	erkälte mich	erkältete mich
du	erkältest dich	erkältest dich	erkältetest dich
er	erkältet sich	erkälte sich	erkältete sich
wir	erkälten uns	erkälten uns	erkälteten uns
ihr	erkältet euch	erkältet euch	erkältetet euch
sie	erkälten sich	erkälten sich	erkälteten sich

Imperfect

ich	erkältete mich
du	erkältetest dich
er	erkältete sich
wir	erkälteten uns
ihr	erkältetet euch
sie	erkälteten sich

Past Time

	Perfect	(Perf. Subj.)	(Pluperf. Subj.)
ich	habe mich erkältet	habe mich erkältet	hätte mich erkältet
du	hast dich erkältet	habest dich erkältet	hättest dich erkältet
er	hat sich erkältet	habe sich erkältet	hätte sich erkältet
wir	haben uns erkältet	haben uns erkältet	hätten uns erkältet
ihr	habt euch erkältet	habet euch erkältet	hättet euch erkältet
sie	haben sich erkältet	haben sich erkältet	hätten sich erkältet

Pluperfect

ich	hatte mich erkältet
du	hattest dich erkältet
er	hatte sich erkältet
wir	hatten uns erkältet
ihr	hattet euch erkältet
sie	hatten sich erkältet

Future Time

	Future	(Fut. Subj.)	(Pres. Conditional)
ich	werde mich erkälten	werde mich erkälten	würde mich erkälten
du	wirst dich erkälten	werdest dich erkälten	würdest dich erkälten
er	wird sich erkälten	werde sich erkälten	würde sich erkälten
wir	werden uns erkälten	werden uns erkälten	würden uns erkälten
ihr	werdet euch erkälten	werdet euch erkälten	würdet euch erkälten
sie	werden sich erkälten	werden sich erkälten	würden sich erkälten

Future Perfect Time

	Future Perfect	(Fut. Perf. Subj.)	(Past Conditional)
ich	werde mich erkältet haben	werde mich erkältet haben	würde mich erkältet haben
du	wirst dich erkältet haben	werdest dich erkältet haben	würdest dich erkältet haben
er	wird sich erkältet haben	werde sich erkältet haben	würde sich erkältet haben
wir	werden uns erkältet haben	werden uns erkältet haben	würden uns erkältet haben
ihr	werdet euch erkältet haben	werdet euch erkältet haben	würdet euch erkältet haben
sie	werden sich erkältet haben	werden sich erkältet haben	würden sich erkältet haben

Examples: „Ich bin wieder erkältet", klagte Karl seiner Frau. „Zieh dich wärmer an, wenn's kalt ist. Dann wirst du dich weniger erkälten", sagte sie. Später fragte sie den Apotheker: „Was empfehlen Sie mir gegen eine Erkältung?" "I've got a cold again," Karl complained to his wife. "Dress warmer when it's cold and you'll catch cold less often," she said. Later she asked the pharmacist, "What do you recommend for a cold?"

erklären

PRINC. PARTS: erklären, erklärte, erklärt, erklärt
IMPERATIVE: erkläre!, erklärt!, erklären Sie!

to explain, declare,
announce

INDICATIVE	SUBJUNCTIVE	
	PRIMARY	SECONDARY

Present Time

	Present	*(Pres. Subj.)*	*(Imperf. Subj.)*
ich	erkläre	erkläre	erklärte
du	erklärst	erklärest	erklärtest
er	erklärt	erkläre	erklärte
wir	erklären	erklären	erklärten
ihr	erklärt	erkläret	erklärtet
sie	erklären	erklären	erklärten

	Imperfect
ich	erklärte
du	erklärtest
er	erklärte
wir	erklärten
ihr	erklärtet
sie	erklärten

Past Time

	Perfect	*(Perf. Subj.)*	*(Pluperf. Subj.)*
ich	habe erklärt	habe erklärt	hätte erklärt
du	hast erklärt	habest erklärt	hättest erklärt
er	hat erklärt	habe erklärt	hätte erklärt
wir	haben erklärt	haben erklärt	hätten erklärt
ihr	habt erklärt	habet erklärt	hättet erklärt
sie	haben erklärt	haben erklärt	hätten erklärt

	Pluperfect
ich	hatte erklärt
du	hattest erklärt
er	hatte erklärt
wir	hatten erklärt
ihr	hattet erklärt
sie	hatten erklärt

Future Time

	Future	*(Fut. Subj.)*	*(Pres. Conditional)*
ich	werde erklären	werde erklären	würde erklären
du	wirst erklären	werdest erklären	würdest erklären
er	wird erklären	werde erklären	würde erklären
wir	werden erklären	werden erklären	würden erklären
ihr	werdet erklären	werdet erklären	würdet erklären
sie	werden erklären	werden erklären	würden erklären

Future Perfect Time

	Future Perfect	*(Fut. Perf. Subj.)*	*(Past Conditional)*
ich	werde erklärt haben	werde erklärt haben	würde erklärt haben
du	wirst erklärt haben	werdest erklärt haben	würdest erklärt haben
er	wird erklärt haben	werde erklärt haben	würde erklärt haben
wir	werden erklärt haben	werden erklärt haben	würden erklärt haben
ihr	werdet erklärt haben	werdet erklärt haben	würdet erklärt haben
sie	werden erklärt haben	werden erklärt haben	würden erklärt haben

---

Examples: *Warum hat man den Krieg erklärt? Das kann ich mir gar nicht erklären. Gibt es eine vernünftige Erklärung dafür? Wir hätten uns deutlicher für den Frieden erklären sollen", erklärte der Historiker.* "Why was war declared? I can't account for that at all. Is there a rational explanation for it? We should have come out more strongly for peace," declared the historian.

erlöschen

to become extinguished,
dim, go out

PRINC. PARTS: erlöschen,* erlosch, ist erloschen,
erlischt
IMPERATIVE: erlisch!, erlöscht!, erlöschen Sie!**

INDICATIVE	SUBJUNCTIVE	
	PRIMARY	SECONDARY
	Present Time	
Present	*(Pres. Subj.)*	*(Imperf. Subj.)*
ich erlösche	erlösche	erlösche
du erlischst	erlöschest	erlöschest
er erlischt	erlösche	erlösche
wir erlöschen	erlöschen	erlöschen
ihr erlöscht	erlöschet	erlöschet
sie erlöschen	erlöschen	erlöschen

Imperfect
ich erlosch
du erloschest
er erlsoch
wir erloschen
ihr erloscht
sie erloschen

		Past Time	
Perfect	*(Perf. Subj.)*	*(Pluperf. Subj.)*	
ich bin erloschen	sei erloschen	wäre erloschen	
du bist erloschen	seiest erloschen	wärest erloschen	
er ist erloschen	sei erloschen	wäre erlsochen	
wir sind erloschen	seien erloschen	wären erloschen	
ihr seid erloschen	seiet erloschen	wäret erloschen	
sie sind erloschen	seien erloschen	wären erlsochen	

Pluperfect
ich war erloschen
du warst erloschen
er war erloschen
wir waren erloschen
ihr wart erloschen
sie waren erloschen

		Future Time	
Future	*(Fut. Subj.)*	*(Pres. Conditional)*	
ich werde erlöschen	werde erlöschen	würde erlöschen	
du wirst erlöschen	werdest erlöschen	würdest erlöschen	
er wird erlöschen	werde erlöschen	würde erlöschen	
wir werden erlöschen	werden erlöschen	würden erlöschen	
ihr werdet erlöschen	werdet erlöschen	würdet erlöschen	
sie werden erlöschen	werden erlöschen	würden erlöschen	

		Future Perfect Time	
Future Perfect	*(Fut. Perf. Subj.)*	*(Past Conditional)*	
ich werde erloschen sein	werde erloschen sein	würde erloschen sein	
du wirst erloschen sein	werdest erloschen sein	würdest erloschen sein	
er wird erloschen sein	werde erloschen sein	würde erloschen sein	
wir werden erloschen sein	werden erloschen sein	würden erloschen sein	
ihr werdet erloschen sein	werdet erloschen sein	würdet erloschen sein	
sie werden erloschen sein	werden erloschen sein	würden erloschen sein	

*Forms other than the third person are infrequently found.
**The imperative is unusual.

Examples: *In einem Lied von Brahms behauptet ein Junge, daß seine Liebe erlöschen wird, wenn er draußen in der Kälte bleiben muß. „Laß sie löschen nur", antwortet das Mädchen.* In a song by Brahms, a boy declares that his love will grow dim if he has to stay outside in the cold. "Let it go out," answers the girl. **Erlöschen** is insep. and is conjugated with **sein** in the perf. tenses.

PRINC. PARTS: errichten, errichtete, errichtet, errichtet
IMPERATIVE: errichte!, errichtet!, errichten Sie!

to erect, establish

INDICATIVE		SUBJUNCTIVE	
		PRIMARY	SECONDARY
		Present Time	
	Present	*(Pres. Subj.)*	*(Imperf. Subj.)*
ich	errichte	errichte	errichtete
du	errichtest	errichtest	errichtetest
er	errichtet	errichte	errichtete
wir	errichten	errichten	errichteten
ihr	errichtet	errichtet	errichtetet
sie	errichten	errichten	errichteten

	Imperfect
ich	errichtete
du	errichtetest
er	errichtete
wir	errichteten
ihr	errichtetet
sie	errichteten

Past Time

	Perfect	*(Perf. Subj.)*	*(Pluperf. Subj.)*
ich	habe errichtet	habe errichtet	hätte errichtet
du	hast errichtet	habest errichtet	hättest errichtet
er	hat errichtet	habe errichtet	hätte errichtet
wir	haben errichtet	haben errichtet	hätten errichtet
ihr	habt errichtet	habet errichtet	hättet errichtet
sie	haben errichtet	haben errichtet	hätten errichtet

	Pluperfect
ich	hatte errichtet
du	hattest errichtet
er	hatte errichtet
wir	hatten errichtet
ihr	hattet errichtet
sie	hatten errichtet

Future Time

	Future	*(Fut. Subj.)*	*(Pres. Conditional)*
ich	werde errichten	werde errichten	würde errichten
du	wirst errichten	werdest errichten	würdest errichten
er	wird errichten	werde errichten	würde errichten
wir	werden errichten	werden errichten	würden errichten
ihr	werdet errichten	werdet errichten	würdet errichten
sie	werden errichten	werden errichten	würden errichten

Future Perfect Time

	Future Perfect	*(Fut. Perf. Subj.)*	*(Past Conditional)*
ich	werde errichtet haben	werde errichtet haben	würde errichtet haben
du	wirst errichtet haben	werdest errichtet haben	würdest errichtet haben
er	wird errichtet haben	werde errichtet haben	würde errichtet haben
wir	werden errichtet haben	werden errichtet haben	würden errichtet haben
ihr	werdet errichtet haben	werdet errichtet haben	würdet errichtet haben
sie	werden errichtet haben	werden errichtet haben	würden errichtet haben

Examples: *Der Soziologe errichtete ein Institut, um seine Pläne zu verwirklichen. Aber alles, was er errichtet hatte, wurde durch den Krieg zerstört. Nach seinem Tod ließen ihm seine Anhänger ein Denkmal errichten.* The sociologist established an institute to put his plans into practice. But everything he had built was destroyed by the war. After his death his disciples had a monument built to him.

erschöpfen

to exhaust, drain

PRINC. PARTS: erschöpfen, erschöpfte, erschöpft, erschöpft
IMPERATIVE: erschöpfe!, erschöpft!, erschöpfen Sie!

INDICATIVE	SUBJUNCTIVE	
	PRIMARY	SECONDARY
	Present Time	
Present	*(Pres. Subj.)*	*(Imperf. Subj.)*
ich erschöpfe	erschöpfe	erschöpfte
du erschöpfst	erschöpfest	erschöpftest
er erschöpft	erschöpfe	erschöpfte
wir erschöpfen	erschöpfen	erschöpften
ihr erschöpft	erschöpfet	erschöpftet
sie erschöpfen	erschöpfen	erschöpften
Imperfect		
ich erschöpfte		
du erschöpftest		
er erschöpfte		
wir erschöpften		
ihr erschöpftet		
sie erschöpften		
	Past Time	
Perfect	*(Perf. Subj.)*	*(Pluperf. Subj.)*
ich habe erschöpft	habe erschöpft	hätte erschöpft
du hast erschöpft	habest erschöpft	hättest erschöpft
er hat erschöpft	habe erschöpft	hätte erschöpft
wir haben erschöpft	haben erschöpft	hätten erschöpft
ihr habt erschöpft	habet erschöpft	hättet erschöpft
sie haben erschöpft	haben erschöpft	hätten erschöpft
Pluperfect		
ich hatte erschöpft		
du hattest erschöpft		
er hatte erschöpft		
wir hatten erschöpft		
ihr hattet erschöpft		
sie hatten erschöpft		
	Future Time	
Future	*(Fut. Subj.)*	*(Pres. Conditional)*
ich werde erschöpfen	werde erschöpfen	würde erschöpfen
du wirst erschöpfen	werdest erschöpfen	würdest erschöpfen
er wird erschöpfen	werde erschöpfen	würde erschöpfen
wir werden erschöpfen	werden erschöpfen	würden erschöpfen
ihr werdet erschöpfen	werdet erschöpfen	würdet erschöpfen
sie werden erschöpfen	werden erschöpfen	würden erschöpfen
	Future Perfect Time	
Future Perfect	*(Fut. Perf. Subj.)*	*(Past Conditional)*
ich werde erschöpft haben	werde erschöpft haben	würde erschöpft haben
du wirst erschöpft haben	werdest erschöpft haben	würdest erschöpft haben
er wird erschöpft haben	werde erschöpft haben	würde erschöpft haben
wir werden erschöpft haben	werden erschöpft haben	würden erschöpft haben
ihr werdet erschöpft haben	werdet erschöpft haben	würdet erschöpft haben
sie werden erschöpft haben	werden erschöpft haben	würden erschöpft haben

Examples: „*War der Schöpfer vielleicht am 8. Tag erschöpft?*" *fragte die Professorin den Theologen. Er fand ihre Fragen erschöpfend.* "Was the creator exhausted on the 8th day?" the professor asked the theologian. He found her questions exhausting. "To scoop" in the sense "to drain, draw off" is related to **schöpfen** and **erschöpfen**. **Er-** sometimes intensifies the action of the basic verb.

PRINC. PARTS: erschrecken,* erschrak, ist erschrocken, erschrickt

IMPERATIVE: erschrick!, erschreckt!, erschrecken Sie!

erschrecken
to be startled/frightened

	INDICATIVE	SUBJUNCTIVE	
		PRIMARY	SECONDARY
		Present Time	
	Present	*(Pres. Subj.)*	*(Imperf. Subj.)*
ich	erschrecke	erschrecke	erschräke
du	erschrickst	erschreckest	erschräkest
er	erschrickt	erschrecke	erschräke
wir	erschrecken	erschrecken	erschräken
ihr	erschreckt	erschrecket	erschräket
sie	erschrecken	erschrecken	erschräken
	Imperfect		
ich	erschrak		
du	erschrakst		
er	erschrak		
wir	erschraken		
ihr	erschrakt		
sie	erschraken		
		Past Time	
	Perfect	*(Perf. Subj.)*	*(Pluperf. Subj.)*
ich	bin erschrocken	sei erschrocken	wäre erschrocken
du	bist erschrocken	seiest erschrocken	wärest erschrocken
er	ist erschrocken	sei erschrocken	wäre erschrocken
wir	sind erschrocken	seien erschrocken	wären erschrocken
ihr	seid erschrocken	seiet erschrocken	wäret erschrocken
sie	sind erschrocken	seien erschrocken	wären erschrocken
	Pluperfect		
ich	war erschrocken		
du	warst erschrocken		
er	war erschrocken		
wir	waren erschrocken		
ihr	wart erschrocken		
sie	waren erschrocken		
		Future Time	
	Future	*(Fut. Subj.)*	*(Pres. Conditional)*
ich	werde erschrecken	werde erschrecken	würde erschrecken
du	wirst erschrecken	werdest erschrecken	würdest erschrecken
er	wird erschrecken	werde erschrecken	würde erschrecken
wir	werden erschrecken	werden erschrecken	würden erschrecken
ihr	werdet erschrecken	werdet erschrecken	würdet erschrecken
sie	werden erschrecken	werden erschrecken	würden erschrecken
		Future Perfect Time	
	Future Perfect	*(Fut. Perf. Subj.)*	*(Past Conditional)*
ich	werde erschrocken sein	werde erschrocken sein	würde erschrocken sein
du	wirst erschrocken sein	werdest erschrocken sein	würdest erschrocken sein
er	wird erschrocken sein	werde erschrocken sein	würde erschrocken sein
wir	werden erschrocken sein	werden erschrocken sein	würden erschrocken sein
ihr	werdet erschrocken sein	werdet erschrocken sein	würdet erschrocken sein
sie	werden erschrocken sein	werden erschrocken sein	würden erschrocken sein

* **Erschrecken** meaning "to frighten" is a weak verb. PRINC. PARTS: erschrecken, erschreckte, erschreckt, erschreckt.

Examples: „*Erschrick nicht, wenn du meinen Mann siehst*", sagte Irma. „*Sein Zustand ist erschreckend. Er erschrickt sich vor allem.*" "Don't be startled when you see my husband," said Irma. "His condition is alarming. He is frightened of everything." When **erschrecken** is transitive (takes a direct object), it is weak and conjugated with **haben**.

ersticken

to choke, stifle

PRINC. PARTS: ersticken, erstickte, erstickt, erstickt
IMPERATIVE: ersticke!, erstickt!, ersticken Sie!

INDICATIVE		SUBJUNCTIVE	
		PRIMARY	SECONDARY
		Present Time	
	Present	*(Pres. Subj.)*	*(Imperf. Subj.)*
ich	ersticke	ersticke	erstickte
du	erstickst	erstickest	ersticktest
er	erstickt	ersticke	erstickte
wir	ersticken	ersticken	erstickten
ihr	erstickt	ersticket	ersticktet
sie	ersticken	ersticken	erstickten

	Imperfect
ich	erstickte
du	ersticktest
er	erstickte
wir	erstickten
ihr	ersticktet
sie	erstickten

			Past Time	
	Perfect	*(Perf. Subj.)*	*(Pluperf. Subj.)*
ich	habe erstickt	habe erstickt	hätte erstickt
du	hast erstickt	habest erstickt	hättest erstickt
er	hat erstickt	habe erstickt	hätte erstickt
wir	haben erstickt	haben erstickt	hätten erstickt
ihr	habt erstickt	habet erstickt	hättet erstickt
sie	haben erstickt	haben erstickt	hätten erstickt

	Pluperfect
ich	hatte erstickt
du	hattest erstickt
er	hatte erstickt
wir	hatten erstickt
ihr	hattet erstickt
sie	hatten erstickt

			Future Time	
	Future	*(Fut. Subj.)*	*(Pres. Conditional)*
ich	werde ersticken	werde ersticken	würde ersticken
du	wirst ersticken	werdest ersticken	würdest ersticken
er	wird ersticken	werde ersticken	würde ersticken
wir	werden ersticken	werden ersticken	würden ersticken
ihr	werdet ersticken	werdet ersticken	würdet ersticken
sie	werden ersticken	werden ersticken	würden ersticken

			Future Perfect Time	
	Future Perfect	*(Fut. Perf. Subj.)*	*(Past Conditional)*
ich	werde erstickt haben	werde erstickt haben	würde erstickt haben
du	wirst erstickt haben	werdest erstickt haben	würdest erstickt haben
er	wird erstickt haben	werde erstickt haben	würde erstickt haben
wir	werden erstickt haben	werden erstickt haben	würden erstickt haben
ihr	werdet erstickt haben	werdet erstickt haben	würdet erstickt haben
sie	werden erstickt haben	werden erstickt haben	würden erstickt haben

Examples: „Es ist erstickend heiß hier und wir ersticken in der Arbeit. Warum streiken wir nicht?" „Diese Revolte muß im Keim erstickt werden," dachte sich der Chef. "It's stifling hot here and we're swamped with work. Why don't we go on strike?" "This revolt has to be nipped in the bud," thought the boss to himself.

PRINC. PARTS: erwägen, erwog, erwogen, erwägt
IMPERATIVE: erwäge!, erwägt!, erwägen Sie!

erwägen

to consider, ponder

INDICATIVE	SUBJUNCTIVE	
	PRIMARY	SECONDARY

Present Time

	Present	(Pres. Subj.)	(Imperf. Subj.)
ich	erwäge	erwäge	erwöge
du	erwägst	erwägest	erwögest
er	erwägt	erwäge	erwöge
wir	erwägen	erwägen	erwögen
ihr	erwägt	erwäget	erwöget
sie	erwägen	erwägen	erwögen

	Imperfect
ich	erwog
du	erwogst
er	erwog
wir	erwogen
ihr	erwogt
sie	erwogen

Past Time

	Perfect	(Perf. Subj.)	(Pluperf. Subj.)
ich	habe erwogen	habe erwogen	hätte erwogen
du	hast erwogen	habest erwogen	hättest erwogen
er	hat erwogen	habe erwogen	hätte erwogen
wir	haben erwogen	haben erwogen	hätten erwogen
ihr	habt erwogen	habet erwogen	hättet erwogen
sie	haben erwogen	haben erwogen	hätten erwogen

	Pluperfect
ich	hatte erwogen
du	hattest erwogen
er	hatte erwogen
wir	hatten erwogen
ihr	hattet erwogen
sie	hatten erwogen

Future Time

	Future	(Fut. Subj.)	(Pres. Conditional)
ich	werde erwägen	werde erwägen	würde erwägen
du	wirst erwägen	werdest erwägen	würdest erwägen
er	wird erwägen	werde erwägen	würde erwägen
wir	werden erwägen	werden erwägen	würden erwägen
ihr	werdet erwägen	werdet erwägen	würdet erwägen
sie	werden erwägen	werden erwägen	würden erwägen

Future Perfect Time

	Future Perfect	(Fut. Perf. Subj.)	(Past Conditional)
ich	werde erwogen haben	werde erwogen haben	würde erwogen haben
du	wirst erwogen haben	werdest erwogen haben	würdest erwogen haben
er	wird erwogen haben	werde erwogen haben	würde erwogen haben
wir	werden erwogen haben	werden erwogen haben	würden erwogen haben
ihr	werdet erwogen haben	werdet erwogen haben	würdet erwogen haben
sie	werden erwogen haben	werden erwogen haben	würden erwogen haben

Examples: *Die Chefin will es erwägen. Bei einer so wichtigen Entscheidung wird sie alle Umstände in Erwägung ziehen. Wir müssen warten, bis sie alles wohl erwogen hat.* The boss wants to ponder it. In such an important decision she will take all circumstances into consideration. We must wait until she's weighed (considered) everything carefully.

erwähnen

to mention

PRINC. PARTS: erwähnen, erwähnte, erwähnt, erwähnt
IMPERATIVE: erwähne!, erwähnt!, erwähnen Sie!

INDICATIVE	SUBJUNCTIVE	
	PRIMARY	SECONDARY

Present Time

	Present	*(Pres. Subj.)*	*(Imperf. Subj.)*
ich	erwähne	erwähne	erwähnte
du	erwähnst	erwähnest	erwähntest
er	erwähnt	erwähne	erwähnte
wir	erwähnen	erwähnen	erwähnten
ihr	erwähnt	erwähnet	erwähntet
sie	erwähnen	erwähnen	erwähnten

	Imperfect
ich	erwähnte
du	erwähntest
er	erwähnte
wir	erwähnten
ihr	erwähntet
sie	erwähnten

Past Time

	Perfect	*(Perf. Subj.)*	*(Pluperf. Subj.)*
ich	habe erwähnt	habe erwähnt	hätte erwähnt
du	hast erwähnt	habest erwähnt	hättest erwähnt
er	hat erwähnt	habe erwähnt	hätte erwähnt
wir	haben erwähnt	haben erwähnt	hätten erwähnt
ihr	habt erwähnt	habet erwähnt	hättet erwähnt
sie	haben erwähnt	haben erwähnt	hätten erwähnt

	Pluperfect
ich	hatte erwähnt
du	hattest erwähnt
er	hatte erwähnt
wir	hatten erwähnt
ihr	hattet erwähnt
sie	hatten erwähnt

Future Time

	Future	*(Fut. Subj.)*	*(Pres. Conditional)*
ich	werde erwähnen	werde erwähnen	würde erwähnen
du	wirst erwähnen	werdest erwähnen	würdest erwähnen
er	wird erwähnen	werde erwähnen	würde erwähnen
wir	werden erwähnen	werden erwähnen	würden erwähnen
ihr	werdet erwähnen	werdet erwähnen	würdet erwähnen
sie	werden erwähnen	werden erwähnen	würden erwähnen

Future Perfect Time

	Future Perfect	*(Fut. Perf. Subj.)*	*(Past Conditional)*
ich	werde erwähnt haben	werde erwähnt haben	würde erwähnt haben
du	wirst erwähnt haben	werdest erwähnt haben	würdest erwähnt haben
er	wird erwähnt haben	werde erwähnt haben	würde erwähnt haben
wir	werden erwähnt haben	werden erwähnt haben	würden erwähnt haben
ihr	werdet erwähnt haben	werdet erwähnt haben	würdet erwähnt haben
sie	werden erwähnt haben	werden erwähnt haben	würden erwähnt haben

---

Examples: *„Könnten Sie vielleicht meinen Namen beim Präsidenten erwähnen? Ich erwarte nicht, daß Sie mich lobend erwähnen. Aber bisjetzt haben Sie mich mit keinem Wort erwähnt", sagte der Streber.* "Could you maybe mention my name to the president? I don't expect you to speak in praise of me. But so far you haven't said a word about me," said the pushy type.

PRINC. PARTS: erzählen, erzählte, erzählt, erzählt
IMPERATIVE: erzähle!, erzählt!, erzählen Sie!

to tell, relate

	INDICATIVE	SUBJUNCTIVE	
		PRIMARY	SECONDARY
		Present Time	
	Present	*(Pres. Subj.)*	*(Imperf. Subj.)*
ich	erzähle	erzähle	erzählte
du	erzählst	erzählest	erzähltest
er	erzählt	erzähle	erzählte
wir	erzählen	erzählen	erzählten
ihr	erzählt	erzählet	erzähltet
sie	erzählen	erzählen	erzählten

	Imperfect
ich	erzählte
du	erzähltest
er	erzählte
wir	erzählten
ihr	erzähltet
sie	erzählten

			Past Time	
	Perfect	*(Perf. Subj.)*	*(Pluperf. Subj.)*
ich	habe erzählt	habe erzählt	hätte erzählt
du	hast erzählt	habest erzählt	hättest erzählt
er	hat erzählt	habe erzählt	hätte erzählt
wir	haben erzählt	haben erzählt	hätten erzählt
ihr	habt erzählt	habet erzählt	hättet erzählt
sie	haben erzählt	haben erzählt	hätten erzählt

	Pluperfect
ich	hatte erzählt
du	hattest erzählt
er	hatte erzählt
wir	hatten erzählt
ihr	hattet erzählt
sie	hatten erzählt

			Future Time	
	Future	*(Fut. Subj.)*	*(Pres. Conditional)*
ich	werde erzählen	werde erzählen	würde erzählen
du	wirst erzählen	werdest erzählen	würdest erzählen
er	wird erzählen	werde erzählen	würde erzählen
wir	werden erzählen	werden erzählen	würden erzählen
ihr	werdet erzählen	werdet erzählen	würdet erzählen
sie	werden erzählen	werden erzählen	würden erzählen

			Future Perfect Time	
	Future Perfect	*(Fut. Perf. Subj.)*	*(Past Conditional)*
ich	werde erzählt haben	werde erzählt haben	würde erzählt haben
du	wirst erzählt haben	werdest erzählt haben	würdest erzählt haben
er	wird erzählt haben	werde erzählt haben	würde erzählt haben
wir	werden erzählt haben	werden erzählt haben	würden erzählt haben
ihr	werdet erzählt haben	werdet erzählt haben	würdet erzählt haben
sie	werden erzählt haben	werden erzählt haben	würden erzählt haben

---

Examples: *Der alte Schiffskapitän hatte viele lustige Geschichten erzählt. Die meisten bewunderten seine Erzählkunst. Aber Herr Meckbesser fand sie nicht erzählbar.* The old sea captain told many amusing stories. Most admired his narrative art. But Mr. Meckbesser didn't find them suitable (for telling). **Erzählen** is weak (regular) and every form has an umlaut.

essen

to eat

PRINC. PARTS: essen, aß, gegessen, ißt
IMPERATIVE: iß!, eßt!, essen Sie!

INDICATIVE		SUBJUNCTIVE	
		PRIMARY	**SECONDARY**
		Present Time	
	Present	*(Pres. Subj.)*	*(Imperf. Subj.)*
ich	esse	esse	äße
du	ißt	essest	äßest
er	ißt	esse	äße
wir	essen	essen	äßen
ihr	eßt	esset	äßet
sie	essen	essen	äßen

	Imperfect
ich	aß
du	aßest
er	aß
wir	aßen
ihr	aßt
sie	aßen

INDICATIVE		SUBJUNCTIVE	
		Past Time	
	Perfect	*(Perf. Subj.)*	*(Pluperf. Subj.)*
ich	habe gegessen	habe gegessen	hätte gegessen
du	hast gegessen	habest gegessen	hättest gegessen
er	hat gegessen	habe gegessen	hätte gegessen
wir	haben gegessen	haben gegessen	hätten gegessen
ihr	habt gegessen	habet gegessen	hättet gegessen
sie	haben gegessen	haben gegessen	hätten gegessen

	Pluperfect
ich	hatte gegessen
du	hattest gegessen
er	hatte gegessen
wir	hatten gegessen
ihr	hattet gegessen
sie	hatten gegessen

INDICATIVE		SUBJUNCTIVE	
		Future Time	
	Future	*(Fut. Subj.)*	*(Pres. Conditional)*
ich	werde essen	werde essen	würde essen
du	wirst essen	werdest essen	würdest essen
er	wird essen	werde essen	würde essen
wir	werden essen	werden essen	würden essen
ihr	werdet essen	werdet essen	würdet essen
sie	werden essen	werden essen	würden essen

INDICATIVE		SUBJUNCTIVE	
		Future Perfect Time	
	Future Perfect	*(Fut. Perf. Subj.)*	*(Past Conditional)*
ich	werde gegessen haben	werde gegessen haben	würde gegessen haben
du	wirst gegessen haben	werdest gegessen haben	würdest gegessen haben
er	wird gegessen haben	werde gegessen haben	würde gegessen haben
wir	werden gegessen haben	werden gegessen haben	würden gegessen haben
ihr	werdet gegessen haben	werdet gegessen haben	würdet gegessen haben
sie	werden gegessen haben	werden gegessen haben	würden gegessen haben

---

Examples: *Ich mußte allein zu Hause essen. Ich hätte lieber mit dir gegessen.* I had to eat at home, alone. I'd rather have eaten with you. *Der Mensch ist, was er ißt.* Humans are what they eat. Note that **ss** and **ß** alternate in the conjugated forms of **essen**. According to the old rule, **ss** is used between two short vowels; everywhere else, **ß** is used. New rules, however, now permit **ss** everywhere.

PRINC. PARTS: fahren, fuhr, ist gefahren, fährt
IMPERATIVE: fahre!, fahrt!, fahren Sie!

to travel; drive; ride; go

INDICATIVE		SUBJUNCTIVE	
		PRIMARY	SECONDARY
		Present Time	
	Present	*(Pres. Subj.)*	*(Imperf. Subj.)*
ich	fahre	fahre	führe
du	fährst	fahrest	führest
er	fährt	fahre	führe
wir	fahren	fahren	führen
ihr	fahrt	fahret	führet
sie	fahren	fahren	führen
	Imperfect		
ich	fuhr		
du	fuhrst		
er	fuhr		
wir	fuhren		
ihr	fuhrt		
sie	fuhren		
		Past Time	
	Perfect	*(Perf. Subj.)*	*(Pluperf. Subj.)*
ich	bin gefahren	sei gefahren	wäre gefahren
du	bist gefahren	seiest gefahren	wärest gefahren
er	ist gefahren	sei gefahren	wäre gefahren
wir	sind gefahren	seien gefahren	wären gefahren
ihr	seid gefahren	seiet gefahren	wäret gefahren
sie	sind gefahren	seien gefahren	wären gefahren
	Pluperfect		
ich	war gefahren		
du	warst gefahren		
er	war gefahren		
wir	waren gefahren		
ihr	wart gefahren		
sie	waren gefahren		
		Future Time	
	Future	*(Fut. Subj.)*	*(Pres. Conditional)*
ich	werde fahren	werde fahren	würde fahren
du	wirst fahren	werdest fahren	würdest fahren
er	wird fahren	werde fahren	würde fahren
wir	werden fahren	werden fahren	würden fahren
ihr	werdet fahren	werdet fahren	würdet fahren
sie	werden fahren	werden fahren	würden fahren
		Future Perfect Time	
	Future Perfect	*(Fut. Perf. Subj.)*	*(Past Conditional)*
ich	werde gefahren sein	werde gefahren sein	würde gefahren sein
du	wirst gefahren sein	werdest gefahren sein	würdest gefahren sein
er	wird gefahren sein	werde gefahren sein	würde gefahren sein
wir	werden gefahren sein	werden gefahren sein	würden gefahren sein
ihr	werdet gefahren sein	werdet gefahren sein	würdet gefahren sein
sie	werden gefahren sein	werden gefahren sein	würden gefahren sein

Examples: *Wir hätten lieber mit der Bahn von Bremen nach Hamburg fahren sollen, denn mit dem Zug ist die Fahrt schneller. Aber weil es sich in unserem neuen Mercedes so angenehm fährt, sind wir mit dem Auto gefahren.* We should have traveled by train from Bremen to Hamburg because the trip is quicker by train. But because driving is so pleasant in our new Mercedes, we drove.

fallen

to fall

PRINC. PARTS: fallen, fiel, ist gefallen, fällt
IMPERATIVE: falle!, fallt!, fallen Sie!

INDICATIVE	SUBJUNCTIVE	
	PRIMARY	SECONDARY

Present Time

	Present	(*Pres. Subj.*)	(*Imperf. Subj.*)
ich	falle	falle	fiele
du	fällst	fallest	fielest
er	fällt	falle	fiele
wir	fallen	fallen	fielen
ihr	fallt	fallet	fielet
sie	fallen	fallen	fielen

	Imperfect
ich	fiel
du	fielst
er	fiel
wir	fielen
ihr	fielt
sie	fielen

Past Time

	Perfect	(*Perf. Subj.*)	(*Pluperf. Subj.*)
ich	bin gefallen	sei gefallen	wäre gefallen
du	bist gefallen	seiest gefallen	wärest gefallen
er	ist gefallen	sei gefallen	wäre gefallen
wir	sind gefallen	seien gefallen	wären gefallen
ihr	seid gefallen	seiet gefallen	wäret gefallen
sie	sind gefallen	seien gefallen	wären gefallen

	Pluperfect
ich	war gefallen
du	warst gefallen
er	war gefallen
wir	waren gefallen
ihr	wart gefallen
sie	waren gefallen

Future Time

	Future	(*Fut. Subj.*)	(*Pres. Conditional*)
ich	werde fallen	werde fallen	würde fallen
du	wirst fallen	werdest fallen	würdest fallen
er	wird fallen	werde fallen	würde fallen
wir	werden fallen	werden fallen	würden fallen
ihr	werdet fallen	werdet fallen	würdet fallen
sie	werden fallen	werden fallen	würden fallen

Future Perfect Time

	Future Perfect	(*Fut. Perf. Subj.*)	(*Past Conditional*)
ich	werde gefallen sein	werde gefallen sein	würde gefallen sein
du	wirst gefallen sein	werdest gefallen sein	würdest gefallen sein
er	wird gefallen sein	werde gefallen sein	würde gefallen sein
wir	werden gefallen sein	werden gefallen sein	würden gefallen sein
ihr	werdet gefallen sein	werdet gefallen sein	würdet gefallen sein
sie	werden gefallen sein	werden gefallen sein	würden gefallen sein

---

Examples: *Scharfe Worte fielen.* Harsh words were spoken. *Ich bin schließlich nicht auf den Kopf gefallen.* After all, I'm no dummy. *Die Freundschaft haben wir fallen lassen.* We abandoned our friendship. *Der Würfel ist gefallen.* The die is cast. **Fallen** and "to fall" are obviously related. But note the various idiomatic uses above.

PRINC. PARTS: falten, faltete, gefaltet, faltet
IMPERATIVE: falte!, faltet!, falten Sie!

INDICATIVE	SUBJUNCTIVE	
	PRIMARY	SECONDARY
	Present Time	
Present	*(Pres. Subj.)*	*(Imperf. Subj.)*
ich falte	falte	faltete
du faltest	faltest	faltetest
er faltet	falte	faltete
wir falten	falten	falteten
ihr faltet	faltet	faltetet
sie falten	falten	falteten

Imperfect
ich faltete
du faltetest
er faltete
wir falteten
ihr faltetet
sie falteten

Perfect	*Past Time*	
	(Perf. Subj.)	*(Pluperf. Subj.)*
ich habe gefaltet	habe gefaltet	hätte gefaltet
du hast gefaltet	habest gefaltet	hättest gefaltet
er hat gefaltet	habe gefaltet	hätte gefaltet
wir haben gefaltet	haben gefaltet	hätten gefaltet
ihr habt gefaltet	habet gefaltet	hättet gefaltet
sie haben gefaltet	haben gefaltet	hätten gefaltet

Pluperfect
ich hatte gefaltet
du hattest gefaltet
er hatte gefaltet
wir hatten gefaltet
ihr hattet gefaltet
sie hatten gefaltet

Future	*Future Time*	
	(Fut. Subj.)	*(Pres. Conditional)*
ich werde falten	werde falten	würde falten
du wird falten	werdest falten	würdest falten
er wirst falten	werde falten	würde falten
wir werden falten	werden falten	würden falten
ihr werdet falten	werdet falten	würdet falten
sie werden falten	werden falten	würden falten

Future Perfect	*Future Perfect Time*	
	(Fut. Perf. Subj.)	*(Past Conditional)*
ich werde gefaltet haben	werde gefaltet haben	würde gefaltet haben
du wird gefaltet haben	werdest gefaltet haben	würdest gefaltet haben
er wirst gefaltet haben	werde gefaltet haben	würde gefaltet haben
wir werden gefaltet haben	werden gefaltet haben	würden gefaltet haben
ihr werdet gefaltet haben	werdet gefaltet haben	würdet gefaltet haben
sie werden gefaltet haben	werden gefaltet haben	würden gefaltet haben

Examples: *Tatjana hatte keine Falten im Gesicht aber sie zog die Stirn in Falten, als sie den Liebesbrief an Onegin sorgfältig faltete. „Wie wird sich das alles entfalten?" fragte sie sich.* Tatyana had no wrinkles in her face. But she knit her brows when she carefully folded the love letter to Onegin. "How will all this turn out (unfold)?" she wondered.
Verbs whose stem ends in **t** add an **e** in certain forms.

fangen

to catch, capture

PRINC. PARTS: fangen, fing, gefangen, fängt
IMPERATIVE: fange!, fangt!, fangen Sie!

INDICATIVE		SUBJUNCTIVE	
		PRIMARY	SECONDARY
		Present Time	
	Present	*(Pres. Subj.)*	*(Imperf. Subj.)*
ich	fange	fange	finge
du	fängst	fangest	fingest
er	fängt	fange	finge
wir	fangen	fangen	fingen
ihr	fangt	fanget	finget
sie	fangen	fangen	fingen

	Imperfect
ich	fing
du	fingst
er	fing
wir	fingen
ihr	fingt
sie	fingen

			Past Time	
	Perfect	*(Perf. Subj.)*	*(Pluperf. Subj.)*
ich	habe gefangen	habe gefangen	hätte gefangen
du	hast gefangen	habest gefangen	hättest gefangen
er	hat gefangen	habe gefangen	hätte gefangen
wir	haben gefangen	haben gefangen	hätten gefangen
ihr	habt gefangen	habet gefangen	hättet gefangen
sie	haben gefangen	haben gefangen	hätten gefangen

	Pluperfect
ich	hatte gefangen
du	hattest gefangen
er	hatte gefangen
wir	hatten gefangen
ihr	hattet gefangen
sie	hatten gefangen

			Future Time	
	Future	*(Fut. Subj.)*	*(Pres. Conditional)*
ich	werde fangen	werde fangen	würde fangen
du	wirst fangen	werdest fangen	würdest fangen
er	wird fangen	werde fangen	würde fangen
wir	werden fangen	werden fangen	würden fangen
ihr	werdet fangen	werdet fangen	würdet fangen
sie	werden fangen	werden fangen	würden fangen

			Future Perfect Time	
	Future Perfect	*(Fut. Perf. Subj.)*	*(Past Conditional)*
ich	werde gefangen haben	werde gefangen haben	würde gefangen haben
du	wirst gefangen haben	werdest gefangen haben	würdest gefangen haben
er	wird gefangen haben	werde gefangen haben	würde gefangen haben
wir	werden gefangen haben	werden gefangen haben	würden gefangen haben
ihr	werdet gefangen haben	werdet gefangen haben	würdet gefangen haben
sie	werden gefangen haben	werden gefangen haben	würden gefangen haben

---

Examples: *Papageno, der Vogelfänger in Mozarts Zauberflöte, fing viele Vögel für die Königin der Nacht.* Papageno, the bird catcher in Mozart's Magic Flute, caught many birds for the Queen of the Night. *Der Jäger hat sich die Finger in der Falle verfangen.* The hunter caught his fingers in the trap. Note that the stem vowel changes to **i**, not **ie**, in the imperfect.

fassen

PRINC. PARTS: fassen, faßte, gefaßt, faßt
IMPERATIVE: fasse!, faßt!, fassen Sie!

to grasp, seize, contain, conceive

INDICATIVE	SUBJUNCTIVE	
	PRIMARY	SECONDARY

Present Time

	Present	*(Pres. Subj.)*	*(Imperf. Subj.)*
ich	fasse	fasse	faßte
du	faßt	fassest	faßtest
er	faßt	fasse	faßte
wir	fassen	fassen	faßten
ihr	faßt	fasset	faßtet
sie	fassen	fassen	faßten

	Imperfect
ich	faßte
du	faßtest
er	faßte
wir	faßten
ihr	faßtet
sie	faßten

Past Time

	Perfect	*(Perf. Subj.)*	*(Pluperf. Subj.)*
ich	habe gefaßt	habe gefaßt	hätte gefaßt
du	hast gefaßt	habest gefaßt	hättest gefaßt
er	hat gefaßt	habe gefaßt	hätte gefaßt
wir	haben gefaßt	haben gefaßt	hätten gefaßt
ihr	habt gefaßt	habet gefaßt	hättet gefaßt
sie	haben gefaßt	haben gefaßt	hätten gefaßt

	Pluperfect
ich	hatte gefaßt
du	hattest gefaßt
er	hatte gefaßt
wir	hatten gefaßt
ihr	hattet gefaßt
sie	hatten gefaßt

Future Time

	Future	*(Fut. Subj.)*	*(Pres. Conditional)*
ich	werde fassen	werde fassen	würde fassen
du	wirst fassen	werdest fassen	würdest fassen
er	wird fassen	werde fassen	würde fassen
wir	werden fassen	werden fassen	würden fassen
ihr	werdet fassen	werdet fassen	würdet fassen
sie	werden fassen	werden fassen	würden fassen

Future Perfect Time

	Future Perfect	*(Fut. Perf. Subj.)*	*(Past Conditional)*
ich	werde gefaßt haben	werde gefaßt haben	würde gefaßt haben
du	wirst gefaßt haben	werdest gefaßt haben	würdest gefaßt haben
er	wird gefaßt haben	werde gefaßt haben	würde gefaßt haben
wir	werden gefaßt haben	werden gefaßt haben	würden gefaßt haben
ihr	werdet gefaßt haben	werdet gefaßt haben	würdet gefaßt haben
sie	werden gefaßt haben	werden gefaßt haben	würden gefaßt haben

---

Examples: *Machen Sie sich darauf gefaßt!* Prepare yourself. *Er konnte es kaum fassen, daß sie ihn nicht mehr liebte.* He could scarcely grasp that she no longer loved him. *Er verlor seine Fassung, faßte den Goldring mit dem eingefaßten Diamant an, und warf ihn weg.* He lost his composure, seized the gold ring with the diamond set in it, and threw it away.

fechten

to fight, fence

PRINC. PARTS: fechten, focht, gefochten, ficht
IMPERATIVE: ficht!, fechtet!, fechten Sie!

	INDICATIVE	SUBJUNCTIVE	
		PRIMARY	SECONDARY
	Present	*Present Time*	
		(Pres. Subj.)	*(Imperf. Subj.)*
ich	fechte	fechte	föchte
du	fichtst	fechtest	föchtest
er	ficht	fechte	föchte
wir	fechten	fechten	föchten
ihr	fechtet	fechtet	föchtet
sie	fechten	fechten	föchten
	Imperfect		
ich	focht		
du	fochtest		
er	focht		
wir	fochten		
ihr	fochtet		
sie	fochten		
	Perfect	*Past Time*	
		(Perf. Subj.)	*(Pluperf. Subj.)*
ich	habe gefochten	habe gefochten	hätte gefochten
du	hast gefochten	habest gefochten	hättest gefochten
er	hat gefochten	habe gefochten	hätte gefochten
wir	haben gefochten	haben gefochten	hätten gefochten
ihr	habt gefochten	habet gefochten	hättet gefochten
sie	haben gefochten	haben gefochten	hätten gefochten
	Pluperfect		
ich	hatte gefochten		
du	hattest gefochten		
er	hatte gefochten		
wir	hatten gefochten		
ihr	hattet gefochten		
sie	hatten gefochten		
	Future	*Future Time*	
		(Fut. Subj.)	*(Pres. Conditional)*
ich	werde fechten	werde gefochten	würde fechten
du	wirst fechten	werdest gefochten	würdest fechten
er	wird fechten	werde gefochten	würde fechten
wir	werden fechten	werden gefochten	würden fechten
ihr	werdet fechten	werdet gefochten	würdet fechten
sie	werden fechten	werden gefochten	würden fechten
	Future Perfect	*Future Perfect Time*	
		(Fut. Perf. Subj.)	*(Past Conditional)*
ich	werde gefochten haben	werde gefochten haben	würde gefochten haben
du	wirst gefochten haben	werdest gefochten haben	würdest gefochten haben
er	wird gefochten haben	werde gefochten haben	würde gefochten haben
wir	werden gefochten haben	werden gefochten haben	würden gefochten haben
ihr	werdet gefochten haben	werdet gefochten haben	würdet gefochten haben
sie	werden gefochten haben	werden gefochten haben	würden gefochten haben

---

Examples: *In ihren Filmen fochten Schauspieler wie Errol Flynn und Tyrone Power viel. Der junge Schauspieler las über die Fechtkunst, hatte aber Angst vor dem Fechten. Im Film mußte ein anderer an seiner Stelle fechten.* Actors like Errol Flynn and Tyrone Power fenced a great deal in their films. The young actor read about the art of fencing, but he was afraid of fencing. In the film, someone else had to fence in his place.

114

PRINC. PARTS: feststellen, stellte fest, festgestellt, stellt   **feststellen**
fest
IMPERATIVE: stelle fest!, stellt fest!, stellen Sie fest!   *to ascertain, establish*

INDICATIVE	SUBJUNCTIVE	
	PRIMARY	SECONDARY

Present Time

	Present	*(Pres. Subj.)*	*(Imperf. Subj.)*
ich	stelle fest	stelle fest	stellte fest
du	stellst fest	stellest fest	stelltest fest
er	stellt fest	stelle fest	stellte fest
wir	stellen fest	stellen fest	stellten fest
ihr	stellt fest	stellet fest	stelltet fest
sie	stellen fest	stellen fest	stellten fest

	Imperfect
ich	stellte fest
du	stelltest fest
er	stellte fest
wir	stellten fest
ihr	stelltet fest
sie	stellten fest

Past Time

	Perfect	*(Perf. Subj.)*	*(Pluperf. Subj.)*
ich	habe festgestellt	habe festgestellt	hätte festgestellt
du	hast festgestellt	habest festgestellt	hättest festgestellt
er	hat festgestellt	habe festgestellt	hätte festgestellt
wir	haben festgestellt	haben festgestellt	hätten festgestellt
ihr	habt festgestellt	habet festgestellt	hättet festgestellt
sie	haben festgestellt	haben festgestellt	hätten festgestellt

	Pluperfect
ich	hatte festgestellt
du	hattest festgestellt
er	hatte festgestellt
wir	hatten festgestellt
ihr	hattet festgestellt
sie	hatten festgestellt

Future Time

	Future	*(Fut. Subj.)*	*(Pres. Conditional)*
ich	werde feststellen	werde feststellen	würde feststellen
du	wirst feststellen	werdest feststellen	würdest feststellen
er	wird feststellen	werde feststellen	würde feststellen
wir	werden feststellen	werden feststellen	würden feststellen
ihr	werdet feststellen	werdet feststellen	würdet feststellen
sie	werden feststellen	werden feststellen	würden feststellen

Future Perfect Time

	Future Perfect	*(Fut. Perf. Subj.)*	*(Past Conditional)*
ich	werde festgestellt haben	werde festgestellt haben	würde festgestellt haben
du	wirst festgestellt haben	werdest festgestellt haben	würdest festgestellt haben
er	wird festgestellt haben	werde festgestellt haben	würde festgestellt haben
wir	werden festgestellt haben	werden festgestellt haben	würden festgestellt haben
ihr	werdet festgestellt haben	werdet festgestellt haben	würdet festgestellt haben
sie	werden festgestellt haben	werden festgestellt haben	würden festgestellt haben

---

Examples: „*Was hat die Polizei festgestellt?*" „*Bisjetzt hat sie wenig feststellen können. Festgestellt ist nur, daß es sich um einen Mord handelt. Sie versuchen noch, den Mörder festzustellen.*" "What have the police found out?" "So far they haven't been able to determine very much. The only thing they've determined is that it's a murder. They're still trying to establish who the murderer is."

finden

to find

PRINC. PARTS: finden, fand, gefunden, findet
IMPERATIVE: finde!, findet!, finden Sie!

INDICATIVE	SUBJUNCTIVE	
	PRIMARY	SECONDARY

Present Time

	Present	(Pres. Subj.)	(Imperf. Subj.)
ich	finde	finde	fände
du	findest	findest	fändest
er	findet	finde	fände
wir	finden	finden	fänden
ihr	findet	findet	fändet
sie	finden	finden	fänden

Imperfect

ich	fand
du	fandst
er	fand
wir	fanden
ihr	fandet
sie	fanden

Past Time

	Perfect	(Perf. Subj.)	(Pluperf. Subj.)
ich	habe gefunden	habe gefunden	hätte gefunden
du	hast gefunden	habest gefunden	hättest gefunden
er	hat gefunden	habe gefunden	hätte gefunden
wir	haben gefunden	haben gefunden	hätten gefunden
ihr	habt gefunden	habet gefunden	hättet gefunden
sie	haben gefunden	haben gefunden	hätten gefunden

Pluperfect

ich	hatte gefunden
du	hattest gefunden
er	hatte gefunden
wir	hatten gefunden
ihr	hattet gefunden
sie	hatten gefunden

Future Time

	Future	(Fut. Subj.)	(Pres. Conditional)
ich	werde finden	werde finden	würde finden
du	wirst finden	werdest finden	würdest finden
er	wird finden	werde finden	würde finden
wir	werden finden	werden finden	würden finden
ihr	werdet finden	werdet finden	würdet finden
sie	werden finden	werden finden	würden finden

Future Perfect Time

	Future Perfect	(Fut. Perf. Subj.)	(Past Conditional)
ich	werde gefunden haben	werde gefunden haben	würde gefunden haben
du	wirst gefunden haben	werdest gefunden haben	würdest gefunden haben
er	wird gefunden haben	werde gefunden haben	würde gefunden haben
wir	werden gefunden haben	werden gefunden haben	würden gefunden haben
ihr	werdet gefunden haben	werdet gefunden haben	würdet gefunden haben
sie	werden gefunden haben	werden gefunden haben	würden gefunden haben

---

Examples: *Wer meine Aktentasche findet, kriegt einen Finderlohn.* Whoever finds my briefcase will get a finder's reward. *„Wie fanden Sie das Konzert?" „Wir konnten nicht herausfinden, um wieviel Uhr das Konzert stattfand."* "What did you think of the concert?" "We weren't able to find out at what time the concert took place." **Finden** can mean "to feel, think" (example 2).

PRINC. PARTS: flicken, flickte, geflickt, flickt
IMPERATIVE: flicke!, flickt!, flicken Sie!

to patch, repair

	INDICATIVE	SUBJUNCTIVE	
		PRIMARY	SECONDARY
		Present Time	
	Present	*(Pres. Subj.)*	*(Imperf. Subj.)*
ich	flicke	flicke	flickte
du	flickst	flickest	flicktest
er	flickt	flicke	flickte
wir	flicken	flicken	flickten
ihr	flickt	flicket	flicktet
sie	flicken	flicken	flickten

	Imperfect
ich	flickte
du	flicktest
er	flickte
wir	flickten
ihr	flicktet
sie	flickten

			Past Time	
	Perfect	*(Perf. Subj.)*	*(Pluperf. Subj.)*
ich	habe geflickt	habe geflickt	hätte geflickt
du	hast geflickt	habest geflickt	hättest geflickt
er	hat geflickt	habe geflickt	hätte geflickt
wir	haben geflickt	haben geflickt	hätten geflickt
ihr	habt geflickt	habet geflickt	hättet geflickt
sie	haben geflickt	haben geflickt	hätten geflickt

	Pluperfect
ich	hatte geflickt
du	hattest geflickt
er	hatte geflickt
wir	hatten geflickt
ihr	hattet geflickt
sie	hatten geflickt

			Future Time	
	Future	*(Fut. Subj.)*	*(Pres. Conditional)*
ich	werde flicken	werde flicken	würde flicken
du	wirst flicken	werdest flicken	würdest flicken
er	wird flicken	werde flicken	würde flicken
wir	werden flicken	werden flicken	würden flicken
ihr	werdet flicken	werdet flicken	würdet flicken
sie	werden flicken	werden flicken	würden flicken

			Future Perfect Time	
	Future Perfect	*(Fut. Perf. Subj.)*	*(Past Conditional)*
ich	werde geflickt haben	werde geflickt haben	würde geflickt haben
du	wirst geflickt haben	werdest geflickt haben	würdest geflickt haben
er	wird geflickt haben	werde geflickt haben	würde geflickt haben
wir	werden geflickt haben	werden geflickt haben	würden geflickt haben
ihr	werdet geflickt haben	werdet geflickt haben	würdet geflickt haben
sie	werden geflickt haben	werden geflickt haben	würden geflickt haben

Examples: *„Ehret die Frauen! Sie flicken zerrissene Pantalons aus."* schrieb Schlegel. "Honor women! They patch up torn pants," wrote Schlegel. *„Deine Gedichte sind nur hastig zusammengeflickt." „Hast du mir noch etwas am Zeuge zu flicken?"* "Your poems have just been patched together hastily." "Have you any more faults to find with me?"

fliegen

to fly

PRINC. PARTS: fliegen, flog, ist geflogen, fliegt
IMPERATIVE: fliege!, fliegt!, fliegen Sie!

INDICATIVE		SUBJUNCTIVE	
		PRIMARY	SECONDARY
		Present Time	
Present		*(Pres. Subj.)*	*(Imperf. Subj.)*
ich	fliege	fliege	flöge
du	fliegst	fliegest	flögest
er	fliegt	fliege	flöge
wir	fliegen	fliegen	flögen
ihr	fliegt	flieget	flöget
sie	fliegen	fliegen	flögen

Imperfect	
ich	flog
du	flogst
er	flog
wir	flogen
ihr	flogt
sie	flogen

		Past Time	
Perfect		*(Perf. Subj.)*	*(Pluperf. Subj.)*
ich	bin geflogen	sei geflogen	wäre geflogen
du	bist geflogen	seiest geflogen	wärest geflogen
er	ist geflogen	sei geflogen	wäre geflogen
wir	sind geflogen	seien geflogen	wären geflogen
ihr	seid geflogen	seiet geflogen	wäret geflogen
sie	sind geflogen	seien geflogen	wären geflogen

Pluperfect	
ich	war geflogen
du	warst geflogen
er	war geflogen
wir	waren geflogen
ihr	wart geflogen
sie	waren geflogen

		Future Time	
Future		*(Fut. Subj.)*	*(Pres. Conditional)*
ich	werde fliegen	werde fliegen	würde fliegen
du	wirst fliegen	werdest fliegen	würdest fliegen
er	wird fliegen	werde fliegen	würde fliegen
wir	werden fliegen	werden fliegen	würden fliegen
ihr	werdet fliegen	werdet fliegen	würdet fliegen
sie	werden fliegen	werden fliegen	würden fliegen

		Future Perfect Time	
Future Perfect		*(Fut. Perf. Subj.)*	*(Past Conditional)*
ich	werde geflogen sein	werde geflogen sein	würde geflogen sein
du	wirst geflogen sein	werdest geflogen sein	würdest geflogen sein
er	wird geflogen sein	werde geflogen sein	würde geflogen sein
wir	werden geflogen sein	werden geflogen sein	würden geflogen sein
ihr	werdet geflogen sein	werdet geflogen sein	würdet geflogen sein
sie	werden geflogen sein	werden geflogen sein	würden geflogen sein

Examples: *Die Fliegerin hat das neue Flugzeug zum ersten Mal geflogen. Später sind wir darin geflogen. Wir sind mit einer anderen Luftlinie zurückgeflogen.* The aviatrix flew the new aircraft for the first time. Later we flew in it. We flew back with a different carrier. *Der Fliegende Holländer betrachtete die Vögel und die fliegenden Fische.* The Flying Dutchman looked at the birds and the flying fishes.

PRINC. PARTS: fliehen, floh, ist geflohen, flieht
IMPERATIVE: fliehe!, flieht!, fliehen Sie!

to flee, shun, avoid

INDICATIVE	SUBJUNCTIVE	
	PRIMARY	SECONDARY

Present Time

	Present	*(Pres. Subj.)*	*(Imperf. Subj.)*
ich	fliehe	fliehe	flöhe
du	fliehst	fliehest	flöhest
er	flieht	fliehe	flöhe
wir	fliehen	fliehen	flöhen
ihr	flieht	fliehet	flöhet
sie	fliehen	fliehen	flöhen

	Imperfect
ich	floh
du	flohst
er	floh
wir	flohen
ihr	floht
sie	flohen

Past Time

	Perfect	*(Perf. Subj.)*	*(Pluperf. Subj.)*
ich	bin geflohen	sei geflohen	wäre geflohen
du	bist geflohen	seiest geflohen	wärest geflohen
er	ist geflohen	sei geflohen	wäre geflohen
wir	sind geflohen	seien geflohen	wären geflohen
ihr	seid geflohen	seiet geflohen	wäret geflohen
sie	sind geflohen	seien geflohen	wären geflohen

	Pluperfect
ich	war geflohen
du	warst geflohen
er	war geflohen
wir	waren geflohen
ihr	wart geflohen
sie	waren geflohen

Future Time

	Future	*(Fut. Subj.)*	*(Pres. Conditional)*
ich	werde fliehen	werde fliehen	würde fliehen
du	wirst fliehen	werdest fliehen	würdest fliehen
er	wird fliehen	werde fliehen	würde fliehen
wir	werden fliehen	werden fliehen	würden fliehen
ihr	werdet fliehen	werdet fliehen	würdet fliehen
sie	werden fliehen	werden fliehen	würden fliehen

Future Perfect Time

	Future Perfect	*(Fut. Perf. Subj.)*	*(Past Conditional)*
ich	werde geflohen sein	werde geflohen sein	würde geflohen sein
du	wirst geflohen sein	werdest geflohen sein	würdest geflohen sein
er	wird geflohen sein	werde geflohen sein	würde geflohen sein
wir	werden geflohen sein	werden geflohen sein	würden geflohen sein
ihr	werdet geflohen sein	werdet geflohen sein	würdet geflohen sein
sie	werden geflohen sein	werden geflohen sein	würden geflohen sein

Examples: *Die Flüchtlinge sind vor dem Feind geflohen. Sie sind noch auf der Flucht und versuchen, ins Ausland zu fliehen.* The refugees fled from the enemy. They're still in flight and are trying to flee the country. Review verbs in Group II, p. xvii. Also review "Sein Verbs," pp. xxiv-xxv.

fließen

to flow

PRINC. PARTS: fließen,* floß, ist geflossen, fließt
IMPERATIVE: fließe!, fließt!, fließen Sie!**

INDICATIVE	SUBJUNCTIVE	
	PRIMARY	SECONDARY
	Present Time	
Present	*(Pres. Subj.)*	*(Imperf. Subj.)*
ich fließe	fließe	flösse
du fließt	fließest	flössest
er fließt	fließe	flösse
wir fließen	fließen	flössen
ihr fließt	fließet	flösset
sie fließen	fließen	flössen

Imperfect
ich floß
du flossest
er floß
wir flossen
ihr floßt
sie flossen

	Past Time	
Perfect	*(Perf. Subj.)*	*(Pluperf. Subj.)*
ich bin geflossen	sei geflossen	wäre geflossen
du bist geflossen	seiest geflossen	wärest geflossen
er ist geflossen	sei geflossen	wäre geflossen
wir sind geflossen	seien geflossen	wären geflossen
ihr seid geflossen	seiet geflossen	wäret geflossen
sie sind geflossen	seien geflossen	wären geflossen

Pluperfect
ich war geflossen
du warst geflossen
er war geflossen
wir waren geflossen
ihr wart geflossen
sie waren geflossen

	Future Time	
Future	*(Fut. Subj.)*	*(Pres. Conditional)*
ich werde fließen	werde fließen	würde fließen
du wirst fließen	werdest fließen	würdest fließen
er wird fließen	werde fließen	würde fließen
wir werden fließen	werden fließen	würden fließen
ihr werdet fließen	werdet fließen	würdet fließen
sie werden fließen	werden fließen	würden fließen

	Future Perfect Time	
Future Perfect	*(Fut. Perf. Subj.)*	*(Past Conditional)*
ich werde geflossen sein	werde geflossen sein	würde geflossen sein
du wirst geflossen sein	werdest geflossen sein	würdest geflossen sein
er wird geflossen sein	werde geflossen sein	würde geflossen sein
wir werden geflossen sein	werden geflossen sein	würden geflossen sein
ihr werdet geflossen sein	werdet geflossen sein	würdet geflossen sein
sie werden geflossen sein	werden geflossen sein	würden geflossen sein

* Forms other than the third person are infrequently found.
** The imperative is unusual.

Examples: *Der Nil, die Loire, die Donau und viele Flüße fließen nicht mehr in Flußbetten, in denen sie jahrtausendelang geflossen waren. Ja, Heraklit hatte recht, „Alles fließt."* The Nile, the Loire, the Danube, and so many rivers no longer flow in river beds in which they (had) flowed for millennia. Yes, Heraclitus was right, "Everything is in a state of flux."

PRINC. PARTS: fluchen, fluchte, geflucht, flucht
IMPERATIVE: fluche!, flucht!, fluchen Sie!

to curse, swear

INDICATIVE	SUBJUNCTIVE	
	PRIMARY	SECONDARY
	Present Time	
Present	*(Pres. Subj.)*	*(Imperf. Subj.)*
ich fluche	fluche	fluchte
du fluchst	fluchest	fluchtest
er flucht	fluche	fluchte
wir fluchen	fluchen	fluchten
ihr flucht	fluchet	fluchtet
sie fluchen	fluchen	fluchten

Imperfect
ich fluchte
du fluchtest
er fluchte
wir fluchten
ihr fluchtet
sie fluchten

	Past Time	
Perfect	*(Perf. Subj.)*	*(Pluperf. Subj.)*
ich habe geflucht	habe geflucht	hätte geflucht
du hast geflucht	habest geflucht	hättest geflucht
er hat geflucht	habe geflucht	hätte geflucht
wir haben geflucht	haben geflucht	hätten geflucht
ihr habt geflucht	habet geflucht	hättet geflucht
sie haben geflucht	haben geflucht	hätten geflucht

Pluperfect
ich hatte geflucht
du hattest geflucht
er hatte geflucht
wir hatten geflucht
ihr hattet geflucht
sie hatten geflucht

	Future Time	
Future	*(Fut. Subj.)*	*(Pres. Conditional)*
ich werde fluchen	werde fluchen	würde fluchen
du wirst fluchen	werdest fluchen	würdest fluchen
er wird fluchen	werde fluchen	würde fluchen
wir werden fluchen	werden fluchen	würden fluchen
ihr werdet fluchen	werdet fluchen	würdet fluchen
sie werden fluchen	werden fluchen	würden fluchen

	Future Perfect Time	
Future Perfect	*(Fut. Perf. Subj.)*	*(Past Conditional)*
ich werde geflucht haben	werde geflucht haben	würde geflucht haben
du wirst geflucht haben	werdest geflucht haben	würdest geflucht haben
er wird geflucht haben	werde geflucht haben	würde geflucht haben
wir werden geflucht haben	werden geflucht haben	würden geflucht haben
ihr werdet geflucht haben	werdet geflucht haben	würdet geflucht haben
sie werden geflucht haben	werden geflucht haben	würden geflucht haben

Examples: „*Du brauchst nicht wie ein Landsknecht zu fluchen,*" *sagte der Vater seinem heranwachsenden Sohn.* "You don't have to swear like a drunken sailor (lit. "mercenary soldier"), said the father to his adolescent son. *Als er über die Alpen fuhr, fluchte er auf das schlechte Wetter.* When he crossed the Alps, he cursed the bad weather.

fluten

to flood, surge

PRINC. PARTS: fluten*, flutete, geflutet, flutet
IMPERATIVE: flute!, flutet!, fluten Sie!

	INDICATIVE	SUBJUNCTIVE	
		PRIMARY	SECONDARY
		Present Time	
	Present	*(Pres. Subj.)*	*(Imperf. Subj.)*
ich	flute	flute	flutete
du	flutest	flutest	flutetest
er	flutet	flute	flutete
wir	fluten	fluten	fluteten
ihr	flutet	flutet	flutetet
sie	fluten	fluten	fluteten

	Imperfect
ich	flutete
du	flutetest
er	flutete
wir	fluteten
ihr	flutetet
sie	fluteten

Past Time

	Perfect	*(Perf. Subj.)*	*(Pluperf. Subj.)*
ich	habe geflutet	habe geflutet	hätte geflutet
du	hast geflutet	habest geflutet	hättest geflutet
er	hat geflutet	habe geflutet	hätte geflutet
wir	haben geflutet	haben geflutet	hätten geflutet
ihr	habt geflutet	habet geflutet	hättet geflutet
sie	haben geflutet	haben geflutet	hätten geflutet

	Pluperfect
ich	hatte geflutet
du	hattest geflutet
er	hatte geflutet
wir	hatten geflutet
ihr	hattet geflutet
sie	hatten geflutet

Future Time

	Future	*(Fut. Subj.)*	*(Pres. Conditional)*
ich	werde fluten	werde fluten	würde fluten
du	wirst fluten	werdest fluten	würdest fluten
er	wird fluten	werde fluten	würde fluten
wir	werden fluten	werden fluten	würden fluten
ihr	werdet fluten	werdet fluten	würdet fluten
sie	werden fluten	werden fluten	würden fluten

Future Perfect Time

	Future Perfect	*(Fut. Perf. Subj.)*	*(Past Conditional)*
ich	werde geflutet haben	werde geflutet haben	würde geflutet haben
du	wirst geflutet haben	werdest geflutet haben	würdest geflutet haben
er	wird geflutet haben	werde geflutet haben	würde geflutet haben
wir	werden geflutet haben	werden geflutet haben	würden geflutet haben
ihr	werdet geflutet haben	werdet geflutet haben	würdet geflutet haben
sie	werden geflutet haben	werden geflutet haben	würden geflutet haben

* Forms other than the third person are infrequently found.

Examples: *Mondlicht flutete in sein Zimmer.* Moonlight streamed into his room. *„Es flutet und braust seit Anfang unseres Jahrzehnts: eine neue Dichtergeneration stürmt mit fliegenden Fahnen vorwärts."* (D. von Liliencron). "There has been a surging and ferment since the beginning of our decade: a new generation of poets is storming ahead with flags flying."

folgen

to follow

INDICATIVE	PRIMARY	SECONDARY
	SUBJUNCTIVE	
	Present Time	
Present	*(Pres. Subj.)*	*(Imperf. Subj.)*
ich folge	folge	folgte
du folgst	folgest	folgtest
er folgt	folge	folgte
wir folgen	folgen	folgten
ihr folgt	folget	folgtet
sie folgen	folgen	folgten

Imperfect
ich folgte
du folgtest
er folgte
wir folgten
ihr folgtet
sie folgten

		Past Time	
Perfect	*(Perf. Subj.)*	*(Pluperf. Subj.)*
ich bin gefolgt	sei gefolgt	wäre gefolgt
du bist gefolgt	seiest gefolgt	wärest gefolgt
er ist gefolgt	sei gefolgt	wäre gefolgt
wir sind gefolgt	seien gefolgt	wären gefolgt
ihr seid gefolgt	seiet gefolgt	wäret gefolgt
sie sind gefolgt	seien gefolgt	wären gefolgt

Pluperfect
ich war gefolgt
du warst gefolgt
er war gefolgt
wir waren gefolgt
ihr wart gefolgt
sie waren gefolgt

	Future Time	
Future	*(Fut. Subj.)*	*(Pres. Conditional)*
ich werde folgen	werde folgen	würde folgen
du wirst folgen	werdest folgen	würdest folgen
er wird folgen	werde folgen	würde folgen
wir werden folgen	werden folgen	würden folgen
ihr werdet folgen	werdet folgen	würdet folgen
sie werden folgen	werden folgen	würden folgen

	Future Perfect Time	
Future Perfect	*(Fut. Perf. Subj.)*	*(Past Conditional)*
ich werde gefolgt sein	werde gefolgt sein	würde gefolgt sein
du wirst gefolgt sein	werdest gefolgt sein	würdest gefolgt sein
er wird gefolgt sein	werde gefolgt sein	würde gefolgt sein
wir werden gefolgt sein	werden gefolgt sein	würden gefolgt sein
ihr werdet gefolgt sein	werdet gefolgt sein	würdet gefolgt sein
sie werden gefolgt sein	werden gefolgt sein	würden gefolgt sein

Examples: *Viele sind dem Diktator blindlings gefolgt. Das hat üble Folgen gehabt.* Many followed the dictator blindly. That had bad consequences. *Ich kann Ihrem Antrag nicht Folge leisten.* I can't comply with your request. *Emil folgte dem Dieb. Emil und die Detektive verfolgten den Dieb.* Emil followed the thief. Emil and the detectives pursued the thief.

123

frachten

to load; carry (freight); ship

PRINC. PARTS: frachten, frachtete, gefrachtet, frachtet
IMPERATIVE: frachte!, frachtet!, frachten Sie!

	INDICATIVE	SUBJUNCTIVE	
		PRIMARY	SECONDARY
		Present Time	
	Present	*(Pres. Subj.)*	*(Imperf. Subj.)*
ich	frachte	frachte	frachtete
du	frachtest	frachtest	frachtetest
er	frachtet	frachte	frachtete
wir	frachten	frachten	frachteten
ihr	frachtet	frachtet	frachtetet
sie	frachten	frachten	frachteten
	Imperfect		
ich	frachtete		
du	frachtetest		
er	frachtete		
wir	frachteten		
ihr	frachtetet		
sie	frachteten	*Past Time*	
	Perfect	*(Perf. Subj.)*	*(Pluperf. Subj.)*
ich	habe gefrachtet	habe gefrachtet	hätte gefrachtet
du	hast gefrachtet	habest gefrachtet	hättest gefrachtet
er	hat gefrachtet	habe gefrachtet	hätte gefrachtet
wir	haben gefrachtet	haben gefrachtet	hätten gefrachtet
ihr	habt gefrachtet	habet gefrachtet	hättet gefrachtet
sie	haben gefrachtet	haben gefrachtet	hätten gefrachtet
	Pluperfect		
ich	hatte gefrachtet		
du	hattest gefrachtet		
er	hatte gefrachtet		
wir	hatten gefrachtet		
ihr	hattet gefrachtet		
sie	hatten gefrachtet	*Future Time*	
	Future	*(Fut. Subj.)*	*(Pres. Conditional)*
ich	werde frachten	werde frachten	würde frachten
du	wirst frachten	werdest frachten	würdest frachten
er	wird frachten	werde frachten	würde frachten
wir	werden frachten	werden frachten	würden frachten
ihr	werdet frachten	werdet frachten	würdet frachten
sie	werden frachten	werden frachten	würden frachten
		Future Perfect Time	
	Future Perfect	*(Fut. Perf. Subj.)*	*(Past Conditional)*
ich	werde gefrachtet haben	werde gefrachtet haben	würde gefrachtet haben
du	wirst gefrachtet haben	werdest gefrachtet haben	würdest gefrachtet haben
er	wird gefrachtet haben	werde gefrachtet haben	würde gefrachtet haben
wir	werden gefrachtet haben	werden gefrachtet haben	würden gefrachtet haben
ihr	werdet gefrachtet haben	werdet gefrachtet haben	würdet gefrachtet haben
sie	werden gefrachtet haben	werden gefrachtet haben	würden gefrachtet haben

Examples: *„Wohin habt ihr gefrachtet?" fragte der Matrose. „Der Frachter wurde mit Bananen befrachtet. Sie sollen nach Hamburg verfrachtet werden."* "Where are you bound for?" asked the sailor. "The freighter was loaded with bananas. They're supposed to be shipped to Hamburg." Verbs whose stem ends in -t add an **e** in certain forms.

PRINC. PARTS: fragen, fragte, gefragt, fragt
IMPERATIVE: frage!, fragt!, fragen Sie!

to ask (a question)

INDICATIVE	SUBJUNCTIVE	
	PRIMARY	SECONDARY

Present Time

	Present	(*Pres. Subj.*)	(*Imperf. Subj.*)
ich	frage	frage	fragte
du	fragst	fragest	fragtest
er	fragt	frage	fragte
wir	fragen	fragen	fragten
ihr	fragt	fraget	fragtet
sie	fragen	fragen	fragten

	Imperfect
ich	fragte
du	fragtest
er	fragte
wir	fragten
ihr	fragtet
sie	fragten

Past Time

	Perfect	(*Perf. Subj.*)	(*Pluperf. Subj.*)
ich	habe gefragt	habe gefragt	hätte gefragt
du	hast gefragt	habest gefragt	hättest gefragt
er	hat gefragt	habe gefragt	hätte gefragt
wir	haben gefragt	haben gefragt	hätten gefragt
ihr	habt gefragt	habet gefragt	hättet gefragt
sie	haben gefragt	haben gefragt	hätten gefragt

	Pluperfect
ich	hatte gefragt
du	hattest gefragt
er	hatte gefragt
wir	hatten gefragt
ihr	hattet gefragt
sie	hatten gefragt

Future Time

	Future	(*Fut. Subj.*)	(*Pres. Conditional*)
ich	werde fragen	werde fragen	würde fragen
du	wirst fragen	werdest fragen	würdest fragen
er	wird fragen	werde fragen	würde fragen
wir	werden fragen	werden fragen	würden fragen
ihr	werdet fragen	werdet fragen	würdet fragen
sie	werden fragen	werden fragen	würden fragen

Future Perfect Time

	Future Perfect	(*Fut. Perf. Subj.*)	(*Past Conditional*)
ich	werde gefragt haben	werde gefragt haben	würde gefragt haben
du	wirst gefragt haben	werdest gefragt haben	würdest gefragt haben
er	wird gefragt haben	werde gefragt haben	würde gefragt haben
wir	werden gefragt fiaben	werden gefragt haben	würden gefragt haben
ihr	werdet gefragt haben	werdet gefragt haben	würdet gefragt haben
sie	werden gefragt haben	werden gefragt haben	würden gefragt haben

---

Examples: „*Warum fragst du mich andauernd über die anderen? Du solltest nicht so viele Fragen stellen. Du willst alles über mich wissen, aber das kommt gar nicht in Frage.*" "Why do you keep asking me about the others? You shouldn't ask so many questions. You want to know everything about me, but that's out of the question." "To ask a question" is not **eine Frage fragen** but **eine Frage stellen**.

freien

to woo, court

PRINC. PARTS: freien, freite, gefreit, freit
IMPERATIVE: freie!, freit!, freien Sie!

INDICATIVE	SUBJUNCTIVE	
	PRIMARY	SECONDARY

Present Time

	Present	(Pres. Subj.)	(Imperf. Subj.)
ich	freie	freie	freite
du	freist	freiest	freitest
er	freit	freie	freite
wir	freien	freien	freiten
ihr	freit	freiet	freitet
sie	freien	freien	freiten

	Imperfect
ich	freite
du	freitest
er	freite
wir	freiten
ihr	freitet
sie	freiten

Past Time

	Perfect	(Perf. Subj.)	(Pluperf. Subj.)
ich	habe gefreit	habe gefreit	hätte gefreit
du	hast gefreit	habest gefreit	hättest gefreit
er	hat gefreit	habe gefreit	hätte gefreit
wir	haben gefreit	haben gefreit	hätten gefreit
ihr	habt gefreit	habet gefreit	hättet gefreit
sie	haben gefreit	haben gefreit	hätten gefreit

	Pluperfect
ich	hatte gefreit
du	hattest gefreit
er	hatte gefreit
wir	hatten gefreit
ihr	hattet gefreit
sie	hatten gefreit

Future Time

	Future	(Fut. Subj.)	(Pres. Conditional)
ich	werde freien	werde freien	würde freien
du	wirst freien	werdest freien	würdest freien
er	wird freien	werde freien	würde freien
wir	werden freien	werden freien	würden freien
ihr	werdet freien	werdet freien	würdet freien
sie	werden freien	werden freien	würden freien

Future Perfect Time

	Future Perfect	(Fut. Perf. Subj.)	(Past Conditional)
ich	werde gefreit haben	werde gefreit haben	würde gefreit haben
du	wirst gefreit haben	werdest gefreit haben	würdest gefreit haben
er	wird gefreit haben	werde gefreit haben	würde gefreit haben
wir	werden gefreit haben	werden gefreit haben	würden gefreit haben
ihr	werdet gefreit haben	werdet gefreit haben	würdet gefreit haben
sie	werden gefreit haben	werden gefreit haben	würden gefreit haben

---

Examples: *Viele freien um die Hand der reichen Erbin. Sie wollte sich vom Elternhaus befreien, und heiratete einen der Freier, ohne ihn zu lieben.* Many sought the hand of the rich heiress. She wanted to be free of her parents' house and married one of the wooers without loving him. The verb is used with **um** in the sense "to court." **Befreien** (to liberate) is not related.

PRINC. PARTS: fressen, fraß, gefressen, frißt
IMPERATIVE: friß!, freßt!, fressen Sie!

to eat; feed; devour

INDICATIVE		SUBJUNCTIVE	
		PRIMARY	SECONDARY
		Present Time	
	Present	*(Pres. Subj.)*	*(Imperf. Subj.)*
ich	fresse	fresse	fräße
du	frißt	fressest	fräßest
er	frißt	fresse	fräße
wir	fressen	fressen	fräßen
ihr	freßt	fresset	fräßet
sie	fressen	fressen	fräßen

	Imperfect
ich	fraß
du	fraßest
er	fraß
wir	fraßen
ihr	fraßt
sie	fraßen

		Past Time	
	Perfect	*(Perf. Subj.)*	*(Pluperf. Subj.)*
ich	habe gefressen	habe gefressen	hätte gefressen
du	hast gefressen	habest gefressen	hättest gefressen
er	hat gefressen	habe gefressen	hätte gefressen
wir	haben gefressen	haben gefressen	hätten gefressen
ihr	habt gefressen	habet gefressen	hättet gefressen
sie	haben gefressen	haben gefressen	hätten gefressen

	Pluperfect
ich	hatte gefressen
du	hattest gefressen
er	hatte gefressen
wir	hatten gefressen
ihr	hattet gefressen
sie	hatten gefressen

		Future Time	
	Future	*(Fut. Subj.)*	*(Pres. Conditional)*
ich	werde fressen	werde fressen	würde fressen
du	wirst fressen	werdest fressen	würdest fressen
er	wird fressen	werde fressen	würde fressen
wir	werden fressen	werden fressen	würden fressen
ihr	werdet fressen	werdet fressen	würdet fressen
sie	werden fressen	werden fressen	würden fressen

		Future Perfect Time	
	Future Perfect	*(Fut. Perf. Subj.)*	*(Past Conditional)*
ich	werde gefressen haben	werde gefressen haben	würde gefressen haben
du	wirst gefressen haben	werdest gefressen haben	würdest gefressen haben
er	wird gefressen haben	werde gefressen haben	würde gefressen haben
wir	werden gefressen haben	werden gefressen haben	würden gefressen haben
ihr	werdet gefressen haben	werdet gefressen haben	würdet gefressen haben
sie	werden gefressen haben	werden gefressen haben	würden gefressen haben

* Used for animals and humans who eat ravenously.

Examples: „Du frißt ja wie ein Tier! Iß doch wie ein Mensch!" schrie die Mutter ihren Jungen an. „Wenn das kein so elendes Fressen wäre, würde ich vornehm essen." "You're eating like an animal! Eat like a human being, will you!" the mother yelled at her son. "If the eats weren't so lousy, I'd eat daintily."

sich freuen*

to be glad or
pleased, rejoice

PRINC. PARTS: sich freuen, freute sich, hat sich gefreut, freut sich

IMPERATIVE: freue dich!, freut euch!, freuen Sie sich!

INDICATIVE	SUBJUNCTIVE	
	PRIMARY	SECONDARY
	Present Time	
Present	*(Pres. Subj.)*	*(Imperf. Subj.)*
ich freue mich	freue mich	freute mich
du freust dich	freuest dich	freutest dich
er freut sich	freue sich	freute sich
wir freuen uns	freuen uns	freuten uns
ihr freut euch	freuet euch	freutet euch
sie freuen sich	freuen sich	freuten sich
Imperfect		
ich freute mich		
du freutest dich		
er freute sich		
wir freuten uns		
ihr freutet euch		
sie freuten sich	*Past Time*	
Perfect	*(Perf. Subj.)*	*(Pluperf. Subj.)*
ich habe mich gefreut	habe mich gefreut	hätte mich gefreut
du hast dich gefreut	habest dich gefreut	hättest dich gefreut
er hat sich gefreut	habe sich gefreut	hätte sich gefreut
wir haben uns gefreut	haben uns gefreut	hätten uns gefreut
ihr habt euch gefreut	habet euch gefreut	hättet euch gefreut
sie haben sich gefreut	haben sich gefreut	hätten sich gefreut
Pluperfect		
ich hatte mich gefreut		
du hattest dich gefreut		
er hatte sich gefreut		
wir hatten uns gefreut		
ihr hattet euch gefreut		
sie hatten sich gefreut	*Future Time*	
Future	*(Fut. Subj.)*	*(Pres. Conditional)*
ich werde mich freuen	werde mich freuen	würde mich freuen
du wirst dich freuen	werdest dich freuen	würdest dich freuen
er wird sich freuen	werde sich freuen	würde sich freuen
wir werden uns freuen	werden uns freuen	würden uns freuen
ihr werdet euch freuen	werdet euch freuen	würdet euch freuen
sie werden sich freuen	werden sich freuen	würden sich freuen
	Future Perfect Time	
Future Perfect	*(Fut. Perf. Subj.)*	*(Past Conditional)*
ich werde mich gefreut haben	werde mich gefreut haben	würde mich gefreut haben
du wirst dich gefreut haben	werdest dich gefreut haben	würdest dich gefreut haben
er wird sich gefreut haben	werde sich gefreut haben	würde sich gefreut haben
wir werden uns gefreut haben	werden uns gefreut haben	würden uns gefreut haben
ihr werdet euch gefreut haben	werdet euch gefreut haben	würdet euch gefreut haben
sie werden sich gefreut haben	werden sich gefreut haben	würden sich gefreut haben

* The impersonal construction, **es freut mich (dich** etc.) is also frequently used. Thus, the English sentence, "I am glad that you are here," may be rendered into German either as 1. **Ich freue mich, daß Sie hier sind.**, or 2. **Es freut mich, daß Sie hier sind.**

Examples: *Es freut mich, daß Sie sich wieder am Leben freuen. Ich freue mich sehr darüber.* I'm glad you're taking pleasure in life again. I'm pleased about that. *Darf ich mich auf meine baldige Entlaßung freuen?* May I look forward to my release soon? Note the different prepositions used above: **an, über,** and **auf.**

PRINC. PARTS: frieren, fror, gefroren, friert
IMPERATIVE: friere!, friert!, frieren Sie!

to freeze; feel cold

INDICATIVE	SUBJUNCTIVE	
	PRIMARY	SECONDARY

Present Time

	Present	*(Pres. Subj.)*	*(Imperf. Subj.)*
ich	friere	friere	fröre
du	frierst	frierest	frörest
er	friert	friere	fröre
wir	frieren	frieren	frören
ihr	friert	frieret	fröret
sie	frieren	frieren	frören

	Imperfect
ich	fror
du	frorst
er	fror
wir	froren
ihr	frort
sie	froren

Past Time

	Perfect	*(Perf. Subj.)*	*(Pluperf. Subj.)*
ich	habe gefroren	habe gefroren	hätte gefroren
du	hast gefroren	habest gefroren	hättest gefroren
er	hat gefroren	habe gefroren	hätte gefroren
wir	haben gefroren	haben gefroren	hätten gefroren
ihr	habt gefroren	habet gefroren	hättet gefroren
sie	haben gefroren	haben gefroren	hätten gefroren

	Pluperfect
ich	hatte gefroren
du	hattest gefroren
er	hatte gefroren
wir	hatten gefroren
ihr	hattet gefroren
sie	hatten gefroren

Future Time

	Future	*(Fut. Subj.)*	*(Pres. Conditional)*
ich	werde frieren	werde frieren	würde frieren
du	wirst frieren	werdest frieren	würdest frieren
er	wird frieren	werde frieren	würde frieren
wir	werden frieren	werden frieren	würden frieren
ihr	werdet frieren	werdet frieren	würdet frieren
sie	werden frieren	werden frieren	würden frieren

Future Perfect Time

	Future Perfect	*(Fut. Perf. Subj.)*	*(Past Conditional)*
ich	werde gefroren haben	werde gefroren haben	würde gefroren haben
du	wirst gefroren haben	werdest gefroren haben	würdest gefroren haben
er	wird gefroren haben	werde gefroren haben	würde gefroren haben
wir	werden gefroren haben	werden gefroren haben	würden gefroren haben
ihr	werdet gefroren haben	werdet gefroren haben	würdet gefroren haben
sie	werden gefroren haben	werden gefroren haben	würden gefroren haben

Examples: *Nach dem Krieg hungerten und froren Millionen. Tausende fand man im Schnee erfroren.* After the war millions were hungry and freezing. Thousands were found frozen in the snow. *Mich friert. Friert dich auch?* I'm cold. Are you cold too? *Gestern hat es gefroren.* It froze yesterday. For "to freeze food" German uses **tiefgefrieren** or **tiefkühlen.**

129

frohlocken

to rejoice, triumph,
shout for joy

PRINC. PARTS: frohlocken, frohlockte, frohlockt,
frohlockt

IMPERATIVE: frohlocke!, frohlockt!, frohlocken Sie!

INDICATIVE	SUBJUNCTIVE	
	PRIMARY	SECONDARY
	Present Time	
Present	(*Pres. Subj.*)	(*Imperf. Subj.*)
ich frohlocke	frohlocke	frohlockte
du frohlockst	frohlockest	frohlocktest
er frohlockt	frohlocke	frohlockte
wir frohlocken	frohlocken	frohlockten
ihr frohlockt	frohlocket	frohlocktet
sie frohlocken	frohlocken	frohlockten
Imperfect		
ich frohlockte		
du frohlocktest		
er frohlockte		
wir frohlockten		
ihr frohlocktet		
sie frohlockten	*Past Time*	
Perfect	(*Perf. Subj.*)	(*Pluperf. Subj.*)
ich habe frohlockt	habe frohlockt	hätte frohlockt
du hast frohlockt	habest frohlockt	hättest frohlockt
er hat frohlockt	habe frohlockt	hätte frohlockt
wir haben frohlockt	haben frohlockt	hätten frohlockt
ihr habt frohlockt	habet frohlockt	hättet frohlockt
sie haben frohlockt	haben frohlockt	hätten frohlockt
Pluperfect		
ich hatte frohlockt		
du hattest frohlockt		
er hatte frohlockt		
wir hatten frohlockt		
ihr hattet frohlockt		
sie hatten frohlockt	*Future Time*	
Future	(*Fut. Subj.*)	(*Pres. Conditional*)
ich werde frohlocken	werde frohlocken	würde frohlocken
du wirst frohlocken	werdest frohlocken	würdest frohlocken
er wird frohlocken	werde frohlocken	würde frohlocken
wir werden frohlocken	werden frohlocken	würden frohlocken
ihr werdet frohlocken	werdet frohlocken	würdet frohlocken
sie werden frohlocken	werden frohlocken	würden frohlocken
	Future Perfect Time	
Future Perfect	(*Fut. Perf. Subj.*)	(*Past Conditional*)
ich werde frohlockt haben	werde frohlockt haben	würde frohlockt haben
du wirst frohlockt haben	werdest frohlockt haben	würdest frohlockt haben
er wird frohlockt haben	werde frohlockt haben	würde frohlockt haben
wir werden frohlockt haben	werden frohlockt haben	würden frohlockt haben
ihr werdet frohlockt haben	werdet frohlockt haben	würdet frohlockt haben
sie werden frohlockt haben	werden frohlockt haben	würden frohlockt haben

Examples: *Heimlich frohlockte er, als er von der Pleite seines Konkurrenten erfuhr.* He rejoiced secretly when he found out about his competitor's bankruptcy. *Bachs Weihnachtsoratorium beginnt mit den Worten: „Jauchzet! Frohlocket!"* Bach's <u>Christmas Oratorio</u> begins with the words, "Be jubilant! Rejoice!"

130

INDICATIVE		SUBJUNCTIVE	
		PRIMARY	SECONDARY
		Present Time	
	Present	*(Pres. Subj.)*	*(Imperf. Subj.)*
ich	frühstücke	frühstücke	frühstückte
du	frühstückst	frühstückest	frühstücktest
er	frühstückt	frühstücke	frühstückte
wir	frühstücken	frühstücken	frühstückten
ihr	frühstückt	frühstücket	frühstücktet
sie	frühstücken	frühstücken	frühstückten
	Imperfect		
ich	frühstückte		
du	frühstücktest		
er	frühstückte		
wir	frühstückten		
ihr	frühstücktet		
sie	frühstückten		
	Perfect	*(Perf. Subj.)* *Past Time*	*(Pluperf. Subj.)*
ich	habe gefrühstückt	habe gefrühstückt	hätte gefrühstückt
du	hast gefrühstückt	habest gefrühstückt	hättest gefrühstückt
er	hat gefrühstückt	habe gefrühstückt	hätte gefrühstückt
wir	haben gefrühstückt	haben gefrühstückt	hätten gefrühstückt
ihr	habt gefrühstückt	habet gefrühstückt	hättet gefrühstückt
sie	haben gefrühstückt	haben gefrühstückt	hätten gefrühstückt
	Pluperfect		
ich	hatte gefrühstückt		
du	hattest gefrühstückt		
er	hatte gefrühstückt		
wir	hatten gefrühstückt		
ihr	hattet gefrühstückt		
sie	hatten gefrühstückt		
	Future	*(Fut. Subj.)* *Future Time*	*(Pres. Conditional)*
ich	werde frühstücken	werde frühstücken	würde frühstücken
du	wirst frühstücken	werdest frühstücken	würdest frühstücken
er	wird frühstücken	werde frühstücken	würde frühstücken
wir	werden frühstücken	werden frühstücken	würden frühstücken
ihr	werdet frühstücken	werdet frühstücken	würdet frühstücken
sie	werden frühstücken	werden frühstücken	würden frühstücken
	Future Perfect	*(Fut. Perf. Subj.)* *Future Perfect Time*	*(Past Conditional)*
ich	werde gefrühstückt haben	werde gefrühstückt haben	würde gefrühstückt haben
du	wirst gefrühstückt haben	werdest gefrühstückt haben	würdest gefrühstückt haben
er	wird gefrühstückt haben	werde gefrühstückt haben	würde gefrühstückt haben
wir	werden gefrühstückt haben	werden gefrühstückt haben	würden gefrühstückt haben
ihr	werdet gefrühstückt haben	werdet gefrühstückt haben	würdet gefrühstückt haben
sie	werden gefrühstückt haben	werden gefrühstückt haben	würden gefrühstückt haben

Examples: „ *Um wieviel Uhr möchten Sie frühstücken? Nach zehn Uhr wird das Frühstück nicht mehr serviert.* " „ *Heute haben wir um 10 gefrühstückt aber morgen früh müssen wir früher frühstücken.* " "What time do you want to eat breakfast? After 10 o'clock breakfast is no longer served." "Today we ate breakfast at 10 but tomorrow morning we'll have to breakfast earlier."

fühlen

to feel; perceive

PRINC. PARTS: fühlen, fühlte, gefühlt, fühlt
IMPERATIVE: fühle!, fühlt!, fühlen Sie!

INDICATIVE		SUBJUNCTIVE	
		PRIMARY	SECONDARY
		Present Time	
	Present	*(Pres. Subj.)*	*(Imperf. Subj.)*
ich	fühle	fühle	fühlte
du	fühlst	fühlest	fühltest
er	fühlt	fühle	fühlte
wir	fühlen	fühlen	fühlten
ihr	fühlt	fühlet	fühltet
sie	fühlen	fühlen	fühlten

	Imperfect
ich	fühlte
du	fühltest
er	fühlte
wir	fühlten
ihr	fühltet
sie	fühlten

INDICATIVE		SUBJUNCTIVE	
		Past Time	
	Perfect	*(Perf. Subj.)*	*(Pluperf. Subj.)*
ich	habe gefühlt	habe gefühlt	hätte gefühlt
du	hast gefühlt	habest gefühlt	hättest gefühlt
er	hat gefühlt	habe gefühlt	hätte gefühlt
wir	haben gefühlt	haben gefühlt	hätten gefühlt
ihr	habt gefühlt	habet gefühlt	hättet gefühlt
sie	haben gefühlt	haben gefühlt	hätten gefühlt

	Pluperfect
ich	hatte gefühlt
du	hattest gefühlt
er	hatte gefühlt
wir	hatten gefühlt
ihr	hattet gefühlt
sie	hatten gefühlt

INDICATIVE		SUBJUNCTIVE	
		Future Time	
	Future	*(Fut. Subj.)*	*(Pres. Conditional)*
ich	werde fühlen	werde fühlen	würde fühlen
du	wirst fühlen	werdest fühlen	würdest fühlen
er	wird fühlen	werde fühlen	würde fühlen
wir	werden fühlen	werden fühlen	würden fühlen
ihr	werdet fühlen	werdet fühlen	würdet fühlen
sie	werden fühlen	werden fühlen	würden fühlen

INDICATIVE		SUBJUNCTIVE	
		Future Perfect Time	
	Future Perfect	*(Fut. Perf. Subj.)*	*(Past Conditional)*
ich	werde gefühlt haben	werde gefühlt haben	würde gefühlt haben
du	wirst gefühlt haben	werdest gefühlt haben	würdest gefühlt haben
er	wird gefühlt haben	werde gefühlt haben	würde gefühlt haben
wir	werden gefühlt haben	werden gefühlt haben	würden gefühlt haben
ihr	werdet gefühlt haben	werdet gefühlt haben	würdet gefühlt haben
sie	werden gefühlt haben	werden gefühlt haben	würden gefühlt haben

---

Examples: *Renate ist bei der letzten Prüfung durchgefallen, weil sie sich nicht wohl fühlte. Trotz Probleme mit der Grammatik hat sie viel Sprachgefühl. Sie weiß, daß man sich in eine Sprache hineinfühlen muß.* Renate failed the last exam because she wasn't feeling well. Despite problems with grammar, she has a feeling for the language. She knows that one must feel one's way into a language.

führen

to lead

PRINC. PARTS: führen, führte, geführt, führt
IMPERATIVE: führe!, führt!, führen Sie!

INDICATIVE	SUBJUNCTIVE	
	PRIMARY	SECONDARY
	Present Time	
Present	*(Pres. Subj.)*	*(Imperf. Subj.)*
ich führe	führe	führte
du führst	führest	führtest
er führt	führe	führte
wir führen	führen	führten
ihr führt	führet	führtet
sie führen	führen	führten

Imperfect
ich führte
du führtest
er führte
wir führten
ihr führtet
sie führten

	Past Time	
Perfect	*(Perf. Subj.)*	*(Pluperf. Subj.)*
ich habe geführt	habe geführt	hätte geführt
du hast geführt	habest geführt	hättest geführt
er hat geführt	habe geführt	hätte geführt
wir haben geführt	haben geführt	hätten geführt
ihr habt geführt	habet geführt	hättet geführt
sie haben geführt	haben geführt	hätten geführt

Pluperfect
ich hatte geführt
du hattest geführt
er hatte geführt
wir hatten geführt
ihr hattet geführt
sie hatten geführt

	Future Time	
Future	*(Fut. Subj.)*	*(Pres. Conditional)*
ich werde führen	werde führen	würde führen
du wirst führen	werdest führen	würdest führen
er wird führen	werde führen	würde führen
wir werden führen	werden führen	würden führen
ihr werdet führen	werdet führen	würdet führen
sie werden führen	werden führen	würden führen

	Future Perfect Time	
Future Perfect	*(Fut. Perf. Subj.)*	*(Past Conditional)*
ich werde geführt haben	werde geführt haben	würde geführt haben
du wirst geführt haben	werdest geführt haben	würdest geführt haben
er wird geführt haben	werde geführt haben	würde geführt haben
wir werden geführt haben	werden geführt haben	würden geführt haben
ihr werdet geführt haben	werdet geführt haben	würdet geführt haben
sie werden geführt haben	werden geführt haben	würden geführt haben

Examples: *Herr Müller führt ein liederliches Leben. Er hat keine Zeit, die Geschäftsbücher zu führen. Auch führt sein Geschäft nicht mehr alles, was es früher geführt hat. Wohin wird das alles führen?* Mr. Müller is leading a disorderly life. He has no time to keep the business's books any more. Furthermore, his store no longer carries all that it used to carry. What will all that lead to?

füllen

to fill

PRINC. PARTS: füllen, füllte, gefüllt, füllt
IMPERATIVE: fülle!, füllt!, füllen Sie!

	INDICATIVE		SUBJUNCTIVE	
			PRIMARY	SECONDARY
			Present Time	
	Present		*(Pres. Subj.)*	*(Imperf. Subj.)*
ich	fülle		fülle	füllte
du	füllst		füllest	fülltest
er	füllt		fülle	füllte
wir	füllen		füllen	füllten
ihr	füllt		füllet	fülltet
sie	füllen		füllen	füllten

	Imperfect
ich	füllte
du	fülltest
er	füllte
wir	füllten
ihr	fülltet
sie	füllten

	Perfect		*(Perf. Subj.)*	*Past Time* *(Pluperf. Subj.)*
ich	habe gefüllt		habe gefüllt	hätte gefüllt
du	hast gefüllt		habest gefüllt	hättest gefüllt
er	hat gefüllt		habe gefüllt	hätte gefüllt
wir	haben gefüllt		haben gefüllt	hätten gefüllt
ihr	habt gefüllt		habet gefüllt	hättet gefüllt
sie	haben gefüllt		haben gefüllt	hätten gefüllt

	Pluperfect
ich	hatte gefüllt
du	hattest gefüllt
er	hatte gefüllt
wir	hatten gefüllt
ihr	hattet gefüllt
sie	hatten gefüllt

	Future		*(Fut. Subj.)*	*Future Time* *(Pres. Conditional)*
ich	werde füllen		werde füllen	würde füllen
du	wirst füllen		werdest füllen	würdest füllen
er	wird füllen		werde füllen	würde füllen
wir	werden füllen		werden füllen	würden füllen
ihr	werdet füllen		werdet füllen	würdet füllen
sie	werden füllen		werden füllen	würden füllen

	Future Perfect		*(Fut. Perf. Subj.)*	*Future Perfect Time* *(Past Conditional)*
ich	werde gefüllt haben		werde gefüllt haben	würde gefüllt haben
du	wirst gefüllt haben		werdest gefüllt haben	würdest gefüllt haben
er	wird gefüllt haben		werde gefüllt haben	würde gefüllt haben
wir	werden gefüllt haben		werden gefüllt haben	würden gefüllt haben
ihr	werdet gefüllt haben		werdet gefüllt haben	würdet gefüllt haben
sie	werden gefüllt haben		werden gefüllt haben	würden gefüllt haben

Examples: *Bei ihrem ersten Konzert füllte sich der Konzertsaal langsam. „In ihrem Spiel gibt es eine wunderbare Fülle", schrieb ein Kritiker. Nach dem Konzert hätten wir lieber Kaviar als gefülltes Pitabrot gegessen.* At her first concert, the concert hall filled up slowly. "There is a wonderful richness in her playing," wrote a critic. After the concert we would rather have eaten caviar than stuffed pita bread.

PRINC. PARTS: fürchten, fürchtete, gefürchtet, fürchtet
IMPERATIVE: fürchte!, fürchtet!, fürchten Sie!

INDICATIVE		SUBJUNCTIVE	
		PRIMARY	SECONDARY
		Present Time	
	Present	*(Pres. Subj.)*	*(Imperf. Subj.)*
ich	fürchte	fürchte	fürchtete
du	fürchtest	fürchtest	fürchtetest
er	fürchtet	fürchte	fürchtete
wir	fürchten	fürchten	fürchteten
ihr	fürchtet	fürchtet	fürchtetet
sie	fürchten	fürchten	fürchteten
	Imperfect		
ich	fürchtete		
du	fürchtetest		
er	fürchtete		
wir	fürchteten		
ihr	fürchtetet		
sie	fürchteten		
	Perfect	*(Perf. Subj.)*	*(Pluperf. Subj.)*
ich	habe gefürchtet	habe gefürchtet	hätte gefürchtet
du	hast gefürchtet	habest gefürchtet	hättest gefürchtet
er	hat gefürchtet	habe gefürchtet	hätte gefürchtet
wir	haben gefürchtet	haben gefürchtet	hätten gefürchtet
ihr	habt gefürchtet	habet gefürchtet	hättet gefürchtet
sie	haben gefürchtet	haben gefürchtet	hätten gefürchtet
	Pluperfect		
ich	hatte gefürchtet		
du	hattest gefürchtet		
er	hatte gefürchtet		
wir	hatten gefürchtet		
ihr	hattet gefürchtet		
sie	hatten gefürchtet		
		Future Time	
	Future	*(Fut. Subj.)*	*(Pres. Conditional)*
ich	werde fürchten	werde fürchten	würde fürchten
du	wirst fürchten	werdest fürchten	würdest fürchten
er	wird fürchten	werde fürchten	würde fürchten
wir	werden fürchten	werden fürchten	würden fürchten
ihr	werdet fürchten	werdet fürchten	würdet fürchten
sie	werden fürchten	werden fürchten	würden fürchten
		Future Perfect Time	
	Future Perfect	*(Fut. Perf. Subj.)*	*(Past Conditional)*
ich	werde gefürchtet haben	werde gefürchtet haben	würde gefürchtet haben
du	wirst gefürchtet haben	werdest gefürchtet haben	würdest gefürchtet haben
er	wird gefürchtet haben	werde gefürchtet haben	würde gefürchtet haben
wir	werden gefürchtet haben	werden gefürchtet haben	würden gefürchtet haben
ihr	werdet gefürchtet haben	werdet gefürchtet haben	würdet gefürchtet haben
sie	werden gefürchtet haben	werden gefürchtet haben	würden gefürchtet haben

Examples: *Hans fürchtet sich vor allem. Er glaubt nicht an die Worte: „Wir haben nur die Furcht und sonst nichts zu fürchten." Seine jüngere Schwester behauptete: „Ich fürchte nichts auf der Welt. Ich bin furchtlos."* Hans is afraid of everything. He doesn't believe in the words, "We have nothing to fear but fear itself." His younger sister declared, "I fear nothing in the world. I am fearless."

gähnen

to yawn; gape

PRINC. PARTS: gähnen, gähnte, gegähnt, gähnt
IMPERATIVE: gähne!, gähnt!, gähnen Sie!

INDICATIVE	SUBJUNCTIVE	
	PRIMARY	SECONDARY

Present Time

	Present	(Pres. Subj.)	(Imperf. Subj.)
ich	gähne	gähne	gähnte
du	gähnst	gähnest	gähntest
er	gähnt	gähne	gähnte
wir	gähnen	gähnen	gähnten
ihr	gähnt	gähnet	gähntet
sie	gähnen	gähnen	gähnten

	Imperfect
ich	gähnte
du	gähntest
er	gähnte
wir	gähnten
ihr	gähntet
sie	gähnten

Past Time

	Perfect	(Perf. Subj.)	(Pluperf. Subj.)
ich	habe gegähnt	habe gegähnt	hätte gegähnt
du	hast gegähnt	habest gegähnt	hättest gegähnt
er	hat gegähnt	habe gegähnt	hätte gegähnt
wir	haben gegähnt	haben gegähnt	hätten gegähnt
ihr	habt gegähnt	habet gegähnt	hättet gegähnt
sie	haben gegähnt	haben gegähnt	hätten gegähnt

	Pluperfect
ich	hatte gegähnt
du	hattest gegähnt
er	hatte gegähnt
wir	hatten gegähnt
ihr	hattet gegähnt
sie	hatten gegähnt

Future Time

	Future	(Fut. Subj.)	(Pres. Conditional)
ich	werde gähnen	werde gähnen	würde gähnen
du	wirst gähnen	werdest gähnen	würdest gähnen
er	wird gähnen	werde gähnen	würde gähnen
wir	werden gähnen	werden gähnen	würden gähnen
ihr	werdet gähnen	werdet gähnen	würdet gähnen
sie	werden gähnen	werden gähnen	würden gähnen

Future Perfect Time

	Future Perfect	(Fut. Perf. Subj.)	(Past Conditional)
ich	werde gegähnt haben	werde gegähnt haben	würde gegähnt haben
du	wirst gegähnt haben	werdest gegähnt haben	würdest gegähnt haben
er	wird gegähnt haben	werde gegähnt haben	würde gegähnt haben
wir	werden gegähnt haben	werden gegähnt haben	würden gegähnt haben
ihr	werdet gegähnt haben	werdet gegähnt haben	würdet gegähnt haben
sie	werden gegähnt haben	werden gegähnt haben	würden gegähnt haben

Examples: *„Ein gähnender Abgrund wird sich vor uns auftun," sagte er melodramatisch. „Entschuldigen Sie! Ich gähne nicht, weil Sie mich langweilen, sondern wegen Luftmangel hier im Zimmer", erklärte sie höflich.* "A yawning chasm will open before us," he said melodramatically. "Excuse me. I'm not yawning because you bore me, but because of the lack of air here in the room," she explained politely.

PRINC. PARTS: gären,* gor,** gegoren, gärt
IMPERATIVE: gäre!, gärt!, gären Sie!†

	INDICATIVE		SUBJUNCTIVE	
			PRIMARY	SECONDARY
			Present Time	
	Present		*(Pres. Subj.)*	*(Imperf. Subj.)*
ich	gäre		gäre	göre
du	gärst		gärest	görest
er	gärt		gäre	göre
wir	gären		gären	gören
ihr	gärt		gäret	göret
sie	gären		gären	gören

	Imperfect
ich	gor
du	gorst
er	gor
wir	goren
ihr	gort
sie	goren

			Past Time	
	Perfect	*(Perf. Subj.)*		*(Pluperf. Subj.)*
ich	habe gegoren	habe gegoren		hätte gegoren
du	hast gegoren	habest gegoren		hättest gegoren
er	hat gegoren	habe gegoren		hätte gegoren
wir	haben gegoren	haben gegoren		hätten gegoren
ihr	habt gegoren	habet gegoren		hättet gegoren
sie	haben gegoren	haben gegoren		hätten gegoren

	Pluperfect
ich	hatte gegoren
du	hattest gegoren
er	hatte gegoren
wir	hatten gegoren
ihr	hattet gegoren
sie	hatten gegoren

			Future Time	
	Future	*(Fut. Subj.)*		*(Pres. Conditional)*
ich	werde gären	werde gären		würde gären
du	wirst gären	werdest gären		würdest gären
er	wird gären	werde gären		würde gären
wir	werden gären	werden gären		würden gären
ihr	werdet gären	werdet gären		würdet gären
sie	werden gären	werden gären		würden gären

			Future Perfect Time	
	Future Perfect	*(Fut. Perf. Subj.)*		*(Past Conditional)*
ich	werde gegoren haben	werde gegoren haben		würde gegoren haben
du	wirst gegoren haben	werdest gegoren haben		würdest gegoren haben
er	wird gegoren haben	werde gegoren haben		würde gegoren haben
wir	werden gegoren haben	werden gegoren haben		würden gegoren haben
ihr	werdet gegoren haben	werdet gegoren haben		würdet gegoren haben
sie	werden gegoren haben	werden gegoren haben		würden gegoren haben

* Forms other than the third person are infrequently found.
** When used figuratively, **gären** is weak. PRINC. PARTS: gären, gärte, gegärt, gärt.
† The imperative is unusual.

Examples: *Der alte Wein hat sich zu Essig gegoren. Der neue Wein befindet sich noch im Gärungszustand.* The old wine has turned to vinegar. The new wine is still fermenting. *Die Arbeitslosigkeit wächst und es gärt im Volk.* Unemployment is growing and there is unrest among the people. **Gären** can also be conjugated regularly.

gebären

to give birth to

PRINC. PARTS: gebären, gebar, hat geboren,* gebiert
IMPERATIVE: gebier!, gebiert!, gebären Sie!

	INDICATIVE		SUBJUNCTIVE	
			PRIMARY	SECONDARY
			Present Time	
	Present		*(Pres. Subj.)*	*(Imperf. Subj.)*
ich	gebäre		gebäre	gebäre
du	gebierst *or* gebärst		gebärest	gebärest
er	gebiert gebärt		gebäre	gebäre
wir	gebären		gebären	gebären
ihr	gebärt		gebäret	gebäret
sie	gebären		gebären	gebären
	Imperfect			
ich	gebar			
du	gebarst			
er	gebar			
wir	gebaren			
ihr	gebart			
sie	gebaren			
			Past Time	
	Perfect		*(Perf. Subj.)*	*(Pluperf. Subj.)*
ich	habe geboren		habe geboren	hätte geboren
du	hast geboren		habest geboren	hättest geboren
er	hat geboren		habe geboren	hätte geboren
wir	haben geboren		haben geboren	hätten geboren
ihr	habt geboren		habet geboren	hättet geboren
sie	haben geboren		haben geboren	hätten geboren
	Pluperfect			
ich	hatte geboren			
du	hattest geboren			
er	hatte geboren			
wir	hatten geboren			
ihr	hattet geboren			
sie	hatten geboren			
			Future Time	
	Future		*(Fut. Subj.)*	*(Pres. Conditional)*
ich	werde gebären		werde gebären	würde gebären
du	wirst gebären		werdest gebären	würdest gebären
er	wird gebären		werde gebären	würde gebären
wir	werden gebären		werden gebären	würden gebären
ihr	werdet gebären		werdet gebären	würdet gebären
sie	werden gebären		werden gebären	würden gebären
			Future Perfect Time	
	Future Perfect		*(Fut. Perf. Subj.)*	*(Past Conditional)*
ich	werde geboren haben		werde geboren haben	würde geboren haben
du	wirst geboren haben		werdest geboren haben	würdest geboren haben
er	wird geboren haben		werde geboren haben	würde geboren haben
wir	werden geboren haben		werden geboren haben	würden geboren haben
ihr	werdet geboren haben		werdet geboren haben	würdet geboren haben
sie	werden geboren haben		werden geboren haben	würden geboren haben

*The active perfect forms of this verb, which in the first person can only be used by a mother, are given above. The passive forms (I was born, etc.), use *sein* not *haben*, as the auxiliary verb and are more commonly found.

Examples: *Der König von England verschont die Stadt, weil die Königin ihm einen Sohn geboren hatte.* The King of England spares the city because the queen bore him a son. *Der Missionar war nicht dort geboren.* The missionary wasn't born there. *Verdi und Wagner wurden im selben Jahr geboren.* Verdi and Wagner were born in the same year.

PRINC. PARTS: geben, gab, gegeben, gibt
IMPERATIVE: gib!, gebt!, geben Sie!

INDICATIVE		SUBJUNCTIVE	
		PRIMARY	SECONDARY
		Present Time	
	Present	*(Pres. Subj.)*	*(Imperf. Subj.)*
ich	gebe	gebe	gäbe
du	gibst	gebest	gäbest
er	gibt	gebe	gäbe
wir	geben	geben	gäben
ihr	gebt	gebet	gäbet
sie	geben	geben	gäben
	Imperfect		
ich	gab		
du	gabst		
er	gab		
wir	gaben		
ihr	gabt		
sie	gaben		
		Past Time	
	Perfect	*(Perf. Subj.)*	*(Pluperf. Subj.)*
ich	habe gegeben	habe gegeben	hätte gegeben
du	hast gegeben	habest gegeben	hättest gegeben
er	hat gegeben	habe gegeben	hätte gegeben
wir	haben gegeben	haben gegeben	hätten gegeben
ihr	habt gegeben	habet gegeben	hättet gegeben
sie	haben gegeben	haben gegeben	hätten gegeben
	Pluperfect		
ich	hatte gegeben		
du	hattest gegeben		
er	hatte gegeben		
wir	hatten gegeben		
ihr	hattet gegeben		
sie	hatten gegeben		
		Future Time	
	Future	*(Fut. Subj.)*	*(Pres. Conditional)*
ich	werde geben	werde geben	würde geben
du	wirst geben	werdest geben	würdest geben
er	wird geben	werde geben	würde geben
wir	werden geben	werden geben	würden geben
ihr	werdet geben	werdet geben	würdet geben
sie	werden geben	werden geben	würden geben
		Future Perfect Time	
	Future Perfect	*(Fut. Perf. Subj.)*	*(Past Conditional)*
ich	werde gegeben haben	werde gegeben haben	würde gegeben haben
du	wirst gegeben haben	werdest gegeben haben	würdest gegeben haben
er	wird gegeben haben	werde gegeben haben	würde gegeben haben
wir	werden gegeben haben	werden gegeben haben	würden gegeben haben
ihr	werdet gegeben haben	werdet gegeben haben	würdet gegeben haben
sie	werden gegeben haben	werden gegeben haben	würden gegeben haben

Examples: *Im Theater wird heute abend nichts gegeben. Aber wir geben sowieso zu viel Geld fürs Theater aus. Außerdem gibt's nichts Neues im Spielplan.* There's nothing on at the theater tonight. But we spend too much money on the theater anyway. Besides, there's nothing new in the theater's program schedule. The common idiom **es gibt** (there is/are) is used in sent. 3.

139

gebrauchen

to use

PRINC. PARTS: gebrauchen, gebrauchte, gebraucht, gebraucht
IMPERATIVE: gebrauche!, gebraucht!, gebrauchen Sie!

INDICATIVE		SUBJUNCTIVE	
		PRIMARY	SECONDARY
		Present Time	
	Present	(*Pres. Subj.*)	(*Imperf. Subj.*)
ich	gebrauche	gebrauche	gebrauchte
du	gebrauchst	gebrauchest	gebrauchtest
er	gebraucht	gebrauche	gebrauchte
wir	gebrauchen	gebrauchen	gebrauchten
ihr	gebraucht	gebrauchet	gebrauchtet
sie	gebrauchen	gebrauchen	gebrauchten
	Imperfect		
ich	gebrauchte		
du	gebrauchtest		
er	gebrauchte		
wir	gebrauchten		
ihr	gebrauchtet		
sie	gebrauchten		
		Past Time	
	Perfect	(*Perf. Subj.*)	(*Pluperf. Subj.*)
ich	habe gebraucht	habe gebraucht	hätte gebraucht
du	hast gebraucht	habest gebraucht	hättest gebraucht
er	hat gebraucht	habe gebraucht	hätte gebraucht
wir	haben gebraucht	haben gebraucht	hätten gebraucht
ihr	habt gebraucht	habet gebraucht	hättet gebraucht
sie	haben gebraucht	haben gebraucht	hätten gebraucht
	Pluperfect		
ich	hatte gebraucht		
du	hattest gebraucht		
er	hatte gebraucht		
wir	hatten gebraucht		
ihr	hattet gebraucht		
sie	hatten gebraucht		
		Future Time	
	Future	(*Fut. Subj.*)	(*Pres. Conditional*)
ich	werde gebrauchen	werde gebrauchen	würde gebrauchen
du	wirst gebrauchen	werdest gebrauchen	würdest gebrauchen
er	wird gebrauchen	werde gebrauchen	würde gebrauchen
wir	werden gebrauchen	werden gebrauchen	würden gebrauchen
ihr	werdet gebrauchen	werdet gebrauchen	würdet gebrauchen
sie	werden gebrauchen	werden gebrauchen	würden gebrauchen
		Future Perfect Time	
	Future Perfect	(*Fut. Perf. Subj.*)	(*Past Conditional*)
ich	werde gebraucht haben	werde gebraucht haben	würde gebraucht haben
du	wirst gebraucht haben	werdest gebraucht haben	würdest gebraucht haben
er	wird gebraucht haben	werde gebraucht haben	würde gebraucht haben
wir	werden gebraucht haben	werden gebraucht haben	würden gebraucht haben
ihr	werdet gebraucht haben	werdet gebraucht haben	würdet gebraucht haben
sie	werden gebraucht haben	werden gebraucht haben	würden gebraucht haben

Examples: *Der Schüler hat „brauchen" gebraucht, wo er „gebrauchen" hätte gebrauchen sollen.* The student used **brauchen** where he should have used **gebrauchen**. *Wie haben Sie sich zu so etwas gebrauchen lassen?* How could you lend yourself to something like that?

PRINC. PARTS: gedeihen, gedieh, ist gediehen, gedeiht
IMPERATIVE: gedeihe!, gedeiht!, gedeihen Sie!

INDICATIVE	SUBJUNCTIVE	
	PRIMARY	SECONDARY

Present Time

	Present	*(Pres. Subj.)*	*(Imperf. Subj.)*
ich	gedeihe	gedeihe	gediehe
du	gedeihst	gedeihest	gediehest
er	gedeiht	gedeihe	gediehe
wir	gedeihen	gedeihen	gediehen
ihr	gedeiht	gedeihet	gediehet
sie	gedeihen	gedeihen	gediehen

	Imperfect
ich	gedieh
du	gediehst
er	gedieh
wir	gediehen
ihr	gedieht
sie	gediehen

Past Time

	Perfect	*(Perf. Subj.)*	*(Pluperf. Subj.)*
ich	bin gediehen	sei gediehen	wäre gediehen
du	bist gediehen	seiest gediehen	wärest gediehen
er	ist gediehen	sei gediehen	wäre gediehen
wir	sind gediehen	seien gediehen	wären gediehen
ihr	seid gediehen	seiet gediehen	wäret gediehen
sie	sind gediehen	seien gediehen	wären gediehen

	Pluperfect
ich	war gediehen
du	warst gediehen
er	war gediehen
wir	waren gediehen
ihr	wart gediehen
sie	waren gediehen

Future Time

	Future	*(Fut. Subj.)*	*(Pres. Conditional)*
ich	werde gedeihen	werde gedeihen	würde gedeihen
du	wirst gedeihen	werdest gedeihen	würdest gedeihen
er	wird gedeihen	werde gedeihen	würde gedeihen
wir	werden gedeihen	werden gedeihen	würden gedeihen
ihr	werdet gedeihen	werdet gedeihen	würdet gedeihen
sie	werden gedeihen	werden gedeihen	würden gedeihen

Future Perfect Time

	Future Perfect	*(Fut. Perf. Subj.)*	*(Past Conditional)*
ich	werde gediehen sein	werde gediehen sein	würde gediehen sein
du	wirst gediehen sein	werdest gediehen sein	würdest gediehen sein
er	wird gediehen sein	werde gediehen sein	würde gediehen sein
wir	werden gediehen sein	werden gediehen sein	würden gediehen sein
ihr	werdet gediehen sein	werdet gediehen sein	würdet gediehen sein
sie	werden gediehen sein	werden gediehen sein	würden gediehen sein

Examples: „ *Unrecht Gut gedeiht nicht",* behauptet ein Sprichwort. "Ill-gotten goods will not prosper (anyone)," claims a proverb. *Nichts wollte ihm gedeihen. Daher schloß er sich auf Gedeih und Verderb einer Gangsterbande an.* Nothing would turn out right for him. Therefore, for better or worse, he joined a gangster mob. **Gedeihen** is a **sein** verb. Rev. them on pp. xxiv-xxv.

gefallen

to be pleasing; like

PRINC. PARTS: gefallen, gefiel, gefallen, gefällt
IMPERATIVE: gefalle!, gefallt!, gefallen Sie!

INDICATIVE	SUBJUNCTIVE	
	PRIMARY	SECONDARY
	Present Time	
Present	*(Pres. Subj.)*	*(Imperf. Subj.)*
ich gefalle	gefalle	gefiele
du gefällst	gefallest	gefielest
er gefällt	gefalle	gefiele
wir gefallen	gefallen	gefielen
ihr gefallt	gefallet	gefielet
sie gefallen	gefallen	gefielen

Imperfect

ich gefiel
du gefielst
er gefiel
wir gefielen
ihr gefielt
sie gefielen

	Past Time	
Perfect	*(Perf. Subj.)*	*(Pluperf. Subj.)*
ich habe gefallen	habe gefallen	hätte gefallen
du hast gefallen	habest gefallen	hättest gefallen
er hat gefallen	habe gefallen	hätte gefallen
wir haben gefallen	haben gefallen	hätten gefallen
ihr habt gefallen	habet gefallen	hättet gefallen
sie haben gefallen	haben gefallen	hätten gefallen

Pluperfect

ich hatte gefallen
du hattest gefallen
er hatte gefallen
wir hatten gefallen
ihr hattet gefallen
sie hatten gefallen

	Future Time	
Future	*(Fut. Subj.)*	*(Pres. Conditional)*
ich werde gefallen	werde gefallen	würde gefallen
du wirst gefallen	werdest gefallen	würdest gefallen
er wird gefallen	werde gefallen	würde gefallen
wir werden gefallen	werden gefallen	würden gefallen
ihr werdet gefallen	werdet gefallen	würdet gefallen
sie werden gefallen	werden gefallen	würden gefallen

	Future Perfect Time	
Future Perfect	*(Fut. Perf. Subj.)*	*(Past Conditional)*
ich werde gefallen haben	werde gefallen haben	würde gefallen haben
du wirst gefallen haben	werdest gefallen haben	würdest gefallen haben
er wird gefallen haben	werde gefallen haben	würde gefallen haben
wir werden gefallen haben	werden gefallen haben	würden gefallen haben
ihr werdet gefallen haben	werdet gefallen haben	würdet gefallen haben
sie werden gefallen haben	werden gefallen haben	würden gefallen haben

Examples: *Das Stück hat fast allen gefallen. Nur einige Prüde behaupteten: „Es gefällt uns nicht. Wir brauchen uns so etwas nicht gefallen zu lassen."* Almost everyone liked the play. Only a few prudish people declared, "We don't like it. We don't have to put up with anything like that." **Gefallen** is frequently used impersonally.

PRINC. PARTS: gehen, ging, ist gegangen, geht
IMPERATIVE: gehe!, geht!, gehen Sie!

to go; walk

INDICATIVE	SUBJUNCTIVE	
	PRIMARY	SECONDARY

Present Time

	Present	*(Pres. Subj.)*	*(Imperf. Subj.)*
ich	gehe	gehe	ginge
du	gehst	gehest	gingest
er	geht	gehe	ginge
wir	gehen	gehen	gingen
ihr	geht	gehet	ginget
sie	gehen	gehen	gingen

	Imperfect
ich	ging
du	gingst
er	ging
wir	gingen
ihr	gingt
sie	gingen

Past Time

	Perfect	*(Perf. Subj.)*	*(Pluperf. Subj.)*
ich	bin gegangen	sei gegangen	wäre gegangen
du	bist gegangen	seiest gegangen	wärest gegangen
er	ist gegangen	sei gegangen	wäre gegangen
wir	sind gegangen	seien gegangen	wären gegangen
ihr	seid gegangen	seiet gegangen	wäret gegangen
sie	sind gegangen	seien gegangen	wären gegangen

	Pluperfect
ich	war gegangen
du	warst gegangen
er	war gegangen
wir	waren gegangen
ihr	wart gegangen
sie	waren gegangen

Future Time

	Future	*(Fut. Subj.)*	*(Pres. Conditional)*
ich	werde gehen	werde gehen	würde gehen
du	wirst gehen	werdest gehen	würdest gehen
er	wird gehen	werde gehen	würde gehen
wir	werden gehen	werden gehen	würden gehen
ihr	werdet gehen	werdet gehen	würdet gehen
sie	werden gehen	werden gehen	würden gehen

Future Perfect Time

	Future Perfect	*(Fut. Perf. Subj.)*	*(Past Conditional)*
ich	werde gegangen sein	werde gegangen sein	würde gegangen sein
du	wirst gegangen sein	werdest gegangen sein	würdest gegangen sein
er	wird gegangen sein	werde gegangen sein	würde gegangen sein
wir	werden gegangen sein	werden gegangen sein	würden gegangen sein
ihr	werdet gegangen sein	werdet gegangen sein	würdet gegangen sein
sie	werden gegangen sein	werden gegangen sein	würden gegangen sein

---

Examples: „*Es würde mir noch besser gehen, wenn du mir mehr Schnaps einschenktest, denn es geht nichts über einen guten Tropfen.*" „*Aber das geht doch nicht! Du solltest dich nicht so gehen lassen.*" "I'd feel even better if you poured me some more liquor, for nothing beats a good drop." "But that's impossible! You shouldn't let yourself go like that."

geliebt werden

to be loved

PRINC. PARTS: geliebt werden, wurde geliebt, ist geliebt worden, wird geliebt
IMPERATIVE: werde geliebt!, werdet geliebt!, werden Sie geliebt!

INDICATIVE		SUBJUNCTIVE	
		PRIMARY	SECONDARY
		Present Time	
	Present	*(Pres. Subj.)*	*(Imperf. Subj.)*
ich	werde geliebt	werde geliebt	würde geliebt
du	wirst geliebt	werdest geliebt	würdest geliebt
er	wird geliebt	werde geliebt	würde geliebt
wir	werden geliebt	werden geliebt	würden geliebt
ihr	werdet geliebt	werdet geliebt	würdet geliebt
sie	werden geliebt	werden geliebt	würden geliebt
	Imperfect		
ich	wurde geliebt		
du	wurdest geliebt		
er	wurde geliebt		
wir	wurden geliebt		
ihr	wurdet geliebt		
sie	wurden geliebt	*Past Time*	
	Perfect	*(Perf. Subj.)*	*(Pluperf. Subj.)*
ich	bin geliebt worden	sei geliebt worden	wäre geliebt worden
du	bist geliebt worden	seiest geliebt worden	wärest geliebt worden
er	ist geliebt worden	sei geliebt worden	wäre geliebt worden
wir	sind geliebt worden	seien geliebt worden	wären geliebt worden
ihr	seid geliebt worden	seiet geliebt worden	wäret geliebt worden
sie	sind geliebt worden	seien geliebt worden	wären geliebt worden
	Pluperfect		
ich	war geliebt worden		
du	warst geliebt worden		
er	war geliebt worden		
wir	waren geliebt worden		
ihr	wart geliebt worden		
sie	waren geliebt worden		
		Future Time	
	Future	*(Fut. Subj.)*	*(Pres. Conditional)*
ich	werde geliebt werden	werde geliebt werden	würde geliebt werden
du	wirst geliebt werden	werdest geliebt werden	würdest geliebt werden
er	wird geliebt werden	werde geliebt werden	würde geliebt werden
wir	werden geliebt werden	werden geliebt werden	würden geliebt werden
ihr	werdet geliebt werden	werdet geliebt werden	würdet geliebt werden
sie	werden geliebt werden	werden geliebt werden	würden geliebt werden
		Future Perfect Time	
	Future Perfect	*(Fut. Perf. Subj.)*	*(Past Conditional)*
ich	werde geliebt worden sein	werde geliebt worden sein	würde geliebt worden sein
du	wirst geliebt worden sein	werdest geliebt worden sein	würdest geliebt worden sein
er	wird geliebt worden sein	werde geliebt worden sein	würde geliebt worden sein
wir	werden geliebt worden sein	werden geliebt worden sein	würden geliebt worden sein
ihr	werdet geliebt worden sein	werdet geliebt worden sein	würdet geliebt worden sein
sie	werden geliebt worden sein	werden geliebt worden sein	würden geliebt worden sein

Examples: *Im Geschäftsleben wurde der Milliardär mehr gefürchtet als geliebt. Er wußte auch nicht, ob er wirklich von allen seinen sieben Frauen geliebt worden war. Er wollte nicht nur wegen seines Geldes geliebt werden.* In business life the billionaire was more feared than loved. He also didn't know whether he had been truly loved by all his 7 wives. He wanted to be loved not just for his money.

PRINC. PARTS: gelingen, gelang, ist gelungen, gelingt
IMPERATIVE: gelinge!, gelingt!, gelingen Sie!

	INDICATIVE	SUBJUNCTIVE	
		PRIMARY	SECONDARY
		Present Time	
	Present	*(Pres. Subj.)*	*(Imperf. Subj.)*
ich			
du			
es	gelingt (mir, dir, ihm, ihr, ihm, uns, euch, ihnen, Ihnen)	gelinge	gelänge
wir			
ihr			
sie	gelingen	gelingen	gelängen
	Imperfect		
ich			
du			
es	gelang		
wir			
ihr			
sie	gelangen		
		Past Time	
	Perfect	*(Perf. Subj.)*	*(Pluperf. Subj.)*
ich			
du			
es	ist gelungen	sei gelungen	wäre gelungen
wir			
ihr			
sie	sind gelungen	seien gelungen	wären gelungen
	Pluperfect		
ich			
du			
es	war gelungen		
wir			
ihr			
sie	waren gelungen		
		Future Time	
	Future	*(Fut. Subj.)*	*(Pres. Conditional)*
ich			
du			
es	wird gelingen	werde gelingen	würde gelingen
wir			
ihr			
sie	werden gelingen	werden gelingen	würden gelingen
		Future Perfect Time	
	Future Perfect	*(Fut. Perf. Subj.)*	*(Past Conditional)*
ich			
du			
es	wird gelungen sein	werde gelungen sein	würde gelungen sein
wir			
ihr			
sie	werden gelungen sein	werden gelungen sein	würden gelungen sein

* impersonal verb—only third person forms are used

Examples: *„Die Rache gelingt"* singt der Gouverneur des Gefängnisses in Beethovens
<u>*Fidelio*</u>. *Aber sie gelang ihm nicht.* "My vengeance is succeeding," sings the commandant
of the prison in Beethoven's <u>Fidelio</u>. But it didn't succeed. **Gelingen** is frequently used
impersonally, with **es** as the grammatical subject. **Es gelingt mir** = I succeed.

gelten

to be valid, be worth, hold good

PRINC. PARTS: gelten,* galt, gegolten, gilt
IMPERATIVE: gilt!, geltet!, gelten Sie!**

	INDICATIVE		SUBJUNCTIVE		
			PRIMARY	SECONDARY	
			Present Time		
	Present		*(Pres. Subj.)*	*(Imperf. Subj.)*	
ich	gelte		gelte	gölte	gälte
du	giltst		geltest	göltest	gältest
er	gilt		gelte	gölte *or* gälte	
wir	gelten		gelten	gölten	gälten
ihr	geltet		geltet	göltet	gältet
sie	gelten		gelten	gölten	gälten

	Imperfect
ich	galt
du	galtest
er	galt
wir	galten
ihr	galtet
sie	galten

				Past Time	
	Perfect		*(Perf. Subj.)*	*(Pluperf. Subj.)*	
ich	habe gegolten		habe gegolten	hätte gegolten	
du	hast gegolten		habest gegolten	hättest gegolten	
er	hat gegolten		habe gegolten	hätte gegolten	
wir	haben gegolten		haben gegolten	hätten gegolten	
ihr	habt gegolten		habet gegolten	hättet gegolten	
sie	haben gegolten		haben gegolten	hätten gegolten	

	Pluperfect
ich	hatte gegolten
du	hattest gegolten
er	hatte gegolten
wir	hatten gegolten
ihr	hattet gegolten
sie	hatten gegolten

			Future Time	
	Future	*(Fut. Subj.)*	*(Pres. Conditional)*	
ich	werde gelten	werde gelten	würde gelten	
du	wirst gelten	werdest gelten	würdest gelten	
er	wird gelten	werde gelten	würde gelten	
wir	werden gelten	werden gelten	würden gelten	
ihr	werdet gelten	werdet gelten	würdet gelten	
sie	werden gelten	werden gelten	würden gelten	

			Future Perfect Time	
	Future Perfect	*(Fut. Perf. Subj.)*	*(Past Conditional)*	
ich	werde gegolten haben	werde gegolten haben	würde gegolten haben	
du	wirst gegolten haben	werdest gegolten haben	würdest gegolten haben	
er	wird gegolten haben	werde gegolten haben	würde gegolten haben	
wir	werden gegolten haben	werden gegolten haben	würden gegolten haben	
ihr	werdet gegolten haben	werdet gegolten haben	würdet gegolten haben	
sie	werden gegolten haben	werden gegolten haben	würden gegolten haben	

*Forms other than the third person are infrequently found.
**The imperative is unusual.

Examples: „*Jetzt gilt es, rasch zu handeln*", erklärten die Revolutionäre. "Now it's imperative to act quickly," declared the revolutionaries. *Der König galt als klug, aber er wußte nicht, seine Rechte geltend zu machen und mußte fliehen.* The king was considered clever, but he didn't know how to assert his rights and had to flee.

PRINC. PARTS: genesen, genas, ist genesen, genest
IMPERATIVE: genese!, genest!, genesen Sie!

genesen

to recover, convalesce

INDICATIVE	SUBJUNCTIVE	
	PRIMARY	SECONDARY
	Present Time	
Present	*(Pres. Subj.)*	*(Imperf. Subj.)*
ich genese	genese	genäse
du genest	genesest	genäsest
er genest	genese	genäse
wir genesen	genesen	genäsen
ihr genest	geneset	genäset
sie genesen	genesen	genäsen

Imperfect
ich genas
du genasest
er genas
wir genasen
ihr genast
sie genasen

		Past Time	
Perfect	*(Perf. Subj.)*	*(Pluperf. Subj.)*
ich bin genesen	sei genesen	wäre genesen
du bist genesen	seiest genesen	wärest genesen
er ist genesen	sei genesen	wäre genesen
wir sind genesen	seien genesen	wären genesen
ihr seid genesen	seiet genesen	wäret genesen
sie sind genesen	seien genesen	wären genesen

Pluperfect
ich war genesen
du warst genesen
er war genesen
wir waren genesen
ihr wart genesen
sie waren genesen

		Future Time	
Future	*(Fut. Subj.)*	*(Pres. Conditional)*
ich werde genesen	werde genesen	würde genesen
du wirst genesen	werdest genesen	würdest genesen
er wird genesen	werde genesen	würde genesen
wir werden genesen	werden genesen	würden genesen
ihr werdet genesen	werdet genesen	würdet genesen
sie werden genesen	werden genesen	würden genesen

		Future Perfect Time	
Future Perfect	*(Fut. Perf. Subj.)*	*(Past Conditional)*
ich werde genesen sein	werde genesen sein	würde genesen sein
du wirst genesen sein	werdest genesen sein	würdest genesen sein
er wird genesen sein	werde genesen sein	würde genesen sein
wir werden genesen sein	werden genesen sein	würden genesen sein
ihr werdet genesen sein	werdet genesen sein	würdet genesen sein
sie werden genesen sein	werden genesen sein	würden genesen sein

Examples: *Hilde wurde einer Tochter genesen. Es war eine schwere Geburt. Aber jetzt ist sie auf dem Wege der Genesung. Sie verbringt ihren Genesungsurlaub in einem Genesungsheim und wird bald genesen sein.* Hilde was delivered of a daughter. It was a difficult birth. But now she's on the road to recovery. She's spending her sick leave in a convalescent home and will soon be recovered.

sich genieren

*to feel embarrassed
or awkward*

PRINC. PARTS: sich genieren, genierte sich, hat sich
geniert, geniert sich
IMPERATIVE: geniere dich!, geniert euch!, genieren
Sie sich!

	INDICATIVE	SUBJUNCTIVE	
		PRIMARY	SECONDARY

Present Time

	Present	*(Pres. Subj.)*	*(Imperf. Subj.)*
ich	geniere mich	geniere mich	genierte mich
du	genierst dich	genierest dich	geniertest dich
er	geniert sich	geniere sich	genierte sich
wir	genieren uns	genieren uns	genierten uns
ihr	geniert euch	genieret euch	geniertet euch
sie	genieren sich	genieren sich	genierten sich

	Imperfect
ich	genierte mich
du	geniertest dich
er	genierte sich
wir	genierten uns
ihr	geniertet euch
sie	genierten sich

Past Time

	Perfect	*(Perf. Subj.)*	*(Pluperf. Subj.)*
ich	habe mich geniert	habe mich geniert	hätte mich geniert
du	hast dich geniert	habest dich geniert	hättest dich geniert
er	hat sich geniert	habe sich geniert	hätte sich geniert
wir	haben uns geniert	haben uns geniert	hätten uns geniert
ihr	habt euch geniert	habet euch geniert	hättet euch geniert
sie	haben sich geniert	haben sich geniert	hätten sich geniert

	Pluperfect
ich	hatte mich geniert
du	hattest dich geniert
er	hatte sich geniert
wir	hatten uns geniert
ihr	hattet euch geniert
sie	hatten sich geniert

Future Time

	Future	*(Fut. Subj.)*	*(Pres. Conditional)*
ich	werde mich genieren	werde mich genieren	würde mich genieren
du	wirst dich genieren	werdest dich genieren	würdest dich genieren
er	wird sich genieren	werde sich genieren	würde sich genieren
wir	werden uns genieren	werden uns genieren	würden uns genieren
ihr	werdet euch genieren	werdet euch genieren	würdet euch genieren
sie	werden sich genieren	werden sich genieren	würden sich genieren

Future Perfect Time

	Future Perfect	*(Fut. Perf. Subj.)*	*(Past Conditional)*
ich	werde mich geniert haben	werde mich geniert haben	würde mich geniert haben
du	wirst dich geniert haben	werdest dich geniert haben	würdest dich geniert haben
er	wird sich geniert haben	werde sich geniert haben	würde sich geniert haben
wir	werden uns geniert haben	werden uns geniert haben	würden uns geniert haben
ihr	werdet euch geniert haben	werdet euch geniert haben	würdet euch geniert haben
sie	werden sich geniert haben	werden sich geniert haben	würden sich geniert haben

Examples: *Ralf hat sich gar nicht geniert und begann gleich zu trinken. Mich aber hat sein Benehmen sehr geniert. Ich genierte mich nicht, ihm die Wahrheit zu sagen und ganz ungeniert bat ich ihn, das Haus zu verlassen.* Ralf made himself right at home and began drinking right away. But his behavior disturbed me a lot. I wasn't shy about telling him the truth and I wasn't at all embarrased to ask him to leave the house.

PRINC. PARTS: genießen, genoß, genossen, genießt
IMPERATIVE: genieße!, genießt!, genießen Sie!

INDICATIVE	SUBJUNCTIVE	
	PRIMARY	SECONDARY
	Present Time	
Present	*(Pres. Subj.)*	*(Imperf. Subj.)*
ich genieße	genieße	genösse
du genießt	genießest	genössest
er genießt	genieße	genösse
wir genießen	genießen	genössen
ihr genießt	genießet	genösset
sie genießen	genießen	genössen

Imperfect
ich genoß
du genossest
er genoß
wir genossen
ihr genoßt
sie genossen

	Past Time	
Perfect	*(Perf. Subj.)*	*(Pluperf. Subj.)*
ich habe genossen	habe genossen	hätte genossen
du hast genossen	habest genossen	hättest genossen
er hat genossen	habe genossen	hätte genossen
wir haben genossen	haben genossen	hätten genossen
ihr habt genossen	habet genossen	hättet genossen
sie haben genossen	haben genossen	hätten genossen

Pluperfect
ich hatte genossen
du hattest genossen
er hatte genossen
wir hatten genossen
ihr hattet genossen
sie hatten genossen

	Future Time	
Future	*(Fut. Subj.)*	*(Pres. Conditional)*
ich werde genießen	werde genießen	würde genießen
du wirst genießen	werdest genießen	würdest genießen
er wird genießen	werde genießen	würde genießen
wir werden genießen	werden genießen	würden genießen
ihr werdet genießen	werdet genießen	würdet genießen
sie werden genießen	werden genießen	würden genießen

	Future Perfect Time	
Future Perfect	*(Fut. Perf. Subj.)*	*(Past Conditional)*
ich werde genossen haben	werde genossen haben	würde genossen haben
du wirst genossen haben	werdest genossen haben	würdest genossen haben
er wird genossen haben	werde genossen haben	würde genossen haben
wir werden genossen haben	werden genossen haben	würden genossen haben
ihr werdet genossen haben	werdet genossen haben	würdet genossen haben
sie werden genossen haben	werden genossen haben	würden genossen haben

Examples: *Herr Weintraub ist ein Genießer, ein Genußmensch. „Genieße den Augenblick und denke nicht an morgen" ist sein Leitspruch. Unter Genießern genießt er einen guten Ruf. Aber gestern war er gar nicht zu genießen.* Mr. Weintraub is a hedonist, an epicure. "Enjoy the moment and don't think of tomorrow" is his motto. He enjoys a good reputation among hedonists. But yesterday he was quite unbearable.

geraten

to get into, fall into or upon, turn out, prosper

PRINC. PARTS: geraten, geriet, ist geraten, gerät
IMPERATIVE: gerate!, geratet!, geraten Sie!

INDICATIVE		SUBJUNCTIVE	
		PRIMARY	SECONDARY
		Present Time	
	Present	*(Pres. Subj.)*	*(Imperf. Subj.)*
ich	gerate	gerate	geriete
du	gerätst	geratest	gerietest
er	gerät	gerate	geriete
wir	geraten	geraten	gerieten
ihr	geratet	geratet	gerietet
sie	geraten	geraten	gerieten

	Imperfect
ich	geriet
du	gerietest
er	geriet
wir	gerieten
ihr	gerietet
sie	gerieten

			Past Time	
	Perfect		*(Perf. Subj.)*	*(Pluperf. Subj.)*
ich	bin geraten		sei geraten	wäre geraten
du	bist geraten		seiest geraten	wärest geraten
er	ist geraten		sei geraten	wäre geraten
wir	sind geraten		seien geraten	wären geraten
ihr	seid geraten		seiet geraten	wäret geraten
sie	sind geraten		seien geraten	wären geraten

	Pluperfect
ich	war geraten
du	warst geraten
er	war geraten
wir	waren geraten
ihr	wart geraten
sie	waren geraten

		Future Time	
	Future	*(Fut. Subj.)*	*(Pres. Conditional)*
ich	werde geraten	werde geraten	würde geraten
du	wirst geraten	werdest geraten	würdest geraten
er	wird geraten	werde geraten	würde geraten
wir	werden geraten	werden geraten	würden geraten
ihr	werdet geraten	werdet geraten	würdet geraten
sie	werden geraten	werden geraten	würden geraten

		Future Perfect Time	
	Future Perfect	*(Fut. Perf. Subj.)*	*(Past Conditional)*
ich	werde geraten sein	werde geraten sein	würde geraten sein
du	wirst geraten sein	werdest geraten sein	würdest geraten sein
er	wird geraten sein	werde geraten sein	würde geraten sein
wir	werden geraten sein	werden geraten sein	würden geraten sein
ihr	werdet geraten sein	werdet geraten sein	würdet geraten sein
sie	werden geraten sein	werden geraten sein	würden geraten sein

Examples: *Die Eltern glaubten, wohlgeratene Kinder zu haben. Aber die Kinder sind in schlechte Gesellschaft geraten. Die Eltern gerieten sich oft in die Haare. Jeder sagte, „sie sind nach dir geraten."* The parents thought their children had turned out well. But the children got into bad company. The parents quarreled and each one said, "they take after you." The past part. of unrelated **raten** (p. 267) and **geraten** are identical.

geschehen*

PRINC. PARTS: geschehen, geschah, ist geschehen
IMPERATIVE: not used

to happen; to take place;
to come to pass

	INDICATIVE	SUBJUNCTIVE	
		PRIMARY	SECONDARY
		Present Time	
	Present	*(Pres. Subj.)*	*(Imperf. Subj.)*
ich			
du			
es	geschieht	geschehe	geschähe
wir			
ihr			
sie	geschehen	geschehen	geschähen
	Imperfect		
ich			
du			
es	geschah		
wir			
ihr			
sie	geschahen		
		Past Time	
	Perfect	*(Perf. Subj.)*	*(Pluperf. Subj.)*
ich			
du			
es	ist geschehen	sei geschehen	wäre geschehen
wir			
ihr			
sie	sind geschehen	seien geschehen	wären geschehen
	Pluperfect		
ich			
du			
es	war geschehen		
wir			
ihr			
sie	waren geschehen		
		Future Time	
	Future	*(Fut. Subj.)*	*(Pres. Conditional)*
ich			
du			
es	wird geschehen	werde geschehen	würde geschehen
wir			
ihr			
sie	werden geschehen	werden geschehen	würden geschehen
		Future Perfect Time	
	Future Perfect	*(Fut. Perf. Subj.)*	*(Past Conditional)*
ich			
du			
es	wird geschehen sein	werde geschehen sein	würde geschehen sein
wir			
ihr			
sie	werden geschehen sein	werden geschehen sein	würden geschehen sein

* impersonal verb—only third person singular and plural are used

---

Examples: „ *Wenn man die Zwangsräumung geschehen läßt, dann ist es um sie geschehen.* " „ *Es ist schon so gut wie geschehen. Es geschieht ihnen recht, würden viele sagen.* " "If the eviction is allowed to happen, then they're done for." "It's already as good as done. It serves them right, many would say." Note the idiom **es geschieht ihnen recht.**

151

gewinnen

to win, gain

PRINC. PARTS: gewinnen, gewann, gewonnen, gewinnt
IMPERATIVE: gewinne!, gewinnt!, gewinnen Sie!

	INDICATIVE	PRIMARY	SECONDARY
		SUBJUNCTIVE	
			Present Time
	Present	*(Pres. Subj.)*	*(Imperf. Subj.)*
ich	gewinne	gewinne	gewönne gewänne
du	gewinnst	gewinnest	gewönnest gewännest
er	gewinnt	gewinne	gewönne *or* gewänne
wir	gewinnen	gewinnen	gewönnen gewännen
ihr	gewinnt	gewinnet	gewönnet gewännet
sie	gewinnen	gewinnen	gewönnen gewännen

	Imperfect
ich	gewann
du	gewannst
er	gewann
wir	gewannen
ihr	gewannt
sie	gewannen

			Past Time
	Perfect	*(Perf. Subj.)*	*(Pluperf. Subj.)*
ich	habe gewonnen	habe gewonnen	hätte gewonnen
du	hast gewonnen	habest gewonnen	hättest gewonnen
er	hat gewonnen	habe gewonnen	hätte gewonnen
wir	haben gewonnen	haben gewonnen	hätten gewonnen
ihr	habt gewonnen	habet gewonnen	hättet gewonnen
sie	haben gewonnen	haben gewonnen	hätten gewonnen

	Pluperfect
ich	hatte gewonnen
du	hattest gewonnen
er	hatte gewonnen
wir	hatten gewonnen
ihr	hattet gewonnen
sie	hatten gewonnen

			Future Time
	Future	*(Fut. Subj.)*	*(Pres. Conditional)*
ich	werde gewinnen	werde gewinnen	würde gewinnen
du	wirst gewinnen	werdest gewinnen	würdest gewinnen
er	wird gewinnen	werde gewinnen	würde gewinnen
wir	werden gewinnen	werden gewinnen	würden gewinnen
ihr	werdet gewinnen	werdet gewinnen	würdet gewinnen
sie	werden gewinnen	werden gewinnen	würden gewinnen

			Future Perfect Time
	Future Perfect	*(Fut. Perf. Subj.)*	*(Past Conditional)*
ich	werde gewonnen haben	werde gewonnen haben	würde gewonnen haben
du	wirst gewonnen haben	werdest gewonnen haben	würdest gewonnen haben
er	wird gewonnen haben	werde gewonnen haben	würde gewonnen haben
wir	werden gewonnen haben	werden gewonnen haben	würden gewonnen haben
ihr	werdet gewonnen haben	werdet gewonnen haben	würdet gewonnen haben
sie	werden gewonnen haben	werden gewonnen haben	würden gewonnen haben

---

Examples: *Mit seinem Geld und vielen Geschenken gewann er sich die Prinzessin. Endlich gewann sie ihn ein bißchen lieb.* With his money and many presents, he won the princess. She finally grew fond of him a bit. *Der Wein gewinnt, wenn man ihn länger im Mund behält.* The wine improves if you hold it in your mouth longer. **Der Wein gewinnt** is an idiomatic use.

sich gewöhnen

to become accustomed

INDICATIVE	SUBJUNCTIVE	
	PRIMARY	SECONDARY

Present Time

	Present	(Pres. Subj.)	(Imperf. Subj.)
ich	gewöhne mich	gewöhne mich	gewöhnte mich
du	gewöhnst dich	gewöhnest dich	gewöhntest dich
er	gewöhnt sich	gewöhne sich	gewöhnte sich
wir	gewöhnen uns	gewöhnen uns	gewöhnten uns
ihr	gewöhnt euch	gewöhnet euch	gewöhntet euch
sie	gewöhnen sich	gewöhnen sich	gewöhnten sich

	Imperfect
ich	gewöhnte mich
du	gewöhntest dich
er	gewöhnte sich
wir	gewöhnten uns
ihr	gewöhntet euch
sie	gewöhnten sich

Past Time

	Perfect	(Perf. Subj.)	(Pluperf. Subj.)
ich	habe mich gewöhnt	habe mich gewöhnt	hätte mich gewöhnt
du	hast dich gewöhnt	habest dich gewöhnt	hättest dich gewöhnt
er	hat sich gewöhnt	habe sich gewöhnt	hätte sich gewöhnt
wir	haben uns gewöhnt	haben uns gewöhnt	hätten uns gewöhnt
ihr	habt euch gewöhnt	habet euch gewöhnt	hättet euch gewöhnt
sie	haben sich gewöhnt	haben sich gewöhnt	hätten sich gewöhnt

	Pluperfect
ich	hatte mich gewöhnt
du	hattest dich gewöhnt
er	hatte sich gewöhnt
wir	hatten uns gewöhnt
ihr	hattet euch gewöhnt
sie	hatten sich gewöhnt

Future Time

	Future	(Fut. Subj.)	(Pres. Conditional)
ich	werde mich gewöhnen	werde mich gewöhnen	würde mich gewöhnen
du	wirst dich gewöhnen	werdest dich gewöhnen	würdest dich gewöhnen
er	wird sich gewöhnen	werde sich gewöhnen	würde sich gewöhnen
wir	werden uns gewöhnen	werden uns gewöhnen	würden uns gewöhnen
ihr	werdet euch gewöhnen	werdet euch gewöhnen	würdet euch gewöhnen
sie	werden sich gewöhnen	werden sich gewöhnen	würden sich gewöhnen

Future Perfect Time

	Future Perfect	(Fut. Perf. Subj.)	(Past Conditional)
ich	werde mich gewöhnt haben	werde mich gewöhnt haben	würde mich gewöhnt haben
du	wirst dich gewöhnt haben	werdest dich gewöhnt haben	würdest dich gewöhnt haben
er	wird sich gewöhnt haben	werde sich gewöhnt haben	würde sich gewöhnt haben
wir	werden uns gewöhnt haben	werden uns gewöhnt haben	würden uns gewöhnt haben
ihr	werdet euch gewöhnt haben	werdet euch gewöhnt haben	würdet euch gewöhnt haben
sie	werden sich gewöhnt haben	werden sich gewöhnt haben	würden sich gewöhnt haben

Examples: *„Mit der Zeit gewöhnt man sich an alles", sagte Klaras Mutter. Aber Klara konnte sich an ihr aufgewühltes Leben mit ihrem Mann Karl nicht gewöhnen. Sie konnte ihm das Trinken nicht abgewöhnen.* "In time one gets used to everything," said Klara's mother. But Klara couldn't get used to her turbulent life with her husband Karl. She couldn't break him of his (excessive) drinking habit.

gießen

to pour; cast (metal)

PRINC. PARTS: gießen, goß, gegossen, gießt
IMPERATIVE: gieße!, gießt!, gießen Sie!

INDICATIVE	SUBJUNCTIVE	
	PRIMARY	SECONDARY

Present Time

	Present	*(Pres. Subj.)*	*(Imperf. Subj.)*
ich	gieße	gieße	gösse
du	gießt	gießest	gössest
er	gießt	gieße	gösse
wir	gießen	gießen	gössen
ihr	gießt	gießet	gösset
sie	gießen	gießen	gössen

	Imperfect
ich	goß
du	gossest
er	goß
wir	gossen
ihr	goßt
sie	gossen

Past Time

	Perfect	*(Perf. Subj.)*	*(Pluperf. Subj.)*
ich	habe gegossen	habe gegossen	hätte gegossen
du	hast gegossen	habest gegossen	hättest gegossen
er	hat gegossen	habe gegossen	hätte gegossen
wir	haben gegossen	haben gegossen	hätten gegossen
ihr	habt gegossen	habet gegossen	hättet gegossen
sie	haben gegossen	haben gegossen	hätten gegossen

	Pluperfect
ich	hatte gegossen
du	hattest gegossen
er	hatte gegossen
wir	hatten gegossen
ihr	hattet gegossen
sie	hatten gegossen

Future Time

	Future	*(Fut. Subj.)*	*(Pres. Conditional)*
ich	werde gießen	werde gießen	würde gießen
du	wirst gießen	werdest gießen	würdest gießen
er	wird gießen	werde gießen	würde gießen
wir	werden gießen	werden gießen	würden gießen
ihr	werdet gießen	werdet gießen	würdet gießen
sie	werden gießen	werden gießen	würden gießen

Future Perfect Time

	Future Perfect	*(Fut. Perf. Subj.)*	*(Past Conditional)*
ich	werde gegossen haben	werde gegossen haben	würde gegossen haben
du	wirst gegossen haben	werdest gegossen haben	würdest gegossen haben
er	wird gegossen haben	werde gegossen haben	würde gegossen haben
wir	werden gegossen haben	werden gegossen haben	würden gegossen haben
ihr	werdet gegossen haben	werdet gegossen haben	würdet gegossen haben
sie	werden gegossen haben	werden gegossen haben	würden gegossen haben

Examples: *„Es gießt draußen." „Gut. Jetzt brauch ich die Blumen im Garten nicht zu begießen."* "It's pouring outside." "Good. Now I don't need to water the flowers in the garden." *Ich muß leider fort. Aber ich würde mir gern schnell ein Schlückchen hinter die Binde gießen.* Unfortunately I've got to leave. But I would like to belt down a little sip quickly.

154

glänzen

PRINC. PARTS: glänzen, glänzte, geglänzt, glänzt
IMPERATIVE: glänze!, glänzt!, glänzen Sie!

INDICATIVE	SUBJUNCTIVE	
	PRIMARY	SECONDARY
	Present Time	
Present	*(Pres. Subj.)*	*(Imperf. Subj.)*
ich glänze	glänze	glänzte
du glänzt	glänzest	glänztest
er glänzt	glänze	glänzte
wir glänzen	glänzen	glänzten
ihr glänzt	glänzet	glänztet
sie glänzen	glänzen	glänzten

Imperfect
ich glänzte
du glänztest
er glänzte
wir glänzten
ihr glänztet
sie glänzten

		Past Time	
Perfect	*(Perf. Subj.)*		*(Pluperf. Subj.)*
ich habe geglänzt	habe geglänzt		hätte geglänzt
du hast geglänzt	habest geglänzt		hättest geglänzt
er hat geglänzt	habe geglänzt		hätte geglänzt
wir haben geglänzt	haben geglänzt		hätten geglänzt
ihr habt geglänzt	habet geglänzt		hättet geglänzt
sie haben geglänzt	haben geglänzt		hätten geglänzt

Pluperfect
ich hatte geglänzt
du hattest geglänzt
er hatte geglänzt
wir hatten geglänzt
ihr hattet geglänzt
sie hatten geglänzt

		Future Time	
Future	*(Fut. Subj.)*		*(Pres. Conditional)*
ich werde glänzen	werde glänzen		würde glänzen
du wirst glänzen	werdest glänzen		würdest glänzen
er wird glänzen	werde glänzen		würde glänzen
wir werden glänzen	werden glänzen		würden glänzen
ihr werdet glänzen	werdet glänzen		würdet glänzen
sie werden glänzen	werden glänzen		würden glänzen

		Future Perfect Time	
Future Perfect	*(Fut. Perf. Subj.)*		*(Past Conditional)*
ich werde geglänzt haben	werde geglänzt haben		würde geglänzt haben
du wirst geglänzt haben	werdest geglänzt haben		würdest geglänzt haben
er wird geglänzt haben	werde geglänzt haben		würde geglänzt haben
wir werden geglänzt haben	werden geglänzt haben		würden geglänzt haben
ihr werdet geglänzt haben	werdet geglänzt haben		würdet geglänzt haben
sie werden geglänzt haben	werden geglänzt haben		würden geglänzt haben

Examples: „*Es ist nicht alles Gold, was glänzt. Er will gerne glänzen, aber seine bisherigen Leistungen sind alles andere als glänzend*", sagten seine Gegner. "All that glitters is not gold. He loves to show off, yet his prior accomplishments are anything but brilliant," said his enemies. Note the German form of the well-known proverb.

glauben

to believe

PRINC. PARTS: glauben, glaubte, geglaubt, glaubt
IMPERATIVE: glaube!, glaubt!, glauben Sie!

INDICATIVE		SUBJUNCTIVE	
		PRIMARY	SECONDARY
		Present Time	
	Present	(*Pres. Subj.*)	(*Imperf. Subj.*)
ich	glaube	glaube	glaubte
du	glaubst	glaubest	glaubtest
er	glaubt	glaube	glaubte
wir	glauben	glauben	glaubten
ihr	glaubt	glaubet	glaubtet
sie	glauben	glauben	glaubten

	Imperfect
ich	glaubte
du	glaubtest
er	glaubte
wir	glaubten
ihr	glaubtet
sie	glaubten

INDICATIVE		SUBJUNCTIVE	
		Past Time	
	Perfect	(*Perf. Subj.*)	(*Pluperf. Subj.*)
ich	habe geglaubt	habe geglaubt	hätte geglaubt
du	hast geglaubt	habest geglaubt	hättest geglaubt
er	hat geglaubt	habe geglaubt	hätte geglaubt
wir	haben geglaubt	haben geglaubt	hätten geglaubt
ihr	habt geglaubt	habet geglaubt	hättet geglaubt
sie	haben geglaubt	haben geglaubt	hätten geglaubt

	Pluperfect
ich	hatte geglaubt
du	hattest geglaubt
er	hatte geglaubt
wir	hatten geglaubt
ihr	hattet geglaubt
sie	hatten geglaubt

		Future Time	
	Future	(*Fut. Subj.*)	(*Pres. Conditional*)
ich	werde glauben	werde glauben	würde glauben
du	wirst glauben	werdest glauben	würdest glauben
er	wird glauben	werde glauben	würde glauben
wir	werden glauben	werden glauben	würden glauben
ihr	werdet glauben	werdet glauben	würdet glauben
sie	werden glauben	werden glauben	würden glauben

		Future Perfect Time	
	Future Perfect	(*Fut. Perf. Subj.*)	(*Past Conditional*)
ich	werde geglaubt haben	werde geglaubt haben	würde geglaubt haben
du	wirst geglaubt haben	werdest geglaubt haben	würdest geglaubt haben
er	wird geglaubt haben	werde geglaubt haben	würde geglaubt haben
wir	werden geglaubt haben	werden geglaubt haben	würden geglaubt haben
ihr	werdet geglaubt haben	werdet geglaubt haben	würdet geglaubt haben
sie	werden geglaubt haben	werden geglaubt haben	würden geglaubt haben

Examples: *Ernst, gläubiger Pantheist, glaubt an viele Götter. Hans hat keinen Glauben, aber viele Gläubiger. Er findet es unglaublich, daß sie nicht mehr an seine Zahlungsfähigkeit glauben.* Ernst, a devout pantheist, believes in many gods. Hans has no faith, but many creditors. He finds it unbelievable that they no longer believe in his ability to pay.

156

PRINC. PARTS: gleichen, glich, geglichen, gleicht
IMPERATIVE: gleiche!, gleicht!, gleichen Sie!

be like, resemble, equal

INDICATIVE		SUBJUNCTIVE	
		PRIMARY	SECONDARY
		Present Time	
	Present	*(Pres. Subj.)*	*(Imperf. Subj.)*
ich	gleiche	gleiche	gliche
du	gleichst	gleichest	glichest
er	gleicht	gleiche	gliche
wir	gleichen	gleichen	glichen
ihr	gleicht	gleichet	glichet
sie	gleichen	gleichen	glichen

	Imperfect
ich	glich
du	glichst
er	glich
wir	glichen
ihr	glicht
sie	glichen

INDICATIVE		SUBJUNCTIVE	
		Past Time	
	Perfect	*(Perf. Subj.)*	*(Pluperf. Subj.)*
ich	habe geglichen	habe geglichen	hätte geglichen
du	hast geglichen	habest geglichen	hättest geglichen
er	hat geglichen	habe geglichen	hätte geglichen
wir	haben geglichen	haben geglichen	hätten geglichen
ihr	habt geglichen	habet geglichen	hättet geglichen
sie	haben geglichen	haben geglichen	hätten geglichen

	Pluperfect
ich	hatte geglichen
du	hattest geglichen
er	hatte geglichen
wir	hatten geglichen
ihr	hattet geglichen
sie	hatten geglichen

INDICATIVE		SUBJUNCTIVE	
		Future Time	
	Future	*(Fut. Subj.)*	*(Pres. Conditional)*
ich	werde gleichen	werde gleichen	würde gleichen
du	wirst gleichen	werdest gleichen	würdest gleichen
er	wird gleichen	werde gleichen	würde gleichen
wir	werden gleichen	werden gleichen	würden gleichen
ihr	werdet gleichen	werdet gleichen	würdet gleichen
sie	werden gleichen	werden gleichen	würden gleichen

INDICATIVE		SUBJUNCTIVE	
		Future Perfect Time	
	Future Perfect	*(Fut. Perf. Subj.)*	*(Past Conditional)*
ich	werde geglichen haben	werde geglichen haben	würde geglichen haben
du	wirst geglichen haben	werdest geglichen haben	würdest geglichen haben
er	wird geglichen haben	werde geglichen haben	würde geglichen haben
wir	werden geglichen haben	werden geglichen haben	würden geglichen haben
ihr	werdet geglichen haben	werdet geglichen haben	würdet geglichen haben
sie	werden geglichen haben	werden geglichen haben	würden geglichen haben

---

Examples: *Frau Bohrer verglich ihre Tochter stets mit anderen.* Mrs. Bohrer constantly compared her daughter to others. *Du gleichst deinem Vater mehr als mir.* You're more like your father than me. *Du brauchst dich nicht anderen anzugleichen.* You don't have to be like the others.

157

gleiten

to slide, glide

PRINC. PARTS: gleiten, glitt, ist geglitten, gleitet
IMPERATIVE: gleite!, gleitet!, gleiten Sie!

INDICATIVE	SUBJUNCTIVE	
	PRIMARY	SECONDARY

Present Time

	Present	(Pres. Subj.)	(Imperf. Subj.)
ich	gleite	gleite	glitte
du	gleitest	gleitest	glittest
er	gleitet	gleite	glitte
wir	gleiten	gleiten	glitten
ihr	gleitet	gleitet	glittet
sie	gleiten	gleiten	glitten

	Imperfect
ich	glitt
du	glittest
er	glitt
wir	glitten
ihr	glittet
sie	glitten

Past Time

	Perfect	(Perf. Subj.)	(Pluperf. Subj.)
ich	bin geglitten	sei geglitten	wäre geglitten
du	bist geglitten	seiest geglitten	wärest geglitten
er	ist geglitten	sei geglitten	wäre geglitten
wir	sind geglitten	seien geglitten	wären geglitten
ihr	seid geglitten	seiet geglitten	wäret geglitten
sie	sind geglitten	seien geglitten	wären geglitten

ich	war geglitten
du	warst geglitten
er	war geglitten
wir	waren geglitten
ihr	wart geglitten
sie	waren geglitten

Future Time

	Future	(Fut. Subj.)	(Pres. Conditional)
ich	werde gleiten	werde gleiten	würde gleiten
du	wirst gleiten	werdest gleiten	würdest gleiten
er	wird gleiten	werde gleiten	würde gleiten
wir	werden gleiten	werden gleiten	würden gleiten
ihr	werdet gleiten	werdet gleiten	würdet gleiten
sie	werden gleiten	werden gleiten	würden gleiten

Future Perfect Time

	Future Perfect	(Fut. Perf. Subj.)	(Past Conditional)
ich	werde geglitten sein	werde geglitten sein	würde geglitten sein
du	wirst geglitten sein	werdest geglitten sein	würdest geglitten sein
er	wird geglitten sein	werde geglitten sein	würde geglitten sein
wir	werden geglitten sein	werden geglitten sein	würden geglitten sein
ihr	werdet geglitten sein	werdet geglitten sein	würdet geglitten sein
sie	werden geglitten sein	werden geglitten sein	würden geglitten sein

Examples: *Die Tänzerin glitt leise durch die Gänge des Schlosses. Sie wollte sich auch einen Gleiter kaufen, um durch die Lüfte gleiten zu können. Ihre Schwester hatte gleitende Arbeitszeit und wollte sie besuchen.* The dancer glided softly through the corridors of the castle. She also wanted to buy a glider, to be able to glide through the air. Her sister had flexible working hours and wanted to visit her.

glotzen

PRINC. PARTS: glotzen, glotzte, geglotzt, glotzt
IMPERATIVE: glotze!, glotzt!, glotzen Sie!

to gawk, stare

INDICATIVE		SUBJUNCTIVE	
		PRIMARY	SECONDARY
		Present Time	
	Present	*(Pres. Subj.)*	*(Imperf. Subj.)*
ich	glotze	glotze	glotzte
du	glotzt	glotzest	glotztest
er	glotzt	glotze	glotzte
wir	glotzen	glotzen	glotzten
ihr	glotzt	glotzet	glotztet
sie	glotzen	glotzen	glotzten
	Imperfect		
ich	glotzte		
du	glotztest		
er	glotzte		
wir	glotzten		
ihr	glotztet		
sie	glotzten		
		Past Time	
	Perfect	*(Perf. Subj.)*	*(Pluperf. Subj.)*
ich	habe geglotzt	habe geglotzt	hätte geglotzt
du	hast geglotzt	habest geglotzt	hättest geglotzt
er	hat geglotzt	habe geglotzt	hätte geglotzt
wir	haben geglotzt	haben geglotzt	hätten geglotzt
ihr	habt geglotzt	habet geglotzt	hättet geglotzt
sie	haben geglotzt	haben geglotzt	hätten geglotzt
	Pluperfect		
ich	hatte geglotzt		
du	hattest geglotzt		
er	hatte geglotzt		
wir	hatten geglotzt		
ihr	hattet geglotzt		
sie	hatten geglotzt		
		Future Time	
	Future	*(Fut. Subj.)*	*(Pres. Conditional)*
ich	werde glotzen	werde glotzen	würde glotzen
du	wirst glotzen	werdest glotzen	würdest glotzen
er	wird glotzen	werde glotzen	würde glotzen
wir	werden glotzen	werden glotzen	würden glotzen
ihr	werdet glotzen	werdet glotzen	würdet glotzen
sie	werden glotzen	werden glotzen	würden glotzen
		Future Perfect Time	
	Future Perfect	*(Fut. Perf. Subj.)*	*(Past Conditional)*
ich	werde geglotzt haben	werde geglotzt haben	würde geglotzt haben
du	wirst geglotzt haben	werdest geglotzt haben	würdest geglotzt haben
er	wird geglotzt haben	werde geglotzt haben	würde geglotzt haben
wir	werden geglotzt haben	werden geglotzt haben	würden geglotzt haben
ihr	werdet geglotzt haben	werdet geglotzt haben	würdet geglotzt haben
sie	werden geglotzt haben	werden geglotzt haben	würden geglotzt haben

---

Examples: *Ganz verblüfft glotzte er uns an. Die Dummheit glotzt ihm aus den Augen. Den ganzen Tag sitzt er vor der Glotze.* Completely dumbfounded, he gawked at us. Stupidity stares out from his eyes (he has a thoroughly stupid face). He sits in front of the boob tube all day. A synonym for **die Glotze** is **die Glotzkiste,** literally, "goggle box."

glühen

to glow; burn

PRINC. PARTS: glühen, glühte, geglüht, glüht
IMPERATIVE: glühe!, glüht!, glühen Sie!

	INDICATIVE		SUBJUNCTIVE	
			PRIMARY	SECONDARY
			Present Time	
	Present		*(Pres. Subj.)*	*(Imperf. Subj.)*
ich	glühe		glühe	glühte
du	glühst		glühest	glühtest
er	glüht		glühe	glühte
wir	glühen		glühen	glühten
ihr	glüht		glühet	glühtet
sie	glühen		glühen	glühten

	Imperfect
ich	glühte
du	glühtest
er	glühte
wir	glühten
ihr	glühtet
sie	glühten

			Past Time	
	Perfect		*(Perf. Subj.)*	*(Pluperf. Subj.)*
ich	habe geglüht		habe geglüht	hätte geglüht
du	hast geglüht		habest geglüht	hättest geglüht
er	hat geglüht		habe geglüht	hätte geglüht
wir	haben geglüht		haben geglüht	hätten geglüht
ihr	habt geglüht		habet geglüht	hättet geglüht
sie	haben geglüht		haben geglüht	hätten geglüht

	Pluperfect
ich	hatte geglüht
du	hattest geglüht
er	hatte geglüht
wir	hatten geglüht
ihr	hattet geglüht
sie	hatten geglüht

			Future Time	
	Future		*(Fut. Subj.)*	*(Pres. Conditional)*
ich	werde glühen		werde glühen	würde glühen
du	wirst glühen		werdest glühen	würdest glühen
er	wird glühen		werde glühen	würde glühen
wir	werden glühen		werden glühen	würden glühen
ihr	werdet glühen		werdet glühen	würdet glühen
sie	werden glühen		werden glühen	würden glühen

			Future Perfect Time	
	Future Perfect		*(Fut. Perf. Subj.)*	*(Past Conditional)*
ich	werde geglüht haben		werde geglüht haben	würde geglüht haben
du	wirst geglüht haben		werdest geglüht haben	würdest geglüht haben
er	wird geglüht haben		werde geglüht haben	würde geglüht haben
wir	werden geglüht haben		werden geglüht haben	würden geglüht haben
ihr	werdet geglüht haben		werdet geglüht haben	würdet geglüht haben
sie	werden geglüht haben		werden geglüht haben	würden geglüht haben

Examples: *In der Sommernacht glühten die Glühwürmchen.* In the summer night the glowworms (fireflies) glowed. *Im Winter trinkt Karl gern Glühwein. Danach glüht auch er.* In the winter, Karl likes to drink hot spiced wine with rum. Then he glows too. The **h** in **glühen** lengthens the preceding vowel. Do not pronounce it.

PRINC. PARTS: graben, grub, gegraben, gräbt
IMPERATIVE: grabe!, grabt!, graben Sie!

	INDICATIVE	**SUBJUNCTIVE**	
		PRIMARY	SECONDARY
		Present Time	
	Present	*(Pres. Subj.)*	*(Imperf. Subj.)*
ich	grabe	grabe	grübe
du	gräbst	grabest	grübest
er	gräbt	grabe	grübe
wir	graben	graben	grüben
ihr	grabt	grabet	grübet
sie	graben	graben	grüben

	Imperfect
ich	grub
du	grubst
er	grub
wir	gruben
ihr	grubt
sie	gruben

			Past Time	
	Perfect	*(Perf. Subj.)*	*(Pluperf. Subj.)*
ich	habe gegraben	habe gegraben	hätte gegraben
du	hast gegraben	habest gegraben	hättest gegraben
er	hat gegraben	habe gegraben	hätte gegraben
wir	haben gegraben	haben gegraben	hätten gegraben
ihr	habt gegraben	habet gegraben	hättet gegraben
sie	haben gegraben	haben gegraben	hätten gegraben

	Pluperfect
ich	hatte gegraben
du	hattest gegraben
er	hatte gegraben
wir	hatten gegraben
ihr	hattet gegraben
sie	hatten gegraben

			Future Time	
	Future	*(Fut. Subj.)*	*(Pres. Conditional)*
ich	werde graben	werde graben	würde graben
du	wirst graben	werdest graben	würdest graben
er	wird graben	werde graben	würde graben
wir	werden graben	werden graben	würden graben
ihr	werdet graben	werdet graben	würdet graben
sie	werden graben	werden graben	würden graben

			Future Perfect Time	
	Future Perfect	*(Fut. Perf. Subj.)*	*(Past Conditional)*
ich	werde gegraben haben	werde gegraben haben	würde gegraben haben
du	wirst gegraben haben	werdest gegraben haben	würdest gegraben haben
er	wird gegraben haben	werde gegraben haben	würde gegraben haben
wir	werden gegraben haben	werden gegraben haben	würden gegraben haben
ihr	werdet gegraben haben	werdet gegraben haben	würdet gegraben haben
sie	werden gegraben haben	werden gegraben haben	würden gegraben haben

Examples: *Wer anderen eine Grube gräbt, fällt selbst hinein.* Who digs a ditch for others will fall in himself. *Die Totengräber gruben viele Gräber, um die Toten zu begraben.* The grave-diggers dug many graves to bury the dead. *Es ist ihr ins Gedächtnis gegraben.* It is engraved on her memory.

greifen

to seize, grasp, grab

PRINC. PARTS: greifen, griff, gegriffen, greift
IMPERATIVE: greife!, greift!, greifen Sie!

INDICATIVE	SUBJUNCTIVE	
	PRIMARY	SECONDARY

Present Time

	Present	(Pres. Subj.)	(Imperf. Subj.)
ich	greife	greife	griffe
du	greifst	greifest	griffest
er	greift	greife	griffe
wir	greifen	greifen	griffen
ihr	greift	greifet	griffet
sie	greifen	greifen	griffen

	Imperfect
ich	griff
du	griffst
er	griff
wir	griffen
ihr	grifft
sie	griffen

Past Time

	Perfect	(Perf. Subj.)	(Pluperf. Subj.)
ich	habe gegriffen	habe gegriffen	hätte gegriffen
du	hast gegriffen	habest gegriffen	hättest gegriffen
er	hat gegriffen	habe gegriffen	hätte gegriffen
wir	haben gegriffen	haben gegriffen	hätten gegriffen
ihr	habt gegriffen	habet gegriffen	hättet gegriffen
sie	haben gegriffen	haben gegriffen	hätten gegriffen

	Pluperfect
ich	hatte gegriffen
du	hattest gegriffen
er	hatte gegriffen
wir	hatten gegriffen
ihr	hattet gegriffen
sie	hatten gegriffen

Future Time

	Future	(Fut. Subj.)	(Pres. Conditional)
ich	werde greifen	werde greifen	würde greifen
du	wirst greifen	werdest greifen	würdest greifen
er	wird greifen	werde greifen	würde greifen
wir	werden greifen	werden greifen	würden greifen
ihr	werdet greifen	werdet greifen	würdet greifen
sie	werden greifen	werden greifen	würden greifen

Future Perfect Time

	Future Perfect	(Fut. Perf. Subj.)	(Past Conditional)
ich	werde gegriffen haben	werde gegriffen haben	würde gegriffen haben
du	wirst gegriffen haben	werdest gegriffen haben	würdest gegriffen haben
er	wird gegriffen haben	werde gegriffen haben	würde gegriffen haben
wir	werden gegriffen haben	werden gegriffen haben	würden gegriffen haben
ihr	werdet gegriffen haben	werdet gegriffen haben	würdet gegriffen haben
sie	werden gegriffen haben	werden gegriffen haben	würden gegriffen haben

Examples: *Unser Professor träumt davon, nach der Macht zu greifen. Sein Buch Die Angriffslust beim Menschen ist schwer zu begreifen. Er lehrt, man müsse jede Gelegenheit ergreifen und immer schnell zugreifen.* Our professor dreams of seizing power. He has strange ideas. His book <u>Aggressivity in Humans</u> is difficult to understand. He teaches that one must seize every opportunity and always take hold of things quickly.

grollen

PRINC. PARTS: grollen, grollte, gegrollt, grollt
IMPERATIVE: grolle!, grollt!, grollen Sie!

be resentful or angry;
rumble, roll

INDICATIVE	SUBJUNCTIVE	
	PRIMARY	SECONDARY

Present Time

	Present	*(Pres. Subj.)*	*(Imperf. Subj.)*
ich	grolle	grolle	grollte
du	grollst	grollest	grolltest
er	grollt	grolle	grollte
wir	grollen	grollen	grollten
ihr	grollt	grollet	grolltet
sie	grollen	grollen	grollten

	Imperfect
ich	grollte
du	grolltest
er	grollte
wir	grollten
ihr	grolltet
sie	grollten

Past Time

	Perfect	*(Perf. Subj.)*	*(Pluperf. Subj.)*
ich	habe gegrollt	habe gegrollt	hätte gegrollt
du	hast gegrollt	habest gegrollt	hättest gegrollt
er	hat gegrollt	habe gegrollt	hätte gegrollt
wir	haben gegrollt	haben gegrollt	hätten gegrollt
ihr	habt gegrollt	habet gegrollt	hättet gegrollt
sie	haben gegrollt	haben gegrollt	hätten gegrollt

	Pluperfect
ich	hatte gegrollt
du	hattest gegrollt
er	hatte gegrollt
wir	hatten gegrollt
ihr	hattet gegrollt
sie	hatten gegrollt

Future Time

	Future	*(Fut. Subj.)*	*(Pres. Conditional)*
ich	werde grollen	werde grollen	würde grollen
du	wirst grollen	werdest grollen	würdest grollen
er	wird grollen	werde grollen	würde grollen
wir	werden grollen	werden grollen	würden grollen
ihr	werdet grollen	werdet grollen	würdet grollen
sie	werden grollen	werden grollen	würden grollen

	Future Perfect	*(Fut. Perf. Subj.)*	*(Past Conditional)*
ich	werde gegrollt haben	werde gegrollt haben	würde gegrollt haben
du	wirst gegrollt haben	werdest gegrollt haben	würdest gegrollt haben
er	wird gegrollt haben	werde gegrollt haben	würde gegrollt haben
wir	werden gegrollt haben	werden gegrollt haben	würden gegrollt haben
ihr	werdet gegrollt haben	werdet gegrollt haben	würdet gegrollt haben
sie	werden gegrollt haben	werden gegrollt haben	würden gegrollt haben

Examples: *Im Grollen des Donners glaubten sie den Zorn ihres grollenden Gottes zu hören. Sie dachten, er hatte einen alten Groll auf sie. „Aber ich grolle euch gar nicht,"* erklärte er ihnen. In the thunder's rumbling they believed they heard the anger of their resentful god. They thought he bore them an old grudge. "But I'm not at all put out with you," he explained to them.

grüßen

to greet, salute, send regards PRINC. PARTS: grüßen, grüßte, gegrüßt, grüßt
or compliments IMPERATIVE: grüße!, grüßt!, grüßen Sie!

	INDICATIVE	SUBJUNCTIVE	
		PRIMARY	SECONDARY
		Present Time	
	Present	*(Pres. Subj.)*	*(Imperf. Subj.)*
ich	grüße	grüße	grüßte
du	grüßt	grüßest	grüßtest
er	grüßt	grüße	grüßte
wir	grüßen	grüßen	grüßten
ihr	grüßt	grüßet	grüßtet
sie	grüßen	grüßen	grüßten

	Imperfect
ich	grüßte
du	grüßtest
er	grüßte
wir	grüßten
ihr	grüßtet
sie	grüßten

			Past Time	
	Perfect	*(Perf. Subj.)*	*(Pluperf. Subj.)*
ich	habe gegrüßt	habe gegrüßt	hätte gegrüßt
du	hast gegrüßt	habest gegrüßt	hättest gegrüßt
er	hat gegrüßt	habe gegrüßt	hätte gegrüßt
wir	haben gegrüßt	haben gegrüßt	hätten gegrüßt
ihr	habt gegrüßt	habet gegrüßt	hättet gegrüßt
sie	haben gegrüßt	haben gegrüßt	hätten gegrüßt

	Pluperfect
ich	hatte gegrüßt
du	hattest gegrüßt
er	hatte gegrüßt
wir	hatten gegrüßt
ihr	hattet gegrüßt
sie	hatten gegrüßt

			Future Time	
	Future	*(Fut. Subj.)*	*(Pres. Conditional)*
ich	werde grüßen	werde grüßen	würde grüßen
du	wirst grüßen	werdest grüßen	würdest grüßen
er	wird grüßen	werde grüßen	würde grüßen
wir	werden grüßen	werden grüßen	würden grüßen
ihr	werdet grüßen	werdet grüßen	würdet grüßen
sie	werden grüßen	werden grüßen	würden grüßen

			Future Perfect Time	
	Future Perfect	*(Fut. Perf. Subj.)*	*(Past Conditional)*
ich	werde gegrüßt	werde gegrüßt haben	würde gegrüßt haben
du	wirst gegrüßt haben	werdest gegrüßt haben	würdest gegrüßt haben
er	wird gegrüßt haben	werde gegrüßt haben	würde gegrüßt haben
wir	werden gegrüßt haben	werden gegrüßt haben	würden gegrüßt haben
ihr	werdet gegrüßt haben	werdet gegrüßt haben	würdet gegrüßt haben
sie	werden gegrüßt haben	werden gegrüßt haben	würden gegrüßt haben

Examples: *Die ganze Familie läßt Sie herzlichst grüßen. Einen schönen Gruß auch an Ihre Frau.* The whole family asks to be most warmly remembered to you. Best regards to your wife too. *Er wurde wahrscheinlich von Helden und Göttern begrüßt.* He was probably welcomed by heroes and gods. Every form of the verb has an umlaut.

164 **Begrüßen** is an insep. prefix verb.

gucken

PRINC. PARTS: gucken, guckte, geguckt, guckt
IMPERATIVE: gucke!, guckt!, gucken Sie!

to look, peep

INDICATIVE		SUBJUNCTIVE	
		PRIMARY	SECONDARY

Present Time

	Present	*(Pres. Subj.)*	*(Imperf. Subj.)*
ich	gucke	gucke	guckte
du	guckst	guckest	gucktest
er	guckt	gucke	guckte
wir	gucken	gucken	guckten
ihr	guckt	gucket	gucktest
sie	gucken	gucken	guckten

	Imperfect
ich	guckte
du	gucktest
er	guckte
wir	guckten
ihr	gucktet
sie	guckten

Past Time

	Perfect	*(Perf. Subj.)*	*(Pluperf. Subj.)*
ich	habe geguckt	habe geguckt	hätte geguckt
du	hast geguckt	habest geguckt	hättest geguckt
er	hat geguckt	habe geguckt	hätte geguckt
wir	haben geguckt	haben geguckt	hätten geguckt
ihr	habt geguckt	habet geguckt	hättet geguckt
sie	haben geguckt	haben geguckt	hätten geguckt

	Pluperfect
ich	hatte geguckt
du	hattest geguckt
er	hatte geguckt
wir	hatten geguckt
ihr	hattet geguckt
sie	hatten geguckt

Future Time

	Future	*(Fut. Subj.)*	*(Pres. Conditional)*
ich	werde gucken	werde gucken	würde gucken
du	wirst gucken	werdest gucken	würdest gucken
er	wird gucken	werde gucken	würde gucken
wir	werden gucken	werden gucken	würden gucken
ihr	werdet gucken	werdet gucken	würdet gucken
sie	werden gucken	werden gucken	würden gucken

Future Perfect Time

	Future Perfect	*(Fut. Perf. Subj.)*	*(Past Conditional)*
ich	werde geguckt haben	werde geguckt haben	würde geguckt haben
du	wirst geguckt haben	werdest geguckt haben	würdest geguckt haben
er	wird geguckt haben	werde geguckt haben	würde geguckt haben
wir	werden geguckt haben	werden geguckt haben	würden geguckt haben
ihr	werdet geguckt haben	werdet geguckt haben	würdet geguckt haben
sie	werden geguckt haben	werden geguckt haben	würden geguckt haben

---

Examples: *Wir guckten Fernsehen, während die Kinder mit einem alten Guckkasten spielten. „Laßt uns auch mal gucken", sagten wir.* We watched television while the children played with an old slide show. "Let us have a look, too," we said. *Die Matrosen guckten nach Haien aus.* The sailors were on the lookout for sharks.

haben

to have

PRINC. PARTS: haben, hatte, gehabt, hat
IMPERATIVE: habe!, habt!, haben Sie!

INDICATIVE	SUBJUNCTIVE	
	PRIMARY	SECONDARY
	Present Time	
Present	*(Pres. Subj.)*	*(Imperf. Subj.)*
ich habe	habe	hätte
du hast	habest	hättest
er hat	habe	hätte
wir haben	haben	hätten
ihr habt	habet	hättet
sie haben	haben	hätten

Imperfect

ich hatte
du hattest
er hatte
wir hatten
ihr hattet
sie hatten

Perfect	*(Perf. Subj.)*	*(Pluperf. Subj.)*
	Past Time	
ich habe gehabt	habe gehabt	hätte gehabt
du hast gehabt	habest gehabt	hättest gehabt
er hat gehabt	habe gehabt	hätte gehabt
wir haben gehabt	haben gehabt	hätten gehabt
ihr habt gehabt	habet gehabt	hättet gehabt
sie haben gehabt	haben gehabt	hätten gehabt

Pluperfect

ich hatte gehabt
du hattest gehabt
er hatte gehabt
wir hatten gehabt
ihr hattet gehabt
sie hatten gehabt

Future	*(Fut. Subj.)*	*(Pres. Conditional)*
	Future Time	
ich werde haben	werde haben	würde haben
du wirst haben	werdest haben	würdest haben
er wird haben	werde haben	würde haben
wir werden haben	werden haben	würden haben
ihr werdet haben	werdet haben	würdet haben
sie werden haben	werden haben	würden haben

Future Perfect	*(Fut. Perf. Subj.)*	*(Past Conditional)*
	Future Perfect Time	
ich werde gehabt haben	werde gehabt haben	würde gehabt haben
du wirst gehabt haben	werdest gehabt haben	würdest gehabt haben
er wird gehabt haben	werde gehabt haben	würde gehabt haben
wir werden gehabt haben	werden gehabt haben	würden gehabt haben
ihr werdet gehabt haben	werdet gehabt haben	würdet gehabt haben
sie werden gehabt haben	werden gehabt haben	würden gehabt haben

Examples: *„Was hast du denn?" „Es hat nichts auf sich. Ich habe nur Angst vor der Zukunft."* "What's the matter with you?" "It's of no importance. I'm just afraid of the future." *Alle, die den Wein gekostet haben, haben ihn gern.* All who've tried the wine like it. Expl: **Haben** is often used like Eng. "have," to which it is related.

halten

to hold; stop; keep; consider

INDICATIVE	SUBJUNCTIVE	
	PRIMARY	SECONDARY
	Present Time	
Present	*(Pres. Subj.)*	*(Imperf. Subj.)*
ich halte	halte	hielte
du hältst	haltest	hieltest
er hält	halte	hielte
wir halten	halten	hielten
ihr haltet	haltet	hieltet
sie halten	halten	hielten

Imperfect

ich	hielt
du	hieltest
er	hielt
wir	hielten
ihr	hieltet
sie	hielten

Past Time

Perfect	*(Perf. Subj.)*	*(Pluperf. Subj.)*
ich habe gehalten	habe gehalten	hätte gehalten
du hast gehalten	habest gehalten	hättest gehalten
er hat gehalten	habe gehalten	hätte gehalten
wir haben gehalten	haben gehalten	hätten gehalten
ihr habt gehalten	habet gehalten	hättet gehalten
sie haben gehalten	haben gehalten	hätten gehalten

Pluperfect

ich	hatte gehalten
du	hattest gehalten
er	hatte gehalten
wir	hatten gehalten
ihr	hattet gehalten
sie	hatten gehalten

Future Time

Future	*(Fut. Subj.)*	*(Pres. Conditional)*
ich werde halten	werde halten	würde halten
du wirst halten	werdest halten	würdest halten
er wird halten	werde halten	würde halten
wir werden halten	werden halten	würden halten
ihr werdet halten	werdet halten	würdet halten
sie werden halten	werden halten	würden halten

Future Perfect Time

Future Perfect	*(Fut. Perf. Subj.)*	*(Past Conditional)*
ich werde gehalten haben	werde gehalten haben	würde gehalten haben
du wirst gehalten haben	werdest gehalten haben	würdest gehalten haben
er wird gehalten haben	werde gehalten haben	würde gehalten haben
wir werden gehalten haben	werden gehalten haben	würden gehalten haben
ihr werdet gehalten haben	werdet gehalten haben	würdet gehalten haben
sie werden gehalten haben	werden gehalten haben	würden gehalten haben

Examples: *„Haltet euch fest!"* sagte die Mutter ihren Kindern in der Straßenbahn. Aber *die Kinder hielten sich nicht an ihre Weisung.* "Hold on tight," said the mother to her children in the streetcar. But the children didn't listen to her direction. *Ich halte nichts auf Vitamine.* I don't hold with (believe in) vitamins.

handeln

to act; trade, traffic, deal
(in goods)

PRINC. PARTS: handeln, handelte, gehandelt, handelt
IMPERATIVE: handle!, handelt!, handeln Sie!

INDICATIVE		SUBJUNCTIVE	
		PRIMARY	SECONDARY
		Present Time	
	Present	*(Pres. Subj.)*	*(Imperf. Subj.)*
ich	handele*	handele*	handelte
du	handelst	handelst	handeltest
er	handelt	handele*	handelte
wir	handeln	handeln	handelten
ihr	handelt	handelt	handeltet
sie	handeln	handeln	handelten
	Imperfect		
ich	handelte		
du	handeltest		
er	handelte		
wir	handelten		
ihr	handeltet		
sie	handelten	*Past Time*	
	Perfect	*(Perf. Subj.)*	*(Pluperf. Subj.)*
ich	habe gehandelt	habe gehandelt	hätte gehandelt
du	hast gehandelt	habest gehandelt	hättest gehandelt
er	hat gehandelt	habe gehandelt	hätte gehandelt
wir	haben gehandelt	haben gehandelt	hätten gehandelt
ihr	habt gehandelt	habet gehandelt	hättet gehandelt
sie	haben gehandelt	haben gehandelt	hätten gehandelt
	Pluperfect		
ich	hatte gehandelt		
du	hattest gehandelt		
er	hatte gehandelt		
wir	hatten gehandelt		
ihr	hattet gehandelt		
sie	hatten gehandelt	*Future Time*	
	Future	*(Fut. Subj.)*	*(Pres. Conditional)*
ich	werde handeln	werde handeln	würde handeln
du	wirst handeln	werdest handeln	würdest handeln
er	wird handeln	werde handeln	würde handeln
wir	werden handeln	werden handeln	würden handeln
ihr	werdet handeln	werdet handeln	würdet handeln
sie	werden handeln	werden handeln	würden handeln
		Future Perfect Time	
	Future Perfect	*(Fut. Perf. Subj.)*	*(Past Conditional)*
ich	werde gehandelt haben	werde gehandelt haben	würde gehandelt haben
du	wirst gehandelt haben	werdest gehandelt haben	würdest gehandelt haben
er	wird gehandelt haben	werde gehandelt haben	würde gehandelt haben
wir	werden gehandelt haben	werden gehandelt haben	würden gehandelt haben
ihr	werdet gehandelt haben	werdet gehandelt haben	würdet gehandelt haben
sie	werden gehandelt haben	werden gehandelt haben	würden gehandelt haben

* 'e' preceding 'l' in these forms is usually omitted in colloquial speech.

Examples: *Wovon handelt diese Abhandlung?* What is this treatise about? *„Sie sagen, Sie wollen nicht um den Preis handeln. Aber Ihr Vater ließ immer mit sich handeln",* behauptete der Dieb. "You say the price isn't open to negotiation. But I could always make a deal with your father," declared the thief.

PRINC. PARTS: hängen, hing, gehangen, hängt
IMPERATIVE: hänge!, hängt!, hängen Sie!

INDICATIVE	SUBJUNCTIVE	
	PRIMARY	SECONDARY

Present Time

Present	(Pres. Subj.)	(Imperf. Subj.)
ich hänge	hänge	hinge
du hängst	hängest	hingest
er hängt	hänge	hinge
wir hängen	hängen	hingen
ihr hängt	hänget	hinget
sie hängen	hängen	hingen

Imperfect

ich	hing
du	hingst
er	hing
wir	hingen
ihr	hingt
sie	hingen

Past Time

Perfect	(Perf. Subj.)	(Pluperf. Subj.)
ich habe gehangen	habe gehangen	hätte gehangen
du hast gehangen	habest gehangen	hättest gehangen
er hat gehangen	habe gehangen	hätte gehangen
wir haben gehangen	haben gehangen	hätten gehangen
ihr habt gehangen	habet gehangen	hättet gehangen
sie haben gehangen	haben gehangen	hätten gehangen

Pluperfect

ich	hatte gehangen
du	hattest gehangen
er	hatte gehangen
wir	hatten gehangen
ihr	hattet gehangen
sie	hatten gehangen

Future Time

Future	(Fut. Subj.)	(Pres. Conditional)
ich werde hängen	werde hängen	würde hängen
du wirst hängen	werdest hängen	würdest hängen
er wird hängen	werde hängen	würde hängen
wir werden hängen	werden hängen	würden hängen
ihr werdet hängen	werdet hängen	würdet hängen
sie werden hängen	werden hängen	würden hängen

Future Perfect Time

Future Perfect	(Fut. Perf. Subj.)	(Past Conditional)
ich werde gehangen haben	werde gehangen haben	würde gehangen haben
du wirst gehangen haben	werdest gehangen haben	würdest gehangen haben
er wird gehangen haben	werde gehangen haben	würde gehangen haben
wir werden gehangen haben	werden gehangen haben	würden gehangen haben
ihr werdet gehangen haben	werdet gehangen haben	würdet gehangen haben
sie werden gehangen haben	werden gehangen haben	würden gehangen haben

*When used transitively, hängen is weak; ich hängte, ich habe gehängt etc.

Examples: *In ihrem Versteck hängten die Diebe das gestohlene Bild an die Wand.* In their hideout, the thieves hung the stolen picture on the wall. *„Nach Golde drängt, am Golde hängt doch alles", seufzte Gretchen in Goethes Faust.* "Everyone's out for money, everything depends on money" sighed Gretchen in Goethe's Faust.

haschen

to snatch, seize

PRINC. PARTS: haschen, haschte, gehascht, hascht
IMPERATIVE: hasche!, hascht!, haschen Sie!

INDICATIVE	SUBJUNCTIVE	
	PRIMARY	SECONDARY

Present Time

	Present	(Pres. Subj.)	(Imperf. Subj.)
ich	hasche	hasche	haschte
du	haschst	haschest	haschtest
er	hascht	hasche	haschte
wir	haschen	haschen	haschten
ihr	hascht	haschet	haschtet
sie	haschen	haschen	haschten

	Imperfect
ich	haschte
du	haschtest
er	haschte
wir	haschten
ihr	haschtet
sie	haschten

Past Time

	Perfect	(Perf. Subj.)	(Pluperf. Subj.)
ich	habe gehascht	habe gehascht	hätte gehascht
du	hast gehascht	habest gehascht	hättest gehascht
er	hat gehascht	habe gehascht	hätte gehascht
wir	haben gehascht	haben gehascht	hätten gehascht
ihr	habt gehascht	habet gehascht	hättet gehascht
sie	haben gehascht	haben gehascht	hätten gehascht

	Pluperfect
ich	hatte gehascht
du	hattest gehascht
er	hatte gehascht
wir	hatten gehascht
ihr	hattet gehascht
sie	hatten gehascht

Future Time

	Future	(Fut. Subj.)	(Pres. Conditional)
ich	werde haschen	werde haschen	würde haschen
du	wirst haschen	werdest haschen	würdest haschen
er	wird haschen	werde haschen	würde haschen
wir	werden haschen	werden haschen	würden haschen
ihr	werdet haschen	werdet haschen	würdet haschen
sie	werden haschen	werden haschen	würden haschen

Future Perfect Time

	Future Perfect	(Fut. Perf. Subj.)	(Past Conditional)
ich	werde gehascht haben	werde gehascht haben	würde gehascht haben
du	wirst gehascht haben	werdest gehascht haben	würdest gehascht haben
er	wird gehascht haben	werde gehascht haben	würde gehascht haben
wir	werden gehascht haben	werden gehascht haben	würden gehascht haben
ihr	werdet gehascht haben	werdet gehascht haben	würdet gehascht haben
sie	werden gehascht haben	werden gehascht haben	würden gehascht haben

---

Examples: *Er hatte immer einen Haschmich. Aber nachdem die Kritiker seine Symphonie „bloße Effekthascherei" genannt hatten, wurde er wahnsinnig. „Ihr grimmigen Häscher der Hölle, ihr werdet mich nie erhaschen" schrie er.* He always had a screw loose. But after the critics called his symphony "mere effect chasing," he went mad. "You grim pursuers from hell, you'll never catch me," he screamed.

PRINC. PARTS: hassen, haßte, gehaßt, haßt
IMPERATIVE: hasse!, haßt!, hassen Sie!

hassen

to hate

INDICATIVE	SUBJUNCTIVE	
	PRIMARY	SECONDARY
	Present Time	
Present	*(Pres. Subj.)*	*(Imperf. Subj.)*
ich hasse	hasse	haßte
du haßt	hassest	haßtest
er haßt	hasse	haßte
wir hassen	hassen	haßten
ihr haßt	hasset	haßtet
sie hassen	hassen	haßten

Imperfect
ich haßte
du haßtest
er haßte
wir haßten
ihr haßtet
sie haßten

		Past Time	
Perfect	*(Perf. Subj.)*	*(Pluperf. Subj.)*
ich habe gehaßt	habe gehaßt	hätte gehaßt
du hast gehaßt	habest gehaßt	hättest gehaßt
er hat gehaßt	habe gehaßt	hätte gehaßt
wir haben gehaßt	haben gehaßt	hätten gehaßt
ihr habt gehaßt	habet gehaßt	hättet gehaßt
sie haben gehaßt	haben gehaßt	hätten gehaßt

Pluperfect
ich hatte gehaßt
du hattest gehaßt
er hatte gehaßt
wir hatten gehaßt
ihr hattet gehaßt
sie hatten gehaßt

		Future Time	
Future	*(Fut. Subj.)*	*(Pres. Conditional)*
ich werde hassen	werde hassen	würde hassen
du wirst hassen	werdest hassen	würdest hassen
er wird hassen	werde hassen	würde hassen
wir werden hassen	werden hassen	würden hassen
ihr werdet hassen	werdet hassen	würdet hassen
sie werden hassen	werden hassen	würden hassen

		Future Perfect Time	
Future Perfect	*(Fut. Perf. Subj.)*	*(Past Conditional)*
ich werde gehaßt haben	werde gehaßt haben	würde gehaßt haben
du wirst gehaßt haben	werdest gehaßt haben	würdest gehaßt haben
er wird gehaßt haben	werde gehaßt haben	würde gehaßt haben
wir werden gehaßt haben	werden gehaßt haben	würden gehaßt haben
ihr werdet gehaßt haben	werdet gehaßt haben	würdet gehaßt haben
sie werden gehaßt haben	werden gehaßt haben	würden gehaßt haben

Examples: *Ich hasse niemand.* I don't hate anybody. *Dein Haß wird sich in Liebe verwandeln.* Your hate will be transformed into love. Ger. **ss** is often "t" in Eng., and you have little trouble recognizing **Wasser, essen, besser,** and this verb.

hauen

to strike; hew; cut; chop; beat

PRINC. PARTS: hauen, hieb,* gehauen, haut
IMPERATIVE: haue!, haut!, hauen Sie!

INDICATIVE	SUBJUNCTIVE	
	PRIMARY	SECONDARY
	Present Time	
Present	(*Pres. Subj.*)	(*Imperf. Subj.*)
ich haue	haue	hiebe
du haust	hauest	hiebest
er haut	haue	hiebe
wir hauen	hauen	hieben
ihr haut	hauet	hiebet
sie hauen	hauen	hieben

Imperfect
ich hieb
du hiebst
er hieb
wir hieben
ihr hiebt
sie hieben

		Past Time	
Perfect	(*Perf. Subj.*)	(*Pluperf. Subj.*)
ich habe gehauen	habe gehauen	hätte gehauen
du hast gehauen	habest gehauen	hättest gehauen
er hat gehauen	habe gehauen	hätte gehauen
wir haben gehauen	haben gehauen	hätten gehauen
ihr habt gehauen	habet gehauen	hättet gehauen
sie haben gehauen	haben gehauen	hätten gehauen

Pluperfect
ich hatte gehauen
du hattest gehauen
er hatte gehauen
wir hatten gehauen
ihr hattet gehauen
sie hatten gehauen

		Future Time	
Future	(*Fut. Subj.*)	(*Pres. Conditional*)
ich werde hauen	werde hauen	würde hauen
du wirst hauen	werdest hauen	würdest hauen
er wird hauen	werde hauen	würde hauen
wir werden hauen	werden hauen	würden hauen
ihr werdet hauen	werdet hauen	würdet hauen
sie werden hauen	werden hauen	würden hauen

		Future Perfect Time	
Future Perfect	(*Fut. Perf. Subj.*)	(*Past Conditional*)
ich werde gehauen haben	werde gehauen haben	würde gehauen haben
du wirst gehauen haben	werdest gehauen haben	würdest gehauen haben
er wird gehauen haben	werde gehauen haben	würde gehauen haben
wir werden gehauen haben	werden gehauen haben	würden gehauen haben
ihr werdet gehauen haben	werdet gehauen haben	würdet gehauen haben
sie werden gehauen haben	werden gehauen haben	würden gehauen haben

* The weak forms, haute, etc., are frequently used in the Imperfect.

Examples: *Er glaubt, seine Worte seien in Stein gehauen und wirft mir vor, sein Drama in die Pfanne gehauen zu haben. Jetzt will er mich verhauen.* He thinks his words are hewn in stone and blames me for having panned his drama. Now he wants to beat me up. In the imperf. (past), **haute** is now heard far more than the strong **hieb**. The past part. **gehauen**, however, is a strong form.

heben

PRINC. PARTS: heben, hob, gehoben, hebt
IMPERATIVE: hebe!, hebt!, heben Sie!

to lift; raise; heave

INDICATIVE	SUBJUNCTIVE	
	PRIMARY	SECONDARY
	Present Time	
Present	*(Pres. Subj.)*	*(Imperf. Subj.)*
ich hebe	hebe	höbe
du hebst	hebest	höbest
er hebt	hebe	höbe
wir heben	heben	höben
ihr hebt	hebet	höbet
sie heben	heben	höben

Imperfect		
ich hob		
du hobst		
er hob		
wir hoben		
ihr hobt		
sie hoben		

	Past Time	
Perfect	*(Perf. Subj.)*	*(Pluperf. Subj.)*
ich habe gehoben	habe gehoben	hätte gehoben
du hast gehoben	habest gehoben	hättest gehoben
er hat gehoben	habe gehoben	hätte gehoben
wir haben gehoben	haben gehoben	hätten gehoben
ihr habt gehoben	habet gehoben	hättet gehoben
sie haben gehoben	haben gehoben	hätten gehoben

Pluperfect		
ich hatte gehoben		
du hattest gehoben		
er hatte gehoben		
wir hatten gehoben		
ihr hattet gehoben		
sie hatten gehoben		

	Future Time	
Future	*(Fut. Subj.)*	*(Pres. Conditional)*
ich werde heben	werde heben	würde heben
du wirst heben	werdest heben	würdest heben
er wird heben	werde heben	würde heben
wir werden heben	werden heben	würden heben
ihr werdet heben	werdet heben	würdet heben
sie werden heben	werden heben	würden heben

	Future Perfect Time	
Future Perfect	*(Fut. Perf. Subj.)*	*(Past Conditional)*
ich werde gehoben haben	werde gehoben haben	würde gehoben haben
du wirst gehoben haben	werdest gehoben haben	würdest gehoben haben
er wird gehoben haben	werde gehoben haben	würde gehoben haben
wir werden gehoben haben	werden gehoben haben	würden gehoben haben
ihr werdet gehoben haben	werdet gehoben haben	würdet gehoben haben
sie werden gehoben haben	werden gehoben haben	würden gehoben haben

---

Examples: *Ich hatte die Kellertür verriegelt, aber Karl hob sie aus den Angeln. Mit seinem Saufen wird er die Welt aus den Angeln heben. „Was ist denn so schlimm daran, wenn ich mal einen hebe?" fragte er.* I latched the cellar door, but Karl took it off its hinges. He's putting the world out of joint with his drinking. "What's so terrible about my having a drink once in a while?" he asked.

heiraten

to marry

PRINC. PARTS: heiraten, heiratete, geheiratet, heiratet
IMPERATIVE: heirate!, heiratet!, heiraten Sie!

INDICATIVE	SUBJUNCTIVE	
	PRIMARY	SECONDARY
	Present Time	
Present	*(Pres. Subj.)*	*(Imperf. Subj.)*
ich heirate	heirate	heiratete
du heiratest	heiratest	heiratetest
er heiratet	heirate	heiratete
wir heiraten	heiraten	heirateten
ihr heiratet	heiratet	heiratetet
sie heiraten	heiraten	heirateten
Imperfect		
ich heiratete		
du heiratetest		
er heiratete		
wir heirateten		
ihr heiratetet		
sie heirateten	*Past Time*	
Perfect	*(Perf. Subj.)*	*(Pluperf. Subj.)*
ich habe geheiratet	habe geheiratet	hätte geheiratet
du hast geheiratet	habest geheiratet	hättest geheiratet
er hat geheiratet	habe geheiratet	hätte geheiratet
wir haben geheiratet	haben geheiratet	hätten geheiratet
ihr habt geheiratet	habet geheiratet	hättet geheiratet
sie haben geheiratet	haben geheiratet	hätten geheiratet
Pluperfect		
ich hatte geheiratet		
du hattest geheiratet		
er hatte geheiratet		
wir hatten geheiratet		
ihr hattet geheiratet		
sie hatten geheiratet	*Future Time*	
Future	*(Fut. Subj.)*	*(Pres. Conditional)*
ich werde heiraten	werde heiraten	würde heiraten
du wirst heiraten	werdest heiraten	würdest heiraten
er wird heiraten	werde heiraten	würde heiraten
wir werden heiraten	werden heiraten	würden heiraten
ihr werdet heiraten	werdet heiraten	würdet heiraten
sie werden heiraten	werden heiraten	würden heiraten
	Future Perfect Time	
Future Perfect	*(Fut. Perf. Subj.)*	*(Past Conditional)*
ich werde geheiratet haben	werde geheiratet haben	würde geheiratet haben
du wirst geheiratet haben	werdest geheiratet haben	würdest geheiratet haben
er wird geheiratet haben	werde geheiratet haben	würde geheiratet haben
wir werden geheiratet haben	werden geheiratet haben	würden geheiratet haben
ihr werdet geheiratet haben	werdet geheiratet haben	würdet geheiratet haben
sie werden geheiratet haben	werden geheiratet haben	würden geheiratet haben

Examples: *Suse war im Heiratsalter und ihr Vater wollte sie mit einem Millionär verheiraten. Sie wollte aber keinen heiraten. Sie blieb lebenslänglich unverheiratet.* Suse was of marriageable age and her father wanted to marry her off to a millionaire. But she didn't want to marry anyone. She remained single all her life. "To marry" in the sense "to perform the ceremony" is **trauen** (p. 410).

heißen

PRINC. PARTS: heißen, hieß, geheißen, heißt
IMPERATIVE: heiße!, heißt!, heißen Sie! *to be called or named; command*

INDICATIVE	SUBJUNCTIVE	
	PRIMARY	SECONDARY
	Present Time	
Present	*(Pres. Subj.)*	*(Imperf. Subj.)*
ich heiße	heiße	hieße
du heißt	heißest	hießest
er heißt	heiße	hieße
wir heißen	heißen	hießen
ihr heißt	heißet	hießet
sie heißen	heißen	hießen

Imperfect

ich	hieß
du	hießest
er	hieß
wir	hießen
ihr	hießt
sie	hießen

	Past Time	
Perfect	*(Perf. Subj.)*	*(Pluperf. Subj.)*
ich habe geheißen	habe geheißen	hätte geheißen
du hast geheißen	habest geheißen	hättest geheißen
er hat geheißen	habe geheißen	hätte geheißen
wir haben geheißen	haben geheißen	hätten geheißen
ihr habt geheißen	habet geheißen	hättet geheißen
sie haben geheißen	haben geheißen	hätten geheißen

Pluperfect

ich	hatte geheißen
du	hattest geheißen
er	hatte geheißen
wir	hatten geheißen
ihr	hattet geheißen
sie	hatten geheißen

	Future Time	
Future	*(Fut. Subj.)*	*(Pres. Conditional)*
ich werde heißen	werde heißen	würde heißen
du wirst heißen	werdest heißen	würdest heißen
er wird heißen	werde heißen	würde heißen
wir werden heißen	werden heißen	würden heißen
ihr werdet heißen	werdet heißen	würdet heißen
sie werden heißen	werden heißen	würden heißen

	Future Perfect Time	
Future Perfect	*(Fut. Perf. Subj.)*	*(Past Conditional)*
ich werde geheißen haben	werde geheißen haben	würde geheißen haben
du wirst geheißen haben	werdest geheißen haben	würdest geheißen haben
er wird geheißen haben	werde geheißen haben	würde geheißen haben
wir werden geheißen haben	werden geheißen haben	würden geheißen haben
ihr werdet geheißen haben	werdet geheißen haben	würdet geheißen haben
sie werden geheißen haben	werden geheißen haben	würden geheißen haben

---

Examples: *Wie heißen Sie mit Vornamen? Ich heiße Fritz Grüßer und heiße Sie herzlichst willkommen in unserem Sprachverein. Es heißt, Sie sind Sanskritforscher.*
What's your first name? My name is Fritz Grüßer and I welcome you most cordially to our language society. They say you're a Sanskrit scholar.

heizen

to heat

PRINC. PARTS: heizen, heizte, geheizt, heizt
IMPERATIVE: heize!, heizt!, heizen Sie!

INDICATIVE	SUBJUNCTIVE	
	PRIMARY	SECONDARY

Present Time

Present	*(Pres. Subj.)*	*(Imperf. Subj.)*
ich heize	heize	heizte
du heizt	heizest	heiztest
er heizt	heize	heizte
wir heizen	heizen	heizten
ihr heizt	heizet	heiztet
sie heizen	heizen	heizten

Imperfect		
ich heizte		
du heiztest		
er heizte		
wir heizten		
ihr heiztet		
sie heizten		

Past Time

Perfect	*(Perf. Subj.)*	*(Pluperf. Subj.)*
ich habe geheizt	habe geheizt	hätte geheizt
du hast geheizt	habest geheizt	hättest geheizt
er hat geheizt	habe geheizt	hätte geheizt
wir haben geheizt	haben geheizt	hätten geheizt
ihr habt geheizt	habet geheizt	hättet geheizt
sie haben geheizt	haben geheizt	hätten geheizt

Pluperfect		
ich hatte geheizt		
du hattest geheizt		
er hatte geheizt		
wir hatten geheizt		
ihr hattet geheizt		
sie hatten geheizt		

Future Time

Future	*(Fut. Subj.)*	*(Pres. Conditional)*
ich werde heizen	werde heizen	würde heizen
du wirst heizen	werdest heizen	würdest heizen
er wird heizen	werde heizen	würde heizen
wir werden heizen	werden heizen	würden heizen
ihr werdet heizen	werdet heizen	würdet heizen
sie werden heizen	werden heizen	würden heizen

Future Perfect Time

Future Perfect	*(Fut. Perf. Subj.)*	*(Past Conditional)*
ich werde geheizt haben	werde geheizt haben	würde geheizt haben
du wirst geheizt haben	werdest geheizt haben	würdest geheizt haben
er wird geheizt haben	werde geheizt haben	würde geheizt haben
wir werden geheizt haben	werden geheizt haben	würden geheizt haben
ihr werdet geheizt haben	werdet geheizt haben	würdet geheizt haben
sie werden geheizt haben	werden geheizt haben	würden geheizt haben

---

Examples: „*Warum wird nicht geheizt?*" „*Geheizt wird erst ab Mitte November. Das Heizgas ist teuer und das Hotel ist schwer heizbar.*" "Why is there no heat?" "We only begin heating in mid-November. Fuel gas is expensive and the hotel is also difficult to heat." The 2nd and 3rd pers. sing. in the pres. are identical because the verb stem ends in a sibilant, here **z**.

176

PRINC. PARTS: helfen, half, geholfen, hilft
IMPERATIVE: hilf!, helft!, helfen Sie!

to help, aid, assist

	INDICATIVE			SUBJUNCTIVE	
				PRIMARY	SECONDARY
				Present Time	
	Present			*(Pres. Subj.)*	*(Imperf. Subj.)*
ich	helfe			helfe	hülfe
du	hilfst			helfest	hülfest
er	hilft			helfe	hülfe
wir	helfen			helfen	hülfen
ihr	helft			helfet	hülfet
sie	helfen			helfen	hülfen

	Imperfect
ich	half
du	halfst
er	half
wir	halfen
ihr	halft
sie	halfen

				Past Time	
	Perfect			*(Perf. Subj.)*	*(Pluperf. Subj.)*
ich	habe geholfen			habe geholfen	hätte geholfen
du	hast geholfen			habest geholfen	hättest geholfen
er	hat geholfen			habe geholfen	hätte geholfen
wir	haben geholfen			haben geholfen	hätten geholfen
ihr	habt geholfen			habet geholfen	hättet geholfen
sie	haben geholfen			haben geholfen	hätten geholfen

	Pluperfect
ich	hatte geholfen
du	hattest geholfen
er	hatte geholfen
wir	hatten geholfen
ihr	hattet geholfen
sie	hatten geholfen

				Future Time	
	Future			*(Fut. Subj.)*	*(Pres. Conditional)*
ich	werde helfen			werde helfen	würde helfen
du	wirst helfen			werdest helfen	würdest helfen
er	wird helfen			werde helfen	würde helfen
wir	werden helfen			werden helfen	würden helfen
ihr	werdet helfen			werdet helfen	würdet helfen
sie	werden helfen			werden helfen	würden helfen

				Future Perfect Time	
	Future Perfect			*(Fut. Perf. Subj.)*	*(Past Conditional)*
ich	werde geholfen haben			werde geholfen haben	würde geholfen haben
du	wirst geholfen haben			werdest geholfen haben	würdest geholfen haben
er	wird geholfen haben			werde geholfen haben	würde geholfen haben
wir	werden geholfen haben			werden geholfen haben	würden geholfen haben
ihr	werdet geholfen haben			werdet geholfen haben	würdet geholfen haben
sie	werden geholfen haben			werden geholfen haben	würden geholfen haben

Examples: „*Dieser Mensch sagt, er brauche Hilfe. Aber es hilft nichts, ihm zu helfen, da er nicht weiß, sich selber zu helfen,*" *behauptete ein Angestellter unseres Wohltätigkeitsvereins.* "This individual says he needs help. But there's no use helping him, since he doesn't know how to help himself," asserted an employee of our charitable organization.

herzen

to hug, embrace; press to
one's heart

PRINC. PARTS: herzen, herzte, geherzt. herzt
IMPERATIVE: herze!, herzt!, herzen Sie!

INDICATIVE	SUBJUNCTIVE	
	PRIMARY	SECONDARY

Present Time

	Present	(*Pres. Subj.*)	(*Imperf. Subj.*)
ich	herze	herze	herzte
du	herzt	herzest	herztest
er	herzt	herze	herzte
wir	herzen	herzen	herzten
ihr	herzt	herzet	herztet
sie	herzen	herzen	herzten

	Imperfect
ich	herzte
du	herztest
er	herzte
wir	herzten
ihr	herztet
sie	herzten

Past Time

	Perfect	(*Perf. Subj.*)	(*Pluperf. Subj.*)
ich	habe geherzt	habe geherzt	hätte geherzt
du	hast geherzt	habest geherzt	hättest geherzt
er	hat geherzt	habe geherzt	hätte geherzt
wir	haben geherzt	haben geherzt	hätten geherzt
ihr	habt geherzt	habet geherzt	hättet geherzt
sie	haben geherzt	haben geherzt	hätten geherzt

	Pluperfect
ich	hatte geherzt
du	hattest geherzt
er	hatte geherzt
wir	hatten geherzt
ihr	hattet geherzt
sie	hatten geherzt

Future Time

	Future	(*Fut. Subj.*)	(*Pres. Conditional*)
ich	werde herzen	werde herzen	würde herzen
du	wirst herzen	werdest herzen	würdest herzen
er	wird herzen	werde herzen	würde herzen
wir	werden herzen	werden herzen	würden herzen
ihr	werdet herzen	werdet herzen	würdet herzen
sie	werden herzen	werden herzen	würden herzen

Future Perfect Time

	Future Perfect	(*Fut. Perf. Subj.*)	(*Past Conditional*)
ich	werde geherzt haben	werde geherzt haben	würde geherzt haben
du	wirst geherzt haben	werdest geherzt haben	würdest geherzt haben
er	wird geherzt haben	werde geherzt haben	würde geherzt haben
wir	werden geherzt haben	werden geherzt haben	würden geherzt haben
ihr	werdet geherzt haben	werdet geherzt haben	würdet geherzt haben
sie	werden geherzt haben	werden geherzt haben	würden geherzt haben

Examples: *Ach, ich wollte ich könnte dich ewig herzen.* Oh, I wish I could hug you forever. *Im Schlaf herzte Suse die Puppe.* In her sleep, Suse cuddled the doll. The stem of the verb ends in the sibilant **z,** so the 2nd and 3rd pers. sing. pres. are identical. **Umarmen** is more common today for "to hug."

hetzen

to hunt; rush about; incite

INDICATIVE		SUBJUNCTIVE	
		PRIMARY	SECONDARY
		Present Time	
Present		(*Pres. Subj.*)	(*Imperf. Subj.*)
ich	hetze	hetze	hetzte
du	hetzt	hetzest	hetztest
er	hetzt	hetze	hetzte
wir	hetzen	hetzen	hetzten
ihr	hetzt	hetzet	hetztet
sie	hetzen	hetzen	hetzten

Imperfect

ich	hetzte
du	hetztest
er	hetzte
wir	hetzten
ihr	hetztet
sie	hetzten

Past Time

Perfect		(*Perf. Subj.*)	(*Pluperf. Subj.*)
ich	habe gehetzt	habe gehetzt	hätte gehetzt
du	hast gehetzt	habest gehetzt	hättest gehetzt
er	hat gehetzt	habe gehetzt	hätte gehetzt
wir	haben gehetzt	haben gehetzt	hätten gehetzt
ihr	habt gehetzt	habet gehetzt	hättet gehetzt
sie	haben gehetzt	haben gehetzt	hätten gehetzt

Pluperfect

ich	hatte gehetzt
du	hattest gehetzt
er	hatte gehetzt
wir	hatten gehetzt
ihr	hattet gehetzt
sie	hatten gehetzt

Future Time

Future		(*Fut. Subj.*)	(*Pres. Conditional*)
ich	werde hetzen	werde hetzen	würde hetzen
du	wirst hetzen	werdest hetzen	würdest hetzen
er	wird hetzen	werde hetzen	würde hetzen
wir	werden hetzen	werden hetzen	würden hetzen
ihr	werdet hetzen	werdet hetzen	würdet hetzen
sie	werden hetzen	werden hetzen	würden hetzen

Future Perfect Time

Future Perfect		(*Fut. Perf. Subj.*)	(*Past Conditional*)
ich	werde gehetzt haben	werde gehetzt haben	würde gehetzt haben
du	wirst gehetzt haben	werdest gehetzt haben	würdest gehetzt haben
er	wird gehetzt haben	werde gehetzt haben	würde gehetzt haben
wir	werden gehetzt haben	werden gehetzt haben	würden gehetzt haben
ihr	werdet gehetzt haben	werdet gehetzt haben	würdet gehetzt haben
sie	werden gehetzt haben	werden gehetzt haben	würden gehetzt haben

---

Examples: *Dem gehetzten Fuchs gelang es, den Hunden zu entkommen.* The hunted fox succeeded in escaping the hounds. *Das Hetzblatt hetzte das Volk zum Krieg auf.* The rabble-rousing sheet (newspaper) incited the people to war. *Den ganzen Tag hab ich gehetzt.* I've been in a rush all day.

hoffen

to hope; expect

PRINC. PARTS: hoffen, hoffte, gehofft, hofft
IMPERATIVE: hoffe!, hofft!, hoffen Sie!

INDICATIVE		SUBJUNCTIVE	
		PRIMARY	SECONDARY
		Present Time	
	Present	*(Pres. Subj.)*	*(Imperf. Subj.)*
ich	hoffe	hoffe	hoffte
du	hoffst	hoffest	hofftest
er	hofft	hoffe	hoffte
wir	hoffen	hoffen	hofften
ihr	hofft	hoffet	hofftet
sie	hoffen	hoffen	hofften
	Imperfect		
ich	hoffte		
du	hofftest		
er	hoffte		
wir	hofften		
ihr	hofftet		
sie	hofften		
		Past Time	
	Perfect	*(Perf. Subj.)*	*(Pluperf. Subj.)*
ich	habe gehofft	habe gehofft	hätte gehofft
du	hast gehofft	habest gehofft	hättest gehofft
er	hat gehofft	habe gehofft	hätte gehofft
wir	haben gehofft	haben gehofft	hätten gehofft
ihr	habt gehofft	habet gehofft	hättet gehofft
sie	haben gehofft	haben gehofft	hätten gehofft
	Pluperfect		
ich	hatte gehofft		
du	hattest gehofft		
er	hatte gehofft		
wir	hatten gehofft		
ihr	hattet gehofft		
sie	hatten gehofft		
		Future Time	
	Future	*(Fut. Subj.)*	*(Pres. Conditional)*
ich	werde hoffen	werde hoffen	würde hoffen
du	wirst hoffen	werdest hoffen	würdest hoffen
er	wird hoffen	werde hoffen	würde hoffen
wir	werden hoffen	werden hoffen	würden hoffen
ihr	werdet hoffen	werdet hoffen	würdet hoffen
sie	werden hoffen	werden hoffen	würden hoffen
		Future Perfect Time	
	Future Perfect	*(Fut. Perf. Subj.)*	*(Past Conditional)*
ich	werde gehofft haben	werde gehofft haben	würde gehofft haben
du	wirst gehofft haben	werdest gehofft haben	würdest gehofft haben
er	wird gehofft haben	werde gehofft haben	würde gehofft haben
wir	werden gehofft haben	werden gehofft haben	würden gehofft haben
ihr	werdet gehofft haben	werdet gehofft haben	würdet gehofft haben
sie	werden gehofft haben	werden gehofft haben	würden gehofft haben

Examples:„ *Wir hoffen auf bessere Tage.*" „*Hoffentlich werden wir nicht umsonst gehofft haben.*" "We're hoping for better days." "Hopefully we won't have hoped in vain." Note that "to hope for" is **hoffen auf**, not **für**.

PRINC. PARTS: hören, hörte, gehört, hört
IMPERATIVE: höre!, hört!, hören Sie!

INDICATIVE	SUBJUNCTIVE	
	PRIMARY	SECONDARY

Present Time

	Present	*(Pres. Subj.)*	*(Imperf. Subj.)*
ich	höre	höre	hörte
du	hörst	hörest	hörtest
er	hört	höre	hörte
wir	hören	hören	hörten
ihr	hört	höret	hörtet
sie	hören	hören	hörten

	Imperfect
ich	hörte
du	hörtest
er	hörte
wir	hörten
ihr	hörtet
sie	hörten

Past Time

	Perfect	*(Perf. Subj.)*	*(Pluperf. Subj.)*
ich	habe gehört	habe gehört	hätte gehört
du	hast gehört	habest gehört	hättest gehört
er	hat gehört	habe gehört	hätte gehört
wir	haben gehört	haben gehört	hätten gehört
ihr	habt gehört	habet gehört	hättet gehört
sie	haben gehört	haben gehört	hätten gehört

	Pluperfect
ich	hatte gehört
du	hattest gehört
er	hatte gehört
wir	hatten gehört
ihr	hattet gehört
sie	hatten gehört

Future Time

	Future	*(Fut. Subj.)*	*(Pres. Conditional)*
ich	werde hören	werde hören	würde hören
du	wirst hören	werdest hören	würdest hören
er	wird hören	werde hören	würde hören
wir	werden hören	werden hören	würden hören
ihr	werdet hören	werdet hören	würdet hören
sie	werden hören	werden hören	würden hören

Future Perfect Time

	Future Perfect	*(Fut. Perf. Subj.)*	*(Past Conditional)*
ich	werde gehört haben	werde gehört haben	würde gehört haben
du	wirst gehört haben	werdest gehört haben	würdest gehört haben
er	wird gehört haben	werde gehört haben	würde gehört haben
wir	werden gehört haben	werden gehört haben	würden gehört haben
ihr	werdet gehört haben	werdet gehört haben	würdet gehört haben
sie	werden gehört haben	werden gehört haben	würden gehört haben

Examples: *Ingo hört gern Rockmusik.* Ingo likes to listen to rock music. *Hör mir gut zu!* Listen to me good! *Unsere Hündin hört auf mich und benimmt sich wie es sich gehört.* Our dog listens to me and behaves as she should.

hüpfen

to hop, jump

PRINC. PARTS: hüpfen, hüpfte, gehüpft, hüpft
IMPERATIVE: hüpfe!, hüpft!, hüpfen Sie!

INDICATIVE		SUBJUNCTIVE	
		PRIMARY	SECONDARY
		Present Time	
	Present	*(Pres. Subj.)*	*(Imperf. Subj.)*
ich	hüpfe	hüpfe	hüpfte
du	hüpfst	hüpfest	hüpftest
er	hüpft	hüpfe	hüpfte
wir	hüpfen	hüpfen	hüpften
ihr	hüpft	hüpfet	hüpftet
sie	hüpfen	hüpfen	hüpften
	Imperfect		
ich	hüpfte		
du	hüpftest		
er	hüpfte		
wir	hüpften		
ihr	hüpftet		
sie	hüpften		
		Past Time	
	Perfect	*(Perf. Subj.)*	*(Pluperf. Subj.)*
ich	habe gehüpft	habe gehüpft	hätte gehüpft
du	hast gehüpft	habest gehüpft	hättest gehüpft
er	hat gehüpft	habe gehüpft	hätte gehüpft
wir	haben gehüpft	haben gehüpft	hätten gehüpft
ihr	habt gehüpft	habet gehüpft	hättet gehüpft
sie	haben gehüpft	haben gehüpft	hätten gehüpft
	Pluperfect		
ich	hatte gehüpft		
du	hattest gehüpft		
er	hatte gehüpft		
wir	hatten gehüpft		
ihr	hattet gehüpft		
sie	hatten gehüpft		
		Future Time	
	Future	*(Fut. Subj.)*	*(Pres. Conditional)*
ich	werde hüpfen	werde hüpfen	würde hüpfen
du	wirst hüpfen	werdest hüpfen	würdest hüpfen
er	wird hüpfen	werde hüpfen	würde hüpfen
wir	werden hüpfen	werden hüpfen	würden hüpfen
ihr	werdet hüpfen	werdet hüpfen	würdet hüpfen
sie	werden hüpfen	werden hüpfen	würden hüpfen
		Future Perfect Time	
	Future Perfect	*(Fut. Perf. Subj.)*	*(Past Conditional)*
ich	werde gehüpft haben	werde gehüpft haben	würde gehüpft haben
du	wirst gehüpft haben	werdest gehüpft haben	würdest gehüpft haben
er	wird gehüpft haben	werde gehüpft haben	würde gehüpft haben
wir	werden gehüpft haben	werden gehüpft haben	würden gehüpft haben
ihr	werdet gehüpft haben	werdet gehüpft haben	würdet gehüpft haben
sie	werden gehüpft haben	werden gehüpft haben	würden gehüpft haben

Examples: *Auf dem Film schien er zu hüpfen, aber er hatte eigentlich nicht gehüpft.* He seemed to hop on film, but he didn't really hop. *Aristoteles behauptete, daß es im Ei einen kleinen Punkt gebe, der springe und hüpfe und das Herz des künftigen Vogels sei.* Aristotle maintained that in the egg there was a little dot that jumped and hopped and was the heart of the bird to be.

PRINC. PARTS: sich interessieren, interessierte sich,
hat sich interessiert, interessiert sich
IMPERATIVE: interessiere dich!, interessiert euch!,
interessieren Sie sich!

INDICATIVE	SUBJUNCTIVE	
	PRIMARY	SECONDARY

Present Time

Present	*(Pres. Subj.)*	*(Imperf. Subj.)*
ich interessiere mich	interessiere mich	interessierte mich
du interessierst dich	interessierest dich	interessiertest dich
er interessiert sich	interessiere sich	interessierte sich
wir interessieren uns	interessieren uns	interessierten uns
ihr interessiert euch	interessieret euch	interessiertet euch
sie interessieren sich	interessieren sich	interessierten sich

Imperfect

ich	interessierte mich
du	interessiertest dich
er	interessierte sich
wir	interessierten uns
ihr	interessiertet euch
sie	interessierten sich

Past Time

Perfect	*(Perf. Subj.)*	*(Pluperf. Subj.)*
ich habe mich interessiert	habe mich interessiert	hätte mich interessiert
du hast dich interessiert	habest dich interessiert	hättest dich interessiert
er hat sich interessiert	habe sich interessiert	hätte sich interessiert
wir haben uns interessiert	haben uns interessiert	hätten uns interessiert
ihr habt euch interessiert	habet euch interessiert	hättet euch interessiert
sie haben sich interessiert	haben sich interessiert	hätten sich interessiert

Pluperfect

ich	hatte mich interessiert
du	hattest dich interessiert
er	hatte sich interessiert
wir	hatten uns interessiert
ihr	hattet euch interessiert
sie	hatten sich interessiert

Future Time

Future	*(Fut. Subj.)*	*(Pres. Conditional)*
ich werde mich interessieren	werde mich interessieren	würde mich interessieren
du wirst dich interessieren	werdest dich interessieren	würdest dich interessieren
er wird sich interessieren	werde sich interessieren	würde sich interessieren
wir werden uns interessieren	werden uns interessieren	würden uns interessieren
ihr werdet euch interessieren	werdet euch interessieren	würdet euch interessieren
sie werden sich interessieren	werden sich interessieren	würden sich interessieren

Future Perfect Time

Future Perfect	*(Fut. Perf. Subj.)*	*(Past Conditional)*
ich werde mich interessiert haben	werde mich interessiert haben	würde mich interessiert haben
du wirst dich interessiert haben	werdest dich interessiert haben	würdest dich interessiert haben
er wird sich interessiert haben	werde sich interessiert haben	würde sich interessiert haben
wir werden uns interessiert haben	werden uns interessiert haben	würden uns interessiert haben
ihr werdet euch interessiert haben	werdet euch interessiert haben	würdet euch interessiert haben
sie werden sich interessiert haben	werden sich interessiert haben	würden sich interessiert haben

Examples: *Früher war der Chef ein interessanter Mensch, der sich für vieles interessierte. Jetzt interessiert er sich für wenig, nicht einmal sein Geld.* Once the boss was an interesting person who was interested in many things. Now he's not much interested in anything, not even his money. Note the use of **für**.

interpretieren

to interpret

PRINC. PARTS: interpretieren, interpretierte, interpretiert, interpretiert

IMPERATIVE: interpretiere!, interpretiert!, interpretieren Sie!

INDICATIVE	SUBJUNCTIVE	
	PRIMARY	SECONDARY
Present	*Present Time*	
	(Pres. Subj.)	*(Imperf. Subj.)*
ich interpretiere	interpretiere	interpretierte
du interpretierst	interpretierest	interpretiertest
er interpretiert	interpretiere	interpretierte
wir interpretieren	interpretieren	interpretierten
ihr interpretiert	interpretieret	interpretiertet
sie interpretieren	interpretieren	interpretierten

Imperfect

ich	interpretierte
du	interpretiertest
er	interpretierte
wir	interpretierten
ihr	interpretiertet
sie	interpretierten

Perfect	*Past Time*	
	(Perf. Subj.)	*(Pluperf. Subj.)*
ich habe interpretiert	habe interpretiert	hätte interpretiert
du hast interpretiert	habest interpretiert	hättest interpretiert
er hat interpretiert	habe interpretiert	hätte interpretiert
wir haben interpretiert	haben interpretiert	hätten interpretiert
ihr habt interpretiert	habet interpretiert	hättet interpretiert
sie haben interpretiert	haben interpretiert	hätten interpretiert

Pluperfect

ich	hatte interpretiert
du	hattest interpretiert
er	hatte interpretiert
wir	hatten interpretiert
ihr	hattet interpretiert
sie	hatten interpretiert

Future	*Future Time*	
	(Fut. Subj.)	*(Pres. Conditional)*
ich werde interpretieren	werde interpretieren	würde interpretieren
du wirst interpretieren	werdest interpretieren	würdest interpretieren
er wird interpretieren	werde interpretieren	würde interpretieren
wir werden interpretieren	werden interpretieren	würden interpretieren
ihr werdet interpretieren	werdet interpretieren	würdet interpretieren
sie werden interpretieren	werden interpretieren	würden interpretieren

Future Perfect	*Future Perfect Time*	
	(Fut. Perf. Subj.)	*(Past Conditional)*
ich werde interpretiert haben	werde interpretiert haben	würde interpretiert haben
du wirst interpretiert haben	werdest interpretiert haben	würdest interpretiert haben
er wird interpretiert haben	werde interpretiert haben	würde interpretiert haben
wir werden interpretiert haben	werden interpretiert haben	würden interpretiert haben
ihr werdet interpretiert haben	werdet interpretiert haben	würdet interpretiert haben
sie werden interpretiert haben	werden interpretiert haben	würden interpretiert haben

Examples: *Die Professorin hat den Roman auf eine ganz neue Art interpretiert. „Man sollte einfach lesen oder ins Kino gehen und nicht immer so viel interpretieren", behauptete ein nicht sehr fleißiger Student.* The professor has interpreted the novel in quite a new way. "People interpret too much. One ought to just read or go to the movies and not always interpret so much," asserted a not very diligent student.

kämpfen

to fight, struggle

INDICATIVE	SUBJUNCTIVE	
	PRIMARY	SECONDARY

Present Time

	Present	(Pres. Subj.)	(Imperf. Subj.)
ich	kämpfe	kämpfe	kämpfte
du	kämpfst	kämpfest	kämpftest
er	kämpft	kämpfe	kämpfte
wir	kämpfen	kämpfen	kämpften
ihr	kämpft	kämpfet	kämpftet
sie	kämpfen	kämpfen	kämpften

	Imperfect
ich	kämpfte
du	kämpftest
er	kämpfte
wir	kämpften
ihr	kämpftet
sie	kämpften

Past Time

	Perfect	(Perf. Subj.)	(Pluperf. Subj.)
ich	habe gekämpft	habe gekämpft	hätte gekämpft
du	hast gekämpft	habest gekämpft	hättest gekämpft
er	hat gekämpft	habe gekämpft	hätte gekämpft
wir	haben gekämpft	haben gekämpft	hätten gekämpft
ihr	habt gekämpft	habet gekämpft	hättet gekämpft
sie	haben gekämpft	haben gekämpft	hätten gekämpft

	Pluperfect
ich	hatte gekämpft
du	hattest gekämpft
er	hatte gekämpft
wir	hatten gekämpft
ihr	hattet gekämpft
sie	hatten gekämpft

Future Time

	Future	(Fut. Subj.)	(Pres. Conditional)
ich	werde kämpfen	werde kämpfen	würde kämpfen
du	wirst kämpfen	werdest kämpfen	würdest kämpfen
er	wird kämpfen	werde kämpfen	würde kämpfen
wir	werden kämpfen	werden kämpfen	würden kämpfen
ihr	werdet kämpfen	werdet kämpfen	würdet kämpfen
sie	werden kämpfen	werden kämpfen	würden kämpfen

Future Perfect Time

	Future Perfect	(Fut. Perf. Subj.)	(Past Conditional)
ich	werde gekämpft haben	werde gekämpft haben	würde gekämpft haben
du	wirst gekämpft haben	werdest gekämpft haben	würdest gekämpft haben
er	wird gekämpft haben	werde gekämpft haben	würde gekämpft haben
wir	werden gekämpft haben	werden gekämpft haben	würden gekämpft haben
ihr	werdet gekämpft haben	werdet gekämpft haben	würdet gekämpft haben
sie	werden gekämpft haben	werden gekämpft haben	würden gekämpft haben

---

Examples: *Viele Künstler und Wissenschaftler haben um die Wahrheit kämpfen müssen. Oft mußten sie gegen eine geistlose Zensur kämpfen.* Many artists and scientists had to fight for truth. They often had to struggle against mindless censorship. The modal **müssen** is used in the 1ˢᵗ two sents. The 1ˢᵗ sent. uses the double infin. construction.

185

kauen

to chew

PRINC. PARTS: kauen, kaute, gekaut, kaut
IMPERATIVE: kaue!, kaut!, kauen Sie!

	INDICATIVE		SUBJUNCTIVE	
			PRIMARY	SECONDARY
			Present Time	
	Present		*(Pres. Subj.)*	*(Imperf. Subj.)*
ich	kaue		kaue	kaute
du	kaust		kauest	kautest
er	kaut		kaue	kaute
wir	kauen		kauen	kauten
ihr	kaut		kauet	kautet
sie	kauen		kauen	kauten

	Imperfect
ich	kaute
du	kautest
er	kaute
wir	kauten
ihr	kautet
sie	kauten

			Past Time	
	Perfect		*(Perf. Subj.)*	*(Pluperf. Subj.)*
ich	habe gekaut		habe gekaut	hätte gekaut
du	hast gekaut		habest gekaut	hättest gekaut
er	hat gekaut		habe gekaut	hätte gekaut
wir	haben gekaut		haben gekaut	hätten gekaut
ihr	habt gekaut		habet gekaut	hättet gekaut
sie	haben gekaut		haben gekaut	hätten gekaut

	Pluperfect
ich	hatte gekaut
du	hattest gekaut
er	hatte gekaut
wir	hatten gekaut
ihr	hattet gekaut
sie	hatten gekaut

			Future Time	
	Future		*(Fut. Subj.)*	*(Pres. Conditional)*
ich	werde kauen		werde kauen	würde kauen
du	wirst kauen		werdest kauen	würdest kauen
er	wird kauen		werde kauen	würde kauen
wir	werden kauen		werden kauen	würden kauen
ihr	werdet kauen		werdet kauen	würdet kauen
sie	werden kauen		werden kauen	würden kauen

			Future Perfect Time	
	Future Perfect		*(Fut. Perf. Subj.)*	*(Past Conditional)*
ich	werde gekaut haben		werde gekaut haben	würde gekaut haben
du	wirst gekaut haben		werdest gekaut haben	würdest gekaut haben
er	wird gekaut haben		werde gekaut haben	würde gekaut haben
wir	werden gekaut haben		werden gekaut haben	würden gekaut haben
ihr	werdet gekaut haben		werdet gekaut haben	würdet gekaut haben
sie	werden gekaut haben		werden gekaut haben	würden gekaut haben

Examples: *Die Kuh ist ein Widerkäuer und versteht sich aufs Kauen. Seitdem ich meine Kauzähne verloren habe, kaue ich keinen Kaugummi mehr. Aber mein Kautabak schmeckt mir noch.* The cow is a ruminant and knows all about chewing. Since I lost my molars, I don't chew gum any more. But I still enjoy my chewing tobacco.

PRINC. PARTS: kaufen, kaufte, gekauft, kauft
IMPERATIVE: kaufe!, kauft!, kaufen Sie!

kaufen

to buy

INDICATIVE	SUBJUNCTIVE	
	PRIMARY	SECONDARY
	Present Time	
Present	*(Pres. Subj.)*	*(Imperf. Subj.)*
ich kaufe	kaufe	kaufte
du kaufst	kaufest	kauftest
er kauft	kaufe	kaufte
wir kaufen	kaufen	kauften
ihr kauft	kaufet	kauftet
sie kaufen	kaufen	kauften

Imperfect		
ich kaufte		
du kauftest		
er kaufte		
wir kauften		
ihr kauftet		
sie kauften		

	Past Time	
Perfect	*(Perf. Subj.)*	*(Pluperf. Subj.)*
ich habe gekauft	habe gekauft	hätte gekauft
du hast gekauft	habest gekauft	hättest gekauft
er hat gekauft	habe gekauft	hätte gekauft
wir haben gekauft	haben gekauft	hätten gekauft
ihr habt gekauft	habet gekauft	hättet gekauft
sie haben gekauft	haben gekauft	hätten gekauft

Pluperfect		
ich hatte gekauft		
du hattest gekauft		
er hatte gekauft		
wir hatten gekauft		
ihr hattet gekauft		
sie hatten gekauft		

	Future Time	
Future	*(Fut. Subj.)*	*(Pres. Conditional)*
ich werde kaufen	werde kaufen	würde kaufen
du wirst kaufen	werdest kaufen	würdest kaufen
er wird kaufen	werde kaufen	würde kaufen
wir werden kaufen	werden kaufen	würden kaufen
ihr werdet kaufen	werdet kaufen	würdet kaufen
sie werden kaufen	werden kaufen	würden kaufen

	Future Perfect Time	
Future Perfect	*(Fut. Perf. Subj.)*	*(Past Conditional)*
ich werde gekauft haben	werde gekauft haben	würde gekauft haben
du wirst gekauft haben	werdest gekauft haben	würdest gekauft haben
er wird gekauft haben	werde gekauft haben	würde gekauft haben
wir werden gekauft haben	werden gekauft haben	würden gekauft haben
ihr werdet gekauft haben	werdet gekauft haben	würdet gekauft haben
sie werden gekauft haben	werden gekauft haben	würden gekauft haben

Examples: *Jetzt arbeite ich als Verkäuferin in einem großen Kaufhaus. Fernseher und alle Haushaltsgeräte mußte ich auf Raten kaufen. Gute Theaterkarten kann ich nicht kaufen.* Now I work as a salesperson in a big department store. I had to buy my TV set and all household appliances on the installment plan. I can't buy good seats for the theater. A synonym for **kaufen** is the sep. prefix verb **ankaufen** (to purchase).

kehren

to turn; sweep

PRINC. PARTS: kehren, kehrte, gekehrt, kehrt
IMPERATIVE: kehre!, kehrt!, kehren Sie!

INDICATIVE	SUBJUNCTIVE	
	PRIMARY	SECONDARY

Present Time

	Present	*(Pres. Subj.)*	*(Imperf. Subj.)*
ich	kehre	kehre	kehrte
du	kehrst	kehrest	kehrtest
er	kehrt	kehre	kehrte
wir	kehren	kehren	kehrten
ihr	kehrt	kehret	kehrtet
sie	kehren	kehren	kehrten

	Imperfect
ich	kehrte
du	kehrtest
er	kehrte
wir	kehrten
ihr	kehrtet
sie	kehrten

Past Time

	Perfect	*(Perf. Subj.)*	*(Pluperf. Subj.)*
ich	habe gekehrt	habe gekehrt	hätte gekehrt
du	hast gekehrt	habest gekehrt	hättest gekehrt
er	hat gekehrt	habe gekehrt	hätte gekehrt
wir	haben gekehrt	haben gekehrt	hätten gekehrt
ihr	habt gekehrt	habet gekehrt	hättet gekehrt
sie	haben gekehrt	haben gekehrt	hätten gekehrt

	Pluperfect
ich	hatte gekehrt
du	hattest gekehrt
er	hatte gekehrt
wir	hatten gekehrt
ihr	hattet gekehrt
sie	hatten gekehrt

Future Time

	Future	*(Fut. Subj.)*	*(Pres. Conditional)*
ich	werde kehren	werde kehren	würde kehren
du	wirst kehren	werdest kehren	würdest kehren
er	wird kehren	werde kehren	würde kehren
wir	werden kehren	werden kehren	würden kehren
ihr	werdet kehren	werdet kehren	würdet kehren
sie	werden kehren	werden kehren	würden kehren

Future Perfect Time

	Future Perfect	*(Fut. Perf. Subj.)*	*(Past Conditional)*
ich	werde gekehrt haben	werde gekehrt haben	würde gekehrt haben
du	wirst gekehrt haben	werdest gekehrt haben	würdest gekehrt haben
er	wird gekehrt haben	werde gekehrt haben	würde gekehrt haben
wir	werden gekehrt haben	werden gekehrt haben	würden gekehrt haben
ihr	werdet gekehrt haben	werdet gekehrt haben	würdet gekehrt haben
sie	werden gekehrt haben	werden gekehrt haben	würden gekehrt haben

Examples: *Meine Schwester hat der Familie nicht den Rücken gekehrt, aber sie ist ein in sich gekehrter Mensch. Mit Goethe glaubt sie, daß wenn jeder vor seiner eigenen Tür kehrt, wird die ganze Stadt bald rein.* My sister hasn't turned her back on the family but she is an introverted person. With Goethe, she believes that if all sweep before their own door, the whole town will soon be clean.

kennen

PRINC. PARTS: kennen, kannte, gekannt, kennt
IMPERATIVE: kenne!, kennt!, kennen Sie!

to know (by acquaintance),
be familiar with

	INDICATIVE	SUBJUNCTIVE	
		PRIMARY	SECONDARY
		Present Time	
	Present	*(Pres. Subj.)*	*(Imperf. Subj.)*
ich	kenne	kenne	kennte
du	kennst	kennest	kenntest
er	kennt	kenne	kennte
wir	kennen	kennen	kennten
ihr	kennt	kennet	kenntet
sie	kennen	kennen	kennten
	Imperfect		
ich	kannte		
du	kanntest		
er	kannte		
wir	kannten		
ihr	kanntet		
sie	kannten		
		Past Time	
	Perfect	*(Perf. Subj.)*	*(Pluperf. Subj.)*
ich	habe gekannt	habe gekannt	hätte gekannt
du	hast gekannt	habest gekannt	hättest gekannt
er	hat gekannt	habe gekannt	hätte gekannt
wir	haben gekannt	haben gekannt	hätten gekannt
ihr	habt gekannt	habet gekannt	hättet gekannt
sie	haben gekannt	haben gekannt	hätten gekannt
	Pluperfect		
ich	hatte gekannt		
du	hattest gekannt		
er	hatte gekannt		
wir	hatten gekannt		
ihr	hattet gekannt		
sie	hatten gekannt		
		Future Time	
	Future	*(Fut. Subj.)*	*(Pres. Conditional)*
ich	werde kennen	werde kennen	würde kennen
du	wirst kennen	werdest kennen	würdest kennen
er	wird kennen	werde kennen	würde kennen
wir	werden kennen	werden kennen	würden kennen
ihr	werdet kennen	werdet kennen	würdet kennen
sie	werden kennen	werden kennen	würden kennen
		Future Perfect Time	
	Future Perfect	*(Fut. Perf. Subj.)*	*(Past Conditional)*
ich	werde gekannt haben	werde gekannt haben	würde gekannt haben
du	wirst gekannt haben	werdest gekannt haben	würdest gekannt haben
er	wird gekannt haben	werde gekannt haben	würde gekannt haben
wir	werden gekannt haben	werden gekannt haben	würden gekannt haben
ihr	werdet gekannt haben	werdet gekannt haben	würdet gekannt haben
sie	werden gekannt haben	werden gekannt haben	würden gekannt haben

Examples: *Kennen Sie diesen Weinbrand? Kenner halten viel von ihm, aber ich kenne ihn noch nicht.* Do you know this brandy? Connoisseurs think much of it, but I'm not familiar with it yet. *Ich kenne sie, aber ich weiß nicht, ob sie Arabisch kann.* I know her, but I don't know if she knows Arabic. The 3 verbs for "know" are used in ex. 2: **kennen, wissen,** and **können.**

kennenlernen

to get to know; meet;
become acquainted with

PRINC. PARTS: kennenlernen, lernte kennen,
kennengelernt, lernt kennen
IMPERATIVE: lerne kennen!, lernt kennen!,
lernen Sie kennen!

INDICATIVE		SUBJUNCTIVE	
		PRIMARY	SECONDARY
		Present Time	
	Present	*(Pres. Subj.)*	*(Imperf. Subj.)*
ich	lerne kennen	lerne kennen	lernte kennen
du	lernst kennen	lernest kennen	lerntest kennen
er	lernt kennen	lerne kennen	lernte kennen
wir	lernen kennen	lernen kennen	lernten kennen
ihr	lernt kennen	lernet kennen	lerntet kennen
sie	lernen kennen	lernen kennen	lernten kennen
	Imperfect		
ich	lernte kennen		
du	lerntest kennen		
er	lernte kennen		
wir	lernten kennen		
ihr	lerntet kennen		
sie	lernten kennen		
		Past Time	
	Perfect	*(Perf. Subj.)*	*(Pluperf. Subj.)*
ich	habe kennengelernt	habe kennengelernt	hätte kennengelernt
du	hast kennengelernt	habest kennengelernt	hättest kennengelernt
er	hat kennengelernt	habe kennengelernt	hätte kennengelernt
wir	haben kennengelernt	haben kennengelernt	hätten kennengelernt
ihr	habt kennengelernt	habet kennengelernt	hättet kennengelernt
sie	haben kennengelernt	haben kennengelernt	hätten kennengelernt
	Pluperfect		
ich	hatte kennengelernt		
du	hattest kennengelernt		
er	hatte kennengelernt		
wir	hatten kennengelernt		
ihr	hattet kennengelernt		
sie	hatten kennengelernt		
		Future Time	
	Future	*(Fut. Subj.)*	*(Pres. Conditional)*
ich	werde kennenlernen	werde kennenlernen	würde kennenlernen
du	wirst kennenlernen	werdest kennenlernen	würdest kennenlernen
er	wird kennenlernen	werde kennenlernen	würde kennenlernen
wir	werden kennenlernen	werden kennenlernen	würden kennenlernen
ihr	werdet kennenlernen	werdet kennenlernen	würdet kennenlernen
sie	werden kennenlernen	werden kennenlernen	würden kennenlernen
		Future Perfect Time	
	Future Perfect	*(Fut. Perf. Subj.)*	*(Past Conditional)*
ich	werde kennengelernt haben	werde kennengelernt haben	würde kennengelernt haben
du	wirst kennengelernt haben	werdest kennengelernt haben	würdest kennengelernt haben
er	wird kennengelernt haben	werde kennengelernt haben	würde kennengelernt haben
wir	werden kennengelernt haben	werden kennengelernt haben	würden kennengelernt haben
ihr	werdet kennengelernt haben	werdet kennengelernt haben	würdet kennengelernt haben
sie	werden kennengelernt haben	werden kennengelernt haben	würden kennengelernt haben

Examples: *Lulu hat er zuerst in Paris kennengelernt. In Amsterdam glaubte er, sie erkannt zu haben. Aber sie wollte sich nicht zu erkennen geben.* He met Lulu in Paris first. He thought he recognized her in Amsterdam. But she didn't want to disclose herself. According to the new rules in <u>Duden: Rechtschreibung</u>, effective Aug. 1, 1998, it is now correct to write **kennen lernen, kennen gelernt,** etc.

klagen

PRINC. PARTS: klagen, klagte, geklagt, klagt
IMPERATIVE: klage!, klagt!, klagen Sie!

to lament; complain of

INDICATIVE	SUBJUNCTIVE	
	PRIMARY	SECONDARY

Present Time

	Present	*(Pres. Subj.)*	*(Imperf. Subj.)*
ich	klage	klage	klagte
du	klagst	klagest	klagtest
er	klagt	klage	klagte
wir	klagen	klagen	klagten
ihr	klagt	klaget	klagtet
sie	klagen	klagen	klagten

	Imperfect
ich	klagte
du	klagtest
er	klagte
wir	klagten
ihr	klagtet
sie	klagten

Past Time

	Perfect	*(Perf. Subj.)*	*(Pluperf. Subj.)*
ich	habe geklagt	habe geklagt	hätte geklagt
du	hast geklagt	habest geklagt	hättest geklagt
er	hat geklagt	habe geklagt	hätte geklagt
wir	haben geklagt	haben geklagt	hätten geklagt
ihr	habt geklagt	habet geklagt	hättet geklagt
sie	haben geklagt	haben geklagt	hätten geklagt

	Pluperfect
ich	hatte geklagt
du	hattest geklagt
er	hatte geklagt
wir	hatten geklagt
ihr	hattet geklagt
sie	hatten geklagt

Future Time

	Future	*(Fut. Subj.)*	*(Pres. Conditional)*
ich	werde klagen	werde klagen	würde klagen
du	wirst klagen	werdest klagen	würdest klagen
er	wird klagen	werde klagen	würde klagen
wir	werden klagen	werden klagen	würden klagen
ihr	werdet klagen	werdet klagen	würdet klagen
sie	werden klagen	werden klagen	würden klagen

Future Perfect Time

	Future Perfect	*(Fut. Perf. Subj.)*	*(Past Conditional)*
ich	werde geklagt haben	werde geklagt haben	würde geklagt haben
du	wirst geklagt haben	werdest geklagt haben	würdest geklagt haben
er	wird geklagt haben	werde geklagt haben	würde geklagt haben
wir	werden geklagt haben	werden geklagt haben	würden geklagt haben
ihr	werdet geklagt haben	werdet geklagt haben	würdet geklagt haben
sie	werden geklagt haben	werden geklagt haben	würden geklagt haben

Examples: *Ja, du klagst über Rücken- und Kopfschmerzen. Auch wollen die Nachbarn uns auf Schadenersatz klagen. Aber was nutzt das Klagen?* Yes, you complain about back pains and headaches. And the neighbors want to sue us for damages. But what's the use complaining? *Die Mütter klagten über das Schicksal ihrer Söhne.* The mothers lamented the fate of their sons.

kleben

to paste; stick

PRINC. PARTS: kleben, klebte, geklebt, klebt
IMPERATIVE: klebe!, klebt!, kleben Sie!

INDICATIVE	SUBJUNCTIVE	
	PRIMARY	SECONDARY

Present Time

	Present	*(Pres. Subj.)*	*(Imperf. Subj.)*
ich	klebe	klebe	klebte
du	klebst	klebest	klebtest
er	klebt	klebe	klebte
wir	kleben	kleben	klebten
ihr	klebt	klebet	klebtet
sie	kleben	kleben	klebten

	Imperfect
ich	klebte
du	klebtest
er	klebte
wir	klebten
ihr	klebtet
sie	klebten

Past Time

	Perfect	*(Perf. Subj.)*	*(Pluperf. Subj.)*
ich	habe geklebt	habe geklebt	hätte geklebt
du	hast geklebt	habest geklebt	hättest geklebt
er	hat geklebt	habe geklebt	hätte geklebt
wir	haben geklebt	haben geklebt	hätten geklebt
ihr	habt geklebt	habet geklebt	hättet geklebt
sie	haben geklebt	haben geklebt	hätten geklebt

	Pluperfect
ich	hatte geklebt
du	hattest geklebt
er	hatte geklebt
wir	hatten geklebt
ihr	hattet geklebt
sie	hatten geklebt

Future Time

	Future	*(Fut. Subj.)*	*(Pres. Conditional)*
ich	werde kleben	werde kleben	würde kleben
du	wirst kleben	werdest kleben	würdest kleben
er	wird kleben	werde kleben	würde kleben
wir	werden kleben	werden kleben	würden kleben
ihr	werdet kleben	werdet kleben	würdet kleben
sie	werden kleben	werden kleben	würden kleben

Future Perfect Time

	Future Perfect	*(Fut. Perf. Subj.)*	*(Past Conditional)*
ich	werde geklebt haben	werde geklebt haben	würde geklebt haben
du	wirst geklebt haben	werdest geklebt haben	würdest geklebt haben
er	wird geklebt haben	werde geklebt haben	würde geklebt haben
wir	werden geklebt haben	werden geklebt haben	würden geklebt haben
ihr	werdet geklebt haben	werdet geklebt haben	würdet geklebt haben
sie	werden geklebt haben	werden geklebt haben	würden geklebt haben

---

Examples: *„Menschenblut klebt an den Waffenlieferungen an unsere Feinde. Diese Schande wird an ihnen klebenbleiben", klagte der General.* "There's blood on the arms shipments to our enemies. That disgrace will stick to them," complained the general. *Rocky klebte an der Theke und murmelte, „Wenn ich ihn sehe, klebe ich ihm eine."* Rocky stayed glued to the bar and mumbled, "If I see him, I'll belt him one."

PRINC. PARTS: klingen,* klang, geklungen, klingt
IMPERATIVE: klinge!, klingt!, klingen Sie!**

INDICATIVE		SUBJUNCTIVE	
		PRIMARY	SECONDARY
		Present Time	
	Present	*(Pres. Subj.)*	*(Imperf. Subj.)*
ich	klinge	klinge	klänge
du	klingst	klingest	klängest
er	klingt	klinge	klänge
wir	klingen	klingen	klängen
ihr	klingt	klinget	klänget
sie	klingen	klingen	klängen
	Imperfect		
ich	klang		
du	klangst		
er	klang		
wir	klangen		
ihr	klangt		
sie	klangen		
	Perfect	*Past Time*	
		(Perf. Subj.)	*(Pluperf. Subj.)*
ich	habe geklungen	habe geklungen	hätte geklungen
du	hast geklungen	habest geklungen	hättest geklungen
er	hat geklungen	habe geklungen	hätte geklungen
wir	haben geklungen	haben geklungen	hätten geklungen
ihr	habt geklungen	habet geklungen	hättet geklungen
sie	haben geklungen	haben geklungen	hätten geklungen
	Pluperfect		
ich	hatte geklungen		
du	hattest geklungen		
er	hatte geklungen		
wir	hatten geklungen		
ihr	hattet geklungen		
sie	hatten geklungen		
	Future	*Future Time*	
		(Fut. Subj.)	*(Pres. Conditional)*
ich	werde klingen	werde klingen	würde klingen
du	wirst klingen	werdest klingen	würdest klingen
er	wird klingen	werde klingen	würde klingen
wir	werden klingen	werden klingen	würden klingen
ihr	werdet klingen	werdet klingen	würdet klingen
sie	werden klingen	werden klingen	würden klingen
	Future Perfect	*Future Perfect Time*	
		(Fut. Perf. Subj.)	*(Past Conditional)*
ich	werde geklungen haben	werde geklungen haben	würde geklungen haben
du	wirst geklungen haben	werdest geklungen haben	würdest geklungen haben
er	wird geklungen haben	werde geklungen haben	würde geklungen haben
wir	werden geklungen haben	werden geklungen haben	würden geklungen haben
ihr	werdet geklungen haben	werdet geklungen haben	würdet geklungen haben
sie	werden geklungen haben	werden geklungen haben	würden geklungen haben

* Forms other than the third person are infrequently found.
** The imperative is unusual.

Examples: *„Komm, du schönes Glockenspiel, laß die Glöckchen klingen, daß die Ohren ihnen singen."* "Come, you lovely glockenspiel, let your little bells ring, so that their ears sing." *Danach ließen alle die Gläser klingen. Bald klangen fröhliche Stimmen aus dem Haus.* After that, all clinked glasses in a toast. Soon the sound of merry voices came from the house.

klopfen

to knock; beat

PRINC. PARTS: klopfen, klopfte, geklopft, klopft
IMPERATIVE: klopfe!, klopft!, klopfen Sie!

INDICATIVE		SUBJUNCTIVE	
		PRIMARY	SECONDARY
		Present Time	
Present		*(Pres. Subj.)*	*(Imperf. Subj.)*
ich	klopfe	klopfe	klopfte
du	klopfst	klopfest	klopftest
er	klopft	klopfe	klopfte
wir	klopfen	klopfen	klopften
ihr	klopft	klopfet	klopftet
sie	klopfen	klopfen	klopften

Imperfect	
ich	klopfte
du	klopftest
er	klopfte
wir	klopften
ihr	klopftet
sie	klopften

Past Time

Perfect		*(Perf. Subj.)*	*(Pluperf. Subj.)*
ich	habe geklopft	habe geklopft	hätte geklopft
du	hast geklopft	habest geklopft	hättest geklopft
er	hat geklopft	habe geklopft	hätte geklopft
wir	haben geklopft	haben geklopft	hätten geklopft
ihr	habt geklopft	habet geklopft	hättet geklopft
sie	haben geklopft	haben geklopft	hätten geklopft

Pluperfect	
ich	hatte geklopft
du	hattest geklopft
er	hatte geklopft
wir	hatten geklopft
ihr	hattet geklopft
sie	hatten geklopft

Future Time

Future		*(Fut. Subj.)*	*(Pres. Conditional)*
ich	werde klopfen	werde klopfen	würde klopfen
du	wirst klopfen	werdest klopfen	würdest klopfen
er	wird klopfen	werde klopfen	würde klopfen
wir	werden klopfen	werden klopfen	würden klopfen
ihr	werdet klopfen	werdet klopfen	würdet klopfen
sie	werden klopfen	werden klopfen	würden klopfen

Future Perfect Time

Future Perfect		*(Fut. Perf. Subj.)*	*(Past Conditional)*
ich	werde geklopft haben	werde geklopft haben	würde geklopft haben
du	wirst geklopft haben	werdest geklopft haben	würdest geklopft haben
er	wird geklopft haben	werde geklopft haben	würde geklopft haben
wir	werden geklopft haben	werden geklopft haben	würden geklopft haben
ihr	werdet geklopft haben	werdet geklopft haben	würdet geklopft haben
sie	werden geklopft haben	werden geklopft haben	würden geklopft haben

---

Examples: „*Hat jemand an die Tür geklopft?*" „*Ja, es hat geklopft.*" "Did someone knock at the door?" "Yes, there was a knocking." *Mein Herz klopfte schnell. Ich hatte Herzklopfen, weil ich zu viel Kaffee mit Schnaps getrunken hatte.* My heart beat fast. I had heart palpitations because I had drunk too much coffee with schnapps. **"Es"** (sent. 2) is sometimes used to make narratives more dramatic.

PRINC. PARTS: kneifen, kniff, gekniffen, kneift
IMPERATIVE: kneife!, kneift!, kneifen Sie!

to pinch, squeeze; shirk

INDICATIVE	SUBJUNCTIVE	
	PRIMARY	SECONDARY

Present Time

	Present	*(Pres. Subj.)*	*(Imperf. Subj.)*
ich	kneife	kneife	kniffe
du	kneifst	kneifest	kniffest
er	kneift	kneife	kniffe
wir	kneifen	kneifen	kniffen
ihr	kneift	kneifet	kniffet
sie	kneifen	kneifen	kniffen

	Imperfect
ich	kniff
du	kniffst
er	kniff
wir	kniffen
ihr	knifft
sie	kniffen

Past Time

	Perfect	*(Perf. Subj.)*	*(Pluperf. Subj.)*
ich	habe gekniffen	habe gekniffen	hätte gekniffen
du	hast gekniffen	habest gekniffen	hättest gekniffen
er	hat gekniffen	habe gekniffen	hätte gekniffen
wir	haben gekniffen	haben gekniffen	hätten gekniffen
ihr	habt gekniffen	habet gekniffen	hättet gekniffen
sie	haben gekniffen	haben gekniffen	hätten gekniffen

	Pluperfect
ich	hatte gekniffen
du	hattest gekniffen
er	hatte gekniffen
wir	hatten gekniffen
ihr	hattet gekniffen
sie	hatten gekniffen

Future Time

	Future	*(Fut. Subj.)*	*(Pres. Conditional)*
ich	werde kneifen	werde kneifen	würde kneifen
du	wirst kneifen	werdest kneifen	würdest kneifen
er	wird kneifen	werde kneifen	würde kneifen
wir	werden kneifen	werden kneifen	würden kneifen
ihr	werdet kneifen	werdet kneifen	würdet kneifen
sie	werden kneifen	werden kneifen	würden kneifen

Future Perfect Time

	Future Perfect	*(Fut. Perf. Subj.)*	*(Past Conditional)*
ich	werde gekniffen haben	werde gekniffen haben	würde gekniffen haben
du	wirst gekniffen haben	werdest gekniffen haben	würdest gekniffen haben
er	wird gekniffen haben	werde gekniffen haben	würde gekniffen haben
wir	werden gekniffen haben	werden gekniffen haben	würden gekniffen haben
ihr	werdet gekniffen haben	werdet gekniffen haben	würdet gekniffen haben
sie	werden gekniffen haben	werden gekniffen haben	würden gekniffen haben

---

Examples: *Die Schuhe kniffen mir zu sehr. Auch hab ich meine Brille gebrochen und meinen Kneifer konnte ich nicht finden.* My shoes pinched me too much. I also broke my glasses and I couldn't find my pince-nez. *Du kneifst vor jeder Verantwortung.* You shirk every responsibility. Note that **vor** + the dative is used in the meaning "to shirk."

195

knüpfen

to tie; knot; fasten together

PRINC. PARTS: knüpfen, knüpfte, geknüpft, knüpft

IMPERATIVE: knüpfe!, knüpft!, knüpfen Sie!

INDICATIVE	SUBJUNCTIVE	
	PRIMARY	SECONDARY
	Present Time	
Present	*(Pres. Subj.)*	*(Imperf. Subj.)*
ich knüpfe	knüpfe	knüpfte
du knüpfst	knüpfest	knüpftest
er knüpft	knüpfe	knüpfte
wir knüpfen	knüpfen	knüpften
ihr knüpft	knüpfet	knüpftet
sie knüpfen	knüpfen	knüpften

Imperfect

ich knüpfte
du knüpftest
er knüpfte
wir knüpften
ihr knüpftet
sie knüpften

		Past Time	
Perfect	*(Perf. Subj.)*	*(Pluperf. Subj.)*
ich habe geknüpft	habe geknüpft	hätte geknüpft
du hast geknüpft	habest geknüpft	hättest geknüpft
er hat geknüpft	habe geknüpft	hätte geknüpft
wir haben geknüpft	haben geknüpft	hätten geknüpft
ihr habt geknüpft	habet geknüpft	hättet geknüpft
sie haben geknüpft	haben geknüpft	hätten geknüpft

Pluperfect

ich hatte geknüpft
du hattest geknüpft
er hatte geknüpft
wir hatten geknüpft
ihr hattet geknüpft
sie hatten geknüpft

		Future Time	
Future	*(Fut. Subj.)*	*(Pres. Conditional)*
ich werde knüpfen	werde knüpfen	würde knüpfen
du wirst knüpfen	werdest knüpfen	würdest knüpfen
er wird knüpfen	werde knüpfen	würde knüpfen
wir werden knüpfen	werden knüpfen	würden knüpfen
ihr werdet knüpfen	werdet knüpfen	würdet knüpfen
sie werden knüpfen	werden knüpfen	würden knüpfen

		Future Perfect Time	
Future Perfect	*(Fut. Perf. Subj.)*	*(Past Conditional)*
ich werde geknüpft haben	werde geknüpft haben	würde geknüpft haben
du wirst geknüpft haben	werdest geknüpft haben	würdest geknüpft haben
er wird geknüpft haben	werde geknüpft haben	würde geknüpft haben
wir werden geknüpft haben	werden geknüpft haben	würden geknüpft haben
ihr werdet geknüpft haben	werdet geknüpft haben	würdet geknüpft haben
sie werden geknüpft haben	werden geknüpft haben	würden geknüpft haben

Examples: *Ich dachte, wir hatten Bande der Freundschaft geknüpft. Warum wollen Sie jetzt Bedingungen an unser Abkommen knüpfen? Jetzt weiß ich nicht, ob ich mich noch an das Unternehmen knüpfen will.* I thought we had established ties of friendship. Why do you now want to attach conditions to our agreement? Now I don't know whether I still want to be connected with the undertaking.

PRINC. PARTS: kochen, kochte, gekocht, kocht
IMPERATIVE: koche!, kocht!, kochen Sie!

to cook; boil; seethe

INDICATIVE	SUBJUNCTIVE	
	PRIMARY	SECONDARY

Present Time

	Present	*(Pres. Subj.)*	*(Imperf. Subj.)*
ich	koche	koche	kochte
du	kochst	kochest	kochtest
er	kocht	koche	kochte
wir	kochen	kochen	kochten
ihr	kocht	kochet	kochtet
sie	kochen	kochen	kochten

	Imperfect
ich	kochte
du	kochtest
er	kochte
wir	kochten
ihr	kochtet
sie	kochten

Past Time

	Perfect	*(Perf. Subj.)*	*(Pluperf. Subj.)*
ich	habe gekocht	habe gekocht	hätte gekocht
du	hast gekocht	habest gekocht	hättest gekocht
er	hat gekocht	habe gekocht	hätte gekocht
wir	haben gekocht	haben gekocht	hätten gekocht
ihr	habt gekocht	habet gekocht	hättet gekocht
sie	haben gekocht	haben gekocht	hätten gekocht

	Pluperfect
ich	hatte gekocht
du	hattest gekocht
er	hatte gekocht
wir	hatten gekocht
ihr	hattet gekocht
sie	hatten gekocht

Future Time

	Future	*(Fut. Subj.)*	*(Pres. Conditional)*
ich	werde kochen	werde kochen	würde kochen
du	wirst kochen	werdest kochen	würdest kochen
er	wird kochen	werde kochen	würde kochen
wir	werden kochen	werden kochen	würden kochen
ihr	werdet kochen	werdet kochen	würdet kochen
sie	werden kochen	werden kochen	würden kochen

Future Perfect Time

	Future Perfect	*(Fut. Perf. Subj.)*	*(Past Conditional)*
ich	werde gekocht haben	werde gekocht haben	würde gekocht haben
du	wirst gekocht haben	werdest gekocht haben	würdest gekocht haben
er	wird gekocht haben	werde gekocht haben	würde gekocht haben
wir	werden gekocht haben	werden gekocht haben	würden gekocht haben
ihr	werdet gekocht haben	werdet gekocht haben	würdet gekocht haben
sie	werden gekocht haben	werden gekocht haben	würden gekocht haben

---

Examples: „*Heute abend möchte ich dir meine Kochkunst zeigen*", *sagte Willi.* „*Niemand außer mir darf in der Küche kochen. Ich versteh mich aufs Kochen*", *entgegnete Barbara.* "Tonight I'd like to show you my culinary art," said Willi. "Nobody but me can cook in the kitchen. I know something about cooking," countered Barbara.

kommen

to come

PRINC. PARTS: kommen, kam, ist gekommen, kommt
IMPERATIVE: komme!, kommt!, kommen Sie!

INDICATIVE	SUBJUNCTIVE	
	PRIMARY	SECONDARY

Present Time

	Present	(*Pres. Subj.*)	(*Imperf. Subj.*)
ich	komme	komme	käme
du	kommst	kommest	kämest
er	kommt	komme	käme
wir	kommen	kommen	kämen
ihr	kommt	kommet	kämet
sie	kommen	kommen	kämen

	Imperfect
ich	kam
du	kamst
er	kam
wir	kamen
ihr	kamt
sie	kamen

Past Time

	Perfect	(*Perf. Subj.*)	(*Pluperf. Subj.*)
ich	bin gekommen	sei gekommen	wäre gekommen
du	bist gekommen	seiest gekommen	wärest gekommen
er	ist gekommen	sei gekommen	wäre gekommen
wir	sind gekommen	seien gekommen	wären gekommen
ihr	seid gekommen	seiet gekommen	wäret gekommen
sie	sind gekommen	seien gekommen	wären gekommen

	Pluperfect
ich	war gekommen
du	warst gekommen
er	war gekommen
wir	waren gekommen
ihr	wart gekommen
sie	waren gekommen

Future Time

	Future	(*Fut. Subj.*)	(*Pres. Conditional*)
ich	werde kommen	werde kommen	würde kommen
du	wirst kommen	werdest kommen	würdest kommen
er	wird kommen	werde kommen	würde kommen
wir	werden kommen	werden kommen	würden kommen
ihr	werdet kommen	werdet kommen	würdet kommen
sie	werden kommen	werden kommen	würden kommen

Future Perfect Time

	Future Perfect	(*Fut. Perf. Subj.*)	(*Past Conditional*)
ich	werde gekommen sein	werde gekommen sein	würde gekommen sein
du	wirst gekommen sein	werdest gekommen sein	würdest gekommen sein
er	wird gekommen sein	werde gekommen sein	würde gekommen sein
wir	werden gekommen sein	werden gekommen sein	würden gekommen sein
ihr	werdet gekommen sein	werdet gekommen sein	würdet gekommen sein
sie	werden gekommen sein	werden gekommen sein	würden gekommen sein

Examples: *„Leider konnte ich nicht kommen. Es ist etwas Furchtbares dazwischengekommen." „Komme mir nicht immer mit deinen alten Ausreden!"* "Unfortunately, I couldn't come. Something terrible intervened." "Don't give me your old excuses again." **Kommen** is obviously related to "to come," but many idioms and prefix verbs require more attention.

PRINC. PARTS: können, konnte, gekonnt (können
when immediately preceded by a
infinitive—see 'sprechen dürfen'), kann

IMPERATIVE: not used

to be able (can),
to know (a language
or how to do something)

INDICATIVE		SUBJUNCTIVE	
		PRIMARY	SECONDARY
		Present Time	
	Present	*(Pres. Subj.)*	*(Imperf. Subj.)*
ich	kann	könne	könnte
du	kannst	könnest	könntest
er	kann	könne	könnte
wir	können	können	könnten
ihr	könnt	könnet	könntet
sie	können	können	könnten
	Imperfect		
ich	konnte		
du	konntest		
er	konnte		
wir	konnten		
ihr	konntet		
sie	konnten		
		Past Time	
	Perfect	*(Perf. Subj.)*	*(Pluperf. Subj.)*
ich	habe gekonnt	habe gekonnt	hätte gekonnt
du	hast gekonnt	habest gekonnt	hättest gekonnt
er	hat gekonnt	habe gekonnt	hätte gekonnt
wir	haben gekonnt	haben gekonnt	hätten gekonnt
ihr	habt gekonnt	habet gekonnt	hättet gekonnt
sie	haben gekonnt	haben gekonnt	hätten gekonnt
	Pluperfect		
ich	hatte gekonnt		
du	hattest gekonnt		
er	hatte gekonnt		
wir	hatten gekonnt		
ihr	hattet gekonnt		
sie	hatten gekonnt		
		Future Time	
	Future	*(Fut. Subj.)*	*(Pres. Conditional)*
ich	werde können	werde können	würde können
du	wirst können	werdest können	würdest können
er	wird können	werde können	würde können
wir	werden können	werden können	würden können
ihr	werdet können	werdet können	würdet können
sie	werden können	werden können	würden können
		Future Perfect Time	
	Future Perfect	*(Fut. Perf. Subj.)*	*(Past Conditional)*
ich	werde gekonnt haben	werde gekonnt haben	würde gekonnt haben
du	wirst gekonnt haben	werdest gekonnt haben	würdest gekonnt haben
er	wird gekonnt haben	werde gekonnt haben	würde gekonnt haben
wir	werden gekonnt haben	werden gekonnt haben	würden gekonnt haben
ihr	werdet gekonnt haben	werdet gekonnt haben	würdet gekonnt haben
sie	werden gekonnt haben	werden gekonnt haben	würden gekonnt haben

Examples: „ *Wo können wir hier einen guten Mechaniker finden?" „Ich kann's Ihnen gleich sagen. Unser Dorfmechaniker ist ein Fachmann von größtem Können. Er kann alles, sogar viele Fremdsprachen."* "Where can we find a good mechanic here?" "I can tell you right away. Our village mechanic is a professional of the greatest ability. He can do everything, even speak many foreign languages."

kosen

to caress, fondle

PRINC. PARTS: kosen, koste, gekost, kost
IMPERATIVE: kose!, kost!, kosen Sie!

INDICATIVE	SUBJUNCTIVE	
	PRIMARY	SECONDARY
	Present Time	
Present	*(Pres. Subj.)*	*(Imperf. Subj.)*
ich kose	kose	koste
du kost	kosest	kostest
er kost	kose	koste
wir kosen	kosen	kosten
ihr kost	koset	kostet
sie kosen	kosen	kosten

Imperfect
ich koste
du kostest
er koste
wir kosten
ihr kostet
sie kosten

Perfect	*(Perf. Subj.)*	*(Pluperf. Subj.)*
	Past Time	
ich habe gekost	habe gekost	hätte gekost
du hast gekost	habest gekost	hättest gekost
er hat gekost	habe gekost	hätte gekost
wir haben gekost	haben gekost	hätten gekost
ihr habt gekost	habet gekost	hättet gekost
sie haben gekost	haben gekost	hätten gekost

Pluperfect
ich hatte gekost
du hattest gekost
er hatte gekost
wir hatten gekost
ihr hattet gekost
sie hatten gekost

Future	*(Fut. Subj.)*	*(Pres. Conditional)*
	Future Time	
ich werde kosen	werde kosen	würde kosen
du wirst kosen	werdest kosen	würdest kosen
er wird kosen	werde kosen	würde kosen
wir werden kosen	werden kosen	würden kosen
ihr werdet kosen	werdet kosen	würdet kosen
sie werden kosen	werden kosen	würden kosen

Future Perfect	*(Fut. Perf. Subj.)*	*(Past Conditional)*
	Future Perfect Time	
ich werde gekost haben	werde gekost haben	würde gekost haben
du wirst gekost haben	werdest gekost haben	würdest gekost haben
er wird gekost haben	werde gekost haben	würde gekost haben
wir werden gekost haben	werden gekost haben	würden gekost haben
ihr werdet gekost haben	werdet gekost haben	würdet gekost haben
sie werden gekost haben	werden gekost haben	würden gekost haben

Examples: *Sie sind in einander total verknallt und andauernd flüstern sie sich Kosewörter ins Öhrchen. Sie verstehen sich nur aufs Küssen und Kosen.* They're completely nuts about each other and they're constantly whispering endearments to each other. All they know about is kissing and caressing. Infinitives can be capitalized and used as verbal nouns, as in ex. 1.

PRINC. PARTS: kosten, kostete, gekostet, kostet
IMPERATIVE: koste!, kostet!, kosten Sie!

kosten

to cost; taste, try

	INDICATIVE	SUBJUNCTIVE	
		PRIMARY	SECONDARY

Present Time

	Present	*(Pres. Subj.)*	*(Imperf. Subj.)*
ich	koste	koste	kostete
du	kostest	kostest	kostetest
er	kostet	koste	kostete
wir	kosten	kosten	kosteten
ihr	kostet	kostet	kostetet
sie	kosten	kosten	kosteten

	Imperfect
ich	kostete
du	kostetest
er	kostete
wir	kosteten
ihr	kostetet
sie	kosteten

Past Time

	Perfect	*(Perf. Subj.)*	*(Pluperf. Subj.)*
ich	habe gekostet	habe gekostet	hätte gekostet
du	hast gekostet	habest gekostet	hättest gekostet
er	hat gekostet	habe gekostet	hätte gekostet
wir	haben gekostet	haben gekostet	hätten gekostet
ihr	habt gekostet	habet gekostet	hättet gekostet
sie	haben gekostet	haben gekostet	hätten gekostet

	Pluperfect
ich	hatte gekostet
du	hattest gekostet
er	hatte gekostet
wir	hatten gekostet
ihr	hattet gekostet
sie	hatten gekostet

Future Time

	Future	*(Fut. Subj.)*	*(Pres. Conditional)*
ich	werde kosten	werde kosten	würde kosten
du	wirst kosten	werdest kosten	würdest kosten
er	wird kosten	werde kosten	würde kosten
wir	werden kosten	werden kosten	würden kosten
ihr	werdet kosten	werdet kosten	würdet kosten
sie	werden kosten	werden kosten	würden kosten

Future Perfect Time

	Future Perfect	*(Fut. Perf. Subj.)*	*(Past Conditional)*
ich	werde gekostet haben	werde gekostet haben	würde gekostet haben
du	wirst gekostet haben	werdest gekostet haben	würdest gekostet haben
er	wird gekostet haben	werde gekostet haben	würde gekostet haben
wir	werden gekostet haben	werden gekostet haben	würden gekostet haben
ihr	werdet gekostet haben	werdet gekostet haben	würdet gekostet haben
sie	werden gekostet haben	werden gekostet haben	würden gekostet haben

---

Examples: *„Hast du diesen Käse schon gekostet?" fragte Herma ihren Mann. „Er schmeckt gut. Kostet aber zu viel", brummte er. „Ab morgen gibt's nur schmale Kost. Das wird weniger kosten."* "This cheese is excellent. Have you tried it yet?" Herma asked her husband. "It tastes good. But it costs too much," he grumbled. "Starting tomorrow there'll be scanty fare. That will cost less."

kotzen

to vomit, puke

PRINC. PARTS: kotzen, kotzte, gekotzt, kotzt
IMPERATIVE: kotze!, kotzt!, kotzen Sie!

INDICATIVE		SUBJUNCTIVE	
		PRIMARY	SECONDARY
		Present Time	
	Present	*(Pres. Subj.)*	*(Imperf. Subj.)*
ich	kotze	kotze	kotzte
du	kotzt	kotzest	kotztest
er	kotzt	kotze	kotzte
wir	kotzen	kotzen	kotzten
ihr	kotzt	kotzet	kotztet
sie	kotzen	kotzen	kotzten
	Imperfect		
ich	kotzte		
du	kotztest		
er	kotzte		
wir	kotzten		
ihr	kotztet		
sie	kotzten		
		Past Time	
	Perfect	*(Perf. Subj.)*	*(Pluperf. Subj.)*
ich	habe gekotzt	habe gekotzt	hätte gekotzt
du	hast gekotzt	habest gekotzt	hättest gekotzt
er	hat gekotzt	habe gekotzt	hätte gekotzt
wir	haben gekotzt	haben gekotzt	hätten gekotzt
ihr	habt gekotzt	habet gekotzt	hättet gekotzt
sie	haben gekotzt	haben gekotzt	hätten gekotzt
	Pluperfect		
ich	hatte gekotzt		
du	hattest gekotzt		
er	hatte gekotzt		
wir	hatten gekotzt		
ihr	hattet gekotzt		
sie	hatten gekotzt		
		Future Time	
	Future	*(Fut. Subj.)*	*(Pres. Conditional)*
ich	werde kotzen	werde kotzen	würde kotzen
du	wirst kotzen	werdest kotzen	würdest kotzen
er	wird kotzen	werde kotzen	würde kotzen
wir	werden kotzen	werden kotzen	würden kotzen
ihr	werdet kotzen	werdet kotzen	würdet kotzen
sie	werden kotzen	werden kotzen	würden kotzen
		Future Perfect Time	
	Future Perfect	*(Fut. Perf. Subj.)*	*(Past Conditional)*
ich	werde gekotzt haben	werde gekotzt haben	würde gekotzt haben
du	wirst gekotzt haben	werdest gekotzt haben	würdest gekotzt haben
er	wird gekotzt haben	werde gekotzt haben	würde gekotzt haben
wir	werden gekotzt haben	werden gekotzt haben	würden gekotzt haben
ihr	werdet gekotzt haben	werdet gekotzt haben	würdet gekotzt haben
sie	werden gekotzt haben	werden gekotzt haben	würden gekotzt haben

Examples: *Dieser Kerl kotzt mich an. Er ist ein Kotzbrocken. Alles, was er tut, ist zum Kotzen. Jetzt besäuft er sich nur und kotzt sein Zimmer voll.* That fellow disgusts me. He's a piece of vomit. Everything he does makes me want to throw up. Now he just gets drunk and pukes all over his room. Less inelegant words for "to vomit" are **sich übergeben** and **erbrechen**.

PRINC. PARTS: krächzen, krächzte, gekrächzt, krächzt
IMPERATIVE: krächze!, krächzt!, krächzen Sie!

to caw, croak

INDICATIVE	SUBJUNCTIVE	
	PRIMARY	SECONDARY

Present Time

	Present	*(Pres. Subj.)*	*(Imperf. Subj.)*
ich	krächze	krächze	krächzte
du	krächzt	krächzest	krächztest
er	krächzt	krächze	krächzte
wir	krächzen	krächzen	krächzten
ihr	krächzt	krächzet	krächztet
sie	krächzen	krächzen	krächzten

	Imperfect
ich	krächzte
du	krächztest
er	krächzte
wir	krächzten
ihr	krächztet
sie	krächzten

Past Time

	Perfect	*(Perf. Subj.)*	*(Pluperf. Subj.)*
ich	habe gekrächzt	habe gekrächzt	hätte gekrächzt
du	hast gekrächzt	habest gekrächzt	hättest gekrächzt
er	hat gekrächzt	habe gekrächzt	hätte gekrächzt
wir	haben gekrächzt	haben gekrächzt	hätten gekrächzt
ihr	habt gekrächzt	habet gekrächzt	hättet gekrächzt
sie	haben gekrächzt	haben gekrächzt	hätten gekrächzt

	Pluperfect
ich	hatte gekrächzt
du	hattest gekrächzt
er	hatte gekrächzt
wir	hatten gekrächzt
ihr	hattet gekrächzt
sie	hatten gekrächzt

Future Time

	Future	*(Fut. Subj.)*	*(Pres. Conditional)*
ich	werde krächzen	werde krächzen	würde krächzen
du	wirst krächzen	werdest krächzen	würdest krächzen
er	wird krächzen	werde krächzen	würde krächzen
wir	werden krächzen	werden krächzen	würden krächzen
ihr	werdet krächzen	werdet krächzen	würdet krächzen
sie	werden krächzen	werden krächzen	würden krächzen

Future Perfect Time

	Future Perfect	*(Fut. Perf. Subj.)*	*(Past Conditional)*
ich	werde gekrächzt haben	werde gekrächzt haben	würde gekrächzt haben
du	wirst gekrächzt haben	werdest gekrächzt haben	würdest gekrächzt haben
er	wird gekrächzt haben	werde gekrächzt haben	würde gekrächzt haben
wir	werden gekrächzt haben	werden gekrächzt haben	würden gekrächzt haben
ihr	werdet gekrächzt haben	werdet gekrächzt haben	würdet gekrächzt haben
sie	werden gekrächzt haben	werden gekrächzt haben	würden gekrächzt haben

Examples: *Draußen krächzten Krähen und Raben. Mit krächzender Stimme erzählte die Hexe von ihrer Großmutter und Hänsel und Gretel.* Outside, crows and ravens cawed. In a croaking voice, the witch told of her grandmother and Hänsel and Gretel. If the verb stem ends in a sibilant, the **s** is dropped from the ending for **du** in the pres. tense. Thus the 2nd and 3rd pers. sing. pres. are the same.

kratzen

to scratch, scrape

PRINC. PARTS: kratzen, kratzte, gekratzt, kratzt
IMPERATIVE: kratze!, kratzt!, kratzen Sie!

INDICATIVE		SUBJUNCTIVE	
		PRIMARY	SECONDARY
		Present Time	
	Present	*(Pres. Subj.)*	*(Imperf. Subj.)*
ich	kratze	kratze	kratzte
du	kratzt	kratzest	kratztest
er	kratzt	kratze	kratzte
wir	kratzen	kratzen	kratzten
ihr	kratzt	kratzet	kratztet
sie	kratzen	kratzen	kratzten

	Imperfect
ich	kratzte
du	kratztest
er	kratzte
wir	kratzten
ihr	kratztet
sie	kratzten

			Past Time	
	Perfect	*(Perf. Subj.)*	*(Pluperf. Subj.)*	
ich	habe gekratzt	habe gekratzt	hätte gekratzt
du	hast gekratzt	habest gekratzt	hättest gekratzt
er	hat gekratzt	habe gekratzt	hätte gekratzt
wir	haben gekratzt	haben gekratzt	hätten gekratzt
ihr	habt gekratzt	habet gekratzt	hättet gekratzt
sie	haben gekratzt	haben gekratzt	hätten gekratzt

	Pluperfect
ich	hatte gekratzt
du	hattest gekratzt
er	hatte gekratzt
wir	hatten gekratzt
ihr	hattet gekratzt
sie	hatten gekratzt

			Future Time	
	Future	*(Fut. Subj.)*	*(Pres. Conditional)*	
ich	werde kratzen	werde kratzen	würde kratzen
du	wirst kratzen	werdest kratzen	würdest kratzen
er	wird kratzen	werde kratzen	würde kratzen
wir	werden kratzen	werden kratzen	würden kratzen
ihr	werdet kratzen	werdet kratzen	würdet kratzen
sie	werden kratzen	werden kratzen	würden kratzen

			Future Perfect Time	
	Future Perfect	*(Fut. Perf. Subj.)*	*(Past Conditional)*	
ich	werde gekratzt haben	werde gekratzt haben	würde gekratzt haben
du	wirst gekratzt haben	werdest gekratzt haben	würdest gekratzt haben
er	wird gekratzt haben	werde gekratzt haben	würde gekratzt haben
wir	werden gekratzt haben	werden gekratzt haben	würden gekratzt haben
ihr	werdet gekratzt haben	werdet gekratzt haben	würdet gekratzt haben
sie	werden gekratzt haben	werden gekratzt haben	würden gekratzt haben

---

Examples: „*Dieser Schnaps kratzt furchtbar im Hals.*" „*Das kratzt mich wenig. Der Tiger hat mir eben den Arm blutig gekratzt. Zum Glück sind es nur Kratzwunden.*" "This schnapps is a terrible throat scratcher." "That doesn't bother me much. The tiger just scratched my arm bloody. Fortunately they're just scratch wounds." "To bother" (sent. 2) is a figurative use. For more trifling "scratches" use **Kratzer** instead of **Kratzwunden**.

PRINC. PARTS: kriechen, kroch, ist gekrochen, kriecht
IMPERATIVE: krieche!, kriecht!, kriechen Sie!

to creep, crawl

INDICATIVE		SUBJUNCTIVE	
		PRIMARY	SECONDARY
		Present Time	
	Present	*(Pres. Subj.)*	*(Imperf. Subj.)*
ich	krieche	krieche	kröche
du	kriechst	kriechest	kröchest
er	kriecht	krieche	kröche
wir	kriechen	kriechen	kröchen
ihr	kriecht	kriechet	kröchet
sie	kriechen	kriechen	kröchen

	Imperfect
ich	kroch
du	krochst
er	kroch
wir	krochen
ihr	krocht
sie	krochen

		Past Time	
	Perfect	*(Perf. Subj.)*	*(Pluperf. Subj.)*
ich	bin gekrochen	sei gekrochen	wäre gekrochen
du	bist gekrochen	seiest gekrochen	wärest gekrochen
er	ist gekrochen	sei gekrochen	wäre gekrochen
wir	sind gekrochen	seien gekrochen	wären gekrochen
ihr	seid gekrochen	seiet gekrochen	wäret gekrochen
sie	sind gekrochen	seien gekrochen	wären gekrochen

	Pluperfect
ich	war gekrochen
du	warst gekrochen
er	war gekrochen
wir	waren gekrochen
ihr	wart gekrochen
sie	waren gekrochen

		Future Time	
	Future	*(Fut. Subj.)*	*(Pres. Conditional)*
ich	werde kriechen	werde kriechen	würde kriechen
du	wirst kriechen	werdest kriechen	würdest kriechen
er	wird kriechen	werde kriechen	würde kriechen
wir	werden kriechen	werden kriechen	würden kriechen
ihr	werdet kriechen	werdet kriechen	würdet kriechen
sie	werden kriechen	werden kriechen	würden kriechen

		Future Perfect Time	
	Future Perfect	*(Fut. Perf. Subj.)*	*(Past Conditional)*
ich	werde gekrochen sein	werde gekrochen sein	würde gekrochen sein
du	wirst gekrochen sein	werdest gekrochen sein	würdest gekrochen sein
er	wird gekrochen sein	werde gekrochen sein	würde gekrochen sein
wir	werden gekrochen sein	werden gekrochen sein	würden gekrochen sein
ihr	werdet gekrochen sein	werdet gekrochen sein	würdet gekrochen sein
sie	werden gekrochen sein	werden gekrochen sein	würden gekrochen sein

Examples: „*Sie erwarten, daß alle vor Ihnen kriechen. Sie wollen nur Kriecher um Sie. Aber ich will nicht mehr kriecherisch sein. Ich gehe.*" *sagte Karl seinem Chef.* "You expect everyone to grovel before you. You just want toadies around you. But I don't want to be servile any more. I'm going," said Karl to his boss.

kriegen

to get, obtain

PRINC. PARTS: kriegen, kriegte, gekriegt, kriegt
IMPERATIVE: kriege!, kriegt!, kriegen Sie!

INDICATIVE	SUBJUNCTIVE	
	PRIMARY	SECONDARY

	Present Time	
Present	*(Pres. Subj.)*	*(Imperf. Subj.)*
ich kriege	kriege	kriegte
du kriegst	kriegest	kriegtest
er kriegt	kriege	kriegte
wir kriegen	kriegen	kriegten
ihr kriegt	krieget	kriegtet
sie kriegen	kriegen	kriegten

Imperfect

ich kriegte
du kriegtest
er kriegte
wir kriegten
ihr kriegtet
sie kriegten

	Past Time	
Perfect	*(Perf. Subj.)*	*(Pluperf. Subj.)*
ich habe gekriegt	habe gekriegt	hätte gekriegt
du hast gekriegt	habest gekriegt	hättest gekriegt
er hat gekriegt	habe gekriegt	hätte gekriegt
wir haben gekriegt	haben gekriegt	hätten gekriegt
ihr habt gekriegt	habet gekriegt	hättet gekriegt
sie haben gekriegt	haben gekriegt	hätten gekriegt

Pluperfect

ich hatte gekriegt
du hattest gekriegt
er hatte gekriegt
wir hatten gekriegt
ihr hattet gekriegt
sie hatten gekriegt

	Future Time	
Future	*(Fut. Subj.)*	*(Pres. Conditional)*
ich werde kriegen	werde kriegen	würde kriegen
du wirst kriegen	werdest kriegen	würdest kriegen
er wird kriegen	werde kriegen	würde kriegen
wir werden kriegen	werden kriegen	würden kriegen
ihr werdet kriegen	werdet kriegen	würdet kriegen
sie werden kriegen	werden kriegen	würden kriegen

	Future Perfect Time	
Future Perfect	*(Fut. Perf. Subj.)*	*(Past Conditional)*
ich werde gekriegt haben	werde gekriegt haben	würde gekriegt haben
du wirst gekriegt haben	werdest gekriegt haben	würdest gekriegt haben
er wird gekriegt haben	werde gekriegt haben	würde gekriegt haben
wir werden gekriegt haben	werden gekriegt haben	würden gekriegt haben
ihr werdet gekriegt haben	werdet gekriegt haben	würdet gekriegt haben
sie werden gekriegt haben	werden gekriegt haben	würden gekriegt haben

---

Examples: *„Die Katze hat nicht genug zu essen gekriegt. Sie kriegt bald Junge. Tut ihr nicht weh, sonst kriegt ihr gleich ein paar von mir", sagte die Mutter den Kindern.* "The cat didn't get enough to eat. She'll be having kittens soon. Don't hurt her or you'll get a few whacks from me," said the mother to her children. **Kriegen** is no longer used in the sense "to wage war" (**Krieg führen**).

PRINC. PARTS: kühlen, kühlte, gekühlt, kühlt
IMPERATIVE: kühle!, kühlt!, kühlen Sie!

to cool; refresh; refrigerate

INDICATIVE		SUBJUNCTIVE	
		PRIMARY	SECONDARY

Present Time

	Present	*(Pres. Subj.)*	*(Imperf. Subj.)*
ich	kühle	kühle	kühlte
du	kühlst	kühlest	kühltest
er	kühlt	kühle	kühlte
wir	kühlen	kühlen	kühlten
ihr	kühlt	kühlet	kühltet
sie	kühlen	kühlen	kühlten

	Imperfect
ich	kühlte
du	kühltest
er	kühlte
wir	kühlten
ihr	kühltet
sie	kühlten

Past Time

	Perfect	*(Perf. Subj.)*	*(Pluperf. Subj.)*
ich	habe gekühlt	habe gekühlt	hätte kühlt
du	hast gekühlt	habest gekühlt	hättest gekühlt
er	hat gekühlt	habe gekühlt	hätte gekühlt
wir	haben gekühlt	haben gekühlt	hätten gekühlt
ihr	habt gekühlt	habet gekühlt	hättet gekühlt
sie	haben gekühlt	haben gekühlt	hätten gekühlt

	Pluperfect
ich	hatte gekühlt
du	hattest gekühlt
er	hatte gekühlt
wir	hatten gekühlt
ihr	hattet gekühlt
sie	hatten gekühlt

Future Time

	Future	*(Fut. Subj.)*	*(Pres. Conditional)*
ich	werde kühlen	werde kühlen	würde kühlen
du	wirst kühlen	werdest kühlen	würdest kühlen
er	wird kühlen	werde kühlen	würde kühlen
wir	werden kühlen	werden kühlen	würden kühlen
ihr	werdet kühlen	werdet kühlen	würdet kühlen
sie	werden kühlen	werden kühlen	würden kühlen

Future Perfect Time

	Future Perfect	*(Fut. Perf. Subj.)*	*(Past Conditional)*
ich	werde gekühlt haben	werde gekühlt haben	würde gekühlt haben
du	wirst gekühlt haben	werdest gekühlt haben	würdest gekühlt haben
er	wird gekühlt haben	werde gekühlt haben	würde gekühlt haben
wir	werden gekühlt haben	werden gekühlt haben	würden gekühlt haben
ihr	werdet gekühlt haben	werdet gekühlt haben	würdet gekühlt haben
sie	werden gekühlt haben	werden gekühlt haben	würden gekühlt haben

---

Examples: „*Du brauchst deinen Zorn nicht an mir zu kühlen, nur weil ich den Kühlschrank nicht reparieren konnte.*" „*Du hast die ganze Kühlung kaputtgemacht.*" "You don't have to let your anger out on me just because I couldn't repair the refrigerator." "You busted the whole refrigeration system." **Kühlen** (or **tiefkühlen**) is used instead of **frieren** for "to freeze foods."

kürzen

to shorten, abbreviate

PRINC. PARTS: kürzen, kürzte, gekürzt, kürzt
IMPERATIVE: kürze!, kürzt, kürzen Sie!

	INDICATIVE		SUBJUNCTIVE	
			PRIMARY	SECONDARY
			Present Time	
	Present		(*Pres. Subj.*)	(*Imperf. Subj.*)
ich	kürze		kürze	kürzte
du	kürzt		kürzest	kürztest
er	kürzt		kürze	kürzte
wir	kürzen		kürzen	kürzten
ihr	kürzt		kürzet	kürztet
sie	kürzen		kürzen	kürzten

	Imperfect
ich	kürzte
du	kürztest
er	kürzte
wir	kürzten
ihr	kürztet
sie	kürzten

			Past Time	
	Perfect		(*Perf. Subj.*)	(*Pluperf. Subj.*)
ich	habe gekürzt		habe gekürzt	hätte gekürzt
du	hast gekürzt		habest gekürzt	hättest gekürzt
er	hat gekürzt		habe gekürzt	hätte gekürzt
wir	haben gekürzt		haben gekürzt	hätten gekürzt
ihr	habt gekürzt		habet gekürzt	hättet gekürzt
sie	haben gekürzt		haben gekürzt	hätten gekürzt

	Pluperfect
ich	hatte gekürzt
du	hattest gekürzt
er	hatte gekürzt
wir	hatten gekürzt
ihr	hattet gekürzt
sie	hatten gekürzt

			Future Time	
	Future		(*Fut. Subj.*)	(*Pres. Conditional*)
ich	werde kürzen		werde kürzen	würde kürzen
du	wirst kürzen		werdest kürzen	würdest kürzen
er	wird kürzen		werde kürzen	würde kürzen
wir	werden kürzen		werden kürzen	würden kürzen
ihr	werdet kürzen		werdet kürzen	würdet kürzen
sie	werden kürzen		werden kürzen	würden kürzen

			Future Perfect Time	
	Future Perfect		(*Fut. Perf. Subj.*)	(*Past Conditional*)
ich	werde gekürzt haben		werde gekürzt haben	würde gekürzt haben
du	wirst gekürzt haben		werdest gekürzt haben	würdest gekürzt haben
er	wird gekürzt haben		werde gekürzt haben	würde gekürzt haben
wir	werden gekürzt haben		werden gekürzt haben	würden gekürzt haben
ihr	werdet gekürzt haben		werdet gekürzt haben	würdet gekürzt haben
sie	werden gekürzt haben		werden gekürzt haben	würden gekürzt haben

Examples: *Mein Gehalt wurde gekürzt. Wir werden unseren Urlaub kürzen müssen. Auch kann ich den Kurzwellenempfänger nicht kaufen.* My salary was reduced. We'll have to shorten our vacation. I can't buy the short wave receiver either. The adj. **kurz** has no umlaut, although it is umlauted in the comparative (**kürzer**) and superlative (**kürzest**). Every form of the verb is umlauted.

PRINC. PARTS: laben, labte, gelabt, labt
IMPERATIVE: labe!, labt!, laben Sie!

to refresh; restore; delight

INDICATIVE	SUBJUNCTIVE	
	PRIMARY	SECONDARY

Present Time

	Present	*(Pres. Subj.)*	*(Imperf. Subj.)*
ich	labe	labe	labte
du	labst	labest	labtest
er	labt	labe	labte
wir	laben	laben	labten
ihr	labt	labet	labtet
sie	laben	laben	labten

	Imperfect
ich	labte
du	labtest
er	labte
wir	labten
ihr	labtet
sie	labten

Past Time

	Perfect	*(Perf. Subj.)*	*(Pluperf. Subj.)*
ich	habe gelabt	habe gelabt	hätte gelabt
du	hast gelabt	habest gelabt	hättest gelabt
er	hat gelabt	habe gelabt	hätte gelabt
wir	haben gelabt	haben gelabt	hätten gelabt
ihr	habt gelabt	habet gelabt	hättet gelabt
sie	haben gelabt	haben gelabt	hätten gelabt

	Pluperfect
ich	hatte gelabt
du	hattest gelabt
er	hatte gelabt
wir	hatten gelabt
ihr	hattet gelabt
sie	hatten gelabt

Future Time

	Future	*(Fut. Subj.)*	*(Pres. Conditional)*
ich	werden laben	werde laben	würde laben
du	wirst laben	werdest laben	würdest laben
er	wird laben	werde laben	würde laben
wir	werden laben	werden laben	würden laben
ihr	werdet laben	werdet laben	würdet laben
sie	werden laben	werden laben	würden laben

Future Perfect Time

	Future Perfect	*(Fut. Perf. Subj.)*	*(Past Conditional)*
ich	werde gelabt haben	werde gelabt haben	würde gelabt haben
du	wirst gelabt haben	werdest gelabt haben	würdest gelabt haben
er	wird gelabt haben	werde gelabt haben	würde gelabt haben
wir	werden gelabt haben	werden gelabt haben	würden gelabt haben
ihr	werdet gelabt haben	werdet gelabt haben	würdet gelabt haben
sie	werden gelabt haben	werden gelabt haben	würden gelabt haben

---

Examples: *Die Augen des Ritters labten sich an dem Anblick der Wassergöttin. Sie reichte ihm einen labenden Trunk.* The knight's eyes delighted in the sight of the water goddess. She gave him a refreshing drink. **Laben** is literary, but still used. It, and Eng. "to lave," are related to Latin **lavare** (to wash).

lächeln

to smile

PRINC. PARTS: lächeln, lächelte, gelächelt, lächelt
IMPERATIVE: lächele!, lächelt!, lächeln Sie!

INDICATIVE	SUBJUNCTIVE	
	PRIMARY	SECONDARY

	Present	(Pres. Subj.)	(Imperf. Subj.)
	Present	**Present Time**	
ich	lächele *	lächlele *	lächelte
du	lächelst	lächlest	lächeltest
er	lächelt	lächele *	lächelte
wir	lächeln	lächeln	lächelten
ihr	lächelt	lächlet	lächeltet
sie	lächeln	lächeln	lächelten

	Imperfect
ich	lächelte
du	lächeltest
er	lächelte
wir	lächelten
ihr	lächeltet
sie	lächelten

Past Time

	Perfect	(Perf. Subj.)	(Pluperf. Subj.)
ich	habe gelächelt	habe gelächelt	hätte gelächelt
du	hast gelächelt	habest gelächelt	hättest gelächelt
er	hat gelächelt	habe gelächelt	hätte gelächelt
wir	haben gelächelt	haben gelächelt	hätten gelächelt
ihr	habt gelächelt	habet gelächelt	hättet gelächelt
sie	haben gelächelt	haben gelächelt	hätten gelächelt

	Pluperfect
ich	hatte gelächelt
du	hattest gelächelt
er	hatte gelächelt
wir	hatten gelächelt
ihr	hattet gelächelt
sie	hatten gelächelt

Future Time

	Future	(Fut. Subj.)	(Pres. Conditional)
ich	werde lächeln	werde lächeln	würde lächeln
du	wirst lächeln	werdest lächeln	würdest lächeln
er	wird lächeln	werde lächeln	würde lächeln
wir	werden lächeln	werden lächeln	würden lächeln
ihr	werdet lächeln	werdet lächeln	würdet lächeln
sie	werden lächeln	werden lächeln	würden lächeln

Future Perfect Time

	Future Perfect	(Fut. Perf. Subj.)	(Past Conditional)
ich	werde gelächelt haben	werde gelächelt haben	würde gelächelt haben
du	wirst gelächelt haben	werdest gelächelt haben	würdest gelächelt haben
er	wird gelächelt haben	werde gelächelt haben	würde gelächelt haben
wir	werden gelächelt haben	werden gelächelt haben	würden gelächelt haben
ihr	werdet gelächelt haben	werdet gelächelt haben	würdet gelächelt haben
sie	werden gelächelt haben	werden gelächelt haben	würden gelächelt haben

* 'e' preceding 'l' in these forms is usually omitted in colloquial speech.

Examples: *Die Kunsthistorikerin lächelte und sprach weiter von dem inneren Lächeln des Buddhas und der Mona Lisa.* The art historian smiled and continued speaking of the inner smile of the Buddha statue and the Mona Lisa.

PRINC. PARTS: lachen, lachte, gelacht, lacht
IMPERATIVE: lache!. lacht!, lachen Sie!

	INDICATIVE		SUBJUNCTIVE	
			PRIMARY	SECONDARY
			Present Time	
	Present		*(Pres. Subj.)*	*(Imperf. Subj.)*
ich	lache		lache	lachte
du	lachst		lachest	lachtest
er	lacht		lache	lachte
wir	lachen		lachen	lachten
ihr	lacht		lachet	lachtet
sie	lachen		lachen	lachten
	Imperfect			
ich	lachte			
du	lachtest			
er	lachte			
wir	lachten			
ihr	lachtet			
sie	lachten			
			Past Time	
	Perfect		*(Perf. Subj.)*	*(Pluperf. Subj.)*
ich	habe gelacht		habe gelacht	hätte gelacht
du	hast gelacht		habest gelacht	hättest gelacht
er	hat gelacht		habe gelacht	hätte gelacht
wir	haben gelacht		haben gelacht	hätten gelacht
ihr	habt gelacht		habet gelacht	hättet gelacht
sie	haben gelacht		haben gelacht	hätten gelacht
	Pluperfect			
ich	hatte gelacht			
du	hattest gelacht			
er	hatte gelacht			
wir	hatten gelacht			
ihr	hattet gelacht			
sie	hatten gelacht			
			Future Time	
	Future		*(Fut. Subj.)*	*(Pres. Conditional)*
ich	werde lachen		werde lachen	würde lachen
du	wirst lachen		werdest lachen	würdest lachen
er	wird lachen		werde lachen	würde lachen
wir	werden lachen		werden lachen	würden lachen
ihr	werdet lachen		werdet lachen	würdet lachen
sie	werden lachen		werden lachen	würden lachen
			Future Perfect Time	
	Future Perfect		*(Fut. Perf. Subj.)*	*(Past Conditional)*
ich	werde gelacht haben		werde gelacht haben	würde gelacht haben
du	wirst gelacht haben		werdest gelacht haben	würdest gelacht haben
er	wird gelacht haben		werde gelacht haben	würde gelacht haben
wir	werden gelacht haben		werden gelacht haben	würden gelacht haben
ihr	werdet gelacht haben		werdet gelacht haben	würdet gelacht haben
sie	werden gelacht haben		werden gelacht haben	würden gelacht haben

Examples: *Präsident Kühlitsch wurde oft zum Gelächter gemacht. Seine Gegner sagten: „Er lächelt selten und lacht nie." Aber er hat sie alle ausgelacht und dachte sich: „Wer zuletzt lacht, lacht am besten."* President Kühlitsch was often held up to ridicule. His opponents said, "He rarely smiles and never laughs." But he laughed them all off and thought to himself, "Who laughs last, laughs best.

laden

to invite; cite, summon, load

PRINC. PARTS: laden, lud (ladete), geladen, lädt (ladet)
IMPERATIVE: lade!, ladet!, laden Sie!

INDICATIVE		SUBJUNCTIVE		
		PRIMARY	SECONDARY	
		Present Time		
Present		*(Pres. Subj.)*	*(Imperf. Subj.)*	
ich	lade	lade	lüde	ladete
du	lädst (ladest)	ladest	lüdest	ladetest
er	lädt (ladet)	lade	lüde *or*	ladete
wir	laden	laden	lüden	ladeten
ihr	ladet	ladet	lüdet	ladetet
sie	laden	laden	lüden	ladeten

Imperfect		
ich	lud	ladete
du	ludst	ladetest
er	lud *or*	ladete
wir	luden	ladeten
ihr	ludet	ladetet
sie	luden	ladeten

		Past Time	
Perfect		*(Perf. Subj.)*	*(Pluperf. Subj.)*
ich	habe geladen	habe geladen	hätte geladen
du	hast geladen	habest geladen	hättest geladen
er	hat geladen	habe geladen	hätte geladen
wir	haben geladen	haben geladen	hätten geladen
ihr	habt geladen	habet geladen	hättet geladen
sie	haben geladen	haben geladen	hätten geladen

Pluperfect	
ich	hatte geladen
du	hattest geladen
er	hatte geladen
wir	hatten geladen
ihr	hattet geladen
sie	hatten geladen

		Future Time	
Future		*(Fut. Subj.)*	*(Pres. Conditional)*
ich	werde laden	werde laden	würde laden
du	wirst laden	werdest laden	würdest laden
er	wird laden	werde laden	würde laden
wir	werden laden	werden laden	würden laden
ihr	werdet laden	werdet laden	würdet laden
sie	werden laden	werden laden	würden laden

Future Perfect		*(Fut. Perf. Subj.)*	*(Past Conditional)*
ich	werde geladen haben	werde geladen haben	würde geladen haben
du	wirst geladen haben	werdest geladen haben	würdest geladen haben
er	wird geladen haben	werde geladen haben	würde geladen haben
wir	werden geladen haben	werden geladen haben	würden geladen haben
ihr	werdet geladen haben	werdet geladen haben	würdet geladen haben
sie	werden geladen haben	werden geladen haben	würden geladen haben

Examples: *Meier hat wieder schwer geladen. Ich hätte ihn nicht einladen sollen. Jetzt will ich die Verantwortung nicht auf mich laden, ihn allein nach Hause fahren zu lassen.* Meier has got a load on (is drunk) again. I shouldn't have invited him. Now I don't want to assume the responsibility of letting him drive home alone. The expression *keine Feier ohne Meier* means "that guy never misses a party."

lassen

PRINC. PARTS: lassen, ließ,
               gelassen, läßt
IMPERATIVE: laß!, laßt!, lassen Sie!

to let; leave; allow; abandon;
have something done (with infinitive)

INDICATIVE	SUBJUNCTIVE	
	PRIMARY	SECONDARY
	Present Time	
Present	*(Pres. Subj.)*	*(Imperf. Subj.)*
ich lasse	lasse	ließe
du läßt	lassest	ließest
er läßt	lasse	ließe
wir lassen	lassen	ließen
ihr laßt	lasset	ließet
sie lassen	lassen	ließen

Imperfect
ich ließ
du ließest
er ließ
wir ließen
ihr ließt
sie ließen

	Past Time	
Perfect	*(Perf. Subj.)*	*(Pluperf. Subj.)*
ich habe gelassen	habe gelassen	hätte gelassen
du hast gelassen	habest gelassen	hättest gelassen
er hat gelassen	habe gelassen	hätte gelassen
wir haben gelassen	haben gelassen	hätten gelassen
ihr habt gelassen	habet gelassen	hättet gelassen
sie haben gelassen	haben gelassen	hätten gelassen

Pluperfect
ich hatte gelassen
du hattest gelassen
er hatte gelassen
wir hatten gelassen
ihr hattet gelassen
sie hatten gelassen

	Future Time	
Future	*(Fut. Subj.)*	*(Pres. Conditional)*
ich werde lassen	werde lassen	würde lassen
du wirst lassen	werdest lassen	würdest lassen
er wird lassen	werde lassen	würde lassen
wir werden lassen	werden lassen	würden lassen
ihr werdet lassen	werdet lassen	würdet lassen
sie werden lassen	werden lassen	würden lassen

	Future Perfect Time	
Future Perfect	*(Fut. Perf. Subj.)*	*(Past Conditional)*
ich werde gelassen haben	werde gelassen haben	würde gelassen haben
du wirst gelassen haben	werdest gelassen haben	würdest gelassen haben
er wird gelassen haben	werde gelassen haben	würde gelassen haben
wir werden gelassen haben	werden gelassen haben	würden gelassen haben
ihr werdet gelassen haben	werdet gelassen haben	würdet gelassen haben
sie werden gelassen haben	werden gelassen haben	würden gelassen haben

Examples: *Frau Neu schrie: „Das Kind kann ich keinen Augenblick aus den Augen lassen. Er läßt mir keine Ruhe." „Ach, laß ihn doch! Du kannst mal fünf gerade sein lassen", sagte Herr Neu.* Mrs. Neu shouted, "I can't let that child out of my sight for a second. He gives me no peace." "Oh, let him be. You can overlook things sometimes," said Mr. Neu. **Lassen** has several meanings and is also often used idiomatically.

laufen

to run; walk

PRINC. PARTS: laufen, lief, ist gelaufen, läuft
IMPERATIVE: laufe!, lauft!, laufen Sie!

INDICATIVE		SUBJUNCTIVE	
		PRIMARY	SECONDARY
		Present Time	
	Present	*(Pres. Subj.)*	*(Imperf. Subj.)*
ich	laufe	laufe	liefe
du	läufst	laufest	liefest
er	läuft	laufe	liefe
wir	laufen	laufen	liefen
ihr	lauft	laufet	liefet
sie	laufen	laufen	liefen

	Imperfect
ich	lief
du	liefst
er	lief
wir	liefen
ihr	lieft
sie	liefen

INDICATIVE		PRIMARY	SECONDARY
		Past Time	
	Perfect	*(Perf. Subj.)*	*(Pluperf. Subj.)*
ich	bin gelaufen	sei gelaufen	wäre gelaufen
du	bist gelaufen	seiest gelaufen	wärest gelaufen
er	ist gelaufen	sei gelaufen	wäre gelaufen
wir	sind gelaufen	seien gelaufen	wären gelaufen
ihr	seid gelaufen	seiet gelaufen	wäret gelaufen
sie	sind gelaufen	seien gelaufen	wären gelaufen

	Pluperfect
ich	war gelaufen
du	warst gelaufen
er	war gelaufen
wir	waren gelaufen
ihr	wart gelaufen
sie	waren gelaufen

		PRIMARY	SECONDARY
		Future Time	
	Future	*(Fut. Subj.)*	*(Pres. Conditional)*
ich	werde laufen	werde laufen	würde laufen
du	wirst laufen	werdest laufen	würdest laufen
er	wird laufen	werde laufen	würde laufen
wir	werden laufen	werden laufen	würden laufen
ihr	werdet laufen	werdet laufen	würdet laufen
sie	werden laufen	werden laufen	würden laufen

		Future Perfect Time	
	Future Perfect	*(Fut. Perf. Subj.)*	*(Past Conditional)*
ich	werde gelaufen sein	werde gelaufen sein	würde gelaufen sein
du	wirst gelaufen sein	werdest gelaufen sein	würdest gelaufen sein
er	wird gelaufen sein	werde gelaufen sein	würde gelaufen sein
wir	werden gelaufen sein	werden gelaufen sein	würden gelaufen sein
ihr	werdet gelaufen sein	werdet gelaufen sein	würdet gelaufen sein
sie	werden gelaufen sein	werden gelaufen sein	würden gelaufen sein

Examples: *Hier läuft es sich schlecht. Ich laufe Gefahr, mir die Füße wund zu laufen. Früher konnte ich besser laufen. Jetzt leide ich an Kreislaufstörungen. Es ist ja halt der Lauf der Welt.* The running isn't good here. I'm running the risk of getting sore feet. I used to be able to run better, but now I suffer from circulatory disorders. Oh well, that's the way of the world.

PRINC. PARTS: lauschen, lauschte, gelauscht,
lauscht
IMPERATIVE: lausche!, lauscht!, lauschen Sie!

lauschen

to listen to; eavesdrop

INDICATIVE		SUBJUNCTIVE	
		PRIMARY	SECONDARY

Present Time

	Present	(*Pres. Subj.*)	(*Imperf. Subj.*)
ich	lausche	lausche	lauschte
du	lauschst	lauschest	lauschtest
er	lauscht	lausche	lauschte
wir	lauschen	lauschen	lauschten
ihr	lauscht	lauschet	lauschtet
sie	lauschen	lauschen	lauschten

	Imperfect
ich	lauschte
du	lauschtest
er	lauschte
wir	lauschten
ihr	lauschtet
sie	lauschten

Past Time

	Perfect	(*Perf. Subj.*)	(*Pluperf. Subj.*)
ich	habe gelauscht	habe gelauscht	hätte gelauscht
du	hast gelauscht	habest gelauscht	hättest gelauscht
er	hat gelauscht	habe gelauscht	hätte gelauscht
wir	haben gelauscht	haben gelauscht	hätten gelauscht
ihr	habt gelauscht	habet gelauscht	hättet gelauscht
sie	haben gelauscht	haben gelauscht	hätten gelauscht

	Pluperfect
ich	hatte gelauscht
du	hattest gelauscht
er	hatte gelauscht
wir	hatten gelauscht
ihr	hattet gelauscht
sie	hatten gelauscht

Future Time

	Future	(*Fut. Subj.*)	(*Pres. Conditional*)
ich	werde lauschen	werde lauschen	würde lauschen
du	wirst lauschen	werdest lauschen	würdest lauschen
er	wird lauschen	werde lauschen	würde lauschen
wir	werden lauschen	werden lauschen	würden lauschen
ihr	werdet lauschen	werdet lauschen	würdet lauschen
sie	werden lauschen	werden lauschen	würden lauschen

Future Perfect Time

	Future Perfect	(*Fut. Perf. Subj.*)	(*Past Conditional*)
ich	werde gelauscht haben	werde gelauscht haben	würde gelauscht haben
du	wirst gelauscht haben	werdest gelauscht haben	würdest gelauscht haben
er	wird gelauscht haben	werde gelauscht haben	würde gelauscht haben
wir	werden gelauscht haben	werden gelauscht haben	würden gelauscht haben
ihr	werdet gelauscht haben	werdet gelauscht haben	würdet gelauscht haben
sie	werden gelauscht haben	werden gelauscht haben	würden gelauscht haben

Examples: „*Der Lauscher an der Wand hört seine eigene Schand*", sagte der Gangster seiner Frau. "The eavesdropper at the wall hears his own disgrace (eavesdroppers never hear anything good of themselves)," said the gangster to his wife.
Wir lauschten Beethovens <u>Fidelio</u>. We listened (attentively) to Beethoven's <u>Fidelio</u>.

leben

to live

PRINC. PARTS: leben, lebte, gelebt, lebt
IMPERATIVE: lebe!, lebt!, leben Sie!

INDICATIVE		SUBJUNCTIVE	
		PRIMARY	SECONDARY
		Present Time	
	Present	*(Pres. Subj.)*	*(Imperf. Subj.)*
ich	lebe	lebe	lebte
du	lebst	lebest	lebtest
er	lebt	lebe	lebte
wir	leben	leben	lebten
ihr	lebt	lebet	lebtet
sie	leben	leben	lebten
	Imperfect		
ich	lebte		
du	lebtest		
er	lebte		
wir	lebten		
ihr	lebtet		
sie	lebten		
		Past Time	
	Perfect	*(Perf. Subj.)*	*(Pluperf. Subj.)*
ich	habe gelebt	habe gelebt	hätte gelebt
du	hast gelebt	habest gelebt	hättest gelebt
er	hat gelebt	habe gelebt	hätte gelebt
wir	haben gelebt	haben gelebt	hätten gelebt
ihr	habt gelebt	habet gelebt	hättet gelebt
sie	haben gelebt	haben gelebt	hätten gelebt
	Pluperfect		
ich	hatte gelebt		
du	hattest gelebt		
er	hatte gelebt		
wir	hatten gelebt		
ihr	hattet gelebt		
sie	hatten gelebt		
		Future Time	
	Future	*(Fut. Subj.)*	*(Pres. Conditional)*
ich	werde leben	werde leben	würde leben
du	wirst leben	werdest leben	würdest leben
er	wird leben	werde leben	würde leben
wir	werden leben	werden leben	würden leben
ihr	werdet leben	werdet leben	würdet leben
sie	werden leben	werden leben	würden leben
		Future Perfect Time	
	Future Perfect	*(Fut. Perf. Subj.)*	*(Past Conditional)*
ich	werde gelebt haben	werde gelebt haben	würde gelebt haben
du	wirst gelebt haben	werdest gelebt haben	würdest gelebt haben
er	wird gelebt haben	werde gelebt haben	würde gelebt haben
wir	werden gelebt haben	werden gelebt haben	würden gelebt haben
ihr	werdet gelebt haben	werdet gelebt haben	würdet gelebt haben
sie	werden gelebt haben	werden gelebt haben	würden gelebt haben

Examples: *Nach der Scheidung lebten sie nicht mehr zusammen. Aber sie wohnten noch in derselben Stadt. Die Leute glaubten, er lebte sich aus. Aber er führte ein einsames Leben.* After the divorce they didn't live together any more. But they still lived in the same town. People thought he was living it up. But he led a lonely life. Note the use of **leben** (to live in general) and **wohnen** (to reside, dwell).

lechzen

PRINC. PARTS: lechzen, lechzte, gelechzt, lechzt
IMPERATIVE: lechze!, lechzt!, lechzen Sie!

to languish; long for; thirst

INDICATIVE	SUBJUNCTIVE	
	PRIMARY	SECONDARY

Present Time

	Present	*(Pres. Subj.)*	*(Imperf. Subj.)*
ich	lechze	lechze	lechzte
du	lechzt	lechzest	lechztest
er	lechzt	lechze	lechzte
wir	lechzen	lechzen	lechzten
ihr	lechzt	lechzet	lechztet
sie	lechzen	lechzen	lechzten

	Imperfect
ich	lechzte
du	lechztest
er	lechzte
wir	lechzten
ihr	lechztet
sie	lechzten

Past Time

	Perfect	*(Perf. Subj.)*	*(Pluperf. Subj.)*
ich	habe gelechzt	habe gelechzt	hätte gelechzt
du	hast gelechzt	habest gelechzt	hättest gelechzt
er	hat gelechzt	habe gelechzt	hätte gelechzt
wir	haben gelechzt	haben gelechzt	hätten gelechzt
ihr	habt gelechzt	habet gelechzt	hättet gelechzt
ıe	haben gelechzt	haben gelechzt	hätten gelechzt

	Pluperfect
ich	hatte gelechzt
du	hattest gelechzt
er	hatte gelechzt
wir	hatten gelechzt
ihr	hattet gelechzt
sie	hatten gelechzt

Future Time

	Future	*(Fut. Subj.)*	*(Pres. Conditional)*
ich	werde lechzen	werde lechzen	würde lechzen
du	wirst lechzen	werdest lechzen	würdest lechzen
er	wird lechzen	werde lechzen	würde lechzen
wir	werden lechzen	werden lechzen	würden lechzen
ihr	werdet lechzen	werdet lechzen	würdet lechzen
sie	werden lechzen	werden lechzen	würden lechzen

Future Perfect Time

	Future Perfect	*(Fut. Perf. Subj.)*	*(Past Conditional)*
ich	werde gelechzt haben	werde gelechzt haben	würde gelechzt haben
du	wirst gelechzt haben	werdest gelechzt haben	würdest gelechzt haben
er	wird gelechzt haben	werde gelechzt haben	würde gelechzt haben
wir	werden gelechzt haben	werden gelechzt haben	würden gelechzt haben
ihr	werdet gelechzt haben	werdet gelechzt haben	würdet gelechzt haben
sie	werden gelechzt haben	werden gelechzt haben	würden gelechzt haben

Examples: *Jahrelang hatte der Ritter nach Rache gelechzt. Jetzt, schwer verwundet, dem Sterben nahe, lechzte er nur nach einem kühlenden Trunk.* For years the knight had thirsted for revenge. Now, gravely wounded and near death, he longed only for a cooling drink. The verb ends in a sibilant ("s" sound). Therefore the "s" is omitted in the 2nd pers. sing. ending of the pres. **Du lechzt** and **er lechzt** are identical.

217

lecken

to lick; leak

PRINC. PARTS: lecken, leckte, geleckt, leckt
IMPERATIVE: lecke!, leckt!, lecken Sie!

INDICATIVE	SUBJUNCTIVE	
	PRIMARY	SECONDARY

Present Time

	Present	*(Pres. Subj.)*	*(Imperf. Subj.)*
ich	lecke	lecke	leckte
du	leckst	leckest	lecktest
er	leckt	lecke	leckte
wir	lecken	lecken	leckten
ihr	leckt	lecket	lecktet
sie	lecken	lecken	leckten

	Imperfect
ich	leckte
du	lecktest
er	leckte
wir	leckten
ihr	lecktet
sie	leckten

Past Time

	Perfect	*(Perf. Subj.)*	*(Pluperf. Subj.)*
ich	habe geleckt	habe geleckt	hätte geleckt
du	hast geleckt	habest geleckt	hättest geleckt
er	hat geleckt	habe geleckt	hätte geleckt
wir	haben geleckt	haben geleckt	hätten geleckt
ihr	habt geleckt	habet geleckt	hättet geleckt
sie	haben geleckt	haben geleckt	hätten geleckt

	Pluperfect
ich	hatte geleckt
du	hattest geleckt
er	hatte geleckt
wir	hatten geleckt
ihr	hattet geleckt
sie	hatten geleckt

Future Time

	Future	*(Fut. Subj.)*	*(Pres. Conditional)*
ich	werde lecken	werde lecken	würde lecken
du	wirst lecken	werdest lecken	würdest lecken
er	wird lecken	werde lecken	würde lecken
wir	werden lecken	werden lecken	würden lecken
ihr	werdet lecken	werdet lecken	würdet lecken
sie	werden lecken	werden lecken	würden lecken

Future Perfect Time

	Future Perfect	*(Fut. Perf. Subj.)*	*(Past Conditional)*
ich	werde geleckt haben	werde geleckt haben	würde geleckt haben
du	wirst geleckt haben	werdest geleckt haben	würdest geleckt haben
er	wird geleckt haben	werde geleckt haben	würde geleckt haben
wir	werden geleckt haben	werden geleckt haben	würden geleckt haben
ihr	werdet geleckt haben	werdet geleckt haben	würdet geleckt haben
sie	werden geleckt haben	werden geleckt haben	würden geleckt haben

Examples: *Das Boot leckte und wir mußten Wasser schöpfen. Nachher haben wir im Hafen so lecker gegessen, daß wir uns die Finger geleckt haben. Der Oberst, nachdem er sein Huhn fertiggegessen hatte, leckte sich die Finger.* The boat leaked and we had to scoop water. Afterwards, we ate so well in the port that we licked our fingers. The colonel, after finishing his chicken, licked his fingers.

PRINC. PARTS: legen, legte, gelegt, legt
IMPERATIVE: lege!, legt!, legen Sie!

to lay, put, place, deposit

INDICATIVE		SUBJUNCTIVE	
		PRIMARY	SECONDARY
		Present Time	
	Present	*(Pres. Subj.)*	*(Imperf. Subj.)*
ich	lege	lege	legte
du	legst	legest	legtest
er	legt	lege	legte
wir	legen	legen	legten
ihr	legt	leget	legtet
sie	legen	legen	legten

	Imperfect
ich	legte
du	legtest
er	legte
wir	legten
ihr	legtet
sie	legten

			Past Time	
	Perfect	*(Perf. Subj.)*	*(Pluperf. Subj.)*
ich	habe gelegt	habe gelegt	hätte gelegt
du	hast gelegt	habest gelegt	hättest gelegt
er	hat gelegt	habe gelegt	hätte gelegt
wir	haben gelegt	haben gelegt	hätten gelegt
ihr	habt gelegt	habet gelegt	hättet gelegt
sie	haben gelegt	haben gelegt	hätten gelegt

	Pluperfect
ich	hatte gelegt
du	hattest gelegt
er	hatte gelegt
wir	hatten gelegt
ihr	hattet gelegt
sie	hatten gelegt

		Future Time	
	Future	*(Fut. Subj.)*	*(Pres. Conditional)*
ich	werde legen	werde legen	würde legen
du	wirst legen	werdest legen	würdest legen
er	wird legen	werde legen	würde legen
wir	werden legen	werden legen	würden legen
ihr	werdet legen	werdet legen	würdet legen
sie	werden legen	werden legen	würden legen

		Future Perfect Time	
	Future Perfect	*(Fut. Perf. Subj.)*	*(Past Conditional)*
ich	werde gelegt haben	werde gelegt haben	würde gelegt haben
du	wirst gelegt haben	werdest gelegt haben	würdest gelegt haben
er	wird gelegt haben	werde gelegt haben	würde gelegt haben
wir	werden gelegt haben	werden gelegt haben	würden gelegt haben
ihr	werdet gelegt haben	werdet gelegt haben	würdet gelegt haben
sie	werden gelegt haben	werden gelegt haben	würden gelegt haben

Examples: *Im Frühling legen unsere Hennen mehr Eier.* In the spring, our hens lay more eggs. *Die Kartenlegerin legte ihm seine Zukunft aus.* The fortune teller interepreted his future. *Leg deinen Mantel ab und geh leg dich hin.* Take your coat off and go lie down.

lehren

to teach

PRINC. PARTS: lehren, lehrte, gelehrt, lehrt
IMPERATIVE: lehre!, lehrt!, lehren Sie!

INDICATIVE	SUBJUNCTIVE	
	PRIMARY	SECONDARY
	Present Time	
Present	(*Pres. Subj.*)	(*Imperf. Subj.*)
ich lehre	lehre	lehrte
du lehrst	lehrest	lehrtest
er lehrt	lehre	lehrte
wir lehren	lehren	lehrten
ihr lehrt	lehret	lehrtet
sie lehren	lehren	lehrten

Imperfect
ich lehrte
du lehrtest
er lehrte
wir lehrten
ihr lehrtet
sie lehrten

	Past Time	
Perfect	(*Perf. Subj.*)	(*Pluperf. Subj.*)
ich habe gelehrt	habe gelehrt	hätte gelehrt
du hast gelehrt	habest gelehrt	hättest gelehrt
er hat gelehrt	habe gelehrt	hätte gelehrt
wir haben gelehrt	haben gelehrt	hätten gelehrt
ihr habt gelehrt	habet gelehrt	hättet gelehrt
sie haben gelehrt	haben gelehrt	hätten gelehrt

Pluperfect
ich hatte gelehrt
du hattest gelehrt
er hatte gelehrt
wir hatten gelehrt
ihr hattet gelehrt
sie hatten gelehrt

	Future Time	
Future	(*Fut. Subj.*)	(*Pres. Conditional*)
ich werde lehren	werde lehren	würde lehren
du wirst lehren	werdest lehren	würdest lehren
er wird lehren	werde lehren	würde lehren
wir werden lehren	werden lehren	würden lehren
ihr werdet lehren	werdet lehren	würdet lehren
sie werden lehren	werden lehren	würden lehren

	Future Perfect Time	
Future Perfect	(*Fut. Perf. Subj.*)	(*Past Conditional*)
ich werde gelehrt haben	werde gelehrt haben	würde gelehrt haben
du wirst gelehrt haben	werdest gelehrt haben	würdest gelehrt haben
er wird gelehrt haben	werde gelehrt haben	würde gelehrt haben
wir werden gelehrt haben	werden gelehrt haben	würden gelehrt haben
ihr werdet gelehrt haben	werdet gelehrt haben	würdet gelehrt haben
sie werden gelehrt haben	werden gelehrt haben	würden gelehrt haben

Examples: *Der Gelehrte lehrte lange Zeit die Lehre von der Belehrbarkeit des Menschen. Aber die Kriegsereignisse haben ihn eines anderen belehrt.* For a long time, the scholar taught the doctrine of the teachability of humans. But the events in the war taught him otherwise. *Der Lehrling wird lange bei dem Meister in der Lehre sein.* The apprentice (trainee) will have a long apprenticeship with the master.

PRINC. PARTS: leiden, litt, gelitten, leidet
IMPERATIVE: leide!, leidet!, leiden Sie!

	INDICATIVE		SUBJUNCTIVE	
			PRIMARY	SECONDARY
	Present		Present Time	
			(*Pres. Subj.*)	(*Imperf. Subj.*)
ich	leide		leide	litte
du	leidest		leidest	littest
er	leidet		leide	litte
wir	leiden		leiden	litten
ihr	leidet		leidet	littet
sie	leiden		leiden	litten
	Imperfect			
ich	litt			
du	littst			
er	litt			
wir	litten			
ihr	littet			
sie	litten			
	Perfect		Past Time	
			(*Perf. Subj.*)	(*Pluperf. Subj.*)
ich	habe gelitten		habe gelitten	hätte gelitten
du	hast gelitten		habest gelitten	hättest gelitten
er	hat gelitten		habe gelitten	hätte gelitten
wir	haben gelitten		haben gelitten	hätten gelitten
ihr	habt gelitten		habet gelitten	hättet gelitten
sie	haben gelitten		haben gelitten	hätten gelitten
	Pluperfect			
ich	hatte gelitten			
du	hattest gelitten			
er	hatte gelitten			
wir	hatten gelitten			
ihr	hattet gelitten			
sie	hatten gelitten			
	Future		Future Time	
			(*Fut. Subj.*)	(*Pres. Conditional*)
ich	werde leiden		werde leiden	würde leiden
du	wirst leiden		werdest leiden	würdest leiden
er	wird leiden		werde leiden	würde leiden
wir	werden leiden		werden leiden	würden leiden
ihr	werdet leiden		werdet leiden	würdet leiden
sie	werden leiden		werden leiden	würden leiden
	Future Perfect		Future Perfect Time	
			(*Fut. Perf. Subj.*)	(*Past Conditional*)
ich	werde gelitten haben		werde gelitten haben	würde gelitten haben
du	wirst gelitten haben		werdest gelitten haben	würdest gelitten haben
er	wird gelitten haben		werde gelitten haben	würde gelitten haben
wir	werden gelitten haben		werden gelitten haben	würden gelitten haben
ihr	werdet gelitten haben		werdet gelitten haben	würdet gelitten haben
sie	werden gelitten haben		werden gelitten haben	würden gelitten haben

Examples: *Diese Kranken leiden an einer unheilbaren Krankheit. Sie haben schon zu viel gelitten.* These sick people are suffering from an incurable disease. They've already suffered too much. *Zuerst konnte sie ihn nicht leiden, aber später verliebte sie sich in ihn.* At first she couldn't stand him. But later she fell in love with him. Note that "from" in "to suffer from" is **an** + dative in Ger.

leihen

to lend; borrow from; hire

PRINC. PARTS: leihen, lieh, geliehen, leiht
IMPERATIVE: leihe!, leiht!, leihen Sie!

INDICATIVE	SUBJUNCTIVE	
	PRIMARY	SECONDARY
	Present Time	
Present	*(Pres. Subj.)*	*(Imperf. Subj.)*
ich leihe	leihe	liehe
du leihst	leihest	liehest
er leiht	leihe	liehe
wir leihen	leihen	liehen
ihr leiht	leihet	liehet
sie leihen	leihen	liehen

Imperfect
ich lieh
du liehst
er lieh
wir liehen
ihr lieht
sie liehen

	Past Time	
Perfect	*(Perf. Subj.)*	*(Pluperf. Subj.)*
ich habe geliehen	habe geliehen	hätte geliehen
du hast geliehen	habest geliehen	hättest geliehen
er hat geliehen	habe geliehen	hätte geliehen
wir haben geliehen	haben geliehen	hätten geliehen
ihr habt geliehen	habet geliehen	hättet geliehen
sie haben geliehen	haben geliehen	hätten geliehen

Pluperfect
ich hatte geliehen
du hattest geliehen
er hatte geliehen
wir hatten geliehen
ihr hattet geliehen
sie hatten geliehen

	Future Time	
Future	*(Fut. Subj.)*	*(Pres. Conditional)*
ich werde leihen	werde leihen	würde leihen
du wirst leihen	werdest leihen	würdest leihen
er wird leihen	werde leihen	würde leihen
wir werden leihen	werden leihen	würden leihen
ihr werdet leihen	werdet leihen	würdet leihen
sie werden leihen	werden leihen	würden leihen

	Future Perfect Time	
Future Perfect	*(Fut. Perf. Subj.)*	*(Past Conditional)*
ich werde geliehen haben	werde geliehen haben	würde geliehen haben
du wirst geliehen haben	werdest geliehen haben	würdest geliehen haben
er wird geliehen haben	werde geliehen haben	würde geliehen haben
wir werden geliehen haben	werden geliehen haben	würden geliehen haben
ihr werdet geliehen haben	werdet geliehen haben	würdet geliehen haben
sie werden geliehen haben	werden geliehen haben	würden geliehen haben

Examples: *„Mein Schmuck ist im Leihhaus. Leihst du mir dein schönes Kollier?" fragte Mathilde ihre Freundin. „Das Armband, das du von mir geliehen hast, hast du mir noch nicht zurückgegeben."* "My jewelry is at the pawn broker's. Will you lend me your lovely necklace?" Mathilde asked her friend. "You haven't yet given back the bracelet you borrowed from me."

PRINC. PARTS: lernen, lernte, gelernt, lernt
IMPERATIVE: lerne!, lernt!, lernen Sie!

to learn; study

INDICATIVE		

	PRIMARY	SECONDARY
	SUBJUNCTIVE	

Present Time

Present	*(Pres. Subj.)*	*(Imperf. Subj.)*
ich lerne	lerne	lernte
du lernst	lernest	lerntest
er lernt	lerne	lernte
wir lernen	lernen	lernten
ihr lernt	lernet	lerntet
sie lernen	lernen	lernten

Imperfect		
ich lernte		
du lerntest		
er lernte		
wir lernten		
ihr lerntet		
sie lernten		

Past Time

Perfect	*(Perf. Subj.)*	*(Pluperf. Subj.)*
ich habe gelernt	habe gelernt	hätte gelernt
du hast gelernt	habest gelernt	hättest gelernt
er hat gelernt	habe gelernt	hätte gelernt
wir haben gelernt	haben gelernt	hätten gelernt
ihr habt gelernt	habet gelernt	hättet gelernt
sie haben gelernt	haben gelernt	hätten gelernt

Pluperfect		
ich hatte gelernt		
du hattest gelernt		
er hatte gelernt		
wir hatten gelernt		
ihr hattet gelernt		
sie hatten gelernt		

Future Time

Future	*(Fut. Subj.)*	*(Pres. Conditional)*
ich werde lernen	werde lernen	würde lernen
du wirst lernen	werdest lernen	würdest lernen
er wird lernen	werde lernen	würde lernen
wir werden lernen	werden lernen	würden lernen
ihr werdet lernen	werdet lernen	würdet lernen
sie werden lernen	werden lernen	würden lernen

Future Perfect Time

Future Perfect	*(Fut. Perf. Subj.)*	*(Past Conditional)*
ich werde gelernt haben	werde gelernt haben	würde gelernt haben
du wirst gelernt haben	werdest gelernt haben	würdest gelernt haben
er wird gelernt haben	werde gelernt haben	würde gelernt haben
wir werden gelernt haben	werden gelernt haben	würden gelernt haben
ihr werdet gelernt haben	werdet gelernt haben	würdet gelernt haben
sie werden gelernt haben	werden gelernt haben	würden gelernt haben

---

Examples: „Ich freue mich, daß du doch etwas in der Schule gelernt hast." „Das hab ich nicht in der Schule gelernt. Man lernt vom Leben; daher lernt man nie aus." "I'm glad you learned something in school after all." "I didn't learn that in school. One learns from life; therefore one is never done learning." *Unser Sohn lernt Klavier spielen.* Our son is learning to play the piano.

lesen

to read; gather

PRINC. PARTS: lesen, las, gelesen, liest
IMPERATIVE: lies!, lest!, lesen Sie!

INDICATIVE		SUBJUNCTIVE	
		PRIMARY	SECONDARY
		Present Time	
	Present	*(Pres. Subj.)*	*(Imperf. Subj.)*
ich	lese	lese	läse
du	liest	lesest	läsest
er	liest	lese	läse
wir	lesen	lesen	läsen
ihr	lest	leset	läset
sie	lesen	lesen	läsen
	Imperfect		
ich	las		
du	lasest		
er	las		
wir	lasen		
ihr	last		
sie	lasen		
		Past Time	
	Perfect	*(Perf. Subj.)*	*(Pluperf. Subj.)*
ich	habe gelesen	habe gelesen	hätte gelesen
du	hast gelesen	habest gelesen	hättest gelesen
er	hat gelesen	habe gelesen	hätte gelesen
wir	haben gelesen	haben gelesen	hätten gelesen
ihr	habt gelesen	habet gelesen	hättet gelesen
sie	haben gelesen	haben gelesen	hätten gelesen
	Pluperfect		
ich	hatte gelesen		
du	hattest gelesen		
er	hatte gelesen		
wir	hatten gelesen		
ihr	hattet gelesen		
sie	hatten gelesen		
		Future Time	
	Future	*(Fut. Subj.)*	*(Pres. Conditional)*
ich	werde lesen	werde lesen	würde lesen
du	wirst lesen	werdest lesen	würdest lesen
er	wird lesen	werde lesen	würde lesen
wir	werden lesen	werden lesen	würden lesen
ihr	werdet lesen	werdet lesen	würdet lesen
sie	werden lesen	werden lesen	würden lesen
		Future Perfect Time	
	Future Perfect	*(Fut. Perf. Subj.)*	*(Past Conditional)*
ich	werde gelesen haben	werde gelesen haben	würde gelesen haben
du	wirst gelesen haben	werdest gelesen haben	würdest gelesen haben
er	wird gelesen haben	werde gelesen haben	würde gelesen haben
wir	werden gelesen haben	werden gelesen haben	würden gelesen haben
ihr	werdet gelesen haben	werdet gelesen haben	würdet gelesen haben
sie	werden gelesen haben	werden gelesen haben	würden gelesen haben

Examples: *Die Buchstaben wurden von den Priestern aufgelesen und dann gelesen.* The letters were gathered up and then read by the priests. *Während die Mutter an der schweren Arbeit der Weinlese teilnahm, las ihre Tochter Liebesromane.* While her mother took part in the hard work of grape gathering, her daughter read romance novels.

PRINC. PARTS: leuchten, leuchtete, geleuchtet, leuchtet
IMPERATIVE: leuchte!, leuchtet!, leuchten Sie!

INDICATIVE	SUBJUNCTIVE	
	PRIMARY	SECONDARY
	Present Time	
Present	*(Pres. Subj.)*	*(Imperf. Subj.)*
ich leuchte	leuchte	leuchtete
du leuchtest	leuchtest	leuchtetest
er leuchtet	leuchte	leuchtete
wir leuchten	leuchten	leuchteten
ihr leuchtet	leuchtet	leuchtetet
sie leuchten	leuchten	leuchteten
Imperfect		
ich leuchtete		
du leuchtetest		
er leuchtete		
wir leuchteten		
ihr leuchtetet		
sie leuchteten		
	Past Time	
Perfect	*(Perf. Subj.)*	*(Pluperf. Subj.)*
ich habe geleuchtet	habe geleuchtet	hätte geleuchtet
du hast geleuchtet	habest geleuchtet	hättest geleuchtet
er hat geleuchtet	habe geleuchtet	hätte geleuchtet
wir haben geleuchtet	haben geleuchtet	hätten geleuchtet
ihr habt geleuchtet	habet geleuchtet	hättet geleuchtet
sie haben geleuchtet	haben geleuchtet	hätten geleuchtet
Pluperfect		
ich hatte geleuchtet		
du hattest geleuchtet		
er hatte geleuchtet		
wir hatten geleuchtet		
ihr hattet geleuchtet		
sie hatten geleuchtet		
	Future Time	
Future	*(Fut. Subj.)*	*(Pres. Conditional)*
ich werde leuchten	werde leuchten	würde leuchten
du wirst leuchten	werdest leuchten	würdest leuchten
er wird leuchten	werde leuchten	würde leuchten
wir werden leuchten	werden leuchten	würden leuchten
ihr werdet leuchten	werdet leuchten	würdet leuchten
sie werden leuchten	werden leuchten	würden leuchten
	Future Perfect Time	
Future Perfect	*(Fut. Perf. Subj.)*	*(Past Conditional)*
ich werde geleuchtet haben	werde geleuchtet haben	würde geleuchtet haben
du wirst geleuchtet haben	werdest geleuchtet haben	würdest geleuchtet haben
er wird geleuchtet haben	werde geleuchtet haben	würde geleuchtet haben
wir werden geleuchtet haben	werden geleuchtet haben	würden geleuchtet haben
ihr werdet geleuchtet haben	werdet geleuchtet haben	würdet geleuchtet haben
sie werden geleuchtet haben	werden geleuchtet haben	würden geleuchtet haben

Examples: *Ihre Augen leuchteten vor Freude.* Their eyes shone with joy. *Der Elektoringenieur war für die Straßenbeleuchtung vieler Großstädte verantwortlich. Eines Tages leuchtete es ihm ein, daß er sich mehr um die innere Erleuchtung kümmern sollte.* The electrical engineer was responsible for the street lights of many large cities. One day, it dawned on him that he should be more concerned with inner illumination.

lichten

to thin out, lighten

PRINC. PARTS: lichten, lichtete, gelichtet, lichtet
IMPERATIVE: lichte!, lichtet!, lichten Sie!

INDICATIVE	SUBJUNCTIVE	
	PRIMARY	SECONDARY

Present Time

	Present	*(Pres. Subj.)*	*(Imperf. Subj.)*
ich	lichte	lichte	lichtete
du	lichtest	lichtest	lichtetest
er	lichtet	lichte	lichtete
wir	lichten	lichten	lichteten
ihr	lichtet	lichtet	lichtetet
sie	lichten	lichten	lichteten

	Imperfect
ich	lichtete
du	lichtetest
er	lichtete
wir	lichteten
ihr	lichtetet
sie	lichteten

Past Time

	Perfect	*(Perf. Subj.)*	*(Pluperf. Subj.)*
ich	habe gelichtet	habe gelichtet	hätte gelichtet
du	hast gelichtet	habest gelichtet	hättest gelichtet
er	hat gelichtet	habe gelichtet	hätte gelichtet
wir	haben gelichtet	haben gelichtet	hätten gelichtet
ihr	habt gelichtet	habet gelichtet	hättet gelichtet
sie	haben gelichtet	haben gelichtet	hätten gelichtet

	Pluperfect
ich	hatte gelichtet
du	hattest gelichtet
er	hatte gelichtet
wir	hatten gelichtet
ihr	hattet gelichtet
sie	hatten gelichtet

Future Time

	Future	*(Fut. Subj.)*	*(Pres. Conditional)*
ich	werde lichten	werde lichten	würde lichten
du	wirst lichten	werdest lichten	würdest lichten
er	wird lichten	werde lichten	würde lichten
wir	werden lichten	werden lichten	würden lichten
ihr	werdet lichten	werdet lichten	würdet lichten
sie	werden lichten	werden lichten	würden lichten

Future Perfect Time

	Future Perfect	*(Fut. Perf. Subj.)*	*(Past Conditional)*
ich	werde gelichtet haben	werde gelichtet haben	würde gelichtet haben
du	wirst gelichtet haben	werdest gelichtet haben	würdest gelichtet haben
er	wird gelichtet haben	werde gelichtet haben	würde gelichtet haben
wir	werden gelichtet haben	werden gelichtet haben	würden gelichtet haben
ihr	werdet gelichtet haben	werdet gelichtet haben	würdet gelichtet haben
sie	werden gelichtet haben	werden gelichtet haben	würden gelichtet haben

Examples: *Es tat dem Holzfäller leid, daß der Wald so sehr gelichtet wurde. Es tat ihm noch mehr leid, daß sich seine Haare dermaßen lichteten.* The lumberjack was sorry that the forest was so thinned out. He was even sorrier that his hair was thinning so much. *Bald wird sich das Geheimnis um den gestohlenen Schmuck lichten.* The mystery surrounding the stolen jewels will soon be cleared up.

PRINC. PARTS: lieben, liebte, geliebt, liebt
IMPERATIVE: liebe!, liebt!, lieben Sie!

	INDICATIVE	SUBJUNCTIVE	
		PRIMARY	SECONDARY
		Present Time	
	Present	*(Pres. Subj.)*	*(Imperf. Subj.)*
ich	liebe	liebe	liebte
du	liebst	liebest	liebtest
er	liebt	liebe	liebte
wir	lieben	lieben	liebten
ihr	liebt	liebet	liebtet
sie	lieben	lieben	liebten

	Imperfect
ich	liebte
du	liebtest
er	liebte
wir	liebten
ihr	liebtet
sie	liebten

			Past Time	
	Perfect	*(Perf. Subj.)*	*(Pluperf. Subj.)*
ich	habe geliebt	habe geliebt	hätte geliebt
du	hast geliebt	habest geliebt	hättest geliebt
er	hat geliebt	habe geliebt	hätte geliebt
wir	haben geliebt	haben geliebt	hätten geliebt
ihr	habt geliebt	habet geliebt	hättet geliebt
sie	haben geliebt	haben geliebt	hätten geliebt

	Pluperfect
ich	hatte geliebt
du	hattest geliebt
er	hatte geliebt
wir	hatten geliebt
ihr	hattet geliebt
sie	hatten geliebt

			Future Time	
	Future	*(Fut. Subj.)*	*(Pres. Conditional)*
ich	werde lieben	werde lieben	würde lieben
du	wirst lieben	werdest lieben	würdest lieben
er	wird lieben	werde lieben	würde lieben
wir	werden lieben	werden lieben	würden lieben
ihr	werdet lieben	werdet lieben	würdet lieben
sie	werden lieben	werden lieben	würden lieben

			Future Perfect Time	
	Future Perfect	*(Fut. Perf. Subj.)*	*(Past Conditional)*
ich	werde geliebt haben	werde geliebt haben	würde geliebt haben
du	wirst geliebt haben	werdest geliebt haben	würdest geliebt haben
er	wird geliebt haben	werde geliebt haben	würde geliebt haben
wir	werden geliebt haben	werden geliebt haben	würden geliebt haben
ihr	werdet geliebt haben	werdet geliebt haben	würdet geliebt haben
sie	werden geliebt haben	werden geliebt haben	würden geliebt haben

Examples: „Nur einen Mann hat Grete wirklich geliebt. Sie liebt ihn auch heute noch", sagte Gretes Tante. "Grete really loved just one man. She still loves him today," said Grete's aunt. *Hoffentlich machen Sie es mit Liebe. Denn was mit Liebe gemacht wird, wird gut gemacht.* I hope you'll do it with love. For what is done with love is done well.

227

liegen

to lie; be situated

PRINC. PARTS: liegen, lag, gelegen, liegt
IMPERATIVE: liege!, liegt!, liegen Sie!

INDICATIVE	SUBJUNCTIVE	
	PRIMARY	SECONDARY
	Present Time	
Present	*(Pres. Subj.)*	*(Imperf. Subj.)*
ich liege	liege	läge
du liegst	liegest	lägest
er liegt	liege	läge
wir liegen	liegen	lägen
ihr liegt	lieget	läget
sie liegen	liegen	lägen

Imperfect
ich lag
du lagst
er lag
wir lagen
ihr lagt
sie lagen

	Past Time	
Perfect	*(Perf. Subj.)*	*(Pluperf. Subj.)*
ich habe gelegen	habe gelegen	hätte gelegen
du hast gelegen	habest gelegen	hättest gelegen
er hat gelegen	habe gelegen	hätte gelegen
wir haben gelegen	haben gelegen	hätten gelegen
ihr habt gelegen	habet gelegen	hättet gelegen
sie haben gelegen	haben gelegen	hätten gelegen

Pluperfect
ich hatte gelegen
du hattest gelegen
er hatte gelegen
wir hatten gelegen
ihr hattet gelegen
sie hatten gelegen

	Future Time	
Future	*(Fut. Subj.)*	*(Pres. Conditional)*
ich werde liegen	werde liegen	würde liegen
du wirst liegen	werdest liegen	würdest liegen
er wird liegen	werde liegen	würde liegen
wir werden liegen	werden liegen	würden liegen
ihr werdet liegen	werdet liegen	würdet liegen
sie werden liegen	werden liegen	würden liegen

	Future Perfect Time	
Future Perfect	*(Fut. Perf. Subj.)*	*(Past Conditional)*
ich werde gelegen haben	werde gelegen haben	würde gelegen haben
du wirst gelegen haben	werdest gelegen haben	würdest gelegen haben
er wird gelegen haben	werde gelegen haben	würde gelegen haben
wir werden gelegen haben	werden gelegen haben	würden gelegen haben
ihr werdet gelegen haben	werdet gelegen haben	würdet gelegen haben
sie werden gelegen haben	werden gelegen haben	würden gelegen haben

Examples: „*Du liegst den ganzen Tag im Liegestuhl, du Faulpelz!*" "All day long you lie in the recliner, you lazybones!" *Es lag dir so viel daran, daß wir in die Oper gehen.* It was so important to you to go to the opera. *Mir liegt es nicht mehr, in die Stadt zu fahren.* Going into town isn't my sort of thing anymore.

PRINC. PARTS: loben, lobte, gelobt, lobt
IMPERATIVE: lobe!, lobt!, loben Sie!

to praise

INDICATIVE	SUBJUNCTIVE	
	PRIMARY	SECONDARY

Present Time

	Present	*(Pres. Subj.)*	*(Imperf. Subj.)*
ich	lobe	lobe	lobte
du	lobst	lobest	lobtest
er	lobt	lobe	lobte
wir	loben	loben	lobten
ihr	lobt	lobet	lobtet
sie	loben	loben	lobten

	Imperfect
ich	lobte
du	lobtest
er	lobte
wir	lobten
ihr	lobtet
sie	lobten

Past Time

	Perfect	*(Perf. Subj.)*	*(Pluperf. Subj.)*
ich	habe gelobt	habe gelobt	hätte gelobt
du	hast gelobt	habest gelobt	hättest gelobt
er	hat gelobt	habe gelobt	hätte gelobt
wir	haben gelobt	haben gelobt	hätten gelobt
ihr	habt gelobt	habet gelobt	hättet gelobt
sie	haben gelobt	haben gelobt	hätten gelobt

	Pluperfect
ich	hatte gelobt
du	hattest gelobt
er	hatte gelobt
wir	hatten gelobt
ihr	hattet gelobt
sie	hatten gelobt

Future Time

	Future	*(Fut. Subj.)*	*(Pres. Conditional)*
ich	werde loben	werde loben	würde loben
du	wirst loben	werdest loben	würdest loben
er	wird loben	werde loben	würde loben
wir	werden loben	werden loben	würden loben
ihr	werdet loben	werdet loben	würdet loben
sie	werden loben	werden loben	würden loben

Future Perfect Time

	Future Perfect	*(Fut. Perf. Subj.)*	*(Past Conditional)*
ich	werde gelobt haben	werde gelobt haben	würde gelobt haben
du	wirst gelobt haben	werdest gelobt haben	würdest gelobt haben
er	wird gelobt haben	werde gelobt haben	würde gelobt haben
wir	werden gelobt haben	werden gelobt haben	würden gelobt haben
ihr	werdet gelobt haben	werdet gelobt haben	würdet gelobt haben
sie	werden gelobt haben	werden gelobt haben	würden gelobt haben

Examples: *Nachdem die anderen Ritter die Keuschheit gelobt hatten, sang Tannhäuser eine Lobeshymne auf Venus.* After the other knights had praised chastity, Tannhäuser sang a hymn of praise to Venus. *„Da lob ich mir ein Glas Wein in meiner Waldhütte", sagte die Dichterin.* "There's nothing like a glass of wine in my cabin in the forest," said the poet.

locken

to entice, allure

PRINC. PARTS: locken, lockte, gelockt, lockt
IMPERATIVE: locke!, lockt!, locken Sie!

INDICATIVE	SUBJUNCTIVE	
	PRIMARY	SECONDARY
	Present Time	
Present	*(Pres. Subj.)*	*(Imperf. Subj.)*
ich locke	locke	lockte
du lockst	lockest	locktest
er lockt	locke	lockte
wir locken	locken	lockten
ihr lockt	locket	locktet
sie locken	locken	lockten

Imperfect
ich lockte
du locktest
er lockte
wir lockten
ihr locktet
sie lockten

	Past Time	
Perfect	*(Perf. Subj.)*	*(Pluperf. Subj.)*
ich habe gelockt	habe gelockt	hätte gelockt
du hast gelockt	habest gelockt	hättest gelockt
er hat gelockt	habe gelockt	hätte gelockt
wir haben gelockt	haben gelockt	hätten gelockt
ihr habt gelockt	habet gelockt	hättet gelockt
sie haben gelockt	haben gelockt	hätten gelockt

Pluperfect
ich hatte gelockt
du hattest gelockt
er hatte gelockt
wir hatten gelockt
ihr hattet gelockt
sie hatten gelockt

	Future Time	
Future	*(Fut. Subj.)*	*(Pres. Conditional)*
ich werde locken	werde locken	würde locken
du wirst locken	werdest locken	würdest locken
er wird locken	werde locken	würde locken
wir werden locken	werden locken	würden locken
ihr werdet locken	werdet locken	würdet locken
sie werden locken	werden locken	würden locken

	Future Perfect Time	
Future Perfect	*(Fut. Perf. Subj.)*	*(Past Conditional)*
ich werde gelockt haben	werde gelockt haben	würde gelockt haben
du wirst gelockt haben	werdest gelockt haben	würdest gelockt haben
er wird gelockt haben	werde gelockt haben	würde gelockt haben
wir werden gelockt haben	werden gelockt haben	würden gelockt haben
ihr werdet gelockt haben	werdet gelockt haben	würdet gelockt haben
sie werden gelockt haben	werden gelockt haben	würden gelockt haben

Examples: *Die Sirene hat ihn mit ihrem verlockenden Singen zu sich gelockt.* The siren lured him to her with her enticing song. *„Mit solch veralteten Lockmitteln kann man heute keinen Hund vom Ofen locken", sagte höhnisch der Werbeleiter.* "With old-fashioned bait like that you won't get anybody to go for that nowadays," said the advertising director cynically.

PRINC. PARTS: lohnen, lohnte, gelohnt, lohnt
IMPERATIVE: lohne!, lohnt!, lohnen Sie!

to reward, recompense

INDICATIVE	SUBJUNCTIVE	
	PRIMARY	SECONDARY

Present Time

	Present	*(Pres. Subj.)*	*(Imperf. Subj.)*
ich	lohne	lohne	lohnte
du	lohnst	lohnest	lohntest
er	lohnt	lohne	lohnte
wir	lohnen	lohnen	lohnten
ihr	lohnt	lohnet	lohntet
sie	lohnen	lohnen	lohnten

	Imperfect
ich	lohnte
du	lohntest
er	lohnte
wir	lohnten
ihr	lohntet
sie	lohnten

Past Time

	Perfect	*(Perf. Subj.)*	*(Pluperf. Subj.)*
ich	habe gelohnt	habe gelohnt	hätte gelohnt
du	hast gelohnt	habest gelohnt	hättest gelohnt
er	hat gelohnt	habe gelohnt	hätte gelohnt
wir	haben gelohnt	haben gelohnt	hätten gelohnt
ihr	habt gelohnt	habet gelohnt	hättet gelohnt
sie	haben gelohnt	haben gelohnt	hätten gelohnt

	Pluperfect
ich	hatte gelohnt
du	hattest gelohnt
er	hatte gelohnt
wir	hatten gelohnt
ihr	hattet gelohnt
sie	hatten gelohnt

Future Time

	Future	*(Fut. Subj.)*	*(Pres. Conditional)*
ich	werde lohnen	werde lohnen	würde lohnen
du	wirst lohnen	werdest lohnen	würdest lohnen
er	wird lohnen	werde lohnen	würde lohnen
wir	werden lohnen	werden lohnen	würden lohnen
ihr	werdet lohnen	werdet lohnen	würdet lohnen
sie	werden lohnen	werden lohnen	würden lohnen

Future Perfect Time

	Future Perfect	*(Fut. Perf. Subj.)*	*(Past Conditional)*
ich	werde gelohnt haben	werde gelohnt haben	würde gelohnt haben
du	wirst gelohnt haben	werdest gelohnt haben	würdest gelohnt haben
er	wird gelohnt haben	werde gelohnt haben	würde gelohnt haben
wir	werden gelohnt haben	werden gelohnt haben	würden gelohnt haben
ihr	werdet gelohnt haben	werdet gelohnt haben	würdet gelohnt haben
sie	werden gelohnt haben	werden gelohnt haben	würden gelohnt haben

Examples: *„Man hat dir neulich deinen Lohn erhöht." „Trotzdem lohnt es sich für mich nicht, weiterhin dort zu arbeiten."* "They raised your wages recently." "Despite that, it's not worth my while to continue working there." *Zwei von Lears Töchtern belohnten seine Freigebigkeit mit Undank.* Two of Lear's daughters repaid his generosity with ingratitude.

lösen

to loosen; solve

PRINC. PARTS: lösen, löste, gelöst, löst
IMPERATIVE: löse!, löst!, lösen Sie!

INDICATIVE		SUBJUNCTIVE	
		PRIMARY	SECONDARY
		Present Time	
	Present	*(Pres. Subj.)*	*(Imperf. Subj.)*
ich	löse	löse	löste
du	löst	lösest	löstest
er	löst	löse	löste
wir	lösen	lösen	lösten
ihr	löst	löset	löstet
sie	lösen	lösen	lösten

	Imperfect
ich	löste
du	löstest
er	löste
wir	lösten
ihr	löstet
sie	lösten

			Past Time	
	Perfect	*(Perf. Subj.)*	*(Pluperf. Subj.)*
ich	habe gelöst	habe gelöst	hätte gelöst
du	hast gelöst	habest gelöst	hättest gelöst
er	hat gelöst	habe gelöst	hätte gelöst
wir	haben gelöst	haben gelöst	hätten gelöst
ihr	habt gelöst	habet gelöst	hättet gelöst
sie	haben gelöst	haben gelöst	hätten gelöst

	Pluperfect
ich	hatte gelöst
du	hattest gelöst
er	hatte gelöst
wir	hatten gelöst
ihr	hattet gelöst
sie	hatten gelöst

			Future Time	
	Future	*(Fut. Subj.)*	*(Pres. Conditional)*
ich	werde lösen	werde lösen	würde lösen
du	wirst lösen	werdest lösen	würdest lösen
er	wird lösen	werde lösen	würde lösen
wir	werden lösen	werden lösen	würden lösen
ihr	werdet lösen	werdet lösen	würdet lösen
sie	werden lösen	werden lösen	würden lösen

			Future Perfect Time	
	Future Perfect	*(Fut. Perf. Subj.)*	*(Past Conditional)*
ich	werde gelöst haben	werde gelöst haben	würde gelöst haben
du	wirst gelöst haben	werdest gelöst haben	würdest gelöst haben
er	wird gelöst haben	werde gelöst haben	würde gelöst haben
wir	werden gelöst haben	werden gelöst haben	würden gelöst haben
ihr	werdet gelöst haben	werdet gelöst haben	würdet gelöst haben
sie	werden gelöst haben	werden gelöst haben	würden gelöst haben

---

Examples: *Die Mutter löste sich in Tränen auf. Der Wein hatte ihm die Zunge gelöst.* The wine had loosened his tongue. *Der Schatzmeister hat den letzten Scheck eingelöst. Dann wurde der Verein aufgelöst.* The treasurer cashed the last check. Then the association was dissolved. *Ödipus löste das Rätsel.* Oedipus solved the riddle.

PRINC. PARTS: lügen, log, gelogen, lügt
IMPERATIVE: lüge!, lügt!, lügen Sie!

to tell a lie

INDICATIVE		SUBJUNCTIVE	
		PRIMARY	SECONDARY
		Present Time	
Present		*(Pres. Subj.)*	*(Imperf. Subj.)*
ich	lüge	lüge	löge
du	lügst	lügest	lögest
er	lügt	lüge	löge
wir	lügen	lügen	lögen
ihr	lügt	lüget	löget
sie	lügen	lügen	lögen

	Imperfect
ich	log
du	logst
er	log
wir	logen
ihr	logt
sie	logen

			Past Time	
	Perfect		*(Perf. Subj.)*	*(Pluperf. Subj.)*
ich	habe gelogen		habe gelogen	hätte gelogen
du	hast gelogen		habest gelogen	hättest gelogen
er	hat gelogen		habe gelogen	hätte gelogen
wir	haben gelogen		haben gelogen	hätten gelogen
ihr	habt gelogen		habet gelogen	hättet gelogen
sie	haben gelogen		haben gelogen	hätten gelogen

	Pluperfect
ich	hatte gelogen
du	hattest gelogen
er	hatte gelogen
wir	hatten gelogen
ihr	hattet gelogen
sie	hatten gelogen

		Future Time	
	Future	*(Fut. Subj.)*	*(Pres. Conditional)*
ich	werde lügen	werde lügen	würde lügen
du	wirst lügen	werdest lügen	würdest lügen
er	wird lügen	werde lügen	würde lügen
wir	werden lügen	werden lügen	würden lügen
ihr	werdet lügen	werdet lügen	würdet lügen
sie	werden lügen	werden lügen	würden lügen

		Future Perfect Time	
	Future Perfect	*(Fut. Perf. Subj.)*	*(Past Conditional)*
ich	werde gelogen haben	werde gelogen haben	würde gelogen haben
du	wirst gelogen haben	werdest gelogen haben	würdest gelogen haben
er	wird gelogen haben	werde gelogen haben	würde gelogen haben
wir	werden gelogen haben	werden gelogen haben	würden gelogen haben
ihr	werdet gelogen haben	werdet gelogen haben	würdet gelogen haben
sie	werden gelogen haben	werden gelogen haben	würden gelogen haben

Examples: *Sie sollten besser lügen lernen, denn man hat Sie mehrmals beim Lügen ertappt. Sie lügen wie gedruckt. Wie lange gedenken Sie, uns noch zu belügen?* You should learn how to lie better, for you've been caught in many lies. You've lied to us brazenly. You lie like mad. How long do you intend to continue lying to us? **Lügen** resembles the verbs in Group II, p. xvii.

233

lutschen

to suck

PRINC. PARTS: lutschen, lutschte, gelutscht, lutscht
IMPERATIVE: lutsche!, lutscht!, lutschen Sie!

INDICATIVE	SUBJUNCTIVE	
	PRIMARY	SECONDARY
	Present Time	
Present	*(Pres. Subj.)*	*(Imperf. Subj.)*
ich lutsche	lutsche	lutschte
du lutschst	lutschest	lutschtest
er lutscht	lutsche	lutschte
wir lutschen	lutschen	lutschten
ihr lutscht	lutschet	lutschtet
sie lutschen	lutschen	lutschten
Imperfect		
ich lutschte		
du lutschtest		
er lutschte		
wir lutschten		
ihr lutschtet		
sie lutschten		
	Past Time	
Perfect	*(Perf. Subj.)*	*(Pluperf. Subj.)*
ich habe gelutscht	habe gelutscht	hätte gelutscht
du hast gelutscht	habest gelutscht	hättest gelutscht
er hat gelutscht	habe gelutscht	hätte gelutscht
wir haben gelutscht	haben gelutscht	hätten gelutscht
ihr habt gelutscht	habet gelutscht	hättet gelutscht
sie haben gelutscht	haben gelutscht	hätten gelutscht
Pluperfect		
ich hatte gelutscht		
du hattest gelutscht		
er hatte gelutscht		
wir hatten gelutscht		
ihr hattet gelutscht		
sie hatten gelutscht		
	Future Time	
Future	*(Fut. Subj.)*	*(Pres. Conditional)*
ich werde lutschen	werde lutschen	würde lutschen
du wirst lutschen	werdest lutschen	würdest lutschen
er wird lutschen	werde lutschen	würde lutschen
wir werden lutschen	werden lutschen	würden lutschen
ihr werdet lutschen	werdet lutschen	würdet lutschen
sie werden lutschen	werden lutschen	würden lutschen
	Future Perfect Time	
Future Perfect	*(Fut. Perf. Subj.)*	*(Past Conditional)*
ich werde gelutscht haben	werde gelutscht haben	würde gelutscht haben
du wirst gelutscht haben	werdest gelutscht haben	würdest gelutscht haben
er wird gelutscht haben	werde gelutscht haben	würde gelutscht haben
wir werden gelutscht haben	werden gelutscht haben	würden gelutscht haben
ihr werdet gelutscht haben	werdet gelutscht haben	würdet gelutscht haben
sie werden gelutscht haben	werden gelutscht haben	würden gelutscht haben

Examples: *Lucia kann das Lutschen am Daumen nicht lassen. Gib ihr einen Lutscher.* Lucia can't stop sucking her thumb. Give her a lollipop. *Jetzt trink ich ein Bier und lutsch das Innere einer Weißwurst aus, wie ein echter Müchner.* Now I'm going to have a beer and suck out the stuffing of a white sausage, like a genuine citizen of Munich. Bavarians don't eat the casing of **Weißwurst**, a local sausage of veal and pork.

PRINC. PARTS: machen, machte, gemacht, macht
IMPERATIVE: mache!, macht!, machen Sie!

INDICATIVE	SUBJUNCTIVE	
	PRIMARY	SECONDARY
	Present Time	
Present	*(Pres. Subj.)*	*(Imperf. Subj.)*
ich mache	mache	machte
du machst	machest	machtest
er macht	mache	machte
wir machen	machen	machten
ihr macht	machet	machtet
sie machen	machen	machten

Imperfect
ich machte
du machtest
er machte
wir machten
ihr machtet
sie machten

	Past Time	
Perfect	*(Perf. Subj.)*	*(Pluperf. Subj.)*
ich habe gemacht	habe gemacht	hätte gemacht
du hast gemacht	habest gemacht	hättest gemacht
er hat gemacht	habe gemacht	hätte gemacht
wir haben gemacht	haben gemacht	hätten gemacht
ihr habt gemacht	habet gemacht	hättet gemacht
sie haben gemacht	haben gemacht	hätten gemacht

Pluperfect
ich hatte gemacht
du hattest gemacht
er hatte gemacht
wir hatten gemacht
ihr hattet gemacht
sie hatten gemacht

	Future Time	
Future	*(Fut. Subj.)*	*(Pres. Conditional)*
ich werde machen	werde machen	würde machen
du wirst machen	werdest machen	würdest machen
er wird machen	werde machen	würde machen
wir werden machen	werden machen	würden machen
ihr werdet machen	werdet machen	würdet machen
sie werden machen	werden machen	würden machen

	Future Perfect Time	
Future Perfect	*(Fut. Perf. Subj.)*	*(Past Conditional)*
ich werde gemacht haben	werde gemacht haben	würde gemacht haben
du wirst gemacht haben	werdest gemacht haben	würdest gemacht haben
er wird gemacht haben	werde gemacht haben	würde gemacht haben
wir werden gemacht haben	werden gemacht haben	würden gemacht haben
ihr werdet gemacht haben	werdet gemacht haben	würdet gemacht haben
sie werden gemacht haben	werden gemacht haben	würden gemacht haben

Examples: *Wir machen keine langen Reisen.* We don't go on long trips. *Mir macht das nichts aus.* It makes no difference to me. *Mach, daß du fortkommst. Ich mache dir die Tür auf. Mach schnell! Dann mach ich das Licht aus.* See that you get on your way. I'll open the door for you. Hurry up. Then I'll turn the light out. *Ich hab doch nur Spaß gemacht.* I was only kidding.

235

mahlen

to mill, grind

PRINC. PARTS: mahlen, mahlte, gemahlen, mahlt
IMPERATIVE: mahle!, mahlt!, mahlen Sie!

INDICATIVE	SUBJUNCTIVE	
	PRIMARY	SECONDARY

Present Time

	Present	*(Pres. Subj.)*	*(Imperf. Subj.)*
ich	mahle	mahle	mahlte
du	mahlst	mahlest	mahltest
er	mahlt	mahle	mahlte
wir	mahlen	mahlen	mahlten
ihr	mahlt	mahlet	mahltet
sie	mahlen	mahlen	mahlten

	Imperfect
ich	mahlte
du	mahltest
er	mahlte
wir	mahlten
ihr	mahltet
sie	mahlten

Past Time

	Perfect	*(Perf. Subj.)*	*(Pluperf. Subj.)*
ich	habe gemahlen	habe gemahlen	hätte gemahlen
du	hast gemahlen	habest gemahlen	hättest gemahlen
er	hat gemahlen	habe gemahlen	hätte gemahlen
wir	haben gemahlen	haben gemahlen	hätten gemahlen
ihr	habt gemahlen	habet gemahlen	hättet gemahlen
sie	haben gemahlen	haben gemahlen	hätten gemahlen

	Pluperfect
ich	hatte gemahlen
du	hattest gemahlen
er	hatte gemahlen
wir	hatten gemahlen
ihr	hattet gemahlen
sie	hatten gemahlen

Future Time

	Future	*(Fut. Subj.)*	*(Pres. Conditional)*
ich	werde mahlen	werde mahlen	würde mahlen
du	wirst mahlen	werdest mahlen	würdest mahlen
er	wird mahlen	werde mahlen	würde mahlen
wir	werden mahlen	werden mahlen	würden mahlen
ihr	werdet mahlen	werdet mahlen	würdet mahlen
sie	werden mahlen	werden mahlen	würden mahlen

Future Perfect Time

	Future Perfect	*(Fut. Perf. Subj.)*	*(Past Conditional)*
ich	werde gemahlen haben	werde gemahlen haben	würde gemahlen haben
du	wirst gemahlen haben	werdest gemahlen haben	würdest gemahlen haben
er	wird gemahlen haben	werde gemahlen haben	würde gemahlen haben
wir	werden gemahlen haben	werden gemahlen haben	würden gemahlen haben
ihr	werdet gemahlen haben	werdet gemahlen haben	würdet gemahlen haben
sie	werden gemahlen haben	werden gemahlen haben	würden gemahlen haben

Examples: *Die Mühle, in der der Müller einst das Korn gemahlen hatte, hat er verkauft.* The miller sold the mill in which he once ground grain. *Wer zuerst kommt, mahlt zuerst.* First come, first served (or: the early bird gets the worm). Don't confuse **mahlen** with **malen**. Although both are pronounced the same way, the context will make the distinction clear.

PRINC. PARTS. malen, malte, gemalt, malt
IMPERATIVE: male!, malt!, malen Sie!

to paint, portray

	INDICATIVE	SUBJUNCTIVE	
		PRIMARY	SECONDARY
		Present Time	
	Present	*(Pres. Subj.)*	*(Imperf. Subj.)*
ich	male	male	malte
du	malst	malest	maltest
er	malt	male	malte
wir	malen	malen	malten
ihr	malt	malet	maltet
sie	malen	malen	malten

	Imperfect
ich	malte
du	maltest
er	malte
wir	malten
ihr	maltet
sie	malten

			Past Time	
	Perfect	*(Perf. Subj.)*	*(Pluperf. Subj.)*
ich	habe gemalt	habe gemalt	hätte gemalt
du	hast gemalt	habest gemalt	hättest gemalt
er	hat gemalt	habe gemalt	hätte gemalt
wir	haben gemalt	haben gemalt	hätten gemalt
ihr	habt gemalt	habet gemalt	hättet gemalt
sie	haben gemalt	haben gemalt	hätten gemalt

	Pluperfect
ich	hatte gemalt
du	hattest gemalt
er	hatte gemalt
wir	hatten gemalt
ihr	hattet gemalt
sie	hatten gemalt

			Future Time	
	Future	*(Fut. Subj.)*	*(Pres. Conditional)*
ich	werde malen	werde malen	würde malen
du	wirst malen	werdest malen	würdest malen
er	wird malen	werde malen	würde malen
wir	werden malen	werden malen	würden malen
ihr	werdet malen	werdet malen	würdet malen
sie	werden malen	werden malen	würden malen

			Future Perfect Time	
	Future Perfect	*(Fut. Perf. Subj.)*	*(Past Conditional)*
ich	werde gemalt haben	werde gemalt haben	würde gemalt haben
du	wirst gemalt haben	werdest gemalt haben	würdest gemalt haben
er	wird gemalt haben	werde gemalt haben	würde gemalt haben
wir	werden gemalt haben	werden gemalt haben	würden gemalt haben
ihr	werdet gemalt haben	werdet gemalt haben	würdet gemalt haben
sie	werden gemalt haben	werden gemalt haben	würden gemalt haben

Examples: *Die alten Maler haben herrliche Gemälde gemalt. Susanne, eine hervorragende Malerin, studiert die Technik der alten Malerei. Sie betrachtete die malerische Klosterruine und malte sich ein Leben darin aus.* The old painters painted splendid paintings. Susanne, an outstanding painter, is studying the techniques of traditional painting. She looked at the picturesque cloister ruin and pictured her life in it.

meiden

to avoid, shun

PRINC. PARTS: meiden, mied, gemieden, meidet
IMPERATIVE: meide!, meidet!, meiden Sie!

	INDICATIVE	PRIMARY	SECONDARY
		SUBJUNCTIVE	
		Present Time	
	Present	*(Pres. Subj.)*	*(Imperf. Subj.)*
ich	meide	meide	miede
du	meidest	meidest	miedest
er	meidet	meide	miede
wir	meiden	meiden	mieden
ihr	meidet	meidet	miedet
sie	meiden	meiden	mieden

	Imperfect
ich	mied
du	miedest
er	mied
wir	mieden
ihr	miedet
sie	mieden

		Past Time	
	Perfect	*(Perf. Subj.)*	*(Pluperf. Subj.)*
ich	habe gemieden	habe gemieden	hätte gemieden
du	hast gemieden	habest gemieden	hättest gemieden
er	hat gemieden	habe gemieden	hätte gemieden
wir	haben gemieden	haben gemieden	hätten gemieden
ihr	habt gemieden	habet gemieden	hättet gemieden
sie	haben gemieden	haben gemieden	hätten gemieden

	Pluperfect
ich	hatte gemieden
du	hattest gemieden
er	hatte gemieden
wir	hatten gemieden
ihr	hattet gemieden
sie	hatten gemieden

		Future Time	
	Future	*(Fut. Subj.)*	*(Pres. Conditional)*
ich	werde meiden	werde meiden	würde meiden
du	wirst meiden	werdest meiden	würdest meiden
er	wird meiden	werde meiden	würde meiden
wir	werden meiden	werden meiden	würden meiden
ihr	werdet meiden	werdet meiden	würdet meiden
sie	werden meiden	werden meiden	würden meiden

		Future Perfect Time	
	Future Perfect	*(Fut. Perf. Subj.)*	*(Past Conditional)*
ich	werde gemieden haben	werde gemieden haben	würde gemieden haben
du	wirst gemieden haben	werdest gemieden haben	würdest gemieden haben
er	wird gemieden haben	werde gemieden haben	würde gemieden haben
wir	werden gemieden haben	werden gemieden haben	würden gemieden haben
ihr	werdet gemieden haben	werdet gemieden haben	würdet gemieden haben
sie	werden gemieden haben	werden gemieden haben	würden gemieden haben

---

Examples: *„Die Luft- und Bodenverschmutzung läßt sich nicht vermeiden", meinte der Fabrikbesitzer.* "Air and soil pollution can't be avoided," asserted the factory owner. *„Meide den Kummer und meide den Schmerz, dann ist das Leben ein Scherz!"* "Avoid troubles, avoid cares, then life is a joke." Verbs whose stem ends in -d add an e in certain forms.

meinen

PRINC. PARTS: meinen, meinte, gemeint, meint
IMPERATIVE: meine!, meint!, meinen Sie!

to be of the opinion,
think; mean

	INDICATIVE		SUBJUNCTIVE	
			PRIMARY	SECONDARY
				Present Time
	Present		*(Pres. Subj.)*	*(Imperf. Subj.)*
ich	meine		meine	meinte
du	meinst		meinest	meintest
er	meint		meine	meinte
wir	meinen		meinen	meinten
ihr	meint		meinet	meintet
sie	meinen		meinen	meinten
	Imperfect			
ich	meinte			
du	meintest			
er	meinte			
wir	meinten			
ihr	meintet			
sie	meinten			
				Past Time
	Perfect		*(Perf. Subj.)*	*(Pluperf. Subj.)*
ich	habe gemeint		habe gemeint	hätte gemeint
du	hast gemeint		habest gemeint	hättest gemeint
er	hat gemeint		habe gemeint	hätte gemeint
wir	haben gemeint		haben gemeint	hätten gemeint
ihr	habt gemeint		habet gemeint	hättet gemeint
sie	haben gemeint		haben gemeint	hätten gemeint
	Pluperfect			
ich	hatte gemeint			
du	hattest gemeint			
er	hatte gemeint			
wir	hatten gemeint			
ihr	hattet gemeint			
sie	hatten gemeint			
				Future Time
	Future		*(Fut. Subj.)*	*(Pres. Conditional)*
ich	werde meinen		werde meinen	würde meinen
du	wirst meinen		werdest meinen	würdest meinen
er	wird meinen		werde meinen	würde meinen
wir	werden meinen		werden meinen	würden meinen
ihr	werdet meinen		werdet meinen	würdet meinen
sie	werden meinen		werden meinen	würden meinen
				Future Perfect Time
	Future Perfect		*(Fut. Perf. Subj.)*	*(Past Conditional)*
ich	werde gemeint haben		werde gemeint haben	würde gemeint haben
du	wirst gemeint haben		werdest gemeint haben	würdest gemeint haben
er	wird gemeint haben		werde gemeint haben	würde gemeint haben
wir	werden gemeint haben		werden gemeint haben	würden gemeint haben
ihr	werdet gemeint haben		werdet gemeint haben	würdet gemeint haben
sie	werden gemeint haben		werden gemeint haben	würden gemeint haben

Examples: „*Seiner Meinung nach ist der Diebstahl nur eine Kleinigkeit. Was meinen Sie dazu?*" *fragte sie.* „*So hab ich's nicht gemeint*", *sagte er.* "In his opinion, the theft is a mere trifle. What is your opinion on the matter?" she asked. "That's not how I meant it," he said. **Meinen** is used for "to mean" in the sense "to intend," as in the last sent. Usually, "to mean" is tr. by **bedeuten.**

239

merken

to notice; note; perceive

PRINC. PARTS: merken, merkte, gemerkt, merkt
IMPERATIVE: merke!, merkt!, merken Sie!

INDICATIVE	SUBJUNCTIVE	
	PRIMARY	SECONDARY
		Present Time
Present	*(Pres. Subj.)*	*(Imperf. Subj.)*
ich merke	merke	merkte
du merkst	merkest	merktest
er merkt	merke	merkte
wir merken	merken	merkten
ihr merkt	merket	merktet
sie merken	merken	merkten

Imperfect

ich	merkte
du	merktest
er	merkte
wir	merkten
ihr	merktet
sie	merkten

Past Time

Perfect	*(Perf. Subj.)*	*(Pluperf. Subj.)*
ich habe gemerkt	habe gemerkt	hätte gemerkt
du hast gemerkt	habest gemerkt	hättest gemerkt
er hat gemerkt	habe gemerkt	hätte gemerkt
wir haben gemerkt	haben gemerkt	hätten gemerkt
ihr habt gemerkt	habet gemerkt	hättet gemerkt
sie haben gemerkt	haben gemerkt	hätten gemerkt

Pluperfect

ich	hatte gemerkt
du	hattest gemerkt
er	hatte gemerkt
wir	hatten gemerkt
ihr	hattet gemerkt
sie	hatten gemerkt

Future Time

Future	*(Fut. Subj.)*	*(Pres. Conditional)*
ich werde merken	werde merken	würde merken
du wirst merken	werdest merken	würdest merken
er wird merken	werde merken	würde merken
wir werden merken	werden merken	würden merken
ihr werdet merken	werdet merken	würdet merken
sie werden merken	werden merken	würden merken

Future Perfect Time

Future Perfect	*(Fut. Perf. Subj.)*	*(Past Conditional)*
ich werde gemerkt haben	werde gemerkt haben	würde gemerkt haben
du wirst gemerkt haben	werdest gemerkt haben	würdest gemerkt haben
er wird gemerkt haben	werde gemerkt haben	würde gemerkt haben
wir werden gemerkt haben	werden gemerkt haben	würden gemerkt haben
ihr werdet gemerkt haben	werdet gemerkt haben	würdet gemerkt haben
sie werden gemerkt haben	werden gemerkt haben	würden gemerkt haben

---

Examples: *Merkwürdigerweise trat die berühmte Schauspielerin ein bißchen spät auf. Der böse Kritiker, Herr Meckbesser, machte bissige Bermerkungen darüber. In ihrem Spiel aber waren wichtigere Merkmale zu merken.* Curiously enough, the famous actress appeared a bit too late. The nasty critic, Mr. Meckbesser, made caustic remarks about it. But there were more important features to be noted in her acting.

PRINC. PARTS: messen, maß, gemessen, mißt
IMPERATIVE: miß!, meßt!, messen Sie!

INDICATIVE		SUBJUNCTIVE	
		PRIMARY	SECONDARY
		Present Time	
	Present	*(Pres. Subj.)*	*(Imperf. Subj.)*
ich	messe	messe	mäße
du	mißt	messest	mäßest
er	mißt	messe	mäße
wir	messen	messen	mäßen
ihr	meßt	messet	mäßet
sie	messen	messen	mäßen

	Imperfect
ich	maß
du	maßest
er	maß
wir	maßen
ihr	maßt
sie	maßen

			Past Time	
	Perfect	*(Perf. Subj.)*	*(Pluperf. Subj.)*
ich	habe gemessen	habe gemessen	hätte gemessen
du	hast gemessen	habest gemessen	hättest gemessen
er	hat gemessen	habe gemessen	hätte gemessen
wir	haben gemessen	haben gemessen	hätten gemessen
ihr	habt gemessen	habet gemessen	hättet gemessen
sie	haben gemessen	haben gemessen	hätten gemessen

	Pluperfect
ich	hatte gemessen
du	hattest gemessen
er	hatte gemessen
wir	hatten gemessen
ihr	hattet gemessen
sie	hatten gemessen

			Future Time	
	Future	*(Fut. Subj.)*	*(Pres. Conditional)*
ich	werde messen	werde messen	würde messen
du	wirst messen	werdest messen	würdest messen
er	wird messen	werde messen	würde messen
wir	werden messen	werden messen	würden messen
ihr	werdet messen	werdet messen	würdet messen
sie	werden messen	werden messen	würden messen

			Future Perfect Time	
	Future Perfect	*(Fut. Perf. Subj.)*	*(Past Conditional)*
ich	werde gemessen haben	werde gemessen haben	würde gemessen haben
du	wirst gemessen haben	werdest gemessen haben	würdest gemessen haben
er	wird gemessen haben	werde gemessen haben	würde gemessen haben
wir	werden gemessen haben	werden gemessen haben	würden gemessen haben
ihr	werdet gemessen haben	werdet gemessen haben	würdet gemessen haben
sie	werden gemessen haben	werden gemessen haben	würden gemessen haben

Examples: *In Grenzen der Menschheit behauptet Goethe, daß der Mensch sich nicht mit den Göttern messen soll.* In Limitations of Humanity, Goethe asserts that humans shouldn't compete with the gods. *Miß diesem vermessenen jungen Herrn neue Kleider an!* Measure this impudent young man for new clothes! **Anmessen** is separable.

mieten

to rent, hire

PRINC. PARTS: mieten, mietete, gemietet, mietet
IMPERATIVE: miete!, mietet!, mieten Sie!

INDICATIVE		SUBJUNCTIVE	
		PRIMARY	SECONDARY
		Present Time	
	Present	*(Pres. Subj.)*	*(Imperf. Subj.)*
ich	miete	miete	mietete
du	mietest	mietest	mietetest
er	mietet	miete	mietete
wir	mieten	mieten	mieteten
ihr	mietet	mietet	mietetet
sie	mieten	mieten	mieteten
	Imperfect		
ich	mietete		
du	mietetest		
er	mietete		
wir	mieteten		
ihr	mietetet		
sie	mieteten		
		Past Time	
	Perfect	*(Perf. Subj.)*	*(Pluperf. Subj.)*
ich	habe gemietet	habe gemietet	hätte gemietet
du	hast gemietet	habest gemietet	hättest gemietet
er	hat gemietet	habe gemietet	hätte gemietet
wir	haben gemietet	haben gemietet	hätten gemietet
ihr	habt gemietet	habet gemietet	hättet gemietet
sie	haben gemietet	haben gemietet	hätten gemietet
	Pluperfect		
ich	hatte gemietet		
du	hattest gemietet		
er	hatte gemietet		
wir	hatten gemietet		
ihr	hattet gemietet		
sie	hatten gemietet		
		Future Time	
	Future	*(Fut. Subj.)*	*(Pres. Conditional)*
ich	werde mieten	werde mieten	würde mieten
du	wirst mieten	werdest mieten	würdest mieten
er	wird mieten	werde mieten	würde mieten
wir	werden mieten	werden mieten	würden mieten
ihr	werdet mieten	werdet mieten	würdet mieten
sie	werden mieten	werden mieten	würden mieten
		Future Perfect Time	
	Future Perfect	*(Fut. Perf. Subj.)*	*(Past Conditional)*
ich	werde gemietet haben	werde gemietet haben	würde gemietet haben
du	wirst gemietet haben	werdest gemietet haben	würdest gemietet haben
er	wird gemietet haben	werde gemietet haben	würde gemietet haben
wir	werden gemietet haben	werden gemietet haben	würden gemietet haben
ihr	werdet gemietet haben	werdet gemietet haben	würdet gemietet haben
sie	werden gemietet haben	werden gemietet haben	würden gemietet haben

Examples: *In einer großen Mietskaserne mieten wir eine scheußliche Wohnung. Wir wollen ausziehen. Aber der Vermieter will uns nicht freilassen, weil wir einen Mietvertrag unterzeichnet haben.* We're renting an awful apartment in a large block of tenements. We want to move. But the landlord won't release us because we've signed a lease. Ger. distinguishes between **mieten** (to rent from) and **vermieten** (to rent to).

PRINC. PARTS: mögen, mochte, gemocht (mögen, when immediately preceded by an infinitive; see 'sprechen dürfen') mag

IMPERATIVE: not used

mögen

to like, want, may

INDICATIVE	SUBJUNCTIVE	
	PRIMARY	SECONDARY
	Present Time	
Present	*(Pres. Subj.)*	*(Imperf. Subj.)*
ich mag	möge	möchte
du magst	mögest	möchtest
er mag	möge	möchte
wir mögen	mögen	möchten
ihr mögt	möget	möchtet
sie mögen	mögen	möchten

Imperfect
ich mochte
du mochtest
er mochte
wir mochten
ihr mochtet
sie mochten

		Past Time	
Perfect	*(Perf. Subj.)*	*(Pluperf. Subj.)*
ich habe gemocht	habe gemocht	hätte gemocht
du hast gemocht	habest gemocht	hättest gemocht
er hat gemocht	habe gemocht	hätte gemocht
wir haben gemocht	haben gemocht	hätten gemocht
ihr habt gemocht	habet gemocht	hättet gemocht
sie haben gemocht	haben gemocht	hätten gemocht

Pluperfect
ich hatte gemocht
du hattest gemocht
er hatte gemocht
wir hatten gemocht
ihr hattet gemocht
sie hatten gemocht

		Future Time	
Future	*(Fut. Subj.)*	*(Pres. Conditional)*
ich werde mögen	werde mögen	würde mögen
du wirst mögen	werdest mögen	würdest mögen
er wird mögen	werde mögen	würde mögen
wir werden mögen	werden mögen	würden mögen
ihr werdet mögen	werdet mögen	würdet mögen
sie werden mögen	werden mögen	würden mögen

		Future Perfect Time	
Future Perfect	*(Fut. Perf. Subj.)*	*(Past Conditional)*
ich werde gemocht haben	werde gemocht haben	würde gemocht haben
du wirst gemocht haben	werdest gemocht haben	würdest gemocht haben
er wird gemocht haben	werde gemocht haben	würde gemocht haben
wir werden gemocht haben	werden gemocht haben	würden gemocht haben
ihr werdet gemocht haben	werdet gemocht haben	würdet gemocht haben
sie werden gemocht haben	werden gemocht haben	würden gemocht haben

Examples: „*Ich glaub, Luise mag dich nicht mehr*", *sagte Kai seinem Freund Ingo.* „*Das mag sein.*" "I don't think Louise is fond of you anymore," said Kai to his friend Ingo. "That may be." *Ich möchte nach Amerika auswandern.* I want to emigrate to America. **Mögen** is less strong for "to want" than **wollen**. The conditional forms are polite and frequently used, as in **Möchten Sie noch etwas?**

243

müssen

to have to, must

PRINC. PARTS: müssen, mußte, gemußt (müssen when immediately preceded by an infinitive; see sprechen dürfen), muß

IMPERATIVE: not used

INDICATIVE	SUBJUNCTIVE	
	PRIMARY	SECONDARY

Present Time

Present	(Pres. Subj.)	(Imperf. Subj.)
ich muß	müsse	müßte
du mußt	müssest	müßtest
er muß	müsse	müßte
wir müssen	müssen	müßten
ihr müßt	müsset	müßtet
sie müssen	müssen	müßten

Imperfect
ich mußte
du mußtest
er mußte
wir mußten
ihr mußtet
sie mußten

Past Time

Perfect	(Perf. Subj.)	(Pluperf. Subj.)
ich habe gemußt	habe gemußt	hätte gemußt
du hast gemußt	habest gemußt	hättest gemußt
er hat gemußt	habe gemußt	hätte gemußt
wir haben gemußt	haben gemußt	hätten gemußt
ihr habt gemußt	habet gemußt	hättet gemußt
sie haben gemußt	haben gemußt	hätten gemußt

Pluperfect
ich hatte gemußt
du hattest gemußt
er hatte gemußt
wir hatten gemußt
ihr hattet gemußt
sie hatten gemußt

Future Time

Future	(Fut. Subj.)	(Pres. Conditional)
ich werde müssen	werde müssen	würde müssen
du wirst müssen	werdest müssen	würdest müssen
er wird müssen	werde müssen	würde müssen
wir werden müssen	werden müssen	würden müssen
ihr werdet müssen	werdet müssen	würdet müssen
sie werden müssen	werden müssen	würden müssen

Future Perfect Time

Future Perfect	(Fut. Perf. Subj.)	(Past Conditional)
ich werde gemußt haben	werde gemußt haben	würde gemußt haben
du wirst gemußt haben	werdest gemußt haben	würdest gemußt haben
er wird gemußt haben	werde gemußt haben	würde gemußt haben
wir werden gemußt haben	werden gemußt haben	würden gemußt haben
ihr werdet gemußt haben	werdet gemußt haben	würdet gemußt haben
sie werden gemußt haben	werden gemußt haben	würden gemußt haben

Examples: *Karl hat seine Brauereiaktien verkaufen müssen. Er wird seiner Frau das Geld geben müssen, denn sie muß sich um den Haushalt kümmern. „Du mußt, du magst wollen oder nicht", sagte sie.* Karl had to sell his brewery stocks. He'll have to give his wife the money, for she has to look after the household budget. "You have to, whether you want to or not," she said.

PRINC. PARTS: nagen, nagte, genagt, nagt
IMPERATIVE: nage!, nagt!, nagen Sie!

to gnaw, nibble

INDICATIVE	SUBJUNCTIVE	
	PRIMARY	SECONDARY
	Present Time	
Present	*(Pres. Subj.)*	*(Imperf. Subj.)*
ich nage	nage	nagte
du nagst	nagest	nagtest
er nagt	nage	nagte
wir nagen	nagen	nagten
ihr nagt	naget	nagtet
sie nagen	nagen	nagten

Imperfect
ich nagte
du nagtest
er nagte
wir nagten
ihr nagtet
sie nagten

	Past Time	
Perfect	*(Perf. Subj.)*	*(Pluperf. Subj.)*
ich habe genagt	habe genagt	hätte genagt
du hast genagt	habest genagt	hättest genagt
er hat genagt	habe genagt	hätte genagt
wir haben genagt	haben genagt	hätten genagt
ihr habt genagt	habet genagt	hättet genagt
sie haben genagt	haben genagt	hätten genagt

Pluperfect
ich hatte genagt
du hattest genagt
er hatte genagt
wir hatten genagt
ihr hattet genagt
sie hatten genagt

	Future Time	
Future	*(Fut. Subj.)*	*(Pres. Conditional)*
ich werde nagen	werde nagen	würde nagen
du wirst nagen	werdest nagen	würdest nagen
er wird nagen	werde nagen	würde nagen
wir werden nagen	werden nagen	würden nagen
ihr werdet nagen	werdet nagen	würdet nagen
sie werden nagen	werden nagen	würden nagen

	Future Perfect Time	
Future Perfect	*(Fut. Perf. Subj.)*	*(Past Conditional)*
ich werde genagt haben	werde genagt haben	würde genagt haben
du wirst genagt haben	werdest genagt haben	würdest genagt haben
er wird genagt haben	werde genagt haben	würde genagt haben
wir werden genagt haben	werden genagt haben	würden genagt haben
ihr werdet genagt haben	werdet genagt haben	würdet genagt haben
sie werden genagt haben	werden genagt haben	würden genagt haben

Examples: *Der Dichter mußte am Hungertuch nagen, weil keiner seine Gedichte kaufte. „In meinem Herzen nagt es!" klagte er.* The poet had to go hungry because no one bought his poems. "In my heart there is a gnawing!" he lamented. *Der Biber ist ein Nagetier und nagt an Bäumen und Büschen.* The beaver is a rodent and gnaws on trees and bushes.

nähren

to nourish; suckle

PRINC. PARTS: nähren, nährte, genährt, nährt
IMPERATIVE: nähre!, nährt!, nähren Sie!

	INDICATIVE	SUBJUNCTIVE	
		PRIMARY	SECONDARY
		Present Time	
	Present	*(Pres. Subj.)*	*(Imperf. Subj.)*
ich	nähre	nähre	nährte
du	nährst	nährest	nährtest
er	nährt	nähre	nährte
wir	nähren	nähren	nährten
ihr	nährt	nähret	nährtet
sie	nähren	nähren	nährten

	Imperfect
ich	nährte
du	nährtest
er	nährte
wir	nährten
ihr	nährtet
sie	nährten

			Past Time	
	Perfect	*(Perf. Subj.)*	*(Pluperf. Subj.)*
ich	habe genährt	habe genährt	hätte genährt
du	hast genährt	habest genährt	hättest genährt
er	hat genährt	habe genährt	hätte genährt
wir	haben genährt	haben genährt	hätten genährt
ihr	habt genährt	habet genährt	hättet genährt
sie	haben genährt	haben genährt	hätten genährt

	Pluperfect
ich	hatte genährt
du	hattest genährt
er	hatte genährt
wir	hatten genährt
ihr	hattet genährt
sie	hatten genährt

			Future Time	
	Future	*(Fut. Subj.)*	*(Pres. Conditional)*
ich	werde nähren	werde nähren	würde nähren
du	wirst nähren	werdest nähren	würdest nähren
er	wird nähren	werde nähren	würde nähren
wir	werden nähren	werden nähren	würden nähren
ihr	werdet nähren	werdet nähren	würdet nähren
sie	werden nähren	werden nähren	würden nähren

			Future Perfect Time	
	Future Perfect	*(Fut. Perf. Subj.)*	*(Past Conditional)*
ich	werde genährt haben	werde genährt haben	würde genährt haben
du	wirst genährt haben	werdest genährt haben	würdest genährt haben
er	wird genährt haben	werde genährt haben	würde genährt haben
wir	werden genährt haben	werden genährt haben	würden genährt haben
ihr	werdet genährt haben	werdet genährt haben	würdet genährt haben
sie	werden genährt haben	werden genährt haben	würden genährt haben

Examples: *Du nährst die Hoffnung, ein großer Sportler zu werden. Aber deine Nahrung ist nicht nahrhaft genug. Du mußt auf den Nährwert aller Nahrungsmittel achtgeben. Auch ernährst du deine Kinder nicht richtig.* You cherish the hope of becoming a great athlete. But your diet isn't nutritious enough. You must pay attention to the nutritional value of all foodstuffs. You don't feed your children properly, either.

PRINC. PARTS: naschen, naschte, genascht, nascht
IMPERATIVE: nasche!, nascht!, naschen Sie!

to nibble, eat sweets
(on the sly), "nosh"

	INDICATIVE	**SUBJUNCTIVE**	
		PRIMARY	**SECONDARY**
		Present Time	
	Present	*(Pres. Subj.)*	*(Imperf. Subj.)*
ich	nasche	nasche	naschte
du	naschst	naschest	naschtest
er	nascht	nasche	naschte
wir	naschen	naschen	naschten
ihr	nascht	naschet	naschtet
sie	naschen	naschen	naschten

	Imperfect
ich	naschte
du	naschtest
er	naschte
wir	naschten
ihr	naschtet
sie	naschten

		Past Time	
	Perfect	*(Perf. Subj.)*	*(Pluperf. Subj.)*
ich	habe genascht	habe genascht	hätte genascht
du	hast genascht	habest genascht	hättest genascht
er	hat genascht	habe genascht	hätte genascht
wir	haben genascht	haben genascht	hätten genascht
ihr	habt genascht	habet genascht	hättet genascht
sie	haben genascht	haben genascht	hätten genascht

	Pluperfect
ich	hatte genascht
du	hattest genascht
er	hatte genascht
wir	hatten genascht
ihr	hattet genascht
sie	hatten genascht

		Future Time	
	Future	*(Fut. Subj.)*	*(Pres. Conditional)*
ich	werde naschen	werde naschen	würde naschen
du	wirst naschen	werdest naschen	würdest naschen
er	wird naschen	werde naschen	würde naschen
wir	werden naschen	werden naschen	würden naschen
ihr	werdet naschen	werdet naschen	würdet naschen
sie	werden naschen	werden naschen	würden naschen

		Future Perfect Time	
	Future Perfect	*(Fut. Perf. Subj.)*	*(Past Conditional)*
ich	werde genascht haben	werde genascht haben	würde genascht haben
du	wirst genascht haben	werdest genascht haben	würdest genascht haben
er	wird genascht haben	werde genascht haben	würde genascht haben
wir	werden genascht haben	werden genascht haben	würden genascht haben
ihr	werdet genascht haben	werdet genascht haben	würdet genascht haben
sie	werden genascht haben	werden genascht haben	würden genascht haben

Examples: „*In der Nacht kam ein Bär aus dem Wald, um an den Äpfeln und Honigwaben zu naschen. Aber du hast gestern Tag und Nacht genascht*", *sagte Klara ihrem Mann.*
"At night a bear came out of the woods to nibble at the apples and honeycombs. But you ate sweets night and day yesterday," said Klara to her husband.

necken

to tease

PRINC. PARTS: necken, neckte, geneckt, neckt
IMPERATIVE: necke!, neckt!, necken Sie!

INDICATIVE		SUBJUNCTIVE	
		PRIMARY	SECONDARY
		Present Time	
	Present	*(Pres. Subj.)*	*(Imperf. Subj.)*
ich	necke	necke	neckte
du	neckst	neckest	necktest
er	neckt	necke	neckte
wir	necken	necken	neckten
ihr	neckt	necket	necktet
sie	necken	necken	neckten

	Imperfect
ich	neckte
du	necktest
er	neckte
wir	neckten
ihr	necktet
sie	neckten

			Past Time	
	Perfect	*(Perf. Subj.)*	*(Pluperf. Subj.)*
ich	habe geneckt	habe geneckt	hätte geneckt
du	hast geneckt	habest geneckt	hättest geneckt
er	hat geneckt	habe geneckt	hätte geneckt
wir	haben geneckt	haben geneckt	hätten geneckt
ihr	habt geneckt	habet geneckt	hättet geneckt
sie	haben geneckt	haben geneckt	hätten geneckt

	Pluperfect
ich	hatte geneckt
du	hattest geneckt
er	hatte geneckt
wir	hatten geneckt
ihr	hattet geneckt
sie	hatten geneckt

			Future Time	
	Future	*(Fut. Subj.)*	*(Pres. Conditional)*
ich	werde necken	werde necken	würde necken
du	wirst necken	werdest necken	würdest necken
er	wird necken	werde necken	würde necken
wir	werden necken	werden necken	würden necken
ihr	werdet necken	werdet necken	würdet necken
sie	werden necken	werden necken	würden necken

			Future Perfect Time	
	Future Perfect	*(Fut. Perf. Subj.)*	*(Past Conditional)*
ich	werde geneckt haben	werde geneckt haben	würde geneckt haben
du	wirst geneckt haben	werdest geneckt haben	würdest geneckt haben
er	wird geneckt haben	werde geneckt haben	würde geneckt haben
wir	werden geneckt haben	werden geneckt haben	würden geneckt haben
ihr	werdet geneckt haben	werdet geneckt haben	würdet geneckt haben
sie	werden geneckt haben	werden geneckt haben	würden geneckt haben

---

Examples: *Was sich liebt, neckt sich, wie es im Sprichwort heißt. Aber einige, zum Beispiel die Behinderten, sollte man gar nicht necken. Da ist das Necken fehl am Platz.* Lovers will tease each other, as the saying has it. But some people, for example the handicapped, shouldn't be teased at all. Teasing is then out of place. Sent. 2 uses **man** as a subst. for the passive.

PRINC. PARTS: nehmen, nahm, genommen, nimmt
IMPERATIVE: nimm!, nehmt!, nehmen Sie!

to take

INDICATIVE	SUBJUNCTIVE	
	PRIMARY	SECONDARY

Present Time

	Present	(*Pres. Subj.*)	(*Imperf. Subj.*)
ich	nehme	nehme	nähme
du	nimmst	nehmest	nähmest
er	nimmt	nehme	nähme
wir	nehmen	nehmen	nähmen
ihr	nehmt	nehmet	nähmet
sie	nehmen	nehmen	nähmen

	Imperfect
ich	nahm
du	nahmst
er	nahm
wir	nahmen
ihr	nahmt
sie	nahmen

Past Time

	Perfect	(*Perf. Subj.*)	(*Pluperf. Subj.*)
ich	habe genommen	habe genommen	hätte genommen
du	hast genommen	habest genommen	hättest genommen
er	hat genommen	habe genommen	hätte genommen
wir	haben genommen	haben genommen	hätten genommen
ihr	habt genommen	habet genommen	hättet genommen
sie	haben genommen	haben genommen	hätten genommen

	Pluperfect
ich	hatte genommen
du	hattest genommen
er	hatte genommen
wir	hatten genommen
ihr	hattet genommen
sie	hatten genommen

Future Time

	Future	(*Fut. Subj.*)	(*Pres. Conditional*)
ich	werde nehmen	werde nehmen	würde nehmen
du	wirst nehmen	werdest nehmen	würdest nehmen
er	wird nehmen	werde nehmen	würde nehmen
wir	werden nehmen	werden nehmen	würden nehmen
ihr	werdet nehmen	werdet nehmen	würdet nehmen
sie	werden nehmen	werden nehmen	würden nehmen

Future Perfect Time

	Future Perfect	(*Fut. Perf. Subj.*)	(*Past Conditional*)
ich	werde genommen haben	werde genommen haben	würde genommen haben
du	wirst genommen haben	werdest genommen haben	würdest genommen haben
er	wird genommen haben	werde genommen haben	würde genommen haben
wir	werden genommen haben	werden genommen haben	würden genommen haben
ihr	werdet genommen haben	werdet genommen haben	würdet genommen haben
sie	werden genommen haben	werden genommen haben	würden genommen haben

Examples: *Sie sagten, Sie wollten die Verantwortung auf sich nehmen, und ich habe Sie beim Wort genommen. Sie nehmen immer alles auf die leichte Schulter.* You said you wanted to assume the responsibility and I took you at your word. You always make light of everything. *Ich bin zu sehr in Anspruch genommen, um mich um alles zu bekümmern.* My time is too taken up for me to concern myself with everything. Take the time to ponder the idioms with **nehmen**.

nennen

to name, call

PRINC. PARTS: nennen, nannte, genannt, nennt
IMPERATIVE: nenne!, nennt!, nennen Sie!

	INDICATIVE	SUBJUNCTIVE	
		PRIMARY	SECONDARY
		Present Time	
	Present	(*Pres. Subj.*)	(*Imperf. Subj.*)
ich	nenne	nenne	nennte
du	nennst	nennest	nenntest
er	nennt	nenne	nennte
wir	nennen	nennen	nennten
ihr	nennt	nennet	nenntet
sie	nennen	nennen	nennten

	Imperfect
ich	nannte
du	nanntest
er	nannte
wir	nannten
ihr	nanntet
sie	nannten

			Past Time	
	Perfect	(*Perf. Subj.*)	(*Pluperf. Subj.*)	
ich	habe genannt	habe gennant	hätte genannt	
du	hast genannt	habest genannt	hättest genannt	
er	hat genannt	habe genannt	hätte genannt	
wir	haben genannt	haben genannt	hätten genannt	
ihr	habt genannt	habet genannt	hättet genannt	
sie	haben genannt	haben genannt	hätten genannt	

	Pluperfect
ich	hatte genannt
du	hattest genannt
er	hatte genannt
wir	hatten genannt
ihr	hattet genannt
sie	hatten genannt

			Future Time	
	Future	(*Fut. Subj.*)	(*Pres. Conditional*)	
ich	werde nennen	werde nennen	würde nennen	
du	wirst nennen	werdest nennen	würdest nennen	
er	wird nennen	werde nennen	würde nennen	
wir	werden nennen	werden nennen	würden nennen	
ihr	werdet nennen	werdet nennen	würdet nennen	
sie	werden nennen	werden nennen	würden nennen	

			Future Perfect Time	
	Future Perfect	(*Fut. Perf. Subj.*)	(*Past Conditional*)	
ich	werde genannt haben	werde genannt haben	würde genannt haben	
du	wirst genannt haben	werdest genannt haben	würdest genannt haben	
er	wird genannt haben	werde genannt haben	würde genannt haben	
wir	werden genannt haben	werden genannt haben	würden genannt haben	
ihr	werdet genannt haben	werdet genannt haben	würdet genannt haben	
sie	werden genannt haben	werden genannt haben	würden genannt haben	

Examples: *„Siegmund, so nenn ich dich!"* singt Sieglinde. "Siegmund is what I name you!" sings Sieglinde. *Sie wollen ihre Kinder nach den Göttern und Heiligen vieler Religionen nennen.* They want to name their children for the gods and saints of many religions. **Nennen** is an irregular mixed verb.

netzen

PRINC. PARTS: netzen, netzte, genetzt, netzt
IMPERATIVE: netze!, netzt!, netzen Sie!

to wet, moisten

INDICATIVE	SUBJUNCTIVE	
	PRIMARY	SECONDARY

Present Time

	Present	*(Pres. Subj.)*	*(Imperf. Subj.)*
ich	netze	netze	netzte
du	netzt	netzest	netztest
er	netzt	netze	netzte
wir	netzen	netzen	netzten
ihr	netzt	netzet	netztet
sie	netzen	netzen	netzten

	Imperfect
ich	netzte
du	netztest
er	netzte
wir	netzten
ihr	netztet
sie	netzten

Past Time

	Perfect	*(Perf. Subj.)*	*(Pluperf. Subj.)*
ich	habe genetzt	habe genetzt	hätte genetzt
du	hast genetzt	habest genetzt	hättest genetzt
er	hat genetzt	habe genetzt	hätte genetzt
wir	haben genetzt	haben genetzt	hätten genetzt
ihr	habt genetzt	habet genetzt	hättet genetzt
sie	haben genetzt	haben genetzt	hätten genetzt

	Pluperfect
ich	hatte genetzt
du	hattest genetzt
er	hatte genetzt
wir	hatten genetzt
ihr	hattet genetzt
sie	hatten genetzt

Future Time

	Future	*(Fut. Subj.)*	*(Pres. Conditional)*
ich	werde netzen	werde netzen	würde netzen
du	wirst netzen	werdest netzen	würdest netzen
er	wird netzen	werde netzen	würde netzen
wir	werden netzen	werden netzen	würden netzen
ihr	werdet netzen	werdet netzen	würdet netzen
sie	werden netzen	werden netzen	würden netzen

Future Perfect Time

	Future Perfect	*(Fut. Perf. Subj.)*	*(Past Conditional)*
ich	werde genetzt haben	werde genetzt haben	würde genetzt haben
du	wirst genetzt haben	werdest genetzt haben	würdest genetzt haben
er	wird genetzt haben	werde genetzt haben	würde genetzt haben
wir	werden genetzt haben	werden genetzt haben	würden genetzt haben
ihr	werdet genetzt haben	werdet genetzt haben	würdet genetzt haben
sie	werden genetzt haben	werden genetzt haben	würden genetzt haben

---

Examples: *In seinem Traum nahte sich der Ritter der Quelle und netzte sich mit dem edlen Naß. Nachdem er seine Lippen benetzt hatte, begann er zu singen.* In his dream, the knight approached the fountain and got wet in the noble water. After he had moistened his lips, he began to sing. The 2nd and 3rd pers. sing. pres. are identical. **Das Naß,** literary for "water; liquid," is a related word. **Das Netz** (net) is unrelated.

251

nicken

to nod, doze

PRINC. PARTS: nicken, nickte, genickt, nickt
IMPERATIVE: nicke!, nickt!, nicken Sie!

	INDICATIVE		SUBJUNCTIVE	
			PRIMARY	SECONDARY
			Present Time	
	Present		*(Pres. Subj.)*	*(Imperf. Subj.)*
ich	nicke		nicke	nickte
du	nickst		nickest	nicktest
er	nickt		nicke	nickte
wir	nicken		nicken	nickten
ihr	nickt		nicket	nicktet
sie	nicken		nicken	nickten
	Imperfect			
ich	nickte			
du	nicktest			
er	nickte			
wir	nickten			
ihr	nicktet			
sie	nickten			
			Past Time	
	Perfect		*(Perf. Subj.)*	*(Pluperf. Subj.)*
ich	habe genickt		habe genickt	hätte genickt
du	hast genickt		habest genickt	hättest genickt
er	hat genickt		habe genickt	hätte genickt
wir	haben genickt		haben genickt	hätten genickt
ihr	habt genickt		habet genickt	hättet genickt
sie	haben genickt		haben genickt	hätten genickt
	Pluperfect			
ich	hatte genickt			
du	hattest genickt			
er	hatte genickt			
wir	hatten genickt			
ihr	hattet genickt			
sie	hatten genickt			
			Future Time	
	Future		*(Fut. Subj.)*	*Pres. (Conditional)*
ich	werde nicken		werde nicken	würde nicken
du	wirst nicken		werdest nicken	würdest nicken
er	wird nicken		werde nicken	würde nicken
wir	werden nicken		werden nicken	würden nicken
ihr	werdet nicken		werdet nicken	würdet nicken
sie	werden nicken		werden nicken	würden nicken
			Future Perfect Time	
	Future Perfect		*(Fut. Perf. Subj.)*	*(Past Conditional)*
ich	werde genickt haben		werde genickt haben	würde genickt haben
du	wirst genickt haben		werdest genickt haben	würdest genickt haben
er	wird genickt haben		werde genickt haben	würde genickt haben
wir	werden genickt haben		werden genickt haben	würden genickt haben
ihr	werdet genickt haben		werdet genickt haben	würdet genickt haben
sie	werden genickt haben		werden genickt haben	würden genickt haben

Examples: *Als sie in der Kutsche fuhr, nickte die Königin mit dem Kopf. Bei einer Kabinettssitzung nickte sie zustimmend. Später nickte sie ein. Sie hatte Lust, ein Nickerchen zu machen, allein sie mußte Diplomaten empfangen.* When she rode in the coach, the queen nodded her head. At the cabinet meeting she nodded in agreement. Later she nodded off. She felt like taking a little nap. But she had to receive diplomats.

nützen

to use, be profitable

INDICATIVE		SUBJUNCTIVE	
		PRIMARY	SECONDARY
		Present Time	
	Present	*(Pres. Subj.)*	*(Imperf. Subj.)*
ich	nütze	nütze	nützte
du	nützt	nützest	nütztest
er	nützt	nütze	nützte
wir	nützen	nützen	nützten
ihr	nützt	nützet	nütztet
sie	nützen	nützen	nützten
	Imperfect		
ich	nützte		
du	nütztest		
er	nützte		
wir	nützten		
ihr	nütztet		
sie	nützten		
		Past Time	
	Perfect	*(Perf. Subj.)*	*(Pluperf. Subj.)*
ich	habe genützt	habe genützt	hätte genützt
du	hast genützt	habest genützt	hättest genützt
er	hat genützt	habe genützt	hätte genützt
wir	haben genützt	haben genützt	hätten genützt
ihr	habt genützt	habet genützt	hättet genützt
sie	haben genützt	haben genützt	hätten genützt
	Pluperfect		
ich	hatte genützt		
du	hattest genützt		
er	hatte genützt		
wir	hatten genützt		
ihr	hattet genützt		
sie	hatten genützt		
		Future Time	
	Future	*(Fut. Subj.)*	*(Pres. Conditional)*
ich	werde nützen	werde nützen	würde nützen
du	wirst nützen	werdest nützen	würdest nützen
er	wird nützen	werde nützen	würde nützen
wir	werden nützen	werden nützen	würden nützen
ihr	werdet nützen	werdet nützen	würdet nützen
sie	werden nützen	werden nützen	würden nützen
		Future Perfect Time	
	Future Perfect	*(Fut. Perf. Subj.)*	*(Past Conditional)*
ich	werde genützt haben	werde genützt haben	würde genützt haben
du	wirst genützt haben	werdest genützt haben	würdest genützt haben
er	wird genützt haben	werde genützt haben	würde genützt haben
wir	werden genützt haben	werden genützt haben	würden genützt haben
ihr	werdet genützt haben	werdet genützt haben	würdet genützt haben
sie	werden genützt haben	werden genützt haben	würden genützt haben

* the unumlauted forms *nutzen, nutzte, genutzt, nutzt* are also found.

Examples: *Jetzt nützt mir Ihre Hilfe nichts. Sie hätten mir sehr nützlich sein können.*
Your help is of no use to me now. You could have been very useful to me. *Du hast die alte Ausgabe oft benutzt. Die neue wird noch nützlicher sein.* You often used the old edition. The new one will be even more useful. **Du nutzt** and **er nutzt** in the present are similar.

öffnen

to open

PRINC. PARTS: öffnen, öffnete, geöffnet, öffnet
IMPERATIVE: öffne!, öffnet!, öffnen Sie!

INDICATIVE		SUBJUNCTIVE	
		PRIMARY	SECONDARY
		Present Time	
	Present	*(Pres. Subj.)*	*(Imperf. Subj.)*
ich	öffne	öffne	öffnete
du	öffnest	öffnest	öffnetest
er	öffnet	öffne	öffnete
wir	öffnen	öffnen	öffneten
ihr	öffnet	öffnet	öffnetet
sie	öffnen	öffnen	öffneten

	Imperfect
ich	öffnete
du	öffnetest
er	öffnete
wir	öffneten
ihr	öffnetet
sie	öffneten

			Past Time	
	Perfect	*(Perf. Subj.)*	*(Pluperf. Subj.)*
ich	habe geöffnet	habe geöffnet	hätte geöffnet
du	hast geöffnet	habest geöffnet	hättest geöffnet
er	hat geöffnet	habe geöffnet	hätte geöffnet
wir	haben geöffnet	haben geöffnet	hätten geöffnet
ihr	habt geöffnet	habet geöffnet	hättet geöffnet
sie	haben geöffnet	haben geöffnet	hätten geöffnet

	Pluperfect
ich	hatte geöffnet
du	hattest geöffnet
er	hatte geöffnet
wir	hatten geöffnet
ihr	hattet geöffnet
sie	hatten geöffnet

			Future Time	
	Future	*(Fut. Subj.)*	*(Pres. Conditional)*
ich	werde öffnen	werde öffnen	würde öffnen
du	wirst öffnen	werdest öffnen	würdest öffnen
er	wird öffnen	werde öffnen	würde öffnen
wir	werden öffnen	werden öffnen	würden öffnen
ihr	werdet öffnen	werdet öffnen	würdet öffnen
sie	werden öffnen	werden öffnen	würden öffnen

			Future Perfect Time	
	Future Perfect	*(Fut. Perf. Subj.)*	*(Past Conditional)*
ich	werde geöffnet haben	werde geöffnet haben	würde geöffnet haben
du	wirst geöffnet haben	werdest geöffnet haben	würdest geöffnet haben
er	wird geöffnet haben	werde geöffnet haben	würde geöffnet haben
wir	werden geöffnet haben	werden geöffnet haben	würden geöffnet haben
ihr	werdet geöffnet haben	werdet geöffnet haben	würdet geöffnet haben
sie	werden geöffnet haben	werden geöffnet haben	würden geöffnet haben

---

Examples: „*Ich wollte viele offene Weine trinken. Aber du hast mir schon diese Flasche geöffnet. Ich trinke sie alle, die offenen auch*", *sagte er.* "I wanted to drink many open wines. But you've already opened this bottle for me. I'll drink them all, the open wines too," he said. Many verbs whose stem ends in **n** add an **e** in certain forms. "Open wines" are sold by the glass.

to lease, rent; farm

INDICATIVE	SUBJUNCTIVE	
	PRIMARY	SECONDARY
	Present Time	
Present	*(Pres. Subj.)*	*(Imperf. Subj.)*
ich pachte	pachte	pachtete
du pachtest	pachtest	pachtetest
er pachtet	pachte	pachtete
wir pachten	pachten	pachteten
ihr pachtet	pachtet	pachtetet
sie pachten	pachten	pachteten

Imperfect

ich	pachtete
du	pachtetest
er	pachtete
wir	pachteten
ihr	pachtetet
sie	pachteten

	Past Time	
Perfect	*(Perf. Subj.)*	*(Pluperf. Subj.)*
ich habe gepachtet	habe gepachtet	hätte gepachtet
du hast gepachtet	habest gepachtet	hättest gepachtet
er hat gepachtet	habe gepachtet	hätte gepachtet
wir haben gepachtet	haben gepachtet	hätten gepachtet
ihr habt gepachtet	habet gepachtet	hättet gepachtet
sie haben gepachtet	haben gepachtet	hätten gepachtet

Pluperfect

ich	hatte gepachtet
du	hattest gepachtet
er	hatte gepachtet
wir	hatten gepachtet
ihr	hattet gepachtet
sie	hatten gepachtet

	Future Time	
Future	*(Fut. Subj.)*	*(Pres. Conditional)*
ich werde pachten	werde pachten	würde pachten
du wirst pachten	werdest pachten	würdest pachten
er wird pachten	werde pachten	würde pachten
wir werden pachten	werden pachten	würden pachten
ihr werdet pachten	werdet pachten	würdet pachten
sie werden pachten	werden pachten	würden pachten

	Future Perfect Time	
Future Perfect	*(Fut. Perf. Subj.)*	*(Past Conditional)*
ich werde gepachtet haben	werde gepachtet haben	würde gepachtet haben
du wirst gepachtet haben	werdest gepachtet haben	würdest gepachtet haben
er wird gepachtet haben	werde gepachtet haben	würde gepachtet haben
wir werden gepachtet haben	werden gepachtet haben	würden gepachtet haben
ihr werdet gepachtet haben	werdet gepachtet haben	würdet gepachtet haben
sie werden gepachtet haben	werden gepachtet haben	würden gepachtet haben

---

Examples: *Eine neue Sekte hat den Laden gepachtet. Auch sie glauben, die Wahrheit für sich gepachtet zu haben.* A new sect has leased the store. They too, think they have a monopoly on truth. Verbs whose stem ends in **t** add an **e** in certain forms. The 1ˢᵗ sent. uses **pachten** literally, the 2ⁿᵈ uses it as an idiom that can also be tr. as "to think one owns."

packen

to pack; seize, grab

PRINC. PARTS: packen, packte, gepackt, packt
IMPERATIVE: packe!, packt!, packen Sie!

INDICATIVE		SUBJUNCTIVE	
		PRIMARY	SECONDARY
		Present Time	
	Present	*(Pres. Subj.)*	*(Imperf. Subj.)*
ich	packe	packe	packte
du	packst	packest	packtest
er	packt	packe	packte
wir	packen	packen	packten
ihr	packt	packet	packtet
sie	packen	packen	packten

Imperfect

ich	packte
du	packtest
er	packte
wir	packten
ihr	packtet
sie	packten

		Past Time	
	Perfect	*(Perf. Subj.)*	*(Pluperf. Subj.)*
ich	habe gepackt	habe gepackt	hätte gepackt
du	hast gepackt	habest gepackt	hättest gepackt
er	hat gepackt	habe gepackt	hätte gepackt
wir	haben gepackt	haben gepackt	hätten gepackt
ihr	habt gepackt	habet gepackt	hättet gepackt
sie	haben gepackt	haben gepackt	hätten gepackt

Pluperfect

ich	hatte gepackt
du	hattest gepackt
er	hatte gepackt
wir	hatten gepackt
ihr	hattet gepackt
sie	hatten gepackt

		Future Time	
	Future	*(Fut. Subj.)*	*(Pres. Conditional)*
ich	werde packen	werde packen	würde packen
du	wirst packen	werdest packen	würdest packen
er	wird packen	werde packen	würde packen
wir	werden packen	werden packen	würden packen
ihr	werdet packen	werdet packen	würdet packen
sie	werden packen	werden packen	würden packen

		Future Perfect Time	
	Future Perfect	*(Fut. Perf. Subj.)*	*(Past Conditional)*
ich	werde gepackt haben	werde gepackt haben	würde gepackt haben
du	wirst gepackt haben	werdest gepackt haben	würdest gepackt haben
er	wird gepackt haben	werde gepackt haben	würde gepackt haben
wir	werden gepackt haben	werden gepackt haben	würden gepackt haben
ihr	werdet gepackt haben	werdet gepackt haben	würdet gepackt haben
sie	werden gepackt haben	werden gepackt haben	würden gepackt haben

---

Examples: *Das war eine packende Geschichte.* That was a thrilling story. *Er möchte dich beim Kragen packen und dir eine Tugendlehre erteilen.* He'd like to grab you by the neck and give you a lesson in virtue. *Pack dich fort!* Scram! *Er hat schon seine Koffer gepackt.* He's already packed his bags. *Da kann ich die meinen auspacken.* Then I can unpack mine.

passen

PRINC. PARTS: passen, paßte, gepaßt, paßt
IMPERATIVE: passe!, paßt!, passen Sie!

to fit, be suitable

	INDICATIVE	SUBJUNCTIVE	
		PRIMARY	SECONDARY
		Present Time	
	Present	*(Pres. Subj.)*	*(Imperf. Subj.)*
ich	passe	passe	paßte
du	paßt	passest	paßtest
er	paßt	passe	paßte
wir	passen	passen	paßten
ihr	paßt	passet	paßtet
sie	passen	passen	paßten

	Imperfect
ich	paßte
du	paßtest
er	paßte
wir	paßten
ihr	paßtet
sie	paßten

			Past Time	
	Perfect	*(Perf. Subj.)*	*(Pluperf. Subj.)*
ich	habe gepaßt	habe gepaßt	hätte gepaßt
du	hast gepaßt	habest gepaßt	hättest gepaßt
er	hat gepaßt	habe gepaßt	hätte gepaßt
wir	haben gepaßt	haben gepaßt	hätten gepaßt
ihr	habt gepaßt	habet gepaßt	hättet gepaßt
sie	haben gepaßt	haben gepaßt	hätten gepaßt

	Pluperfect
ich	hatte gepaßt
du	hattest gepaßt
er	hatte gepaßt
wir	hatten gepaßt
ihr	hattet gepaßt
sie	hatten gepaßt

			Future Time	
	Future	*(Fut. Subj.)*	*(Pres. Conditional)*
ich	werde passen	werde passen	würde passen
du	wirst passen	werdest passen	würdest passen
er	wird passen	werde passen	würde passen
wir	werden passen	werden passen	würden passen
ihr	werdet passen	werdet passen	würdet passen
sie	werden passen	werden passen	würden passen

			Future Perfect Time	
	Future Perfect	*(Fut. Perf. Subj.)*	*(Past Conditional)*
ich	werde gepaßt haben	werde gepaßt haben	würde gepaßt haben
du	wirst gepaßt haben	werdest gepaßt haben	würdest gepaßt haben
er	wird gepaßt haben	werde gepaßt haben	würde gepaßt haben
wir	werden gepaßt haben	werden gepaßt haben	würden gepaßt haben
ihr	werdet gepaßt haben	werdet gepaßt haben	würdet gepaßt haben
sie	werden gepaßt haben	werden gepaßt haben	würden gepaßt haben

Examples: *„Paß auf! Du weißt, er findet alle deine Geschichten unpaßend." „Das Kleid eines Sittenrichters paßt ihm schlecht. Ich will aber versuchen, etwas Paßenderes für ihn zu finden. Man muß sich den Umständen anpassen."* "Watch out! You know he finds all your stories unsuitable." "The censor's garb ill fits him. But I'll try to find something more suitable for him. One must adjust to circumstances."

257

passieren

to happen, take place; pass*

PRINC. PARTS: passieren, passierte, ist passiert, passiert
IMPERATIVE: passiere!, passiert!, passieren Sie!

	INDICATIVE	SUBJUNCTIVE	
		PRIMARY	SECONDARY
		Present Time	
	Present	*(Pres. Subj.)*	*(Imperf. Subj.)*
ich	passiere	passiere	passierte
du	passierst	passierest	passiertest
er	passiert	passiere	passierte
wir	passieren	passieren	passierten
ihr	passiert	passieret	passiertet
sie	passieren	passieren	passierten
	Imperfect		
ich	passierte		
du	passiertest		
er	passierte		
wir	passierten		
ihr	passiertet		
sie	passierten		
		Past Time	
	Perfect	*(Perf. Subj.)*	*(Pluperf. Subj.)*
ich	bin passiert	sei passiert	wäre passiert
du	bist passiert	seiest passiert	wärest passiert
er	ist passiert	sei passiert	wäre passiert
wir	sind passiert	seien passiert	wären passiert
ihr	seid passiert	seiet passiert	wäret passiert
sie	sind passiert	seien passiert	wären passiert
	Pluperfect		
ich	war passiert		
du	warst passiert		
er	war passiert		
wir	waren passiert		
ihr	wart passiert		
sie	waren passiert		
		Future Time	
	Future	*(Fut. Subj.)*	*(Pres. Conditional)*
ich	werde passieren	werde passieren	würde passieren
du	wirst passieren	werdest passieren	würdest passieren
er	wird passieren	werde passieren	würde passieren
wir	werden passieren	werden passieren	würden passieren
ihr	werdet passieren	werdet passieren	würdet passieren
sie	werden passieren	werden passieren	würden passieren
		Future Perfect Time	
	Future Perfect	*(Fut. Perf. Subj.)*	*(Past Conditional)*
ich	werde passiert sein	werde passiert sein	würde passiert sein
du	wirst passiert sein	werdest passiert sein	würdest passiert sein
er	wird passiert sein	werde passiert sein	würde passiert sein
wir	werden passiert sein	werden passiert sein	würden passiert sein
ihr	werdet passiert sein	werdet passiert sein	würdet passiert sein
sie	werden passiert sein	werden passiert sein	würden passiert sein

*In this meaning *passieren* is conjugated with *haben*.

Examples: „ *Weißt du, was uns passiert ist? Die Straße war kaum passierbar. Wir konnten den Tunnel nicht passieren, weil uns dort eine Reifenpanne passiert ist.*" „*Das kann jedem mal passieren.*" "Do you know what happened to us? The road was barely passable. We couldn't get through the tunnel because we had a flat tire there." "That can happen to anybody."

PRINC. PARTS: pfeifen, pfiff, gepfiffen, pfeift
IMPERATIVE: pfeife!, pfeift!, pfeifen Sie!

	INDICATIVE		SUBJUNCTIVE		
			PRIMARY		SECONDARY
				Present Time	
	Present		*(Pres. Subj.)*		*(Imperf. Subj.)*
ich	pfeife		pfeife		pfiffe
du	pfeifst		pfeifest		pfiffest
er	pfeift		pfeife		pfiffe
wir	pfeifen		pfeifen		pfiffen
ihr	pfeift		pfeifet		pfiffet
sie	pfeifen		pfeifen		pfiffen

	Imperfect
ich	pfiff
du	pfiffst
er	pfiff
wir	pfiffen
ihr	pfifft
sie	pfiffen

				Past Time	
	Perfect		*(Perf. Subj.)*		*(Pluperf. Subj.)*
ich	habe gepfiffen		habe gepfiffen		hätte gepfiffen
du	hast gepfiffen		habest gepfiffen		hättest gepfiffen
er	hat gepfiffen		habe gepfiffen		hätte gepfiffen
wir	haben gepfiffen		haben gepfiffen		hätten gepfiffen
ihr	habt gepfiffen		habet gepfiffen		hättet gepfiffen
sie	haben gepfiffen		haben gepfiffen		hätten gepfiffen

	Pluperfect
ich	hatte gepfiffen
du	hattest gepfiffen
er	hatte gepfiffen
wir	hatten gepfiffen
ihr	hattet gepfiffen
sie	hatten gepfiffen

				Future Time	
	Future		*(Fut. Subj.)*		*(Pres. Conditional)*
ich	werde pfeifen		werde pfeifen		würde pfeifen
du	wirst pfeifen		werdest pfeifen		würdest pfeifen
er	wird pfeifen		werde pfeifen		würde pfeifen
wir	werden pfeifen		werden pfeifen		würden pfeifen
ihr	werdet pfeifen		werdet pfeifen		würdet pfeifen
sie	werden pfeifen		werden pfeifen		würden pfeifen

				Future Perfect Time	
	Future Perfect		*(Fut. Perf. Subj.)*		*(Past Conditional)*
ich	werde gepfiffen haben		werde gepfiffen haben		würde gepfiffen haben
du	wirst gepfiffen haben		werdest gepfiffen haben		würdest gepfiffen haben
er	wird gepfiffen haben		werde gepfiffen haben		würde gepfiffen haben
wir	werden gepfiffen haben		werden gepfiffen haben		würden gepfiffen haben
ihr	werdet gepfiffen haben		werdet gepfiffen haben		würdet gepfiffen haben
sie	werden gepfiffen haben		werden gepfiffen haben		würden gepfiffen haben

Examples: *„Wenn Sie die Kritiker und Claqueure nicht bezahlen, werden sie Sie buhen und pfeifen", sagte der Regisseur der Schauspielerin. „Ich pfeife auf dieses Gesinde und werde nie nach ihrer Pfeife tanzen."* "If you don't pay the critics and hired applauders, they'll boo and catcall you," said the director to the actress. "I couldn't care less about that rabble, and I'll never dance to their tune."

pflanzen

to plant

PRINC. PARTS: pflanzen, pflanzte, gepflanzt, pflanzt
IMPERATIVE: pflanze!, pflanzt!, pflanzen Sie!

INDICATIVE	SUBJUNCTIVE	
	PRIMARY	SECONDARY

Present Time

	Present	*(Pres. Subj.)*	*(Imperf. Subj.)*
ich	pflanze	pflanze	pflanzte
du	pflanzt	pflanzest	pflanztest
er	pflanzt	pflanze	pflanzte
wir	pflanzen	pflanzen	pflanzten
ihr	pflanzt	pflanzet	pflanztet
sie	pflanzen	pflanzen	pflanzten

	Imperfect
ich	pflanzte
du	pflanztest
er	pflanzte
wir	pflanzten
ihr	pflanztet
sie	pflanzten

Past Time

	Perfect	*(Perf. Subj.)*	*(Pluperf. Subj.)*
ich	habe gepflanzt	habe gepflanzt	hätte gepflanzt
du	hast gepflanzt	habest gepflanzt	hättest gepflanzt
er	hat gepflanzt	habe gepflanzt	hätte gepflanzt
wir	haben gepflanzt	haben gepflanzt	hätten gepflanzt
ihr	habt gepflanzt	habet gepflanzt	hättet gepflanzt
sie	haben gepflanzt	haben gepflanzt	hätten gepflanzt

	Pluperfect
ich	hatte gepflanzt
du	hattest gepflanzt
er	hatte gepflanzt
wir	hatten gepflanzt
ihr	hattet gepflanzt
sie	hatten gepflanzt

Future Time

	Future	*(Fut. Subj.)*	*(Pres. Conditional)*
ich	werde pflanzen	werde pflanzen	würde pflanzen
du	wirst pflanzen	werdest pflanzen	würdest pflanzen
er	wird pflanzen	werde pflanzen	würde pflanzen
wir	werden pflanzen	werden pflanzen	würden pflanzen
ihr	werdet pflanzen	werdet pflanzen	würdet pflanzen
sie	werden pflanzen	werden pflanzen	würden pflanzen

Future Perfect Time

	Future Perfect	*(Fut. Perf. Subj.)*	*(Past Conditional)*
ich	werde gepflanzt haben	werde gepflanzt haben	würde gepflanzt haben
du	wirst gepflanzt haben	werdest gepflanzt haben	würdest gepflanzt haben
er	wird gepflanzt haben	werde gepflanzt haben	würde gepflanzt haben
wir	werden gepflanzt haben	werden gepflanzt haben	würden gepflanzt haben
ihr	werdet gepflanzt haben	werdet gepflanzt haben	würdet gepflanzt haben
sie	werden gepflanzt haben	werden gepflanzt haben	würden gepflanzt haben

Examples: *Der Gärtner hat viele Pflanzen in Pflanzenbeete gepflanzt. Er hat sich mehrmals fortgepflanzt und seine Kinder interessieren sich für die Pflanzenkunde. Bevor er starb, wurde ihm eine Leber verpflanzt.* The gardener planted many plants in plant beds. He reproduced himself often and his children are interested in botany. Before he died, he received a liver transplant.

plagen

PRINC. PARTS: plagen, plagte, geplagt, plagt
IMPERATIVE: plage!, plagt!, plagen Sie!

to plague, annoy

	INDICATIVE	PRIMARY	SUBJUNCTIVE SECONDARY
	Present	*(Pres. Subj.)*	*Present Time* *(Imperf. Subj.)*
ich	plage	plage	plagte
du	plagst	plagest	plagtest
er	plagt	plage	plagte
wir	plagen	plagen	plagten
ihr	plagt	plaget	plagtet
sie	plagen	plagen	plagten

	Imperfect
ich	plagte
du	plagtest
er	plagte
wir	plagten
ihr	plagtet
sie	plagten

	Perfect	*(Perf. Subj.)*	*Past Time* *(Pluperf. Subj.)*
ich	habe geplagt	habe geplagt	hätte geplagt
du	hast geplagt	habest geplagt	hättest geplagt
er	hat geplagt	habe geplagt	hätte geplagt
wir	haben geplagt	haben geplagt	hätten geplagt
ihr	habt geplagt	habet geplagt	hättet geplagt
sie	haben geplagt	haben geplagt	hätten geplagt

	Pluperfect
ich	hatte geplagt
du	hattest geplagt
er	hatte geplagt
wir	hatten geplagt
ihr	hattet geplagt
sie	hatten geplagt

	Future	*(Fut. Subj.)*	*Future Time* *(Pres. Conditional)*
ich	werde plagen	werde plagen	würde plagen
du	wirst plagen	werdest plagen	würdest plagen
er	wird plagen	werde plagen	würde plagen
wir	werden plagen	werden plagen	würden plagen
ihr	werdet plagen	werdet plagen	würdet plagen
sie	werden plagen	werden plagen	würden plagen

	Future Perfect	*(Fut. Perf. Subj.)*	*Future Perfect Time* *(Past Conditional)*
ich	werde geplagt haben	werde geplagt haben	würde geplagt haben
du	wirst geplagt haben	werdest geplagt haben	würdest geplagt haben
er	wird geplagt haben	werde geplagt haben	würde geplagt haben
wir	werden geplagt haben	werden geplagt haben	würden geplagt haben
ihr	werdet geplagt haben	werdet geplagt haben	würdet geplagt haben
sie	werden geplagt haben	werden geplagt haben	würden geplagt haben

Examples: *Ich bin von Kopfschmerzen geplagt und plage mich noch mit einer schweren Arbeit. Plage mich also nicht mit Fragen! Sei kein Plagegeist!* I'm plagued with headaches and I'm still slaving away at a difficult job. Therefore don't annoy me with questions. Don't be a pest. Sent. 1 uses the past part. as an adj. The adj. has no ending because it comes after the (pro)noun it modifies (**ich**).

preisen

to praise; consider

PRINC. PARTS: preisen, pries, gepriesen, preist
IMPERATIVE: preise!, preist!, preisen Sie!

INDICATIVE	SUBJUNCTIVE	
	PRIMARY	SECONDARY
	Present Time	
Present	*(Pres. Subj.)*	*(Imperf. Subj.)*
ich preise	preise	priese
du preist	preisest	priesest
er preist	preise	priese
wir preisen	preisen	priesen
ihr preist	preiset	prieset
sie preisen	preisen	priesen

Imperfect
ich pries
du priesest
er pries
wir priesen
ihr priest
sie priesen

		Past Time	
Perfect	*(Perf. Subj.)*	*(Pluperf. Subj.)*
ich habe gepriesen	habe gepriesen	hätte gepriesen
du hast gepriesen	habest gepriesen	hättest gepriesen
er hat gepriesen	habe gepriesen	hätte gepriesen
wir haben gepriesen	haben gepriesen	hätten gepriesen
ihr habt gepriesen	habet gepriesen	hättet gepriesen
sie haben gepriesen	haben gepriesen	hätten gepriesen

Pluperfect
ich hatte gepriesen
du hattest gepriesen
er hatte gepriesen
wir hatten gepriesen
ihr hattet gepriesen
sie hatten gepriesen

	Future Time	
Future	*(Fut. Subj.)*	*(Pres. Conditional)*
ich werde preisen	werde preisen	würde preisen
du wirst preisen	werdest preisen	würdest preisen
er wird preisen	werde preisen	würde preisen
wir werden preisen	werden preisen	würden preisen
ihr werdet preisen	werdet preisen	würdet preisen
sie werden preisen	werden preisen	würden preisen

	Future Perfect Time	
Future Perfect	*(Fut. Perf. Subj.)*	*(Past Conditional)*
ich werde gepriesen haben	werde gepriesen haben	würde gepriesen haben
du wirst gepriesen haben	werdest gepriesen haben	würdest gepriesen haben
er wird gepriesen haben	werde gepriesen haben	würde gepriesen haben
wir werden gepriesen haben	werden gepriesen haben	würden gepriesen haben
ihr werdet gepriesen haben	werdet gepriesen haben	würdet gepriesen haben
sie werden gepriesen haben	werden gepriesen haben	würden gepriesen haben

Examples: *„Du kannst dich glücklich preisen, daß dein Sohn nicht mehr Verbrecher ist."*
„Ja, die Götter seien gepriesen! Er will jetzt Priester werden." "You can consider
yourself lucky your son's no longer a criminal." "Yes, the gods be praised! He wants to be
a priest now." More common for "to praise" is **loben**.

PRINC. PARTS: putzen, putzte, geputzt, putzt
IMPERATIVE: putze!, putzt!, putzen Sie!

to clean, groom

INDICATIVE	SUBJUNCTIVE	
	PRIMARY	SECONDARY

Present Time

	Present	(*Pres. Subj.*)	(*Imperf. Subj.*)
ich	putze	putze	putzte
du	putzt	putzest	putztest
er	putzt	putze	putzte
wir	putzen	putzen	putzten
ihr	putzt	putzet	putztet
sie	putzen	putzen	putzten

	Imperfect
ich	putzte
du	putztest
er	putzte
wir	putzten
ihr	putztet
sie	putzten

Past Time

	Perfect	(*Perf. Subj.*)	(*Pluperf. Subj.*)
ich	habe geputzt	habe geputzt	hätte geputzt
du	hast geputzt	habest geputzt	hättest geputzt
er	hat geputzt	habe geputzt	hätte geputzt
wir	haben geputzt	haben geputzt	hätten geputzt
ihr	habt geputzt	habet geputzt	hättet geputzt
sie	haben geputzt	haben geputzt	hätten geputzt

	Pluperfect
ich	hatte geputzt
du	hattest geputzt
er	hatte geputzt
wir	hatten geputzt
ihr	hattet geputzt
sie	hatten geputzt

Future Time

	Future	(*Fut. Subj.*)	(*Pres. Conditional*)
ich	werde putzen	werde putzen	würde putzen
du	wirst putzen	werdest putzen	würdest putzen
er	wird putzen	werde putzen	würde putzen
wir	werden putzen	werden putzen	würden putzen
ihr	werdet putzen	werdet putzen	würdet putzen
sie	werden putzen	werden putzen	würden putzen

Future Perfect Time

	Future Perfect	(*Fut. Perf. Subj.*)	(*Past Conditional*)
ich	werde geputzt haben	werde geputzt haben	würde geputzt haben
du	wirst geputzt haben	werdest geputzt haben	würdest geputzt haben
er	wird geputzt haben	werde geputzt haben	würde geputzt haben
wir	werden geputzt haben	werden geputzt haben	würden geputzt haben
ihr	werdet geputzt haben	werdet geputzt haben	würdet geputzt haben
sie	werden geputzt haben	werden geputzt haben	würden geputzt haben

Examples: *Jeden Tag muß ich putzen gehen. Dann komm ich nach Hause und putz das Gemüse aus dem Garten. Natürlich müssen die Kinder die Teller blank putzen. Vor dem Schlafengehen müssen sie sich die Zähne putzen.* Every day I have to go out cleaning. Then I come home and wash and prepare the vegetables from the garden. Of course the children have to clear their plates. Before going to bed they have to brush their teeth.

quälen

to torture, torment

PRINC. PARTS: quälen, quälte, gequält, quält
IMPERATIVE: quäle!, quält!, quälen Sie!

	INDICATIVE		SUBJUNCTIVE	
			PRIMARY	SECONDARY
			Present Time	
	Present		*(Pres. Subj.),*	*(Imperf. Subj.)*
ich	quäle		quäle	quälte
du	quälst		quälest	quältest
er	quält		quäle	quälte
wir	quälen		quälen	quälten
ihr	quält		quälet	quältet
sie	quälen		quälen	quälten
	Imperfect			
ich	quälte			
du	quältest			
er	quälte			
wir	quälten			
ihr	quältet			
sie	quälten			
			Past Time	
	Perfect		*(Perf. Subj.)*	*(Pluperf. Subj.)*
ich	habe gequält		habe gequält	hätte gequält
du	hast gequält		habest gequält	hättest gequält
er	hat gequält		habe gequält	hätte gequält
wir	haben gequält		haben gequält	hätten gequält
ihr	habt gequält		habet gequält	hättet gequält
sie	haben gequält		haben gequält	hätten gequält
	Pluperfect			
ich	hatte gequält			
du	hattest gequält			
er	hatte gequält			
wir	hatten gequält			
ihr	hattet gequält			
sie	hatten gequält			
			Future Time	
	Future		*(Fut. Subj.)*	*(Pres. Conditional)*
ich	werde quälen		werde quälen	würde quälen
du	wirst quälen		werdest quälen	würdest quälen
er	wird quälen		werde quälen	würde quälen
wir	werden quälen		werden quälen	würden quälen
ihr	werdet quälen		werdet quälen	würdet quälen
sie	werden quälen		werden quälen	würden quälen
			Future Perfect Time	
	Future Perfect		*(Fut. Perf. Subj.)*	*(Past Conditional)*
ich	werde gequält haben		werde gequält haben	würde gequält haben
du	wirst gequält haben		werdest gequält haben	würdest gequält haben
er	wird gequält haben		werde gequält haben	würde gequält haben
wir	werden gequält haben		werden gequält haben	würden gequält haben
ihr	werdet gequält haben		werdet gequält haben	würdet gequält haben
sie	werden gequält haben		werden gequält haben	würden gequält haben

Examples: *Mich quält der Gedanke, daß einige dieser Hunde hier im Tierheim gequält wurden. Tierquälerei ist etwas Schreckliches.* I'm tormented by the thought that some of the dogs here in the animal shelter were tortured. Cruelty to animals is a terrible thing. *„Wer die Wahl hat, hat die Qual."* "The wider the choice, the greater the trouble."

PRINC. PARTS: quellen,* quoll, ist gequollen, quillt
IMPERATIVE: quill!, quellt!, quellen Sie!**

to gush, spring from

INDICATIVE		SUBJUNCTIVE	
		PRIMARY	SECONDARY
		Present Time	
	Present	*(Pres. Subj.)*	*(Imperf. Subj.)*
ich	quelle	quelle	quölle
du	quillst	quellest	quöllest
er	quillt	quelle	quölle
wir	quellen	quellen	quöllen
ihr	quellt	quellet	quöllet
sie	quellen	quellen	quöllen

	Imperfect
ich	quoll
du	quollst
er	quoll
wir	quollen
ihr	quollt
sie	quollen

		Past Time	
	Perfect	*(Perf. Subj.)*	*(Pluperf. Subj.)*
ich	bin gequollen	sei gequollen	wäre gequollen
du	bist gequollen	seiest gequollen	wärest gequollen
er	ist gequollen	sei gequollen	wäre gequollen
wir	sind gequollen	seien gequollen	wären gequollen
ihr	seid gequollen	seiet gequollen	wäret gequollen
sie	sind gequollen	seien gequollen	wären gequollen

	Pluperfect
ich	war gequollen
du	warst gequollen
er	war gequollen
wir	waren gequollen
ihr	wart gequollen
sie	waren gequollen

		Future Time	
	Future	*(Fut. Subj.)*	*(Pres. Conditional)*
ich	werde quellen	werde quellen	würde quellen
du	wirst quellen	werdest quellen	würdest quellen
er	wird quellen	werde quellen	würde quellen
wir	werden quellen	werden quellen	würden quellen
ihr	werdet quellen	werdet quellen	würdet quellen
sie	werden quellen	werden quellen	würden quellen

		Future Perfect Time	
	Future Perfect	*(Fut. Perf. Subj.)*	*(Past Conditional)*
ich	werde gequollen sein	werde gequollen sein	würde gequollen sein
du	wirst gequollen sein	werdest gequollen sein	würdest gequollen sein
er	wird gequollen sein	werde gequollen sein	würde gequollen sein
wir	werden gequollen sein	werden gequollen sein	würden gequollen sein
ihr	werdet gequollen sein	werdet gequollen sein	würdet gequollen sein
sie	werden gequollen sein	werden gequollen sein	würden gequollen sein

* Forms other than the third person are infrequently found.
** The imperative is unusual.

Examples: *Norma Desmond trank Quellwasser und dachte an ihre Ölquelle, die unaufhörlich quoll.* Norma Desmond drank spring water and thought of her oil-well that kept on gushing. *Dem Ritter quoll das Herz über. Tränen quollen ihm aus den Augen, als er geheilt aus der heiligen Quelle stieg.* The knight's heart overflowed. Tears streamed from his eyes when he emerged cured from the holy spring.

rächen

to avenge

PRINC. PARTS: rächen, rächte, gerächt, rächt
IMPERATIVE: räche!, rächt!, rächen Sie!

	INDICATIVE	SUBJUNCTIVE	
		PRIMARY	SECONDARY
		Present Time	
	Present	*(Pres. Subj.)*	*(Imperf. Subj.)*
ich	räche	räche	rächte
du	rächst	rächest	rächtest
er	rächt	räche	rächte
wir	rächen	rächen	rächten
ihr	rächt	rächet	rächtet
sie	rächen	rächen	rächten
	Imperfect		
ich	rächte		
du	rächtest		
er	rächte		
wir	rächten		
ihr	rächtet		
sie	rächten		
			Past Time
	Perfect	*(Perf. Subj.)*	*(Pluperf. Subj.)*
ich	habe gerächt	habe gerächt	hätte gerächt
du	hast gerächt	habest gerächt	hättest gerächt
er	hat gerächt	habe gerächt	hätte gerächt
wir	haben gerächt	haben gerächt	hätten gerächt
ihr	habt gerächt	habet gerächt	hättet gerächt
sie	haben gerächt	haben gerächt	hätten gerächt
	Pluperfect		
ich	hatte gerächt		
du	hattest gerächt		
er	hatte gerächt		
wir	hatten gerächt		
ihr	hattet gerächt		
sie	hatten gerächt		
			Future Time
	Future	*(Fut. Subj.)*	*(Pres. Conditional)*
ich	werde rächen	werde rächen	würde rächen
du	wirst rächen	werdest rächen	würdest rächen
er	wird rächen	werde rächen	würde rächen
wir	werden rächen	werden rächen	würden rächen
ihr	werdet rächen	werdet rächen	würdet rächen
sie	werden rächen	werden rächen	würden rächen
			Future Perfect Time
	Future Perfect	*(Fut. Perf. Subj.)*	*(Past Conditional)*
ich	werde gerächt haben	werde gerächt haben	würde gerächt haben
du	wirst gerächt haben	werdest gerächt haben	würdest gerächt haben
er	wird gerächt haben	werde gerächt haben	würde gerächt haben
wir	werden gerächt haben	werden gerächt haben	würden gerächt haben
ihr	werdet gerächt haben	werdet gerächt haben	würdet gerächt haben
sie	werden gerächt haben	werden gerächt haben	würden gerächt haben

Examples: *Elektra wollte den Tod ihres Vaters rächen.* Electra wanted to avenge the death of her father. *Der Graf von Monte-Cristo rächte sich an seinen Peinigern.* The Count of Monte Cristo took revenge on his tormentors. *„Nichts ist so häßlich wie die Rache."* "Nothing is so ugly as revenge." In ex. 1, the verb is used with a dir. obj. Ex. 2 uses a reflexive obj.

raten

PRINC. PARTS: raten, riet, geraten, rät
IMPERATIVE: rate!, ratet!, raten Sie!

to advise; guess

INDICATIVE	SUBJUNCTIVE	
	PRIMARY	SECONDARY

Present Time

	Present	*(Pres. Subj.)*	*(Imperf. Subj.)*
ich	rate	rate	riete
du	rätst	ratest	rietest
er	rät	rate	riete
wir	raten	raten	rieten
ihr	ratet	ratet	rietet
sie	raten	raten	rieten

	Imperfect
ich	riet
du	rietest
er	riet
wir	rieten
ihr	rietet
sie	rieten

Past Time

	Perfect	*(Perf. Subj.)*	*(Pluperf. Subj.)*
ich	habe geraten	habe geraten	hätte geraten
du	hast geraten	habest geraten	hättest geraten
er	hat geraten	habe geraten	hätte geraten
wir	haben geraten	haben geraten	hätten geraten
ihr	habt geraten	habet geraten	hättet geraten
sie	haben geraten	haben geraten	hätten geraten

	Pluperfect
ich	hatte geraten
du	hattest geraten
er	hatte geraten
wir	hatten geraten
ihr	hattet geraten
sie	hatten geraten

Future Time

	Future	*(Fut. Subj.)*	*(Pres. Conditional)*
ich	werde raten	werde raten	würde raten
du	wirst raten	werdest raten	würdest raten
er	wird raten	werde raten	würde raten
wir	werden raten	werden raten	würden raten
ihr	werdet raten	werdet raten	würdet raten
sie	werden raten	werden raten	würden raten

Future Perfect Time

	Future Perfect	*(Fut. Perf. Subj.)*	*(Past Conditional)*
ich	werde geraten haben	werde geraten haben	würde geraten haben
du	wirst geraten haben	werdest geraten haben	würdest geraten haben
er	wird geraten haben	werde geraten haben	würde geraten haben
wir	werden geraten haben	werden geraten haben	würden geraten haben
ihr	werdet geraten haben	werdet geraten haben	würdet geraten haben
sie	werden geraten haben	werden geraten haben	würden geraten haben

---

Examples: *Kai ließ sich von niemand raten.* Kai wouldn't listen to anyone. *Rate mal, wie alt ich bin!* Take a guess at how old I am. *Die Ratsherren rieten ihm, eine Versteigerung veranstalten zu lassen.* The city councillors advised him to arrange for an auction. Rev. verbs in Group VI, p. xx.

rauchen

to smoke

PRINC. PARTS: rauchen, rauchte, geraucht, raucht
IMPERATIVE: rauche!, raucht!, rauchen Sie!

	INDICATIVE	SUBJUNCTIVE	
		PRIMARY	SECONDARY
			Present Time
	Present	*(Pres. Subj.)*	*(Imperf. Subj.)*
ich	rauche	rauche	rauchte
du	rauchst	rauchest	rauchtest
er	raucht	rauche	rauchte
wir	rauchen	rauchen	rauchten
ihr	raucht	rauchet	rauchtet
sie	rauchen	rauchen	rauchten
	Imperfect		
ich	rauchte		
du	rauchtest		
er	rauchte		
wir	rauchten		
ihr	rauchtet		
sie	rauchten		
			Past Time
	Perfect	*(Perf. Subj.)*	*(Pluperf. Subj.)*
ich	habe geraucht	habe geraucht	hätte geraucht
du	hast geraucht	habest geraucht	hättest geraucht
er	hat geraucht	habe geraucht	hätte geraucht
wir	haben geraucht	haben geraucht	hätten geraucht
ihr	habt geraucht	habet geraucht	hättet geraucht
sie	haben geraucht	haben geraucht	hätten geraucht
	Pluperfect		
ich	hatte geraucht		
du	hattest geraucht		
er	hatte geraucht		
wir	hatten geraucht		
ihr	hattet geraucht		
sie	hatten geraucht		
			Future Time
	Future	*(Fut. Subj.)*	*(Pres. Conditional)*
ich	werde rauchen	werde rauchen	würde rauchen
du	wirst rauchen	werdest rauchen	würdest rauchen
er	wird rauchen	werde rauchen	würde rauchen
wir	werden rauchen	werden rauchen	würden rauchen
ihr	werdet rauchen	werdet rauchen	würdet rauchen
sie	werden rauchen	werden rauchen	würden rauchen
			Future Perfect Time
	Future Perfect	*(Fut. Perf. Subj.)*	*(Past Conditional)*
ich	werde geraucht haben	werde geraucht haben	würde geraucht haben
du	wirst geraucht haben	werdest geraucht haben	würdest geraucht haben
er	wird geraucht haben	werde geraucht haben	würde geraucht haben
wir	werden geraucht haben	werden geraucht haben	würden geraucht haben
ihr	werdet geraucht haben	werdet geraucht haben	würdet geraucht haben
sie	werden geraucht haben	werden geraucht haben	würden geraucht haben

Examples: *„Sie rauchen wie ein Schlot, und hier ist das Rauchen verboten", sagte Hella dem Herrn im Zug. „Der Zug hat Raucher- und Nichtraucherabteile." „Aber das Rauchen der anderen stört mich."* "You smoke like a chimney and smoking is prohibited here," said Hella to the man in the train. "The train has smoking and non-smoking compartments." "But other people's smoking bothers me."

räumen

PRINC. PARTS: räumen, räumte, geräumt, räumt

IMPERATIVE: räume!, räumt!, räumen Sie!

to clear away, clean;
evacuate

	INDICATIVE	SUBJUNCTIVE	
		PRIMARY	SECONDARY
		Present Time	
	Present	*(Pres. Subj.)*	*(Imperf. Subj.)*
ich	räume	räume	räumte
du	räumst	räumest	räumtest
er	räumt	räume	räumte
wir	räumen	räumen	räumten
ihr	räumt	räumet	räumtet
sie	räumen	räumen	räumten

	Imperfect
ich	räumte
du	räumtest
er	räumte
wir	räumten
ihr	räumtet
sie	räumten

	Perfect	*Past Time*	
		(Perf. Subj.)	*(Pluperf. Subj.)*
ich	habe geräumt	habe geräumt	hätte geräumt
du	hast geräumt	habest geräumt	hättest geräumt
er	hat geräumt	habe geräumt	hätte geräumt
wir	haben geräumt	haben geräumt	hätten geräumt
ihr	habt geräumt	habet geräumt	hättet geräumt
sie	haben geräumt	haben geräumt	hätten geräumt

	Pluperfect
ich	hatte geräumt
du	hattest geräumt
er	hatte geräumt
wir	hatten geräumt
ihr	hattet geräumt
sie	hatten geräumt

	Future	*Future Time*	
		(Fut. Subj.)	*(Pres. Conditional)*
ich	werde räumen	werde räumen	würde räumen
du	wirst räumen	werdest räumen	würdest räumen
er	wird räumen	werde räumen	würde räumen
wir	werden räumen	werden räumen	würden räumen
ihr	werdet räumen	werdet räumen	würdet räumen
sie	werden räumen	werden räumen	würden räumen

	Future Perfect	*Future Perfect Time*	
		(Fut. Perf. Subj.)	*(Past Conditional)*
ich	werde geräumt haben	werde geräumt haben	würde geräumt haben
du	wirst geräumt haben	werdest geräumt haben	würdest geräumt haben
er	wird geräumt haben	werde geräumt haben	würde geräumt haben
wir	werden geräumt haben	werden geräumt haben	würden geräumt haben
ihr	werdet geräumt haben	werdet geräumt haben	würdet geräumt haben
sie	werden geräumt haben	werden geräumt haben	würden geräumt haben

---

Examples: *Ich kann heute nicht kommen, Uli. Den Schnee hat man noch nicht geräumt.*
Im ganzen Münchener Raum kommt kein Räumfahrzeug durch. Skiläufer in den Alpen
wurden schon per Hubschrauber geräumt. I can't come today, Uli. They haven't cleared
the snow yet. No snow plough can get through in the whole Munich area. Skiers in the
Alps have already been evacuated by helicopter.

269

raunen

to whisper

PRINC. PARTS: raunen, raunte, geraunt, raunt
IMPERATIVE: raune!, raunt!, raunen Sie!

INDICATIVE		SUBJUNCTIVE	
		PRIMARY	SECONDARY
		Present Time	
	Present	*(Pres. Subj.)*	*(Imperf. Subj.)*
ich	raune	raune	raunte
du	raunst	raunest	rauntest
er	raunt	raune	raunte
wir	raunen	raunen	raunten
ihr	raunt	raunet	rauntet
sie	raunen	raunen	raunten

	Imperfect
ich	raunte
du	rauntest
er	raunte
wir	raunten
ihr	rauntet
sie	raunten

INDICATIVE			
		Past Time	
	Perfect	*(Perf. Subj.)*	*(Pluperf. Subj.)*
ich	habe geraunt	habe geraunt	hätte geraunt
du	hast geraunt	habest geraunt	hättest geraunt
er	hat geraunt	habe geraunt	hätte geraunt
wir	haben geraunt	haben geraunt	hätten geraunt
ihr	habt geraunt	habet geraunt	hättet geraunt
sie	haben geraunt	haben geraunt	hätten geraunt

	Pluperfect
ich	hatte geraunt
du	hattest geraunt
er	hatte geraunt
wir	hatten geraunt
ihr	hattet geraunt
sie	hatten geraunt

		Future Time	
	Future	*(Fut. Subj.)*	*(Pres. Conditional)*
ich	werde raunen	werde raunen	würde raunen
du	wirst raunen	werdest raunen	würdest raunen
er	wird raunen	werde raunen	würde raunen
wir	werden raunen	werden raunen	würden raunen
ihr	werdet raunen	werdet raunen	würdet raunen
sie	werden raunen	werden raunen	würden raunen

		Future Perfect Time	
	Future Perfect	*(Fut. Perf. Subj.)*	*(Past Conditional)*
ich	werde geraunt haben	werde geraunt haben	würde geraunt haben
du	wirst geraunt haben	werdest geraunt haben	würdest geraunt haben
er	wird geraunt haben	werde geraunt haben	würde geraunt haben
wir	werden geraunt haben	werden geraunt haben	würden geraunt haben
ihr	werdet geraunt haben	werdet geraunt haben	würdet geraunt haben
sie	werden geraunt haben	werden geraunt haben	würden geraunt haben

Examples: „*Man raunt sich ins Ohr, die Priesterin habe eine Offenbarung gehabt. Den Eingeweihten will sie die tiefen Geheimnisse raunen.*" „*Ja, sie versprach, uns heute abend die Geheimnisse der Runen zuzuraunen.*" "There's a rumor that the priestess has had a revelation. She intends to whisper the deep secrets to the initiates." "Yes, she promised to whisper the secrets of the runes to us tonight."

rauschen

PRINC. PARTS: rauschen, rauschte, gerauscht, rauscht
IMPERATIVE: rausche!, rauscht!, rauschen Sie!

to rush; rustle

	INDICATIVE		SUBJUNCTIVE	
			PRIMARY	SECONDARY
			Present Time	
	Present		*(Pres. Subj.)*	*(Imperf. Subj.)*
ich	rausche		rausche	rauschte
du	rauschst		rauschest	rauschtest
er	rauscht		rausche	rauschte
wir	rauschen		rauschen	rauschten
ihr	rauscht		rauschet	rauschtet
sie	rauschen		rauschen	rauschten
	Imperfect			
ich	rauschte			
du	rauschtest			
er	rauschte			
wir	rauschten			
ihr	rauschtet			
sie	rauschten		*Past Time*	
	Perfect		*(Perf. Subj.)*	*(Pluperf. Subj.)*
ich	habe gerauscht		habe gerauscht	hätte gerauscht
du	hast gerauscht		habest gerauscht	hättest gerauscht
er	hat gerauscht		habe gerauscht	hätte gerauscht
wir	haben gerauscht		haben gerauscht	hätten gerauscht
ihr	habt gerauscht		habet gerauscht	hättet gerauscht
sie	haben gerauscht		haben gerauscht	hätten gerauscht
	Pluperfect			
ich	hatte gerauscht			
du	hattest gerauscht			
er	hatte gerauscht			
wir	hatten gerauscht			
ihr	hattet gerauscht			
sie	hatten gerauscht		*Future Time*	
	Future		*(Fut. Subj.)*	*(Pres. Conditional)*
ich	werde rauschen		werde rauschen	würde rauschen
du	wirst rauschen		werdest rauschen	würdest rauschen
er	wird rauschen		werde rauschen	würde rauschen
wir	werden rauschen		werden rauschen	würden rauschen
ihr	werdet rauschen		werdet rauschen	würdet rauschen
sie	werden rauschen		werden rauschen	würden rauschen
			Future Perfect Time	
	Future Perfect		*(Fut. Perf. Subj.)*	*(Past Conditional)*
ich	werde gerauscht haben		werde gerauscht haben	würde gerauscht haben
du	wirst gerauscht haben		werdest gerauscht haben	würdest gerauscht haben
er	wird gerauscht haben		werde gerauscht haben	würde gerauscht haben
wir	werden gerauscht haben		werden gerauscht haben	würden gerauscht haben
ihr	werdet gerauscht haben		werdet gerauscht haben	würdet gerauscht haben
sie	werden gerauscht haben		werden gerauscht haben	würden gerauscht haben

Examples: *Vorbei die rauschenden Feste in der Stadt! Auch will Nina nichts mehr mit Rauschgift zu tun haben. Sie berauscht sich jetzt an der Natur. Andächtig lauscht sie dem Rauschen des Waldes und der Bächlein.* The swinging parties in the city are all over. Nina also wants nothing more to do with drugs. She now gets high on nature. Reverently, she listens to the rustling of the forest and the rushing of the little brooks.

rechnen

to count, calculate, reckon

PRINC. PARTS: rechnen, rechnete, gerechnet, rechnet
IMPERATIVE: rechne!, rechnet!, rechnen Sie!

INDICATIVE	SUBJUNCTIVE	
	PRIMARY	SECONDARY
	Present Time	
Present	*(Pres. Subj.)*	*(Imperf. Subj.)*
ich rechne	rechne	rechnete
du rechnest	rechnest	rechnetest
er rechnet	rechne	rechnete
wir rechnen	rechnen	rechneten
ihr rechnet	rechnet	rechnetet
sie rechnen	rechnen	rechneten
Imperfect		
ich rechnete		
du rechnetest		
er rechnete		
wir rechneten		
ihr rechnetet		
sie rechneten	*Past Time*	
Perfect	*(Perf. Subj.)*	*(Pluperf. Subj.)*
ich habe gerechnet	habe gerechnet	hätte gerechnet
du hast gerechnet	habest gerechnet	hättest gerechnet
er hat gerechnet	habe gerechnet	hätte gerechnet
wir haben gerechnet	haben gerechnet	hätten gerechnet
ihr habt gerechnet	habet gerechnet	hättet gerechnet
sie haben gerechnet	haben gerechnet	hätten gerechnet
Pluperfect		
ich hatte gerechnet		
du hattest gerechnet		
er hatte gerechnet		
wir hatten gerechnet		
ihr hattet gerechnet		
sie hatten gerechnet	*Future Time*	
Future	*(Fut. Subj.)*	*(Pres. Conditional)*
ich werde rechnen	werde rechnen	würde rechnen
du wirst rechnen	werdest rechnen	würdest rechnen
er wird rechnen	werde rechnen	würde rechnen
wir werden rechnen	werden rechnen	würden rechnen
ihr werdet rechnen	werdet rechnen	würdet rechnen
sie werden rechnen	werden rechnen	würden rechnen
	Future Perfect Time	
Future Perfect	*(Fut. Perf. Subj.)*	*(Past Conditional)*
ich werde gerechnet haben	werde gerechnet haben	würde gerechnet haben
du wirst gerechnet haben	werdest gerechnet haben	würdest gerechnet haben
er wird gerechnet haben	werde gerechnet haben	würde gerechnet haben
wir werden gerechnet haben	werden gerechnet haben	würden gerechnet haben
ihr werdet gerechnet haben	werdet gerechnet haben	würdet gerechnet haben
sie werden gerechnet haben	werden gerechnet haben	würden gerechnet haben

Examples: *Ich hatte mir alles genau ausgerechnet. Aber der Betriebsleiter hat mir einen Strich durch die Rechnung gemacht. Mit dem ist nie zu rechnen. Diesmal aber hat er sich verrechnet.* I had calculated everything precisely. But the managing director frustrated my plans. You can never count on him. But this time he miscalculated. **Ausrechnen** (to figure out; calculate) is sep. **Verrechnen** is insep.

PRINC. PARTS: rechten, rechtete, gerechtet, rechtet
IMPERATIVE: rechte!, rechtet!, rechten Sie!

to dispute; litigate

	INDICATIVE	SUBJUNCTIVE	
		PRIMARY	SECONDARY
		Present Time	
	Present	*(Pres. Subj.)*	*(Imperf. Subj.)*
ich	rechte	rechte	rechtete
du	rechtest	rechtest	rechtetest
er	rechtet	rechte	rechtete
wir	rechten	rechten	rechteten
ihr	rechtet	rechtet	rechtetet
sie	rechten	rechten	rechteten
	Imperfect		
ich	rechtete		
du	rechtetest		
er	rechtete		
wir	rechteten		
ihr	rechtetet		
sie	rechteten		
		Past Time	
	Perfect	*(Perf. Subj.)*	*(Pluperf. Subj.)*
ich	habe gerechtet	habe gerechtet	hätte gerechtet
du	hast gerechtet	habest gerechtet	hättest gerechtet
er	hat gerechtet	habe gerechtet	hätte gerechtet
wir	haben gerechtet	haben gerechtet	hätten gerechtet
ihr	habt gerechtet	habet gerechtet	hättet gerechtet
sie	haben gerechtet	haben gerechtet	hätten gerechtet
	Pluperfect		
ich	hatte gerechtet		
du	hattest gerechtet		
er	hatte gerechtet		
wir	hatten gerechtet		
ihr	hattet gerechtet		
sie	hatten gerechtet		
		Future Time	
	Future	*(Fut. Subj.)*	*(Pres. Conditional)*
ich	werde rechten	werde rechten	würde rechten
du	wirst rechten	werdest rechten	würdest rechten
er	wird rechten	werde rechten	würde rechten
wir	werden rechten	werden rechten	würden rechten
ihr	werdet rechten	werdet rechten	würdet rechten
sie	werden rechten	werden rechten	würden rechten
		Future Perfect Time	
	Future Perfect	*(Fut. Perf. Subj.)*	*(Past Conditional)*
ich	werde gerechtet haben	werde gerechtet haben	würde gerechtet haben
du	wirst gerechtet haben	werdest gerechtet haben	würdest gerechtet haben
er	wird gerechtet haben	werde gerechtet haben	würde gerechtet haben
wir	werden gerechtet haben	werden gerechtet haben	würden gerechtet haben
ihr	werdet gerechtet haben	werdet gerechtet haben	würdet gerechtet haben
sie	werden gerechtet haben	werden gerechtet haben	würden gerechtet haben

Examples: *Michael Kohlhaas forderte sein Recht. „Tue recht und scheue niemand" war sein Leitspruch. Er rechtete lange und ging oft vor Gericht.* Michael Kohlhaas demanded his rights. "Do right and fear no one" was his motto. He engaged in much disputation and often went to court. Verbs whose stem ends in t add an e in certain forms.

regnen

to rain

PRINC. PARTS: regnen,* regnete, geregnet, regnet
IMPERATIVE: regne!, regnet!, regnen Sie! **

	INDICATIVE	SUBJUNCTIVE	
		PRIMARY	SECONDARY
	Present	*Present Time* (*Pres. Subj.*)	(*Imperf. Subj.*)
ich du es wir ihr sie	regnet	regne	regnete
	Imperfect		
ich du es wir ihr sie	regnete		
	Perfect	*Past Time* (*Perf. Subj.*)	(*Pluperf. Subj.*)
ich du es wir ihr sie	hat geregnet	habe geregnet	hätte geregnet
	Pluperfect		
ich du es wir ihr sie	hatte geregnet		
	Future	*Future Time* (*Fut. Subj.*)	(*Pres. Conditional*)
ich du es wir ihr sie	wird regnen	werde regnen	würde regnen
	Future Perfect	*Future Perfect Time* (*Fut. Perf. Subj.*)	(*Past Conditional*)
ich du es wir ihr sie	wird geregnet haben	werde geregnet haben	würde geregnet haben

* Impersonal verb. Forms other than the third person singular will not be found, except perhaps in poetry. The same is true of the Eng. verb 'to rain.'
** The imperative of this verb is as unusual as in English.

Examples: *Es regnet schon den ganzen Tag. Gestern regnete es auch. Die ganze Woche soll es regnen. „Regen bringt Segen" ist ein alter Bauernspruch.* It's been raining all day. It rained yesterday too. It's supposed to rain all week. "The rain is a blessing" is an old farmer's saying. Rev. "Weather Expressions and Impersonal Verbs," pp. 561-562.

reiben

PRINC. PARTS: reiben, rieb, gerieben, reibt
IMPERATIVE: reibe!, reibt!, reiben Sie!

to rub

INDICATIVE	SUBJUNCTIVE	
	PRIMARY	SECONDARY

Present Time

	Present	*(Pres. Subj.)*	*(Imperf. Subj.)*
ich	reibe	reibe	riebe
du	reibst	reibest	riebest
er	reibt	reibe	riebe
wir	reiben	reiben	rieben
ihr	reibt	reibet	riebet
sie	reiben	reiben	rieben

	Imperfect
ich	rieb
du	riebst
er	rieb
wir	rieben
ihr	riebt
sie	rieben

Past Time

	Perfect	*(Perf. Subj.)*	*(Pluperf. Subj.)*
ich	habe gerieben	habe gerieben	hätte gerieben
du	hast gerieben	habest gerieben	hättest gerieben
er	hat gerieben	habe gerieben	hätte gerieben
wir	haben gerieben	haben gerieben	hätten gerieben
ihr	habt gerieben	habet gerieben	hättet gerieben
sie	haben gerieben	haben gerieben	hätten gerieben

	Pluperfect
ich	hatte gerieben
du	hattest gerieben
er	hatte gerieben
wir	hatten gerieben
ihr	hattet gerieben
sie	hatten gerieben

Future Time

	Future	*(Fut. Subj.)*	*(Pres. Conditional)*
ich	werde reiben	werde reiben	würde reiben
du	wirst reiben	werdest reiben	würdest reiben
er	wird reiben	werde reiben	würde reiben
wir	werden reiben	werden reiben	würden reiben
ihr	werdet reiben	werdet reiben	würdet reiben
sie	werden reiben	werden reiben	würden reiben

Future Perfect Time

	Future Perfect	*(Fut. Perf. Subj.)*	*(Past Conditional)*
ich	werde gerieben haben	werde gerieben haben	würde gerieben haben
du	wirst gerieben haben	werdest gerieben haben	würdest gerieben haben
er	wird gerieben haben	werde gerieben haben	würde gerieben haben
wir	werden gerieben haben	werden gerieben haben	würden gerieben haben
ihr	werdet gerieben haben	werdet gerieben haben	würdet gerieben haben
sie	werden gerieben haben	werden gerieben haben	würden gerieben haben

Examples: *„Reibt ihr euch diese Salben gründlich ein! Dann verläuft alles reibungslos. Dann habt ihr die totale Harmonie und ihr reibt euch an nichts mehr", riet der Quacksalber. Er war ein ganz geriebener Kerl.* "Rub in these salves thoroughly. Then everything will go without a hitch. Then you'll have total harmony and nothing will rub you the wrong way any more," advised the quack. He was a smooth customer.

275

reichen

to reach; pass; extend;
be enough

PRINC. PARTS: reichen, reichte, gereicht, reicht
IMPERATIVE: reiche!, reicht!, reichen Sie!

	INDICATIVE		SUBJUNCTIVE	
			PRIMARY	SECONDARY
	Present		*Present Time*	
			(Pres. Subj.)	*(Imperf. Subj.)*
ich	reiche		reiche	reichte
du	reichst		reichest	reichtest
er	reicht		reiche	reichte
wir	reichen		riechen	riechten
ihr	reicht		reichet	reichtet
sie	reichen		reichen	reichten
	Imperfect			
ich	reichte			
du	reichtest			
er	reichte			
wir	reichten			
ihr	reichtet			
sie	reichten			
			Past Time	
	Perfect		*(Perf. Subj.)*	*(Pluperf. Subj.)*
ich	habe gereicht		habe gereicht	hätte gereicht
du	hast gereicht		habest gereicht	hättest gereicht
er	hat gereicht		habe gereicht	hätte gereicht
wir	haben gereicht		haben gereicht	hätten gereicht
ihr	habt gereicht		habet gereicht	hättet gereicht
sie	haben gereicht		haben gereicht	hätten gereicht
	Pluperfect			
ich	hatte gereicht			
du	hattest gereicht			
er	hatte gereicht			
wir	hatten gereicht			
ihr	hattet gereicht			
sie	hatten gereicht			
			Future Time	
	Future		*(Fut. Subj.)*	*(Pres. Conditional)*
ich	werde reichen		werde reichen	würde reichen
du	wirst reichen		werdest reichen	würdest reichen
er	wird reichen		werde reichen	würde reichen
wir	werden reichen		werden reichen	würden reichen
ihr	werdet reichen		werdet reichen	würdet reichen
sie	werden reichen		werden reichen	würden reichen
			Future Perfect Time	
	Future Perfect		*(Fut. Perf. Subj.)*	*(Past Conditional)*
ich	werde gereicht haben		werde gereicht haben	würde gereicht haben
du	wirst gereicht haben		werdest gereicht haben	würdest gereicht haben
er	wird gereicht haben		werde gereicht haben	würde gereicht haben
wir	werden gereicht haben		werden gereicht haben	würden gereicht haben
ihr	werdet gereicht haben		werdet gereicht haben	würdet gereicht haben
sie	werden gereicht haben		werden gereicht haben	würden gereicht haben

Examples: *„Reich mir noch ein Stück Fleisch, bitte!" „Nein! Der Braten muß noch bis Donnerstag reichen." „Jetzt reicht's mir aber. Ich esse nie wieder hier."* "Pass me another piece of meat, please." "No! The roast has to last till Thursday." "That's it — I've had enough now! I'll never eat here again!"

PRINC. PARTS: reinigen, reinigte, gereinigt, reinigt
IMPERATIVE: reinige!, reinigt!, reinigen Sie!

to clean; refine; clarify

INDICATIVE		SUBJUNCTIVE	
		PRIMARY	SECONDARY
		Present Time	
	Present	*(Pres. Subj.)*	*(Imperf. Subj.)*
ich	reinige	reinige	reinigte
du	reinigst	reinigest	reinigtest
er	reinigt	reinige	reinigte
wir	reinigen	reinigen	reinigten
ihr	reinigt	reiniget	reinigtet
sie	reinigen	reinigen	reinigten

	Imperfect
ich	reinigte
du	reinigtest
er	reinigte
wir	reinigten
ihr	reinigtet
sie	reinigten

Past Time

	Perfect	*(Perf. Subj.)*	*(Pluperf. Subj.)*
ich	habe gereinigt	habe gereinigt	hätte gereinigt
du	hast gereinigt	habest gereinigt	hättest gereinigt
er	hat gereinigt	habe gereinigt	hätte gereinigt
wir	haben gereinigt	haben gereinigt	hätten gereinigt
ihr	habt gereinigt	habet gereinigt	hättet gereinigt
sie	haben gereinigt	haben gereinigt	hätten gereinigt

	Pluperfect
ich	hatte gereinigt
du	hattest gereinigt
er	hatte gereinigt
wir	hatten gereinigt
ihr	hattet gereinigt
sie	hatten gereinigt

Future Time

	Future	*(Fut. Subj.)*	*(Pres. Conditional)*
ich	werde reinigen	werde reinigen	würde reinigen
du	wirst reinigen	werdest reinigen	würdest reinigen
er	wird reinigen	werde reinigen	würde reinigen
wir	werden reinigen	werden reinigen	würden reinigen
ihr	werdet reinigen	werdet reinigen	würdet reinigen
sie	werden reinigen	werden reinigen	würden reinigen

Future Perfect Time

	Future Perfect	*(Fut. Perf. Subj.)*	*(Past Conditional)*
ich	werde gereinigt haben	werde gereinigt haben	würde gereinigt haben
du	wirst gereinigt haben	werdest gereinigt haben	würdest gereinigt haben
er	wird gereinigt haben	werde gereinigt haben	würde gereinigt haben
wir	werden gereinigt haben	werden gereinigt haben	würden gereinigt haben
ihr	werdet gereinigt haben	werdet gereinigt haben	würdet gereinigt haben
sie	werden gereinigt haben	werden gereinigt haben	würden gereinigt haben

Examples: *Die Reinigung sagt, sie könne meinen Anzug nicht reinigen. Ich glaube, er kann doch gereinigt werden.* The dry cleaner's say they can't clean my suit. But I think it can be cleaned. *„Das Feuer, das mich verbrennt, reinige den Ring vom Fluch."* "May the fire that will burn me cleanse the ring from the curse." Both exs. use the subjunctive. See "Indirect Discourse," p. xxxii.

reisen

to travel

PRINC. PARTS: reisen, reiste, ist gereist, reist
IMPERATIVE: reise!, reist!, reisen Sie!

INDICATIVE	SUBJUNCTIVE	
	PRIMARY	SECONDARY
	Present Time	
Present	*(Pres. Subj.)*	*(Imperf. Subj.)*
ich reise	reise	reiste
du reist	reisest	reistest
er reist	reise	reiste
wir reisen	reisen	reisten
ihr reist	reiset	reistet
sie reisen	reisen	reisten

Imperfect

ich	reiste
du	reistest
er	reiste
wir	reisten
ihr	reistet
sie	reisten

	Past Time	
Perfect	*(Perf. Subj.)*	*(Pluperf. Subj.)*
ich bin gereist	sei gereist	wäre gereist
du bist gereist	seiest gereist	wärest gereist
er ist gereist	sei gereist	wäre gereist
wir sind gereist	seien gereist	wären gereist
ihr seid gereist	seiet gereist	wäret gereist
sie sind gereist	seien gereist	wären gereist

Pluperfect

ich	war gereist
du	warst gereist
er	war gereist
wir	waren gereist
ihr	wart gereist
sie	waren gereist

	Future Time	
Future	*(Fut. Subj.)*	*(Pres. Conditional)*
ich werde reisen	werde reisen	würde reisen
du wirst reisen	werdest reisen	würdest reisen
er wird reisen	werde reisen	würde reisen
wir werden reisen	werden reisen	würden reisen
ihr werdet reisen	werdet reisen	würdet reisen
sie werden reisen	werden reisen	würden reisen

	Future Perfect Time	
Future Perfect	*(Fut. Perf. Subj.)*	*(Past Conditional)*
ich werde gereist sein	werde gereist sein	würde gereist sein
du wirst gereist sein	werdest gereist sein	würdest gereist sein
er wird gereist sein	werde gereist sein	würde gereist sein
wir werden gereist sein	werden gereist sein	würden gereist sein
ihr werdet gereist sein	werdet gereist sein	würdet gereist sein
sie werden gereist sein	werden gereist sein	würden gereist sein

---

Examples: *Mit dem Reisebus haben wir viele Länder bereist. Manchmal mußten wir lange bei der Ein- oder Ausreise warten. Einige Reisende in der Gruppe sagten: „Das Reisen ist keine Freude mehr."* We traveled to many countries with the tour bus. Sometimes we had long waits upon entering or leaving. Some travelers in the group said, "Traveling is no pleasure any more."

PRINC. PARTS: reißen, riß, gerissen, reißt
IMPERATIVE: reiße!, reißt!, reißen Sie!

INDICATIVE	SUBJUNCTIVE	
	PRIMARY	SECONDARY

Present Time

Present	*(Pres. Subj.)*	*(Imperf. Subj.)*
ich reiße	reiße	risse
du reißt	reißest	rissest
er reißt	reiße	risse
wir reißen	reißen	rissen
ihr reißt	reißet	risset
sie reißen	reißen	rissen

Imperfect

ich	riß	
du	rissest	
er	riß	
wir	rissen	
ihr	rißt	
sie	rissen	

Past Time

Perfect	*(Perf. Subj.)*	*(Pluperf. Subj.)*
ich habe gerissen	habe gerissen	hätte gerissen
du hast gerissen	habest gerissen	hättest gerissen
er hat gerissen	habe gerissen	hätte gerissen
wir haben gerissen	haben gerissen	hätten gerissen
ihr habt gerissen	habet gerissen	hättet gerissen
sie haben gerissen	haben gerissen	hätten gerissen

Pluperfect

ich	hatte gerissen
du	hattest gerissen
er	hatte gerissen
wir	hatten gerissen
ihr	hattet gerissen
sie	hatten gerissen

Future Time

Future	*(Fut. Subj.)*	*(Pres. Conditional)*
ich werde reißen	werde reißen	würde reißen
du wirst reißen	werdest reißen	würdest reißen
er wird reißen	werde reißen	würde reißen
wir werden reißen	werden reißen	würden reißen
ihr werdet reißen	werdet reißen	würdet reißen
sie werden reißen	werden reißen	würden reißen

Future Perfect Time

Future Perfect	*(Fut. Perf. Subj.)*	*(Past Conditional)*
ich werde gerissen haben	werde gerissen haben	würde gerissen haben
du wirst gerissen haben	werdest gerissen haben	würdest gerissen haben
er wird gerissen haben	werde gerissen haben	würde gerissen haben
wir werden gerissen haben	werden gerissen haben	würden gerissen haben
ihr werdet gerissen haben	werdet gerissen haben	würdet gerissen haben
sie werden gerissen haben	werden gerissen haben	würden gerissen haben

Examples: *Der böse Kritiker veriß ihr Buch. Bevor sie zu Ende las, riß ihr die Geduld und sie zeriß die Zeitung.* The nasty critic gave her book a bad review. Before she finished reading, her patience ran out and she tore up the newspaper. *Der Junge versuchte, der Puppe seiner Schwester die Haare auszureißen.* The boy tried to rip out the hair of his sister's doll.

reiten

to ride (on horse)

PRINC. PARTS: reiten, ritt, ist geritten, reitet
IMPERATIVE: reite!, reitet!, reiten Sie!

INDICATIVE	SUBJUNCTIVE	
	PRIMARY	SECONDARY
	Present Time	
Present	*(Pres. Subj.)*	*(Imperf. Subj.)*
ich reite	reite	ritte
du reitest	reitest	rittest
er reitet	reite	ritte
wir reiten	reiten	ritten
ihr reitet	reitet	rittet
sie reiten	reiten	ritten

Imperfect

ich	ritt
du	rittest
er	ritt
wir	ritten
ihr	rittet
sie	ritten

	Past Time	
Perfect	*(Perf. Subj.)*	*(Pluperf. Subj.)*
ich bin geritten	sei geritten	wäre geritten
du bist geritten	seiest geritten	wärest geritten
er ist geritten	sei geritten	wäre geritten
wir sind geritten	seien geritten	wären geritten
ihr seid geritten	seiet geritten	wäret geritten
sie sind geritten	seien geritten	wären geritten

Pluperfect

ich	war geritten
du	warst geritten
er	war geritten
wir	waren geritten
ihr	wart geritten
sie	waren geritten

	Future Time	
Future	*(Fut. Subj.)*	*(Pres. Conditional)*
ich werde reiten	werde reiten	würde reiten
du wirst reiten	werdest reiten	würdest reiten
er wird reiten	werde reiten	würde reiten
wir werden reiten	werden reiten	würden reiten
ihr werdet reiten	werdet reiten	würdet reiten
sie werden reiten	werden reiten	würden reiten

	Future Perfect Time	
Future Perfect	*(Fut. Perf. Subj.)*	*(Past Conditional)*
ich werde geritten sein	werde geritten sein	würde geritten sein
du wirst geritten sein	werdest geritten sein	würdest geritten sein
er wird geritten sein	werde geritten sein	würde geritten sein
wir werden geritten sein	werden geritten sein	würden geritten sein
ihr werdet geritten sein	werdet geritten sein	würdet geritten sein
sie werden geritten sein	werden geritten sein	würden geritten sein

Examples: *Wotans neun Töchter singen beim Reiten. Er reitet auf Sleipnir, seinem Zauberroß. Auf ihrem Roß ritt Brünnhilde in die Flammen.* Wotan's 9 daughters sing as they ride. He rides on Sleipnir, his magic horse. On her steed Brünnhilde rode into the flames. *Mittelalterliche Ritter ritten auf ihren Pferden.* Medieval knights rode on their horses.

reizen

PRINC. PARTS: reizen, reizte, gereizt, reizt
IMPERATIVE: reize!, reizt!, reizen Sie!

to excite; irritate; charm

INDICATIVE		SUBJUNCTIVE	
		PRIMARY	SECONDARY
		Present Time	
	Present	*(Pres. Subj.)*	*(Imperf. Subj.)*
ich	reize	reize	reizte
du	reizt	reizest	reiztest
er	reizt	reize	reizte
wir	reizen	reizen	reizten
ihr	reizt	reizet	reiztet
sie	reizen	reizen	reizten

	Imperfect
ich	reizte
du	reiztest
er	reizte
wir	reizten
ihr	reiztet
sie	reizten

			Past Time	
	Perfect	*(Perf. Subj.)*	*(Pluperf. Subj.)*	
ich	habe gereizt	habe gereizt	hätte gereizt
du	hast gereizt	habest gereizt	hättest gereizt
er	hat gereizt	habe gereizt	hätte gereizt
wir	haben gereizt	haben gereizt	hätten gereizt
ihr	habt gereizt	habet gereizt	hättet gereizt
sie	haben gereizt	haben gereizt	hätten gereizt

	Pluperfect
ich	hatte gereizt
du	hattest gereizt
er	hatte gereizt
wir	hatten gereizt
ihr	hattet gereizt
sie	hatten gereizt

			Future Time	
	Future	*(Fut. Subj.)*	*(Pres. Conditional)*	
ich	werde reizen	werde reizen	würde reizen
du	wirst reizen	werdest reizen	würdest reizen
er	wird reizen	werde reizen	würde reizen
wir	werden reizen	werden reizen	würden reizen
ihr	werdet reizen	werdet reizen	würdet reizen
sie	werden reizen	werden reizen	würden reizen

			Future Perfect Time	
	Future Perfect	*(Fut. Perf. Subj.)*	*(Past Conditional)*	
ich	werde gereizt haben	werde gereizt haben	würde gereizt haben
du	wirst gereizt haben	werdest gereizt haben	würdest gereizt haben
er	wird gereizt haben	werde gereizt haben	würde gereizt haben
wir	werden gereizt haben	werden gereizt haben	würden gereizt haben
ihr	werdet gereizt haben	werdet gereizt haben	würdet gereizt haben
sie	werden gereizt haben	werden gereizt haben	würden gereizt haben

Examples: *„Trude ist ein reizendes Mädchen.” „Ja, aber sie ist auch manchmal äußerst reizbar.” „Gerade darin besteht ihr Reiz. Das reizt mich an ihr.” „Eine solche Ansicht reizt zum Widerspruch.”* "Trude is a charming girl." "Yes, but sometimes she's also extremely irritable." "That's just what makes her charming. That's what appeals to me about her." "Such an opinion invites contradiction."

rennen

to run; race

PRINC. PARTS: rennen, rannte, ist gerannt, rennt
IMPERATIVE: renne!, rennt!, rennen Sie!

	INDICATIVE		SUBJUNCTIVE	
			PRIMARY	SECONDARY
			Present Time	
	Present		*(Pres. Subj.)*	*(Imperf. Subj.)*
ich	renne		renne	rennte
du	rennst		rennest	renntest
er	rennt		renne	rennte
wir	rennen		rennen	rennten
ihr	rennt		rennet	renntet
sie	rennen		rennen	rennten
	Imperfect			
ich	rannte			
du	ranntest			
er	rannte			
wir	rannten			
ihr	ranntet			
sie	rannten			
			Past Time	
	Perfect		*(Perf. Subj.)*	*(Pluperf. Subj.)*
ich	bin gerannt		sei gerannt	wäre gerannt
du	bist gerannt		seiest gerannt	wärest gerannt
er	ist gerannt		sei gerannt	wäre gerannt
wir	sind gerannt		seien gerannt	wären gerannt
ihr	seid gerannt		seiet gerannt	wäret gerannt
sie	sind gerannt		seien gerannt	wären gerannt
	Pluperfect			
ich	war gerannt			
du	warst gerannt			
er	war gerannt			
wir	waren gerannt			
ihr	wart gerannt			
sie	waren gerannt			
			Future Time	
	Future		*(Fut. Subj.)*	*(Pres. Conditional)*
ich	werde rennen		werde rennen	würde rennen
du	wirst rennen		werdest rennen	würdest rennen
er	wird rennen		werde rennen	würde rennen
wir	werden rennen		werden rennen	würden rennen
ihr	werdet rennen		werdet rennen	würdet rennen
sie	werden rennen		werden rennen	würden rennen
			Future Perfect Time	
	Future Perfect		*(Fut. Perf. Subj.)*	*(Past Conditional)*
ich	werde gerannt sein		werde gerannt sein	würde gerannt sein
du	wirst gerannt sein		werdest gerannt sein	würdest gerannt sein
er	wird gerannt sein		werde gerannt sein	würde gerannt sein
wir	werden gerannt sein		werden gerannt sein	würden gerannt sein
ihr	werdet gerannt sein		werdet gerannt sein	würdet gerannt sein
sie	werden gerannt sein		werden gerannt sein	würden gerannt sein

Examples: *Das Rennen zu machen sollte uns nicht so wichtig sein. Das Leben ist mehr als eine Rennbahn. Wir wollen nicht ins Verderben rennen.* Winning the race shouldn't be so important to us. After all, life is more than a race track. We don't want to rush headlong into disaster. *Das Kind hat ein Rentier gesehen. Beide sind schnell weggeronnen.* The child saw a reindeer. Both ran away fast.

PRINC. PARTS: retten, rettete, gerettet, rettet
IMPERATIVE: rette!, rettet!, retten Sie!

to save, rescue

INDICATIVE		SUBJUNCTIVE	
		PRIMARY	SECONDARY
		Present Time	
	Present	*(Pres. Subj.)*	*(Imperf. Subj.)*
ich	rette	rette	rettete
du	rettest	rettest	rettetest
er	rettet	rette	rettete
wir	retten	retten	retteten
ihr	rettet	rettet	rettetet
sie	retten	retten	retteten

	Imperfect
ich	rettete
du	rettetest
er	rettete
wir	retteten
ihr	rettetet
sie	retteten

			Past Time	
	Perfect		*(Perf. Subj.)*	*(Pluperf. Subj.)*
ich	habe gerettet		habe gerettet	hätte gerettet
du	hast gerettet		habest gerettet	hättest gerettet
er	hat gerettet		habe gerettet	hätte gerettet
wir	haben gerettet		haben gerettet	hätten gerettet
ihr	habt gerettet		habet gerettet	hättet gerettet
sie	haben gerettet		haben gerettet	hätten gerettet

	Pluperfect
ich	hatte gerettet
du	hattest gerettet
er	hatte gerettet
wir	hatten gerettet
ihr	hattet gerettet
sie	hatten gerettet

			Future Time	
	Future		*(Fut. Subj.)*	*(Pres. Conditional)*
ich	werde retten		werde retten	würde retten
du	wirst retten		werdest retten	würdest retten
er	wird retten		werde retten	würde retten
wir	werden retten		werden retten	würden retten
ihr	werdet retten		werdet retten	würdet retten
sie	werden retten		werden retten	würden retten

			Future Perfect Time	
	Future Perfect		*(Fut. Perf. Subj.)*	*(Past Conditional)*
ich	werde gerettet haben		werde gerettet haben	würde gerettet haben
du	wirst gerettet haben		werdest gerettet haben	würdest gerettet haben
er	wird gerettet haben		werde gerettet haben	würde gerettet haben
wir	werden gerettet haben		werden gerettet haben	würden gerettet haben
ihr	werdet gerettet haben		werdet gerettet haben	würdet gerettet haben
sie	werden gerettet haben		werden gerettet haben	würden gerettet haben

Examples: *Im Film retten Männer oft Frauen aus physischer Gefahr.* In movies, men often save women from physical danger. *Man hat nicht alle Passagiere auf der Titanic retten können.* They couldn't save all the passengers on the Titanic. *Der Boxer wurde durch das Glockenzeichen gerettet.* The boxer was saved by the bell.

richten

*to set right; adjust; prepare
(meals, etc.), point; judge*

PRINC. PARTS: richten, richtete, gerichtet,
richtet
IMPERATIVE: richte!, richtet!, richten Sie!

INDICATIVE		SUBJUNCTIVE	
		PRIMARY	SECONDARY
		Present Time	
	Present	*(Pres. Subj.)*	*(Imperf. Subj.)*
ich	richte	richte	richtete
du	richtest	richtest	richtetest
er	richtet	richte	richtete
wir	richten	richten	richteten
ihr	richtet	richtet	richtetet
sie	richten	richten	richteten

	Imperfect
ich	richtete
du	richtetest
er	richtete
wir	richteten
ihr	richtetet
sie	richteten

			Past Time	
	Perfect	*(Perf. Subj.)*	*(Pluperf. Subj.)*
ich	habe gerichtet	habe gerichtet	hätte gerichtet
du	hast gerichtet	habest gerichtet	hättest gerichtet
er	hat gerichtet	habe gerichtet	hätte gerichtet
wir	haben gerichtet	haben gerichtet	hätten gerichtet
ihr	habt gerichtet	habet gerichtet	hättet gerichtet
sie	haben gerichtet	haben gerichtet	hätten gerichtet

	Pluperfect
ich	hatte gerichtet
du	hattest gerichtet
er	hatte gerichtet
wir	hatten gerichtet
ihr	hattet gerichtet
sie	hatten gerichtet

			Future Time	
	Future	*(Fut. Subj.)*	*(Pres. Conditional)*
ich	werde richten	werde richten	würde richten
du	wirst richten	werdest richten	würdest richten
er	wird richten	werde richten	würde richten
wir	werden richten	werden richten	würden richten
ihr	werdet richten	werdet richten	würdet richten
sie	werden richten	werden richten	würden richten

			Future Perfect Time	
	Future Perfect	*(Fut. Perf. Subj.)*	*(Past Conditional)*
ich	werde gerichtet haben	werde gerichtet haben	würde gerichtet haben
du	wirst gerichtet haben	werdest gerichtet haben	würdest gerichtet haben
er	wird gerichtet haben	werde gerichtet haben	würde gerichtet haben
wir	werden gerichtet haben	werden gerichtet haben	würden gerichtet haben
ihr	werdet gerichtet haben	werdet gerichtet haben	würdet gerichtet haben
sie	werden gerichtet haben	werden gerichtet haben	würden gerichtet haben

Examples: *Die Rechtsanwälte richteten viele Fragen an den Angeklagten. „Die
Leidenschaft hat meinen Mandanten zugrunde gerichtet", plädierte seine Verteidigerin.
„Das Urteil muß sich nach dem Verbrechen richten", sprach der Richter.* The lawyers
put many questions to the accused. "Passion drove my client to his ruin," pleaded his
defense counsel. "The punishment must fit the crime," said the judge.

PRINC. PARTS: riechen, roch, gerochen, riecht
IMPERATIVE: rieche!, riecht!, riechen Sie!

to smell

INDICATIVE	SUBJUNCTIVE	
	PRIMARY	SECONDARY
	Present Time	
Present	*(Pres. Subj.)*	*(Imperf. Subj.)*
ich rieche	rieche	röche
du riechst	riechest	röchest
er riecht	rieche	röche
wir riechen	riechen	röchen
ihr riecht	riechet	röchet
sie riechen	riechen	röchen

Imperfect

ich roch
du rochst
er roch
wir rochen
ihr rocht
sie rochen

Past Time		
Perfect	*(Perf. Subj.)*	*(Pluperf. Subj.)*
ich habe gerochen	habe gerochen	hätte gerochen
du hast gerochen	habest gerochen	hättest gerochen
er hat gerochen	habe gerochen	hätte gerochen
wir haben gerochen	haben gerochen	hätten gerochen
ihr habt gerochen	habet gerochen	hättet gerochen
sie haben gerochen	haben gerochen	hätten gerochen

Pluperfect

ich hatte gerochen
du hattest gerochen
er hatte gerochen
wir hatten gerochen
ihr hattet gerochen
sie hatten gerochen

Future Time		
Future	*(Fut. Subj.)*	*(Pres. Conditional)*
ich werde riechen	werde riechen	würde riechen
du wirst riechen	werdest riechen	würdest riechen
er wird riechen	werde riechen	würde riechen
wir werden riechen	werden riechen	würden riechen
ihr werdet riechen	werdet riechen	würdet riechen
sie werden riechen	werden riechen	würden riechen

Future Perfect Time		
Future Perfect	*(Fut. Perf. Subj.)*	*(Past Conditional)*
ich werde gerochen haben	werde gerochen haben	würde gerochen haben
du wirst gerochen haben	werdest gerochen haben	würdest gerochen haben
er wird gerochen haben	werde gerochen haben	würde gerochen haben
wir werden gerochen haben	werden gerochen haben	würden gerochen haben
ihr werdet gerochen haben	werdet gerochen haben	würdet gerochen haben
sie werden gerochen haben	werden gerochen haben	würden gerochen haben

Examples: *Es riecht stark nach Fisch und geräuchertem Fisch in Dänemark. Hamlet roch ungern diesen Geruch. Er konnte auch seinen Onkel nicht riechen.* It reeks of fish and smoked fish in Denmark. Hamlet didn't like smelling that odor. He also couldn't stand his uncle. Related are **rauchen,** p. 268, and "reek" (**stark riechen**).

285

ringen

to struggle; wrestle; wring

PRINC. PARTS: ringen, rang, gerungen, ringt
IMPERATIVE: ringe!, ringt!, ringen Sie!

INDICATIVE		SUBJUNCTIVE	
		PRIMARY	SECONDARY
		Present Time	
	Present	*(Pres. Subj.)*	*(Imperf. Subj.)*
ich	ringe	ringe	ränge
du	ringst	ringest	rängest
er	ringt	ringe	ränge
wir	ringen	ringen	rängen
ihr	ringt	ringet	ränget
sie	ringen	ringen	rängen

	Imperfect
ich	rang
du	rangst
er	rang
wir	rangen
ihr	rangt
sie	rangen

Past Time

	Perfect	*(Perf. Subj.)*	*(Pluperf. Subj.)*
ich	habe gerungen	habe gerungen	hätte gerungen
du	hast gerungen	habest gerungen	hättest gerungen
er	hat gerungen	habe gerungen	hätte gerungen
wir	haben gerungen	haben gerungen	hätten gerungen
ihr	habt gerungen	habet gerungen	hättet gerungen
sie	haben gerungen	haben gerungen	hätten gerungen

	Pluperfect
ich	hatte gerungen
du	hattest gerungen
er	hatte gerungen
wir	hatten gerungen
ihr	hattet gerungen
sie	hatten gerungen

Future Time

	Future	*(Fut. Subj.)*	*(Pres. Conditional)*
ich	werde ringen	werde ringen	würde ringen
du	wirst ringen	werdest ringen	würdest ringen
er	wird ringen	werde ringen	würde ringen
wir	werden ringen	werden ringen	würden ringen
ihr	werdet ringen	werdet ringen	würdet ringen
sie	werden ringen	werden ringen	würden ringen

Future Perfect Time

	Future Perfect	*(Fut. Perf. Subj.)*	*(Past Conditional)*
ich	werde gerungen haben	werde gerungen haben	würde gerungen haben
du	wirst gerungen haben	werdest gerungen haben	würdest gerungen haben
er	wird gerungen haben	werde gerungen haben	würde gerungen haben
wir	werden gerungen haben	werden gerungen haben	würden gerungen haben
ihr	werdet gerungen haben	werdet gerungen haben	würdet gerungen haben
sie	werden gerungen haben	werden gerungen haben	würden gerungen haben

Examples: *Die Ringkämpfer rangen um die Meisterschaft. Einer der Ringer rang nach Atem. Sein Gegner rang ihn zu Boden. Seine Frau sah zu und rang verzweifelt die Hände.* The wrestlers in the ring contended for the championship. One of them gasped for breath. His opponent wrestled him to the floor. His wife looked on and wrung her hands in despair.

PRINC. PARTS: rinnen,* rann, ist geronnen,**
                rinnt
IMPERATIVE: rinne!, rinnt!, rinnen Sie!

to run (of liquids); flow; drip

INDICATIVE		SUBJUNCTIVE	
		PRIMARY	SECONDARY
		Present Time	
	Present	*(Pres. Subj.)*	*(Imperf. Subj.)*
ich	rinne	rinne	rönne
du	rinnst	rinnest	rönnest
er	rinnt	rinne	rönne
wir	rinnen	rinnen	rönnen
ihr	rinnt	rinnet	rönnet
sie	rinnen	rinnen	rönnen

	Imperfect
ich	rann
du	rannst
er	rann
wir	rannen
ihr	rannt
sie	rannen

INDICATIVE		PRIMARY	SECONDARY
		Past Time	
	Perfect	*(Perf. Subj.)*	*(Pluperf. Subj.)*
ich	bin geronnen	sei geronnen	wäre geronnen
du	bist geronnen	seiest geronnen	wärest geronnen
er	ist geronnen	sei geronnen	wäre geronnen
wir	sind geronnen	seien geronnen	wären geronnen
ihr	seid geronnen	seiet geronnen	wäret geronnen
sie	sind geronnen	seien geronnen	wären geronnen

	Pluperfect
ich	war geronnen
du	warst geronnen
er	war geronnen
wir	waren geronnen
ihr	wart geronnen
sie	waren geronnen

INDICATIVE		PRIMARY	SECONDARY
		Future Time	
	Future	*(Fut. Subj.)*	*(Pres. Conditional)*
ich	werde rinnen	werde rinnen	würde rinnen
du	wirst rinnen	werdest rinnen	würdest rinnen
er	wird rinnen	werde rinnen	würde rinnen
wir	werden rinnen	werden rinnen	würden rinnen
ihr	werdet rinnen	werdet rinnen	würdet rinnen
sie	werden rinnen	werden rinnen	würden rinnen

INDICATIVE		PRIMARY	SECONDARY
		Future Perfect Time	
	Future Perfect	*(Fut. Perf. Subj.)*	*(Past Conditional)*
ich	werde geronnen sein	werde geronnen sein	würde geronnen sein
du	wirst geronnen sein	werdest geronnen sein	würdest geronnen sein
er	wird geronnen sein	werde geronnen sein	würde geronnen sein
wir	werden geronnen sein	werden geronnen sein	würden geronnen sein
ihr	werdet geronnen sein	werdet geronnen sein	würdet geronnen sein
sie	werden geronnen sein	werden geronnen sein	würden geronnen sein

* Forms other than the third person are infrequently found.
** The perfect tenses use **haben** as the auxiliary verb when **rinnen** means *to leak*.

Examples: „*Die Rinnen sind kaputt. Es rinnt überall im Haus und wir können uns die Reparatur nicht leisten, weil dir das Geld durch die Finger rinnt. Du wirst noch im Rinnstein enden!*" "The gutters are busted. It's leaking everywhere in the house and we can't afford repairs because money slips through your fingers. You'll wind up in the gutter yet!" Do not confuse with **rennen** (p. 282).

rollen

to roll

PRINC. PARTS: rollen, rollte, gerollt, rollt
IMPERATIVE: rolle!, rollt!, rollen Sie!

INDICATIVE	SUBJUNCTIVE	
	PRIMARY	SECONDARY
	Present Time	
Present	*(Pres. Subj.)*	*(Imperf. Subj.)*
ich rolle	rolle	rollte
du rollst	rollest	rolltest
er rollt	rolle	rollte
wir rollen	rollen	rollten
ihr rollt	rollet	rolltet
sie rollen	rollen	rollten

Imperfect
ich rollte
du rolltest
er rollte
wir rollten
ihr rolltet
sie rollten

	Past Time	
Perfect	*(Perf. Subj.)*	*(Pluperf. Subj.)*
ich habe gerollt	habe gerollt	hätte gerollt
du hast gerollt	habest gerollt	hättest gerollt
er hat gerollt	habe gerollt	hätte gerollt
wir haben gerollt	haben gerollt	hätten gerollt
ihr habt gerollt	habet gerollt	hättet gerollt
sie haben gerollt	haben gerollt	hätten gerollt

Pluperfect
ich hatte gerollt
du hattest gerollt
er hatte gerollt
wir hatten gerollt
ihr hattet gerollt
sie hatten gerollt

	Future Time	
Future	*(Fut. Subj.)*	*(Pres. Conditional)*
ich werde rollen	werde rollen	würde rollen
du wirst rollen	werdest rollen	würdest rollen
er wird rollen	werde rollen	würde rollen
wir werden rollen	werden rollen	würden rollen
ihr werdet rollen	werdet rollen	würdet rollen
sie werden rollen	werden rollen	würden rollen

	Future Perfect Time	
Future Perfect	*(Fut. Perf. Subj.)*	*(Past Conditional)*
ich werde gerollt haben	werde gerollt haben	würde gerollt haben
du wirst gerollt haben	werdest gerollt haben	würdest gerollt haben
er wird gerollt haben	werde gerollt haben	würde gerollt haben
wir werden gerollt haben	werden gerollt haben	würden gerollt haben
ihr werdet gerollt haben	werdet gerollt haben	würdet gerollt haben
sie werden gerollt haben	werden gerollt haben	würden gerollt haben

Examples: *Der Diktator rollte die Augen und schrie: „Es werden Köpfe rollen, wenn die Arbeit an den neuen Waffen nicht bald ins Rollen kommt. Räder müssen rollen für den Sieg!"* The dictator rolled his eyes and screamed, "Heads will roll if work on the new weapons doesn't get going soon. Wheels must turn for victory."

PRINC. PARTS: rösten, röstete, geröstet, röstet
IMPERATIVE: röste!, röstet!, rösten Sie!

to roast

INDICATIVE	SUBJUNCTIVE	
	PRIMARY	SECONDARY

Present Time

	Present	*(Pres. Subj.)*	*(Imperf. Subj.)*
ich	röste	röste	röstete
du	röstest	röstest	röstetest
er	röstet	röste	röstete
wir	rösten	rösten	rösteten
ihr	röstet	röstet	röstetet
sie	rösten	rösten	rösteten

	Imperfect
ich	röstete
du	röstetest
er	röstete
wir	rösteten
ihr	röstetet
sie	rösteten

Past Time

	Perfect	*(Perf. Subj.)*	*(Pluperf. Subj.)*
ich	habe geröstet	habe geröstet	hätte geröstet
du	hast geröstet	habest geröstet	hättest geröstet
er	hat geröstet	habe geröstet	hätte geröstet
wir	haben geröstet	haben geröstet	hätten geröste
ihr	habt geröstet	habet geröstet	hättet geröstet
sie	haben geröstet	haben geröstet	hätten geröstet

	Pluperfect
ich	hatte geröstet
du	hattest geröstet
er	hatte geröstet
wir	hatten geröstet
ihr	hattet geröstet
sie	hatten geröstet

Future Time

	Future	*(Fut. Subj.)*	*(Pres. Conditional)*
ich	werde rösten	werde rösten	würde rösten
du	wirst rösten	werdest rösten	würdest rösten
er	wird rösten	werde rösten	würde rösten
wir	werden rösten	werden rösten	würden rösten
ihr	werdet rösten	werdet rösten	würdet rösten
sie	werden rösten	werden rösten	würden rösten

Future Perfect Time

	Future Perfect	*(Fut. Perf. Subj.)*	*(Past Conditional)*
ich	werde geröstet haben	werde geröstet haben	würde geröstet haben
du	wirst geröstet haben	werdest geröstet haben	würdest geröstet haben
er	wird geröstet haben	werde geröstet haben	würde geröstet haben
wir	werden geröstet haben	werden geröstet haben	würden geröstet haben
ihr	werdet geröstet haben	werdet geröstet haben	würdet geröstet haben
sie	werden geröstet haben	werden geröstet haben	würden geröstet haben

Examples: *Er trank sein Bier, ließ sich in der Sonne rösten und sah zu, während sie auf dem Grill die Würste röstete. Er wollte wenigstens das Brot rösten, aber er blieb bei seinem Bier.* He drank his beer, roasted himself in the sun, and looked on while she roasted the sausages on the grill. He wanted to at least toast the bread, but he stayed with his beer. Don't confuse this verb with **rosten** (to rust).

rücken

to move; bring nearer

PRINC. PARTS: rücken, rückte, gerückt, rückt
IMPERATIVE: rücke!, rückt!, rücken Sie!

INDICATIVE		SUBJUNCTIVE	
		PRIMARY	SECONDARY
		Present Time	
	Present	*(Pres. Subj.)*	*(Imperf. Subj.)*
ich	rücke	rücke	rückte
du	rückst	rückest	rücktest
er	rückt	rücke	rückte
wir	rücken	rücken	rückten
ihr	rückt	rücket	rücktet
sie	rücken	rücken	rückten
	Imperfect		
ich	rückte		
du	rücktest		
er	rückte		
wir	rückten		
ihr	rücktet		
sie	rückten		
		Past Time	
	Perfect	*(Perf. Subj.)*	*(Pluperf. Subj.)*
ich	habe gerückt	habe gerückt	hätte gerückt
du	hast gerückt	habest gerückt	hättest gerückt
er	hat gerückt	habe gerückt	hätte gerückt
wir	haben gerückt	haben gerückt	hätten gerückt
ihr	habt gerückt	habet gerückt	hättet gerückt
sie	haben gerückt	haben gerückt	hätten gerückt
	Pluperfect		
ich	hatte gerückt		
du	hattest gerückt		
er	hatte gerückt		
wir	hatten gerückt		
ihr	hattet gerückt		
sie	hatten gerückt		
		Future Time	
	Future	*(Fut. Subj.)*	*(Pres. Conditional)*
ich	werde rücken	werde rücken	würde rücken
du	wirst rücken	werdest rücken	würdest rücken
er	wird rücken	werde rücken	würde rücken
wir	werden rücken	werden rücken	würden rücken
ihr	werdet rücken	werdet rücken	würdet rücken
sie	werden rücken	werden rücken	würden rücken
		Future Perfect Time	
	Future Perfect	*(Fut. Perf. Subj.)*	*(Past Conditional)*
ich	werde gerückt haben	werde gerückt haben	würde gerückt haben
du	wirst gerückt haben	werdest gerückt haben	würdest gerückt haben
er	wird gerückt haben	werde gerückt haben	würde gerückt haben
wir	werden gerückt haben	werden gerückt haben	würden gerückt haben
ihr	werdet gerückt haben	werdet gerückt haben	würdet gerückt haben
sie	werden gerückt haben	werden gerückt haben	würden gerückt haben

Examples: „*Rück nur mit dem Geld heraus! Das neue Auto brauch ich unbedingt.*"
„*Rück mit deinem Stuhl näher an den Tisch und ich zeig dir, wie's um unsere Finanzen steht. Das wird alles in ein neues Licht für dich rücken.*" "Just cough up the money. I absolutely have to have the new car." "Move your chair closer to the table and I'll show you how things stand with our finances. That will put everything in a new light for you."

rufen

PRINC. PARTS: rufen, rief, gerufen, ruft
IMPERATIVE: rufe!, ruft!, rufen Sie!

to call; shout

	INDICATIVE		SUBJUNCTIVE	
			PRIMARY	SECONDARY
			Present Time	
	Present		*(Pres. Subj.)*	*(Imperf. Subj.)*
ich	rufe		rufe	riefe
du	rufst		rufest	riefest
er	ruft		rufe	riefe
wir	rufen		rufen	riefen
ihr	ruft		rufet	riefet
sie	rufen		rufen	riefen

	Imperfect
ich	rief
du	riefst
er	rief
wir	riefen
ihr	rieft
sie	riefen

			Past Time	
	Perfect		*(Perf. Subj.)*	*(Pluperf. Subj.)*
ich	habe gerufen		habe gerufen	hätte gerufen
du	hast gerufen		habest gerufen	hättest gerufen
er	hat gerufen		habe gerufen	hätte gerufen
wir	haben gerufen		haben gerufen	hätten gerufen
ihr	habt gerufen		habet gerufen	hättet gerufen
sie	haben gerufen		haben gerufen	hätten gerufen

	Pluperfect
ich	hatte gerufen
du	hattest gerufen
er	hatte gerufen
wir	hatten gerufen
ihr	hattet gerufen
sie	hatten gerufen

			Future Time	
	Future		*(Fut. Subj.)*	*(Pres. Conditional)*
ich	werde rufen		werde rufen	würde rufen
du	wirst rufen		werdest rufen	würdest rufen
er	wird rufen		werde rufen	würde rufen
wir	werden rufen		werden rufen	würden rufen
ihr	werdet rufen		werdet rufen	würdet rufen
sie	werden rufen		werden rufen	würden rufen

			Future Perfect Time	
	Future Perfect		*(Fut. Perf. Subj.)*	*(Past Conditional)*
ich	werde gerufen haben		werde gerufen haben	würde gerufen haben
du	wirst gerufen haben		werdest gerufen haben	würdest gerufen haben
er	wird gerufen haben		werde gerufen haben	würde gerufen haben
wir	werden gerufen haben		werden gerufen haben	würden gerufen haben
ihr	werdet gerufen haben		werdet gerufen haben	würdet gerufen haben
sie	werden gerufen haben		werden gerufen haben	würden gerufen haben

Examples: „Leo hat gestern wieder angerufen." „Er hat einen schlechten Ruf und ich will keine Anrufe von ihm", rief Nina zornig aus. „Aber wenn er dich um Hilfe rufen sollte?" „Da kann er sich heiser rufen." "Leo called again yesterday." "He has a bad reputation and I don't want any calls from him," Nina exclaimed angrily. "But if he called you for help?" "He can call till he's hoarse."

ruhen

to rest

PRINC. PARTS: ruhen, ruhte, geruht, ruht
IMPERATIVE: ruhe!, ruht!, ruhen Sie!

	INDICATIVE		SUBJUNCTIVE	
			PRIMARY	SECONDARY
			Present Time	
	Present		*(Pres. Subj.)*	*(Imperf. Subj.)*
ich	ruhe		ruhe	ruhte
du	ruhst		ruhest	ruhtest
er	ruht		ruhe	ruhte
wir	ruhen		ruhen	ruhten
ihr	ruht		ruhet	ruhtet
sie	ruhen		ruhen	ruhten
	Imperfect			
ich	ruhte			
du	ruhtest			
er	ruhte			
wir	ruhten			
ihr	ruhtet			
sie	ruhten			
			Past Time	
	Perfect		*(Perf. Subj.)*	*(Pluperf. Subj.)*
ich	habe geruht		habe geruht	hätte geruht
du	hast geruht		habest geruht	hättest geruht
er	hat geruht		habe geruht	hätte geruht
wir	haben geruht		haben geruht	hätten geruht
ihr	habt geruht		habet geruht	hättet geruht
sie	haben geruht		haben geruht	hätten geruht
	Pluperfect			
ich	hatte geruht			
du	hattest geruht			
er	hatte geruht			
wir	hatten geruht			
ihr	hattet geruht			
sie	hatten geruht			
			Future Time	
	Future		*(Fut. Subj.)*	*(Pres. Conditional)*
ich	werde ruhen		werde ruhen	würde ruhen
du	wirst ruhen		werdest ruhen	würdest ruhen
er	wird ruhen		werde ruhen	würde ruhen
wir	werden ruhen		werden ruhen	würden ruhen
ihr	werdet ruhen		werdet ruhen	würdet ruhen
sie	werden ruhen		werden ruhen	würden ruhen
			Future Perfect Time	
	Future Perfect		*(Fut. Perf. Subj.)*	*(Past Conditional)*
ich	werde geruht haben		werde geruht haben	würde geruht haben
du	wirst geruht haben		werdest geruht haben	würdest geruht haben
er	wird geruht haben		werde geruht haben	würde geruht haben
wir	werden geruht haben		werden geruht haben	würden geruht haben
ihr	werdet geruht haben		werdet geruht haben	würdet geruht haben
sie	werden geruht haben		werden geruht haben	würden geruht haben

Examples: *Als wir den Grabstein mit „Hier ruht Hans Grün" gesehen haben, waren wir ganz erstaunt. Nur vor einem Jahr hat er sich zur Ruhe gesetzt.* When we saw the tombstone with "Here lies Hans Grün" we were quite astonished. It was only a year ago that he retired. *Die Kinder lassen mir keine Ruhe.* The children give me no peace. Never pronounce the **h** in **ruhen**, or any **h** between vowels, as in **gehen**.

PRINC. PARTS: rühmen, rühmte, gerühmt, rühmt
IMPERATIVE: rühme!, rühmt!, rühmen Sie!

to praise, glorify

INDICATIVE	SUBJUNCTIVE	
	PRIMARY	SECONDARY
	Present Time	
Present	*(Pres. Subj.)*	*(Imperf. Subj.)*
ich rühme	rühme	rühmte
du rühmst	rühmest	rühmtest
er rühmt	rühme	rühmte
wir rühmen	rühmen	rühmten
ihr rühmt	rühmet	rühmtet
sie rühmen	rühmen	rühmten

Imperfect
ich rühmte
du rühmtest
er rühmte
wir rühmten
ihr rühmtet
sie rühmten

	Past Time	
Perfect	*(Perf. Subj.)*	*(Pluperf. Subj.)*
ich habe gerühmt	habe gerühmt	hätte gerühmt
du hast gerühmt	habest gerühmt	hättest gerühmt
er hat gerühmt	habe gerühmt	hätte gerühmt
wir haben gerühmt	haben gerühmt	hätten gerühmt
ihr habt gerühmt	habet gerühmt	hättet gerühmt
sie haben gerühmt	haben gerühmt	hätten gerühmt

Pluperfect
ich hatte gerühmt
du hattest gerühmt
er hatte gerühmt
wir hatten gerühmt
ihr hattet gerühmt
sie hatten gerühmt

	Future Time	
Future	*(Fut. Subj.)*	*(Pres. Conditional)*
ich werde rühmen	werde rühmen	würde rühmen
du wirst rühmen	werdest rühmen	würdest rühmen
er wird rühmen	werde rühmen	würde rühmen
wir werden rühmen	werden rühmen	würden rühmen
ihr werdet rühmen	werdet rühmen	würdet rühmen
sie werden rühmen	werden rühmen	würden rühmen

	Future Perfect Time	
Future Perfect	*(Fut. Perf. Subj.)*	*(Past Conditional)*
ich werde gerühmt haben	werde gerühmt haben	würde gerühmt haben
du wirst gerühmt haben	werdest gerühmt haben	würdest gerühmt haben
er wird gerühmt haben	werde gerühmt haben	würde gerühmt haben
wir werden gerühmt haben	werden gerühmt haben	würden gerühmt haben
ihr werdet gerühmt haben	werdet gerühmt haben	würdet gerühmt haben
sie werden gerühmt haben	werden gerühmt haben	würden gerühmt haben

Examples: *Wenige dürfen sich rühmen, eine Offenbarung erhalten zu haben, wie unsere Priesterin. Sie rühmt nicht nur die Götter, die sie kennt, sondern auch die aller Völker. Das ist sehr rühmenswert.* Few can claim to have received a revelation, as has our priestess. She praises not only the gods she knows, but other peoples' too. That is most laudable. Every form has an umlaut. But the related noun **Ruhm** does not.

rühren

to stir; touch

PRINC. PARTS: rühren, rührte, gerührt, rührt
IMPERATIVE: rühre!, rührt!, rühren Sie!

INDICATIVE		SUBJUNCTIVE	
		PRIMARY	SECONDARY
		Present Time	
	Present	*(Pres. Subj.)*	*(Imperf. Subj.)*
ich	rühre	rühre	rührte
du	rührst	rührest	rührtest
er	rührt	rühre	rührte
wir	rühren	rühren	rührten
ihr	rührt	rühret	rührtet
sie	rühren	rühren	rührten

	Imperfect
ich	rührte
du	rührtest
er	rührte
wir	rührten
ihr	rührtet
sie	rührten

			Past Time	
	Perfect	*(Perf. Subj.)*		*(Pluperf. Subj.)*
ich	habe gerührt	habe gerührt		hätte gerührt
du	hast gerührt	habest gerührt		hättest gerührt
er	hat gerührt	habe gerührt		hätte gerührt
wir	haben gerührt	haben gerührt		hätten gerührt
ihr	habt gerührt	habet gerührt		hättet gerührt
sie	haben gerührt	haben gerührt		hätten gerührt

	Pluperfect
ich	hatte gerührt
du	hattest gerührt
er	hatte gerührt
wir	hatten gerührt
ihr	hattet gerührt
sie	hatten gerührt

			Future Time	
	Future	*(Fut. Subj.)*		*(Pres. Conditional)*
ich	werde rühren	werde rühren		würde rühren
du	wirst rühren	werdest rühren		würdest rühren
er	wird rühren	werde rühren		würde rühren
wir	werden rühren	werden rühren		würden rühren
ihr	werdet rühren	werdet rühren		würdet rühren
sie	werden rühren	werden rühren		würden rühren

			Future Perfect Time	
	Future Perfect	*(Fut. Perf. Subj.)*		*(Past Conditional)*
ich	werde gerührt haben	werde gerührt haben		würde gerührt haben
du	wirst gerührt haben	werdest gerührt haben		würdest gerührt haben
er	wird gerührt haben	werde gerührt haben		würde gerührt haben
wir	werden gerührt haben	werden gerührt haben		würden gerührt haben
ihr	werdet gerührt haben	werdet gerührt haben		würdet gerührt haben
sie	werden gerührt haben	werden gerührt haben		würden gerührt haben

---

Examples: *Keiner im Dorf blieb von der Überschwemmung unberührt. Im Nachbardorf rührte sich keiner, den Überlebenden zu helfen. Aber Frau Moll war von ihrer rührenden Geschichte gerührt und machte ihnen Rühreier.* No one in the village was left untouched by the flood. In the neighboring village no one did anything to help the survivors. Only Mrs. Moll was moved by their touching story and made them scrambled eggs.

rüsten

PRINC. PARTS: rüsten, rüstete, gerüstet, rüstet
IMPERATIVE: rüste!, rüstet!, rüsten Sie!

to arm; mobilize; prepare

INDICATIVE	SUBJUNCTIVE	
	PRIMARY	SECONDARY
	Present Time	
Present	*(Pres. Subj.)*	*(Imperf. Subj.)*
ich rüste	rüste	rüstete
du rüstest	rüstest	rüstetest
er rüstet	rüste	rüstete
wir rüsten	rüsten	rüsteten
ihr rüstet	rüstet	rüstetet
sie rüsten	rüsten	rüsteten

Imperfect

ich	rüstete
du	rüstetest
er	rüstete
wir	rüsteten
ihr	rüstetet
sie	rüsteten

Past Time

Perfect	*(Perf. Subj.)*	*(Pluperf. Subj.)*
ich habe gerüstet	habe gerüstet	hätte gerüstet
du hast gerüstet	habest gerüstet	hättest gerüstet
er hat gerüstet	habe gerüstet	hätte gerüstet
wir haben gerüstet	haben gerüstet	hätten gerüstet
ihr habt gerüstet	habet gerüstet	hättet gerüstet
sie haben gerüstet	haben gerüstet	hätten gerüstet

Pluperfect

ich	hatte gerüstet
du	hattest gerüstet
er	hatte gerüstet
wir	hatten gerüstet
ihr	hattet gerüstet
sie	hatten gerüstet

Future Time

Future	*(Fut. Subj.)*	*(Pres. Conditional)*
ich werde rüsten	werde rüsten	würde rüsten
du wirst rüsten	werdest rüsten	würdest rüsten
er wird rüsten	werde rüsten	würde rüsten
wir werden rüsten	werden rüsten	würden rüsten
ihr werdet rüsten	werdet rüsten	würdet rüsten
sie werden rüsten	werden rüsten	würden rüsten

Future Perfect Time

Future Perfect	*(Fut. Perf. Subj.)*	*(Past Conditional)*
ich werde gerüstet haben	werde gerüstet haben	würde gerüstet haben
du wirst gerüstet haben	werdest gerüstet haben	würdest gerüstet haben
er wird gerüstet haben	werde gerüstet haben	würde gerüstet haben
wir werden gerüstet haben	werden gerüstet haben	würden gerüstet haben
ihr werdet gerüstet haben	werdet gerüstet haben	würdet gerüstet haben
sie werden gerüstet haben	werden gerüstet haben	würden gerüstet haben

Examples: *„Die Nationen rüsten sich noch zum Krieg. Die Rüstungsindustrie versucht, die Abrüstung zu verhindern", behauptete entrüstet die Pazifistin.* "The nations are still arming themselves for war. The arms industry is trying to prevent disarmament," asserted the pacifist angrily. Verbs whose stem ends in t sometimes add an e.

sagen

to say; tell; speak

PRINC. PARTS: sagen, sagte, gesagt, sagt
IMPERATIVE: sage!, sagt!, sagen Sie!

	INDICATIVE		SUBJUNCTIVE	
			PRIMARY	SECONDARY
			Present Time	
	Present		*(Pres. Subj.)*	*(Imperf. Subj.)*
ich	sage		sage	sagte
du	sagst		sagest	sagtest
er	sagt		sage	sagte
wir	sagen		sagen	sagten
ihr	sagt		saget	sagtet
sie	sagen		sagen	sagten

	Imperfect
ich	sagte
du	sagtest
er	sagte
wir	sagten
ihr	sagtet
sie	sagten

			Past Time	
	Perfect		*(Perf. Subj.)*	*(Pluperf. Subj.)*
ich	habe gesagt		habe gesagt	hätte gesagt
du	hast gesagt		habest gesagt	hättest gesagt
er	hat gesagt		habe gesagt	hätte gesagt
wir	haben gesagt		haben gesagt	hätten gesagt
ihr	habt gesagt		habet gesagt	hättet gesagt
sie	haben gesagt		haben gesagt	hätten gesagt

	Pluperfect
ich	hatte gesagt
du	hattest gesagt
er	hatte gesagt
wir	hatten gesagt
ihr	hattet gesagt
sie	hatten gesagt

			Future Time	
	Future		*(Fut. Subj.)*	*(Pres. Conditional)*
ich	werde sagen		werde sagen	würde sagen
du	wirst sagen		werdest sagen	würdest sagen
er	wird sagen		werde sagen	würde sagen
wir	werden sagen		werden sagen	würden sagen
ihr	werdet sagen		werdet sagen	würdet sagen
sie	werden sagen		werden sagen	würden sagen

			Future Perfect Time	
	Future Perfect		*(Fut. Perf. Subj.)*	*(Past Conditional)*
ich	werde gesagt haben		werde gesagt haben	würde gesagt haben
du	wirst gesagt haben		werdest gesagt haben	würdest gesagt haben
er	wird gesagt haben		werde gesagt haben	würde gesagt haben
wir	werden gesagt haben		werden gesagt haben	würden gesagt haben
ihr	werdet gesagt haben		werdet gesagt haben	würdet gesagt haben
sie	werden gesagt haben		werden gesagt haben	würden gesagt haben

Examples: *Ich sage nicht, daß Ihr Gemälde mir gefällt. Aber es sagt mir doch etwas.* I'm not saying that I like your painting. But it does appeal to me in some way. *Was Sie nicht sagen!* You don't say! **Sagen** has many idioms. Remember that idioms often can't be tr. word for word.

saufen

PRINC. PARTS: saufen, soff, gesoffen, säuft
IMPERATIVE: saufe!, sauft!, saufen Sie!

to drink (of animals);
drink to excess

	INDICATIVE		SUBJUNCTIVE	
			PRIMARY	SECONDARY
			Present Time	
	Present		*(Pres. Subj.)*	*(Imperf. Subj.)*
ich	saufe		saufe	söffe
du	säufst		saufest	söffest
er	säuft		saufe	söffe
wir	saufen		saufen	söffen
ihr	sauft		saufet	söffet
sie	saufen		saufen	söffen

	Imperfect
ich	soff
du	soffst
er	soff
wir	soffen
ihr	sofft
sie	soffen

				Past Time	
	Perfect		*(Perf. Subj.)*	*(Pluperf. Subj.)*
ich	habe gesoffen		habe gesoffen	hätte gesoffen
du	hast gesoffen		habest gesoffen	hättest gesoffen
er	hat gesoffen		habe gesoffen	hätte gesoffen
wir	haben gesoffen		haben gesoffen	hätten gesoffen
ihr	habt gesoffen		habet gesoffen	hättet gesoffen
sie	haben gesoffen		haben gesoffen	hätten gesoffen

	Pluperfect
ich	hatte gesoffen
du	hattest gesoffen
er	hatte gesoffen
wir	hatten gesoffen
ihr	hattet gesoffen
sie	hatten gesoffen

			Future Time	
	Future		*(Fut. Subj.)*	*(Pres. Conditional)*
ich	werde saufen		werde saufen	würde saufen
du	wirst saufen		werdest saufen	würdest saufen
er	wird saufen		werde saufen	würde saufen
wir	werden saufen		werden saufen	würden saufen
ihr	werdet saufen		werdet saufen	würdet saufen
sie	werden saufen		werden saufen	würden saufen

			Future Perfect Time	
	Future Perfect		*(Fut. Perf. Subj.)*	*(Past Conditional)*
ich	werde gesoffen haben		werde gesoffen haben	würde gesoffen haben
du	wirst gesoffen haben		werdest gesoffen haben	würdest gesoffen haben
er	wird gesoffen haben		werde gesoffen haben	würde gesoffen haben
wir	werden gesoffen haben		werden gesoffen haben	würden gesoffen haben
ihr	werdet gesoffen haben		werdet gesoffen haben	würdet gesoffen haben
sie	werden gesoffen haben		werden gesoffen haben	würden gesoffen haben

Examples: „*Udo hat sich jeden abend an der Bar vollgesoffen. Jetzt leidet er an Säuferwahn. Wenn du so weitersäufst, geht's dir so ähnlich. Diesen Wein sollst du nippen, nicht saufen, hörst du?" befahl Klara.* "Every night Udo got soused at the bar. Now he's suffering from delirium tremens. That's going to happen to you if you keep on guzzling like that. You are to sip this wine, not guzzle it, do you hear me?" ordered Klara.

saugen

to suck; absorb

PRINC. PARTS: saugen,* sog, gesogen, saugt
IMPERATIVE: sauge!, saugt!, saugen Sie!

INDICATIVE	SUBJUNCTIVE	
	PRIMARY	SECONDARY
	Present Time	
Present	*(Pres. Subj.)*	*(Imperf. Subj.)*
ich sauge	sauge	söge
du saugst	saugest	sögest
er saugt	sauge	söge
wir saugen	saugen	sögen
ihr saugt	sauget	söget
sie saugen	saugen	sögen

Imperfect
ich sog
du sogst
er sog
wir sogen
ihr sogt
sie sogen

	Past Time	
Perfect	*(Perf. Subj.)*	*(Pluperf. Subj.)*
ich habe gesogen	habe gesogen	hätte gesogen
du hast gesogen	habest gesogen	hättest gesogen
er hat gesogen	habe gesogen	hätte gesogen
wir haben gesogen	haben gesogen	hätten gesogen
ihr habt gesogen	habet gesogen	hättet gesogen
sie haben gesogen	haben gesogen	hätten gesogen

Pluperfect
ich hatte gesogen
du hattest gesogen
er hatte gesogen
wir hatten gesogen
ihr hattet gesogen
sie hatten gesogen

	Future Time	
Future	*(Fut. Subj.)*	*(Pres. Conditional)*
ich werde saugen	werde saugen	würde saugen
du wirst saugen	werdest saugen	würdest saugen
er wird saugen	werde saugen	würde saugen
wir werden saugen	werden saugen	würden saugen
ihr werdet saugen	werdet saugen	würdet saugen
sie werden saugen	werden saugen	würden saugen

	Future Perfect Time	
Future Perfect	*(Fut. Perf. Subj.)*	*(Past Conditional)*
ich werde gesogen haben	werde gesogen haben	würde gesogen haben
du wirst gesogen haben	werdest gesogen haben	würdest gesogen haben
er wird gesogen haben	werde gesogen haben	würde gesogen haben
wir werden gesogen haben	werden gesogen haben	würden gesogen haben
ihr werdet gesogen haben	werdet gesogen haben	würdet gesogen haben
sie werden gesogen haben	werden gesogen haben	würden gesogen haben

* The weak forms of **saugen** are sometimes found. PRINC. PARTS: saugen, saugte, gesaugt, saugt.

Examples: *„Du hättest mir beim Staubsaugen helfen können. Aber nein! Da sitzt du gelassen und saugst an deiner Pfeife."* "You could have helped me vacuum. But no! You sit there calmly and suck at your pipe." With this verb you can also use the easier weak forms.

PRINC. PARTS: säumen, säumte, gesäumt, säumt
IMPERATIVE: säume!, säumt!, säumen Sie!

*to delay, hesitate;
hem; line*

INDICATIVE		SUBJUNCTIVE	
		PRIMARY	SECONDARY
		Present Time	
	Present	*(Pres. Subj.)*	*(Imperf. Subj.)*
ich	säume	säume	säumte
du	säumst	säumest	säumtest
er	säumt	säume	säumte
wir	säumen	säumen	säumten
ihr	säumt	säumet	säumtet
sie	säumen	säumen	säumten

	Imperfect
ich	säumte
du	säumtest
er	säumte
wir	säumten
ihr	säumtet
sie	säumten

			Past Time	
	Perfect	*(Perf. Subj.)*	*(Pluperf. Subj.)*
ich	habe gesäumt	habe gesäumt	hätte gesäumt
du	hast gesäumt	habest gesäumt	hättest gesäumt
er	hat gesäumt	habe gesäumt	hätte gesäumt
wir	haben gesäumt	haben gesäumt	hätten gesäumt
ihr	habt gesäumt	habet gesäumt	hättet gesäumt
sie	haben gesäumt	haben gesäumt	hätten gesäumt

	Pluperfect
ich	hatte gesäumt
du	hattest gesäumt
er	hatte gesäumt
wir	hatten gesäumt
ihr	hattet gesäumt
sie	hatten gesäumt

			Future Time	
	Future	*(Fut. Subj.)*	*(Pres. Conditional)*
ich	werde säumen	werde säumen	würde säumen
du	wirst säumen	werdest säumen	würdest säumen
er	wird säumen	werde säumen	würde säumen
wir	werden säumen	werden säumen	würden säumen
ihr	werdet säumen	werdet säumen	würdet säumen
sie	werden säumen	werden säumen	würden säumen

			Future Perfect Time	
	Future Perfect	*(Fut. Perf. Subj.)*	*(Past Conditional)*
ich	werde gesäumt haben	werde gesäumt haben	würde gesäumt haben
du	wirst gesäumt haben	werdest gesäumt haben	würdest gesäumt haben
er	wird gesäumt haben	werde gesäumt haben	würde gesäumt haben
wir	werden gesäumt haben	werden gesäumt haben	würden gesäumt haben
ihr	werdet gesäumt haben	werdet gesäumt haben	würdet gesäumt haben
sie	werden gesäumt haben	werden gesäumt haben	würden gesäumt haben

Examples: *Ich säumte zu lange in den Armen meiner Geliebten und versäumte meinen Flug.* I lingered too long in the arms of my beloved and missed my plane. *Tausende säumten die Straßen, um die Präsidentin willkommen zu heißen.* Thousands lined the streets to welcome the president. All forms are umlauted.

299

schaden

to damage, hurt

PRINC. PARTS: schaden, schadete, geschadet, schadet
IMPERATIVE: schade!, schadet!, schaden Sie!

INDICATIVE	SUBJUNCTIVE	
	PRIMARY	SECONDARY
	Present Time	
Present	*(Pres. Subj.)*	*(Imperf. Subj.)*
ich schade	schade	schadete
du schadest	schadest	schadetest
er schadet	schade	schadete
wir schaden	schaden	schadeten
ihr schadet	schadet	schadetet
sie schaden	schaden	schadeten

Imperfect
ich schadete
du schadetest
er schadete
wir schadeten
ihr schadetet
sie schadeten

	Past Time	
Perfect	*(Perf. Subj.)*	*(Pluperf. Subj.)*
ich habe geschadet	habe geschadet	hätte geschadet
du hast geschadet	habest geschadet	hättest geschadet
er hat geschadet	habe geschadet	hätte geschadet
wir haben geschadet	haben geschadet	hätten geschadet
ihr habt geschadet	habet geschadet	hättet geschadet
sie haben geschadet	haben geschadet	hätten geschadet

Pluperfect
ich hatte geschadet
du hattest geschadet
er hatte geschadet
wir hatten geschadet
ihr hattet geschadet
sie hatten geschadet

	Future Time	
Future	*(Fut. Subj.)*	*(Pres. Conditional)*
ich werde schaden	werde schaden	würde schaden
du wirst schaden	werdest schaden	würdest schaden
er wird schaden	werde schaden	würde schaden
wir werden schaden	werden schaden	würden schaden
ihr werdet schaden	werdet schaden	würdet schaden
sie werden schaden	werden schaden	würden schaden

	Future Perfect Time	
Future Perfect	*(Fut. Perf. Subj.)*	*(Past Conditional)*
ich werde geschadet haben	werde geschadet haben	würde geschadet haben
du wirst geschadet haben	werdest geschadet haben	würdest geschadet haben
er wird geschadet haben	werde geschadet haben	würde geschadet haben
wir werden geschadet haben	werden geschadet haben	würden geschadet haben
ihr werdet geschadet haben	werdet geschadet haben	würdet geschadet haben
sie werden geschadet haben	werden geschadet haben	würden geschadet haben

Examples: „*Das würde mir nichts schaden, wenn ich abends nur ein paar Zigaretten rauchte.*" „*Auch die würden deiner Gesundheit schaden. Schade, daß du das nicht einsehen willst.*" "It wouldn't do me any harm if I had just a few cigarettes in the evening." "They, too, would be bad for your health. Pity you refuse to recognize that."

300 **Schaden** takes a dative object. See p. xxxiii.

PRINC. PARTS: schaffen, schuf, geschaffen, schafft
IMPERATIVE: schaffe!, schafft!, schaffen Sie!

to create*

	INDICATIVE	SUBJUNCTIVE	
		PRIMARY	SECONDARY
		Present Time	
	Present	*(Pres. Subj.)*	*(Imperf. Subj.)*
ich	schaffe	schaffe	schüfe
du	schaffst	schaffest	schüfest
er	schafft	schaffe	schüfe
wir	schaffen	schaffen	schüfen
ihr	schafft	schaffet	schüfet
sie	schaffen	schaffen	schüfen
	Imperfect		
ich	schuf		
du	schufst		
er	schuf		
wir	schufen		
ihr	schuft		
sie	schufen		
		Past Time	
	Perfect	*(Perf. Subj.)*	*(Pluperf. Subj.)*
ich	habe geschaffen	habe geschaffen	hätte geschaffen
du	hast geschaffen	habest geschaffen	hättest geschaffen
er	hat geschaffen	habe geschaffen	hätte geschaffen
wir	haben geschaffen	haben geschaffen	hätten geschaffen
ihr	habt geschaffen	habet geschaffen	hättet geschaffen
sie	haben geschaffen	haben geschaffen	hätten geschaffen
	Pluperfect		
ich	hatte geschaffen		
du	hattest geschaffen		
er	hatte geschaffen		
wir	hatten geschaffen		
ihr	hattet geschaffen		
sie	hatten geschaffen		
		Future Time	
	Future	*(Fut. Subj.)*	*(Pres. Conditional)*
ich	werde schaffen	werde schaffen	würde schaffen
du	wirst schaffen	werdest schaffen	würdest schaffen
er	wird schaffen	werde schaffen	würde schaffen
wir	werden schaffen	werden schaffen	würden schaffen
ihr	werdet schaffen	werdet schaffen	würdet schaffen
sie	werden schaffen	werden schaffen	würden schaffen
		Future Perfect Time	
	Future Perfect	*(Fut. Perf. Subj.)*	*(Past Conditional)*
ich	werde geschaffen haben	werde geschaffen haben	würde geschaffen haben
du	wirst geschaffen haben	werdest geschaffen haben	würdest geschaffen haben
er	wird geschaffen haben	werde geschaffen haben	würde geschaffen haben
wir	werden geschaffen haben	werden geschaffen haben	würden geschaffen haben
ihr	werdet geschaffen haben	werdet geschaffen haben	würdet geschaffen haben
sie	werden geschaffen haben	werden geschaffen haben	würden geschaffen haben

* In the meaning, *to do, work, accomplish*, **schaffen** is weak. PRINC. PARTS: **schaffen, schaffte, geschafft, schafft.**

Examples: „*Ich glaubte, für den Posten geschaffen zu sein. Endlich hatte ich's geschafft, ihn zu bekommenAber die Arbeit macht mir zu schaffen. Ich weiß nicht, wie lange ich's noch schaffen kann.*" „*Du wirst es schon schaffen.*" "I thought I was made for the job. I finally managed to get it. But the work is giving me a lot of trouble. I don't know how much longer I'll be able to manage it." "You'll make it."

schalten

to direct; switch, insert;
shift gears

PRINC. PARTS: schalten, schaltete, geschaltet, schaltet
IMPERATIVE: schalte!, schaltet!, schalten Sie!

INDICATIVE		SUBJUNCTIVE	
		PRIMARY	SECONDARY
		Present Time	
	Present	*(Pres. Subj.)*	*(Imperf. Subj.)*
ich	schalte	schalte	schaltete
du	schaltest	schaltest	schaltetest
er	schaltet	schalte	schaltete
wir	schalten	schalten	schalteten
ihr	schaltet	schaltet	schaltetet
sie	schalten	schalten	schalteten
	Imperfect		
ich	schaltete		
du	schaltetest		
er	schaltete		
wir	schalteten		
ihr	schaltetet		
sie	schalteten		
		Past Time	
	Perfect	*(Perf. Subj.)*	*(Pluperf. Subj.)*
ich	habe geschaltet	habe geschaltet	hätte geschaltet
du	hast geschaltet	habest geschaltet	hättest geschaltet
er	hat geschaltet	habe geschaltet	hätte geschaltet
wir	haben geschaltet	haben geschaltet	hätten geschaltet
ihr	habt geschaltet	habet geschaltet	hättet geschaltet
sie	haben geschaltet	haben geschaltet	hätten geschaltet
	Pluperfect		
ich	hatte geschaltet		
du	hattest geschaltet		
er	hatte geschaltet		
wir	hatten geschaltet		
ihr	hattet geschaltet		
sie	hatten geschaltet		
		Future Time	
	Future	*(Fut. Subj.)*	*(Pres. Conditional)*
ich	werde schalten	werde schalten	würde schalten
du	wirst schalten	werdest schalten	würdest schalten
er	wird schalten	werde schalten	würde schalten
wir	werden schalten	werden schalten	würden schalten
ihr	werdet schalten	werdet schalten	würdet schalten
sie	werden schalten	werden schalten	würden schalten
		Future Perfect Time	
	Future Perfect	*(Fut. Perf. Subj.)*	*(Past Conditional)*
ich	werde geschaltet haben	werde geschaltet haben	würde geschaltet haben
du	wirst geschaltet haben	werdest geschaltet haben	würdest geschaltet haben
er	wird geschaltet haben	werde geschaltet haben	würde geschaltet haben
wir	werden geschaltet haben	werden geschaltet haben	würden geschaltet haben
ihr	werdet geschaltet haben	werdet geschaltet haben	würdet geschaltet haben
sie	werden geschaltet haben	werden geschaltet haben	würden geschaltet haben

Examples: „*Schalt den neuen Sender ein. Er soll hohe Einschaltquoten haben. Oder schalt's vielleicht lieber ganz aus.*" „*Jawohl! Du kannst mit Radio, Fernsehen, allem frei schalten. Ich laß dich schalten und walten.*" "Tune in the new station. It's supposed to have high ratings. Or maybe shut it off entirely." "Yes indeed! You have a free hand with radio, television, everything. I let you do as you please."

PRINC. PARTS: schätzen, schätzte, geschätzt, schätzt

IMPERATIVE: schätze!, schätzt!, schätzen Sie!

schätzen

to value; estimate; reckon; respect

	INDICATIVE	PRIMARY SUBJUNCTIVE	SECONDARY

INDICATIVE

Present
ich	schätze
du	schätzt
er	schätzt
wir	schätzen
ihr	schätzt
sie	schätzen

Imperfect
ich	schätzte
du	schätztest
er	schätzte
wir	schätzten
ihr	schätztet
sie	schätzten

Perfect
ich	habe geschätzt
du	hast geschätzt
er	hat geschätzt
wir	haben geschätzt
ihr	habt geschätzt
sie	haben geschätzt

Pluperfect
ich	hatte geschätzt
du	hattest geschätzt
er	hatte geschätzt
wir	hatten geschätzt
ihr	hattet geschätzt
sie	hatten geschätzt

Future
ich	werde schätzen
du	wirst schätzen
er	wird schätzen
wir	werden schätzen
ihr	werdet schätzen
sie	werden schätzen

Future Perfect
ich	werde geschätzt haben
du	wirst geschätzt haben
er	wird geschätzt haben
wir	werden geschätzt haben
ihr	werdet geschätzt haben
sie	werden geschätzt haben

SUBJUNCTIVE

Present Time
	(Pres. Subj.)	(Imperf. Subj.)
ich	schätze	schätzte
du	schätzest	schätztest
er	schätze	schätzte
wir	schätzen	schätzten
ihr	schätzet	schätztet
sie	schätzen	schätzten

Past Time
	(Perf. Subj.)	(Pluperf. Subj.)
ich	habe geschätzt	hätte geschätzt
du	habest geschätzt	hättest geschätzt
er	habe geschätzt	hätte geschätzt
wir	haben geschätzt	hätten geschätzt
ihr	habet geschätzt	hättet geschätzt
sie	haben geschätzt	hätten geschätzt

Future Time
	(Fut. Subj.)	(Pres. Conditional)
ich	werde schätzen	würde schätzen
du	werdest schätzen	würdest schätzen
er	werde schätzen	würde schätzen
wir	werden schätzen	würden schätzen
ihr	werdet schätzen	würdet schätzen
sie	werden schätzen	würden schätzen

Future Perfect Time
	(Fut. Perf. Subj.)	(Past Conditional)
ich	werde geschätzt haben	würde geschätzt haben
du	werdest geschätzt haben	würdest geschätzt haben
er	werde geschätzt haben	würde geschätzt haben
wir	werden geschätzt haben	würden geschätzt haben
ihr	werdet geschätzt haben	würdet geschätzt haben
sie	werden geschätzt haben	würden geschätzt haben

Examples: *Ich schätze Ihre Meinung sehr, aber ich glaube, Sie haben den Wert des Schatzes zuerst über- dann unterschätzt.* I value your opinion, but I think you first overestimated, then underestimated the value of the treasure. *Sie begann ihre Briefe an ihn mit den Worten „Innig geliebter Schatz."* She began her letters to him with the words "Dearly beloved darling."

303

schauen

to see, look, gaze

PRINC. PARTS: schauen, schaute, geschaut, schaut
IMPERATIVE: schaue!, schaut!, schauen Sie!

INDICATIVE	SUBJUNCTIVE	
	PRIMARY	SECONDARY
	Present Time	
Present	*(Pres. Subj.)*	*(Imperf. Subj.)*
ich schaue	schaue	schaute
du schaust	schauest	schautest
er schaut	schaue	schaute
wir schauen	schauen	schauten
ihr schaut	schauet	schautet
sie schauen	schauen	schauten

Imperfect
ich schaute
du schautest
er schaute
wir schauten
ihr schautet
sie schauten

		Past Time	
Perfect	*(Perf. Subj.)*	*(Pluperf. Subj.)*	
ich habe geschaut	habe geschaut	hätte geschaut	
du hast geschaut	habest geschaut	hättest geschaut	
er hat geschaut	habe geschaut	hätte geschaut	
wir haben geschaut	haben geschaut	hätten geschaut	
ihr habt geschaut	habet geschaut	hättet geschaut	
sie haben geschaut	haben geschaut	hätten geschaut	

Pluperfect
ich hatte geschaut
du hattest geschaut
er hatte geschaut
wir hatten geschaut
ihr hattet geschaut
sie hatten geschaut

	Future Time	
Present	*(Fut. Subj.)*	*(Pres. Conditional)*
ich werde schauen	werde schauen	würde schauen
du wirst schauen	werdest schauen	würdest schauen
er wird schauen	werde schauen	würde schauen
wir werden schauen	werden schauen	würden schauen
ihr werdet schauen	werdet schauen	würdet schauen
sie werden schauen	werden schauen	würden schauen

	Future Perfect Time	
Future Perfect	*(Fut. Perf. Subj.)*	*(Past Conditional)*
ich werde geschaut haben	werde geschaut haben	würde geschaut haben
du wirst geschaut haben	werdest geschaut haben	würdest geschaut haben
er wird geschaut haben	werde geschaut haben	würde geschaut haben
wir werden geschaut haben	werden geschaut haben	würden geschaut haben
ihr werdet geschaut haben	werdet geschaut haben	würdet geschaut haben
sie werden geschaut haben	werden geschaut haben	würden geschaut haben

Examples: *Ich schau in die Zukunft und sehe Sie an meiner Seite.* I look into the future and see you at my side. *Schauen Sie, daß Sie fortkommen! Auf Wiederschauen!* See to it that you get on your way. Good-bye! **Schauen** is used everywhere but is more popular than **sehen** in southern areas, including Austria.

PRINC. PARTS: schäume, schäumte, geschäumt, schäumt
IMPERATIVE: schäumen!, schäumt!, schäumen Sie!

to foam

INDICATIVE	SUBJUNCTIVE	
	PRIMARY	SECONDARY

Present Time

Present	*(Pres. Subj.)*	*(Imperf. Subj.)*
ich schäume	schäume	schäumte
du schäumst	schäumest	schäumtest
er schäumt	schäume	schäumte
wir schäumen	schäumen	schäumten
ihr schäumt	schäumet	schäumtet
sie schäumen	schäumen	schäumten

Imperfect

ich	schäumte
du	schäumtest
er	schäumte
wir	schäumten
ihr	schäumtet
sie	schäumten

Past Time

Perfect	*(Perf. Subj.)*	*(Pluperf. Subj.)*
ich habe geschäumt	habe geschäumt	hätte geschäumt
du hast geschäumt	habest geschäumt	hättest geschäumt
er hat geschäumt	habe geschäumt	hätte geschäumt
wir haben geschäumt	haben geschäumt	hätten geschäumt
ihr habt geschäumt	habet geschäumt	hättet geschäumt
sie haben geschäumt	haben geschäumt	hätten geschäumt

Pluperfect

ich	hatte geschäumt
du	hattest geschäumt
er	hatte geschäumt
wir	hatten geschäumt
ihr	hattet geschäumt
sie	hatten geschäumt

Future Time

Future	*(Fut. Subj.)*	*(Pres. Conditional)*
ich werde schäumen	werde schäumen	würde schäumen
du wirst schäumen	werdest schäumen	würdest schäumen
er wird schäumen	werde schäumen	würde schäumen
wir werden schäumen	werden schäumen	würden schäumen
ihr werdet schäumen	werdet schäumen	würdet schäumen
sie werden schäumen	werden schäumen	würden schäumen

Future Perfect Time

Future Perfect	*(Fut. Perf. Subj.)*	*(Past Conditional)*
ich werde geschäumt haben	werde geschäumt haben	würde geschäumt haben
du wirst geschäumt haben	werdest geschäumt haben	würdest geschäumt haben
er wird geschäumt haben	werde geschäumt haben	würde geschäumt haben
wir werden geschäumt haben	werden geschäumt haben	würden geschäumt haben
ihr werdet geschäumt haben	werdet geschäumt haben	würdet geschäumt haben
sie werden geschäumt haben	werden geschäumt haben	würden geschäumt haben

---

Examples: *Vor Wut schäumend, nannte Karl seine Feinde den Abschaum der Gesellschaft. „Schaumwein ist das, noch lange kein Champagner," klagte er Klara, die versucht hatte, ihn zu beruhigen.* Boiling mad, Karl called his enemies the dregs of society. "This is sparkling wine, but very far from champagne," he said to Klara, who had tried to calm him down.

scheiden

to separate; part;
divide; go away

PRINC. PARTS: scheiden, schied, geschieden, scheidet
IMPERATIVE: scheide!, scheidet!, scheiden Sie!

INDICATIVE	SUBJUNCTIVE	
	PRIMARY	SECONDARY

Present Time

	Present	(Pres. Subj.)	(Imperf. Subj.)
ich	scheide	scheide	schiede
du	scheidest	scheidest	schiedest
er	scheidet	scheide	schiede
wir	scheiden	scheiden	schieden
ihr	scheidet	scheidet	schiedet
sie	scheiden	scheiden	schieden

	Imperfect
ich	schied
du	schiedest
er	schied
wir	schieden
ihr	schiedet
sie	schieden

Past Time

	Perfect	(Perf. Subj.)	(Pluperf. Subj.)
ich	habe geschieden	habe geschieden	hätte geschieden
du	hast geschieden	habest geschieden	hättest geschieden
er	hat geschieden	habe geschieden	hätte geschieden
wir	haben geschieden	haben geschieden	hätten geschieden
ihr	habt geschieden	habet geschieden	hättet geschieden
sie	haben geschieden	haben geschieden	hätten geschieden

	Pluperfect
ich	hatte geschieden
du	hattest geschieden
er	hatte geschieden
wir	hatten geschieden
ihr	hattet geschieden
sie	hatten geschieden

Future Time

	Future	(Fut. Subj.)	(Pres. Conditional)
ich	werde scheiden	werde scheiden	würde scheiden
du	wirst scheiden	werdest scheiden	würdest scheiden
er	wird scheiden	werde scheiden	würde scheiden
wir	werden scheiden	werden scheiden	würden scheiden
ihr	werdet scheiden	werdet scheiden	würdet scheiden
sie	werden scheiden	werden scheiden	würden scheiden

Future Perfect Time

	Future Perfect	(Fut. Perf. Subj.)	(Past Conditional)
ich	werde geschieden haben	werde geschieden haben	würde geschieden haben
du	wirst geschieden haben	werdest geschieden haben	würdest geschieden haben
er	wird geschieden haben	werde geschieden haben	würde geschieden haben
wir	werden geschieden haben	werden geschieden haben	würden geschieden haben
ihr	werdet geschieden haben	werdet geschieden haben	würdet geschieden haben
sie	werden geschieden haben	werden geschieden haben	würden geschieden haben

Examples: *Scheiden und Meiden tut weh, heißt das Sprichwort. Aber Erna ließ sich gern von Kai scheiden. Nur wegen der Kinder konnte sie sich lange nicht dazu entscheiden. Endlich mußte sie jede andere Möglichkeit ausscheiden.* "Parting and staying away are painful," says the proverb. But Erna was glad to divorce Kai. Because of the children she couldn't decide to do so for some time. Finally she had to rule out any other possibility.

PRINC. PARTS: scheinen, schien, geschienen, scheint
IMPERATIVE: scheine!, scheint!, scheinen Sie!

scheinen

to shine; seem

INDICATIVE	SUBJUNCTIVE	
	PRIMARY	SECONDARY
	Present Time	
Present	*(Pres. Subj.)*	*(Imperf. Subj.)*
ich scheine	scheine	schiene
du scheinst	scheinest	schienest
er scheint	scheine	schiene
wir scheinen	scheinen	schienen
ihr scheint	scheinet	schienet
sie scheinen	scheinen	schienen
Imperfect		
ich schien		
du schienst		
er schien		
wir schienen		
ihr schient		
sie schienen		
	Past Time	
Perfect	*(Perf. Subj.)*	*(Pluperf. Subj.)*
ich habe geschienen	habe geschienen	hätte geschienen
du hast geschienen	habest geschienen	hättest geschienen
er hat geschienen	habe geschienen	hätte geschienen
wir haben geschienen	haben geschienen	hätten geschienen
ihr habt geschienen	habet geschienen	hättet geschienen
sie haben geschienen	haben geschienen	hätten geschienen
Pluperfect		
ich hatte geschienen		
du hattest geschienen		
er hatte geschienen		
wir hatten geschienen		
ihr hattet geschienen		
sie hatten geschienen		
	Future Time	
Future	*(Fut. Subj.)*	*(Pres. Conditional)*
ich werde scheinen	werde scheinen	würde scheinen
du wirst scheinen	werdest scheinen	würdest scheinen
er wird scheinen	werde scheinen	würde scheinen
wir werden scheinen	werden scheinen	würden scheinen
ihr werdet scheinen	werdet scheinen	würdet scheinen
sie werden scheinen	werden scheinen	würden scheinen
	Future Perfect Time	
Future Perfect	*(Fut. Perf. Subj.)*	*(Past Conditional)*
ich werde geschienen haben	werde geschienen haben	würde geschienen haben
du wirst geschienen haben	werdest geschienen haben	würdest geschienen haben
er wird geschienen haben	werde geschienen haben	würde geschienen haben
wir werden geschienen haben	werden geschienen haben	würden geschienen haben
ihr werdet geschienen haben	werdet geschienen haben	würdet geschienen haben
sie werden geschienen haben	werden geschienen haben	würden geschienen haben

Examples: „Heute scheint es, daß ich sterben muß. Aber morgen wird die Sonne wieder auf Gutes und Böses scheinen. Mit eurem Scheingericht wollt ihr euch den Schein der Tugendhaftigkeit geben", sagt der Gefangene im Film. "Today it seems that I must die. But tomorrow the sun will shine again on good and evil. With your phony court you want to give yourselves the appearance of righteousness," says the prisoner in the film.

307

schelten

to scold, reproach

PRINC. PARTS: schelten, schalt, gescholten, schilt
IMPERATIVE: schilt!, scheltet!, schelten Sie!

INDICATIVE	SUBJUNCTIVE	
	PRIMARY	SECONDARY

Present Time

	Present	(*Pres. Subj.*)	(*Imperf. Subj.*)
ich	schelte	schelte	schölte
du	schiltst	scheltest	schöltest
er	schilt	schelte	schölte
wir	schelten	schelten	schölten
ihr	scheltet	scheltet	schöltet
sie	schelten	schelten	schölten

	Imperfect
ich	schalt
du	schaltest
er	schalt
wir	schalten
ihr	schaltet
sie	schalten

Past Time

	Perfect	(*Perf. Subj.*)	(*Pluperf. Subj.*)
ich	habe gescholten	habe gescholten	hätte gescholten
du	hast gescholten	habest gescholten	hättest gescholten
er	hat gescholten	habe gescholten	hätte gescholten
wir	haben gescholten	haben gescholten	hätten gescholten
ihr	habt gescholten	habet gescholten	hättet gescholten
sie	haben gescholten	haben gescholten	hätten gescholten

	Pluperfect
ich	hatte gescholten
du	hattest gescholten
er	hatte gescholten
wir	hatten gescholten
ihr	hattet gescholten
sie	hatten gescholten

Future Time

	Future	(*Fut. Subj.*)	(*Pres. Conditional*)
ich	werde schelten	werde schelten	würde schelten
du	wirst schelten	werdest schelten	würdest schelten
er	wird schelten	werde schelten	würde schelten
wir	werden schelten	werden schelten	würden schelten
ihr	werdet schelten	werdet schelten	würdet schelten
sie	werden schelten	werden schelten	würden schelten

Future Perfect Time

	Future Perfect	(*Fut. Perf. Subj.*)	(*Past Conditional*)
ich	werde gescholten haben	werde gescholten haben	würde gescholten haben
du	wirst gescholten haben	werdest gescholten haben	würdest gescholten haben
er	wird gescholten haben	werde gescholten haben	würde gescholten haben
wir	werden gescholten haben	werden gescholten haben	würden gescholten haben
ihr	werdet gescholten haben	werdet gescholten haben	würdet gescholten haben
sie	werden gescholten haben	werden gescholten haben	würden gescholten haben

---

Examples: *„Fang nicht an, mich wieder zu schelten! Du hast mich schon einen Dummkopf gescholten. Hast du noch mehr Scheltnamen für mich?" „Na, da schelt ich halt auf die anderen."* "Don't start scolding me again. You've already called me a blockhead. Have you any more nasty names for me?" "Well then, I'll (start) finding fault with the others."

PRINC. PARTS: scherzen, scherzte, gescherzt, scherzt
IMPERATIVE: scherze!, scherzt!, scherzen Sie!

to joke, make fun

INDICATIVE	SUBJUNCTIVE	
	PRIMARY	SECONDARY
	Present Time	
Present	*(Pres. Subj.)*	*(Imperf. Subj.)*
ich scherze	scherze	scherzte
du scherzt	scherzest	scherztest
er scherzt	scherze	scherzte
wir scherzen	scherzen	scherzten
ihr scherzt	scherzet	scherztet
sie scherzen	scherzen	scherzten

Imperfect
ich scherzte
du scherztest
er scherzte
wir scherzten
ihr scherztet
sie scherzten

	Past Time	
Perfect	*(Perf. Subj.)*	*(Pluperf. Subj.)*
ich habe gescherzt	habe gescherzt	hätte gescherzt
du hast gescherzt	habest gescherzt	hättest gescherzt
er hat gescherzt	habe gescherzt	hätte gescherzt
wir haben gescherzt	haben gescherzt	hätten gescherzt
ihr habt gescherzt	habet gescherzt	hättet gescherzt
sie haben gescherzt	haben gescherzt	hätten gescherzt

Pluperfect
ich hatte gescherzt
du hattest gescherzt
er hatte gescherzt
wir hatten gescherzt
ihr hattet gescherzt
sie hatten gescherzt

	Future Time	
Future	*(Fut. Subj.)*	*(Pres. Conditional)*
ich werde scherzen	werde scherzen	würde scherzen
du wirst scherzen	werdest scherzen	würdest scherzen
er wird scherzen	werde scherzen	würde scherzen
wir werden scherzen	werden scherzen	würden scherzen
ihr werdet scherzen	werdet scherzen	würdet scherzen
sie werden scherzen	werden scherzen	würden scherzen

	Future Perfect Time	
Future Perfect	*(Fut. Perf. Subj.)*	*(Past Conditional)*
ich werde gescherzt haben	werde gescherzt haben	würde gescherzt haben
du wirst gescherzt haben	werdest gescherzt haben	würdest gescherzt haben
er wird gescherzt haben	werde gescherzt haben	würde gescherzt haben
wir werden gescherzt haben	werden gescherzt haben	würden gescherzt haben
ihr werdet gescherzt haben	werdet gescherzt haben	würdet gescherzt haben
sie werden gescherzt haben	werden gescherzt haben	würden gescherzt haben

Examples: *Onegin hat mit allen, auch mit Tatjana, Scherz getrieben. Dadurch hat er sich sein Glück verscherzt. Aber Scherz beiseite, nicht alles im Leben ist zum Scherzen.*
Onegin made fun of everyone, including Tatiana. Thus he frivolously threw away his chance at happiness. But joking aside, not everything in life is a joking matter.

schichten

to pile up, heap, stratify

PRINC. PARTS: schichten, schichtete, geschichtet, schichtet

IMPERATIVE: schichte!, schichtet!, schichten Sie!

INDICATIVE		SUBJUNCTIVE	
		PRIMARY	SECONDARY

Present Time

	Present	*(Pres. Subj.)*	*(Imperf. Subj.)*
ich	schichte	schichte	schichtete
du	schichtest	schichtest	schichtetest
er	schichtet	schichte	schichtete
wir	schichten	schichten	schichteten
ihr	schichtet	schichtet	schichtetet
sie	schichten	schichten	schichteten

	Imperfect
ich	schichtete
du	schichtetest
er	schichtete
wir	schichteten
ihr	schichtetet
sie	schichteten

Past Time

	Perfect	*(Perf. Subj.)*	*(Pluperf. Subj.)*
ich	habe geschichtet	habe geschichtet	hätte geschichtet
du	hast geschichtet	habest geschichtet	hättest geschichtet
er	hat geschichtet	habe geschichtet	hätte geschichtet
wir	haben geschichtet	haben geschichtet	hätten geschichtet
ihr	habt geschichtet	habet geschichtet	hättet geschichtet
sie	haben geschichtet	haben geschichtet	hätten geschichtet

	Pluperfect
ich	hatte geschichtet
du	hattest geschichtet
er	hatte geschichtet
wir	hatten geschichtet
ihr	hattet geschichtet
sie	hatten geschichtet

Future Time

	Future	*(Fut. Subj.)*	*(Pres. Conditional)*
ich	werde schichten	werde schichten	würde schichten
du	wirst schichten	werdest schichten	würdest schichten
er	wird schichten	werde schichten	würde schichten
wir	werden schichten	werden schichten	würden schichten
ihr	werdet schichten	werdet schichten	würdet schichten
sie	werden schichten	werden schichten	würden schichten

Future Perfect Time

	Future Perfect	*(Fut. Perf. Subj.)*	*(Past Conditional)*
ich	werde geschichtet haben	werde geschichtet haben	würde geschichtet haben
du	wirst geschichtet haben	werdest geschichtet haben	würdest geschichtet haben
er	wird geschichtet haben	werde geschichtet haben	würde geschichtet haben
wir	werden geschichtet haben	werden geschichtet haben	würden geschichtet haben
ihr	werdet geschichtet haben	werdet geschichtet haben	würdet geschichtet haben
sie	werden geschichtet haben	werden geschichtet haben	würden geschichtet haben

---

Examples: *Nachdem die stramme Hulda die mit Kunststoff beschichteten Bretter schon zu einem Stapel geschichtet hatte, befahl ihr der Werkmeister, sie umzuschichten. Sie wünschte, daß andere die Bretter für sie aufschichten könnten.* After stacking the plastic coated boards into a pile, the foreman ordered strapping Hulda to restack them. She wished that others could pile up the boards for her.

PRINC. PARTS: schicken, schickte, geschickt, schickt
IMPERATIVE: schicke!, schickt!, schicken Sie!

to send, dispatch

INDICATIVE	SUBJUNCTIVE	
	PRIMARY	SECONDARY

Present Time

	Present	*(Pres. Subj.)*	*(Imperf. Subj.)*
ich	schicke	schicke	schickte
du	schickst	schickest	schicktest
er	schickt	schicke	schickte
wir	schicken	schicken	schickten
ihr	schickt	schicket	schicktet
sie	schicken	schicken	schickten

	Imperfect
ich	schickte
du	schicktest
er	schickte
wir	schickten
ihr	schicktet
sie	schickten

Past Time

	Perfect	*(Perf. Subj.)*	*(Pluperf. Subj.)*
ich	habe geschickt	habe geschickt	hätte geschickt
du	hast geschickt	habest geschickt	hättest geschickt
er	hat geschickt	habe geschickt	hätte geschickt
wir	haben geschickt	haben geschickt	hätten geschickt
ihr	habt geschickt	habet geschickt	hättet geschickt
sie	haben geschickt	haben geschickt	hätten geschickt

	Pluperfect
ich	hatte geschickt
du	hattest geschickt
er	hatte geschickt
wir	hatten geschickt
ihr	hattet geschickt
sie	hatten geschickt

Future Time

	Future	*(Fut. Subj.)*	*(Pres. Conditional)*
ich	werde schicken	werde schicken	würde schicken
du	wirst schicken	werdest schicken	würdest schicken
er	wird schicken	werde schicken	würde schicken
wir	werden schicken	werden schicken	würden schicken
ihr	werdet schicken	werdet schicken	würdet schicken
sie	werden schicken	werden schicken	würden schicken

Future Perfect Time

	Future Perfect	*(Fut. Perf. Subj.)*	*(Past Conditional)*
ich	werde geschickt haben	werde geschickt haben	würde geschickt haben
du	wirst geschickt haben	werdest geschickt haben	würdest geschickt haben
er	wird geschickt haben	werde geschickt haben	würde geschickt haben
wir	werden geschickt haben	werden geschickt haben	würden geschickt haben
ihr	werdet geschickt haben	werdet geschickt haben	würdet geschickt haben
sie	werden geschickt haben	werden geschickt haben	würden geschickt haben

Examples: *Ich schickte nach dem geschickten Mechaniker, um den Wagen reparieren zu lassen. Die Rechnung, die er schickte, war unglaublich. Ich mußte mich aber darein schicken und sie bezahlen.* I sent for the skilled mechanic to repair the car. The bill he sent was unbelievable. Yet I had to resign myself and pay it. **Geschickt** (1) is the past part. used as an adj. with an adj. ending.

schieben

to push; shove;
move; profiteer

PRINC. PARTS: schieben, schob, geschoben, schiebt
IMPERATIVE: schiebe!, schiebt!, schieben Sie!

INDICATIVE	SUBJUNCTIVE	
	PRIMARY	SECONDARY
	Present Time	
Present	(*Pres. Subj.*)	(*Imperf. Subj.*)
ich schiebe	schiebe	schöbe
du schiebst	schiebest	schöbest
er schiebt	schiebe	schöbe
wir schieben	schieben	schöben
ihr schiebt	schiebet	schöbet
sie schieben	schieben	schöben
Imperfect		
ich schob		
du schobst		
er schob		
wir schoben		
ihr schobt		
sie schoben		
	Past Time	
Perfect	(*Perf. Subj.*)	(*Pluperf. Subj.*)
ich habe geschoben	habe geschoben	hätte geschoben
du hast geschoben	habest geschoben	hättest geschoben
er hat geschoben	habe geschoben	hätte geschoben
wir haben geschoben	haben geschoben	hätten geschoben
ihr habt geschoben	habet geschoben	hättet geschoben
sie haben geschoben	haben geschoben	hätten geschoben
Pluperfect		
ich hatte geschoben		
du hattest geschoben		
er hatte geschoben		
wir hatten geschoben		
ihr hattet geschoben		
sie hatten geschoben		
	Future Time	
Future	(*Fut. Subj.*)	(*Pres. Conditional*)
ich werde schieben	werde schieben	würde schieben
du wirst schieben	werdest schieben	würdest schieben
er wird schieben	werde schieben	würde schieben
wir werden schieben	werden schieben	würden schieben
ihr werdet schieben	werdet schieben	würdet schieben
sie werden schieben	werden schieben	würden schieben
	Future Perfect Time	
Future Perfect	(*Fut. Perf. Subj.*)	(*Past Conditional*)
ich werde geschoben haben	werde geschoben haben	würde geschoben haben
du wirst geschoben haben	werdest geschoben haben	würdest geschoben haben
er wird geschoben haben	werde geschoben haben	würde geschoben haben
wir werden geschoben haben	werden geschoben haben	würden geschoben haben
ihr werdet geschoben haben	werdet geschoben haben	würdet geschoben haben
sie werden geschoben haben	werden geschoben haben	würden geschoben haben

Examples: „*Du hast die Entscheidung von einem Tag auf den anderen geschoben. Jetzt versuchst du, die Schuld auf mich zu schieben.*" „*Auch du wolltest den Termin aufschieben. Deinetwegen wurde er verschoben.*" "You kept putting off the decision. Now you're trying to put the blame on me." "You, too, wanted to put off the appointment. It was postponed on account of you."

PRINC. PARTS: schießen, schoß, geschossen, schießt
IMPERATIVE: schieße!, schießt!, schießen Sie!

to shoot

INDICATIVE	SUBJUNCTIVE	
	PRIMARY	SECONDARY

Present Time

	Present	(Pres. Subj.)	(Imperf. Subj.)
ich	schieße	schieße	schösse
du	schießt	schießest	schössest
er	schießt	schieße	schösse
wir	schießen	schießen	schössen
ihr	schießt	schießet	schösset
sie	schießen	schießen	schössen

	Imperfect
ich	schoß
du	schossest
er	schoß
wir	schossen
ihr	schoßt
sie	schossen

Past Time

	Perfect	(Perf. Subj.)	(Pluperf. Subj.)
ich	habe geschossen	habe geschossen	hätte geschossen
du	hast geschossen	habest geschossen	hättest geschossen
er	hat geschossen	habe geschossen	hätte geschossen
wir	haben geschossen	haben geschossen	hätten geschossen
ihr	habt geschossen	habet geschossen	hättet geschossen
sie	haben geschossen	haben geschossen	hätten geschossen

	Pluperfect
ich	hatte geschossen
du	hattest geschossen
er	hatte geschossen
wir	hatten geschossen
ihr	hattet geschossen
sie	hatten geschossen

Future Time

	Future	(Fut. Subj.)	(Pres. Conditional)
ich	werde schießen	werde schießen	würde schießen
du	wirst schießen	werdest schießen	würdest schießen
er	wird schießen	werde schießen	würde schießen
wir	werden schießen	werden schießen	würden schießen
ihr	werdet schießen	werdet schießen	würdet schießen
sie	werden schießen	werden schießen	würden schießen

Future Perfect Time

	Future Perfect	(Fut. Perf. Subj.)	(Past Conditional)
ich	werde geschossen haben	werde geschossen haben	würde geschossen haben
du	wirst geschossen haben	werdest geschossen haben	würdest geschossen haben
er	wird geschossen haben	werde geschossen haben	würde geschossen haben
wir	werden geschossen haben	werden geschossen haben	würden geschossen haben
ihr	werdet geschossen haben	werdet geschossen haben	würdet geschossen haben
sie	werden geschossen haben	werden geschossen haben	würden geschossen haben

---

Examples: *Der Polizist zog den Revolver und schoß. Der Dieb fiel zu Boden. Er schoß immer treffsicher und wußte, daß er den Verbrecher nicht totgeschossen hatte.* The policeman drew his revolver and shot. The thief fell to the ground. He always hit the mark and knew that he hadn't shot the criminal to death. *Er befahl, die Stadt zu beschießen.* He ordered the shelling of the city.

313

schlachten

to slaughter, butcher; massacre

PRINC. PARTS: schlachten, schlachtete, geschlachtet, schlachtet

IMPERATIVE: schlachte!, schlachtet!, schlachten Sie!

INDICATIVE		SUBJUNCTIVE	
		PRIMARY	SECONDARY
		Present Time	
	Present	*(Pres. Subj.)*	*(Imperf. Subj.)*
ich	schlachte	schlachte	schlachtete
du	schlachtest	schlachtest	schlachtetest
er	schlachtet	schlachte	schlachtete
wir	schlachten	schlachten	schlachteten
ihr	schlachtet	schlachtet	schlachtetet
sie	schlachten	schlachten	schlachteten
	Imperfect		
ich	schlachtete		
du	schlachtetest		
er	schlachtete		
wir	schlachteten		
ihr	schlachtetet		
sie	schlachteten	*Past Time*	
	Perfect	*(Perf. Subj.)*	*(Pluperf. Subj.)*
ich	habe geschlachtet	habe geschlachtet	hätte geschlachtet
du	hast geschlachtet	habest geschlachtet	hättest geschlachtet
er	hat geschlachtet	habe geschlachtet	hätte geschlachtet
wir	haben geschlachtet	haben geschlachtet	hätten geschlachtet
ihr	habt geschlachtet	habet geschlachtet	hättet geschlachtet
sie	haben geschlachtet	haben geschlachtet	hätten geschlachtet
	Pluperfect		
ich	hatte geschlachtet		
du	hattest geschlachtet		
er	hatte geschlachtet		
wir	hatten geschlachtet		
ihr	hattet geschlachtet		
sie	hatten geschlachtet	*Future Time*	
	Future	*(Fut. Subj.)*	*(Pres. Conditional)*
ich	werde schlachten	werde schlachten	würde schlachten
du	wirst schlachten	werdest schlachten	würdest schlachten
er	wird schlachten	werde schlachten	würde schlachten
wir	werden schlachten	werden schlachten	würden schlachten
ihr	werdet schlachten	werdet schlachten	würdet schlachten
sie	werden schlachten	werden schlachten	würden schlachten
		Future Perfect Time	
	Future Perfect	*(Fut. Perf. Subj.)*	*(Past Conditional)*
ich	werde geschlachtet haben	werde geschlachtet haben	würde geschlachtet haben
du	wirst geschlachtet haben	werdest geschlachtet haben	würdest geschlachtet haben
er	wird geschlachtet haben	werde geschlachtet haben	würde geschlachtet haben
wir	werden geschlachtet haben	werden geschlachtet haben	würden geschlachtet haben
ihr	werdet geschlachtet haben	werdet geschlachtet haben	würdet geschlachtet haben
sie	werden geschlachtet haben	werden geschlachtet haben	würden geschlachtet haben

Examples: *„Habt ihr eure Schweine schon geschlachtet?" fragte der Bauer seine Nachbarn. „Nein. Wir haben kein Schlachtvieh mehr. Unser Schlächter schlachtet im eigenen Schlachthaus."* "Have you slaughtered your pigs yet?" the farmer asked his neighbors. "No, we don't keep animals for slaughtering anymore. Our butcher does his slaughtering in his own slaughterhouse."

PRINC. PARTS: schlafen, schlief, geschlafen, schläft
IMPERATIVE: schlafe!, schlaft!, schlafen Sie!

to sleep

INDICATIVE		SUBJUNCTIVE	
		PRIMARY	SECONDARY
		Present Time	
	Present	(*Pres. Subj.*)	(*Imperf. Subj.*)
ich	schlafe	schlafe	schliefe
du	schläfst	schlafest	schliefest
er	schläft	schlafe	schliefe
wir	schlafen	schlafen	schliefen
ihr	schlaft	schlafet	schliefet
sie	schlafen	schlafen	schliefen
	Imperfect		
ich	schlief		
du	schliefst		
er	schlief		
wir	schliefen		
ihr	schlieft		
sie	schliefen		
		Past Time	
	Perfect	(*Perf. Subj.*)	(*Pluperf. Subj.*)
ich	habe geschlafen	habe geschlafen	hätte geschlafen
du	hast geschlafen	habest geschlafen	hättest geschlafen
er	hat geschlafen	habe geschlafen	hätte geschlafen
wir	haben geschlafen	haben geschlafen	hätten geschlafen
ihr	habt geschlafen	habet geschlafen	hättet geschlafen
sie	haben geschlafen	haben geschlafen	hätten geschlafen
	Pluperfect		
ich	hatte geschlafen		
du	hattest geschlafen		
er	hatte geschlafen		
wir	hatten geschlafen		
ihr	hattet geschlafen		
sie	hatten geschlafen		
		Future Time	
	Future	(*Fut. Subj.*)	(*Pres. Conditional*)
ich	werde schlafen	werde schlafen	würde schlafen
du	wirst schlafen	werdest schlafen	würdest schlafen
er	wird schlafen	werde schlafen	würde schlafen
wir	werden schlafen	werden schlafen	würden schlafen
ihr	werdet schlafen	werdet schlafen	würdet schlafen
sie	werden schlafen	werden schlafen	würden schlafen
		Future Perfect Time	
	Future Perfect	(*Fut. Perf. Subj.*)	(*Past Conditional*)
ich	werde geschlafen haben	werde geschlafen haben	würde geschlafen haben
du	wirst geschlafen haben	werdest geschlafen haben	würdest geschlafen haben
er	wird geschlafen haben	werde geschlafen haben	würde geschlafen haben
wir	werden geschlafen haben	werden geschlafen haben	würden geschlafen haben
ihr	werdet geschlafen haben	werdet geschlafen haben	würdet geschlafen haben
sie	werden geschlafen haben	werden geschlafen haben	würden geschlafen haben

Examples: *„Ohne deine Schlaftabletten würdest du besser schlafen." „Heute hab ich mich verschlafen, aber ich habe mich noch nicht ausgeschlafen. Bei der Vorlesung bin ich fast eingeschlafen."* "You'd sleep better without your sleeping pills." "I overslept today. But I still haven't had a good sleep. During the lecture I almost fell asleep." **Sich verschlafen** is insep. **Auschlafen** and **einschlafen** are sep.

315

schlagen

to hit; beat; strike

PRINC. PARTS: schlagen, schlug, geschlagen, schlägt
IMPERATIVE: schlage!, schlagt!, schlagen Sie!

INDICATIVE	SUBJUNCTIVE	
	PRIMARY	SECONDARY
	Present Time	
Present	*(Pres. Subj.)*	*(Imperf. Subj.)*
ich schlage	schlage	schlüge
du schlägst	schlagest	schlügest
er schlägt	schlage	schlüge
wir schlagen	schlagen	schlügen
ihr schlagt	schlaget	schlüget
sie schlagen	schlagen	schlügen
Imperfect		
ich schlug		
du schlugst		
er schlug		
wir schlugen		
ihr schlugt		
sie schlugen		
	Past Time	
Perfect	*(Perf. Subj.)*	*(Pluperf. Subj.)*
ich habe geschlagen	habe geschlagen	hätte geschlagen
du hast geschlagen	habest geschlagen	hättest geschlagen
er hat geschlagen	habe geschlagen	hätte geschlagen
wir haben geschlagen	haben geschlagen	hätten geschlagen
ihr habt geschlagen	habet geschlagen	hättet geschlagen
sie haben geschlagen	haben geschlagen	hätten geschlagen
Pluperfect		
ich hatte geschlagen		
du hattest geschlagen		
er hatte geschlagen		
wir hatten geschlagen		
ihr hattet geschlagen		
sie hatten geschlagen		
	Future Time	
Future	*(Fut. Subj.)*	*(Pres. Conditional)*
ich werde schlagen	werde schlagen	würde schlagen
du wirst schlagen	werdest schlagen	würdest schlagen
er wird schlagen	werde schlagen	würde schlagen
wir werden schlagen	werden schlagen	würden schlagen
ihr werdet schlagen	werdet schlagen	würdet schlagen
sie werden schlagen	werden schlagen	würden schlagen
	Future Perfect Time	
Future Perfect	*(Fut. Perf. Subj.)*	*(Past Conditional)*
ich werde geschlagen haben	werde geschlagen haben	würde geschlagen haben
du wirst geschlagen haben	werdest geschlagen haben	würdest geschlagen haben
er wird geschlagen haben	werde geschlagen haben	würde geschlagen haben
wir werden geschlagen haben	werden geschlagen haben	würden geschlagen haben
ihr werdet geschlagen haben	werdet geschlagen haben	würdet geschlagen haben
sie werden geschlagen haben	werden geschlagen haben	würden geschlagen haben

Examples: *Oft schlug Hulda ihren Mann.* Hulda often beat her husband. *„Und willst du nicht mein Bruder sein, so schlag ich dir den Schädel ein."* "If you won't cooperate willingly, I'll knock your block off." *Steffi hatte Probleme mit ihrem Schläger und wurde im Tennisturnier geschlagen.* Steffi had problems with her racquet and was defeated in the tennis tournament.

PRINC. PARTS: schleichen, schlich, ist geschlichen, schleicht
IMPERATIVE: schleiche!, schleicht!, schleichen Sie!

to sneak; creep

INDICATIVE		SUBJUNCTIVE	
		PRIMARY	SECONDARY
		Present Time	
	Present	*(Pres. Subj.)*	*(Imperf. Subj.)*
ich	schleiche	schleiche	schliche
du	schleichst	schleichest	schlichest
er	schleicht	schleiche	schliche
wir	schleichen	schleichen	schlichen
ihr	schleicht	schleicht	schlichet
sie	schleichen	schleichen	schlichen
	Imperfect		
ich	schlich		
du	schlichst		
er	schlich		
wir	schlichen		
ihr	schlicht		
sie	schlichen		
		Past Time	
	Perfect	*(Perf. Subj.)*	*(Pluperf. Subj.)*
ich	bin geschlichen	sei geschlichen	wäre geschlichen
du	bist geschlichen	seiest geschlichen	wärest geschlichen
er	ist geschlichen	sei geschlichen	wäre geschlichen
wir	sind geschlichen	seien geschlichen	wären geschlichen
ihr	seid geschlichen	seiet geschlichen	wäret geschlichen
sie	sind geschlichen	seien geschlichen	wären geschlichen
	Pluperfect		
ich	war geschlichen		
du	warst geschlichen		
er	war geschlichen		
wir	waren geschlichen		
ihr	wart geschlichen		
sie	waren geschlichen		
		Future Time	
	Future	*(Fut. Subj.)*	*(Pres. Conditional)*
ich	werde schleichen	werde schleichen	würde schleichen
du	wirst schleichen	werdest schleichen	würdest schleichen
er	wird schleichen	werde schleichen	würde schleichen
wir	werden schleichen	werden schleichen	würden schleichen
ihr	werdet schleichen	werdet schleichen	würdet schleichen
sie	werden schleichen	werden schleichen	würden schleichen
		Future Perfect Time	
	Future Perfect	*(Fut. Perf. Subj.)*	*(Past Conditional)*
ich	werde geschlichen sein	werde geschlichen sein	würde geschlichen sein
du	wirst geschlichen sein	werdest geschlichen sein	würdest geschlichen sein
er	wird geschlichen sein	werde geschlichen sein	würde geschlichen sein
wir	werden geschlichen sein	werden geschlichen sein	würden geschlichen sein
ihr	werdet geschlichen sein	werdet geschlichen sein	würdet geschlichen sein
sie	werden geschlichen sein	werden geschlichen sein	würden geschlichen sein

Examples: *Dieser Schleicher hat sich in mein Vertrauen geschlichen. Ich wußte nicht, daß er Schleichhändler war.* That sneak wormed his way into my confidence. I didn't know he was a black-marketeer. Study verbs in Group I A, p. xvi. Rev. "Sein Verbs," pp. xxiv-xv.

schleifen

to grind; polish; slide*

PRINC. PARTS: schleifen, schliff, geschliffen, schleift
IMPERATIVE: schleife!, schleift!, schleifen Sie!

INDICATIVE	SUBJUNCTIVE	
	PRIMARY	SECONDARY

Present Time

	Present	*(Pres. Subj.)*	*(Imperf. Subj.)*
ich	schleife	schleife	schliffe
du	schleifst	schleifest	schliffest
er	schleift	schleife	schliffe
wir	schleifen	schleifen	schliffen
ihr	schleift	schleifet	schliffet
sie	schleifen	schleifen	schliffen

	Imperfect
ich	schliff
du	schliffst
er	schliff
wir	schliffen
ihr	schlifft
sie	schliffen

Past Time

	Perfect	*(Perf. Subj.)*	*(Pluperf. Subj.)*
ich	habe geschliffen	habe geschliffen	hätte geschliffen
du	hast geschliffen	habest geschliffen	hättest geschliffen
er	hat geschliffen	habe geschliffen	hätte geschliffen
wir	haben geschliffen	haben geschliffen	hätten geschliffen
ihr	habt geschliffen	habet geschliffen	hättet geschliffen
sie	haben geschliffen	haben geschliffen	hätten geschliffen

	Pluperfect
ich	hatte geschliffen
du	hattest geschliffen
er	hatte geschliffen
wir	hatten geschliffen
ihr	hattet geschliffen
sie	hatten geschliffen

Future Time

	Future	*(Fut. Subj.)*	*(Pres. Conditional)*
ich	werde schleifen	werde schleifen	würde schleifen
du	wirst schleifen	werdest schleifen	würdest schleifen
er	wird schleifen	werde schleifen	würde schleifen
wir	werden schleifen	werden schleifen	würden schleifen
ihr	werdet schleifen	werdet schleifen	würdet schleifen
sie	werden schleifen	werden schleifen	würden schleifen

Future Perfect Time

	Future Perfect	*(Fut. Perf. Subj.)*	*(Past Conditional)*
ich	werde geschliffen haben	werde geschliffen haben	würde geschliffen haben
du	wirst geschliffen haben	werdest geschliffen haben	würdest geschliffen haben
er	wird geschliffen haben	werde geschliffen haben	würde geschliffen haben
wir	werden geschliffen haben	werden geschliffen haben	würden geschliffen haben
ihr	werdet geschliffen haben	werdet geschliffen haben	würdet geschliffen haben
sie	werden geschliffen haben	werden geschliffen haben	würden geschliffen haben

* schleifen is weak in the meaning *to drag, to dismantle.* PRINC. PARTS: schleifen, schleifte, geschleift, schleift.

Examples: *Hans schleift Edelsteine in Idar-Oberstein. Tinas Vater hält Hans für ungeschliffen, ganz ohne Schliff. „Er gehört in die Bundeswehr. Da wird man ihn ganz schön schleifen", meint er.* Hans cuts gemstones in Idar-Oberstein. Tina's father thinks Hans unpolished, quite without manners. "He belongs in the (German) army. They'll give him plenty of hard drilling there," he thinks.

schlichten

to make smooth; settle

INDICATIVE	SUBJUNCTIVE	
	PRIMARY	SECONDARY

Present Time

	Present	*(Pres. Subj.)*	*(Imperf. Subj.)*
ich	schlichte	schlichte	schlichtete
du	schlichtest	schlichtest	schlichtetest
er	schlichtet	schlichte	schlichtete
wir	schlichten	schlichten	schlichteten
ihr	schlichtet	schlichtet	schlichtetet
sie	schlichten	schlichten	schlichteten

	Imperfect
ich	schlichtete
du	schlichtetest
er	schlichtete
wir	schlichteten
ihr	schlichtetet
sie	schlichteten

Past Time

	Perfect	*(Perf. Subj.)*	*(Pluperf. Subj.)*
ich	habe geschlichtet	habe geschlichtet	hätte geschlichtet
du	hast geschlichtet	habest geschlichtet	hättest geschlichtet
er	hat geschlichtet	habe geschlichtet	hätte geschlichtet
eir	haben geschlichtet	haben geschlichtet	hätten geschlichtet
ihr	habt geschlichtet	habet geschlichtet	hättet geschlichtet
sie	haben geschlichtet	haben geschlichtet	hätten geschlichtet

	Pluperfect
ich	hatte geschlichtet
du	hattest geschlichtet
er	hatte geschlichtet
wir	hatten geschlichtet
ihr	hattet geschlichtet
sie	hatten geschlichtet

Future Time

	Future	*(Fut. Subj.)*	*(Pres. Conditional)*
ich	werde schlichten	werde schlichten	würde schlichten
du	wirst schlichten	werdest schlichten	würdest schlichten
er	wird schlichten	werde schlichten	würde schlichten
wir	werden schlichten	werden schlichten	würden schlichten
ihr	werdet schlichten	werdet schlichten	würdet schlichten
sie	werden schlichten	werden schlichten	würden schlichten

Future Perfect Time

	Future Perfect	*(Fut. Perf. Subj.)*	*(Past Conditional)*
ich	werde geschlichtet haben	werde geschlichtet haben	würde geschlichtet haben
du	wirst geschlichtet haben	werdest geschlichtet haben	würdest geschlichtet haben
er	wird geschlichtet haben	werde geschlichtet haben	würde geschlichtet haben
wir	werden geschlichtet haben	werden geschlichtet haben	würden geschlichtet haben
ihr	werdet geschlichtet haben	werdet geschlichtet haben	würdet geschlichtet haben
sie	werden geschlichtet haben	werden geschlichtet haben	würden geschlichtet haben

---

Examples: *Der Konflikt mußte durch ein Schlichtungsverfahren geschlichtet werden. Der Schlichter wird es nicht leicht haben, denn ein schlichtes Ja oder Nein wird nicht genügen.* The conflict must be settled by arbitration. The arbitrator won't have an easy job since a simple yes or no won't do. Verbs whose stem ends in **t** add an **e** certain forms.

319

schließen

to close; conclude; shut; lock

PRINC. PARTS: schließen, schloß, geschlossen, schließt

IMPERATIVE: schließe!, schließt!, schließen Sie!

	INDICATIVE	SUBJUNCTIVE	
		PRIMARY	SECONDARY
	Present	*Present Time* (*Pres. Subj.*)	(*Imperf. Subj.*)
ich	schließe	schließe	schlösse
du	schließt	schließest	schlössest
er	schließt	schließe	schlösse
wir	schließen	schließen	schlössen
ihr	schließt	schließet	schlösset
sie	schließen	schließen	schlössen

Imperfect

ich	schloß
du	schlossest
er	schloß
wir	schlossen
ihr	schloßt
sie	schlossen

	Perfect	*Past Time* (*Perf. Subj.*)	(*Pluperf. Subj.*)
ich	habe geschlossen	habe geschlossen	hätte geschlossen
du	hast geschlossen	habest geschlossen	hättest geschlossen
er	hat geschlossen	habe geschlossen	hätte geschlossen
wir	haben geschlossen	haben geschlossen	hätten geschlossen
ihr	habt geschlossen	habet geschlossen	hättet geschlossen
sie	haben geschlossen	haben geschlossen	hätten geschlossen

Pluperfect

ich	hatte geschlossen
du	hattest geschlossen
er	hatte geschlossen
wir	hatten geschlossen
ihr	hattet geschlossen
sie	hatten geschlossen

	Future	*Future Time* (*Fut. Subj.*)	(*Pres. Conditional*)
ich	werde schließen	werde schließen	würde schließen
du	wirst schließen	werdest schließen	würdest schließen
er	wird schließen	werde schließen	würde schließen
wir	werden schließen	werden schließen	würden schließen
ihr	werdet schließen	werdet schließen	würdet schließen
sie	werden schließen	werden schließen	würden schließen

	Future Perfect	*Future Perfect Time* (*Fut. Perf. Subj.*)	(*Past Conditional*)
ich	werde geschlossen haben	werde geschlossen haben	würde geschlossen haben
du	wirst geschlossen haben	werdest geschlossen haben	würdest geschlossen haben
er	wird geschlossen haben	werde geschlossen haben	würde geschlossen haben
wir	werden geschlossen haben	werden geschlossen haben	würden geschlossen haben
ihr	werdet geschlossen haben	werdet geschlossen haben	würdet geschlossen haben
sie	werden geschlossen haben	werden geschlossen haben	würden geschlossen haben

Examples: *„Sechs Ehen hab ich schon geschlossen. Jetzt habe ich mich entschlossen, dich zu heiraten", sagte der alte Milliardär. „Ganz ausgeschlossen!" antwortete das schöne Mädchen.* "I've already contracted marriage 6 times. Now I've decided to marry you," said the old billionaire. "Out of the question!" replied the beautiful girl. Rev. the verbs in Group II, p. xvii

PRINC. PARTS: schlingen, schlang, geschlungen, schlingt
IMPERATIVE: schlinge!, schlingt!, schlingen Sie!

schlingen

to gulp; devour; weave

INDICATIVE	SUBJUNCTIVE	
	PRIMARY	SECONDARY
	Present Time	
Present	*(Pres. Subj.)*	*(Imperf. Subj.)*
ich schlinge	schlinge	schlänge
du schlingst	schlingest	schlängest
er schlingt	schlinge	schlänge
wir schlingen	schlingen	schlängen
ihr schlingt	schlinget	schlänget
sie schlingen	schlingen	schlängen
Imperfect		
ich schlang		
du schlangst		
er schlang		
wir schlangen		
ihr schlangt		
sie schlangen		
Perfect	*Past Time*	
	(Perf. Subj.)	*(Pluperf. Subj.)*
ich habe geschlungen	habe geschlungen	hätte geschlungen
du hast geschlungen	habest geschlungen	hättest geschlungen
er hat geschlungen	habe geschlungen	hätte geschlungen
wir haben geschlungen	haben geschlungen	hätten geschlungen
ihr habt geschlungen	habet geschlungen	hättet geschlungen
sie haben geschlungen	haben geschlungen	hätten geschlungen
Pluperfect		
ich hatte geschlungen		
du hattest geschlungen		
er hatte geschlungen		
wir hatten geschlungen		
ihr hattet geschlungen		
sie hatten geschlungen		
Future	*Future Time*	
	(Fut. Subj.)	*(Pres. Conditional)*
ich werde schlingen	werde schlingen	würde schlingen
du wirst schlingen	werdest schlingen	würdest schlingen
er wird schlingen	werde schlingen	würde schlingen
wir werden schlingen	werden schlingen	würden schlingen
ihr werdet schlingen	werdet schlingen	würdet schlingen
sie werden schlingen	werden schlingen	würden schlingen
	Future Perfect Time	
Future Perfect	*(Fut. Perf. Subj.)*	*(Past Conditional)*
ich werde geschlungen haben	werde geschlungen haben	würde geschlungen haben
du wirst geschlungen haben	werdest geschlungen haben	würdest geschlungen haben
er wird geschlungen haben	werde geschlungen haben	würde geschlungen haben
wir werden geschlungen haben	werden geschlungen haben	würden geschlungen haben
ihr werdet geschlungen haben	werdet geschlungen haben	würdet geschlungen haben
sie werden geschlungen haben	werden geschlungen haben	würden geschlungen haben

Examples: *Die Mutter schlang eine Serviette um den Hals ihres Jungen. „Schling nicht so hastig!" sagte sie ihm. Bei der Fernsehsendung über Schlangenmenschen wurde er ganz Ohr und Auge.* The mother tied a napkin around her boy's neck. "Don't wolf your food!" she said to him. During a TV program about contortionists he was all eyes and ears.

schlüpfen

to slip, glide

PRINC. PARTS: schlüpfen, schlüpfte, ist geschlüpft, schlüpft
IMPERATIVE: schlüpfe!, schlüpft!, schlüpfen Sie!

	INDICATIVE	SUBJUNCTIVE	
		PRIMARY	SECONDARY
		Present Time	
	Present	*(Pres. Subj.)*	*(Imperf. Subj.)*
ich	schlüpfe	schlüpfe	schlüpfte
du	schlüpfst	schlüpfest	schlüpftest
er	schlüpft	schlüpfe	schlüpfte
wir	schlüpfen	schlüpfen	schlüpften
ihr	schlüpft	schlüpfet	schlüpftet
sie	schlüpfen	schlüpfen	schlüpften
	Imperfect		
ich	schlüpfte		
du	schlüpftest		
er	schlüpfte		
wir	schlüpften		
ihr	schlüpftet		
sie	schlüpften		
		Past Time	
	Perfect	*(Perf. Subj.)*	*(Pluperf. Subj.)*
ich	bin geschlüpft	sei geschlüpft	wäre geschlüpft
du	bist geschlüpft	seiest geschlüpft	wärest geschlüpft
er	ist geschlüpft	sei geschlüpft	wäre geschlüpft
wir	sind geschlüpft	seien geschlüpft	wären geschlüpft
ihr	seid geschlüpft	seiet geschlüpft	wäret geschlüpft
sie	sind geschlüpft	seien geschlüpft	wären geschlüpft
	Pluperfect		
ich	war geschlüpft		
du	warst geschlüpft		
er	war geschlüpft		
wir	waren geschlüpft		
ihr	wart geschlüpft		
sie	waren geschlüpft		
		Future Time	
	Future	*(Fut. Subj.)*	*(Pres. Conditional)*
ich	werde schlüpfen	werde schlüpfen	würde schlüpfen
du	wirst schlüpfen	werdest schlüpfen	würdest schlüpfen
er	wird schlüpfen	werde schlüpfen	würde schlüpfen
wir	werden schlüpfen	werden schlüpfen	würden schlüpfen
ihr	werdet schlüpfen	werdet schlüpfen	würdet schlüpfen
sie	werden schlüpfen	werden schlüpfen	würden schlüpfen
		Future Perfect Time	
	Future Perfect	*(Fut. Perf. Subj.)*	*(Past Conditional)*
ich	werde geschlüpft sein	werde geschlüpft sein	würde geschlüpft sein
du	wirst geschlüpft sein	werdest geschlüpft sein	würdest geschlüpft sein
er	wird geschlüpft sein	werde geschlüpft sein	würde geschlüpft sein
wir	werden geschlüpft sein	werden geschlüpft sein	würden geschlüpft sein
ihr	werdet geschlüpft sein	werdet geschlüpft sein	würdet geschlüpft sein
sie	werden geschlüpft sein	werden geschlüpft sein	würden geschlüpft sein

Examples: *Das Kind schlüpfte unter die Decke.* The child slipped under the cover(s).
Die Diebe sind entschlüpft. Sie haben Schlüpfer und Schlupfjacken gestohlen. In ihrem Schlupfwinkel erzählen sich sich schlüpfrige Geschichten. The thieves have escaped. They stole lingerie. In their hide-out they tell each other spicy stories.

INDICATIVE	**SUBJUNCTIVE**	
	PRIMARY	SECONDARY
	Present Time	
Present	*(Pres. Subj.)*	*(Imperf. Subj.)*
ich schmachte	schmachte	schmachtete
du schmachtest	schmachtest	schmachtetest
er schmachtet	schmachte	schmachtete
wir schmachten	schmachten	schmachteten
ihr schmachtet	schmachtet	schmachtetet
sie schmachten	schmachten	schmachteten
Imperfect		
ich schmachtete		
du schmachtetest		
er schmachtete		
wir schmachteten		
ihr schmachtetet		
sie schmachteten		
	Past Time	
Perfect	*(Perf. Subj.)*	*(Pluperf. Subj.)*
ich habe geschmachtet	habe geschmachtet	hätte geschmachtet
du hast geschmachtet	habest geschmachtet	hättest geschmachtet
er hat geschmachtet	habe geschmachtet	hätte geschmachtet
wir haben geschmachtet	haben geschmachtet	hätten geschmachtet
ihr habt geschmachtet	habet geschmachtet	hättet geschmachtet
sie haben geschmachtet	haben geschmachtet	hätten geschmachtet
Pluperfect		
ich hatte geschmachtet		
du hattest geschmachtet		
er hatte geschmachtet		
wir hatten geschmachtet		
ihr hattet geschmachtet		
sie hatten geschmachtet		
	Future Time	
Future	*(Fut. Subj.)*	*(Pres. Conditional)*
ich werde schmachten	werde schmachten	würde schmachten
du wirst schmachten	werdest schmachten	würdest schmachten
er wird schmachten	werde schmachten	würde schmachten
wir werden schmachten	werden schmachten	würden schmachten
ihr werdet schmachten	werdet schmachten	würdet schmachten
sie werden schmachten	werden schmachten	würden schmachten
	Future Perfect Time	
Future Perfect	*(Fut. Perf. Subj.)*	*(Past Conditional)*
ich werde geschmachtet haben	werde geschmachtet haben	würde geschmachtet haben
du wirst geschmachtet haben	werdest geschmachtet haben	würdest geschmachtet haben
er wird geschmachtet haben	werde geschmachtet haben	würde geschmachtet haben
wir werden geschmachtet haben	werden geschmachtet haben	würden geschmachtet haben
ihr werdet geschmachtet haben	werdet geschmachtet haben	würdet geschmachtet haben
sie werden geschmachtet haben	werden geschmachtet haben	würden geschmachtet haben

Examples: *Lili las Liebesromane, richtige Schmachtfetzen, aß Schokolade, und schmachtete nach ihrem Geliebten. „Ich verschmachte vor Durst und will wieder Champagner mit ihm trinken", sagte sie.* Lili read love stories, real tear-jerkers, ate chocolate, and pined for her lover. "I'm dying of thirst and want to drink champagne with him again," she said. Verbs whose stem ends in **t** add an **e** in certain forms.

schmecken

to taste; taste good

PRINC. PARTS: schmecken, schmeckte, geschmeckt, schmeckt

IMPERATIVE: schmecke!, schmeckt!, schmecken Sie!

INDICATIVE		SUBJUNCTIVE	
		PRIMARY	SECONDARY

Present Time

	Present	(Pres. Subj.)	(Imperf. Subj.)
ich	schmecke	schmecke	schmeckte
du	schmeckst	schmeckest	schmecktest
er	schmeckt	schmecke	schmeckte
wir	schmecken	schmecken	schmeckten
ihr	schmeckt	schmecket	schmecktet
sie	schmecken	schmecken	schmeckten

	Imperfect
ich	schmeckte
du	schmecktest
er	schmeckte
wir	schmeckten
ihr	schmecktet
sie	schmeckten

Past Time

	Perfect	(Perf. Subj.)	(Pluperf. Subj.)
ich	habe geschmeckt	habe geschmeckt	hätte geschmeckt
du	hast geschmeckt	habest geschmeckt	hättest geschmeckt
er	hat geschmeckt	habe geschmeckt	hätte geschmeckt
wir	haben geschmeckt	haben geschmeckt	hätten geschmeckt
ihr	habt geschmeckt	habet geschmeckt	hättet geschmeckt
sie	haben geschmeckt	haben geschmeckt	hätten geschmeckt

	Pluperfect
ich	hatte geschmeckt
du	hattest geschmeckt
er	hatte geschmeckt
wir	hatten geschmeckt
ihr	hattet geschmeckt
sie	hatten geschmeckt

Future Time

	Future	(Fut. Subj.)	(Pres. Conditional)
ich	werde schmecken	werde schmecken	würde schmecken
du	wirst schmecken	werdest schmecken	würdest schmecken
er	wird schmecken	werde schmecken	würde schmecken
wir	werden schmecken	werden schmecken	würden schmecken
ihr	werdet schmecken	werdet schmecken	würdet schmecken
sie	werden schmecken	werden schmecken	würden schmecken

Future Perfect Time

	Future Perfect	(Fut. Perf. Subj.)	(Past Conditional)
ich	werde geschmeckt haben	werde geschmeckt haben	würde geschmeckt haben
du	wirst geschmeckt haben	werdest geschmeckt haben	würdest geschmeckt haben
er	wird geschmeckt haben	werde geschmeckt haben	würde geschmeckt haben
wir	werden geschmeckt haben	werden geschmeckt haben	würden geschmeckt haben
ihr	werdet geschmeckt haben	werdet geschmeckt haben	würdet geschmeckt haben
sie	werden geschmeckt haben	werden geschmeckt haben	würden geschmeckt haben

---

Examples: „Hat es Ihnen geschmeckt?" fragte die Kellnerin. „Mir will heute nichts schmecken," sagte Klara. „Mir hat alles vortrefflich geschmeckt," behauptete Karl. "Did you enjoy your meal?" asked the waitress. "Nothing is to my taste today," said Klara. "Everything tasted great to me," declared Karl.

PRINC. PARTS: schmeißen, schmiß, geschmissen, schmeißt
IMPERATIVE: schmeiße!, schmeißt!, schmeißen Sie!

to fling, hurl, throw

INDICATIVE	SUBJUNCTIVE	
	PRIMARY	SECONDARY

Present Time

	Present	*(Pres. Subj.)*	*(Imperf. Subj.)*
ich	schmeiße	schmeiße	schmisse
du	schmeißt	schmeißest	schmissest
er	schmeißt	schmeiße	schmisse
wir	schmeißen	schmeißen	schmissen
ihr	schmeißt	schmeißet	schmisset
sie	schmeißen	schmeißen	schmissen

	Imperfect
ich	schmiß
du	schmissest
er	schmiß
wir	schmissen
ihr	schmißt
sie	schmissen

Past Time

	Perfect	*(Perf. Subj.)*	*(Pluperf. Subj.)*
ich	habe geschmissen	habe geschmissen	hätte geschmissen
du	hast geschmissen	habest geschmissen	hättest geschmissen
er	hat geschmissen	habe geschmissen	hätte geschmissen
wir	haben geschmissen	haben geschmissen	hätten geschmissen
ihr	habt geschmissen	habet geschmissen	hättet geschmissen
sie	haben geschmissen	haben geschmissen	hätten geschmissen

	Pluperfect
ich	hatte geschmissen
du	hattest geschmissen
er	hatte geschmissen
wir	hatten geschmissen
ihr	hattet geschmissen
sie	hatten geschmissen

Future Time

	Future	*(Fut. Subj.)*	*(Pres. Conditional)*
ich	werde schmeißen	werde schmeißen	würde schmeißen
du	wirst schmeißen	werdest schmeißen	würdest schmeißen
er	wird schmeißen	werde schmeißen	würde schmeißen
wir	werden schmeißen	werden schmeißen	würden schmeißen
ihr	werdet schmeißen	werdet schmeißen	würdet schmeißen
sie	werden schmeißen	werden schmeißen	würden schmeißen

Future Perfect Time

	Future Perfect	*(Fut. Perf. Subj.)*	*(Past Conditional)*
ich	werde geschmissen haben	werde geschmissen haben	würde geschmissen haben
du	wirst geschmissen haben	werdest geschmissen haben	würdest geschmissen haben
er	wird geschmissen haben	werde geschmissen haben	würde geschmissen haben
wir	werden geschmissen haben	werden geschmissen haben	würden geschmissen haben
ihr	werdet geschmissen haben	werdet geschmissen haben	würdet geschmissen haben
sie	werden geschmissen haben	werden geschmissen haben	würden geschmissen haben

Examples: *In der Kneipe schmiß Karl immer mit Geld um sich. Aber jetzt nicht mehr, weil er Angst hat, Klara könnte ihn wieder rausschmeißen. „Schmeiß alles weg, aber nur nicht mich", flehte er sie an.* Karl always threw his money around in the tavern. But not any more, because he's afraid Klara might throw him out again. "Throw everything away, but not me," he implored her.

schmelzen

to melt

PRINC. PARTS: schmelzen, schmolz, *ist geschmolzen, schmilzt
IMPERATIVE: schmilz!, schmelzt!, schmelzen Sie!

INDICATIVE	SUBJUNCTIVE	
	PRIMARY	SECONDARY

Present Time

	Present	*(Pres. Subj.)*	*(Imperf. Subj.)*
ich	schmelze	schmelze	schmölze
du	schmilzt	schmelzest	schmölzest
er	schmilzt	schmelze	schmölze
wir	schmelzen	schmelzen	schmölzen
ihr	schmelzt	schmelzet	schmölzet
sie	schmelzen	schmelzen	schmölzen

	Imperfect
ich	schmolz
du	schmolzest
er	schmolz
wir	schmolzen
ihr	schmolzt
sie	schmolzen

Past Time

	Perfect	*(Perf. Subj.)*	*(Pluperf. Subj.)*
ich	bin geschmolzen	sei geschmolzen	wäre geschmolzen
du	bist geschmolzen	seiest geschmolzen	wärest geschmolzen
er	ist geschmolzen	sei geschmolzen	wäre geschmolzen
wir	sind geschmolzen	seien geschmolzen	wären geschmolzen
ihr	seid geschmolzen	seiet geschmolzen	wäret geschmolzen
sie	sind geschmolzen	seien geschmolzen	wären geschmolzen

	Pluperfect
ich	war geschmolzen
du	warst geschmolzen
er	war geschmolzen
wir	waren geschmolzen
ihr	wart geschmolzen
sie	waren geschmolzen

Future Time

	Future	*(Fut. Subj.)*	*(Pres. Conditional)*
ich	werde schmelzen	werde schmelzen	würde schmelzen
du	wirst schmelzen	werdest schmelzen	würdest schmelzen
er	wird schmelzen	werde schmelzen	würde schmelzen
wir	werden schmelzen	werden schmelzen	würden schmelzen
ihr	werdet schmelzen	werdet schmelzen	würdet schmelzen
sie	werden schmelzen	werden schmelzen	würden schmelzen

Future Perfect Time

	Future Perfect	*(Fut. Perf. Subj.)*	*(Past Conditional)*
ich	werde geschmolzen sein	werde geschmolzen sein	würde geschmolzen sein
du	wirst geschmolzen sein	werdest geschmolzen sein	würdest geschmolzen sein
er	wird geschmolzen sein	werde geschmolzen sein	würde geschmolzen sein
wir	werden geschmolzen sein	werden geschmolzen sein	würden geschmolzen sein
ihr	werdet geschmolzen sein	werdet geschmolzen sein	würdet geschmolzen sein
sie	werden geschmolzen sein	werden geschmolzen sein	würden geschmolzen sein

* schmelzen can also be used transitively. Its auxiliary in the perfect tenses is then haben.

Examples: *Kunos Vermögen war geschmolzen und er war verbittert. Draußen wollte der Schnee nicht schmelzen. Im Fernsehen sah er sich einen schmalzigen Film an und dabei schmolz ihm das Herz.* Kuno's fortune had melted away and he was embittered. Outside the snow just wouldn't melt. On TV he saw a slushy-sentimental movie and his heart melted.

INDICATIVE		SUBJUNCTIVE	
		PRIMARY	SECONDARY

Present Time

	Present	(*Pres. Subj.*)	(*Imperf. Subj.*)
ich	schmerze	schmerze	schmerzte
du	schmerzt	schmerzest	schmerztest
er	schmerzt	schmerze	schmerzte
wir	schmerzen	schmerzen	schmerzten
ihr	schmerzt	schmerzet	schmerztet
sie	schmerzen	schmerzen	schmerzten

	Imperfect
ich	schmerzte
du	schmerztest
er	schmerzte
wir	schmerzten
ihr	schmerztet
sie	schmerzten

Past Time

	Perfect	(*Perf. Subj.*)	(*Pluperf. Subj.*)
ich	habe geschmerzt	habe geschmerzt	hätte geschmerzt
du	hast geschmerzt	habest geschmerzt	hättest geschmerzt
er	hat geschmerzt	habe geschmerzt	hätte geschmerzt
wir	haben geschmerzt	haben geschmerzt	hätten geschmerzt
ihr	habt geschmerzt	habet geschmerzt	hättet geschmerzt
sie	haben geschmerzt	haben geschmerzt	hätten geschmerzt

	Pluperfect
ich	hatte geschmerzt
du	hattest geschmerzt
er	hatte geschmerzt
wir	hatten geschmerzt
ihr	hattet geschmerzt
sie	hatten geschmerzt

Future Time

	Future	(*Fut. Subj.*)	(*Pres. Conditional*)
ich	werde schmerzen	werde schmerzen	würde schmerzen
du	wirst schmerzen	werdest schmerzen	würdest schmerzen
er	wird schmerzen	werde schmerzen	würde schmerzen
wir	werden schmerzen	werden schmerzen	würden schmerzen
ihr	werdet schmerzen	werdet schmerzen	würdet schmerzen
sie	werden schmerzen	werden schmerzen	würden schmerzen

Future Perfect Time

	Future Perfect	(*Fut. Perf. Subj.*)	(*Past Conditional*)
ich	werde geschmerzt haben	werde geschmerzt haben	würde geschmerzt haben
du	wirst geschmerzt haben	werdest geschmerzt haben	würdest geschmerzt haben
er	wird geschmerzt haben	werde geschmerzt haben	würde geschmerzt haben
wir	werden geschmerzt haben	werden geschmerzt haben	würden geschmerzt haben
ihr	werdet geschmerzt haben	werdet geschmerzt haben	würdet geschmerzt haben
sie	werden geschmerzt haben	werden geschmerzt haben	würden geschmerzt haben

Examples: „*Es schmerzt mich, daß deine alte Kriegswunde noch schmerzt.*" „*Noch größer ist der Schmerz, den du mir durch deine Abweisung bereitet hast. Das werde ich nie verschmerzen.*" "It grieves me that your old war wound is still painful." "Even greater is the pain you caused me by your refusal. I'll never get over that." The 2nd and 3rd pers. sing. pres. are the same.

schmieren

to smear; grease;
bribe; scribble

PRINC. PARTS: schmieren, schmierte, geschmiert, schmiert
IMPERATIVE: schmiere!, schmiert!, schmieren Sie!

	INDICATIVE	SUBJUNCTIVE	
		PRIMARY	SECONDARY
		Present Time	
	Present	*(Pres. Subj.)*	*(Imperf. Subj.)*
ich	schmiere	schmiere	schmierte
du	schmierst	schmierest	schmiertest
er	schmiert	schmiere	schmierte
wir	schmieren	schmieren	schmierten
ihr	schmiert	schmieret	schmiertet
sie	schmieren	schmieren	schmierten
	Imperfect		
ich	schmierte		
du	schmiertest		
er	schmierte		
wir	schmierten		
ihr	schmiertet		
sie	schmierten		
		Past Time	
	Perfect	*(Perf. Subj.)*	*(Pluperf. Subj.)*
ich	habe geschmiert	habe geschmiert	hätte geschmiert
du	hast geschmiert	habest geschmiert	hättest geschmiert
er	hat geschmiert	habe geschmiert	hätte geschmiert
wir	haben geschmiert	haben geschmiert	hätten geschmiert
ihr	habt geschmiert	habet geschmiert	hättet geschmiert
sie	haben geschmiert	haben geschmiert	hätten geschmiert
	Pluperfect		
ich	hatte geschmiert		
du	hattest geschmiert		
er	hatte geschmiert		
wir	hatten geschmiert		
ihr	hattet geschmiert		
sie	hatten geschmiert		
		Future Time	
	Future	*(Fut. Subj.)*	*(Pres. Conditional)*
ich	werde schmieren	werde schmieren	würde schmieren
du	wirst schmieren	werdest schmieren	würdest schmieren
er	wird schmieren	werde schmieren	würde schmieren
wir	werden schmieren	werden schmieren	würden schmieren
ihr	werdet schmieren	werdet schmieren	würdet schmieren
sie	werden schmieren	werden schmieren	würden schmieren
		Future Perfect Time	
	Future Perfect	*(Fut. Perf. Subj.)*	*(Past Conditional)*
ich	werde geschmiert haben	werde geschmiert haben	würde geschmiert haben
du	wirst geschmiert haben	werdest geschmiert haben	würdest geschmiert haben
er	wird geschmiert haben	werde geschmiert haben	würde geschmiert haben
wir	werden geschmiert haben	werden geschmiert haben	würden geschmiert haben
ihr	werdet geschmiert haben	werdet geschmiert haben	würdet geschmiert haben
sie	werden geschmiert haben	werden geschmiert haben	würden geschmiert haben

Examples: „*Schmiert meine Zaubersalbe gründlich ein! Dann wird euch alles im Leben wie geschmiert laufen*", behauptete der Quacksalber. *Er versuchte vergebens, die Polizei zu schmieren und mußte das Dorf verlassen.* "Rub in my magic ointment thoroughly. Then everything in your lives will run like clockwork," asserted the quack. He tried unsuccessfully to bribe the police and had to leave town.

PRINC. PARTS: schmollen, schmollte, geschmollt, schmollt
IMPERATIVE: schmolle!, schmollt!, schmollen Sie!

to sulk; pout

INDICATIVE		SUBJUNCTIVE	
		PRIMARY	SECONDARY
		Present Time	
	Present	*(Pres. Subj.)*	*(Imperf. Subj.)*
ich	schmolle	schmolle	schmollte
du	schmollst	schmollest	schmolltest
er	schmollt	schmolle	schmollte
wir	schmollen	schmollen	schmollten
ihr	schmollt	schmollet	schmolltet
sie	schmollen	schmollen	schmollten
	Imperfect		
ich	schmollte		
du	schmolltest		
er	schmollte		
wir	schmollten		
ihr	schmolltet		
sie	schmollten		
		Past Time	
	Perfect	*(Perf. Subj.)*	*(Pluperf. Subj.)*
ich	habe geschmollt	habe geschmollt	hätte geschmollt
du	hast geschmollt	habest geschmollt	hättest geschmollt
er	hat geschmollt	habe geschmollt	hätte geschmollt
wir	haben geschmollt	haben geschmollt	hätten geschmollt
ihr	habt geschmollt	habet geschmollt	hättet geschmollt
sie	haben geschmollt	haben geschmollt	hätten geschmollt
	Pluperfect		
ich	hatte geschmollt		
du	hattest geschmollt		
er	hatte geschmollt		
wir	hatten geschmollt		
ihr	hattet geschmollt		
sie	hatten geschmollt		
		Future Time	
	Future	*(Fut. Subj.)*	*(Pres. Conditional)*
ich	werde schmollen	werde schmollen	würde schmollen
du	wirst schmollen	werdest schmollen	würdest schmollen
er	wird schmollen	werde schmollen	würde schmollen
wir	werden schmollen	werden schmollen	würden schmollen
ihr	werdet schmollen	werdet schmollen	würdet schmollen
sie	werden schmollen	werden schmollen	würden schmollen
		Future Perfect Time	
	Future Perfect	*(Fut. Perf. Subj.)*	*(Past Conditional)*
ich	werde geschmollt haben	werde geschmollt haben	würde geschmollt haben
du	wirst geschmollt haben	werdest geschmollt haben	würdest geschmollt haben
er	wird geschmollt haben	werde geschmollt haben	würde geschmollt haben
wir	werden geschmollt haben	werden geschmollt haben	würden geschmollt haben
ihr	werdet geschmollt haben	werdet geschmollt haben	würdet geschmollt haben
sie	werden geschmollt haben	werden geschmollt haben	würden geschmollt haben

Examples: „*Ich glaube, das Schmollen macht dir Freude. Wenn du wieder mit uns schmollen willst, zieh dich in deinen alten Schmollwinkel zurück und schmoll und groll so viel du willst.*" "I think you enjoy sulking. If you want to get into a huff and not speak to us again, go off and sulk in your old corner and sulk and grumble as much as you want."

schneiden

to cut

PRINC. PARTS: schneiden, schnitt, geschnitten, schneidet
IMPERATIVE: schneide!, schneidet!, schneiden Sie!

INDICATIVE	SUBJUNCTIVE	
	PRIMARY	SECONDARY

Present Time

Present	*(Pres. Subj.)*	*(Imperf. Subj.)*
ich schneide	schneide	schnitte
du schneidest	schneidest	schnittest
er schneidet	schneide	schnitte
wir schneiden	schneiden	schnitten
ihr schneidet	schneidet	schnittet
sie schneiden	schneiden	schnitten

Imperfect

ich	schnitt
du	schnittst
er	schnitt
wir	schnitten
ihr	schnittet
sie	schnitten

Past Time

Perfect	*(Perf. Subj.)*	*(Pluperf. Subj.)*
ich habe geschnitten	habe geschnitten	hätte geschnitten
du hast geschnitten	habest geschnitten	hättest geschnitten
er hat geschnitten	habe geschnitten	hätte geschnitten
wir haben geschnitten	haben geschnitten	hätten geschnitten
ihr habt geschnitten	habet geschnitten	hättet geschnitten
sie haben geschnitten	haben geschnitten	hätten geschnitten

Pluperfect

ich	hatte geschnitten
du	hattest geschnitten
er	hatte geschnitten
wir	hatten geschnitten
ihr	hattet geschnitten
sie	hatten geschnitten

Future Time

Future	*(Fut. Subj.)*	*(Pres. Conditional)*
ich werde schneiden	werde schneiden	würde schneiden
du wirst schneiden	werdest schneiden	würdest schneiden
er wird schneiden	werde schneiden	würde schneiden
wir werden schneiden	werden schneiden	würden schneiden
ihr werdet schneiden	werdet schneiden	würdet schneiden
sie werden schneiden	werden schneiden	würden schneiden

Future Perfect Time

Future Perfect	*(Fut. Perf. Subj.)*	*(Past Conditional)*
ich werde geschnitten haben	werde geschnitten haben	würde geschnitten haben
du wirst geschnitten haben	werdest geschnitten haben	würdest geschnitten haben
er wird geschnitten haben	werde geschnitten haben	würde geschnitten haben
wir werden geschnitten haben	werden geschnitten haben	würden geschnitten haben
ihr werdet geschnitten haben	werdet geschnitten haben	würdet geschnitten haben
sie werden geschnitten haben	werden geschnitten haben	würden geschnitten haben

---

Examples: *Mackie ist kein Aufschneider, aber er sieht immer schnittig und schneidig aus, weil sein Bruder Schneider ist. Beim Schneidern schnitt er sich in den Finger.* Mackie is no braggart, but he always looks stylish and dashing because his brother is a tailor. While tailoring he cut his finger. Study verbs in Group I A, p. xvi.

PRINC. PARTS: schneien*, schneite, geschneit, es schneit
IMPERATIVE: schneie!, schneit!, schneien Sie! **

schneien
to snow

	INDICATIVE	SUBJUNCTIVE	
		PRIMARY	SECONDARY
			Present Time
	Present	*(Pres. Subj.)*	*(Imperf. Subj.)*
ich			
du			
es	schneit	schneie	schneite
wir			
ihr			
sie			
	Imperfect		
ich			
du			
es	schneite		
wir			
ihr			
sie			
			Past Time
	Perfect	*(Perf. Subj.)*	*(Pluperf. Subj.)*
ich			
du			
es	hat geschneit	habe geschneit	hätte geschneit
wir			
ihr			
sie			
	Pluperfect		
ich			
du			
es	hatte geschneit		
wir			
ihr			
sie			
			Future Time
	Future	*(Fut. Subj.)*	*(Pres. Conditional)*
ich			
du			
es	wird schneien	werde schneien	würde schneien
wir			
ihr			
sie			
			Future Perfect Time
	Future Perfect	*(Fut. Perf. Subj.)*	*(Past Conditional)*
ich			
du			
es	wird geschneit haben	werde geschneit haben	würde geschneit haben
wir			
ihr			
sie			

* Impersonal verb. Forms other than the third person singular of this verb are rarely found, except in poetry.
** The imperative *snow* of this verb is as unusual as in English.

Examples: *Schnei uns nicht wieder ins Haus, ohne vorher anzurufen. Du kommst oft zu ungelegener Zeit. Ob's regnet oder schneit, wir wissen nie, wann du auftauchst.* Don't drop in on us without calling first. You often come at an inconvenient time. It can be raining or snowing, we never know when you'll pop up. See "Weather Expressions," p. 561.

schnüren

to tie, tighten

PRINC. PARTS: schnüren, schnürte, geschnürt, schnürt
IMPERATIVE: schnüre!, schnürt!, schnüren Sie!

	INDICATIVE	PRIMARY	SECONDARY
		SUBJUNCTIVE	
	Present	*(Pres. Subj.)*	**Present Time** *(Imperf. Subj.)*
ich	schnüre	schnüre	schnürte
du	schnürst	schnürest	schnürtest
er	schnürt	schnüre	schnürte
wir	schnüren	schnüren	schnürten
ihr	schnürt	schnüret	schnürtet
sie	schnüren	schnüren	schnürten
	Imperfect		
ich	schnürte		
du	schnürtest		
er	schnürte		
wir	schnürten		
ihr	schnürtet		
sie	schnürten		**Past Time**
	Perfect	*(Perf. Subj.)*	*(Pluperf. Subj.)*
ich	habe geschnürt	habe geschnürt	hätte geschnürt
du	hast geschnürt	habest geschnürt	hättest geschnürt
er	hat geschnürt	habe geschnürt	hätte geschnürt
wir	haben geschnürt	haben geschnürt	hätten geschnürt
ihr	habt geschnürt	habet geschnürt	hättet geschnürt
sie	haben geschnürt	haben geschnürt	hätten geschnürt
	Pluperfect		
ich	hatte geschnürt		
du	hattest geschnürt		
er	hatte geschnürt		
wir	hatten geschnürt		
ihr	hattet geschnürt		
sie	hatten geschnürt		**Future Time**
	Future	*(Fut. Subj.)*	*(Pres. Conditional)*
ich	werde schnüren	werde schnüren	würde schnüren
du	wirst schnüren	werdest schnüren	würdest schnüren
er	wird schnüren	werde schnüren	würde schnüren
wir	werden schnüren	werden schnüren	würden schnüren
ihr	werdet schnüren	werdet schnüren	würdet schnüren
sie	werden schnüren	werden schnüren	würden schnüren
			Future Perfect Time
	Future Perfect	*(Fut. Perf. Subj.)*	*(Past Conditional)*
ich	werde geschnürt haben	werde geschnürt haben	würde geschnürt haben
du	wirst geschnürt haben	werdest geschnürt haben	würdest geschnürt haben
er	wird geschnürt haben	werde geschnürt haben	würde geschnürt haben
wir	werden geschnürt haben	werden geschnürt haben	würden geschnürt haben
ihr	werdet geschnürt haben	werdet geschnürt haben	würdet geschnürt haben
sie	werden geschnürt haben	werden geschnürt haben	würden geschnürt haben

Examples: *Angst schnürte ihnen die Kehle zu, als Osmin sang: „O wie will ich triumphieren, wenn ... sie euch die Hälse schnüren zu."* Fear constricted their throats when Osmin sang, "O how I'll triumph when ... they string you up by the neck."
Ich habe nie richtig gelernt, die Schuhe zu schnüren. I never learned how to tie my shoelaces properly.

schöpfen

PRINC. PARTS: schöpfen, schöpfte, geschöpft, schöpft
IMPERATIVE: schöpfe!, schöpft!, schöpfen Sie!

to scoop;
*obtain, conceive**

	INDICATIVE	SUBJUNCTIVE	
		PRIMARY	SECONDARY
		Present Time	
	Present	*(Pres. Subj.)*	*(Imperf. Subj.)*
ich	schöpfe	schöpfe	schöpfte
du	schöpfst	schöpfest	schöpftest
er	schöpft	schöpfe	schöpfte
wir	schöpfen	schöpfen	schöpften
ihr	schöpft	schöpfet	schöpftet
sie	schöpfen	schöpfen	schöpften

	Imperfect
ich	schöpfte
du	schöpftest
er	schöpfte
wir	schöpften
ihr	schöpftet
sie	schöpften

			Past Time	
	Perfect	*(Perf. Subj.)*	*(Pluperf. Subj.)*
ich	habe geschöpft	habe geschöpft	hätte geschöpft
du	hast geschöpft	habest geschöpft	hättest geschöpft
er	hat geschöpft	habe geschöpft	hätte geschöpft
wir	haben geschöpft	haben geschöpft	hätten geschöpft
ihr	habt geschöpft	habet geschöpft	hättet geschöpft
sie	haben geschöpft	haben geschöpft	hätten geschöpft

	Pluperfect
ich	hatte geschöpft
du	hattest geschöpft
er	hatte geschöpft
wir	hatten geschöpft
ihr	hattet geschöpft
sie	hatten geschöpft

			Future Time	
	Future	*(Fut. Subj.)*	*(Pres. Conditional)*
ich	werde schöpfen	werde schöpfen	würde schöpfen
du	wirst schöpfen	werdest schöpfen	würdest schöpfen
er	wird schöpfen	werde schöpfen	würde schöpfen
wir	werden schöpfen	werden schöpfen	würden schöpfen
ihr	werdet schöpfen	werdet schöpfen	würdet schöpfen
sie	werden schöpfen	werden schöpfen	würden schöpfen

			Future Perfect Time	
	Future Perfect	*(Fut. Perf. Subj.)*	*(Past Conditional)*
ich	werde geschöpft haben	werde geschöpft haben	würde geschöpft haben
du	wirst geschöpft haben	werdest geschöpft haben	würdest geschöpft haben
er	wird geschöpft haben	werde geschöpft haben	würde geschöpft haben
wir	werden geschöpft haben	werden geschöpft haben	würden geschöpft haben
ihr	werdet geschöpft haben	werdet geschöpft haben	würdet geschöpft haben
sie	werden geschöpft haben	werden geschöpft haben	würden geschöpft haben

* in phrases such as *Atem schöpfen* — to get one's breath; *Verdacht schöpfen* — to become suspicious.

Examples: *Obwohl wir kaum Atem schöpfen konnten, mußten wir unaufhörlich Wasser schöpfen. Das Boot ist trotzdem gesunken, aber wir wollen Mut und neue Hoffnung schöpfen und ein neues bauen.* Although we could scarcely get our breath we had to keep on bailing water. The boat sank anyway, but we will take courage and hope and build a new one.

333

schreiben

to write

PRINC. PARTS: schreiben, schrieb, geschrieben, schreibt
IMPERATIVE: schreibe!, schreibt!, schreiben Sie!

	INDICATIVE	SUBJUNCTIVE	
		PRIMARY	SECONDARY
		Present Time	
	Present	*(Pres. Subj.)*	*(Imperf. Subj.)*
ich	schreibe	schreibe	schriebe
du	schreibst	schreibest	schriebest
er	schreibt	schreibe	schriebe
wir	schreiben	schreiben	schrieben
ihr	schreibt	schreibet	schriebet
sie	schreiben	schreiben	schrieben
	Imperfect		
ich	schrieb		
du	schriebst		
er	schrieb		
wir	schrieben		
ihr	schriebt		
sie	schrieben		
	Perfect	*Past Time*	
		(Perf. Subj.)	*(Pluperf. Subj.)*
ich	habe geschrieben	habe geschrieben	hätte geschrieben
du	hast geschrieben	habest geschrieben	hättest geschrieben
er	hat geschrieben	habe geschrieben	hätte geschrieben
wir	haben geschrieben	haben geschrieben	hätten geschrieben
ihr	habt geschrieben	habet geschrieben	hättet geschrieben
sie	haben geschrieben	haben geschrieben	hätten geschrieben
	Pluperfect		
ich	hatte geschrieben		
du	hattest geschrieben		
er	hatte geschrieben		
wir	hatten geschrieben		
ihr	hattet geschrieben		
sie	hatten geschrieben		
	Future	*Future Time*	
		(Fut. Subj.)	*(Pres. Conditional)*
ich	werde schreiben	werde schreiben	würde schreiben
du	wirst schreiben	werdest schreiben	würdest schreiben
er	wird schreiben	werde schreiben	würde schreiben
wir	werden schreiben	werden schreiben	würden schreiben
ihr	werdet schreiben	werdet schreiben	würdet schreiben
sie	werden schreiben	werden schreiben	würden schreiben
	Future Perfect	*Future Perfect Time*	
		(Fut. Perf. Subj.)	*(Past Conditional)*
ich	werde geschrieben haben	werde geschrieben haben	würde geschrieben haben
du	wirst geschrieben haben	werdest geschrieben haben	würdest geschrieben haben
er	wird geschrieben haben	werde geschrieben haben	würde geschrieben haben
wir	werden geschrieben haben	werden geschrieben haben	würden geschrieben haben
ihr	werdet geschrieben haben	werdet geschrieben haben	würdet geschrieben haben
sie	werden geschrieben haben	werden geschrieben haben	wurden geschrieben haben

Examples: *Ich konnte dir nicht schreiben, aber jetzt beschreibe ich dir alles genau. Den Brief hat der Erpresser nicht unterschrieben, aber er wurde auf seiner Schreibmaschine geschrieben. Alles ist zweifellos seiner Bosheit zuzuschreiben.* I couldn't write but now I'll describe everything to you exactly. The blackmailer didn't sign the letter but it was typed on his machine. Everything is undoubtedly due to his malice.

PRINC. PARTS: schreien, schrie, geschrieen, *
schreit
IMPERATIVE: schreie!, schreit!, schreien Sie!

schreien

to shout, scream, shriek, cry

INDICATIVE	SUBJUNCTIVE	
	PRIMARY	SECONDARY

Present Time

	Present	*(Pres. Subj.)*	*(Imperf. Subj.)*
ich	schreie	schreie	schriee
du	schreist	schreiest	schrieest
er	schreit	schreie	schriee
wir	schreien	schreien	schrieen
ihr	schreit	schreiet	schrieet
sie	schreien	schreien	schrieen

	Imperfect
ich	schrie
du	schriest
er	schrie
wir	schrieen
ihr	schriet
sie	schrieen

Past Time

	Perfect	*(Perf. Subj.)*	*(Pluperf. Subj.)*
ich	habe geschrieen	habe geschrieen	hätte geschrieen
du	hast geschrieen	habest geschrieen	hättest geschrieen
er	hat geschrieen	habe geschrieen	hätte geschrieen
wir	haben geschrieen	haben geschrieen	hätten geschrieen
ihr	habt geschrieen	habet geschrieen	hättet geschrieen
sie	haben geschrieen	haben geschrieen	hätten geschrieen

	Pluperfect
ich	hatte geschrieen
du	hattest geschrieen
er	hatte geschrieen
wir	hatten geschrieen
ihr	hattet geschrieen
sie	hatten geschrieen

Future Time

	Future	*(Fut. Subj.)*	*(Pres. Conditional)*
ich	werde schreien	werde schreien	würde schreien
du	wirst schreien	werdest schreien	würdest schreien
er	wird schreien	werde schreien	würde schreien
wir	werden schreien	werden schreien	würden schreien
ihr	werdet schreien	werdet schreien	würdet schreien
sie	werden schreien	werden schreien	würden schreien

Future Perfect Time

	Future Perfect	*(Fut. Perf. Subj.)*	*(Past Conditional)*
ich	werde geschrieen haben	werde geschrieen haben	würde geschrieen haben
du	wirst geschrieen haben	werdest geschrieen haben	würdest geschrieen haben
er	wird geschrieen haben	werde geschrieen haben	würde geschrieen haben
wir	werden geschrieen haben	werden geschrieen haben	würden geschrieen haben
ihr	werdet geschrieen haben	werdet geschrieen haben	würdet geschrieen haben
sie	werden geschrieen haben	werden geschrieen haben	würden geschrieen haben

*The latest edition of Duden gives the past participle as *geschrien*.

Examples: *Während der Fuchsjagd schrie Oskar um Hilfe.* During the fox-hunt Oscar cried out for help. *Sie stießen einen Schrei aus. Sie schrieen aus vollem Halse. Als der Polizist sie befragte, schrieen sie nach ihrer Mutter.* They uttered a cry. They shouted at the top of their lungs. When the policeman questioned them, they cried for their mother.

schreiten

to stride; step; walk

PRINC. PARTS: schreiten, schritt, ist geschritten, schreitet
IMPERATIVE: schreite!, schreitet!, schreiten Sie!

INDICATIVE		SUBJUNCTIVE	
		PRIMARY	SECONDARY
		Present Time	
	Present	*(Pres. Subj.)*	*(Imperf. Subj.)*
ich	schreite	schreite	schritte
du	schreitest	schreitest	schrittest
er	schreitet	schreite	schritte
wir	schreiten	schreiten	schritten
ihr	schreitet	schreitet	schrittet
sie	schreiten	schreiten	schritten

	Imperfect
ich	schritt
du	schrittest
er	schritt
wir	schritten
ihr	schrittet
sie	schritten

			Past Time	
	Perfect	*(Perf. Subj.)*	*(Pluperf. Subj.)*
ich	bin geschritten	sei geschritten	wäre geschritten
du	bist geschritten	seiest geschritten	wärest geschritten
er	ist geschritten	sei geschritten	wäre geschritten
wir	sind geschritten	seien geschritten	wären geschritten
ihr	seid geschritten	seiet geschritten	wäret geschritten
sie	sind geschritten	seien geschritten	wären geschritten

	Pluperfect
ich	war geschritten
du	warst geschritten
er	war geschritten
wir	waren geschritten
ihr	wart geschritten
sie	waren geschritten

			Future Time	
	Future	*(Fut. Subj.)*	*(Pres. Conditional)*
ich	werde schreiten	werde schreiten	würde schreiten
du	wirst schreiten	werdest schreiten	würdest schreiten
er	wird schreiten	werde schreiten	würde schreiten
wir	werden schreiten	werden schreiten	würden schreiten
ihr	werdet schreiten	werdet schreiten	würdet schreiten
sie	werden schreiten	werden schreiten	würden schreiten

			Future Perfect Time	
	Future Perfect	*(Fut. Perf. Subj.)*	*(Past Conditional)*
ich	werde geschritten sein	werde geschritten sein	würde geschritten sein
du	wirst geschritten sein	werdest geschritten sein	würdest geschritten sein
er	wird geschritten sein	werde geschritten sein	würde geschritten sein
wir	werden geschritten sein	werden geschritten sein	würden geschritten sein
ihr	werdet geschritten sein	werdet geschritten sein	würdet geschritten sein
sie	werden geschritten sein	werden geschritten sein	würden geschritten sein

Examples: *Der Soldat schritt einst im gleichen Schritt und Tritt.* The soldier once walked in the same rhythm. *Wegen der Ausschreitungen mußte die Polizei einschreiten. Die Demonstranten hatten die Grenzen des Erlaubten überschritten.* The police had to intervene because of the riots. The demonstrators had gone beyond the limits of the permissible.

schwanken

PRINC. PARTS: schwanken, schwankte, geschwankt,
schwankt
IMPERATIVE: schwanke!, schwankt!, schwanken Sie!

to sway, rock;
fluctuate

INDICATIVE	SUBJUNCTIVE	
	PRIMARY	SECONDARY

Present Time

Present	(*Pres. Subj.*)	(*Imperf. Subj.*)
ich schwanke	schwanke	schwankte
du schwankst	schwankest	schwanktest
er schwankt	schwanke	schwankte
wir schwanken	schwanken	schwankten
ihr schwankt	schwanket	schwanktet
sie schwanken	schwanken	schwankten

Imperfect
ich schwankte
du schwanktest
er schwankte
wir schwankten
ihr schwanktet
sie schwankten

Past Time

Perfect	(*Perf. Subj.*)	(*Pluperf. Subj.*)
ich habe geschwankt	habe geschwankt	hätte geschwankt
du hast geschwankt	habest geschwankt	hättest geschwankt
er hat geschwankt	habe geschwankt	hätte geschwankt
wir haben geschwankt	haben geschwankt	hätten geschwankt
ihr habt geschwankt	habet geschwankt	hättet geschwankt
sie haben geschwankt	haben geschwankt	hätten geschwankt

Pluperfect
ich hatte geschwankt
du hattest geschwankt
er hatte geschwankt
wir hatten geschwankt
ihr hattet geschwankt
sie hatten geschwankt

Future Time

Future	(*Fut. Subj.*)	(*Pres. Conditional*)
ich werde schwanken	werde schwanken	würde schwanken
du wirst schwanken	werdest schwanken	würdest schwanken
er wird schwanken	werde schwanken	würde schwanken
wir werden schwanken	werden schwanken	würden schwanken
ihr werdet schwanken	werdet schwanken	würdet schwanken
sie werden schwanken	werden schwanken	würden schwanken

Future Perfect Time

Future Perfect	(*Fut. Perf. Subj.*)	(*Past Conditional*)
ich werde geschwankt haben	werde geschwankt haben	würde geschwankt haben
du wirst geschwankt haben	werdest geschwankt haben	würdest geschwankt haben
er wird geschwankt haben	werde geschwankt haben	würde geschwankt haben
wir werden geschwankt haben	werden geschwankt haben	würden geschwankt haben
ihr werdet geschwankt haben	werdet geschwankt haben	würdet geschwankt haben
sie werden geschwankt haben	werden geschwankt haben	würden geschwankt haben

Examples: *Gewöhnlich steckt Fritz voller Schwänke, aber gestern abend konnte er nur mit schwankenden Schritten nach Hause schwanken. Bei den Börsenschwankungen hat er viel Geld verloren.* Usually Fritz is full of jokes, but last night all he could do was stagger home with unsteady steps. He's lost a lot of money during the stock market fluctuations.

schwänzen

to play hooky,
cut classes

PRINC. PARTS: schwänzen, schwänzte, geschwänzt, schwänzt
IMPERATIVE: schwänze!, schwänzt!, schwänzen Sie!

	INDICATIVE	SUBJUNCTIVE	
		PRIMARY	SECONDARY
		Present Time	
	Present	*(Pres. Subj.)*	*(Imperf. Subj.)*
ich	schwänze	schwänze	schwänzte
du	schwänzt	schwänzest	schwänztest
er	schwänzt	schwänze	schwänzte
wir	schwänzen	schwänzen	schwänzten
ihr	schwänzt	schwänzet	schwänztet
sie	schwänzen	schwänzen	schwänzten
	Imperfect		
ich	schwänzte		
du	schwänztest		
er	schwänzte		
wir	schwänzten		
ihr	schwänztet		
sie	schwänzten	*Past Time*	
	Perfect	*(Perf. Subj.)*	*(Pluperf. Subj.)*
ich	habe geschwänzt	habe geschwänzt	hätte geschwänzt
du	hast geschwänzt	habest geschwänzt	hättest geschwänzt
er	hat geschwänzt	habe geschwänzt	hätte geschwänzt
wir	haben geschwänzt	haben geschwänzt	hätten geschwänzt
ihr	habt geschwänzt	habet geschwänzt	hättet geschwänzt
sie	haben geschwänzt	haben geschwänzt	hätten geschwänzt
	Pluperfect		
ich	hatte geschwänzt		
du	hattest geschwänzt		
er	hatte geschwänzt		
wir	hatten geschwänzt		
ihr	hattet geschwänzt		
sie	hatten geschwänzt	*Future Time*	
	Future	*(Fut. Subj.)*	*(Pres. Conditional)*
ich	werde schwänzen	werde schwänzen	würde schwänzen
du	wirst schwänzen	werdest schwänzen	würdest schwänzen
er	wird schwänzen	werde schwänzen	würde schwänzen
wir	werden schwänzen	werden schwänzen	würden schwänzen
ihr	werdet schwänzen	werdet schwänzen	würdet schwänzen
sie	werden schwänzen	werden schwänzen	würden schwänzen
		Future Perfect Time	
	Future Perfect	*(Fut. Perf. Subj.)*	*(Past Conditional)*
ich	werde geschwänzt haben	werde geschwänzt haben	würde geschwänzt haben
du	wirst geschwänzt haben	werdest geschwänzt haben	würdest geschwänzt haben
er	wird geschwänzt haben	werde geschwänzt haben	würde geschwänzt haben
wir	werden geschwänzt haben	werden geschwänzt haben	würden geschwänzt haben
ihr	werdet geschwänzt haben	werdet geschwänzt haben	würdet geschwänzt haben
sie	werden geschwänzt haben	werden geschwänzt haben	würden geschwänzt haben

Examples: *„Wenn du weiter so die Schule schwänzt, wird nichts aus dir werden." „Viele schwänzten oft und brachten es doch weit später im Leben."* "If you continue playing hooky from school like that, nothing will become of you." "Many cut classes often, yet they later went far in life." The 2nd and 3rd pers. sing. pres. are similar.

PRINC. PARTS: schwärzen, schwärzte, geschwärzt, schwärzt

IMPERATIVE: schwärze!, schwärzt!, schwärzen Sie!

to blacken, slander, vilify

	INDICATIVE	SUBJUNCTIVE	
		PRIMARY	SECONDARY
		Present Time	
	Present	(*Pres. Subj.*)	(*Imperf. Subj.*)
ich	schwärze	schwärze	schwärzte
du	schwärzt	schwärzest	schwärztest
er	schwärzt	schwärze	schwärzte
wir	schwärzen	schwärzen	schwärzten
ihr	schwärzt	schwärzet	schwärztet
sie	schwärzen	schwärzen	schwärzten
	Imperfect		
ich	schwärzte·		
du	schwärztest		
er	schwärzte		
wir	schwärzten		
ihr	schwärztet		
sie	schwärzten	*Past Time*	
	Perfect	(*Perf. Subj.*)	(*Pluperf. Subj.*)
ich	habe geschwärzt	habe geschwärzt	hätte geschwärzt
du	hast geschwärzt	habest geschwärzt	hättest geschwärzt
er	hat geschwärzt	habe geschwärzt	hätte geschwärzt
wir	haben geschwärzt	haben geschwärzt	hätten geschwärzt
ihr	habt geschwärzt	habet geschwärzt	hättet geschwärzt
sie	haben geschwärzt	haben geschwärzt	hätten geschwärzt
	Pluperfect		
ich	hatte geschwärzt		
du	hattest geschwärzt		
er	hatte geschwärzt		
wir	hatten geschwärzt		
ihr	hattet geschwärzt		
sie	hatten geschwärzt	*Future Time*	
	Future	(*Fut. Subj.*)	(*Pres. Conditional*)
ich	werde schwärzen	werde schwärzen	würde schwärzen
du	wirst schwärzen	werdest schwärzen	würdest schwärzen
er	wird schwärzen	werde schwärzen	würde schwärzen
wir	werden schwärzen	werden schwärzen	würden schwärzen
ihr	werdet schwärzen	werdet schwärzen	würdet schwärzen
sie	werden schwärzen	werden schwärzen	würden schwärzen
		Future Perfect Time	
	Future Perfect	(*Fut. Perf. Subj.*)	(*Past Conditional*)
ich	werde geschwärzt haben	werde geschwärzt haben	würde geschwärzt haben
du	wirst geschwärzt haben	werdest geschwärzt haben	würdest geschwärzt haben
er	wird geschwärzt haben	werde geschwärzt haben	würde geschwärzt haben
wir	werden geschwärzt haben	werden geschwärzt haben	würden geschwärzt haben
ihr	werdet geschwärzt haben	werdet geschwärzt haben	würdet geschwärzt haben
sie	werden geschwärzt haben	werden geschwärzt haben	würden geschwärzt haben

Examples: *Sie schwärzen nur meinen Ruf, wenn Sie von der Zeit schreiben, wo ich schwarzgebrannten Schnaps auf dem Schwarzmarkt verkaufte. Auch erwischte man mich mehrmals beim Schwärzen im Zug.* You're just blackening my reputation in writing about the time when I sold moonshine on the black market. They also caught me traveling without a ticket on the train several times.

339

schwatzen

to chatter, prattle   PRINC. PARTS: schwatzen, schwatzte, geschwatzt, schwatzt
IMPERATIVE: schwatze!, schwatzt!, schwatzen Sie!

	INDICATIVE	SUBJUNCTIVE	
		PRIMARY	SECONDARY
		Present Time	
	Present	*(Pres. Subj.)*	*(Imperf. Subj.)*
ich	schwatze	schwatze	schwatzte
du	schwatzt	schwatzest	schwatztest
er	schwatzt	schwatze	schwatzte
wir	schwatzen	schwatzen	schwatzten
ihr	schwatzt	schwatzet	schwatztet
sie	schwatzen	schwatzen	schwatzten
	Imperfect		
ich	schwatzte		
du	schwatztest		
er	schwatzte		
wir	schwatzten		
ihr	schwatztet		
sie	schwatzten		
	Perfect	*(Perf. Subj.)*	*(Pluperf. Subj.)*
		Past Time	
ich	habe geschwatzt	habe geschwatzt	hätte geschwatzt
du	hast geschwatzt	habest geschwatzt	hättest geschwatzt
er	hat geschwatzt	habe geschwatzt	hätte geschwatzt
wir	haben geschwatzt	haben geschwatzt	hätten geschwatzt
ihr	habt geschwatzt	habet geschwatzt	hättet geschwatzt
sie	haben geschwatzt	haben geschwatzt	hätten geschwatzt
	Pluperfect		
ich	hatte geschwatzt		
du	hattest geschwatzt		
er	hatte geschwatzt		
wir	hatten geschwatzt		
ihr	hattet geschwatzt		
sie	hatten geschwatzt		
	Future	*(Fut. Subj.)*	*(Pres. Conditional)*
		Future Time	
ich	werde schwatzen	werde schwatzen	würde schwatzen
du	wirst schwatzen	werdest schwatzen	würdest schwatzen
er	wird schwatzen	werde schwatzen	würde schwatzen
wir	werden schwatzen	werden schwatzen	würden schwatzen
ihr	werdet schwatzen	werdet schwatzen	würdet schwatzen
sie	werden schwatzen	werden schwatzen	würden schwatzen
	Future Perfect	*(Fut. Perf. Subj.)*	*(Past Conditional)*
		Future Perfect Time	
ich	werde geschwatzt haben	werde geschwatzt haben	würde geschwatzt haben
du	wirst geschwatzt haben	werdest geschwatzt haben	würdest geschwatzt haben
er	wird geschwatzt haben	werde geschwatzt haben	würde geschwatzt haben
wir	werden geschwatzt haben	werden geschwatzt haben	würden geschwatzt haben
ihr	werdet geschwatzt haben	werdet geschwatzt haben	würdet geschwatzt haben
sie	werden geschwatzt haben	werden geschwatzt haben	würden geschwatzt haben

---

Examples: *Vergnügt schwatzend, erzählte Winifred allen alles. „Sie schwatzt unaufhör-lich. Sie ist mir zu geschwätzig. Ich will mir ihr Geschwätz nicht länger anhören", sagte eine Reporterin.* Chattering happily, Winifred told everything to everybody. "She chatters incessantly. She's too talkative for me. I don't want to listen to her gossip anymore," said a reporter.

schweben

PRINC. PARTS: schweben, schwebte, geschwebt, schwebt
IMPERATIVE: schwebe!, schwebt!, schweben Sie!

to soar; hover;
be pending

INDICATIVE	SUBJUNCTIVE	
	PRIMARY	SECONDARY
	Present Time	
Present	*(Pres. Subj.)*	*(Imperf. Subj.)*
ich schwebe	schwebe	schwebte
du schwebst	schwebest	schwebtest
er schwebt	schwebe	schwebte
wir schweben	schweben	schwebten
ihr schwebt	schwebet	schwebtet
sie schweben	schweben	schwebten
Imperfect		
ich schwebte		
du schwebtest		
er schwebte		
wir schwebten		
ihr schwebtet		
sie schwebten		
	Past Time	
Perfect	*(Perf. Subj.)*	*(Pluperf. Subj.)*
ich habe geschwebt	habe geschwebt	hätte geschwebt
du hast geschwebt	habest geschwebt	hättest geschwebt
er hat geschwebt	habe geschwebt	hätte geschwebt
wir haben geschwebt	haben geschwebt	hätten geschwebt
ihr habt geschwebt	habet geschwebt	hättet geschwebt
sie haben geschwebt	haben geschwebt	hätten geschwebt
Pluperfect		
ich hatte geschwebt		
du hattest geschwebt		
er hatte geschwebt		
wir hatten geschwebt		
ihr hattet geschwebt		
sie hatten geschwebt		
	Future Time	
Future	*(Fut. Subj.)*	*(Pres. Conditional)*
ich werde schweben	werde schweben	würde schweben
du wirst schweben	werdest schweben	würdest schweben
er wird schweben	werde schweben	würde schweben
wir werden schweben	werden schweben	würden schweben
ihr werdet schweben	werdet schweben	würdet schweben
sie werden schweben	werden schweben	würden schweben
	Future Perfect Time	
Future Perfect	*(Fut. Perf. Subj.)*	*(Past Conditional)*
ich werde geschwebt haben	werde geschwebt haben	würde geschwebt haben
du wirst geschwebt haben	werdest geschwebt haben	würdest geschwebt haben
er wird geschwebt haben	werde geschwebt haben	würde geschwebt haben
wir werden geschwebt haben	werden geschwebt haben	würden geschwebt haben
ihr werdet geschwebt haben	werdet geschwebt haben	würdet geschwebt haben
sie werden geschwebt haben	werden geschwebt haben	würden geschwebt haben

Examples: *Auf Schwebebahnen in den Alpen glaubten wir zwischen Leben und Tod zu schweben. Wir wissen nicht, wann wir nach Wuppertal zurückkehren. Es ist alles noch in der Schwebe.* On cable rails in the Alps we thought we were hovering between life and death. We don't know when we'll return to Wuppertal. Everything is still up in the air.

schweigen

to be silent

PRINC. PARTS: schweigen, schwieg, geschwiegen, schweigt
IMPERATIVE: schweige!, schweigt!, schweigen Sie!

INDICATIVE		SUBJUNCTIVE	
		PRIMARY	SECONDARY
		Present Time	
	Present	*(Pres. Subj.)*	*(Imperf. Subj.)*
ich	schweige	schweige	schwiege
du	schweigst	schweigest	schwiegest
er	schweigt	schweige	schwiege
wir	schweigen	schweigen	schwiegen
ihr	schweigt	schweiget	schwieget
sie	schweigen	schweigen	schwiegen
	Imperfect		
ich	schwieg		
du	schwiegst		
er	schwieg		
wir	schwiegen		
ihr	schwiegt		
sie	schwiegen		
	Perfect	*Past Time*	
		(Perf. Subj.)	*(Pluperf. Subj.)*
ich	habe geschwiegen	habe geschwiegen	hätte geschwiegen
du	hast geschwiegen	habest geschwiegen	hättest geschwiegen
er	hat geschwiegen	habe geschwiegen	hätte geschwiegen
wir	haben geschwiegen	haben geschwiegen	hätten geschwiegen
ihr	habt geschwiegen	habet geschwiegen	hättet geschwiegen
sie	haben geschwiegen	haben geschwiegen	hätten geschwiegen
	Pluperfect		
ich	hatte geschwiegen		
du	hattest geschwiegen		
er	hatte geschwiegen		
wir	hatten geschwiegen		
ihr	hattet geschwiegen		
sie	hatten geschwiegen		
		Future Time	
	Future	*(Fut. Subj.)*	*(Pres. Conditional)*
ich	werde schweigen	werde schweigen	würde schweigen
du	wirst schweigen	werdest schweigen	würdest schweigen
er	wird schweigen	werde schweigen	würde schweigen
wir	werden schweigen	werden schweigen	würden schweigen
ihr	werdet schweigen	werdet schweigen	würdet schweigen
sie	werden schweigen	werden schweigen	würden schweigen
		Future Perfect Time	
	Future Perfect	*(Fut. Perf. Subj.)*	*(Past Conditional)*
ich	werde geschwiegen haben	werde geschwiegen haben	würde geschwiegen haben
du	wirst geschwiegen haben	werdest geschwiegen haben	würdest geschwiegen haben
er	wird geschwiegen haben	werde geschwiegen haben	würde geschwiegen haben
wir	werden geschwiegen haben	werden geschwiegen haben	würden geschwiegen haben
ihr	werdet geschwiegen haben	werdet geschwiegen haben	würdet geschwiegen haben
sie	werden geschwiegen haben	werden geschwiegen haben	würden geschwiegen haben

Examples: *Benno, sonst so geschwätzig, wurde ganz schweigsam. Er hörte alles nur schweigend zu. Ich glaube, man gab ihm Schweigegeld, denn er verschwieg die Wahrheit. Auch beim Prozeß wird er sich wohl ausschweigen.* Benno, usually so talkative, became very silent. He merely listened to everything in silence. I think they gave him hush-money because he concealed (kept silent about) the truth.

schwellen

PRINC. PARTS: schwellen, schwoll, ist geschwollen, schwillt
IMPERATIVE: schwill!, schwellt!, schwellen Sie!

*to swell; rise;
increase in size*

INDICATIVE	SUBJUNCTIVE	
	PRIMARY	SECONDARY
	Present Time	
Present	*(Pres. Subj.)*	*(Imperf. Subj.)*
ich schwelle	schwelle	schwölle
du schwillst	schwellest	schwöllest
er schwillt	schwelle	schwölle
wir schwellen	schwellen	schwöllen
ihr schwellt	schwellet	schwöllet
sie schwellen	schwellen	schwöllen

Imperfect

ich	schwoll
du	schwollst
er	schwoll
wir	schwollen
ihr	schwollt
sie	schwollen

Perfect	*Past Time*	
	(Perf. Subj.)	*(Pluperf. Subj.)*
ich bin geschwollen	sei geschwollen	wäre geschwollen
du bist geschwollen	seiest geschwollen	wärest geschwollen
er ist geschwollen	sei geschwollen	wäre geschwollen
wir sind geschwollen	seien geschwollen	wären geschwollen
ihr seid geschwollen	seiet geschwollen	wäret geschwollen
sie sind geschwollen	seien geschwollen	wären geschwollen

Pluperfect

ich	war geschwollen
du	warst geschwollen
er	war geschwollen
wir	waren geschwollen
ihr	wart geschwollen
sie	waren geschwollen

Future	*Future Time*	
	(Fut. Subj.)	*(Pres. Conditional)*
ich werde schwellen	werde schwellen	würde schwellen
du wirst schwellen	werdest schwellen	würdest schwellen
er wird schwellen	werde schwellen	würde schwellen
wir werden schwellen	werden schwellen	würden schwellen
ihr werdet schwellen	werdet schwellen	würdet schwellen
sie werden schwellen	werden schwellen	würden schwellen

Future Perfect	*Future Perfect Time*	
	(Fut. Perf. Subj.)	*(Past Conditional)*
ich werde geschwollen sein	werde geschwollen sein	würde geschwollen sein
du wirst geschwollen sein	werdest geschwollen sein	würdest geschwollen sein
er wird geschwollen sein	werde geschwollen sein	würde geschwollen sein
wir werden geschwollen sein	werden geschwollen sein	würden geschwollen sein
ihr werdet geschwollen sein	werdet geschwollen sein	würdet geschwollen sein
sie werden geschwollen sein	werden geschwollen sein	würden geschwollen sein

Examples: *Der Wind schwellte die Segel und es schwoll ihm der Mut. Er wollte in den Sturm segeln, aber er fiel hin und verletzte sich den Arm, der gleich angeschwollen ist.* The wind swelled the sails and his courage rose. He wanted to sail into the storm but he fell down and hurt his arm. It swelled up right away. When used transitively (when it takes a dir. obj.), **schwellen** is weak.

343

schwimmen

to swim; float

PRINC. PARTS: schwimmen, schwamm, ist geschwommen, schwimmt

IMPERATIVE: schwimme!, schwimmt!, schwimmen Sie!

	INDICATIVE	SUBJUNCTIVE	
		PRIMARY	SECONDARY
	Present	*Present Time* (*Pres. Subj.*)	(*Imperf. Subj.*)
ich	schwimme	schwimme	schwömme
du	schwimmst	schwimmest	schwömmest
er	schwimmt	schwimme	schwömme
wir	schwimmen	schwimmen	schwömmen
ihr	schwimmt	schwimmet	schwömmet
sie	schwimmen	schwimmen	schwömmen
	Imperfect		
ich	schwamm		
du	schwammst		
er	schwamm		
wir	schwammen		
ihr	schwammt		
sie	schwammen		
	Perfect	*Past Time* (*Perf. Subj.*)	(*Pluperf. Subj.*)
ich	bin geschwommen	sei geschwommen	wäre geschwommen
du	bist geschwommen	seiest geschwommen	wärest geschwommen
er	ist geschwommen	sei geschwommen	wäre geschwommen
wir	sind geschwommen	seien geschwommen	wären geschwommen
ihr	seid geschwommen	seiet geschwommen	wäret geschwommen
sie	sind geschwommen	seien geschwommen	wären geschwommen
	Pluperfect		
ich	war geschwommen		
du	warst geschwommen		
er	war geschwommen		
wir	waren geschwommen		
ihr	wart geschwommen		
sie	waren geschwommen		
	Future	*Future Time* (*Fut. Subj.*)	(*Pres. Conditional*)
ich	werde schwimmen	werde schwimmen	würde schwimmen
du	wirst schwimmen	werdest schwimmen	würdest schwimmen
er	wird schwimmen	werde schwimmen	würde schwimmen
wir	werden schwimmen	werden schwimmen	würden schwimmen
ihr	werdet schwimmen	werdet schwimmen	würdet schwimmen
sie	werden schwimmen	werden schwimmen	würden schwimmen
	Future Perfect	*Future Perfect Time* (*Fut. Perf. Subj.*)	(*Past Conditional*)
ich	werde geschwommen sein	werde geschwommen sein	würde geschwommen sein
du	wirst geschwommen sein	werdest geschwommen sein	würdest geschwommen sein
er	wird geschwommen sein	werde geschwommen sein	würde geschwommen sein
wir	werden geschwommen sein	werden geschwommen sein	würden geschwommen sein
ihr	werdet geschwommen sein	werdet geschwommen sein	würdet geschwommen sein
sie	werden geschwommen sein	werden geschwommen sein	würden geschwommen sein

Examples: *Ist Kleopatra im Nil oder im Mittelmeer geschwommen?* Did Cleopatra swim in the Nile or the Mediterranean? *Die Aufnahmen, die ich von den Kindern im Schwimmbad gemacht habe, sind leider ganz verschwommen.* Unfortunately, the photos I took of the children in the swimming pool are all blurred. Study verbs in Group III B, p. xviii. See also "Sein Verbs," pp. xxiv-xxv.

schwinden

to fade; wane; dwindle

INDICATIVE	SUBJUNCTIVE	
	PRIMARY	SECONDARY

Present Time

Present	*(Pres. Subj.)*	*(Imperf. Subj.)*
ich schwinde	schwinde	schwände
du schwindest	schwindest	schwändest
er schwindet	schwinde	schwände
wir schwinden	schwinden	schwänden
ihr schwindet	schwindet	schwändet
sie schwinden	schwinden	schwänden

Imperfect
ich schwand
du schwandest
er schwand
wir schwanden
ihr schwandet
sie schwanden

Past Time

Perfect	*(Perf. Subj.)*	*(Pluperf. Subj.)*
ich bin geschwunden	sei geschwunden	wäre geschwunden
du bist geschwunden	seiest geschwunden	wärest geschwunden
er ist geschwunden	sei geschwunden	wäre geschwunden
wir sind geschwunden	seien geschwunden	wären geschwunden
ihr seid geschwunden	seiet geschwunden	wäret geschwunden
sie sind geschwunden	seien geschwunden	wären geschwunden

Pluperfect
ich war geschwunden
du warst geschwunden
er war geschwunden
wir waren geschwunden
ihr wart geschwunden
sie waren geschwunden

Future Time

Future	*(Fut. Subj.)*	*(Pres. Conditional)*
ich werde schwinden	werde schwinden	würde schwinden
du wirst schwinden	werdest schwinden	würdest schwinden
er wird schwinden	werde schwinden	würde schwinden
wir werden schwinden	werden schwinden	würden schwinden
ihr werdet schwinden	werdet schwinden	würdet schwinden
sie werden schwinden	werden schwinden	würden schwinden

Future Perfect Time

Future Perfect	*(Fut. Perf. Subj.)*	*(Past Conditional)*
ich werde geschwunden sein	werde geschwunden sein	würde geschwunden sein
du wirst geschwunden sein	werdest geschwunden sein	würdest geschwunden sein
er wird geschwunden sein	werde geschwunden sein	würde geschwunden sein
wir werden geschwunden sein	werden geschwunden sein	würden geschwunden sein
ihr werdet geschwunden sein	werdet geschwunden sein	würdet geschwunden sein
sie werden geschwunden sein	werden geschwunden sein	würden geschwunden sein

* Forms other than the third person are infrequently found.
** The imperative is unusual.

Examples: *„Der Chef ist spurlos verschwunden." „Ja, seit langem ist sein einst blühendes Unternehmen im Schwinden. Ihm schwand jedes Interesse am Geschäft. "*The boss disappeared without a trace." "Yes, for some time his once flourishing enterprise has been on the wane. He lost all interest in the business." Rev. verbs in Group III A, p. xviii. Rev. also "Sein Verbs," pp. xxiv-xxv.

schwingen

to swing; vibrate

PRINC. PARTS: schwingen, schwang, geschwungen, schwingt
IMPERATIVE: schwinge!, schwingt!, schwingen Sie!

INDICATIVE	SUBJUNCTIVE	
	PRIMARY	SECONDARY

Present Time

	Present	*(Pres. Subj.)*	*(Imperf. Subj.)*
ich	schwinge	schwinge	schwänge
du	schwingst	schwingest	schwängest
er	schwingt	schwinge	schwänge
wir	schwingen	schwingen	schwängen
ihr	schwingt	schwinget	schwänget
sie	schwingen	schwingen	schwängen

	Imperfect
ich	schwang
du	schwangst
er	schwang
wir	schwangen
ihr	schwangt
sie	schwangen

Past Time

	Perfect	*(Perf. Subj.)*	*(Pluperf. Subj.)*
ich	habe geschwungen	habe geschwungen	hätte geschwungen
du	hast geschwungen	habest geschwungen	hättest geschwungen
er	hat geschwungen	habe geschwungen	hätte geschwungen
wir	haben geschwungen	haben geschwungen	hätten geschwungen
ihr	habt geschwungen	habet geschwungen	hättet geschwungen
sie	haben geschwungen	haben geschwungen	hätten geschwungen

	Pluperfect
ich	hatte geschwungen
du	hattest geschwungen
er	hatte geschwungen
wir	hatten geschwungen
ihr	hattet geschwungen
sie	hatten geschwungen

Future Time

	Future	*(Fut. Subj.)*	*(Pres. Conditional)*
ich	werde schwingen	werde schwingen	würde schwingen
du	wirst schwingen	werdest schwingen	würdest schwingen
er	wird schwingen	werde schwingen	würde schwingen
wir	werden schwingen	werden schwingen	würden schwingen
ihr	werdet schwingen	werdet schwingen	würdet schwingen
sie	werden schwingen	werden schwingen	würden schwingen

Future Perfect Time

	Future Perfect	*(Fut. Perf. Subj.)*	*(Past Conditional)*
ich	werde geschwungen haben	werde geschwungen haben	würde geschwungen haben
du	wirst geschwungen haben	werdest geschwungen haben	würdest geschwungen haben
er	wird geschwungen haben	werde geschwungen haben	würde geschwungen haben
wir	werden geschwungen haben	werden geschwungen haben	würden geschwungen haben
ihr	werdet geschwungen haben	werdet geschwungen haben	würdet geschwungen haben
sie	werden geschwungen haben	werden geschwungen haben	würden geschwungen haben

---

Examples: „*Ich träume davon, mein Schwert zu schwingen und mich in den Sattel zu schwingen.*" „ *Schwing dich jetzt lieber ins Auto und hol mir Butter und Eier.*" "I dream of brandishing my sword and leaping onto my horse." "Instead, jump into the car and get me butter and eggs for baking a cake." *Werners Frau schwingt den Pantoffel.* Werner's wife henpecks him.

PRINC. PARTS: schwitzen, schwitzte, geschwitzt, schwitzt
IMPERATIVE: schwitze!, schwitzt!, schwitzen Sie!

to sweat, perspire

INDICATIVE	SUBJUNCTIVE	
	PRIMARY	SECONDARY
	Present Time	
Present	(*Pres. Subj.*)	(*Imperf. Subj.*)
ich schwitze	schwitze	schwitzte
du schwitzt	schwitzest	schwitztest
er schwitzt	schwitze	schwitzte
wir schwitzen	schwitzen	schwitzten
ihr schwitzt	schwitzet	schwitztet
sie schwitzen	schwitzen	schwitzten
Imperfect		
ich schwitzte		
du schwitztest		
er schwitzte		
wir schwitzten		
ihr schwitztet		
sie schwitzten		
	Past Time	
Perfect	(*Perf. Subj.*)	(*Pluperf. Subj.*)
ich habe geschwitzt	habe geschwitzt	hätte geschwitzt
du hast geschwitzt	habest geschwitzt	hättest geschwitzt
er hat geschwitzt	habe geschwitzt	hätte geschwitzt
wir haben geschwitzt	haben geschwitzt	hätten geschwitzt
ihr habt geschwitzt	habet geschwitzt	hättet geschwitzt
sie haben geschwitzt	haben geschwitzt	hätten geschwitzt
Pluperfect		
ich hatte geschwitzt		
du hatt st geschwitzt		
er hatte geschwitzt		
wir hatten geschwitzt		
ihr hattet geschwitzt		
sie hatten geschwitzt		
	Future Time	
Future	(*Fut. Subj.*)	(*Pres. Conditional*)
ich werde schwitzen	werde schwitzen	würde schwitzen
du wirst schwitzen	werdest schwitzen	würdest schwitzen
er wird schwitzen	werde schwitzen	würde schwitzen
wir werden schwitzen	werden schwitzen	würden schwitzen
ihr werdet schwitzen	werdet schwitzen	würdet schwitzen
sie werden schwitzen	werden schwitzen	würden schwitzen
	Future Perfect Time	
Future Perfect	(*Fut. Perf. Subj.*)	(*Past Conditional*)
ich werde geschwitzt haben	werde geschwitzt haben	würde geschwitzt haben
du wirst geschwitzt haben	werdest geschwitzt haben	würdest geschwitzt haben
er wird geschwitzt haben	werde geschwitzt haben	würde geschwitzt haben
wir werden geschwitzt haben	werden geschwitzt haben	würden geschwitzt haben
ihr werdet geschwitzt haben	werdet geschwitzt haben	würdet geschwitzt haben
sie werden geschwitzt haben	werden geschwitzt haben	würden geschwitzt haben

Examples: „*Ich hab mich gerade geduscht; bin aber wieder ganz verschwitzt.*" „*Ja, bei dieser Hitze schwitzt man viel.*" "I just took a shower, but I'm all sweaty again." "Yes, in this heat one perspires a lot." Only **t,** not **st,** is added to form the 2ⁿᵈ pers. sing. present.

schwören

to curse, swear

PRINC. PARTS: schwören, schwur, geschworen, schwört
IMPERATIVE: schwöre!, schwört!, schwören Sie!

INDICATIVE		SUBJUNCTIVE	
		PRIMARY	SECONDARY
		Present Time	
	Present	*(Pres. Subj.)*	*(Imperf. Subj.)*
ich	schwöre	schwöre	schwüre
du	schwörst	schwörest	schwürest
er	schwört	schwöre	schwüre
wir	schwören	schwören	schwüren
ihr	schwört	schwöret	schwüret
sie	schwören	schwören	schwüren

Imperfect

ich	schwur	schwor
du	schwurst	schworst
er	schwur	schwor
wir	schwuren	*or* schworen
ihr	schwurt	schwort
sie	schwuren	schworen

	Perfect	*(Perf. Subj.)*	*(Pluperf. Subj.)*
		Past Time	
ich	habe geschworen	habe geschworen	hätte geschworen
du	hast geschworen	habest geschworen	hättest geschworen
er	hat geschworen	habe geschworen	hätte geschworen
wir	haben geschworen	haben geschworen	hätten geschworen
ihr	habt geschworen	habet geschworen	hättet geschworen
sie	haben geschworen	haben geschworen	hätten geschworen

Pluperfect

ich	hatte geschworen
du	hattest geschworen
er	hatte geschworen
wir	hatten geschworen
ihr	hattet geschworen
sie	hatten geschworen

	Future	*(Fut. Subj.)*	*(Pres. Conditional)*
		Future Time	
ich	werde schwören	werde schwören	würde schwören
du	wirst schwören	werdest schwören	würdest schwören
er	wird schwören	werde schwören	würde schwören
wir	werden schwören	werden schwören	würden schwören
ihr	werdet schwören	werdet schwören	würdet schwören
sie	werden schwören	werden schwören	würden schwören

	Future Perfect	*(Fut. Perf. Subj.)*	*(Past Conditional)*
		Future Perfect Time	
ich	werde geschworen haben	werde geschworen haben	würde geschworen haben
du	wirst geschworen haben	werdest geschworen haben	würdest geschworen haben
er	wird geschworen haben	werde geschworen haben	würde geschworen haben
wir	werden geschworen haben	werden geschworen haben	würden geschworen haben
ihr	werdet geschworen haben	werdet geschworen haben	würdet geschworen haben
sie	werden geschworen haben	werden geschworen haben	würden geschworen haben

---

Examples: *Obwohl sie dem Tyrannen einen Treueid geschworen hatten, verschworen sie sich gegen ihn.* Although they had sworn an oath of loyalty to the tyrant, they conspired against him. *Die Geschworenen wurden eingeschworen.* The jurors were sworn in. *Er konnte keine Geister beschwören.* He couldn't conjure up any spirits. **Einschwören** is sep. **Verschwören** and **beschwören** are insep.

PRINC. PARTS: segnen, segnete, gesegnet, segnet
IMPERATIVE: segne!, segnet!, segnen Sie!

INDICATIVE	SUBJUNCTIVE	
	PRIMARY	SECONDARY

Present Time

	Present	*(Pres. Subj.)*	*(Imperf. Subj.)*
ich	segne	segne	segnete
du	segnest	segnest	segnetest
er	segnet	segne	segnete
wir	segnen	segnen	segneten
ihr	segnet	segnet	segnetet
sie	segnen	segnen	segneten

	Imperfect
ich	segnete
du	segnetest
er	segnete
wir	segneten
ihr	segnetet
sie	segneten

Past Time

	Perfect	*(Perf. Subj.)*	*(Pluperf. Subj.)*
ich	habe gesegnet	habe gesegnet	hätte gesegnet
du	hast gesegnet	habest gesegnet	hättest gesegnet
er	hat gesegnet	habe gesegnet	hätte gesegnet
wir	haben gesegnet	haben gesegnet	hätten gesegnet
ihr	habt gesegnet	habet gesegnet	hättet gesegnet
sie	haben gesegnet	haben gesegnet	hätten gesegnet

	Pluperfect
ich	hatte gesegnet
du	hattest gesegnet
er	hatte gesegnet
wir	hatten gesegnet
ihr	hattet gesegnet
sie	hatten gesegnet

Future Time

	Future	*(Fut. Subj.)*	*(Pres. Conditional)*
ich	werde segnen	werde segnen	würde segnen
du	wirst segnen	werdest segnen	würdest segnen
er	wird segnen	werde segnen	würde segnen
wir	werden segnen	werden segnen	würden segnen
ihr	werdet segnen	werdet segnen	würdet segnen
sie	werden segnen	werden segnen	würden segnen

Future Perfect Time

	Future Perfect	*(Fut. Perf. Subj.)*	*(Past Conditional)*
ich	werde gesegnet haben	werde gesegnet haben	würde gesegnet haben
du	wirst gesegnet haben	werdest gesegnet haben	würdest gesegnet haben
er	wird gesegnet haben	werde gesegnet haben	würde gesegnet haben
wir	werden gesegnet haben	werden gesegnet haben	würden gesegnet haben
ihr	werdet gesegnet haben	werdet gesegnet haben	würdet gesegnet haben
sie	werden gesegnet haben	werden gesegnet haben	würden gesegnet haben

---

Examples: *Im gesegneten Alter von 107 Jahren starb unsere Priesterin. Segnend hob sie die Hände, segnete das Leben und uns alle. Ihre letzten Worte waren: „Gesegnete Mahlzeit!"* Wir haben lange über diesen Segen nachgedacht. At the venerable age of 107 our priestess died. She raised her hands in blessing, blessed life and us. Her last words were, "Have a good meal." We thought about that blessing for a long time.

sehen

to see; realize

PRINC. PARTS: sehen, sah, gesehen, sieht
IMPERATIVE: sieh!, seht!, sehen Sie!

	INDICATIVE		SUBJUNCTIVE
		PRIMARY	SECONDARY
		Present Time	
	Present	*(Pres. Subj.)*	*(Imperf. Subj.)*
ich	sehe	sehe	sähe
du	siehst	sehest	sähest
er	sieht	sehe	sähe
wir	sehen	sehen	sähen
ihr	seht	sehet	sähet
sie	sehen	sehen	sähen

	Imperfect
ich	sah
du	sahst
er	sah
wir	sahen
ihr	saht
sie	sahen

	Perfect	*(Perf. Subj.)*	*(Pluperf. Subj.)*
			Past Time
ich	habe gesehen	habe gesehen	hätte gesehen
du	hast gesehen	habest gesehen	hättest gesehen
er	hat gesehen	habe gesehen	hätte gesehen
wir	haben gesehen	haben gesehen	hätten gesehen
ihr	habt gesehen	habet gesehen	hättet gesehen
sie	haben gesehen	haben gesehen	hätten gesehen

	Pluperfect
ich	hatte gesehen
du	hattest gesehen
er	hatte gesehen
wir	hatten gesehen
ihr	hattet gesehen
sie	hatten gesehen

	Future	*(Fut. Subj.)*	*(Pres. Conditional)*
		Future Time	
ich	werde sehen	werde sehen	würde sehen
du	wirst sehen	werdest sehen	würdest sehen
er	wird sehen	werde sehen	würde sehen
wir	werden sehen	werden sehen	würden sehen
ihr	werdet sehen	werdet sehen	würdet sehen
sie	werden sehen	werden sehen	würden sehen

	Future Perfect	*(Fut. Perf. Subj.)*	*(Past Conditional)*
		Future Perfect Time	
ich	werde gesehen haben	werde gesehen haben	würde gesehen haben
du	wirst gesehen haben	werdest gesehen haben	würdest gesehen haben
er	wird gesehen haben	werde gesehen haben	würde gesehen haben
wir	werden gesehen haben	werden gesehen haben	würden gesehen haben
ihr	werdet gesehen haben	werdet gesehen haben	würdet gesehen haben
sie	werden gesehen haben	werden gesehen haben	würden gesehen haben

Examples: *Du siehst heute besonders schön aus. Ich kann mich an dir nicht satt sehen. Ich sehe endlich ein, daß ich dich zur Frau haben will.* You look particularly lovely today. I can't get my fill of looking at you. I finally realize that I want you to be my wife. Study verbs in Group IV A, p. xix. **Aussehen** and **einsehen** are sep. prefix verbs.

sein

PRINC. PARTS: sein, war, ist gewesen, ist
IMPERATIVE: sei!, seid!, seien Sie!

to be; have*

INDICATIVE	SUBJUNCTIVE	
	PRIMARY	SECONDARY

		Present Time	
	Present	*(Pres. Subj.)*	*(Imperf. Subj.)*
ich	bin	sei	wäre
du	bist	seist	wärest
er	ist	sei	wäre
wir	sind	seien	wären
ihr	seid	seiet	wäret
sie	sind	seien	wären

	Imperfect
ich	war
du	warst
er	war
wir	waren
ihr	wart
sie	waren

		Past Time	
	Perfect	*(Perf. Subj.)*	*(Pluperf. Subj.)*
ich	bin gewesen	sei gewesen	wäre gewesen
du	bist gewesen	seiest gewesen	wärest gewesen
er	ist gewesen	sei gewesen	wäre gewesen
wir	sind gewesen	seien gewesen	wären gewesen
ihr	seid gewesen	seiet gewesen	wäret gewesen
sie	sind gewesen	seien gewesen	wären gewesen

	Pluperfect
ich	war gewesen
du	warst gewesen
er	war gewesen
wir	waren gewesen
ihr	wart gewesen
sie	waren gewesen

		Future Time	
	Future	*(Fut. Subj.)*	*(Pres. Conditional)*
ich	werde sein	werde sein	würde sein
du	wirst sein	werdest sein	würdest sein
er	wird sein	werde sein	würde seinn
wir	werden sein	werden sein	würden sein
ihr	werdet sein	werdet sein	würdet sein
sie	werden sein	werden sein	würden sein

		Future Perfect Time	
	Future Perfect	*(Fut. Perf. Subj.)*	*(Past Conditional)*
ich	werde gewesen sein	werde gewesen sein	würde gewesen sein
du	wirst gewesen sein	werdest gewesen sein	würdest gewesen sein
er	wird gewesen sein	werde gewesen sein	würde gewesen sein
wir	werden gewesen sein	werden gewesen sein	würden gewesen sein
ihr	werdet gewesen sein	werdet gewesen sein	würdet gewesen sein
sie	werden gewesen sein	werden gewesen sein	würden gewesen sein

*When used as auxiliary verb in compound tense with verbs that do not take a direct object, i.e. sein verbs.

Examples: *Die drei Nornen sangen von allem, was war, ist und sein wird.* The three Norns sang of all that was, is, and will be. *„Es ist alles schon einmal dagewesen. Alles, was ist, ist gut", behaupteten einige Rabbiner, Gurus, Mullahs, Derwische und Bonzen.* "Everything has existed before. Everything that is, is good," declared some rabbis, gurus, mullahs, dervishes, and Buddhist monks.

senden

to send; transmit

PRINC. PARTS: senden*, sandte, gesandt, sendet
IMPERATIVE: sende!, sendet!, senden Sie!

INDICATIVE

SUBJUNCTIVE

		PRIMARY	SECONDARY

Present Time

	Present	(Pres. Subj.)	(Imperf. Subj.)
ich	sende	sende	sendete
du	sendest	sendest	sendetest
er	sendet	sende	sendete
wir	senden	senden	sendeten
ihr	sendet	sendet	sendetet
sie	senden	senden	sendeten

	Imperfect
ich	sandte
du	sandtest
er	sandte
wir	sandten
ihr	sandtet
sie	sandten

Past Time

	Perfect	(Perf. Subj.)	(Pluperf. Subj.)
ich	habe gesandt	habe gesandt	hätte gesandt
du	hast gesandt	habest gesandt	hättest gesandt
er	hat gesandt	habe gesandt	hätte gesandt
wir	haben gesandt	haben gesandt	hätten gesandt
ihr	habt gesandt	habet gesandt	hättet gesandt
sie	haben gesandt	haben gesandt	hätten gesandt

	Pluperfect
ich	hatte gesandt
du	hattest gesandt
er	hatte gesandt
wir	hatten gesandt
ihr	hattet gesandt
sie	hatten gesandt

Future Time

	Future	(Fut. Subj.)	(Pres. Conditional)
ich	werde senden	werde senden	würde senden
du	wirst senden	werdest senden	würdest senden
er	wird senden	werde senden	würde senden
wir	werden senden	werden senden	würden senden
ihr	werdet senden	werdet senden	würdet senden
sie	werden senden	werden senden	würden senden

Future Perfect Time

	Future Perfect	(Fut. Perf. Subj.)	(Past Conditional)
ich	werde gesandt haben	werde gesandt haben	würde gesandt haben
du	wirst gesandt haben	werdest gesandt haben	würdest gesandt haben
er	wird gesandt haben	werde gesandt haben	würde gesandt haben
wir	werden gesandt haben	werden gesandt haben	würden gesandt haben
ihr	werdet gesandt haben	werdet gesandt haben	würdet gesandt haben
sie	werden gesandt haben	werden gesandt haben	würden gesandt haben

*The weak forms of the past tense **sendete**, etc. and of the past participle **gesendet** are also found, and must be used in the meaning "to broadcast, transmit."

Examples: *Ich habe schon einen Scheck für den vollen Betrag gesandt. Letzten Monat hab ich ihn abgesandt. Der Brief wurde mit dem Postvermerk „An den Absender zurück" zurückgesandt.* I already sent my check for the full amount. I sent it off last month. The letter was returned with the postal marking "Return to Sender." See "Irregular Mixed Verbs," p. xxi.

PRINC. PARTS: sich setzen, setzte sich, hat sich gesetzt, setzt sich
IMPERATIVE: setze dich!, setzt euch!, setzen Sie sich!

INDICATIVE		SUBJUNCTIVE	
		PRIMARY	SECONDARY

Present Time

	Present	(*Pres. Subj.*)	(*Imperf. Subj.*)
ich	setze mich	setze mich	setzte mich
du	setzt dich	setzest dich	setztest dich
er	setzt sich	setze sich	setzte sich
wir	setzen uns	setzen uns	setzten uns
ihr	setzt euch	setzet euch	setztet euch
sie	setzen sich	setzen sich	setzten sich

	Imperfect
ich	setzte mich
du	setztest dich
er	setzte sich
wir	setzten uns
ihr	setztet euch
sie	setzten sich

Past Time

	Perfect	(*Perf. Subj.*)	(*Pluperf. Subj.*)
ich	habe mich gesetzt	habe mich gesetzt	hätte mich gesetzt
du	hast dich gesetzt	habest dich gesetzt	hättest dich gesetzt
er	hat sich gesetzt	habe sich gesetzt	hätte sich gesetzt
wir	haben uns gesetzt	haben uns gesetzt	hätten uns gesetzt
ihr	habt euch gesetzt	habet euch gesetzt	hättet euch gesetzt
sie	haben sich gesetzt	haben sich gesetzt	hätten sich gesetzt

	Pluperfect
ich	hatte mich gesetzt
du	hattest dich gesetzt
er	hatte sich gesetzt
wir	hatten uns gesetzt
ihr	hattet euch gesetzt
sie	hatten sich gesetzt

Future Time

	Future	(*Fut. Subj.*)	(*Pres. Conditional*)
ich	werde mich setzen	werde mich setzen	würde mich setzen
du	wirst dich setzen	werdest dich setzen	würdest dich setzen
er	wird sich setzen	werde sich setzen	würde sich setzen
wir	werden uns setzen	werden uns setzen	würden uns setzen
ihr	werdet euch setzen	werdet euch setzen	würdet euch setzen
sie	werden sich setzen	werden sich setzen	würden sich setzen

Future Perfect Time

	Future Perfect	(*Fut. Perf. Subj.*)	(*Past Conditional*)
ich	werde mich gesetzt haben	werde mich gesetzt haben	würde mich gesetzt haben
du	wirst dich gesetzt haben	werdest dich gesetzt haben	würdest dich gesetzt haben
er	wird sich gesetzt haben	werde sich gesetzt haben	würde sich gesetzt haben
wir	werden uns gesetzt haben	werden uns gesetzt haben	würden uns gesetzt haben
ihr	werdet euch gesetzt haben	werdet euch gesetzt haben	würdet euch gesetzt haben
sie	werden sich gesetzt haben	werden sich gesetzt haben	würden sich gesetzt haben

---

Examples: *Setzen Sie sich in den Sessel!* Sit down in the chair. *Sie setzten sich mit meinem Feind in Verbindung.* You contacted my enemy. *Setz dich wieder auf deinen gewohnten Platz hin!* Go sit at your accustomed place! The idiom **sich in Verbindung setzen** is literally "to put oneself into contact."

seufzen

to sigh

PRINC. PARTS: seufzen, seufzte, geseufzt, seufzt
IMPERATIVE: seufze!, seufzt!, seufzen Sie!

INDICATIVE	SUBJUNCTIVE	
	PRIMARY	SECONDARY

Present Time

	Present	(*Pres. Subj.*)	(*Imperf. Subj.*)
ich	seufze	seufze	seufzte
du	seufzt	seufzest	seufztest
er	seufzt	seufze	seufzte
wir	seufzen	seufzen	seufzten
ihr	seufzt	seufzet	seufztet
sie	seufzen	seufzen	seufzten

	Imperfect
ich	seufzte
du	seufztest
er	seufzte
wir	seufzten
ihr	seufztet
sie	seufzten

Past Time

	Perfect	(*Perf. Subj.*)	(*Pluperf. Subj.*)
ich	habe geseufzt	habe geseufzt	hätte geseufzt
du	hast geseufzt	habest geseufzt	hättest geseufzt
er	hat geseufzt	habe geseufzt	hätte geseufzt
wir	haben geseufzt	haben geseufzt	hätten geseufzt
ihr	habt geseufzt	habet geseufzt	hättet geseufzt
sie	haben geseufzt	haben geseufzt	hätten geseufzt

	Pluperfect
ich	hatte geseufzt
du	hattest geseufzt
er	hatte geseufzt
wir	hatten geseufzt
ihr	hattet geseufzt
sie	hatten geseufzt

Future Time

	Future	(*Fut. Subj.*)	(*Pres. Conditional*)
ich	werde seufzen	werde seufzen	würde seufzen
du	wirst seufzen	werdest seufzen	würdest seufzen
er	wird seufzen	werde seufzen	würde seufzen
wir	werden seufzen	werden seufzen	würden seufzen
ihr	werdet seufzen	werdet seufzen	würdet seufzen
sie	werden seufzen	werden seufzen	würden seufzen

Future Perfect Time

	Future Perfect	(*Fut. Perf. Subj.*)	(*Past Conditional*)
ich	werde geseufzt haben	werde geseufzt haben	würde geseufzt haben
du	wirst geseufzt haben	werdest geseufzt haben	würdest geseufzt haben
er	wird geseufzt haben	werde geseufzt haben	würde geseufzt haben
wir	werden geseufzt haben	werden geseufzt haben	würden geseufzt haben
ihr	werdet geseufzt haben	werdet geseufzt haben	würdet geseufzt haben
sie	werden geseufzt haben	werden geseufzt haben	würden geseufzt haben

Examples: *Casanova seufzte auf, nachdem er die Seuferzbrücke überquert hatte.*
Casanova heaved a sigh of relief after crossing the Bridge of Sighs. *Statt die Seufzerspalte zu lesen und so viel zu seufzen, tätest du besser, Arbeit zu suchen.* Instead of reading the lonely hearts column and sighing so much, you'd do better to look for work.

354

PRINC. PARTS: sichten, sichtete, gesichtet, sichtet
IMPERATIVE: sichte!, sichtet!, sichten Sie!

to sight; sift; examine

INDICATIVE	SUBJUNCTIVE	
	PRIMARY	SECONDARY

Present Time

	Present	*(Pres. Subj.)*	*(Imperf. Subj.)*
ich	sichte	sichte	sichtete
du	sichtest	sichtest	sichtetest
er	sichtet	sichte	sichtete
wir	sichten	sichten	sichteten
ihr	sichtet	sichtet	sichtetet
sie	sichten	sichten	sichteten

	Imperfect
ich	sichtete
du	sichtetest
er	sichtete
wir	sichteten
ihr	sichtetet
sie	sichteten

Past Time

	Perfect	*(Perf. Subj.)*	*(Pluperf. Subj.)*
ich	habe gesichtet	habe gesichtet	hätte gesichtet
du	hast gesichtet	habest gesichtet	hättest gesichtet
er	hat gesichtet	habe gesichtet	hätte gesichtet
wir	haben gesichtet	haben gesichtet	hätten gesichtet
ihr	habt gesichtet	habet gesichtet	hättet gesichtet
sie	haben gesichtet	haben gesichtet	hätten gesichtet

	Pluperfect
ich	hatte gesichtet
du	hattest gesichtet
er	hatte gesichtet
wir	hatten gesichtet
ihr	hattet gesichtet
sie	hatten gesichtet

Future Time

	Future	*(Fut. Subj.)*	*(Pres. Conditional)*
ich	werde sichten	werde sichten	würde sichten
du	wirst sichten	werdest sichten	würdest sichten
er	wird sichten	werde sichten	würde sichten
wir	werden sichten	werden sichten	würden sichten
ihr	werdet sichten	werdet sichten	würdet sichten
sie	werden sichten	werden sichten	würden sichten

Future Perfect Time

	Future Perfect	*(Fut. Perf. Subj.)*	*(Past Conditional)*
ich	werde gesichtet haben	werde gesichtet haben	würde gesichtet haben
du	wirst gesichtet haben	werdest gesichtet haben	würdest gesichtet haben
er	wird gesichtet haben	werde gesichtet haben	würde gesichtet haben
wir	werden gesichtet haben	werden gesichtet haben	würden gesichtet haben
ihr	werdet gesichtet haben	werdet gesichtet haben	würdet gesichtet haben
sie	werden gesichtet haben	werden gesichtet haben	würden gesichtet haben

Examples: *Einige im Dorf wollen UFOS (unbekannte Flugobjekte) gesichtet haben. Aber nicht allen Einwohnern waren sie sichtbar. Die Unterlagen habe ich genau gesichtet. Aus meiner Sicht sind sie unüberzeugend.* Some in the village claim to have sighted UFOs. But they weren't visible to all the inhabitants. I've examined the documents thoroughly. In my view they're unconvincing.

sieden

to boil, seethe, simmer

PRINC. PARTS: sieden, sott *or* siedete, gesotten, **siedet**
IMPERATIVE: siede!, siedet!, sieden Sie!

INDICATIVE		SUBJUNCTIVE		
		PRIMARY	SECONDARY	
		Present Time		
Present		(*Pres. Subj.*)	(*Imperf. Subj.*)	
ich	siede	siede	sötte	siedete
du	siedest	siedest	söttest	siedetest
er	siedet	siede	sötte *or*	siedete
wir	sieden	sieden	sötten	siedeten
ihr	siedet	siedet	söttet	siedetet
sie	sieden	sieden	sötten	siedeten

Imperfect		
ich	sott	siedete
du	sottest	siedetest
er	sott *or*	siedete
wir	sotten	siedeten
ihr	sottet	siedetet
sie	sotten	siedeten

		Past Time	
Perfect		(*Perf. Subj.*)	(*Pluperf. Subj.*)
ich	habe gesotten	habe gesotten	hätte gesotten
du	hast gesotten	habest gesotten	hättest gesotten
er	hat gesotten	habe gesotten	hätte gesotten
wir	haben gesotten	haben gesotten	hätten gesotten
ihr	habt gesotten	habet gesotten	hättet gesotten
sie	haben gesotten	haben gesotten	hätten gesotten

Pluperfect	
ich	hatte gesotten
du	hattest gesotten
er	hatte gesotten
wir	hatten gesotten
ihr	hattet gesotten
sie	hatten gesotten

		Future Time	
Future		(*Fut. Subj.*)	(*Pres. Conditional*)
ich	werde sieden	werde sieden	würde sieden
du	wirst sieden	werdest sieden	würdest sieden
er	wird sieden	werde sieden	würde sieden
wir	werden sieden	werden sieden	würden sieden
ihr	werdet sieden	werdet sieden	würdet sieden
sie	werden sieden	werden sieden	würden sieden

		Future Perfect Time	
Future Perfect		(*Fut. Perf. Subj.*)	(*Past Conditional*)
ich	werde gesotten haben	werde gesotten haben	würde gesotten haben
du	wirst gesotten haben	werdest gesotten haben	würdest gesotten haben
er	wird gesotten haben	werde gesotten haben	würde gesotten haben
wir	werden gesotten haben	werden gesotten haben	würden gesotten haben
ihr	werdet gesotten haben	werdet gesotten haben	würdet gesotten haben
sie	werden gesotten haben	werden gesotten haben	würden gesotten haben

Examples: „*Es ist siedend heiß. Ich will nichts essen.*" „*Aber vielleicht doch einen kleinen Salat mit hartgesottenen Eiern?*" "It's boiling hot. I don't want to eat anything." "But maybe a little salad with hard boiled eggs?" Study verbs in Group II, p. xvii.

siegen

PRINC. PARTS: siegen, siegte, gesiegt, siegt
IMPERATIVE: siege!, siegt!, siegen Sie!

*to conquer, triumph,
be victorious*

INDICATIVE	SUBJUNCTIVE	
	PRIMARY	SECONDARY

Present Time

	Present	*(Pres. Subj.)*	*(Imperf. Subj.)*
ich	siege	siege	siegte
du	siegst	siegest	siegtest
er	siegt	siege	siegte
wir	siegen	siegen	siegten
ihr	siegt	sieget	siegtet
sie	siegen	siegen	siegten

	Imperfect
ich	siegte
du	siegtest
er	siegte
wir	siegten
ihr	siegtet
sie	siegten

Past Time

	Perfect	*(Perf. Subj.)*	*(Pluperf. Subj.)*
ich	habe gesiegt	habe gesiegt	hätte gesiegt
du	hast gesiegt	habest gesiegt	hättest gesiegt
er	hat gesiegt	habe gesiegt	hätte gesiegt
wir	haben gesiegt	haben gesiegt	hätten gesiegt
ihr	habt gesiegt	habet gesiegt	hättet gesiegt
sie	haben gesiegt	haben gesiegt	hätten gesiegt

	Pluperfect
ich	hatte gesiegt
du	hattest gesiegt
er	hatte gesiegt
wir	hatten gesiegt
ihr	hattet gesiegt
sie	hatten gesiegt

Future Time

	Future	*(Fut. Subj.)*	*(Pres. Conditional)*
ich	werde siegen	werde siegen	würde siegen
du	wirst siegen	werdest siegen	würdest siegen
er	wird siegen	werde siegen	würde siegen
wir	werden siegen	werden siegen	würden siegen
ihr	werdet siegen	werdet siegen	würdet siegen
sie	werden siegen	werden siegen	würden siegen

Future Perfect Time

	Future Perfect	*(Fut. Perf. Subj.)*	*(Past Conditional)*
ich	werde gesiegt haben	werde gesiegt haben	würde gesiegt haben
du	wirst gesiegt haben	werdest gesiegt haben	würdest gesiegt haben
er	wird gesiegt haben	werde gesiegt haben	würde gesiegt haben
wir	werden gesiegt haben	werden gesiegt haben	würden gesiegt haben
ihr	werdet gesiegt haben	werdet gesiegt haben	würdet gesiegt haben
sie	werden gesiegt haben	werden gesiegt haben	würden gesiegt haben

Examples: „*Gesiegt haben sie! Alle unsere Feinde haben sie besiegt. Siegestrunken begrüßen wir unsere siegreichen Helden zum Siegesfest*", *sagte der Redner.* "They have conquered. They've vanquished all our enemies. Flushed with victory we greet our victorious heroes at this victory celebration," said the orator.

357

singen

to sing

PRINC. PARTS: singen, sang, gesungen, singt
IMPERATIVE: singe!, singt!, singen Sie!

	INDICATIVE		SUBJUNCTIVE	
			PRIMARY	SECONDARY
			Present Time	
	Present		(*Pres. Subj.*)	(*Imperf. Subj.*)
ich	singe		singe	sänge
du	singst		singest	sängest
er	singt		singe	sänge
wir	singen		singen	sängen
ihr	singt		singet	sänget
sie	singen		singen	sängen

	Imperfect
ich	sang
du	sangst
er	sang
wir	sangen
ihr	sangt
sie	sangen

	Perfect		(*Perf. Subj.*)	*Past Time* (*Pluperf. Subj.*)
ich	habe gesungen		habe gesungen	hätte gesungen
du	hast gesungen		habest gesungen	hättest gesungen
er	hat gesungen		habe gesungen	hätte gesungen
wir	haben gesungen		haben gesungen	hätten gesungen
ihr	habt gesungen		habet gesungen	hättet gesungen
sie	haben gesungen		haben gesungen	hätten gesungen

	Pluperfect
ich	hatte gesungen
du	hattest gesungen
er	hatte gesungen
wir	hatten gesungen
ihr	hattet gesungen
sie	hatten gesungen

	Future		(*Fut. Subj.*)	*Future Time* (*Pres. Conditional*)
ich	werde singen		werde singen	würde singen
du	wirst singen		werdest singen	würdest singen
er	wird singen		werde singen	würde singen
wir	werden singen		werden singen	würden singen
ihr	werdet singen		werdet singen	würdet singen
sie	werden singen		werden singen	würden singen

	Future Perfect		(*Fut. Perf. Subj.*)	*Future Perfect Time* (*Past Conditional*)
ich	werde gesungen haben		werde gesungen haben	würde gesungen haben
du	wirst gesungen haben		werdest gesungen haben	würdest gesungen haben
er	wird gesungen haben		werde gesungen haben	würde gesungen haben
wir	werden gesungen haben		werden gesungen haben	würden gesungen haben
ihr	werdet gesungen haben		werdet gesungen haben	würdet gesungen haben
sie	werden gesungen haben		werden gesungen haben	würden gesungen haben

Examples: *Wie die Minnesänger will ich von der Liebe singen. Wir Menschen sollten immer nur singen, nicht sprechen, wie Singvögel in einem Zaubergarten!* Like the Minnesingers I want to sing of love. We should always sing, not speak, like songbirds in a magic garden. See verbs in Group III A, p. xviii. The pattern of change is the same as in Eng. The Minnesänger were medieval lyric poets.

PRINC. PARTS: sinken, sank, ist gesunken, sinkt
IMPERATIVE: sinke!, sinkt!, sinken Sie!

INDICATIVE	SUBJUNCTIVE	
	PRIMARY	SECONDARY
	Present Time	
Present	*(Pres. Subj.)*	*(Imperf. Subj.)*
ich sinke	sinke	sänke
du sinkst	sinkest	sänkest
er sinkt	sinke	sänke
wir sinken	sinken	sänken
ihr sinkt	sinket	sänket
sie sinken	sinken	sänken

Imperfect
ich sank
du sankst
er sank
wir sanken
ihr sankt
sie sanken

	Past Time	
Perfect	*(Perf. Subj.)*	*(Pluperf. Subj.)*
ich bin gesunken	sei gesunken	wäre gesunken
du bist gesunken	seiest gesunken	wärest gesunken
er ist gesunken	sei gesunken	wäre gesunken
wir sind gesunken	seien gesunken	wären gesunken
ihr seid gesunken	seiet gesunken	wäret gesunken
sie sind gesunken	seien gesunken	wären gesunken

Pluperfect
ich war gesunken
du warst gesunken
er war gesunken
wir waren gesunken
ihr wart gesunken
sie waren gesunken

	Future Time	
Future	*(Fut. Subj.)*	*(Pres. Conditional)*
ich werde sinken	werde sinken	würde sinken
du wirst sinken	werdest sinken	würdest sinken
er wird sinken	werde sinken	würde sinken
wir werden sinken	werden sinken	würden sinken
ihr werdet sinken	werdet sinken	würdet sinken
sie werden sinken	werden sinken	würden sinken

	Future Perfect Time	
Future Perfect	*(Fut. Perf. Subj.)*	*(Past Conditional)*
ich werde gesunken sein	werde gesunken sein	würde gesunken sein
du wirst gesunken sein	werdest gesunken sein	würdest gesunken sein
er wird gesunken sein	werde gesunken sein	würde gesunken sein
wir werden gesunken sein	werden gesunken sein	würden gesunken sein
ihr werdet gesunken sein	werdet gesunken sein	würdet gesunken sein
sie werden gesunken sein	werden gesunken sein	würden gesunken sein

Examples: *Bei sinkender Sonne stand Karin am Strand, sah das Schiff sinken und sank in Ohnmacht.* As the sun set, Karin stood on the shore, saw the ship sink, and fainted. *Meine Wertpapiere sind im Wert gesunken. Aber den Mut will ich nicht sinken lassen.* My securities have declined in value. But I won't lose heart.

sinnen

to think; reflect; plan

PRINC. PARTS: sinnen, sann, gesonnen, sinnt
IMPERATIVE: sinne!, sinnt!, sinnen Sie!

INDICATIVE	SUBJUNCTIVE	
	PRIMARY	SECONDARY
	Present Time	
Present	*(Pres. Subj.)*	*(Imperf. Subj.)*
ich sinne	sinne	sänne sönne
du sinnst	sinnest	sännest sönnest
er sinnt	sinne	sänne *or* sönne
wir sinnen	sinnen	sännen sönnen
ihr sinnt	sinnet	sännet sönnet
sie sinnen	sinnen	sännen sönnen

Imperfect

ich	sann
du	sannst
er	sann
wir	sannen
ihr	sannt
sie	sannen

		Past Time	
Perfect	*(Perf. Subj.)*	*(Pluperf. Subj.)*	
ich habe gesonnen	habe gesonnen	hätte gesonnen	
du hast gesonnen	habest gesonnen	hättest gesonnen	
er hat gesonnen	habe gesonnen	hätte gesonnen	
wir haben gesonnen	haben gesonnen	hätten gesonnen	
ihr habt gesonnen	habet gesonnen	hättet gesonnen	
sie haben gesonnen	haben gesonnen	hätten gesonnen	

Pluperfect

ich	hatte gesonnen
du	hattest gesonnen
er	hatte gesonnen
wir	hatten gesonnen
ihr	hattet gesonnen
sie	hatten gesonnen

	Future Time	
Future	*(Fut. Subj.)*	*(Pres. Conditional)*
ich werde sinnen	werde sinnen	würde sinnen
du wirst sinnen	werdest sinnen	würdest sinnen
er wird sinnen	werde sinnen	würde sinnen
wir werden sinnen	werden sinnen	würden sinnen
ihr werdet sinnen	werdet sinnen	würdet sinnen
sie werden sinnen	werden sinnen	würden sinnen

	Future Perfect Time	
Future Perfect	*(Fut. Perf. Subj.)*	*(Past Conditional)*
ich werde gesonnen haben	werde gesonnen haben	würde gesonnen haben
du wirst gesonnen haben	werdest gesonnen haben	würdest gesonnen haben
er wird gesonnen haben	werde gesonnen haben	würde gesonnen haben
wir werden gesonnen haben	werden gesonnen haben	würden gesonnen haben
ihr werdet gesonnen haben	werdet gesonnen haben	würdet gesonnen haben
sie werden gesonnen haben	werden gesonnen haben	würden gesonnen haben

Examples: *Einst hatte Kuno auf Rache gesonnen. Sinnend betrachtete er Himmel und Erde und sann lange über den Sinn des Lebens nach. Langsam begriff er, daß es sinnlos war, weiter zu hassen.* Once Kuno plotted revenge. Thoughtfully he contemplated heaven and earth and thought for a long time about the meaning of life. Slowly he understood that it was purposeless to continue hating.

sitzen

PRINC. PARTS: sitzen, saß, gesessen, sitzt
IMPERATIVE: sitze!. sitzt!, sitzen Sie!

to sit

INDICATIVE	SUBJUNCTIVE	
	PRIMARY	SECONDARY
	Present Time	
Present	*(Pres. Subj.)*	*(Imperf. Subj.)*
ich sitze	sitze	säße
du sitzt	sitzest	säßest
er sitzt	sitze	säße
wir sitzen	sitzen	säßen
ihr sitzt	sitzet	säßet
sie sitzen	sitzen	säßen

Imperfect

ich saß
du saßest
er saß
wir saßen
ihr saßt
sie saßen

	Past Time	
Perfect	*(Perf. Subj.)*	*(Pluperf. Subj.)*
ich habe gesessen	habe gesessen	hätte gesessen
du hast gesessen	habest gesessen	hättest gesessen
er hat gesessen	habe gesessen	hätte gesessen
wir haben gesessen	haben gesessen	hätten gesessen
ihr habt gesessen	habet gesessen	hättet gesessen
sie haben gesessen	haben gesessen	hätten gesessen

Pluperfect

ich hatte gesessen
du hattest gesessen
er hatte gesessen
wir hatten gesessen
ihr hattet gesessen
sie hatten gesessen

	Future Time	
Future	*(Fut. Subj.)*	*(Pres. Conditional)*
ich werde sitzen	werde sitzen	würde sitzen
du wirst sitzen	werdest sitzen	würdest sitzen
er wird sitzen	werde sitzen	würde sitzen
wir werden sitzen	werden sitzen	würden sitzen
ihr werdet sitzen	werdet sitzen	würdet sitzen
sie werden sitzen	werden sitzen	würden sitzen

	Future Perfect Time	
Future Perfect	*(Fut. Perf. Subj.)*	*(Past Conditional)*
ich werde gesessen haben	werde gesessen haben	würde gesessen haben
du wirst gesessen haben	werdest gesessen haben	würdest gesessen haben
er wird gesessen haben	werde gesessen haben	würde gesessen haben
wir werden gesessen haben	werden gesessen haben	würden gesessen haben
ihr werdet gesessen haben	werdet gesessen haben	würdet gesessen haben
sie werden gesessen haben	werden gesessen haben	würden gesessen haben

Examples: *Klaus hat Ute sitzenlassen. Jetzt sitzt er im Gefängnis. „Die Sträflingsuniform sitzt ihm gut", dachte Ute, als sie ihn besuchte. Wir wollen nicht über ihn zu Gericht sitzen.* Klaus jilted Ute. Now he's in jail. "The convict's uniform fits him well," thought Ute when she visited him. **Sitzen** shows the same pattern of change (**i-a-e**) as **bitten**.

361

sollen

to be; be supposed to; ought;
be said to; be expected to

PRINC. PARTS: sollen, sollte, gesollt (sollen when immediately preceded by another infinitive; see sprechen dürfen), soll

IMPERATIVE: not used

	INDICATIVE	PRIMARY	SECONDARY
		SUBJUNCTIVE	
		Present Time	
	Present	*(Pres. Subj.)*	*(Imperf. Subj.)*
ich	soll	solle	sollte
du	sollst	sollest	solltest
er	soll	solle	sollte
wir	sollen	sollen	sollten
ihr	sollt	sollet	solltet
sie	sollen	sollen	sollten

	Imperfect
ich	sollte
du	solltest
er	sollte
wir	sollten
ihr	solltet
sie	sollten

			Past Time	
	Perfect	*(Perf. Subj.)*	*(Pluperf. Subj.)*
ich	habe gesollt	habe gesollt	hätte gesollt
du	hast gesollt	habest gesollt	hättest gesollt
er	hat gesollt	habe gesollt	hätte gesollt
wir	haben gesollt	haben gesollt	hätten gesollt
ihr	habt gesollt	habet gesollt	hättet gesollt
sie	haben gesollt	haben gesollt	hätten gesollt

	Pluperfect
ich	hatte gesollt
du	hattest gesollt
er	hatte gesollt
wir	hatten gesollt
ihr	hattet gesollt
sie	hatten gesollt

			Future Time	
	Future	*(Fut. Subj.)*	*(Pres. Conditional)*
ich	werde sollen	werde sollen	würde sollen
du	wirst sollen	werdest sollen	würdest sollen
er	wird sollen	werde sollen	würde sollen
wir	werden sollen	werden sollen	würden sollen
ihr	werdet sollen	werdet sollen	würdet sollen
sie	werden sollen	werden sollen	würden sollen

			Future Perfect Time	
	Future Perfect	*(Fut. Perf. Subj.)*	*(Past Conditional)*
ich	werde gesollt haben	werde gesollt haben	würde gesollt haben
du	wirst gesollt haben	werdest gesollt haben	würdest gesollt haben
er	wird gesollt haben	werde gesollt haben	würde gesollt haben
wir	werden gesollt haben	werden gesollt haben	würden gesollt haben
ihr	werdet gesollt haben	werdet gesollt haben	würdet gesollt haben
sie	werden gesollt haben	werden gesollt haben	würden gesollt haben

Examples: *Der Geschäftsführer soll sehr intelligent sein. Aber wie soll man sich sein albernes Benehmen erklären? Sollte er vielleicht krank gewesen sein?* The managing director is supposed to be very intelligent. But how is one to explain his foolish behavior? Might he have been ill? *Es sollte nur ein Witz sein.* It was just supposed to be a joke.

PRINC. PARTS: spalten, spaltete, gespalten*, spaltet
IMPERATIVE: spalte!, spaltet!, spalten Sie!

spalten

to split, cleave

INDICATIVE	SUBJUNCTIVE	
	PRIMARY	SECONDARY

Present Time

	Present	*(Pres. Subj.)*	*(Imperf. Subj.)*
ich	spalte	spalte	spaltete
du	spaltest	spaltest	spaltetest
er	spaltet	spalte	spaltete
wir	spalten	spalten	spalteten
ihr	spaltet	spaltet	spaltetet
sie	spalten	spalten	spalteten

	Imperfect
ich	spaltete
du	spaltetest
er	spaltete
wir	spalteten
ihr	spaltetet
sie	spalteten

Past Time

	Perfect	*(Perf. Subj.)*	*(Pluperf. Subj.)*
ich	habe gespalten	habe gespalten	hätte gespalten
du	hast gespalten	habest gespalten	hättest gespalten
er	hat gespalten	habe gespalten	hätte gespalten
wir	haben gespalten	haben gespalten	hätten gespalten
ihr	habt gespalten	habet gespalten	hättet gespalten
sie	haben gespalten	haben gespalten	hätten gespalten

	Pluperfect
ich	hatte gespalten
du	hattest gespalten
er	hatte gespalten
wir	hatten gespalten
ihr	hattet gespalten
sie	hatten gespalten

Future Time

	Future	*(Fut. Subj.)*	*(Pres. Conditional)*
ich	werde spalten	werde spalten	würde spalten
du	wirst spalten	werdest spalten	würdest spalten
er	wird spalten	werde spalten	würde spalten
wir	werden spalten	werden spalten	würden spalten
ihr	werdet spalten	werdet spalten	würdet spalten
sie	werden spalten	werden spalten	würden spalten

Future Perfect Time

	Future Perfect	*(Fut. Perf. Subj.)*	*(Past Conditional)*
ich	werde gespalten haben	werde gespalten haben	würde gespalten haben
du	wirst gespalten haben	werdest gespalten haben	würdest gespalten haben
er	wird gespalten haben	werde gespalten haben	würde gespalten haben
wir	werden gespalten haben	werden gespalten haben	würden gespalten haben
ihr	werdet gespalten haben	werdet gespalten haben	würdet gespalten haben
sie	werden gespalten haben	werden gespalten haben	würden gespalten haben

* The form **gespaltet** is also found for the past participle.

Examples: *Der Kernphysiker hat eine gespaltene Persönlichkeit. Er wollte nicht an der Atomspaltung mitarbeiten, tat es aber trotzdem. Er spaltet oft Holz. Das entspannt ihn.* The nuclear physicist has a split personality. He didn't want to work on splitting the atom, but did so anyway. He often chops wood. That relaxes him.

sparen

to save (money); economize

PRINC. PARTS: sparen, sparte, gespart, spart
IMPERATIVE: spare!, spart!, sparen Sie!

INDICATIVE	SUBJUNCTIVE	
	PRIMARY	SECONDARY

Present Time

	Present	(Pres. Subj.)	(Imperf. Subj.)
ich	spare	spare	sparte
du	sparst	sparest	spartest
er	spart	spare	sparte
wir	sparen	sparen	sparten
ihr	spart	sparet	spartet
sie	sparen	sparen	sparten

	Imperfect
ich	sparte
du	spartest
er	sparte
wir	sparten
ihr	spartet
sie	sparten

Past Time

	Perfect	(Perf. Subj.)	(Pluperf. Subj.)
ich	habe gespart	habe gespart	hätte gespart
du	hast gespart	habest gespart	hättest gespart
er	hat gespart	habe gespart	hätte gespart
wir	haben gespart	haben gespart	hätten gespart
ihr	habt gespart	habet gespart	hättet gespart
sie	haben gespart	haben gespart	hätten gespart

	Pluperfect
ich	hatte gespart
du	hattest gespart
er	hatte gespart
wir	hatten gespart
ihr	hattet gespart
sie	hatten gespart

Future Time

	Future	(Fut. Subj.)	(Pres. Conditional)
ich	werde sparen	werde sparen	würde sparen
du	wirst sparen	werdest sparen	würdest sparen
er	wird sparen	werde sparen	würde sparen
wir	werden sparen	werden sparen	würden sparen
ihr	werdet sparen	werdet sparen	würdet sparen
sie	werden sparen	werden sparen	würden sparen

Future Perfect Time

	Future Perfect	(Fut. Perf. Subj.)	(Past Conditional)
ich	werde gespart haben	werde gespart haben	würde gespart haben
du	wirst gespart haben	werdest gespart haben	würdest gespart haben
er	wird gespart haben	werde gespart haben	würde gespart haben
wir	werden gespart haben	werden gespart haben	würden gespart haben
ihr	werdet gespart haben	werdet gespart haben	würdet gespart haben
sie	werden gespart haben	werden gespart haben	würden gespart haben

---

Examples: *Im Sommer sang und tanzte der Grashüpfer und sparte nichts für den Winter. Die Ameise hingegen war ein Muster der Sparsamkeit. Sie zitierte oft das Sprichwort: „Spare in der Zeit, dann hast du in der Not."* In the summer, the grasshopper sang and danced and didn't save anything for the winter. The ant, on the other hand, was a model of thrift. She often quoted the proverb "Waste not, want not."

PRINC. PARTS: spazieren, spaziert, ist spaziert, spaziert
IMPERATIVE: spaziere!, spaziert!, spazieren Sie!

to walk, stroll

	INDICATIVE		SUBJUNCTIVE	
			PRIMARY	SECONDARY
			Present Time	
	Present		*(Pres. Subj.)*	*(Imperf. Subj.)*
ich	spaziere		spaziere	spazierte
du	spazierst		spazierest	spaziertest
er	spaziert		spaziere	spazierte
wir	spazieren		spazieren	spazierten
ihr	spaziert		spazieret	spaziertet
sie	spazieren		spazieren	spazierten

	Imperfect
ich	spazierte
du	spaziertest
er	spazierte
wir	spazierten
ihr	spaziertet
sie	spazierten

				Past Time	
	Perfect		*(Perf. Subj.)*	*(Pluperf. Subj.)*
ich	bin spaziert		sei spaziert	wäre spaziert
du	bist spaziert		seiest spaziert	wärest spaziert
er	ist spaziert		sei spaziert	wäre spaziert
wir	sind spaziert		seien spaziert	wären spaziert
ihr	seid spaziert		seiet spaziert	wäret spaziert
sie	sind spaziert		seien spaziert	wären spaziert

	Pluperfect
ich	war spaziert
du	warst spaziert
er	war spaziert
wir	waren spaziert
ihr	wart spaziert
sie	waren spaziert

			Future Time	
	Future		*(Fut. Subj.)*	*(Pres. Conditional)*
ich	werde spazieren		werde spazieren	würde spazieren
du	wirst spazieren		werdest spazieren	würdest spazieren
er	wird spazieren		werde spazieren	würde spazieren
wir	werden spazieren		werden spazieren	würden spazieren
ihr	werdet spazieren		werdet spazieren	würdet spazieren
sie	werden spazieren		werden spazieren	würden spazieren

			Future Perfect Time	
	Future Perfect		*(Fut. Perf. Subj.)*	*(Past Conditional)*
ich	werde spaziert sein		werde spaziert sein	würde spaziert sein
du	wirst spaziert sein		werdest spaziert sein	würdest spaziert sein
er	wird spaziert sein		werde spaziert sein	würde spaziert sein
wir	werden spaziert sein		werden spaziert sein	würden spaziert sein
ihr	werdet spaziert sein		werdet spaziert sein	würdet spaziert sein
sie	werden spaziert sein		werden spaziert sein	würden spaziert sein

Examples: *„Willst du mit mir spazieren gehen? Wir könnten herrliche Spaziergänge im Wiener Wald machen", fragte sie der Dichter. „Ich hätte eher Lust spazierenzufahren. Schade, daß du keinen Wagen hast."* "Do you want to go walking with me? We could take wonderful walks in the Vienna Woods," the poet asked her. "I feel more like going for a spin. Too bad you don't have a car."

365

spielen

to play

PRINC. PARTS: spielen, spielte, gespielt, spielt
IMPERATIVE: spiele!, spielt!, spielen Sie!

	INDICATIVE		SUBJUNCTIVE	
			PRIMARY	SECONDARY
			Present Time	
	Present		*(Pres. Subj.)*	*(Imperf. Subj.)*
ich	spiele		spiele	spielte
du	spielst		spielest	spieltest
er	spielt		spiele	spielte
wir	spielen		spielen	spielten
ihr	spielt		spielet	spieltet
sie	spielen		spielen	spielten
	Imperfect			
ich	spielte			
du	spieltest			
er	spielte			
wir	spielten			
ihr	spieltet			
sie	spielten			
			Past Time	
	Perfect		*(Perf. Subj.)*	*(Pluperf. Subj.)*
ich	habe gespielt		habe gespielt	hätte gespielt
du	hast gespielt		habest gespielt	hättest gespielt
er	hat gespielt		habe gespielt	hätte gespielt
wir	haben gespielt		haben gespielt	hätten gespielt
ihr	habt gespielt		habet gespielt	hättet gespielt
sie	haben gespielt		haben gespielt	hätten gespielt
	Pluperfect			
ich	hatte gespielt			
du	hattest gespielt			
er	hatte gespielt			
wir	hatten gespielt			
ihr	hattet gespielt			
sie	hatten gespielt			
			Future Time	
	Future		*(Fut. Subj.)*	*(Pres. Conditional)*
ich	werde spielen		werde spielen	würde spielen
du	wirst spielen		werdest spielen	würdest spielen
er	wird spielen		werde spielen	würde spielen
wir	werden spielen		werden spielen	würden spielen
ihr	werdet spielen		werdet spielen	würdet spielen
sie	werden spielen		werden spielen	würden spielen
			Future Perfect Time	
	Future Perfect		*(Fut. Perf. Subj.)*	*(Past Conditional)*
ich	werde gespielt haben		werde gespielt haben	würde gespielt haben
du	wirst gespielt haben		werdest gespielt haben	würdest gespielt haben
er	wird gespielt haben		werde gespielt haben	würde gespielt haben
wir	werden gespielt haben		werden gespielt haben	würden gespielt haben
ihr	werdet gespielt haben		werdet gespielt haben	würdet gespielt haben
sie	werden gespielt haben		werden gespielt haben	würden gespielt haben

Examples: *Meine Kinder spielen nur mit Spielsachen, die den Geist fördern.* My children play only with toys that promote the intellect. *Wichtige Interessen standen auf dem Spiel, und du hast sie verspielt, weil du falsch gespielt hast. Du hast jetzt ausgespielt.* Important interests were at stake and you gambled them away (forfeited them), because you played false (cheated). It's all over with you now.

PRINC. PARTS: spinnen, spann, gesponnen, spinnt
IMPERATIVE: spinne!, spinnt!, spinnen Sie!

| INDICATIVE | SUBJUNCTIVE | |
| | PRIMARY | SECONDARY |

Present Time

Present	(Pres. Subj.)	(Imperf. Subj.)
ich spinne	spinne	spönne
du spinnst	spinnest	spönnest
er spinnt	spinne	spönne
wir spinnen	spinnen	spönnen
ihr spinnt	spinnet	spönnet
sie spinnen	spinnen	spönnen

Imperfect		
ich spann		
du spannst		
er spann		
wir spannen		
ihr spannt		
sie spannen		

Past Time

Perfect	(Perf. Subj.)	(Pluperf. Subj.)
ich habe gesponnen	habe gesponnen	hätte gesponnen
du hast gesponnen	habest gesponnen	hättest gesponnen
er hat gesponnen	habe gesponnen	hätte gesponnen
wir haben gesponnen	haben gesponnen	hätten gesponnen
ihr habt gesponnen	habet gesponnen	hättet gesponnen
sie haben gesponnen	haben gesponnen	hätten gesponnen

Pluperfect		
ich hatte gesponnen		
du hattest gesponnen		
er hatte gesponnen		
wir hatten gesponnen		
ihr hattet gesponnen		
sie hatten gesponnen		

Future Time

Future	(Fut. Subj.)	(Pres. Conditional)
ich werde spinnen	werde spinnen	würde spinnen
du wirst spinnen	werdest spinnen	würdest spinnen
er wird spinnen	werde spinnen	würde spinnen
wir werden spinnen	werden spinnen	würden spinnen
ihr werdet spinnen	werdet spinnen	würdet spinnen
sie werden spinnen	werden spinnen	würden spinnen

Future Perfect Time

Future Perfect	(Fut. Perf. Subj.)	(Past Conditional)
ich werde gesponnen haben	werde gesponnen haben	würde gesponnen haben
du wirst gesponnen haben	werdest gesponnen haben	würdest gesponnen haben
er wird gesponnen haben	werde gesponnen haben	würde gesponnen haben
wir werden gesponnen haben	werden gesponnen haben	würden gesponnen haben
ihr werdet gesponnen haben	werdet gesponnen haben	würdet gesponnen haben
sie werden gesponnen haben	werden gesponnen haben	würden gesponnen haben

Examples: „Du bist mir spinnefeind. Wie eine Giftspinne hast du dein Lügengewebe gesponnen, um mich als Opfer zu fangen. Aber du wirst dir keine Seide spinnen." „Du spinnst." "You hate me violently. Like a poisonous spider you spun your web of lies to make a victim of me. But it won't do you any good." "You're crazy." See verbs in Group III B, p. xviii.

sprechen
to speak, talk

PRINC. PARTS: sprechen, sprach, gesprochen, spricht
IMPERATIVE: sprich!, sprecht!, sprechen Sie!

	INDICATIVE		SUBJUNCTIVE	
			PRIMARY	SECONDARY
			Present Time	
	Present		*(Pres. Subj.)*	*(Imperf. Subj.)*
ich	spreche		spreche	spräche
du	sprichst		sprechest	sprächest
er	spricht		spreche	spräche
wir	sprechen		sprechen	sprächen
ihr	sprecht		sprechet	sprächet
sie	sprechen		sprechen	sprächen
	Imperfect			
ich	sprach			
du	sprachst			
er	sprach			
wir	sprachen			
ihr	spracht			
sie	sprachen			
			Past Time	
	Perfect		*(Perf. Subj.)*	*(Pluperf. Subj.)*
ich	habe gesprochen		habe gesprochen	hätte gesprochen
du	hast gesprochen		habest gesprochen	hättest gesprochen
er	hat gesprochen		habe gesprochen	hätte gesprochen
wir	haben gesprochen		haben gesprochen	hätten gesprochen
ihr	habt gesprochen		habet gesprochen	hättet gesprochen
sie	haben gesprochen		haben gesprochen	hätten gesprochen
	Pluperfect			
ich	hatte gesprochen			
du	hattest gesprochen			
er	hatte gesprochen			
wir	hatten gesprochen			
ihr	hattet gesprochen			
sie	hatten gesprochen			
			Future Time	
	Future		*(Fut. Subj.)*	*(Pres. Conditional)*
ich	werde sprechen		werde sprechen	würde sprechen
du	wirst sprechen		werdest sprechen	würdest sprechen
er	wird sprechen		werde sprechen	würde sprechen
wir	werden sprechen		werden sprechen	würden sprechen
ihr	werdet sprechen		werdet sprechen	würdet sprechen
sie	werden sprechen		werden sprechen	würden sprechen
			Future Perfect Time	
	Future Perfect		*(Fut. Perf. Subj.)*	*(Past Conditional)*
ich	werde gesprochen haben		werde gesprochen haben	würde gesprochen haben
du	wirst gesprochen haben		werdest gesprochen haben	würdest gesprochen haben
er	wird gesprochen haben		werde gesprochen haben	würde gesprochen haben
wir	werden gesprochen haben		werden gesprochen haben	würden gesprochen haben
ihr	werdet gesprochen haben		werdet gesprochen haben	würdet gesprochen haben
sie	werden gesprochen haben		werden gesprochen haben	würden gesprochen haben

Examples: *„Sie haben über die Geheimnisse gesprochen. Aber ich glaube, Sie könnten sie gründlicher besprechen." „Nicht alles ist aussprechlich,"antwortete die Priesterin.* "You spoke of the secrets. But I think you could discuss them more thoroughly." "Not everything is expressible," answered the priestess.

PRINC. PARTS: sprechen dürfen, durfte sprechen, hat
sprechen dürfen, darf sprechen
IMPERATIVE: not used

sprechen dürfen
to be allowed to speak

INDICATIVE		SUBJUNCTIVE	
		PRIMARY	SECONDARY
	Present	*Present Time* *(Pres. Subj.)*	*(Imperf. Subj.)*
ich	darf sprechen	dürfe sprechen	dürfte sprechen
du	darfst sprechen	dürfest sprechen	dürftest sprechen
er	darf sprechen	dürfe sprechen	dürfte sprechen
wir	dürfen sprechen	dürfen sprechen	dürften sprechen
ihr	dürft sprechen	dürfet sprechen	dürftet sprechen
sie	dürfen sprechen	dürfen sprechen	dürften sprechen
	Imperfect		
ich	durfte sprechen		
du	durftest sprechen		
er	durfte sprechen		
wir	durften sprechen		
ihr	durftet sprechen		
sie	durften sprechen		
	Perfect	*Past Time* *(Perf. Subj.)*	*(Pluperf. Subj.)*
ich	habe sprechen dürfen	habe sprechen dürfen	hätte sprechen dürfen
du	hast sprechen dürfen	habest sprechen durfen	hättest sprechen dürfen
er	hat sprechen dürfen	habe sprechen dürfen	hätte sprechen dürfen
wir	haben sprechen dürfen	haben sprechen dürfen	hätten sprechen dürfen
ihr	habt sprechen dürfen	habet sprechen dürfen	hättet sprechen dürfen
sie	haben sprechen dürfen	haben sprechen dürfen	hätten sprechen dürfen
	Pluperfect		
ich	hatte sprechen dürfen		
du	hattest sprechen dürfen		
er	hatte sprechen dürfen		
wir	hatten sprechen dürfen		
ihr	hattet sprechen dürfen		
sie	hatten sprechen dürfen		
	Future	*Future Time* *(Fut. Subj.)*	*(Pres. Conditional)*
ich	werde sprechen dürfen	werde sprechen dürfen	würde sprechen dürfen
du	wirst sprechen dürfen	werdest sprechen dürfen	würdest sprechen dürfen
er	wird sprechen dürfen	werde sprechen dürfen	würde sprechen dürfen
wir	werden sprechen dürfen	werden sprechen dürfen	würden sprechen dürfen
ihr	werdet sprechen dürfen	werdet sprechen dürfen	würdet sprechen dürfen
sie	werden sprechen dürfen	werden sprechen dürfen	würden sprechen dürfen
	Future Perfect	*Future Perfect Time* *(Fut. Perf. Subj.)*	*(Past Conditional)*
ich	werde haben sprechen dürfen	werde haben sprechen dürfen	würde haben sprechen dürfen
du	wirst haben sprechen dürfen	werdest haben sprechen dürfen	würdest haben sprechen dürfen
er	wird haben sprechen dürfen	werde haben sprechen dürfen	würde haben sprechen dürfen
wir	werden haben sprechen dürfen	werden haben sprechen dürfen	würden haben sprechen dürfen
ihr	werdet haben sprechen dürfen	werdet haben sprechen dürfen	würdet haben sprechen dürfen
sie	werden haben sprechen dürfen	werden haben sprechen dürfen	würden haben sprechen dürfen

Examples: *Wenn ich nur hätte sprechen dürfen, wäre alles anders gekommen. Wenn ich's nur gedurft hätte, wenn ich nur die Wahrheit hätte sprechen können, wäre ich jetzt ruhiger.* If I had only been allowed to speak, everything would have turned out differently. If only I'd been permitted to do so, if I just could have spoken the truth, I would feel easier now.

369

sprießen

to sprout, bud

PRINC. PARTS: sprießen,* sproß, ist gesprossen, sprießt
IMPERATIVE: sprieße!, sprießt!, sprießen Sie!**

	INDICATIVE		SUBJUNCTIVE	
			PRIMARY	SECONDARY
			Present Time	
	Present		*(Pres. Subj.)*	*(Imperf. Subj.)*
ich	sprieße		sprieße	sprösse
du	sprießt		sprießest	sprössest
er	sprießt		sprieße	sprösse
wir	sprießen		sprießen	sprössen
ihr	sprießt		sprießet	sprösset
sie	sprießen		sprießen	sprössen
	Imperfect			
ich	sproß			
du	sprossest			
er	sproß			
wir	sprossen			
ihr	sproßt			
sie	sprossen			
			Past Time	
	Perfect		*(Perf. Subj.)*	*(Pluperf. Subj.)*
ich	bin gesprossen		sei gesprossen	wäre gesprossen
du	bist gesprossen		seiest gesprossen	wärest gesprossen
er	ist gesprossen		sei gesprossen	wäre gesprossen
wir	sind gesprossen		seien gesprossen	wären gesprossen
ihr	seid gesprossen		seiet gesprossen	wäret gesprossen
sie	sind gesprossen		seien gesprossen	wären gesprossen
	Pluperfect			
ich	war gesprossen			
du	warst gesprossen			
er	war gesprossen			
wir	waren gesprossen			
ihr	wart gesprossen			
sie	waren gesprossen			
			Future Time	
	Future		*(Fut. Subj.)*	*(Pres. Conditional)*
ich	werde sprießen		werde sprießen	würde sprießen
du	wirst sprießen		werdest sprießen	würdest sprießen
er	wird sprießen		werde sprießen	würde sprießen
wir	werden sprießen		werden sprießen	würden sprießen
ihr	werdet sprießen		werdet sprießen	würdet sprießen
sie	werden sprießen		werden sprießen	würden sprießen
			Future Perfect Time	
	Future Perfect		*(Fut. Perf. Subj.)*	*(Past Conditional)*
ich	werde gesprossen sein		werde gesprossen sein	würde gesprossen sein
du	wirst gesprossen sein		werdest gesprossen sein	würdest gesprossen sein
er	wird gesprossen sein		werde gesprossen sein	würde gesprossen sein
wir	werden gesprossen sein		werden gesprossen sein	würden gesprossen sein
ihr	werdet gesprossen sein		werdet gesprossen sein	würdet gesprossen sein
sie	werden gesprossen sein		werden gesprossen sein	würden gesprossen sein

* Forms other than the third person are infrequently found.
** The imperative is unusual.

Examples: *Als er die Sprossen im Garten sah, weinte er vor Freude und sang: „Aus meinen Tränen sprießen viel blühende Blumen hervor", und „Klinge, kleines Frühlingslied … Kling hinaus bis an das Haus, wo die Blumen sprießen."* When he saw the shoots in the garden he wept for joy and sang "From my tears spring up many blooming flowers" and "Sing, little spring song … sing out to the house where the flowers spring up."

PRINC. PARTS: springen, sprang, ist gesprungen, springt
IMPERATIVE: springe!, springt!, springen Sie!

to jump, leap, spring; explode

INDICATIVE	SUBJUNCTIVE	
	PRIMARY	SECONDARY
	Present Time	
Present	(*Pres. Subj.*)	(*Imperf. Subj.*)
ich springe	springe	spränge
du springst	springest	sprängest
er springt	springe	spränge
wir springen	springen	sprängen
ihr springt	springet	spränget
sie springen	springen	sprängen
Imperfect		
ich sprang		
du sprangst		
er sprang		
wir sprangen		
ihr sprangt		
sie sprangen		
	Past Time	
Perfect	(*Perf. Subj.*)	(*Pluperf. Subj.*)
ich bin gesprungen	sei gesprungen	wäre gesprungen
du bist gesprungen	seiest gesprungen	wärest gesprungen
er ist gesprungen	sei gesprungen	wäre gesprungen
wir sind gesprungen	seien gesprungen	wären gesprungen
ihr seid gesprungen	seiet gesprungen	wäret gesprungen
sie sind gesprungen	seien gesprungen	wären gesprungen
Pluperfect		
ich war gesprungen		
du warst gesprungen		
er war gesprungen		
wir waren gesprungen		
ihr wart gesprungen		
sie waren gesprungen		
	Future Time	
Future	(*Fut. Subj.*)	(*Pres. Conditional*)
ich werde springen	werde springen	würde springen
du wirst springen	werdest springen	würdest springen
er wird springen	werde springen	würde springen
wir werden springen	werden springen	würden springen
ihr werdet springen	werdet springen	würdet springen
sie werden springen	werden springen	würden springen
	Future Perfect Time	
Future Perfect	(*Fut. Perf. Subj.*)	(*Past Conditional*)
ich werde gesprungen sein	werde gesprungen sein	würde gesprungen sein
du wirst gesprungen sein	werdest gesprungen sein	würdest gesprungen sein
er wird gesprungen sein	werde gesprungen sein	würde gesprungen sein
wir werden gesprungen sein	werden gesprungen sein	würden gesprungen sein
ihr werdet gesprungen sein	werdet gesprungen sein	würdet gesprungen sein
sie werden gesprungen sein	werden gesprungen sein	würden gesprungen sein

Examples: *Ich ließ eine unbesonnene Bemerkung über die Zunge springen.* I let slip an ill-considered remark. *Ich ließ eine Runde Bier springen.* I stood a round of drinks. *Das ist der springende Punkt.* That is the salient point. *Wenn seine reiche Tante einen Wunsch hat, springt er.* When his rich aunt wants something, he jumps to it.

spritzen

to squirt, gush

PRINC. PARTS: spritzen, spritzte, gespritzt, spritzt
IMPERATIVE: spritze!, spritzt!, spritzen Sie!

INDICATIVE		SUBJUNCTIVE	
		PRIMARY	SECONDARY

Present Time

	Present	*(Pres. Subj.)*	*(Imperf. Subj.)*
ich	spritze	spritze	spritzte
du	spritzt	spritzest	spritztest
er	spritzt	spritze	spritzte
wir	spritzen	spritzen	spritzten
ihr	spritzt	spritzet	spritztet
sie	spritzen	spritzen	spritzten

	Imperfect
ich	spritzte
du	spritztest
er	spritzte
wir	spritzten
ihr	spritztet
sie	spritzten

Past Time

	Perfect	*(Perf. Subj.)*	*(Pluperf. Subj.)*
ich	habe gespritzt	habe gespritzt	hätte gespritzt
du	hast gespritzt	habest gespritzt	hättest gespritzt
er	hat gespritzt	habe gespritzt	hätte gespritzt
wir	haben gespritzt	haben gespritzt	hätten gespritzt
ihr	habt gespritzt	habet gespritzt	hättet gespritzt
sie	haben gespritzt	haben gespritzt	hätten gespritzt

	Pluperfect
ich	hatte gespritzt
du	hattest gespritzt
er	hatte gespritzt
wir	hatten gespritzt
ihr	hattet gespritzt
sie	hatten gespritzt

Future Time

	Future	*(Fut. Subj.)*	*(Pres. Conditional)*
ich	werde spritzen	werde spritzen	würde spritzen
du	wirst spritzen	werdest spritzen	würdest spritzen
er	wird spritzen	werde spritzen	würde spritzen
wir	werden spritzen	werden spritzen	würden spritzen
ihr	werdet spritzen	werdet spritzen	würdet spritzen
sie	werden spritzen	werden spritzen	würden spritzen

Future Perfect Time

	Future Perfect	*(Fut. Perf. Subj.)*	*(Past Conditional)*
ich	werde gespritzt haben	werde gespritzt haben	würde gespritzt haben
du	wirst gespritzt haben	werdest gespritzt haben	würdest gespritzt haben
er	wird gespritzt haben	werde gespritzt haben	würde gespritzt haben
wir	werden gespritzt haben	werden gespritzt haben	würden gespritzt haben
ihr	werdet gespritzt haben	werdet gespritzt haben	würdet gespritzt haben
sie	werden gespritzt haben	werden gespritzt haben	würden gespritzt haben

---

Examples: *Die Nachbarn ließen ihren Rasen spritzen.* The neighbors had their lawn sprayed. *Einige Bauern in der Gegend lassen ihre Felder bespritzen.* Some farmers in the area have their fields (chemically) sprayed. *Wir sind sehr umweltbewußt und machen keine Spritztouren mehr.* We're very environmentally conscious and don't go for a spin anymore.

PRINC. PARTS: sprühen, sprühte, gesprüht, sprüht
IMPERATIVE: sprühe!, sprüht!, sprühen Sie!

to sparkle; scintillate; spray

INDICATIVE		SUBJUNCTIVE	
		PRIMARY	SECONDARY
		Present Time	
	Present	*(Pres. Subj.)*	*(Imperf. Subj.)*
ich	sprühe	sprühe	sprühte
du	sprühst	sprühest	sprühtest
er	sprüht	sprühe	sprühte
wir	sprühen	sprühen	sprühten
ihr	sprüht	sprühet	sprühtet
sie	sprühen	sprühen	sprühten
	Imperfect		
ich	sprühte		
du	sprühtest		
er	sprühte		
wir	sprühten		
ihr	sprühtet		
sie	sprühten		
		Past Time	
	Perfect	*(Perf. Subj.)*	*(Pluperf. Subj.)*
ich	habe gesprüht	habe gesprüht	hätte gesprüht
du	hast gesprüht	habest gesprüht	hättest gesprüht
er	hat gesprüht	habe gesprüht	hätte gesprüht
wir	haben gesprüht	haben gesprüht	hätten gesprüht
ihr	habt gesprüht	habet gesprüht	hättet gesprüht
sie	haben gesprüht	haben gesprüht	hätten gesprüht
	Pluperfect		
ich	hatte gesprüht		
du	hattest gesprüht		
er	hatte gesprüht		
wir	hatten gesprüht		
ihr	hattet gesprüht		
sie	hatten gesprüht		
		Future Time	
	Future	*(Fut. Subj.)*	*(Pres. Conditional)*
ich	werde sprühen	werde sprühen	würde sprühen
du	wirst sprühen	werdest sprühen	würdest sprühen
er	wird sprühen	werde sprühen	würde sprühen
wir	werden sprühen	werden sprühen	würden sprühen
ihr	werdet sprühen	werdet sprühen	würdet sprühen
sie	werden sprühen	werden sprühen	würden sprühen
		Future Perfect Time	
	Future Perfect	*(Fut. Perf. Subj.)*	*(Past Conditional)*
ich	werde gesprüht haben	werde gesprüht haben	würde gesprüht haben
du	wirst gesprüht haben	werdest gesprüht haben	würdest gesprüht haben
er	wird gesprüht haben	werde gesprüht haben	würde gesprüht haben
wir	werden gesprüht haben	werden gesprüht haben	würden gesprüht haben
ihr	werdet gesprüht haben	werdet gesprüht haben	würdet gesprüht haben
sie	werden gesprüht haben	werden gesprüht haben	würden gesprüht haben

Examples: *Es sprüht den ganzen Tag. Ich habe mir die Haare mit Spray vollgesprüht und es nutzt nichts.* It's been drizzling all day. I've sprayed on quantities of hair spray and it's no use. *Einst bewunderte ich deinen sprühenden Geist. Du sprühtest von Ideen.* Once I admired your scintillating spirit. You bubbled over with ideas.

spucken

to spit

PRINC. PARTS: spucken, spuckte, gespuckt, spuckt
IMPERATIVE: spucke!, spuckt!, spucken Sie!

	INDICATIVE	SUBJUNCTIVE	
		PRIMARY	SECONDARY
		Present Time	
	Present	*(Pres. Subj.)*	*(Imperf. Subj.)*
ich	spucke	spucke	spuckte
du	spuckst	spuckest	spucktest
er	spuckt	spucke	spuckte
wir	spucken	spucken	spuckten
ihr	spuckt	spucket	spucktet
sie	spucken	spucken	spuckten
	Imperfect		
ich	spuckte		
du	spucktest		
er	spuckte		
wir	spuckten		
ihr	spucktet		
sie	spuckten		
		Past Time	
	Perfect	*(Perf. Subj.)*	*(Pluperf. Subj.)*
ich	habe gespuckt	habe gespuckt	hätte gespuckt
du	hast gespuckt	habest gespuckt	hättest gespuckt
er	hat gespuckt	habe gespuckt	hätte gespuckt
wir	haben gespuckt	haben gespuckt	hätten gespuckt
ihr	habt gespuckt	habet gespuckt	hättet gespuckt
sie	haben gespuckt	haben gespuckt	hätten gespuckt
	Pluperfect		
ich	hatte gespuckt		
du	hattest gespuckt		
er	hatte gespuckt		
wir	hatten gespuckt		
ihr	hattet gespuckt		
sie	hatten gespuckt		
		Future Time	
	Future	*(Fut. Subj.)*	*(Pres. Conditional)*
ich	werde spucken	werde spucken	würde spucken
du	wirst spucken	werdest spucken	würdest spucken
er	wird spucken	werde spucken	würde spucken
wir	werden spucken	werden spucken	würden spucken
ihr	werdet spucken	werdet spucken	würdet spucken
sie	werden spucken	werden spucken	würden spucken
		Future Perfect Time	
	Future Perfect	*(Fut. Perf. Subj.)*	*(Past Conditional)*
ich	werde gespuckt haben	werde gespuckt haben	würde gespuckt haben
du	wirst gespuckt haben	werdest gespuckt haben	würdest gespuckt haben
er	wird gespuckt haben	werde gespuckt haben	würde gespuckt haben
wir	werden gespuckt haben	werden gespuckt haben	würden gespuckt haben
ihr	werdet gespuckt haben	werdet gespuckt haben	würdet gespuckt haben
sie	werden gespuckt haben	werden gespuckt haben	würden gespuckt haben

Examples: *Nach dem Zahnarzt spuckte er wiederholt aus. Aber er spuckte noch Blut. In der Kneipe versuchte er, in den Spucknapf zu spucken, aber es gelang ihm meistens nicht.* After the dentist he spat out repeatedly. But he was still spitting blood. In the tavern he tried to spit into the spittoon, but usually didn't succeed. **Ausspucken** is a sep. prefix verb.

spülen

PRINC. PARTS: spülen, spülte, gespült, spült
IMPERATIVE: spüle!, spült!, spülen Sie!

to rinse, flush; wash against, lap

	INDICATIVE	SUBJUNCTIVE	
		PRIMARY	SECONDARY
		Present Time	
	Present	*(Pres. Subj.)*	*(Imperf. Subj.)*
ich	spüle	spüle	spülte
du	spülst	spülest	spültest
er	spült	spüle	spülte
wir	spülen	spülen	spülten
ihr	spült	spület	spültet
sie	spülen	spülen	spülten

	Imperfect
ich	spülte
du	spültest
er	spülte
wir	spülten
ihr	spültet
sie	spülten

			Past Time	
	Perfect	*(Perf. Subj.)*	*(Plupef. Subj.)*
ich	habe gespült	habe gespült	hätte gespült
du	hast gespült	habest gespült	hättest gespült
er	hat gespült	habe gespült	hätte gespült
wir	haben gespült	haben gespült	hätten gespült
ihr	habt gespült	habet gespült	hättet gespült
sie	haben gespült	haben gespült	hätten gespült

	Pluperfect
ich	hatte gespült
du	hattest gespült
er	hatte gespült
wir	hatten gespült
ihr	hattet gespült
sie	hatten gespült

		Future Time	
	Future	*(Fut. Subj.)*	*(Pres. Conditional)*
ich	werde spülen	werde spülen	würde spülen
du	wirst spülen	werdest spülen	würdest spülen
er	wird spülen	werde spülen	würde spülen
wir	werden spülen	werden spülen	würden spülen
ihr	werdet spülen	werdet spülen	würdet spülen
sie	werden spülen	werden spülen	würden spülen

		Future Perfect Time	
	Future Perfect	*(Fut. Perf. Subj.)*	*(Past Conditional)*
ich	werde gespült haben	werde gespült haben	würde gespült haben
du	wirst gespült haben	werdest gespült haben	würdest gespült haben
er	wird gespült haben	werde gespült haben	würde gespült haben
wir	werden gespült haben	werden gespült haben	würden gespült haben
ihr	werdet gespült haben	werdet gespült haben	würdet gespült haben
sie	werden gespült haben	werden gespült haben	würden gespült haben

Examples: *Die Spülmaschine ist kaputt. Spül du das Geschirr. Ich muß mir den Mund ausspülen.* The dishwasher is broken. You wash the dishes. I've got to rinse my mouth. *Der heftige andauernde Regen hatte die Brücken unterspült.* The heavy, continuing rain had undermined the bridges. *Bei Flut ist die Insel überflutet.* At high tide the island is covered.

375

spüren

to feel, perceive; trace, scent out

PRINC. PARTS: spüren, spürte, gespürt, spürt
IMPERATIVE: spüre!, spürt!, spüren Sie!

	INDICATIVE	SUBJUNCTIVE	
		PRIMARY	SECONDARY
		Present Time	
	Present	*(Pres. Subj.)*	*(Imperf. Subj.)*
ich	spüre	spüre	spürte
du	spürst	spürest	spürtest
er	spürt	spüre	spürte
wir	spüren	spüren	spürten
ihr	spürt	spüret	spürtet
sie	spüren	spüren	spürten

	Imperfect
ich	spürte
du	spürtest
er	spürte
wir	spürten
ihr	spürtet
sie	spürten

			Past Time	
	Perfect	*(Perf. Subj.)*	*(Pluperf. Subj.)*
ich	habe gespürt	habe gespürt	hätte gespürt
du	hast gespürt	habest gespürt	hättest gespürt
er	hat gespürt	habe gespürt	hätte gespürt
wir	haben gespürt	haben gespürt	hätten gespürt
ihr	habt gespürt	habet gespürt	hättet gespürt
sie	haben gespürt	haben gespürt	hätten gespürt

	Pluperfect
ich	hatte gespürt
du	hattest gespürt
er	hatte gespürt
wir	hatten gespürt
ihr	hattet gespürt
sie	hatten gespürt

			Future Time	
	Future	*(Fut. Subj.)*	*(Pres. Conditional)*
ich	werde spüren	werde spüren	würde spüren
du	wirst spüren	werdest spüren	würdest spüren
er	wird spüren	werde spüren	würde spüren
wir	werden spüren	werden spüren	würden spüren
ihr	werdet spüren	werdet spüren	würdet spüren
sie	werden spüren	werden spüren	würden spüren

			Future Perfect Time	
	Future Perfect	*(Fut. Perf. Subj.)*	*(Past Conditional)*
ich	werde gespürt haben	werde gespürt haben	würde gespürt haben
du	wirst gespürt haben	werdest gespürt haben	würdest gespürt haben
er	wird gespürt haben	werde gespürt haben	würde gespürt haben
wir	werden gespürt haben	werden gespürt haben	würden gespürt haben
ihr	werdet gespürt haben	werdet gespürt haben	würdet gespürt haben
sie	werden gespürt haben	werden gespürt haben	würden gespürt haben

---

Examples: *Nach der Anstrengung spürte ich eine große Müdigkeit.* I felt a great weariness after the exertion. *Die Drogenkriminellen waren spurlos verschwunden, aber die Spürhunde spürten sie im Flughafen auf.* The drug dealers had disappeared without a trace but the track dogs tracked them down in the airport.

PRINC. PARTS: stattfinden,* fand statt, stattgefunden,
findet statt
IMPERATIVE: not used

stattfinden

to take place, happen

	INDICATIVE		SUBJUNCTIVE	
			PRIMARY	SECONDARY
			Present Time	
	Present		*(Pres. Subj.)*	*(Imperf. Subj.)*
ich				
du				
er	findet statt		finde statt	fände statt
wir				
ihr				
sie	finden statt		finden statt	fänden statt
ich	*Imperfect*			
du				
er	fand statt			
wir				
ihr				
sie	fanden statt		*Past Time*	
	Perfect		*(Perf. Subj.)*	*(Pluperf. Subj.)*
ich				
du				
er	hat stattgefunden		habe stattgefunden	hätte stattgefunden
wir				
ihr				
sie	haben stattgefunden		haben stattgefunden	hätten stattgefunden
	Pluperfect			
ich				
du				
er	hatte stattgefunden			
wir				
ihr				
sie	hatten stattgefunden			
			Future Time	
	Future		*(Fut. Subj.)*	*(Pres. Conditional)*
ich				
du				
er	wird stattfinden		werde stattfinden	würde stattfinden
wir				
ihr				
sie	werden stattfinden		werden stattfinden	würden stattfinden
			Future Perfect Time	
	Future Perfect		*(Fut. Perf. Subj.)*	*(Past Conditional)*
ich				
du				
er	wird stattgefunden haben		werde stattgefunden haben	würde stattgefunden haben
wir				
ihr				
sie	werden stattgefunden haben		werden stattgefunden haben	würden stattgefunden haben

* Forms other than the third person are rarely found.

Examples: „*Wann soll die Veranstaltung stattfinden?*" „*Sie hat schon stattgefunden.*"
"When is the event to take place?" "It's already taken place." **Die Statt** means "place, stead" as in "homestead." Ger. uses **finden,** not **nehmen,** for "to take place."

staunen

to be astonished,
surprised or amazed

PRINC. PARTS: staunen, staunte, gestaunt, staunt
IMPERATIVE: staune!, staunt!, staunen Sie!

	INDICATIVE	SUBJUNCTIVE	
		PRIMARY	SECONDARY
		Present Time	
	Present	*(Pres. Subj.)*	*(Imperf. Subj.)*
ich	staune	staune	staunte
du	staunst	staunest	stauntest
er	staunt	staune	staunte
wir	staunen	staunen	staunten
ihr	staunt	staunet	stauntet
sie	staunen	staunen	staunten
	Imperfect		
ich	staunte		
du	stauntest		
er	staunte		
wir	staunten		
ihr	stauntet		
sie	staunten		
		Past Time	
	Perfect	*(Perf. Subj.)*	*(Pluperf. Subj.)*
ich	habe gestaunt	habe gestaunt	hätte gestaunt
du	hast gestaunt	habest gestaunt	hättest gestaunt
er	hat gestaunt	habe gestaunt	hätte gestaunt
wir	haben gestaunt	haben gestaunt	hätten gestaunt
ihr	habt gestaunt	habet gestaunt	hättet gestaunt
sie	haben gestaunt	haben gestaunt	hätten gestaunt
	Pluperfect		
ich	hatte gestaunt		
du	hattest gestaunt		
er	hatte gestaunt		
wir	hatten gestaunt		
ihr	hattet gestaunt		
sie	hatten gestaunt		
		Future Time	
	Future	*(Fut. Subj.)*	*(Pres. Conditional)*
ich	werde staunen	werde staunen	würde staunen
du	wirst staunen	werdest staunen	würdest staunen
er	wird staunen	werde staunen	würde staunen
wir	werden staunen	werden staunen	würden staunen
ihr	werdet staunen	werdet staunen	würdet staunen
sie	werden staunen	werden staunen	würden staunen
		Future Perfect Time	
	Future Perfect	*(Fut. Perf. Subj.)*	*(Past Conditional)*
ich	werde gestaunt haben	werde gestaunt haben	würde gestaunt haben
du	wirst gestaunt haben	werdest gestaunt haben	würdest gestaunt haben
er	wird gestaunt haben	werde gestaunt haben	würde gestaunt haben
wir	werden gestaunt haben	werden gestaunt haben	würden gestaunt haben
ihr	werdet gestaunt haben	werdet gestaunt haben	würdet gestaunt haben
sie	werden gestaunt haben	werden gestaunt haben	würden gestaunt haben

Examples: *Lise staunte über die Nachricht, daß ihr Verlobter schon mehrmals ver-heiratet war.* Lise was astounded by the news that her fiancé was already married to many others. *Die Kinder bestaunten die Tiere im Tierpark. Mit offenem Munde staunten sie die Krokodile an.* The children marveled at the animals in the zoo. They gaped in wonder at the crocodiles.

PRINC. PARTS: stechen, stach, gestochen, sticht
IMPERATIVE: stich!, stecht!, stechen Sie!

to sting; prick; stab

INDICATIVE		SUBJUNCTIVE	
		PRIMARY	SECONDARY

Present Time

	Present	*(Pres. Subj.)*	*(Imperf. Subj.)*
ich	steche	steche	stäche
du	stichst	stechest	stächest
er	sticht	steche	stäche
wir	stechen	stechen	stächen
ihr	stecht	stechet	stächet
sie	stechen	stechen	stächen

	Imperfect
ich	stach
du	stachst
er	stach
wir	stachen
ihr	stacht
sie	stachen

Past Time

	Perfect	*(Perf. Subj.)*	*(Pluperf. Subj.)*
ich	habe gestochen	habe gestochen	hätte gestochen
du	hast gestochen	habest gestochen	hättest gestochen
er	hat gestochen	habe gestochen	hätte gestochen
wir	haben gestochen	haben gestocher.	hätten gestochen
ihr	habt gestochen	habet gestochen	hättet gestochen
sie	haben gestochen	haben gestochen	hätten gestochen

	Pluperfect
ich	hatte gestochen
du	hattest gestochen
er	hatte gestochen
wir	hatten gestochen
ihr	hattet gestochen
sie	hatten gestochen

Future Time

	Future	*(Fut. Subj.)*	*(Pres. Conditional)*
ich	werde stechen	werde stechen	würde stechen
du	wirst stechen	werdest stechen	würdest stechen
er	wird stechen	werde stechen	würde stechen
wir	werden stechen	werden stechen	würden stechen
ihr	werdet stechen	werdet stechen	würdet stechen
sie	werden stechen	werden stechen	würden stechen

Future Perfect Time

	Future Perfect	*(Fut. Perf. Subj.)*	*(Past Conditional)*
ich	werde gestochen haben	werde gestochen haben	würde gestochen haben
du	wirst gestochen haben	werdest gestochen haben	würdest gestochen haben
er	wird gestochen haben	werde gestochen haben	würde gestochen haben
wir	werden gestochen haben	werden gestochen haben	würden gestochen haben
ihr	werdet gestochen haben	werdet gestochen haben	würdet gestochen haben
sie	werden gestochen haben	werden gestochen haben	würden gestochen haben

Examples: „...Röslein sprach: Ich steche dich ... Röslein wehrte sich und stach ..." "The little rose spoke: 'I'll prick you ... The little rose defended itself and pricked." *Die Bienen haben den Honig suchenden Bären gestochen.* The bees stung the bear who was looking for honey. The quote is from Goethe's Heidenröslein.

stecken

*to set, plant; remain, be
stuck or involved*

PRINC. PARTS: stecken, steckte, gesteckt, steckt
IMPERATIVE: stecke!, steckt!, stecken Sie!

INDICATIVE		SUBJUNCTIVE		
		PRIMARY	SECONDARY	
		Present Time		
	Present	*(Pres. Subj.)*	*(Imperf. Subj.)*	
ich	stecke	stecke	steckte	stäke
du	steckst	steckest	stecktest	stäkest
er	steckt	stecke	steckte or stäke	
wir	stecken	stecken	steckten	stäken
ihr	steckt	stecket	stecktet	stäket
sie	stecken	stecken	steckten	stäken

	Imperfect	
ich	steckte	stak
du	stecktest	stakst
er	steckte or	stak
wir	steckten	staken
ihr	stecktet	stakt
sie	steckten	staken

		Past Time	
	Perfect	*(Perf. Subj.)*	*(Pluperf. Subj.)*
ich	habe gesteckt	habe gesteckt	hätte gesteckt
du	hast gesteckt	habest gesteckt	hättest gesteckt
er	hat gesteckt	habe gesteckt	hätte gesteckt
wir	haben gesteckt	haben gesteckt	hätten gesteckt
ihr	habt gesteckt	habet gesteckt	hättet gesteckt
sie	haben gesteckt	haben gesteckt	hätten gesteckt

	Pluperfect
ich	hatte gesteckt
du	hattest gesteckt
er	hatte gesteckt
wir	hatten gesteckt
ihr	hattet gesteckt
sie	hatten gesteckt

		Future Time	
	Future	*(Fut. Subj.)*	*(Pres. Conditional)*
ich	werde stecken	werde stecken	würde stecken
du	wirst stecken	werdest stecken	würdest stecken
er	wird stecken	werde stecken	würde stecken
wir	werden stecken	werden stecken	würden stecken
ihr	werdet stecken	werdet stecken	würdet stecken
sie	werden stecken	werden stecken	würden stecken

		Future Perfect Time	
	Future Perfect	*(Fut. Perf. Subj.)*	*(Past Conditional)*
ich	werde gesteckt haben	werde gesteckt haben	würde gesteckt haben
du	wirst gesteckt haben	werdest gesteckt haben	würdest gesteckt haben
er	wird gesteckt haben	werde gesteckt haben	würde gesteckt haben
wir	werden gesteckt haben	werden gesteckt haben	würden gesteckt haben
ihr	werdet gesteckt haben	werdet gesteckt haben	würdet gesteckt haben
sie	werden gesteckt haben	werden gesteckt haben	würden gesteckt haben

Examples: *Elfi hat ihr ganzes Vermögen in das neue Unternehmen gesteckt. Die Mikrotechnik steckt noch in den Anfängen. Elfi steckt in Schwierigkeiten und Schulden. Aber sie steckt auch voller Ideen und Energie.* Elfi put all her money into the new undertaking. Micro technology is still in its early stages. Elfi is in difficulties and has debts. But she's also full of ideas and energy.

PRINC. PARTS: stehen, stand, gestanden, steht
IMPERATIVE: stehe!, steht!, stehen Sie!

to stand; be located

INDICATIVE	SUBJUNCTIVE		
		PRIMARY	SECONDARY

Present Time

	Present	(*Pres. Subj.*)	(*Imperf. Subj.*)	
ich	stehe	stehe	stände	stünde
du	stehst	stehest	ständest	stündest
er	steht	stehe	stände *or*	stünde
wir	stehen	stehen	ständen	stünden
ihr	steht	stehet	ständet	stündet
sie	stehen	stehen	ständen	stünden

	Imperfect
ich	stand
du	standst
er	stand
wir	standen
ihr	standet
sie	standen

Past Time

	Perfect	(*Perf. Subj.*)	(*Pluperf. Subj.*)
ich	habe gestanden	habe gestanden	hätte gestanden
du	hast gestanden	habest gestanden	hättest gestanden
er	hat gestanden	habe gestanden	hätte gestanden
wir	haben gestanden	haben gestanden	hätten gestanden
ihr	habt gestanden	habet gestanden	hättet gestanden
sie	haben gestanden	haben gestanden	hätten gestanden

	Pluperfect
ich	hatte gestanden
du	hattest gestanden
er	hatte gestanden
wir	hatten gestanden
ihr	hattet gestanden
sie	hatten gestanden

Future Time

	Future	(*Fut. Subj.*)	(*Pres. Conditional*)
ich	werde stehen	werde stehen	würde stehen
du	wirst stehen	werdest stehen	würdest stehen
er	wird stehen	werde stehen	würde stehen
wir	werden stehen	werden stehen	würden stehen
ihr	werdet stehen	werdet stehen	würdet stehen
sie	werden stehen	werden stehen	würden stehen

Future Perfect Time

	Future Perfect	(*Fut. Perf. Subj.*)	(*Past Conditional*)
ich	werde gestanden haben	werde gestanden haben	würde gestanden haben
du	wirst gestanden haben	werdest gestanden haben	würdest gestanden haben
er	wird gestanden haben	werde gestanden haben	würde gestanden haben
wir	werden gestanden haben	werden gestanden haben	würden gestanden haben
ihr	werdet gestanden haben	werdet gestanden haben	würdet gestanden haben
sie	werden gestanden haben	werden gestanden haben	würden gestanden haben

Examples: *Sie stehen noch über mir. Ihnen untersteht die Abteilung. Da ich aber die Staatsprüfung bestanden haben, steht mir ein höherer Posten zu. Jetzt können Sie mir nicht mehr im Wege stehen.* You are still my superior. You're in charge of the department. But since I've passed the Civil Service exam, I'm entitled to a higher position. You can no longer stand in my way.

stehlen

to steal

PRINC. PARTS: stehlen, stahl, gestohlen, stiehlt
IMPERATIVE: stiehl!, stehlt!, stehlen Sie!

	INDICATIVE	SUBJUNCTIVE		
		PRIMARY	SECONDARY	
		Present Time		
	Present	*(Pres. Subj.)*	*(Imperf. Subj.)*	
ich	stehle	stehle	stöhle	stähle
du	stiehlst	stehlest	stöhlest	stählest
er	stiehlt	stehle	stöhle	stähle
wir	stehlen	stehlen	stöhlen *or*	stählen
ihr	stehlt	stehlet	stöhlet	stählet
sie	stehlen	stehlen	stöhlen	stählen

	Imperfect
ich	stahl
du	stahlst
er	stahl
wir	stahlen
ihr	stahlt
sie	stahlen

		Past Time	
	Perfect	*(Perf. Subj.)*	*(Pluperf. Subj.)*
ich	habe gestohlen	habe gestohlen	hätte gestohlen
du	hast gestohlen	habest gestohlen	hättest gestohlen
er	hat gestohlen	habe gestohlen	hätte gestohlen
wir	haben gestohlen	haben gestohlen	hätten gestohlen
ihr	habt gestohlen	habet gestohlen	hättet gestohlen
sie	haben gestohlen	haben gestohlen	hätten gestohlen

	Pluperfect
ich	hatte gestohlen
du	hattest gestohlen
er	hatte gestohlen
wir	hatten gestohlen
ihr	hattet gestohlen
sie	hatten gestohlen

		Future Time	
	Future	*(Fut. Subj.)*	*(Pres. Conditional)*
ich	werde stehlen	werde stehlen	würde stehlen
du	wirst stehlen	werdest stehlen	würdest stehlen
er	wird stehlen	werde stehlen	würde stehlen
wir	werden stehlen	werden stehlen	würden stehlen
ihr	werdet stehlen	werdet stehlen	würdet stehlen
sie	werden stehlen	werden stehlen	würden stehlen

		Future Perfect Time	
	Future Perfect	*(Fut. Perf. Subj.)*	*(Past Conditional)*
ich	werde gestohlen haben	werde gestohlen haben	würde gestohlen haben
du	wirst gestohlen haben	werdest gestohlen haben	würdest gestohlen haben
er	wird gestohlen haben	werde gestohlen haben	würde gestohlen haben
wir	werden gestohlen haben	werden gestohlen haben	würden gestohlen haben
ihr	werdet gestohlen haben	werdet gestohlen haben	würdet gestohlen haben
sie	werden gestohlen haben	werden gestohlen haben	würden gestohlen haben

Examples: *Hedis Stehlersucht kennt keine Grenzen. Wo sie auch hingeht, stiehlt sie, was sie kann. Sie hat uns schon viel gestohlen. Das Schlimmste ist die Zeit, die sie uns stiehlt.* Hedi's kleptomania is boundless. Wherever she goes, she steals what she can. She's already stolen much from us. Worst of all is the time she takes away from us.

PRINC. PARTS: steigen, stieg, ist gestiegen, steigt
IMPERATIVE: steige!, steigt!, steigen Sie!

to climb; increase; rise

INDICATIVE	SUBJUNCTIVE	
	PRIMARY	SECONDARY

Present Time

	Present	*(Pres. Subj.)*	*(Imperf. Subj.)*
ich	steige	steige	stiege
du	steigst	steigest	stiegest
er	steigt	steige	stiege
wir	steigen	steigen	stiegen
ihr	steigt	steiget	stieget
sie	steigen	steigen	stiegen

	Imperfect
ich	stieg
du	stiegst
er	stieg
wir	stiegen
ihr	stiegt
sie	stiegen

Past Time

	Perfect	*(Perf. Subj.)*	*(Pluperf. Subj.)*
ich	bin gestiegen	sei gestiegen	wäre gestiegen
du	bist gestiegen	seiest gestiegen	wärest gestiegen
er	ist gestiegen	sei gestiegen	wäre gestiegen
wir	sind gestiegen	seien gestiegen	wären gestiegen
ihr	seid gestiegen	seiet gestiegen	wäret gestiegen
sie	sind gestiegen	seien gestiegen	wären gestiegen

	Pluperfect
ich	war gestiegen
du	warst gestiegen
er	war gestiegen
wir	waren gestiegen
ihr	wart gestiegen
sie	waren gestiegen

Future Time

	Future	*(Fut. Subj.)*	*(Pres. Conditional)*
ich	werde steigen	werde steigen	würde steigen
du	wirst steigen	werdest steigen	würdest steigen
er	wird steigen	werde steigen	würde steigen
wir	werden steigen	werden steigen	würden steigen
ihr	werdet steigen	werdet steigen	würdet steigen
sie	werden steigen	werden steigen	würden steigen

Future Perfect Time

	Future Perfect	*(Fut. Perf. Subj.)*	*(Past Conditional)*
ich	werde gestiegen sein	werde gestiegen sein	würde gestiegen sein
du	wirst gestiegen sein	werdest gestiegen sein	würdest gestiegen sein
er	wird gestiegen sein	werde gestiegen sein	würde gestiegen sein
wir	werden gestiegen sein	werden gestiegen sein	würden gestiegen sein
ihr	werdet gestiegen sein	werdet gestiegen sein	würdet gestiegen sein
sie	werden gestiegen sein	werden gestiegen sein	würden gestiegen sein

Examples: *Steigen Sie bitte jetzt aus! Sie müssen wieder umsteigen.* Please get off now. You'll have to change again. *Bei steigenden Preisen ist uns das Leben schwer. Man hat uns die Miete gesteigert. Wir haben unsere Kunstsammlung versteigern müssen.* With rising prices, life is difficult for us. They've raised our rent. We had to auction off our art collection.

stellen
to put, place

PRINC. PARTS: stellen, stellte, gestellt, stellt
IMPERATIVE: stelle!, stellt!, stellen Sie!

INDICATIVE	SUBJUNCTIVE	
	PRIMARY	SECONDARY

Present Time

	Present	*(Pres. Subj.)*	*(Imperf. Subj.)*
ich	stelle	stelle	stellte
du	stellst	stellest	stelltest
er	stellt	stelle	stellte
wir	stellen	stellen	stellten
ihr	stellt	stellet	stelltet
sie	stellen	stellen	stellten

	Imperfect
ich	stellte
du	stelltest
er	stellte
wir	stellten
ihr	stelltet
sie	stellten

Past Time

	Perfect	*(Perf. Subj.)*	*(Pluperf. Subj.)*
ich	habe gestellt	habe gestellt	hätte gestellt
du	hast gestellt	habest gestellt	hättest gestellt
er	hat gestellt	habe gestellt	hätte gestellt
wir	haben gestellt	haben gestellt	hätten gestellt
ihr	habt gestellt	habet gestellt	hättet gestellt
sie	haben gestellt	haben gestellt	hätten gestellt

	Pluperfect
ich	hatte gestellt
du	hattest gestellt
er	hatte gestellt
wir	hatten gestellt
ihr	hattet gestellt
sie	hatten gestellt

Future Time

	Future	*(Fut. Subj.)*	*(Pres. Conditional)*
ich	werde stellen	werde stellen	würde stellen
du	wirst stellen	werdest stellen	würdest stellen
er	wird stellen	werde stellen	würde stellen
wir	werden stellen	werden stellen	würden stellen
ihr	werdet stellen	werdet stellen	würdet stellen
sie	werden stellen	werden stellen	würden stellen

Future Perfect Time

	Future Perfect	*(Fut. Perf. Subj.)*	*(Past Conditional)*
ich	werde gestellt haben	werde gestellt haben	würde gestellt haben
du	wirst gestellt haben	werdest gestellt haben	würdest gestellt haben
er	wird gestellt haben	werde gestellt haben	würde gestellt haben
wir	werden gestellt haben	werden gestellt haben	würden gestellt haben
ihr	werdet gestellt haben	werdet gestellt haben	würdet gestellt haben
sie	werden gestellt haben	werden gestellt haben	würden gestellt haben

---

Examples: *Die Untersuchung kommt nicht von der Stelle. Die zuständigen Stellen haben nichts ans Licht gestellt. Es stellt sich die Frage, ob sie nicht alles in ein falsches Licht stellen.* The investigation is making no progress. The proper authorities have revealed nothing. The question arises as to whether they're not also misrepresenting everything. *Stell die Blumen auf den Tisch.* Put the flowers on the table.

PRINC. PARTS: sterben, starb, ist gestorben, stirbt
IMPERATIVE: stirb!, sterbt!, sterben Sie!

INDICATIVE	SUBJUNCTIVE	
	PRIMARY	SECONDARY
	Present Time	
Present	*(Pres. Subj.)*	*(Imperf. Subj.)*
ich sterbe	sterbe	stürbe
du stirbst	sterbest	stürbest
er stirbt	sterbe	stürbe
wir sterben	sterben	stürben
ihr sterbt	sterbet	stürbet
sie sterben	sterben	stürben

Imperfect
ich starb
du starbst
er starb
wir starben
ihr starbt
sie starben

	Past Time	
Perfect	*(Perf. Subj.)*	*(Pluperf. Subj.)*
ich bin gestorben	sei gestorben	wäre gestorben
du bist gestorben	seiest gestorben	wärest gestorben
er ist gestorben	sei gestorben	wäre gestorben
wir sind gestorben	seien gestorben	wären gestorben
ihr seid gestorben	seiet gestorben	wäret gestorben
sie sind gestorben	seien gestorben	wären gestorben

Pluperfect
ich war gestorben
du warst gestorben
er war gestorben
wir waren gestorben
ihr wart gestorben
sie waren gestorben

	Future Time	
Future	*(Fut. Subj.)*	*(Pres. Conditional)*
ich werde sterben	werde sterben	würde sterben
du wirst sterben	werdest sterben	würdest sterben
er wird sterben	werde sterben	würde sterben
wir werden sterben	werden sterben	würden sterben
ihr werdet sterben	werdet sterben	würdet sterben
sie werden sterben	werden sterben	würden sterben

	Future Perfect Time	
Future Perfect	*(Fut. Perf. Subj.)*	*(Past Conditional)*
ich werde gestorben sein	werde gestorben sein	würde gestorben sein
du wirst gestorben sein	werdest gestorben sein	würdest gestorben sein
er wird gestorben sein	werde gestorben sein	würde gestorben sein
wir werden gestorben sein	werden gestorben sein	würden gestorben sein
ihr werdet gestorben sein	werdet gestorben sein	würdet gestorben sein
sie werden gestorben sein	werden gestorben sein	würden gestorben sein

Examples: *Viele Tierarten laufen Gefahr, auszusterben.* Many species of animals are in danger of becoming extinct. *„Mein Mann starb vor einigen Jahren", sagte seine Witwe. Sie machte eine Flasche Champagner auf und trank auf das Wohl des Verstorbenen.* "My husband died some years ago," said the widow. She opened a bottle of champagne and drank to the health of the deceased.

385

stinken

to stink

PRINC. PARTS: stinken, stank, gestunken, stinkt
IMPERATIVE: stinke!, stinkt!, stinken Sie!

	INDICATIVE	SUBJUNCTIVE	
		PRIMARY	SECONDARY
	Present	*Present Time*	
		(*Pres. Subj.*)	(*Imperf. Subj.*)
ich	stinke	stinke	stänke
du	stinkst	stinkest	stänkest
er	stinkt	stinke	stänke
wir	stinken	stinken	stänken
ihr	stinkt	stinket	stänket
sie	stinken	stinken	stänken
	Imperfect		
ich	stank		
du	stankst		
er	stank		
wir	stanken		
ihr	stankt		
sie	stanken		
	Perfect	*Past Time*	
		(*Perf. Subj.*)	(*Pluperf. Subj.*)
ich	habe gestunken	habe gestunken	hätte gestunken
du	hast gestunken	habest gestunken	hättest gestunken
er	hat gestunken	habe gestunken	hätte gestunken
wir	haben gestunken	haben gestunken	hätten gestunken
ihr	habt gestunken	habet gestunken	hättet gestunken
sie	haben gestunken	haben gestunken	hätten gestunken
	Pluperfect		
ich	hatte gestunken		
du	hattest gestunken		
er	hatte gestunken		
wir	hatten gestunken		
ihr	hattet gestunken		
sie	hatten gestunken		
	Future	*Future Time*	
		(*Fut. Subj.*)	(*Pres. Conditional*)
ich	werde stinken	werde stinken	würde stinken
du	wirst stinken	werdest stinken	würdest stinken
er	wird stinken	werde stinken	würde stinken
wir	werden stinken	werden stinken	würden stinken
ihr	werdet stinken	werdet stinken	würdet stinken
sie	werden stinken	werden stinken	würden stinken
	Future Perfect	*Future Perfect Time*	
		(*Fut. Perf. Subj.*)	(*Past Conditional*)
ich	werde gestunken haben	werde gestunken haben	würde gestunken haben
du	wirst gestunken haben	werdest gestunken haben	würdest gestunken haben
er	wird gestunken haben	werde gestunken haben	würde gestunken haben
wir	werden gestunken haben	werden gestunken haben	würden gestunken haben
ihr	werdet gestunken haben	werdet gestunken haben	würdet gestunken haben
sie	werden gestunken haben	werden gestunken haben	würden gestunken haben

Examples: „*Ihr Lkw Transportgeschäft blüht und sie stinken nach Geld.*" „*Bei ihnen stinkt's auch nach Treibstoff, denn ihr Haus steht inmitten ihrer Lastkraftwagen.*" „*Aber bekanntlich stinkt Geld nicht.*" "Their trucking-hauling business is flourishing and they're filthy rich." "Their place also reeks of fuel, because their house is located in the middle of their trucks." "But, as is well known, money has no foul odor."

PRINC. PARTS: stöhnen, stöhnte, gestöhnt, stöhnt
IMPERATIVE: stöhne!, stöhnt!, stöhnen Sie!

to groan, moan

INDICATIVE	SUBJUNCTIVE	
	PRIMARY	SECONDARY

Present Time

	Present	*(Pres. Subj.)*	*(Imperf. Subj.)*
ich	stöhne	stöhne	stöhnte
du	stöhnst	stöhnest	stöhntest
er	stöhnt	stöhne	stöhnte
wir	stöhnen	stöhnen	stöhnten
ihr	stöhnt	stöhnet	stöhntet
sie	stöhnen	stöhnen	stöhnten

	Imperfect
ich	stöhnte
du	stöhntest
er	stöhnte
wir	stöhnten
ihr	stöhntet
sie	stöhnten

Past Time

	Perfect	*(Perf. Subj.)*	*(Pluperf. Subj.)*
ich	habe gestöhnt	habe gestöhnt	hätte gestöhnt
du	hast gestöhnt	habest gestöhnt	hättest gestöhnt
er	hat gestöhnt	habe gestöhnt	hätte gestöhnt
wir	haben gestöhnt	haben gestöhnt	hätten gestöhnt
ihr	habt gestöhnt	habet gestöhnt	hättet gestöhnt
sie	haben gestöhnt	haben gestöhnt	hätten gestöhnt

	Pluperfect
ich	hatte gestöhnt
du	hattest gestöhnt
er	hatte gestöhnt
wir	hatten gestöhnt
ihr	hattet gestöhnt
sie	hatten gestöhnt

Future Time

	Future	*(Fut. Subj.)*	*(Pres. Conditional)*
ich	werde stöhnen	werde stöhnen	würde stöhnen
du	wirst stöhnen	werdest stöhnen	würdest stöhnen
er	wird stöhnen	werde stöhnen	würde stöhnen
wir	werden stöhnen	werden stöhnen	würden stöhnen
ihr	werdet stöhnen	werdet stöhnen	würdet stöhnen
sie	werden stöhnen	werden stöhnen	würden stöhnen

Future Perfect Time

	Future Perfect	*(Fut. Perf. Subj.)*	*(Past Conditional)*
ich	werde gestöhnt haben	werde gestöhnt haben	würde gestöhnt haben
du	wirst gestöhnt haben	werdest gestöhnt haben	würdest gestöhnt haben
er	wird gestöhnt haben	werde gestöhnt haben	würde gestöhnt haben
wir	werden gestöhnt haben	werden gestöhnt haben	würden gestöhnt haben
ihr	werdet gestöhnt haben	werdet gestöhnt haben	würdet gestöhnt haben
sie	werden gestöhnt haben	werden gestöhnt haben	würden gestöhnt haben

---

Examples: *Auf dem Schlachtfeld hörte man nur ein dumpfes Stöhnen. Die Verwundeten stöhnten vor Schmerz.* On the battlefield one heard only a dull moaning. The wounded groaned in pain.

stopfen

to stuff; cram; constipate;
darn

PRINC. PARTS: stopfen, stopfte, gestopft, stopft
IMPERATIVE: stopfe!, stopft!, stopfen Sie!

	INDICATIVE		SUBJUNCTIVE	
			PRIMARY	SECONDARY
			Present Time	
	Present		*(Pres. Subj.)*	*(Imperf. Subj.)*
ich	stopfe		stopfe	stopfte
du	stopfst		stopfest	stopftest
er	stopft		stopfe	stopfte
wir	stopfen		stopfen	stopften
ihr	stopft		stopfet	stopftet
sie	stopfen		stopfen	stopften

	Imperfect
ich	stopfte
du	stopftest
er	stopfte
wir	stopften
ihr	stopftet
sie	stopften

			Past Time	
	Perfect		*(Perf. Subj.)*	*(Pluperf. Subj.)*
ich	habe gestopft		habe gestopft	hätte gestopft
du	hast gestopft		habest gestopft	hättest gestopft
er	hat gestopft		habe gestopft	hätte gestopft
wir	haben gestopft		haben gestopft	hätten gestopft
ihr	habt gestopft		habet gestopft	hättet gestopft
sie	haben gestopft		haben gestopft	hätten gestopft

	Plu
ich	hatte gestopft
du	hattest gestopft
er	hatte gestopft
wir	hatten gestopft
ihr	hattet gestopft
sie	hatten gestopft

			Future Time	
	Future		*(Fut. Subj.)*	*(Pres. Conditional)*
ich	werde stopfen		werde stopfen	würde stopfen
du	wirst stopfen		werdest stopfen	würdest stopfen
er	wird stopfen		werde stopfen	würde stopfen
wir	werden stopfen		werden stopfen	würden stopfen
ihr	werdet stopfen		werdet stopfen	würdet stopfen
sie	werden stopfen		werden stopfen	würden stopfen

			Future Perfect Time	
	Future Perfect		*(Fut. Perf. Subj.)*	*(Past Conditional)*
ich	werde gestopft haben		werde gestopft haben	würde gestopft haben
du	wirst gestopft haben		werdest gestopft haben	würdest gestopft haben
er	wird gestopft haben		werde gestopft haben	würde gestopft haben
wir	werden gestopft haben		werden gestopft haben	würden gestopft haben
ihr	werdet gestopft haben		werdet gestopft haben	würdet gestopft haben
sie	werden gestopft haben		werden gestopft haben	würden gestopft haben

Examples: *Die hungrigen Mäuler meiner elf Kinder muß ich stopfen. Auch gibt's immer Socken, Hemden und dergleichen zu stopfen. Manchmal eine Puppe oder einen Teddybär, die ich neu auszustopfen versuche.* I've got to feed the hungry mouths of my 11 children. And there are always socks, shirts, and such to be mended. Sometimes a doll or a Teddy bear I try to restuff.

PRINC. PARTS: stören, störte, gestört, stört
IMPERATIVE: störe!, stört!, stören Sie!

to disturb

INDICATIVE	SUBJUNCTIVE	
	PRIMARY	SECONDARY

Present Time

	Present	(*Pres. Subj.*)	(*Imperf. Subj.*)
ich	störe	störe	störte
du	störst	störest	störtest
er	stört	störe	störte
wir	stören	stören	störten
ihr	stört	störet	störtet
sie	stören	stören	störten

	Imperfect
ich	störte
du	störtest
er	störte
wir	störten
ihr	störtet
sie	störten

Past Time

	Perfect	(*Perf. Subj.*)	(*Pluperf. Subj.*)
ich	habe gestört	habe gestört	hätte gestört
du	hast gestört	habest gestört	hättest gestört
er	hat gestört	habe gestört	hätte gestört
wir	haben gestört	haben gestört	hätten gestört
ihr	habt gestört	habet gestört	hättet gestört
sie	haben gestört	haben gestört	hätten gestört

	Pluperfect
ich	hatte gestört
du	hattest gestört
er	hatte gestört
wir	hatten gestört
ihr	hattet gestört
sie	hatten gestört

Future Time

	Future	(*Fut. Subj.*)	(*Pres. Conditional*)
ich	werde stören	werde stören	würde stören
du	wirst stören	werdest stören	würdest stören
er	wird stören	werde stören	würde stören
wir	werden stören	werden stören	würden stören
ihr	werdet stören	werdet stören	würdet stören
sie	werden stören	werden stören	würden stören

Future Perfect Time

	Future Perfect	(*Fut. Perf. Subj.*)	(*Past Conditional*)
ich	werde gestört haben	werde gestört haben	würde gestört haben
du	wirst gestört haben	werdest gestört haben	würdest gestört haben
er	wird gestört haben	werde gestört haben	würde gestört haben
wir	werden gestört haben	werden gestört haben	würden gestört haben
ihr	werdet gestört haben	werdet gestört haben	würdet gestört haben
sie	werden gestört haben	werden gestört haben	würden gestört haben

Examples: *Wir haben die Sendung in unserem Hotelzimmer störfrei empfangen können. Nur das Zimmermädchen störte uns, obwohl „Bitte Nicht Stören" an der Tür angebracht war.* We were able to receive the broadcast in our hotel room without static. Only the chambermaid disturbed us, although "Please Do Not Disturb" was on the door. *Der Computer ist zur Zeit gestört.* The computer is down right now.

389

stoßen

to push; shove; thrust

PRINC. PARTS: stoßen, stieß, gestoßen, stößt
IMPERATIVE: stoße!, stoßt!, stoßen Sie!

INDICATIVE		SUBJUNCTIVE	
		PRIMARY	SECONDARY
		Present Time	
Present		*(Pres. Subj.)*	*(Imperf. Subj.)*
ich	stoße	stoße	stieße
du	stößt	stoßest	stießest
er	stößt	stoße	stieße
wir	stoßen	stoßen	stießen
ihr	stoßt	stoßet	stießet
sie	stoßen	stoßen	stießen
	Imperfect		
ich	stieß		
du	stießest		
er	stieß		
wir	stießen		
ihr	stießt		
sie	stießen		
		Past Time	
Perfect		*(Perf. Subj.)*	*(Pluperf. Subj.)*
ich	habe gestoßen	habe gestoßen	hätte gestoßen
du	hast gestoßen	habest gestoßen	hättest gestoßen
er	hat gestoßen	habe gestoßen	hätte gestoßen
wir	haben gestoßen	haben gestoßen	hätten gestoßen
ihr	habt gestoßen	habet gestoßen	hättet gestoßen
sie	haben gestoßen	haben gestoßen	hätten gestoßen
	Pluperfect		
ich	hatte gestoßen		
du	hattest gestoßen		
er	hatte gestoßen		
wir	hatten gestoßen		
ihr	hattet gestoßen		
sie	hatten gestoßen		
		Future Time	
Future		*(Fut. Subj.)*	*(Pres. Conditional)*
ich	werde stoßen	werde stoßen	würde stoßen
du	wirst stoßen	werdest stoßen	würdest stoßen
er	wird stoßen	werde stoßen	würde stoßen
wir	werden stoßen	werden stoßen	würden stoßen
ihr	werdet stoßen	werdet stoßen	würdet stoßen
sie	werden stoßen	werden stoßen	würden stoßen
		Future Perfect Time	
Future Perfect		*(Fut. Perf. Subj.)*	*(Past Conditional)*
ich	werde gestoßen haben	werde gestoßen haben	würde gestoßen haben
du	wirst gestoßen haben	werdest gestoßen haben	würdest gestoßen haben
er	wird gestoßen haben	werde gestoßen haben	würde gestoßen haben
wir	werden gestoßen haben	werden gestoßen haben	würden gestoßen haben
ihr	werdet gestoßen haben	werdet gestoßen haben	würdet gestoßen haben
sie	werden gestoßen haben	werden gestoßen haben	würden gestoßen haben

---

Examples: *Ihre Werke stoßen noch auf Ablehnung. Nach der Premiere ihres neuen Stückes weigerte sich Herr Meckbesser, mit der Autorin und den anderen Kritikern anzustoßen. Dabei verstieß er gegen den guten Geschmack.* Her works still meet with disapproval. After the premiere of her new play, Mr. Meckbesser refused to clink glass with the author and the other critics. Thereby he infringed on good taste.

PRINC. PARTS: strahlen, strahlte, gestrahlt, strahlt
IMPERATIVE: strahle!, strahlt!, strahlen Sie!

to radiate; beam

	INDICATIVE		SUBJUNCTIVE	
			PRIMARY	SECONDARY
			Present Time	
	Present		*(Pres. Subj.)*	*(Imperf. Subj.)*
ich	strahle		strahle	strahlte
du	strahlst		strahlest	strahltest
er	strahlt		strahle	strahlte
wir	strahlen		strahlen	strahlten
ihr	strahlt		strahlet	strahltet
sie	strahlen		strahlen	strahlten

	Imperfect
ich	strahlte
du	strahltest
er	strahlte
wir	strahlten
ihr	strahltet
sie	strahlten

			Past Time	
	Perfect		*(Perf. Subj.)*	*(Pluperf. Subj.)*
ich	habe gestrahlt		habe gestrahlt	hätte gestrahlt
du	hast gestrahlt		habest gestrahlt	hättest gestrahlt
er	hat gestrahlt		habe gestrahlt	hätte gestrahlt
wir	haben gestrahlt		haben gestrahlt	hätten gestrahlt
ihr	habt gestrahlt		habet gestrahlt	hättet gestrahlt
sie	haben gestrahlt		haben gestrahlt	hätten gestrahlt

	Pluperfect
ich	hatte gestrahlt
du	hattest gestrahlt
er	hatte gestrahlt
wir	hatten gestrahlt
ihr	hattet gestrahlt
sie	hatten gestrahlt

			Future Time	
	Future		*(Fut. Subj.)*	*(Pres. Conditional)*
ich	werde strahlen		werde strahlen	würde strahlen
du	wirst strahlen		werdest strahlen	würdest strahlen
er	wird strahlen		werde strahlen	würde strahlen
wir	werden strahlen		werden strahlen	würden strahlen
ihr	werdet strahlen		werdet strahlen	würdet strahlen
sie	werden strahlen		werden strahlen	würden strahlen

			Future Perfect Time	
	Future Perfect		*(Fut. Perf. Subj.)*	*(Past Conditional)*
ich	werde gestrahlt haben		werde gestrahlt haben	würde gestrahlt haben
du	wirst gestrahlt haben		werdest gestrahlt haben	würdest gestrahlt haben
er	wird gestrahlt haben		werde gestrahlt haben	würde gestrahlt haben
wir	werden gestrahlt haben		werden gestrahlt haben	würden gestrahlt haben
ihr	werdet gestrahlt haben		werdet gestrahlt haben	würdet gestrahlt haben
sie	werden gestrahlt haben		werden gestrahlt haben	würden gestrahlt haben

Examples: „Sie strahlen heute große Freude aus." „Bei diesem strahlenden Wetter, warum sollte auch ich nicht strahlend lachen?" "You're radiantly cheerful today." "In this splendid weather, why shouldn't I beam with laughter too?" **Ausstrahlen** (to broadcast; emit) is sep.

streben

to strive

PRINC. PARTS: streben, strebte, gestrebt, strebt
IMPERATIVE: strebe!, strebt!, streben Sie!

INDICATIVE		SUBJUNCTIVE	
		PRIMARY	SECONDARY
		Present Time	
	Present	*(Pres. Subj.)*	*(Imperf. Subj.)*
ich	strebe	strebe	strebte
du	strebst	strebest	strebtest
er	strebt	strebe	strebte
wir	streben	streben	strebten
ihr	strebt	strebet	strebtet
sie	streben	streben	strebten
	Imperfect		
ich	strebte		
du	strebtest		
er	strebte		
wir	strebten		
ihr	strebtet		
sie	strebten		
		Past Time	
	Perfect	*(Perf. Subj.)*	*(Pluperf. Subj.)*
ich	habe gestrebt	habe gestrebt	hätte gestrebt
du	hast gestrebt	habest gestrebt	hättest gestrebt
er	hat gestrebt	habe gestrebt	hätte gestrebt
wir	haben gestrebt	haben gestrebt	hätten gestrebt
ihr	habt gestrebt	habet gestrebt	hättet gestrebt
sie	haben gestrebt	haben gestrebt	hätten gestrebt
	Pluperfect		
ich	hatte gestrebt		
du	hattest gestrebt		
er	hatte gestrebt		
wir	hatten gestrebt		
ihr	hattet gestrebt		
sie	hatten gestrebt		
		Future Time	
	Future	*(Fut. Subj.)*	*(Pres. Conditional)*
ich	werde streben	werde streben	würde streben
du	wirst streben	werdest streben	würdest streben
er	wird streben	werde streben	würde streben
wir	werden streben	werden streben	würden streben
ihr	werdet streben	werdet streben	würdet streben
sie	werden streben	werden streben	würden streben
		Future Perfect Time	
	Future Perfect	*(Fut. Perf. Subj.)*	*(Past Conditional)*
ich	werde gestrebt haben	werde gestrebt haben	würde gestrebt haben
du	wirst gestrebt haben	werdest gestrebt haben	würdest gestrebt haben
er	wird gestrebt haben	werde gestrebt haben	würde gestrebt haben
wir	werden gestrebt haben	werden gestrebt haben	würden gestrebt haben
ihr	werdet gestrebt haben	werdet gestrebt haben	würdet gestrebt haben
sie	werden gestrebt haben	werden gestrebt haben	würden gestrebt haben

Examples: *Pauls Mitschüler nannten ihn einen Streber. Aber durch seine Strebsamkeit hat er es weit gebracht. Er strebte immer nach Höherem. Man soll immer die Vollkommenheit anstreben.* Paul's fellow students called him pushy and overambitious. But because of his zeal, he went far in the world. He always aimed for higher things. One ought always to strive for perfection.

PRINC. PARTS: strecken, streckte, gestreckt, streckt
IMPERATIVE: strecke!, streckt!, strecken Sie!

to stretch; extend

	INDICATIVE	SUBJUNCTIVE	
		PRIMARY	SECONDARY
			Present Time
	Present	(*Pres. Subj.*)	(*Imperf. Subj.*)
ich	strecke	strecke	streckte
du	streckst	streckest	strecktest
er	streckt	strecke	streckte
wir	strecken	strecken	streckten
ihr	streckt	strecket	strecktet
sie	strecken	strecken	streckten

	Imperfect
ich	streckte
du	strecktest
er	streckte
wir	streckten
ihr	strecktet
sie	streckten

			Past Time
	Perfect	(*Perf. Subj.*)	(*Pluperf. Subj.*)
ich	habe gestreckt	habe gestreckt	hätte gestreckt
du	hast gestreckt	habest gestreckt	hättest gestreckt
er	hat gestreckt	habe gestreckt	hätte gestreckt
wir	haben gestreckt	haben gestreckt	hätten gestreckt
ihr	habt gestreckt	habet gestreckt	hättet gestreckt
sie	haben gestreckt	haben gestreckt	hätten gestreckt

	Pluperfect
ich	hatte gestreckt
du	hattest gestreckt
er	hatte gestreckt
wir	hatten gestreckt
ihr	hattet gestreckt
sie	hatten gestreckt

			Future Time
	Future	(*Fut. Subj.*)	(*Pres. Conditional*)
ich	werde strecken	werde strecken	würde strecken
du	wirst strecken	werdest strecken	würdest strecken
er	wird strecken	werde strecken	würde strecken
wir	werden strecken	werden strecken	würden strecken
ihr	werdet strecken	werdet strecken	würdet strecken
sie	werden strecken	werden strecken	würden strecken

			Future Perfect Time
	Future Perfect	(*Fut. Perf. Subj.*)	(*Past Conditional*)
ich	werde gestreckt haben	werde gestreckt haben	würde gestreckt haben
du	wirst gestreckt haben	werdest gestreckt haben	würdest gestreckt haben
er	wird gestreckt haben	werde gestreckt haben	würde gestreckt haben
wir	werden gestreckt haben	werden gestreckt haben	würden gestreckt haben
ihr	werdet gestreckt haben	werdet gestreckt haben	würdet gestreckt haben
sie	werden gestreckt haben	werden gestreckt haben	würden gestreckt haben

Examples: *Freundschaftlich streckte er die Hand aus. Seine ausgestreckte Hand verschmähte ich und ich streckte ihm die Zunge heraus.* He extended his hand in friendship. I disdained his outstretched hand and stuck my tongue out at him. *Wir sind arm geworden und müssen uns nach der Decke strecken.* We're poor and have to make do with what we have.

streichen

to strike; cancel; paint

PRINC. PARTS: streichen, strich, gestrichen, streicht
IMPERATIVE: streiche!, streicht!, streichen Sie!

INDICATIVE	SUBJUNCTIVE	
	PRIMARY	SECONDARY

Present Time

	Present	(Pres. Subj.)	(Imperf. Subj.)
ich	streiche	streiche	striche
du	streichst	streichest	strichest
er	streicht	streiche	striche
wir	streichen	streichen	strichen
ihr	streicht	streichet	strichet
sie	streichen	streichen	strichen

	Imperfect
ich	strich
du	strichst
er	strich
wir	strichen
ihr	stricht
sie	strichen

Past Time

	Perfect	(Perf. Subj.)	(Pluperf. Subj.)
ich	habe gestrichen	habe gestrichen	hätte gestrichen
du	hast gestrichen	habest gestrichen	hättest gestrichen
er	hat gestrichen	habe gestrichen	hätte gestrichen
wir	haben gestrichen	haben gestrichen	hätten gestrichen
ihr	habt gestrichen	habet gestrichen	hättet gestrichen
sie	haben gestrichen	haben gestrichen	hätten gestrichen

	Pluperfect
ich	hatte gestrichen
du	hattest gestrichen
er	hatte gestrichen
wir	hatten gestrichen
ihr	hattet gestrichen
sie	hatten gestrichen

Future Time

	Future	(Fut. Subj.)	(Pres. Conditional)
ich	werde streichen	werde streichen	würde streichen
du	wirst streichen	werdest streichen	würdest streichen
er	wird streichen	werde streichen	würde streichen
wir	werden streichen	werden streichen	würden streichen
ihr	werdet streichen	werdet streichen	würdet streichen
sie	werden streichen	werden streichen	würden streichen

Future Perfect Time

	Future Perfect	(Fut. Perf. Subj.)	(Past Conditional)
ich	werde gestrichen haben	werde gestrichen haben	würde gestrichen haben
du	wirst gestrichen haben	werdest gestrichen haben	würdest gestrichen haben
er	wird gestrichen haben	werde gestrichen haben	würde gestrichen haben
wir	werden gestrichen haben	werden gestrichen haben	würden gestrichen haben
ihr	werdet gestrichen haben	werdet gestrichen haben	würdet gestrichen haben
sie	werden gestrichen haben	werden gestrichen haben	würden gestrichen haben

Examples: *Der Landstreicher schlief auf der Parkbank, die frisch gestrichen war. Viel Zeit war verstrichen, aber er konnte die Erinnerung an sein bürgerliches Dasein nicht ganz aus seinem Gedächtnis streichen.* The vagrant slept on the freshly painted park bench. Much time had passed, but he couldn't completely erase the memory of his bourgeois existence. See verbs in group I A, p. xvi.

PRINC. PARTS: streiten, stritt, gestritten, streitet
IMPERATIVE: streite!, streitet!, streiten Sie!

to quarrel, dispute

	INDICATIVE		SUBJUNCTIVE	
			PRIMARY	SECONDARY

Present Time

	Present		*(Pres. Subj.)*	*(Imperf. Subj.)*
ich	streite		streite	stritte
du	streitest		streitest	strittest
er	streitet		streite	stritte
wir	streiten		streiten	stritten
ihr	streitet		streitet	strittet
sie	streiten		streiten	stritten

	Imperfect
ich	stritt
du	strittest
er	stritt
wir	stritten
ihr	strittet
sie	stritten

Past Time

	Perfect	*(Perf. Subj.)*	*(Pluperf. Subj.)*
ich	habe gestritten	habe gestritten	hätte gestritten
du	hast gestritten	habest gestritten	hättest gestritten
er	hat gestritten	habe gestritten	hätte gestritten
wir	haben gestritten	haben gestritten	hätten gestritten
ihr	habt gestritten	habet gestritten	hättet gestritten
sie	haben gestritten	haben gestritten	hätten gestritten

	Pluperfect
ich	hatte gestritten
du	hattest gestritten
er	hatte gestritten
wir	hatten gestritten
ihr	hattet gestritten
sie	hatten gestritten

Future Time

	Future	*(Fut. Subj.)*	*(Pres. Conditional)*
ich	werde streiten	werde streiten	würde streiten
du	wirst streiten	werdest streiten	würdest streiten
er	wird streiten	werde streiten	würde streiten
wir	werden streiten	werden streiten	würden streiten
ihr	werdet streiten	werdet streiten	würdet streiten
sie	werden streiten	werden streiten	würden streiten

Future Perfect Time

	Future Perfect	*(Fut. Perf. Subj.)*	*(Past Conditional)*
ich	werde gestritten haben	werde gestritten haben	würde gestritten haben
du	wirst gestritten haben	werdest gestritten haben	würdest gestritten haben
er	wird gestritten haben	werde gestritten haben	würde gestritten haben
wir	werden gestritten haben	werden gestritten haben	würden gestritten haben
ihr	werdet gestritten haben	werdet gestritten haben	würdet gestritten haben
sie	werden gestritten haben	werden gestritten haben	würden gestritten haben

Examples: *Die streitlustigen Forscher stritten lange um die Übersetzung vieler Stellen. Dieser Streit wurde beigelegt, als Engel ihnen richtige Anweisungen gaben. Jetzt sind sie glücklich und nicht mehr zerstritten.* The quarrelsome scholars disputed for a long time about the translation of many passages. That quarrel was settled when angels gave them correct directions. Now they're happy and no longer at odds.

395

stricken

to knit

PRINC. PARTS: stricken, strickte, gestrickt, strickt
IMPERATIVE: strickte!, strickt!, stricken Sie!

INDICATIVE	SUBJUNCTIVE	
	PRIMARY	SECONDARY

Present Time

	Present	(Pres. Subj.)	(Imperf. Subj.)
ich	stricke	stricke	strickte
du	strickst	strickest	stricktest
er	strickt	stricke	strickte
wir	stricken	stricken	strickten
ihr	strickt	stricket	stricktet
sie	stricken	stricken	strickten

	Imperfect
ich	strickte
du	stricktest
er	strickte
wir	strickten
ihr	stricktet
sie	strickten

Past Time

	Perfect	(Perf. Subj.)	(Pluperf. Subj.)
ich	habe gestrickt	habe gestrickt	hätte gestrickt
du	hast gestrickt	habest gestrickt	hättest gestrickt
er	hat gestrickt	habe gestrickt	hätte gestrickt
wir	haben gestrickt	haben gestrickt	hätten gestrickt
ihr	habt gestrickt	habet gestrickt	hättet gestrickt
sie	haben gestrickt	haben gestrickt	hätten gestrickt

	Pluperfect
ich	hatte gestrickt
du	hattest gestrickt
er	hatte gestrickt
wir	hatten gestrickt
ihr	hattet gestrickt
sie	hatten gestrickt

Future Time

	Future	(Fut. Subj.)	(Pres. Conditional)
ich	werde stricken	werde stricken	würde stricken
du	wirst stricken	werdest stricken	würdest stricken
er	wird stricken	werde stricken	würde stricken
wir	werden stricken	werden stricken	würden stricken
ihr	werdet stricken	werdet stricken	würdet stricken
sie	werden stricken	werden stricken	würden stricken

Future Perfect Time

	Future Perfect	(Fut. Perf. Subj.)	(Past Conditional)
ich	werde gestrickt haben	werde gestrickt haben	würde gestrickthaben
du	wirst gestrickt haben	werdest gestrickt haben	würdest gestrickt haben
er	wird gestrickt haben	werde gestrickt haben	würde gestrickt haben
wir	werden gestrickt haben	werden gestrickt haben	würden gestrickt haben
ihr	werdet gestrickt haben	werdet gestrickt haben	würdet gestrickt haben
sie	werden gestrickt haben	werden gestrickt haben	würden gestrickt haben

Examples: *Madame Lafarge saß vor der Guillotine und strickte. Ihre Strickereien waren sehr berühmt, denn sie verstrickte sich nie beim Stricken. Sie war auch in der Politik verstrickt.* Madame Lafarge sat in front of the guillotine and knitted. Her knitwork was very famous, for she never made a mistake in knitting. She was also mixed up in politics. **Verstricken** is insep.

strotzen

PRINC. PARTS: strotzen, strotzte, gestrotzt, strotzt
IMPERATIVE: strotze!, strotzt!, strotzen Sie!

to team with, abound
in; be swelled up

INDICATIVE		SUBJUNCTIVE	
		PRIMARY	SECONDARY
		Present Time	
	Present	*(Pres. Subj.)*	*(Imperf. Subj.)*
ich	strotze	strotze	strotzte
du	strotzt	strotzest	strotztest
er	strotzt	strotze	strotzte
wir	strotzen	strotzen	strotzten
ihr	strotzt	strotzet	strotztet
sie	strotzen	strotzen	strotzten
	Imperfect		
ich	strotzte		
du	strotztest		
er	strotzte		
wir	strotzten		
ihr	strotztet		
sie	strotzten		
		Past Time	
	Perfect	*(Perf. Subj.)*	*(Pluperf. Subj.)*
ich	habe gestrotzt	habe gestrotzt	hätte gestrotzt
du	hast gestrotzt	habest gestrotzt	hättest gestrotzt
er	hat gestrotzt	habe gestrotzt	hätte gestrotzt
wir	haben gestrotzt	haben gestrotzt	hätten gestrotzt
ihr	habt gestrotzt	habet gestrotzt	hättet gestrotzt
sie	haben gestrotzt	haben gestrotzt	hätten gestrotzt
	Pluperfect		
ich	hatte gestrotzt		
du	hattest gestrotzt		
er	hatte gestrotzt		
wir	hatten gestrotzt		
ihr	hattet gestrotzt		
sie	hatten gestrotzt		
		Future Time	
	Future	*(Fut. Subj.)*	*(Pres. Conditional)*
ich	werde strotzen	werde strotzen	würde strotzen
du	wirst strotzen	werdest strotzen	würdest strotzen
er	wird strotzen	werde strotzen	würde strotzen
wir	werden strotzen	werden strotzen	würden strotzen
ihr	werdet strotzen	werdet strotzen	würdet strotzen
sie	werden strotzen	werden strotzen	würden strotzen
		Future Perfect Time	
	Future Perfect	*(Fut. Perf. Subj.)*	*(Past Conditional)*
ich	werde gestrotzt haben	werde gestrotzt haben	würde gestrotzt haben
du	wirst gestrotzt haben	werdest gestrotzt haben	würdest gestrotzt haben
er	wird gestrotzt haben	werde gestrotzt haben	würde gestrotzt haben
wir	werden gestrotzt haben	werden gestrotzt haben	würden gestrotzt haben
ihr	werdet gestrotzt haben	werdet gestrotzt haben	würdet gestrotzt haben
sie	werden gestrotzt haben	werden gestrotzt haben	würden gestrotzt haben

Examples: *Einst strotzte er vor Gesundheit. Kraftstrotzend zeigte er seine Muskeln. Das Stadion war strotzend voll, als er die Meisterschaft gewann.* Once he was bursting with health. Bursting with strength, he showed his muscles. The stadium was full to overflowing when he won the championship. The 2nd and 3rd pers. sing. pres. are the same.

studieren

to study; be at college

PRINC. PARTS: studieren, studierte, studiert, studiert
IMPERATIVE: studiere!, studiert!, studieren Sie!

INDICATIVE	SUBJUNCTIVE	
	PRIMARY	SECONDARY

Present Time

Present	(Pres. Subj.)	(Imperf. Subj.)
ich studiere	studiere	studierte
du studierst	studierest	studiertest
er studiert	studiere	studierte
wir studieren	studieren	studierten
ihr studiert	studieret	studiertet
sie studieren	studieren	studierten

Imperfect
ich studierte
du studiertest
er studierte
wir studierten
ihr studiertet
sie studierten

Past Time

Perfect	(Perf. Subj.)	(Pluperf. Subj.)
ich habe studiert	habe studiert	hätte studiert
du hast studiert	habest studiert	hättest studiert
er hat studiert	habe studiert	hätte studiert
wir haben studiert	haben studiert	hätten studiert
ihr habt studiert	habet studiert	hättet studiert
sie haben studiert	haben studiert	hätten studiert

Pluperfect
ich hatte studiert
du hattest studiert
er hatte studiert
wir hatten studiert
ihr hattet studiert
sie hatten studiert

Future Time

Future	(Fut. Subj.)	(Pres. Conditional)
ich werde studieren	werde studieren	würde studieren
du wirst studieren	werdest studieren	würdest studieren
er wird studieren	werde studieren	würde studieren
wir werden studieren	werden studieren	würden studieren
ihr werdet studieren	werdet studieren	würdet studieren
sie werden studieren	werden studieren	würden studieren

Future Perfect Time

Future Perfect	(Fut. Perf. Subj.)	(Past Conditional)
ich werde studiert haben	werde studiert haben	würde studiert haben
du wirst studiert haben	werdest studiert haben	würdest studiert haben
er wird studiert haben	werde studiert haben	würde studiert haben
wir werden studiert haben	werden studiert haben	würden studiert haben
ihr werdet studiert haben	werdet studiert haben	würdet studiert haben
sie werden studiert haben	werden studiert haben	würden studiert haben

---

Examples: *Suzanne hat Geologie auf der Universität in Rennes studiert. Oft denkt sie noch an ihre Studienzeit und singt gern frohe Studentenlieder.* Suzanne studied geology at the University of Rennes. She often thinks of her college days and likes to sing jolly student songs.

stürzen

PRINC. PARTS: stürzen, stürzte, ist gestürzt, stürzt

IMPERATIVE: stürze!, stürzt!, stürzen Sie!

to plunge; fall; hurl; overthrow

INDICATIVE		SUBJUNCTIVE	
		PRIMARY	SECONDARY
		Present Time	
	Present	*(Pres. Subj.)*	*(Imperf. Subj.)*
ich	stürze	stürze	stürzte
du	stürzt	stürzest	stürztest
er	stürzt	stürze	stürzte
wir	stürzen	stürzen	stürzten
ihr	stürzt	stürzet	stürztet
sie	stürzen	stürzen	stürzten
	Imperfect		
ich	stürzte		
du	stürztest		
er	stürzte		
wir	stürzten		
ihr	stürztet		
sie	stürzten		
		Past Time	
	Perfect	*(Perf. Subj.)*	*(Pluperf. Subj.)*
ich	bin gestürzt	sei gestürzt	wäre gestürzt
du	bist gestürzt	seiest gestürzt	wärest gestürzt
er	ist gestürzt	sei gestürzt	wäre gestürzt
wir	sind gestürzt	seien gestürzt	wären gestürzt
ihr	seid gestürzt	seiet gestürzt	wäret gestürzt
sie	sind gestürzt	seien gestürzt	wären gestürzt
	Pluperfect		
ich	war gestürzt		
du	warst gestürzt		
er	war gestürzt		
wir	waren gestürzt		
ihr	wart gestürzt		
sie	waren gestürzt		
		Future Time	
	Future	*(Fut. Subj.)*	*(Pres. Conditional)*
ich	werde stürzen	werde stürzen	würde stürzen
du	wirst stürzen	werdest stürzen	würdest stürzen
er	wird stürzen	werde stürzen	würde stürzen
wir	werden stürzen	werden stürzen	würden stürzen
ihr	werdet stürzen	werdet stürzen	würdet stürzen
sie	werden stürzen	werden stürzen	würden stürzen
		Future Perfect Time	
	Future Perfect	*(Fut. Perf. Subj.)*	*(Past Conditional)*
ich	werde gestürzt sein	werde gestürzt sein	würde gestürzt sein
du	wirst gestürzt sein	werdest gestürzt sein	würdest gestürzt sein
er	wird gestürzt sein	werde gestürzt sein	würde gestürzt sein
wir	werden gestürzt sein	werden gestürzt sein	würden gestürzt sein
ihr	werdet gestürzt sein	werdet gestürzt sein	würdet gestürzt sein
sie	werden gestürzt sein	werden gestürzt sein	würden gestürzt sein

Examples: *Der alte Tribun riet dem General, nichts zu überstürzen. Aber der General stürzte die Republik. Kurz danach sind die Preise gestürzt, was viele ins Elend stürzte. Der Tribun stürzte sich dann in sein Schwert.* The old tribune advised the general not to rush things. But the republic was overthrown by the general. Shortly thereafter prices plummeted, which ruined many. The tribune then fell upon his sword.

stutzen

to stop short, be startled;
curtail

PRINC. PARTS: stutzen, stutzte, gestutzt, stutzt
IMPERATIVE: stutze!, stutzt!, stutzen Sie!

	INDICATIVE	PRIMARY SUBJUNCTIVE	SECONDARY
		Present Time	
	Present	*(Pres. Subj.)*	*(Imperf. Subj.)*
ich	stutze	stutze	stutzte
du	stutzt	stutzest	stutztest
er	stutzt	stutze	stutzte
wir	stutzen	stutzen	stutzten
ihr	stutzt	stutzet	stutztet
sie	stutzen	stutzen	stutzten
	Imperfect		
ich	stutzte		
du	stutztest		
er	stutzte		
wir	stutzten		
ihr	stutztet		
sie	stutzten		
		Past Time	
	Perfect	*(Perf. Subj.)*	*(Pluperf. Subj.)*
ich	habe gestutzt	habe gestutzt	hätte gestutzt
du	hast gestutzt	habest gestutzt	hättest gestutzt
er	hat gestutzt	habe gestutzt	hätte gestutzt
wir	haben gestutzt	haben gestutzt	hätten gestutzt
ihr	habt gestutzt	habet gestutzt	hättet gestutzt
sie	haben gestutzt	haben gestutzt	hätten gestutzt
	Pluperfect		
ich	hatte gestutzt		
du	hattest gestutzt		
er	hatte gestutzt		
wir	hatten gestutzt		
ihr	hattet gestutzt		
sie	hatten gestutzt		
		Future Time	
	Future	*(Fut. Subj.)*	*(Pres. Conditional)*
ich	werde stutzen	werde stutzen	würde stutzen
du	wirst stutzen	werdest stutzen	würdest stutzen
er	wird stutzen	werde stutzen	würde stutzen
wir	werden stutzen	werden stutzen	würden stutzen
ihr	werdet stutzen	werdet stutzen	würdet stutzen
sie	werden stutzen	werden stutzen	würden stutzen
		Future Perfect Time	
	Future Perfect	*(Fut. Perf. Subj.)*	*(Past Conditional)*
ich	werde gestutzt haben	werde gestutzt haben	würde gestutzt haben
du	wirst gestutzt haben	werdest gestutzt haben	würdest gestutzt haben
er	wird gestutzt haben	werde gestutzt haben	würde gestutzt haben
wir	werden gestutzt haben	werden gestutzt haben	würden gestutzt haben
ihr	werdet gestutzt haben	werdet gestutzt haben	würdet gestutzt haben
sie	werden gestutzt haben	werden gestutzt haben	würden gestutzt haben

Examples: *Unsere Nachbarn können das Stutzen nicht lassen. Sie sind immer dabei, Bäume und Büsche zu stutzen. Als ich gestern ihren Hund sah, stutzte ich, denn sie hatten ihm die Ohren und seinen schönen Schwanz gestutzt.* Our neighbors can't stop trimming. They're always at it, trimming trees and bushes. When I saw their dog yesterday, I was startled, for they had cropped his ears and docked his beautiful tail.

PRINC. PARTS: stützen, stützte, gestützt, stützt
IMPERATIVE: stütze!, stützt!, stützen Sie!

to prop; support; peg

	INDICATIVE		SUBJUNCTIVE	
			PRIMARY	SECONDARY
			Present Time	
	Present		*(Pres. Subj.)*	*(Imperf. Subj.)*
ich	stütze		stütze	stützte
du	stützt		stützest	stütztest
er	stützt		stütze	stützte
wir	stützen		stützen	stützten
ihr	stützt		stützet	stütztet
sie	stützen		stützen	stützten

	Imperfect
ich	stützte
du	stütztest
er	stützte
wir	stützten
ihr	stütztet
sie	stützten

			Past Time	
	Perfect		*(Perf. Subj.)*	*(Pluperf. Subj.)*
ich	habe gestützt		habe gestützt	hätte gestützt
du	hast gestützt		habest gestützt	hättest gestützt
er	hat gestützt		habe gestützt	hätte gestützt
wir	haben gestützt		haben gestützt	hätten gestützt
ihr	habt gestützt		habet gestützt	hättet gestützt
sie	haben gestützt		haben gestützt	hätten gestützt

	Pluperfect
ich	hatte gestützt
du	hattest gestützt
er	hatte gestützt
wir	hatten gestützt
ihr	hattet gestützt
sie	hatten gestützt

			Future Time	
	Future		*(Fut. Subj.)*	*(Pres. Conditional)*
ich	werde stützen		werde stützen	würde stützen
du	wirst stützen		werdest stützen	würdest stützen
er	wird stützen		werde stützen	würde stützen
wir	werden stützen		werden stützen	würden stützen
ihr	werdet stützen		werdet stützen	würdet stützen
sie	werden stützen		werden stützen	würden stützen

			Future Perfect Time	
	Future Perfect		*(Fut. Perf. Subj.)*	*(Past Conditional)*
ich	werde gestützt haben		werde gestützt haben	würde gestützt haben
du	wirst gestützt haben		werdest gestützt haben	würdest gestützt haben
er	wird gestützt haben		werde gestützt haben	würde gestützt haben
wir	werden gestützt haben		werden gestützt haben	würden gestützt haben
ihr	werdet gestützt haben		werdet gestützt haben	würdet gestützt haben
sie	werden gestützt haben		werden gestützt haben	würden gestützt haben

Examples: *Sie wollen sich jetzt auf mich stützen. Aber ich kann Sie nicht unterstützen, denn Sie können Ihre Anschuldigungen auf keine Beweise stützen.* You want to count on me now. But I can't support you, because you can't support your arguments with any proof.

suchen

to seek, look for

PRINC. PARTS: suchen, suchte, gesucht, sucht
IMPERATIVE: suche!, sucht!, suchen Sie!

	INDICATIVE		SUBJUNCTIVE	
			PRIMARY	SECONDARY
			Present Time	
	Present		*(Pres. Subj.)*	*(Imperf. Subj.)*
ich	suche		suche	suchte
du	suchst		suchest	suchtest
er	sucht		suche	suchte
wir	suchen		suchen	suchten
ihr	sucht		suchet	suchtet
sie	suchen		suchen	suchten
	Imperfect			
ich	suchte			
du	suchtest			
er	suchte			
wir	suchten			
ihr	suchtet			
sie	suchten			
			Past Time	
	Perfect		*(Perf. Subj.)*	*(Pluperf. Subj.)*
ich	habe gesucht		habe gesucht	hätte gesucht
du	hast gesucht		habest gesucht	hättest gesucht
er	hat gesucht		habe gesucht	hätte gesucht
wir	haben gesucht		haben gesucht	hätten gesucht
ihr	habt gesucht		habet gesucht	hättet gesucht
sie	haben gesucht		haben gesucht	hätten gesucht
	Pluperfect			
ich	hatte gesucht			
du	hattest gesucht			
er	hatte gesucht			
wir	hatten gesucht			
ihr	hattet gesucht			
sie	hatten gesucht			
			Future Time	
	Future		*(Fut. Subj.)*	*(Pres. Conditional)*
ich	werde suchen		werde suchen	würde suchen
du	wirst suchen		werdest suchen	würdest suchen
er	wird suchen		werde suchen	würde suchen
wir	werden suchen		werden suchen	würden suchen
ihr	werdet suchen		werdet suchen	würdet suchen
sie	werden suchen		werden suchen	würden suchen
			Future Perfect Time	
	Future Perfect		*(Fut. Perf. Subj.)*	*(Past Conditional)*
ich	werde gesucht haben		werde gesucht haben	würde gesucht haben
du	wirst gesucht haben		werdest gesucht haben	würdest gesucht haben
er	wird gesucht haben		werde gesucht haben	würde gesucht haben
wir	werden gesucht haben		werden gesucht haben	würden gesucht haben
ihr	werdet gesucht haben		werdet gesucht haben	würdet gesucht haben
sie	werden gesucht haben		werden gesucht haben	würden gesucht haben

Examples: „Ich weiß, er ist ein gesuchter Arzt. Aber ich bin auf der Suche nach einem neuen", sagte die reiche Dame. „Er sucht nur seinen Vorteil, indem er mir Placebos verschreibt. Ich will mir einen jüngeren aussuchen." "I know he's a much sought-after doctor. But I'm in search of a new one," said the rich lady. "He's just out for his own advantage by prescribing placebos. I want to pick out a younger one."

tanken

PRINC. PARTS: tanken, tankte, getankt, tankt
IMPERATIVE: tanke!, tankt!, tanken Sie!

to refuel, get gasoline

INDICATIVE	SUBJUNCTIVE	
	PRIMARY	SECONDARY

Present Time

	Present	*(Pres. Subj.)*	*(Imperf. Subj.)*
ich	tanke	tanke	tankte
du	tankst	tankest	tanktest
er	tankt	tanke	tankte
wir	tanken	tanken	tankten
ihr	tankt	tanket	tanktet
sie	tanken	tanken	tankten

	Imperfect
ich	tankte
du	tanktest
er	tankte
wir	tankten
ihr	tanktet
sie	tankten

Past Time

	Perfect	*(Perf. Subj.)*	*(Pluperf. Subj.)*
ich	habe getankt	habe getankt	hätte getankt
du	hast getankt	habest getankt	hättest getankt
er	hat getankt	habe getankt	hätte getankt
wir	haben getankt	haben getankt	hätten getankt
ihr	habt getankt	habet getankt	hättet getankt
sie	haben getankt	haben getankt	hätten getankt

	Pluperfect
ich	hatte getankt
du	hattest getankt
er	hatte getankt
wir	hatten getankt
ihr	hattet getankt
sie	hatten getankt

Future Time

	Future	*(Fut. Subj.)*	*(Pres. Conditional)*
ich	werde tanken	werde tanken	würde tanken
du	wirst tanken	werdest tanken	würdest tanken
er	wird tanken	werde tanken	würde tanken
wir	werden tanken	werden tanken	würden tanken
ihr	werdet tanken	werdet tanken	würdet tanken
sie	werden tanken	werden tanken	würden tanken

Future Perfect Time

	Future Perfect	*(Fut. Perf. Subj.)*	*(Past Conditional)*
ich	werde getankt haben	werde getankt haben	würde getankt haben
du	wirst getankt haben	werdest getankt haben	würdest getankt haben
er	wird getankt haben	werde getankt haben	würde getankt haben
wir	werden getankt haben	werden getankt haben	würden getankt haben
ihr	werdet getankt haben	werdet getankt haben	würdet getankt haben
sie	werden getankt haben	werden getankt haben	würden getankt haben

---

Examples: *„Wir müssen wieder tanken. Hoffentlich kommt bald eine Tankstelle." „Hast du nicht vor einer Stunde schon vollgetankt?" „Das war vor zwei Stunden, und wir fahren sehr schnell."* "We'll have to get gas again. I hope there'll be a gas station soon." "Didn't you already get a full tank an hour ago?" "That was two hours ago, and we're driving very fast."

tanzen

to dance

PRINC. PARTS: tanzen, tanzte, getanzt, tanzt
IMPERATIVE: tanze!, tanzt!, tanzen Sie!

	INDICATIVE	SUBJUNCTIVE	
		PRIMARY	SECONDARY
		Present Time	
	Present	*(Pres. Subj.)*	*(Imperf. Subj.)*
ich	tanze	tanze	tanzte
du	tanzt	tanzest	tanztest
er	tanzt	tanze	tanzte
wir	tanzen	tanzen	tanzten
ihr	tanzt	tanzet	tanztet
sie	tanzen	tanzen	tanzten

	Imperfect
ich	tanzte
du	tanztest
er	tanzte
wir	tanzten
ihr	tanztet
sie	tanzten

			Past Time	
	Perfect	*(Perf. Subj.)*	*(Pluperf. Subj.)*
ich	habe getanzt	habe getanzt	hätte getanzt
du	hast getanzt	habest getanzt	hättest getanzt
er	hat getanzt	habe getanzt	hätte getanzt
wir	haben getanzt	haben getanzt	hätten getanzt
ihr	habt getanzt	habet getanzt	hättet getanzt
sie	haben getanzt	haben getanzt	hätten getanzt

	Pluperfect
ich	hatte getanzt
du	hattest getanzt
er	hatte getanzt
wir	hatten getanzt
ihr	hattet getanzt
sie	hatten getanzt

			Future Time	
	Future	*(Fut. Subj.)*	*(Pres. Conditional)*
ich	werde tanzen	werde tanzen	würde tanzen
du	wirst tanzen	werdest tanzen	würdest tanzen
er	wird tanzen	werde tanzen	würde tanzen
wir	werden tanzen	werden tanzen	würden tanzen
ihr	werdet tanzen	werdet tanzen	würdet tanzen
sie	werden tanzen	werden tanzen	würden tanzen

			Future Perfect Time	
	Future Perfect	*(Fut. Perf. Subj.)*	*(Past Conditional)*
ich	werde getanzt haben	werde getanzt haben	würde getanzt haben
du	wirst getanzt haben	werdest getanzt haben	würdest getanzt haben
er	wird getanzt haben	werde getanzt haben	würde getanzt haben
wir	werden getanzt haben	werden getanzt haben	würden getanzt haben
ihr	werdet getanzt haben	werdet getanzt haben	würdet getanzt haben
sie	werden getanzt haben	werden getanzt haben	würden getanzt haben

Examples: *Die Tempeltänzerinnen tanzten, um den Herrn des Tanzes zu ehren.* The temple dancers danced to honor the Lord of the Dance. *In ihrem Traum begann eine Rose, gespensterhaft zu tanzen.* In her dream a rose began to dance eerily. *Eliza sagte, sie hätte die ganze Nacht tanzen können.* Eliza said she could have danced all night.

taugen

PRINC. PARTS: taugen, taugte, getaugt, taugt
IMPERATIVE: tauge!, taugt!, taugen Sie!

to be of use or value, be worth; be good or fit for

INDICATIVE	SUBJUNCTIVE	
	PRIMARY	SECONDARY

Present Time

	Present	*(Pres. Subj.)*	*(Imperf. Subj.)*
ich	tauge	tauge	taugte
du	taugst	taugest	taugtest
er	taugt	tauge	taugte
wir	taugen	taugen	taugten
ihr	taugt	tauget	taugtet
sie	taugen	taugen	taugten

	Imperfect
ich	taugte
du	taugtest
er	taugte
wir	taugten
ihr	taugtet
sie	taugten

Past Time

	Perfect	*(Perf. Subj.)*	*(Pluperf. Subj.)*
ich	habe getaugt	habe getaugt	hätte getaugt
du	hast getaugt	habest getaugt	hättest getaugt
er	hat getaugt	habe getaugt	hätte getaugt
wir	haben getaugt	haben getaugt	hätten getaugt
ihr	habt getaugt	habet getaugt	hättet getaugt
sie	haben getaugt	haben getaugt	hätten getaugt

	Pluperfect
ich	hatte getaugt
du	hattest getaugt
er	hatte getaugt
wir	hatten getaugt
ihr	hattet getaugt
sie	hatten getaugt

Future Time

	Future	*(Fut. Subj.)*	*(Pres. Conditional*
ich	werde taugen	werde taugen	würde taugen
du	wirst taugen	werdest taugen	würdest taugen
er	wird taugen	werde taugen	würde taugen
wir	werden taugen	werden taugen	würden taugen
ihr	werdet taugen	werdet taugen	würdet taugen
sie	werden taugen	werden taugen	würden taugen

Future Perfect Time

	Future Perfect	*(Fut. Perf. Subj.)*	*(Past Conditional)*
ich	werde getaugt haben	werde getaugt haben	würde getaugt haben
du	wirst getaugt haben	werdest getaugt haben	würdest getaugt haben
er	wird getaugt haben	werde getaugt haben	würde getaugt haben
wir	werden getaugt haben	werden getaugt haben	würden getaugt haben
ihr	werdet getaugt haben	werdet getaugt haben	würdet getaugt haben
sie	werden getaugt haben	werden getaugt haben	würden getaugt haben

---

Examples: *Alle glaubten, Lauritz taugte nichts. Er wurde von den Ärzten für militärtauglich befunden. „Er taugt zum Offizier", meinten seine Vorgesetzten.* All thought Lauritz was good for nothing. The doctors found him fit for military service. "He'd make a good officer," declared his superiors.

405

toben

to storm; rage; rave

PRINC. PARTS: toben, tobte, getobt, tobt
IMPERATIVE: tobe!, tobt!, toben Sie!

	INDICATIVE	SUBJUNCTIVE	
		PRIMARY	SECONDARY
		Present Time	
	Present	*(Pres. Subj.)*	*(Imperf. Subj.)*
ich	tobe	tobe	tobte
du	tobst	tobest	tobtest
er	tobt	tobe	tobte
wir	toben	toben	tobten
ihr	tobt	tobet	tobtet
sie	toben	toben	tobten

	Imperfect
ich	tobte
du	tobtest
er	tobte
wir	tobten
ihr	tobtet
sie	tobten

			Past Time	
	Perfect	*(Perf. Subj.)*	*(Pluperf. Subj.)*
ich	habe getobt	habe getobt	hätte getobt
du	hast getobt	habest getobt	hättest getobt
er	hat getobt	habe getobt	hätte getobt
wir	haben getobt	haben getobt	hätten getobt
ihr	habt getobt	habet getobt	hättet getobt
sie	haben getobt	haben getobt	hätten getobt

	Pluperfect
ich	hatte getobt
du	hattest getobt
er	hatte getobt
wir	hatten getobt
ihr	hattet getobt
sie	hatten getobt

			Future Time	
	Future	*(Fut. Subj.)*	*(Pres. Conditional)*
ich	werde toben	werde toben	würde toben
du	wirst toben	werdest toben	würdest toben
er	wird toben	werde toben	würde toben
wir	werden toben	werden toben	würden toben
ihr	werdet toben	werdet toben	würdet toben
sie	werden toben	werden toben	würden toben

			Future Perfect Time	
	Future Perfect	*(Fut. Perf. Subj.)*	*(Past Conditional)*
ich	werde getobt haben	werde getobt haben	würde getobt haben
du	wirst getobt haben	werdest getobt haben	würdest getobt haben
er	wird getobt haben	werde getobt haben	würde getobt haben
wir	werden getobt haben	werden getobt haben	würden getobt haben
ihr	werdet getobt haben	werdet getobt haben	würdet getobt haben
sie	werden getobt haben	werden getobt haben	würden getobt haben

Examples: *Der Sturm hat sich ausgetobt. Aber du tobst noch wie ein Wilder. Ich habe genug von deinen Tobsuchtsanfällen.* The storm has spent its fury. But you're still raving like a wild man. I've had enough of your fits of frenzy.

PRINC. PARTS: töten, tötete, getötet, tötet
IMPERATIVE: töte!, tötet!, töten Sie!

INDICATIVE	SUBJUNCTIVE	
	PRIMARY	SECONDARY

Present Time

	Present	(Pres. Subj.)	(Imperf. Subj.)
ich	töte	töte	tötete
du	tötest	tötest	tötetest
er	tötet	töte	tötete
wir	töten	töten	töteten
ihr	tötet	tötet	tötetet
sie	töten	töten	töteten

	Imperfect
ich	tötete
du	tötetest
er	tötete
wir	töteten
ihr	tötetet
sie	töteten

Past Time

	Perfect	(Perf. Subj.)	(Pluperf. Subj.)
ich	habe getötet	habe getötet	hätte getötet
du	hast getötet	habest getötet	hättest getötet
er	hat getötet	habe getötet	hätte getötet
wir	haben getötet	haben getötet	hätten getötet
ihr	habt getötet	habet getötet	hättet getötet
sie	haben getötet	haben getötet	hätten getötet

	Pluperfect
ich	hatte getötet
du	hattest getötet
er	hatte getötet
wir	hatten getötet
ihr	hattet getötet
sie	hatten getötet

Future Time

	Future	(Fut. Subj.)	(Pres. Conditional)
ich	werde töten	werde töten	würde töten
du	wirst töten	werdest töten	würdest töten
er	wird töten	werde töten	würde töten
wir	werden töten	werden töten	würden töten
ihr	werdet töten	werdet töten	würdet töten
sie	werden töten	werden töten	würden töten

Future Perfect Time

	Future Perfect	(Fut. Perf. Subj.)	(Past Conditional)
ich	werde getötet haben	werde getötet haben	würde getötet haben
du	wirst getötet haben	werdest getötet haben	würdest getötet haben
er	wird getötet haben	werde getötet haben	würde getötet haben
wir	werden getötet haben	werden getötet haben	würden getötet haben
ihr	werdet getötet haben	werdet getötet haben	würdet getötet haben
sie	werden getötet haben	werden getötet haben	würden getötet haben

Examples: *Die Schlange war tot, aber Papageno hatte sie nicht getötet. Paminas Mutter, die Königin der Nacht, gab ihr das tödliche Messer. Vor sienen Tod wollte Papageno heiraten.* The snake was dead, but Papageno hadn't killed it. Pamina's mother, the Queen of the Night, gave her the deadly knife. Before his death Papageno wanted to get married. Some forms add an e. The passage refers to Mozart's <u>Die Zauberflöte</u>.

trachten

to endeavor; aspire to; strive for

PRINC. PARTS: trachten, trachtete, getrachtet, trachtet
IMPERATIVE: trachte!, trachtet!, trachten Sie!

	INDICATIVE	SUBJUNCTIVE	
		PRIMARY	SECONDARY
		Present Time	
	Present	*(Pres. Subj.)*	*(Imperf. Subj.)*
ich	trachte	trachte	trachtete
du	trachtest	trachtest	trachtetest
er	trachtet	trachte	trachtete
wir	trachten	trachten	trachteten
ihr	trachtet	trachtet	trachtetet
sie	trachten	trachten	trachteten
	Imperfect		
ich	trachtete		
du	trachtetest		
er	trachtete		
wir	trachteten		
ihr	trachtetet		
sie	trachteten	*Past Time*	
	Perfect	*(Perf. Subj.)*	*(Pluperf. Subj.)*
ich	habe getrachtet	habe getrachtet	hätte getrachtet
du	hast getrachtet	habest getrachtet	hättest getrachtet
er	hat getrachtet	habe getrachtet	hätte getrachtet
wir	haben getrachtet	haben getrachtet	hätten getrachtet
ihr	habt getrachtet	habet getrachtet	hättet getrachtet
sie	haben getrachtet	haben getrachtet	hätten getrachtet
	Pluperfect		
ich	hatte getrachtet		
du	hattest getrachtet		
er	hatte getrachtet		
wir	hatten getrachtet		
ihr	hattet getrachtet		
sie	hatten getrachtet	*Future Time*	
	Future	*(Fut. Subj.)*	*(Pres. Conditional)*
ich	werde trachten	werde trachten	würde trachten
du	wirst trachten	werdest trachten	würdest trachten
er	wird trachten	werde trachten	würde trachten
wir	werden trachten	werden trachten	würden trachten
ihr	werdet trachten	werdet trachten	würdet trachten
sie	werden trachten	werden trachten	würden trachten
		Future Perfect Time	
	Future Perfect	*(Fut. Perf. Subj.)*	*(Past Conditional)*
ich	werde getrachtet haben	werde getrachtet haben	würde getrachtet haben
du	wirst getrachtet haben	werdest getrachtet haben	würdest getrachtet haben
er	wird getrachtet haben	werde getrachtet haben	würde getrachtet haben
wir	werden getrachtet haben	werden getrachtet haben	würden getrachtet haben
ihr	werdet getrachtet haben	werdet getrachtet haben	würdet getrachtet haben
sie	werden getrachtet haben	werden getrachtet haben	würden getrachtet haben

Examples: *Wir betrachteten die schönen Bäuerinnen in ihren heimatlichen Trachten. Jedes Bauernmädchen trachtete danach, das schönste zu sein.* We observed the pretty farm girls in their local costumes. Each farm girl strove to be the prettiest. Some forms add an e.

PRINC. PARTS: tragen, trug, getragen, trägt
IMPERATIVE: trage!, tragt!, tragen Sie!

to carry; bear; wear

	INDICATIVE	SUBJUNCTIVE	
		PRIMARY	**SECONDARY**
		Present Time	
	Present	(*Pres. Subj.*)	(*Imperf. Subj.*)
ich	trage	trage	trüge
du	trägst	tragest	trügest
er	trägt	trage	trüge
wir	tragen	tragen	trügen
ihr	tragt	traget	trüget
sie	tragen	tragen	trügen

	Imperfect
ich	trug
du	trugst
er	trug
wir	trugen
ihr	trugt
sie	trugen

			Past Time	
	Perfect	(*Perf. Subj.*)	(*Pluperf. Subj.*)
ich	habe getragen	habe getragen	hätte getragen
du	hast getragen	habest getragen	hättest getragen
er	hat getragen	habe getragen	hätte getragen
wir	haben getragen	haben getragen	hätten getragen
ihr	habt getragen	habet getragen	hättet getragen
sie	haben getragen	haben getragen	hätten getragen

	Pluperfect
ich	hatte getragen
du	hattest getragen
er	hatte getragen
wir	hatten getragen
ihr	hattet getragen
sie	hatten getragen

			Future Time	
	Future	(*Fut. Subj.*)	(*Pres. Conditional*)
ich	werde tragen	werde tragen	würde tragen
du	wirst tragen	werdest tragen	würdest tragen
er	wird tragen	werde tragen	würde tragen
wir	werden tragen	werden tragen	würden tragen
ihr	werdet tragen	werdet tragen	würdet tragen
sie	werden tragen	werden tragen	würden tragen

			Future Perfect Time	
	Future Perfect	(*Fut. Perf. Subj.*)	(*Past Conditional*)
ich	werde getragen haben	werde getragen haben	würde getragen haben
du	wirst getragen haben	werdest getragen haben	würdest getragen haben
er	wird getragen haben	werde getragen haben	würde getragen haben
wir	werden getragen haben	werden getragen haben	würden getragen haben
ihr	werdet getragen haben	werdet getragen haben	würdet getragen haben
sie	werden getragen haben	werden getragen haben	würden getragen haben

Examples: *Ulla trug ein weißes Brautkleid. Sie und Hanno waren froh, sich als Ehepaar einzutragen. Aber jetzt können sie sich kaum vertragen. Er sagt, sie trage die Schuld an allem.* Ulla wore a white bridal gown. She and Hanno were happy to register as man and wife. But now they can barely tolerate each other. He says she's to blame for everything. See verbs in Group V, p. xix.

trauen

to trust, believe in; venture,
dare; marry

PRINC. PARTS: trauen, traute, getraut,
traut
IMPERATIVE: traue!, traut!, trauen Sie!

	INDICATIVE	SUBJUNCTIVE	
		PRIMARY	SECONDARY
		Present Time	
	Present	*(Pres. Subj.)*	*(Imperf. Subj.)*
ich	traue	traue	traute
du	traust	trauest	trautest
er	traut	traue	traute
wir	trauen	trauen	trauten
ihr	traut	trauet	trautet
sie	trauen	trauen	trauten

	Imperfect
ich	traute
du	trautest
er	traute
wir	trauten
ihr	trautet
sie	trauten

			Past Time	
	Perfect	*(Perf. Subj.)*	*(Pluperf. Subj.)*
ich	habe getraut	habe getraut	hätte getraut
du	hast getraut	habest getraut	hättest getraut
er	hat getraut	habe getraut	hätte getraut
wir	haben getraut	haben getraut	hätten getraut
ihr	habt getraut	habet getraut	hättet getraut
sie	haben getraut	haben getraut	hätten getraut

	Pluperfect
ich	hatte getraut
du	hattest getraut
er	hatte getraut
wir	hatten getraut
ihr	hattet getraut
sie	hatten getraut

			Future Time	
	Future	*(Fut. Subj.)*	*(Pres. Conditional)*
ich	werde trauen	werde trauen	würde trauen
du	wirst trauen	werdest trauen	würdest trauen
er	wird trauen	werde trauen	würde trauen
wir	werden trauen	werden trauen	würden trauen
ihr	werdet trauen	werdet trauen	würdet trauen
sie	werden trauen	werden trauen	würden trauen

			Future Perfect Time	
	Future Perfect	*(Fut. Perf. Subj.)*	*(Past Conditional)*
ich	werde getraut haben	werde getraut haben	würde getraut haben
du	wirst getraut haben	werdest getraut haben	würdest getraut haben
er	wird getraut haben	werde getraut haben	würde getraut haben
wir	werden getraut haben	werden getraut haben	würden getraut haben
ihr	werdet getraut haben	werdet getraut haben	würdet getraut haben
sie	werden getraut haben	werden getraut haben	würden getraut haben

---

Examples: „Sie haben sich nicht in der Kirche trauen lassen." „Ja, ich bin mit der
Sache vertraut. Sie haben mich in ihr Vertrauen gezogen. Aber jetzt trauen sie mir nicht
mehr. Ich traue mich kaum, sie zu besuchen." "They didn't get married in church." "Yes,
I'm familiar with the matter. They took me into their confidence. But now they don't
trust me any more. I hardly dare visit them."

PRINC. PARTS: träumen, träumte, geträumt, träumt
IMPERATIVE: träume!, träumt!, träumen Sie!

	INDICATIVE	SUBJUNCTIVE	
		PRIMARY	SECONDARY
		Present Time	
	Present	*(Pres. Subj.)*	*(Imperf. Subj.)*
ich	träume	träume	träumte
du	träumst	träumest	träumtest
er	träumt	träume	träumte
wir	träumen	träumen	träumten
ihr	träumt	träumet	träumtet
sie	träumen	träumen	träumten

	Imperfect
ich	träumte
du	träumtest
er	träumte
wir	träumten
ihr	träumtet
sie	träumten

		Past Time	
	Perfect	*(Perf. Subj.)*	*(Pluperf. Subj.)*
ich	habe geträumt	habe geträumt	hätte geträumt
du	hast geträumt	habest geträumt	hättest geträumt
er	hat geträumt	habe geträumt	hätte geträumt
wir	haben geträumt	haben geträumt	hätten geträumt
ihr	habt geträumt	habet geträumt	hättet geträumt
sie	haben geträumt	haben geträumt	hätten geträumt

	Pluperfect
ich	hatte geträumt
du	hattest geträumt
er	hatte geträumt
wir	hatten geträumt
ihr	hattet geträumt
sie	hatten geträumt

		Future Time	
	Future	*(Fut. Subj.)*	*(Pres. Conditional)*
ich	werde träumen	werde träumen	würde träumen
du	wirst träumen	werdest träumen	würdest träumen
er	wird träumen	werde träumen	würde träumen
wir	werden träumen	werden träumen	würden träumen
ihr	werdet träumen	werdet träumen	würdet träumen
sie	werden träumen	werden träumen	würden träumen

		Future Perfect Time	
	Future Perfect	*(Fut. Perf. Subj.)*	*(Past Conditional)*
ich	werde geträumt haben	werde geträumt haben	würde geträumt haben
du	wirst geträumt haben	werdest geträumt haben	würdest geträumt haben
er	wird geträumt haben	werde geträumt haben	würde geträumt haben
wir	werden geträumt haben	werden geträumt haben	würden geträumt haben
ihr	werdet geträumt haben	werdet geträumt haben	würdet geträumt haben
sie	werden geträumt haben	werden geträumt haben	würden geträumt haben

---

Examples: *Es träumte ihr, daß alle ihre Träume sich in Alpträume verwandelten.* She dreamt that all her dreams were turning into nightmares. *Rainer ist ein Träumer und lebt glücklich in einem verträumten Dörfchen. Jetzt liest er* <u>Traumdeutung</u>. Rainer is a dreamer and is living happily in a dreamy hamlet. Now he's reading <u>The Interpretation of Dreams</u>.

treffen

to meet; hit

PRINC. PARTS: treffen, traf, getroffen, trifft
IMPERATIVE: triff!, trefft!, treffen Sie!

INDICATIVE	SUBJUNCTIVE	
	PRIMARY	SECONDARY

Present Time

	Present	(Pres. Subj.)	(Imperf. Subj.)
ich	treffe	treffe	träfe
du	triffst	treffest	träfest
er	trifft	treffe	träfe
wir	treffen	treffen	träfen
ihr	trefft	treffet	träfet
sie	treffen	treffen	träfen

	Imperfect
ich	traf
du	trafst
er	traf
wir	trafen
ihr	traft
sie	trafen

Past Time

	Perfect	(Perf. Subj.)	(Pluperf. Subj.)
ich	habe getroffen	habe getroffen	hätte getroffen
du	hast getroffen	habest getroffen	hättest getroffen
er	hat getroffen	habe getroffen	hätte getroffen
wir	haben getroffen	haben getroffen	hätten getroffen
ihr	habt getroffen	habet getroffen	hättet getroffen
sie	haben getroffen	haben getroffen	hätten getroffen

	Pluperfect
ich	hatte getroffen
du	hattest getroffen
er	hatte getroffen
wir	hatten getroffen
ihr	hattet getroffen
sie	hatten getroffen

Future Time

	Future	(Fut. Subj.)	(Pres. Conditional)
ich	werde treffen	werde treffen	würde treffen
du	wirst treffen	werdest treffen	würdest treffen
er	wird treffen	werde treffen	würde treffen
wir	werden treffen	werden treffen	würden treffen
ihr	werdet treffen	werdet treffen	würdet treffen
sie	werden treffen	werden treffen	würden treffen

Future Perfect Time

	Future Perfect	(Fut. Perf. Subj.)	(Past Conditional)
ich	werde getroffen haben	werde getroffen haben	würde getroffen haben
du	wirst getroffen haben	werdest getroffen haben	würdest getroffen haben
er	wird getroffen haben	werde getroffen haben	würde getroffen haben
wir	werden getroffen haben	werden getroffen haben	würden getroffen haben
ihr	werdet getroffen haben	werdet getroffen haben	würdet getroffen haben
sie	werden getroffen haben	werden getroffen haben	würden getroffen haben

Examples: *Es traf sich, daß die leitenden Angestellten auf ihre Chefin im Restaurant trafen. Sie sagte: „Ich weiß nicht, ob meine Bemerkungen treffend sind, aber ..." „Sie treffen immer das richtige Wort," unterbrach einer.* It happened that the executives met their boss in the restaurant. She said, "I don't know whether my observations are to the point, but ..." "You always find the right word," said one of them.

PRINC. PARTS: treiben, trieb, getrieben, treibt
IMPERATIVE: treibe!, treibt!, treiben Sie!

to drive; push; pursue

INDICATIVE	SUBJUNCTIVE	
	PRIMARY	SECONDARY
	Present Time	
Present	*(Pres. Subj.)*	*(Imperf. Subj.)*
ich treibe	treibe	triebe
du treibst	treibest	triebest
er treibt	treibe	triebe
wir treiben	treiben	trieben
ihr treibt	treibet	triebet
sie treiben	treiben	trieben

Imperfect
ich trieb
du triebst
er trieb
wir trieben
ihr triebt
sie trieben

	Past Time	
Perfect	*(Perf. Subj.)*	*(Pluperf. Subj.)*
ich habe getrieben	habe getrieben	hätte getrieben
du hast getrieben	habest getrieben	hättest getrieben
er hat getrieben	habe getrieben	hätte getrieben
wir haben getrieben	haben getrieben	hätten getrieben
ihr habt getrieben	habet getrieben	hättet getrieben
sie haben getrieben	haben getrieben	hätten getrieben

Pluperfect
ich hatte getrieben
du hattest getrieben
er hatte getrieben
wir hatten getrieben
ihr hattet getrieben
sie hatten getrieben

	Future Time	
Future	*(Fut. Subj.)*	*(Pres. Conditional)*
ich werde treiben	werde treiben	würde treiben
du wirst treiben	werdest treiben	würdest treiben
er wird treiben	werde treiben	würde treiben
wir werden treiben	werden treiben	würden treiben
ihr werdet treiben	werdet treiben	würdet treiben
sie werden treiben	werden treiben	würden treiben

	Future Perfect Time	
Future Perfect	*(Fut. Perf. Subj.)*	*(Past Conditional)*
ich werde getrieben haben	werde getrieben haben	würde getrieben haben
du wirst getrieben haben	werdest getrieben haben	würdest getrieben haben
er wird getrieben haben	werde getrieben haben	würde getrieben haben
wir werden getrieben haben	werden getrieben haben	würden getrieben haben
ihr werdet getrieben haben	werdet getrieben haben	würdet getrieben haben
sie werden getrieben haben	werden getrieben haben	würden getrieben haben

Examples: „Was treibt ihr Bruder Hans?" „Er betreibt jetzt das Geschäft, da Vater gestorben ist." „Aber hat Ihr Vater ihn nicht vor Jahren vom Familienhaus fortgetrieben?" "What's your brother Hans doing?" "He's now carrying on the business since Father died." "But didn't your father drive him away from the family home years ago?" See Group I B, p. xvii. Remember that "to drive a vehicle" is **fahren**.

413

treten

to step; go; kick

PRINC. PARTS: treten, trat, ist getreten, tritt
IMPERATIVE: tritt!, tretet!, treten Sie!

INDICATIVE		SUBJUNCTIVE	
		PRIMARY	**SECONDARY**
		Present Time	
	Present	*(Pres. Subj.)*	*(Imperf. Subj.)*
ich	trete	trete	träte
du	trittst	tretest	trätest
er	tritt	trete	träte
wir	treten	treten	träten
ihr	tretet	tretet	trätet
sie	treten	treten	träten
	Imperfect		
ich	trat		
du	tratest		
er	trat		
wir	traten		
ihr	tratet		
sie	traten		
		Past Time	
	Perfect	*(Perf. Subj.)*	*(Pluperf. Subj.)*
ich	bin getreten	sei getreten	wäre getreten
du	bist getreten	seiest getreten	wärest getreten
er	ist getreten	sei getreten	wäre getreten
wir	sind getreten	seien getreten	wären getreten
ihr	seid getreten	seiet getreten	wäret getreten
sie	sind getreten	seien getreten	wären getreten
	Pluperfect		
ich	war getreten		
du	warst getreten		
er	war getreten		
wir	waren getreten		
ihr	wart getreten		
sie	waren getreten		
		Future Time	
	Future	*(Fut. Subj.)*	*(Pres. Conditional)*
ich	werde treten	werde treten	würde treten
du	wirst treten	werdest treten	würdest treten
er	wird treten	werde treten	würde treten
wir	werden treten	werden treten	würden treten
ihr	werdet treten	werdet treten	würdet treten
sie	werden treten	werden treten	würden treten
		Future Perfect Time	
	Future Perfect	*(Fut. Perf. Subj.)*	*(Past Conditional)*
ich	werde getreten sein	werde getreten sein	würde getreten sein
du	wirst getreten sein	werdest getreten sein	würdest getreten sein
er	wird getreten sein	werde getreten sein	würde getreten sein
wir	werden getreten sein	werden getreten sein	würden getreten sein
ihr	werdet getreten sein	werdet getreten sein	würdet getreten sein
sie	werden getreten sein	werden getreten sein	würden getreten sein

Examples: *Ohne Ihnen nahetreten zu wollen, muß ich Ihnen sagen, daß Ihr Söhnchen nie an die Spitze der Klasse treten wird. Er hat nicht einmal gelernt, daß Verbendungen an den Stamm treten.* Without wishing to offend you, I must tell you that your son will never go the the head of the class. He hasn't even learned that verb endings are added to the stem. See verbs in Group IV A, p. xix, and "Sein Verbs," pp. xxiv-xxv.

PRINC. PARTS: trinken, trank, getrunken, trinkt
IMPERATIVE: trinke!, trinkt!, trinken Sie!

INDICATIVE		SUBJUNCTIVE	
		PRIMARY	SECONDARY
		Present Time	
	Present	*(Pres. Subj.)*	*(Imperf. Subj.)*
ich	trinke	trinke	tränke
du	trinkst	trinkest	tränkest
er	trinkt	trinke	tränke
wir	trinken	trinken	tränken
ihr	trinkt	trinket	tränket
sie	trinken	trinken	tränken
	Imperfect		
ich	trank		
du	trankst		
er	trank		
wir	tranken		
ihr	trankt		
sie	tranken		
		Past Time	
	Perfect	*(Perf. Subj.)*	*(Pluperf. Subj.)*
ich	habe getrunken	habe getrunken	hätte getrunken
du	hast getrunken	habest getrunken	hättest getrunken
er	hat getrunken	habe getrunken	hätte getrunken
wir	haben getrunken	haben getrunken	hätten getrunken
ihr	habt getrunken	habet getrunken	hättet getrunken
sie	haben getrunken	haben getrunken	hätten getrunken
	Pluperfect		
ich	hatte getrunken		
du	hattest getrunken		
er	hatte getrunken		
wir	hatten getrunken		
ihr	hattet getrunken		
sie	hatten getrunken		
		Future Time	
	Future	*(Fut. Subj.)*	*(Pres. Conditional)*
ich	werde trinken	werde trinken	würde trinken
du	wirst trinken	werdest trinken	würdest trinken
er	wird trinken	werde trinken	würde trinken
wir	werden trinken	werden trinken	würden trinken
ihr	werdet trinken	werdet trinken	würdet trinken
sie	werden trinken	werden trinken	würden trinken
		Future Perfect Time	
	Future Perfect	*(Fut. Perf. Subj.)*	*(Past Conditional)*
ich	werde getrunken haben	werde getrunken haben	würde getrunken haben
du	wirst getrunken haben	werdest getrunken haben	würdest getrunken haben
er	wird getrunken haben	werde getrunken haben	würde getrunken haben
wir	werden getrunken haben	werden getrunken haben	würden getrunken haben
ihr	werdet getrunken haben	werdet getrunken haben	würdet getrunken haben
sie	werden getrunken haben	werden getrunken haben	würden getrunken haben

Examples: *„Ich trinke auf Ihr Wohl.” „Trinken wir gleich Bruderschaft! Wollen Sie, vielmehr willst du?” „Ja, trink aus und schenk ein. Der Champagner läßt sich gut trinken.”* "I drink to your health." "Let's drink to close friendship. Do you (formal) want to, rather do you (familiar) want to?" "Yes, drink up and pour in some more. The champagne is easy to drink (goes down easy)."

trocknen

to dry

PRINC. PARTS: trocknen, trocknete, getrocknet, trocknet
IMPERATIVE: trockne!, trocknet!, trocknen Sie!

INDICATIVE	SUBJUNCTIVE	
	PRIMARY	SECONDARY

Present Time

	Present	*(Pres. Subj.)*	*(Imperf. Subj.)*
ich	trockne	trockne	trocknete
du	trocknest	trocknest	trocknetest
er	trocknet	trockne	trocknete
wir	trocknen	trocknen	trockneten
ihr	trocknet	trocknet	trocknetet
sie	trocknen	trocknen	trockneten

	Imperfect
ich	trocknete
du	trocknetest
er	trocknete
wir	trockneten
ihr	trocknetet
sie	trockneten

Past Time

	Perfect	*(Perf. Subj.)*	*(Pluperf. Subj.)*
ich	habe getrocknet	habe getrocknet	hätte getrocknet
du	hast getrocknet	habest getrocknet	hättest getrocknet
er	hat getrocknet	habe getrocknet	hätte getrocknet
wir	haben getrocknet	haben getrocknet	hätten getrocknet
ihr	habt getrocknet	habet getrocknet	hättet getrocknet
sie	haben getrocknet	haben getrocknet	hätten getrocknet

	Pluperfect
ich	hatte getrocknet
du	hattest getrocknet
er	hatte getrocknet
wir	hatten getrocknet
ihr	hattet getrocknet
sie	hatten getrocknet

Future Time

	Future	*(Fut. Subj.)*	*(Pres. Conditional)*
ich	werde trocknen	werde trocknen	würde trocknen
du	wirst trocknen	werdest trocknen	würdest trocknen
er	wird trocknen	werde trocknen	würde trocknen
wir	werden trocknen	werden trocknen	würden trocknen
ihr	werdet trocknen	werdet trocknen	würdet trocknen
sie	werden trocknen	werden trocknen	würden trocknen

Future Perfect Time

	Future Perfect	*(Fut. Perf. Subj.)*	*(Past Conditional)*
ich	werde getrocknet haben	werde getrocknet haben	würde getrocknet haben
du	wirst getrocknet haben	werdest getrocknet haben	würdest getrocknet haben
er	wird getrocknet haben	werde getrocknet haben	würde getrocknet haben
wir	werden getrocknet haben	werden getrocknet haben	würden getrocknet haben
ihr	werdet getrocknet haben	werdet getrocknet haben	würdet getrocknet haben
sie	werden getrocknet haben	werden getrocknet haben	würden getrocknet haben

Examples: *Er ist ein trockener Mensch. Ganz trocken empfing er uns und ließ uns mit trockenem Munde sitzen.* He is dry-as-dust. He received us very coolly and didn't offer us anything to drink. *Liebevoll legte sie das Baby trocken und trocknete es nach dem Bad ab.* Lovingly she changed the baby's diapers and dried it off after the bath.

tropfen

PRINC. PARTS: tropfen,* tropfte, getropft, tropft
IMPERATIVE: tropfe!, tropft!, tropfen Sie!

to drip, drop

INDICATIVE		SUBJUNCTIVE	
		PRIMARY	**SECONDARY**
		Present Time	
	Present	*(Pres. Subj.)*	*(Imperf. Subj.)*
ich	tropfe	tropfe	tropfte
du	tropfst	tropfest	tropftest
er	tropft	tropfe	tropfte
wir	tropfen	tropfen	tropften
ihr	tropft	tropfet	tropftet
sie	tropfen	tropfen	tropften
	Imperfect		
ich	tropfte		
du	tropftest		
er	tropfte		
wir	tropften		
ihr	tropftet		
sie	tropften		
		Past Time	
	Perfect	*(Perf. Subj.)*	*(Pluperf. Subj.)*
ich	habe getropft	habe getropft	hätte getropft
du	hast getropft	habest getropft	hättest getropft
er	hat getropft	habe getropft	hätte getropft
wir	haben getropft	haben getropft	hätten getropft
ihr	habt getropft	habet getropft	hättet getropft
sie	haben getropft	haben getropft	hätten getropft
	Pluperfect		
ich	hatte getropft		
du	hattest getropft		
er	hatte getropft		
wir	hatten getropft		
ihr	hattet getropft		
sie	hatten getropft		
		Future Time	
	Future	*(Fut. Subj.)*	*(Pres. Conditional)*
ich	werde tropfen	werde tropfen	würde tropfen
du	wirst tropfen	werdest tropfen	würdest tropfen
er	wird tropfen	werde tropfen	würde tropfen
wir	werden tropfen	werden tropfen	würden tropfen
ihr	werdet tropfen	werdet tropfen	würdet tropfen
sie	werden tropfen	werden tropfen	würden tropfen
		Future Perfect Time	
	Future Perfect	*(Fut. Perf. Subj.)*	*(Past Conditional)*
ich	werde getropft haben	werde getropft haben	würde getropft haben
du	wirst getropft haben	werdest getropft haben	würdest getropft haben
er	wird getropft haben	werde getropft haben	würde getropft haben
wir	werden getropft haben	werden getropft haben	würden getropft haben
ihr	werdet getropft haben	werdet getropft haben	würdet getropft haben
sie	werden getropft haben	werden getropft haben	würden getropft haben

* Forms other than the third person are unusual.

Examples: *Draußen tropfte es. Wasser tropfte vom Dach. Rudi war erkältet und seine Nase tropfte. Er tröstete sich mit einem edlen Tropfen. Er hatte seit langem keinen Tropfen getrunken.* Outside it was spitting rain. Water dripped from the roof. Rudi had a cold and his nose was running. He consoled himself with a fine vintage. He hadn't had a drop to drink for some time.

trösten

to console

PRINC. PARTS: trösten, tröstete, getröstet, tröstet
IMPERATIVE: tröste!, tröstet!, trösten Sie!

	INDICATIVE	SUBJUNCTIVE	
		PRIMARY	SECONDARY
		Present Time	
	Present	*(Pres. Subj.)*	*(Imperf. Subj.)*
ich	tröste	tröste	tröstete
du	tröstest	tröstest	tröstetest
er	tröstet	tröste	tröstete
wir	trösten	trösten	trösteten
ihr	tröstet	tröstet	tröstetet
sie	trösten	trösten	trösteten

	Imperfect
ich	tröstete
du	tröstetest
er	tröstete
wir	trösteten
ihr	tröstetet
sie	trösteten

			Past Time	
	Perfect	*(Perf. Subj.)*	*(Pluperf. Subj.)*	
ich	habe getröstet	habe getröstet	hätte getröstet
du	hast getröstet	habest getröstet	hättest getröstet
er	hat getröstet	habe getröstet	hätte getröstet
wir	haben getröstet	haben getröstet	hätten getröstet
ihr	habt getröstet	habet getröstet	hättet getröstet
sie	haben getröstet	haben getröstet	hätten getröstet

	Pluperfect
ich	hatte getröstet
du	hattest getröstet
er	hatte getröstet
wir	hatten getröstet
ihr	hattet getröstet
sie	hatten getröstet

			Future Time	
	Future	*(Fut. Subj.)*	*(Pres. Conditional)*	
ich	werde trösten	werde trösten	würde trösten
du	wirst trösten	werdest trösten	würdest trösten
er	wird trösten	werde trösten	würde trösten
wir	werden trösten	werden trösten	würden trösten
ihr	werdet trösten	werdet trösten	würdet trösten
sie	werden trösten	werden trösten	würden trösten

			Future Perfect Time	
	Future Perfect	*(Fut. Perf. Subj.)*	*(Past Conditional)*	
ich	werde getröstet haben	werde getröstet haben	würde getröstet haben
du	wirst getröstet haben	werdest getröstet haben	würdest getröstet haben
er	wird getröstet haben	werde getröstet haben	würde getröstet haben
wir	werden getröstet haben	werden getröstet haben	würden getröstet haben
ihr	werdet getröstet haben	werdet getröstet haben	würdet getröstet haben
sie	werden getröstet haben	werden getröstet haben	würden getröstet haben

---

Examples: *Die Witwe fand keinen Trost in ihren Tränen. Bald aber ließ sie sich von vielen und vielem trösten. Sie tröstete sich auch mit der Musik. Später schrieb sie ein <u>Buch der Tröstungen</u>.* The widow found no solace in her tears. But soon she permitted herself to be comforted by many people and things. She also consoled herself with music. Later she wrote a <u>Book of Consolations</u>.

PRINC. PARTS: trotzen, trotzte, getrotzt, trotzt
IMPERATIVE: trotze!, trotzt!, trotzen Sie!

	INDICATIVE		SUBJUNCTIVE	
			PRIMARY	SECONDARY

Present Time

	Present		*(Pres. Subj.)*	*(Imperf. Subj.)*
ich	trotze		trotze	trotzte
du	trotzt		trotzest	trotztest
er	trotzt		trotze	trotzte
wir	trotzen		trotzen	trotzten
ihr	trotzt		trotzet	trotztet
sie	trotzen		trotzen	trotzten

	Imperfect
ich	trotzte
du	trotztest
er	trotzte
wir	trotzten
ihr	trotztet
sie	trotzten

Past Time

	Perfect	*(Perf. Subj.)*	*(Pluperf. Subj.)*
ich	habe getrotzt	habe getrotzt	hätte getrotzt
du	hast getrotzt	habest getrotzt	hättest getrotzt
er	hat getrotzt	habe getrotzt	hätte getrotzt
wir	haben getrotzt	haben getrotzt	hätten getrotzt
ihr	habt getrotzt	habet getrotzt	hättet getrotzt
sie	haben getrotzt	haben getrotzt	hätten getrotzt

	Pluperfect
ich	hatte getrotzt
du	hattest getrotzt
er	hatte getrotzt
wir	hatten getrotzt
ihr	hattet getrotzt
sie	hatten getrotzt

Future Time

	Future	*(Fut. Subj.)*	*(Pres. Conditional)*
ich	werde trotzen	werde trotzen	würde trotzen
du	wirst trotzen	werdest trotzen	würdest trotzen
er	wird trotzen	werde trotzen	würde trotzen
wir	werden trotzen	werden trotzen	würden trotzen
ihr	werdet trotzen	werdet trotzen	würdet trotzen
sie	werden trotzen	werden trotzen	würden trotzen

Future Perfect Time

	Future Perfect	*(Fut. Perf. Subj.)*	*(Past Conditional)*
ich	werde getrotzt haben	werde getrotzt haben	würde getrotzt haben
du	wirst getrotzt haben	werdest getrotzt haben	würdest getrotzt haben
er	wird getrotzt haben	werde getrotzt haben	würde getrotzt haben
wir	werden getrotzt haben	werden getrotzt haben	würden getrotzt haben
ihr	werdet getrotzt haben	werdet getrotzt haben	würdet getrotzt haben
sie	werden getrotzt haben	werden getrotzt haben	würden getrotzt haben

Examples: *Der Junge trotzt ständig. Er ist im Trotzalter. Ich verbot es ihm, mit meinem Computer und dem neuen Auto zu spielen. Aber er tut es trotzdem. Mir zum Trotze tut er das. Er ist trotzköpfig.* The boy defies me all the time. He's at a difficult age. I forbade him to play with my computer and the new car. But he does it anyway. He does it to spite me. He's bull-headed.

trüben

to darken; sadden; make muddy

PRINC. PARTS: trüben, trübte, getrübt, trübt
IMPERATIVE: trübe!, trübt!, trüben Sie!

	INDICATIVE		SUBJUNCTIVE		
			PRIMARY		SECONDARY
				Present Time	
	Present		*(Pres. Subj.)*		*(Imperf. Subj.)*
ich	trübe		trübe		trübte
du	trübst		trübest		trübtest
er	trübt		trübe		trübte
wir	trüben		trüben		trübten
ihr	trübt		trübet		trübtet
sie	trüben		trüben		trübten
	Imperfect				
ich	trübte				
du	trübtest				
er	trübte				
wir	trübten				
ihr	trübtet				
sie	trübten				
				Past Time	
	Perfect		*(Perf. Subj.)*		*(Pluperf. Subj.)*
ich	habe getrübt		habe getrübt		hätte getrübt
du	hast getrübt		habest getrübt		hättest getrübt
er	hat getrübt		habe getrübt		hätte getrübt
wir	haben getrübt		haben getrübt		hätten getrübt
ihr	habt getrübt		habet getrübt		hättet getrübt
sie	haben getrübt		haben getrübt		hätten getrübt
	Pluperfect				
ich	hatte getrübt				
du	hattest getrübt				
er	hatte getrübt				
wir	hatten getrübt				
ihr	hattet getrübt				
sie	hatten getrübt				
				Future Time	
	Future		*(Fut. Subj.)*		*(Pres. Conditional)*
ich	werde trüben		werde trüben		würde trüben
du	wirst trüben		werdest trüben		würdest trüben
er	wird trüben		werde trüben		würde trüben
wir	werden trüben		werden trüben		würden trüben
ihr	werdet trüben		werdet trüben		würdet trüben
sie	werden trüben		werden trüben		würden trüben
				Future Perfect Time	
	Future Perfect		*(Fut. Perf. Subj.)*		*(Past Conditional)*
ich	werde getrübt haben		werde getrübt haben		würde getrübt haben
du	wirst getrübt haben		werdest getrübt haben		würdest getrübt haben
er	wird getrübt haben		werde getrübt haben		würde getrübt haben
wir	werden getrübt haben		werden getrübt haben		würden getrübt haben
ihr	werdet getrübt haben		werdet getrübt haben		würdet getrübt haben
sie	werden getrübt haben		werden getrübt haben		würden getrübt haben

---

Examples: *„Der Himmel trübt sich nur manchmal. Aber du bist immer betrübt. Immer bläst du Trübsal." „Ja, ich bin zu Tode betrübt, und die eigene Betrübnis wird erträglicher, wenn ich andere betrübe."* "The sky grows overcast only on occasion. But you're always gloomy. You're always moping." "Yes, I'm extremely despondent and my misery is easier for me to take when I depress others."

420

PRINC. PARTS: tun, tat, getan, tut
IMPERATIVE: tue!, tut!, tun Sie!

to do; make; put

	INDICATIVE	PRIMARY	SECONDARY
			SUBJUNCTIVE

			Present Time	
	Present	*(Pres. Subj.)*		*(Imperf. Subj.)*
ich	tue	tue		täte
du	tust	tuest		tätest
er	tut	tue		täte
wir	tun	tuen		täten
ihr	tut	tuet		tätet
sie	tun	tuen		täten

	Imperfect
ich	tat
du	tatest
er	tat
wir	taten
ihr	tatet
sie	taten

			Past Time	
	Perfect	*(Perf. Subj.)*		*(Pluperf. Subj.)*
ich	habe getan	habe getan		hätte getan
du	hast getan	habest getan		hättest getan
er	hat getan	habe getan		hätte getan
wir	haben getan	haben getan		hätten getan
ihr	habt getan	habet getan		hättet getan
sie	haben getan	haben getan		hätten getan

	Pluperfect
ich	hatte getan
du	hattest getan
er	hatte getan
wir	hatten getan
ihr	hattet getan
sie	hatten getan

			Future Time	
	Future	*(Fut. Subj.)*		*(Pres. Conditional)*
ich	werde tun	werde tun		würde tun
du	wirst tun	werdest tun		würdest tun
er	wird tun	werde tun		würde tun
wir	werden tun	werden tun		würden tun
ihr	werdet tun	werdet tun		würdet tun
sie	werden tun	werden tun		würden tun

			Future Perfect Time	
	Future Perfect	*(Fut. Perf. Subj.)*		*(Past Conditional)*
ich	werde getan haben	werde getan haben		würde getan haben
du	wirst getan haben	werdest getan haben		würdest getan haben
er	wird getan haben	werde getan haben		würde getan haben
wir	werden getan haben	werden getan haben		würden getan haben
ihr	werdet getan haben	werdet getan haben		würdet getan haben
sie	werden getan haben	werden getan haben		würden getan haben

Examples: „*Soll ich noch mehr Bier in die Suppe tun?*" *fragte die Hexe. „Sie können tun und lassen, was Sie wollen. Bei Ihnen esse ich nichts. Es tut mir leid." „Aber was habe ich Ihnen denn angetan?*" "Shall I put some more beer into the soup?" asked the witch. "You can do as you please. I'm not eating anything in your house. I'm sorry." "But what have I done to you?"

üben

to exercise, practice

PRINC. PARTS: üben, übte, geübt, übt
IMPERATIVE: ube!, übt!, üben Sie!

	INDICATIVE	SUBJUNCTIVE	
		PRIMARY	SECONDARY
		Present Time	
	Present	*(Pres. Subj.)*	*(Imperf. Subj.)*
ich	übe	übe	übte
du	übst	übest	übtest
er	übt	übe	übte
wir	üben	üben	übten
ihr	übt	übet	übtet
sie	üben	üben	übten

	Imperfect
ich	übte
du	übtest
er	übte
wir	übten
ihr	übtet
sie	übten

			Past Time	
	Perfect	*(Perf. Subj.)*	*(Pluperf. Subj.)*
ich	habe geübt	habe geübt	hätte geübt
du	hast geübt	habest geübt	hättest geübt
er	hat geübt	habe geübt	hätte geübt
wir	haben geübt	haben geübt	hätten geübt
ihr	habt geübt	habet geübt	hättet geübt
sie	haben geübt	haben geübt	hätten geübt

	Pluperfect
ich	hatte geübt
du	hattest geübt
er	hatte geübt
wir	hatten geübt
ihr	hattet geübt
sie	hatten geübt

		Future Time	
	Future	*(Fut. Subj.)*	*(Pres. Conditional)*
ich	werde üben	werde üben	würde üben
du	wirst üben	werdest üben	würdest üben
er	wird üben	werde üben	würde üben
wir	werden üben	werden üben	würden üben
ihr	werdet üben	werdet üben	würdet üben
sie	werden üben	werden üben	würden üben

		Future Perfect Time	
	Future Perfect	*(Fut. Perf. Subj.)*	*(Past Conditional)*
ich	werde geübt haben	werde geübt haben	würde geübt haben
du	wirst geübt haben	werdest geübt haben	würdest geübt haben
er	wird geübt haben	werde geübt haben	würde geübt haben
wir	werden geübt haben	werden geübt haben	würden geübt haben
ihr	werdet geübt haben	werdet geübt haben	würdet geübt haben
sie	werden geübt haben	werden geübt haben	würden geübt haben

Examples: *Ich mußte täglich drei Stunden am Klavier sitzen und üben. Der Lehrer übte weder Nachsicht noch Geduld mit mir, wenn ich in den Czerny Übungen einen Fehler machte.* I had to sit at the piano every day and practice for 3 hours. The teacher showed me no indulgence and had no patience with me when I made a mistake in the Czerny exercises.

INDICATIVE	SUBJUNCTIVE	
	PRIMARY	SECONDARY
	Present Time	
Present	*(Pres. Subj.)*	*(Imperf. Subj.)*
ich überrasche	überrasche	überraschte
du überraschst	überraschest	überraschtest
er überrascht	überrasche	überraschte
wir überraschen	überraschen	überraschten
ihr überrascht	überraschet	überraschtet
sie überraschen	überraschen	überraschten
Imperfect		
ich überraschte		
du überraschtest		
er überraschte		
wir überraschten		
ihr überraschtet		
sie überraschten	*Past Time*	
Perfect	*(Perf. Subj.)*	*(Pluperf. Subj.)*
ich habe überrascht	habe überrascht	hätte überrascht
du hast überrascht	habest überrascht	hättest überrascht
er hat überrascht	habe überrascht	hätte überrascht
wir haben überrascht	haben überrascht	hätten überrascht
ihr habt überrascht	habet überrascht	hättet überrascht
sie haben überrascht	haben überrascht	hätten überrascht
Pluperfect		
ich hatte überrascht		
du hattest überrascht		
er hatte überrascht		
wir hatten überrascht		
ihr hattet überrascht		
sie hatten überrascht	*Future Time*	
Future	*(Fut. Subj.)*	*(Pres. Conditional)*
ich werde überraschen	werde überraschen	würde überraschen
du wirst überraschen	werdest überraschen	würdest überraschen
er wird überraschen	werde überraschen	würde überraschen
wir werden überraschen	werden überraschen	würden überraschen
ihr werdet überraschen	werdet überraschen	würdet überraschen
sie werden überraschen	werden überraschen	würden überraschen
	Future Perfect Time	
Future Perfect	*(Fut. Perf. Subj.)*	*(Past Conditional)*
ich werde überrascht haben	werde überrascht haben	würde überrascht haben
du wirst überrascht haben	werdest überrascht haben	würdest überrascht haben
er wird überrascht haben	werde überrascht haben	würde überrascht haben
wir werden überrascht haben	werden überrascht haben	würden überrascht haben
ihr werdet überrascht haben	werdet überrascht haben	würdet überrascht haben
sie werden überrascht haben	werden überrascht haben	würden überrascht haben

Examples: „*Ihr habt mich angenehm überrascht. Ihr habt die Aufgaben rasch und gut, überraschend gut, gemacht. Ich hoffe, ihr werdet mich weiterhin so angenehm überraschen*", *sagte die Lehrerin den Schülern.* "You surprised me pleasantly. You did your assignments quickly and well, surprisingly well. I hope you'll continue to surprise me so pleasantly," said the teacher to the students.

überwinden

to overcome, conquer

PRINC. PARTS: überwinden, überwand, überwunden, überwindet

IMPERATIVE: überwinde!, überwindet!, überwinden Sie!

INDICATIVE	SUBJUNCTIVE	
	PRIMARY	SECONDARY

Present Time

	Present	(Pres. Subj.)	(Imperf. Subj.)
ich	überwinde	überwinde	überwände
du	überwindest	überwindest	überwändest
er	überwindet	überwinde	überwände
wir	überwinden	überwinden	überwänden
ihr	überwindet	überwindet	überwändet
sie	überwinden	überwinden	überwänden

	Imperfect
ich	überwand
du	überwandest
er	überwand
wir	überwanden
ihr	überwandet
sie	überwanden

Past Time

	Perfect	(Perf. Subj.)	(Pluperf. Subj.)
ich	habe überwunden	habe überwunden	hätte überwunden
du	hast überwunden	habest überwunden	hättest überwunden
er	hat überwunden	habe überwunden	hätte überwunden
wir	haben überwunden	haben überwunden	hätten überwunden
ihr	habt überwunden	habet überwunden	hättet überwunden
sie	haben überwunden	haben überwunden	hätten überwunden

	Pluperfect
ich	hatte überwunden
du	hattest überwunden
er	hatte überwunden
wir	hatten überwunden
ihr	hattet überwunden
sie	hatten überwunden

Future Time

	Future	(Fut. Subj.)	(Pres. Conditional)
ich	werde überwinden	werde überwinden	würde überwinden
du	wirst überwinden	werdest überwinden	würdest überwinden
er	wird überwinden	werde überwinden	würde überwinden
wir	werden überwinden	werden überwinden	würden überwinden
ihr	werdet überwinden	werdet überwinden	würdet überwinden
sie	werden überwinden	werden überwinden	würden überwinden

Future Perfect Time

	Future Perfect	(Fut. Perf. Subj.)	(Past Conditional)
ich	werde überwunden haben	werde überwunden haben	würde überwunden haben
du	wirst überwunden haben	werdest überwunden haben	würdest überwunden haben
er	wird überwunden haben	werde überwunden haben	würde überwunden haben
wir	werden überwunden haben	werden überwunden haben	würden überwunden haben
ihr	werdet überwunden haben	werdet überwunden haben	würdet überwunden haben
sie	werden überwunden haben	werden überwunden haben	würden überwunden haben

Examples: *Er hat seine Charakterschwächen überwunden. Du wirst auch die deinen überwinden.* He has overcome his character defects. You will overcome yours too.

PRINC. PARTS: umstellen, stellte um,
umgestellt, stellt um
IMPERATIVE: stelle um!, stellt um!,
stellen Sie um!

umstellen

to shift; transpose; change
over

INDICATIVE	SUBJUNCTIVE	
	PRIMARY	SECONDARY

	Present	*(Pres. Subj.)*	*(Imperf. Subj.)*
ich	stelle um	stelle um	stellte um
du	stellst um	stellest um	stelltest um
er	stellt um	stelle um	stellte um
wir	stellen um	stellen um	stellten um
ihr	stellt um	stellet um	stelltet um
sie	stellen um	stellen um	stellten um

	Imperfect
ich	stellte um
du	stelltest um
er	stellte um
wir	stellten um
ihr	stelltet um
sie	stellten um

Past Time

	Perfect	*(Perf. Subj.)*	*(Pluperf. Subj.)*
ich	habe umgestellt	habe umgestellt	hätte umgestellt
du	hast umgestellt	habest umgestellt	hättest umgestellt
er	hat umgestellt	habe umgestellt	hätte umgestellt
wir	haben umgestellt	haben umgestellt	hätten umgestellt
ihr	habt umgestellt	habet umgestellt	hättet umgestellt
sie	haben umgestellt	haben umgestellt	hätten umgestellt

	Pluperfect
ich	hatte umgestellt
du	hattest umgestellt
er	hatte umgestellt
wir	hatten umgestellt
ihr	hattet umgestellt
sie	hatten umgestellt

Future Time

	Future	*(Fut. Subj.)*	*(Pres. Conditional)*
ich	werde umstellen	werde umstellen	würde umstellen
du	wirst umstellen	werdest umstellen	würdest umstellen
er	wird umstellen	werde umstellen	würde umstellen
wir	werden umstellen	werden umstellen	würden umstellen
ihr	werdet umstellen	werdet umstellen	würdet umstellen
sie	werden umstellen	werden umstellen	würden umstellen

Future Perfect Time

	Future Perfect	*(Fut. Perf. Subj.)*	*(Past Conditional)*
ich	werde umgestellt haben	werde umgestellt haben	würde umgestellt haben
du	wirst umgestellt haben	werdest umgestellt haben	würdest umgestellt haben
er	wird umgestellt haben	werde umgestellt haben	würde umgestellt haben
wir	werden umgestellt haben	werden umgestellt haben	würden umgestellt haben
ihr	werdet umgestellt haben	werdet umgestellt haben	würdet umgestellt haben
sie	werden umgestellt haben	werden umgestellt haben	würden umgestellt haben

Examples: „*Heute abend müssen wir die Uhr auf die Sommerzeit umstellen.*" „*Ich vergesse immer, sie umzustellen.*" "Tonight we have to reset the clock to daylight saving time." "I always forget to reset it."

unterbrechen

to interrupt

PRINC. PARTS: unterbrechen, unterbrach, unterbrochen, unterbricht

IMPERATIVE: unterbrich!, unterbrecht!, unterbrechen Sie!

	INDICATIVE		SUBJUNCTIVE	
			PRIMARY	SECONDARY

Present Time

	Present	*(Pres. Subj.)*	*(Imperf. Subj.)*
ich	unterbreche	unterbreche	unterbräche
du	unterbrichst	unterbrechest	unterbrächest
er	unterbricht	unterbreche	unterbräche
wir	unterbrechen	unterbrechen	unterbrächen
ihr	unterbrecht	unterbrechet	unterbrächet
sie	unterbrechen	unterbrechen	unterbrächen

	Imperfect
ich	unterbrach
du	unterbrachst
er	unterbrach
wir	unterbrachen
ihr	unterbracht
sie	unterbrachen

Past Time

	Perfect	*(Perf. Subj.)*	*(Pluperf. Subj.)*
ich	habe unterbrochen	habe unterbrochen	hätte unterbrochen
du	hast unterbrochen	habest unterbrochen	hättest unterbrochen
er	hat unterbrochen	habe unterbrochen	hätte unterbrochen
wir	haben unterbrochen	haben unterbrochen	hätten unterbrochen
ihr	habt unterbrochen	habet unterbrochen	hättet unterbrochen
sie	haben unterbrochen	haben unterbrochen	hätten unterbrochen

	Pluperfect
ich	hatte unterbrochen
du	hattest unterbrochen
er	hatte unterbrochen
wir	hatten unterbrochen
ihr	hattet unterbrochen
sie	hatten unterbrochen

Future Time

	Future	*(Fut. Subj.)*	*(Pres. Conditional)*
ich	werde unterbrechen	werde unterbrechen	würde unterbrechen
du	wirst unterbrechen	werdest unterbrechen	würdest unterbrechen
er	wird unterbrechen	werde unterbrechen	würde unterbrechen
wir	werden unterbrechen	werden unterbrechen	würden unterbrechen
ihr	werdet unterbrechen	werdet unterbrechen	würdet unterbrechen
sie	werden unterbrechen	werden unterbrechen	würden unterbrechen

Future Perfect Time

	Future Perfect	*(Fut. Perf. Subj.)*	*(Past Conditional)*
ich	werde unterbrochen haben	werde unterbrochen haben	würde unterbrochen haben
du	wirst unterbrochen haben	werdest unterbrochen haben	würdest unterbrochen haben
er	wird unterbrochen haben	werde unterbrochen haben	würde unterbrochen haben
wir	werden unterbrochen haben	werden unterbrochen haben	würden unterbrochen haben
ihr	werdet unterbrochen haben	werdet unterbrochen haben	würdet unterbrochen haben
sie	werden unterbrochen haben	werden unterbrochen haben	würden unterbrochen haben

---

Examples: *Niemand durfte sie unterbrechen. Er hat sie trotzdem mehrmals unterbrochen. „Unterbrich mich bitte nicht, Liebling!" sagte sie.* No one was permitted to interrupt her. But he interrupted her frequently anyway. "Please don't interrupt me, darling," she said.

PRINC. PARTS: sich unterhalten, unterhielt sich,
hat sich unterhalten, unterhält sich
IMPERATIVE: unterhalte dich!, unterhaltet euch!,
unterhalten Sie sich!

sich unterhalten

*to converse;
amuse one's self*

INDICATIVE	SUBJUNCTIVE	
	PRIMARY	SECONDARY

Present Time

	Present	*(Pres. Subj.)*	*(Imperf. Subj.)*
ich	unterhalte mich	unterhalte mich	unterhielte mich
du	unterhältst dich	unterhaltest dich	unterhieltest dich
er	unterhält sich	unterhalte sich	unterhielte sich
wir	unterhalten uns	unterhalten uns	unterhielten uns
ihr	unterhaltet euch	unterhaltet euch	unterhieltet euch
sie	unterhalten sich	unterhalten sich	unterhielten sich

	Imperfect
ich	unterhielt mich
du	unterhieltest dich
er	unterhielt sich
wir	unterhielten uns
ihr	unterhieltet euch
sie	unterhielten sich

Past Time

	Perfect	*(Perf. Subj.)*	*(Pluperf. Subj.)*
ich	habe mich unterhalten	habe mich unterhalten	hätte mich unterhalten
du	hast dich unterhalten	habest dich unterhalten	hättest dich unterhalten
er	hat sich unterhalten	habe sich unterhalten	hätte sich unterhalten
wir	haben uns unterhalten	haben uns unterhalten	hätten uns unterhalten
ihr	habt euch unterhalten	habet euch unterhalten	hättet euch unterhalten
sie	haben sich unterhalten	haben sich unterhalten	hätten sich unterhalten

	Pluperfect
ich	hatte mich unterhalten
du	hattest dich unterhalten
er	hatte sich unterhalten
wir	hatten uns unterhalten
ihr	hattet euch unterhalten
sie	hatten sich unterhalten

Future Time

	Future	*(Fut. Subj.)*	*(Pres. Conditional)*
ich	werde mich unterhalten	werde mich unterhalten	würde mich unterhalten
du	wirst dich unterhalten	werdest dich unterhalten	würdest dich unterhalten
er	wird sich unterhalten	werde sich unterhalten	würde sich unterhalten
wir	werden uns unterhalten	werden uns unterhalten	würden uns unterhalten
ihr	werdet euch unterhalten	werdet euch unterhalten	würdet euch unterhalten
sie	werden sich unterhalten	werden sich unterhalten	würden sich unterhalten

Future Perfect Time

	Future Perfect	*(Fut. Perf. Subj.)*	*(Past Conditional)*
ich	werde mich unterhalten haben	werde mich unterhalten haben	würde mich unterhalten haben
du	wirst dich unterhalten haben	werdest dich unterhalten haben	würdest dich unterhalten haben
er	wird sich unterhalten haben	werde sich unterhalten haben	würde sich unterhalten haben
wir	werden uns unterhalten haben	werden uns unterhalten haben	würden uns unterhalten haben
ihr	werdet euch unterhalten haben	werdet euch unterhalten haben	würdet euch unterhalten haben
sie	werden sich unterhalten haben	werden sich unterhalten haben	würden sich unterhalten haben

Examples: *Wir sollten uns zuerst über die Kosten unterhalten.* We should first talk about expenses.

verachten

to despise

PRINC. PARTS: verachten, verachtete, verachtet, verachtet

IMPERATIVE: verachte!, verachtet!, verachten Sie!

	INDICATIVE	SUBJUNCTIVE	
		PRIMARY	SECONDARY
	Present	*Present Time* (*Pres. Subj.*)	(*Imperf. Subj.*)
ich	verachte	verachte	verachtete
du	verachtest	verachtest	verachtetest
er	verachtet	verachte	verachtete
wir	verachten	verachten	verachteten
ihr	verachtet	verachtet	verachtetet
sie	verachten	verachten	verachteten
	Imperfect		
ich	verachtete		
du	verachtetest		
er	verachtete		
wir	verachteten		
ihr	verachtetet		
sie	verachteten	*Past Time*	
	Perfect	(*Perf. Subj.*)	(*Pluperf. Subj.*)
ich	habe verachtet	habe verachtet	hätte verachtet
du	hast verachtet	habest verachtet	hättest verachtet
er	hat verachtet	habe verachtet	hätte verachtet
wir	haben verachtet	haben verachtet	hätten verachtet
ihr	habt verachtet	habet verachtet	hättet verachtet
sie	haben verachtet	haben verachtet	hätten verachtet
	Pluperfect		
ich	hatte verachtet		
du	hattest verachtet		
er	hatte verachtet		
wir	hatten verachtet		
ihr	hattet verachtet		
sie	hatten verachtet	*Future Time*	
	Future	(*Fut. Subj.*)	(*Pres. Conditional*)
ich	werde verachten	werde verachten	würde verachten
du	wirst verachten	werdest verachten	würdest verachten
er	wird verachten	werde verachten	würde verachten
wir	werden verachten	werden verachten	würden verachten
ihr	werdet verachten	werdet verachten	würdet verachten
sie	werden verachten	werden verachten	würden verachten
	Future Perfect	*Future Perfect Time* (*Fut. Perf. Subj.*)	(*Past Conditional*)
ich	werde verachtet haben	werde verachtet haben	würde verachtet haben
du	wirst verachtet haben	werdest verachtet haben	würdest verachtet haben
er	wird verachtet haben	werde verachtet haben	würde verachtet haben
wir	werden verachtet haben	werden verachtet haben	würden verachtet haben
ihr	werdet verachtet haben	werdet verachtet haben	würdet verachtet haben
sie	werden verachtet haben	werden verachtet haben	würden verachtet haben

Examples: *Das Angebot der Regierung war nicht zu verachten. Die Gewerkschaftsführung lehnte es aber verächtlich ab.* The government's offer was not to be sneezed at. But the union leadership rejected it scornfully. *„Erst verachtet, nun ein Verächter ...*" "First (he was) scorned, now (he is) a scorner." (Goethe's <u>Harzreise im Winter</u>)

PRINC. PARTS: verderben, verdarb, verdorben,   **verderben**
            verdirbt
IMPERATIVE: verdirb!, verderbt!, verderben Sie!   *to ruin; spoil; perish*

INDICATIVE	SUBJUNCTIVE	
	PRIMARY	SECONDARY

Present Time

	Present	(*Pres. Subj.*)	(*Imperf. Subj.*)
ich	verderbe	verderbe	verdürbe
du	verdirbst	verderbest	verdürbest
er	verdirbt	verderbe	verdürbe
wir	verderben	verderben	verdürben
ihr	verderbt	verderbet	verdürbet
sie	verderben	verderben	verdürben

	Imperfect
ich	verdarb
du	verdarbst
er	verdarb
wir	verderben
ihr	verdarbt
sie	verderben

Past Time

	Perfect	(*Perf. Subj.*)	(*Pluperf. Subj.*)
ich	habe verdorben	habe verdorben	hätte verdorben
du	hast verdorben	habest verdorben	hättest verdorben
er	hat verdorben	habe verdorben	hätte verdorben
wir	haben verdorben	haben verdorben	hätten verdorben
ihr	habt verdorben	habet verdorben	hättet verdorben
sie	haben verdorben	haben verdorben	hätten verdorben

	Pluperfect
ich	hatte verdorben
du	hattest verdorben
er	hatte verdorben
wir	hatten verdorben
ihr	hattet verdorben
sie	hatten verdorben

Future Time

	Future	(*Fut. Subj.*)	(*Pres. Conditional*)
ich	werde verderben	werde verderben	würde verderben
du	wirst verderben	werdest verderben	würdest verderben
er	wird verderben	werde verderben	würde verderben
wir	werden verderben	werden verderben	würden verderben
ihr	werdet verderben	werdet verderben	würdet verderben
sie	werden verderben	werden verderben	würden verderben

Future Perfect Time

	Future Perfect	(*Fut. Perf. Subj.*)	(*Past Conditional*)
ich	werde verdorben haben	werde verdorben haben	würde verdorben haben
du	wirst verdorben haben	werdest verdorben haben	würdest verdorben haben
er	wird verdorben haben	werde verdorben haben	würde verdorben haben
wir	werden verdorben haben	werden verdorben haben	würden verdorben haben
ihr	werdet verdorben haben	werdet verdorben haben	würdet verdorben haben
sie	werden verdorben haben	werden verdorben haben	würden verdorben haben

Examples: *Die meisten Gerichte im Büffett waren verdorben. Das hat uns den ganzen Abend verdorben.* Most of the dishes on the buffet were spoiled. That ruined our whole evening.

verdichten

to thicken; condense

PRINC. PARTS: verdichten, verdichtete, verdichtet, verdichtet

IMPERATIVE: verdichte!, verdichtet!, verdichten Sie!

INDICATIVE	SUBJUNCTIVE	
	PRIMARY	SECONDARY

Present Time

	Present	*(Pres. Subj.)*	*(Imperf. Subj.)*
ich	verdichte	verdichte	verdichtete
du	verdichtest	verdichtest	verdichtetest
er	verdichtet	verdichte	verdichtete
wir	verdichten	verdichten	verdichteten
ihr	verdichtet	verdichtet	verdichtetet
sie	verdichten	verdichten	verdichteten

	Imperfect
ich	verdichtete
du	verdichtetest
er	verdichtete
wir	verdichteten
ihr	verdichtetet
sie	verdichteten

Past Time

	Perfect	*(Perf. Subj.)*	*(Pluperf. Subj.)*
ich	habe verdichtet	habe verdichtet	hätte verdichtet
du	hast verdichtet	habest verdichtet	hättest verdichtet
er	hat verdichtet	habe verdichtet	hätte verdichtet
wir	haben verdichtet	haben verdichtet	hätten verdichtet
ihr	habt verdichtet	habet verdichtet	hättet verdichtet
sie	haben verdichtet	haben verdichtet	hätten verdichtet

	Pluperfect
ich	hatte verdichtet
du	hattest verdichtet
er	hatte verdichtet
wir	hatten verdichtet
ihr	hattet verdichtet
sie	hatten verdichtet

Future Time

	Future	*(Fut. Subj.)*	*(Pres. Conditional)*
ich	werde verdichten	werde verdichten	würde verdichten
du	wirst verdichten	werdest verdichten	würdest verdichten
er	wird verdichten	werde verdichten	würde verdichten
wir	werden verdichten	werden verdichten	würden verdichten
ihr	werdet verdichten	werdet verdichten	würdet verdichten
sie	werden verdichten	werden verdichten	würden verdichten

Future Perfect Time

	Future Perfect	*(Fut. Perf. Subj.)*	*(Past Conditional)*
ich	werde verdichtet haben	werde verdichtet haben	würde verdichtet haben
du	wirst verdichtet haben	werdest verdichtet haben	würdest verdichtet haben
er	wird verdichtet haben	werde verdichtet haben	würde verdichtet haben
wir	werden verdichtet haben	werden verdichtet haben	würden verdichtet haben
ihr	werdet verdichtet haben	werdet verdichtet haben	würdet verdichtet haben
sie	werden verdichtet haben	werden verdichtet haben	würden verdichtet haben

Examples: *Der Nebel verdichtete sich.* The fog grew thicker.

PRINC. PARTS: verdienen, verdiente, verdient, verdient
IMPERATIVE: verdiene!, verdient!, verdienen Sie!

to earn; deserve

	INDICATIVE	SUBJUNCTIVE	
		PRIMARY	SECONDARY
			Present Time
	Present	*(Pres. Subj.)*	*(Imperf. Subj.)*
ich	verdiene	verdiene	verdiente
du	verdienst	verdienest	verdientest
er	verdient	verdiene	verdiente
wir	verdienen	verdienen	verdienten
ihr	verdient	verdienet	verdientet
sie	verdienen	verdienen	verdienten

	Imperfect
ich	verdiente
du	verdientest
er	verdiente
wir	verdienten
ihr	verdientet
sie	verdienten

			Past Time	
	Perfect	*(Perf. Subj.)*	*(Pluperf. Subj.)*
ich	habe verdient	habe verdient	hätte verdient
du	hast verdient	habest verdient	hättest verdient
er	hat verdient	habe verdient	hätte verdient
wir	haben verdient	haben verdient	hätten verdient
ihr	habt verdient	habet verdient	hättet verdient
sie	haben verdient	haben verdient	hätten verdient

	Pluperfect
ich	hatte verdient
du	hattest verdient
er	hatte verdient
wir	hatten verdient
ihr	hattet verdient
sie	hatten verdient

			Future Time	
	Future	*(Fut. Subj.)*	*(Pres. Conditional)*
ich	werde verdienen	werde verdienen	würde verdienen
du	wirst verdienen	werdest verdienen	würdest verdienen
er	wird verdienen	werde verdienen	würde verdienen
wir	werden verdienen	werden verdienen	würden verdienen
ihr	werdet verdienen	werdet verdienen	würdet verdienen
sie	werden verdienen	werden verdienen	würden verdienen

			Future Perfect Time	
	Future Perfect	*(Fut. Perf. Subj.)*	*(Past Conditional)*
ich	werde verdient haben	werde verdient haben	würde verdient haben
du	wirst verdient haben	werdest verdient haben	würdest verdient haben
er	wird verdient haben	werde verdient haben	würde verdient haben
wir	werden verdient haben	werden verdient haben	würden verdient haben
ihr	werdet verdient haben	werdet verdient haben	würdet verdient haben
sie	werden verdient haben	werden verdient haben	würden verdient haben

Examples: *Erna verdient gut und verdient auch ihren Erfolg.* Erna has a good income and deserves her success.

verdrießen

to annoy; displease; grieve

PRINC. PARTS: verdrießen, verdroß, verdrossen, verdrießt
IMPERATIVE: verdrieße!, verdrießt!, verdrießen Sie!

INDICATIVE		SUBJUNCTIVE	
		PRIMARY	SECONDARY
		Present Time	
	Present	*(Pres. Subj.)*	*(Imperf. Subj.)*
ich	verdrieße	verdrieße	verdrösse
du	verdrießt	verdrießest	verdrössest
er	verdrießt	verdrieße	verdrösse
wir	verdrießen	verdrießen	verdrössen
ihr	verdrießt	verdrießet	verdrösset
sie	verdrießen	verdrießen	verdrössen
	Imperfect		
ich	verdroß		
du	verdrossest		
er	verdroß		
wir	verdrossen		
ihr	verdroßt		
sie	verdrossen	*Past Time*	
	Perfect	*(Perf. Subj.)*	*(Pluperf. Subj.)*
ich	habe verdrossen	habe verdrossen	hätte verdrossen
du	hast verdrossen	habest verdrossen	hättest verdrossen
er	hat verdrossen	habe verdrossen	hätte verdrossen
wir	haben verdrossen	haben verdrossen	hätten verdrossen
ihr	habt verdrossen	habet verdrossen	hättet verdrossen
sie	haben verdrossen	haben verdrossen	hätten verdrossen
	Pluperfect		
ich	hatte verdrossen		
du	hattest verdrossen		
er	hatte verdrossen		
wir	hatten verdrossen		
ihr	hattet verdrossen		
sie	hatten verdrossen	*Future Time*	
	Future	*(Fut. Subj.)*	*(Pres. Conditional)*
ich	werde verdrießen	werde verdrießen	würde verdrießen
du	wirst verdrießen	werdest verdrießen	würdest verdrießen
er	wird verdrießen	werde verdrießen	würde verdrießen
wir	werden verdrießen	werden verdrießen	würden verdrießen
ihr	werdet verdrießen	werdet verdrießen	würdet verdrießen
sie	werden verdrießen	werden verdrießen	würden verdrießen
		Future Perfect Time	
	Future Perfect	*(Fut. Perf. Subj.)*	*(Past Conditional)*
ich	werde verdrossen haben	werde verdrossen haben	würde verdrossen haben
du	wirst verdrossen haben	werdest verdrossen haben	würdest verdrossen haben
er	wird verdrossen haben	werde verdrossen haben	würde verdrossen haben
wir	werden verdrossen haben	werden verdrossen haben	würden verdrossen haben
ihr	werdet verdrossen haben	werdet verdrossen haben	würdet verdrossen haben
sie	werden verdrossen haben	werden verdrossen haben	würden verdrossen haben

Examples: *Sein Benehmen hat mich verdrossen.* His behavior irritated me.

PRINC. PARTS: vereinigen, vereinigte, vereinigt, vereinigt
IMPERATIVE: vereinige!, vereinigt!, vereinigen Sie!

vereinigen

to unite; join; assemble

INDICATIVE		SUBJUNCTIVE	
		PRIMARY	SECONDARY
		Present Time	
	Present	*(Pres. Subj.)*	*(Imperf. Subj.)*
ich	vereinige	vereinige	vereinigte
du	vereinigst	vereinigest	vereinigtest
er	vereinigt	vereinige	vereinigte
wir	vereinigen	vereinigen	vereinigten
ihr	vereinigt	vereiniget	vereinigtet
sie	vereinigen	vereinigen	vereinigten

	Imperfect
ich	vereinigte
du	vereinigtest
er	vereinigte
wir	vereinigten
ihr	vereinigtet
sie	vereinigten

Past Time

	Perfect	*(Perf. Subj.)*	*(Pluperf. Subj.)*
ich	habe vereinigt	habe vereinigt	hätte vereinigt
du	hast vereinigt	habest vereinigt	hättest vereinigt
er	hat vereinigt	habe vereinigt	hätte vereinigt
wir	haben vereinigt	haben vereinigt	hätten vereinigt
ihr	habt vereinigt	habet vereinigt	hättet vereinigt
sie	haben vereinigt	haben vereinigt	hätten vereinigt

	Pluperfect
ich	hatte vereinigt
du	hattest vereinigt
er	hatte vereinigt
wir	hatten vereinigt
ihr	hattet vereinigt
sie	hatten vereinigt

Future Time

	Future	*(Fut. Subj.)*	*(Pres. Conditional)*
ich	werde vereinigen	werde vereinigen	würde vereinigen
du	wirst vereinigen	werdest vereinigen	würdest vereinigen
er	wird vereinigen	werde vereinigen	würde vereinigen
wir	werden vereinigen	werden vereinigen	würden vereinigen
ihr	werdet vereinigen	werdet vereinigen	würdet vereinigen
sie	werden vereinigen	werden vereinigen	würden vereinigen

Future Perfect Time

	Future Perfect	*(Fut. Perf. Subj.)*	*(Past Conditional)*
ich	werde vereinigt haben	werde vereinigt haben	würde vereinigt haben
du	wirst vereinigt haben	werdest vereinigt haben	würdest vereinigt haben
er	wird vereinigt haben	werde vereinigt haben	würde vereinigt haben
wir	werden vereinigt haben	werden vereinigt haben	würden vereinigt haben
ihr	werdet vereinigt haben	werdet vereinigt haben	würdet vereinigt haben
sie	werden vereinigt haben	werden vereinigt haben	würden vereinigt haben

Examples: *Die Botschafter der Vereinigten Staaten und des Vereinigten Königreichs sagten, sie hofften, Nord- und Südkorea würden sich bald vereinigen.* The US and UK ambassadors said they hoped North and South Korea would soon unite.

433

verführen

to seduce

PRINC. PARTS: verführen, verführte, verführt, verführt
IMPERATIVE: verführe!, verführt!, verführen Sie!

INDICATIVE	SUBJUNCTIVE	
	PRIMARY	SECONDARY

Present Time

	Present	(Pres. Subj.)	(Imperf. Subj.)
ich	verführe	verführe	verführte
du	verführst	verführest	verführtest
er	verführt	verführe	verführte
wir	verführen	verführen	verführten
ihr	verführt	verführet	verführtet
sie	verführen	verführen	verführten

	Imperfect
ich	verführte
du	verführtest
er	verführte
wir	verführten
ihr	verführtet
sie	verführten

Past Time

	Perfect	(Perf. Subj.)	(Pluperf. Subj.)
ich	habe verführt	habe verführt	hätte verführt
du	hast verführt	habest verführt	hättest verführt
er	hat verführt	habe verführt	hätte verführt
wir	haben verführt	haben verführt	hätten verführt
ihr	habt verführt	habet verführt	hättet verführt
sie	haben verführt	haben verführt	hätten verführt

	Pluperfect
ich	hatte verführt
du	hattest verführt
er	hatte verführt
wir	hatten verführt
ihr	hattet verführt
sie	hatten verführt

Future Time

	Future	(Fut. Subj.)	(Pres. Conditional)
ich	werde verführen	werde verführen	würde verführen
du	wirst verführen	werdest verführen	würdest verführen
er	wird verführen	werde verführen	würde verführen
wir	werden verführen	werden verführen	würden verführen
ihr	werdet verführen	werdet verführen	würdet verführen
sie	werden verführen	werden verführen	würden verführen

Future Perfect Time

	Future Perfect	(Fut. Perf. Subj.)	(Past Conditional)
ich	werde verführt haben	werde verführt haben	würde verführt haben
du	wirst verführt haben	werdest verführt haben	würdest verführt haben
er	wird verführt haben	werde verführt haben	würde verführt haben
wir	werden verführt haben	werden verführt haben	würden verführt haben
ihr	werdet verführt haben	werdet verführt haben	würdet verführt haben
sie	werden verführt haben	werden verführt haben	würden verführt haben

---

Examples: *Der Mann auf der Straße bot uns einen sehr verführerischen Wechselkurs an. Aber wir wußten, daß wir Geld weder ein- noch ausführen durften und ließen uns nicht verführen.* The man on the street offered us a very tempting exchange rate. But we knew that we could neither take in nor take out money and didn't allow ourselves to be led astray.

434

PRINC. PARTS: vergessen, vergaß, vergessen, vergißt
IMPERATIVE: vergiß!, vergeßt!, vergessen Sie!

INDICATIVE		SUBJUNCTIVE	
		PRIMARY	SECONDARY
		Present Time	
	Present	*(Pres. Subj.)*	*(Imperf. Subj.)*
ich	vergesse	vergesse	vergäße
du	vergißt	vergessest	vergäßest
er	vergißt	vergesse	vergäße
wir	vergessen	vergessen	vergäßen
ihr	vergeßt	vergesset	vergäßet
sie	vergessen	vergessen	vergäßen

	Imperfect
ich	vergaß
du	vergaßest
er	vergaß
wir	vergaßen
ihr	vergaßt
sie	vergaßen

			Past Time	
	Perfect	*(Perf. Subj.)*	*(Pluperf. Subj.)*
ich	habe vergessen	habe vergessen	hätte vergessen
du	hast vergessen	habest vergessen	hättest vergessen
er	hat vergessen	habe vergessen	hätte vergessen
wir	haben vergessen	haben vergessen	hätten vergessen
ihr	habt vergessen	habet vergessen	hättet vergessen
sie	haben vergessen	haben vergessen	hätten vergessen

	Pluperfect
ich	hatte vergessen
du	hattest vergessen
er	hatte vergessen
wir	hatten vergessen
ihr	hattet vergessen
sie	hatten vergessen

		Future Time	
	Future	*(Fut. Subj.)*	*(Pres. Conditional)*
ich	werde vergessen	werde vergessen	würde vergessen
du	wirst vergessen	werdest vergessen	würdest vergessen
er	wird vergessen	werde vergessen	würde vergessen
wir	werden vergessen	werden vergessen	würden vergessen
ihr	werdet vergessen	werdet vergessen	würdet vergessen
sie	werden vergessen	werden vergessen	würden vergessen

		Future Perfect Time	
	Future Perfect	*(Fut. Perf. Subj.)*	*(Past Conditional)*
ich	werde vergessen haben	werde vergessen haben	würde vergessen haben
du	wirst vergessen haben	werdest vergessen haben	würdest vergessen haben
er	wird vergessen haben	werde vergessen haben	würde vergessen haben
wir	werden vergessen haben	werden vergessen haben	würden vergessen haben
ihr	werdet vergessen haben	werdet vergessen haben	würdet vergessen haben
sie	werden vergessen haben	werden vergessen haben	würden vergessen haben

Examples: *Ich habe alles vergessen. Du weißt, wie vergeßlich ich bin.* I've forgotten everything. You know how forgetful I am.

vergewaltigen

to do violence to;
rape

PRINC. PARTS: vergewaltigen, vergewaltigte, vergewaltigt, vergewaltigt
IMPERATIVE: vergewaltige!, vergewaltigt!, vergewaltigen Sie!

INDICATIVE	SUBJUNCTIVE	
	PRIMARY	SECONDARY

	Present	*Present Time*	
		(*Pres. Subj.*)	(*Imperf. Subj.*)
ich	vergewaltige	vergewaltige	vergewaltigte
du	vergewaltigst	vergewaltigest	vergewaltigtest
er	vergewaltigt	vergewaltige	vergewaltigte
wir	vergewaltigen	vergewaltigen	vergewaltigten
ihr	vergewaltigt	vergewaltiget	vergewaltigtet
sie	vergewaltigen	vergewaltigen	vergewaltigten

	Imperfect
ich	vergewaltigte
du	vergewaltigtest
er	vergewaltigte
wir	vergewaltigten
ihr	vergewaltigtet
sie	vergewaltigten

	Perfect	*Past Time*	
		(*Perf. Subj.*)	(*Pluperf. Subj.*)
ich	habe vergewaltigt	habe vergewaltigt	hätte vergewaltigt
du	hast vergewaltigt	habest vergewaltigt	hättest vergewaltigt
er	hat vergewaltigt	habe vergewaltigt	hätte vergewaltigt
wir	haben vergewaltigt	haben vergewaltigt	hätten vergewaltigt
ihr	habt vergewaltigt	habet vergewaltigt	hättet vergewaltigt
sie	haben vergewaltigt	haben vergewaltigt	hätten vergewaltigt

	Pluperfect
ich	hatte vergewaltigt
du	hattest vergewaltigt
er	hatte vergewaltigt
wir	hatten vergewaltigt
ihr	hattet vergewaltigt
sie	hatten vergewaltigt

	Future	*Future Time*	
		(*Fut. Subj.*)	(*Pres. Conditional*)
ich	werde vergewaltigen	werde vergewaltigen	würde vergewaltigen
du	wirst vergewaltigen	werdest vergewaltigen	würdest vergewaltigen
er	wird vergewaltigen	werde vergewaltigen	würde vergewaltigen
wir	werden vergewaltigen	werden vergewaltigen	würden vergewaltigen
ihr	werdet vergewaltigen	werdet vergewaltigen	würdet vergewaltigen
sie	werden vergewaltigen	werden vergewaltigen	würden vergewaltigen

	Future Perfect	*Future Perfect Time*	
		(*Fut. Perf. Subj.*)	(*Past Conditional*)
ich	werde vergewaltigt haben	werde vergewaltigt haben	würde vergewaltigt haben
du	wirst vergewaltigt haben	werdest vergewaltigt haben	würdest vergewaltigt haben
er	wird vergewaltigt haben	werde vergewaltigt haben	würde vergewaltigt haben
wir	werden vergewaltigt haben	werden vergewaltigt haben	würden vergewaltigt haben
ihr	werdet vergewaltigt haben	werdet vergewaltigt haben	würdet vergewaltigt haben
sie	werden vergewaltigt haben	werden vergewaltigt haben	würden vergewaltigt haben

Examples: *Der Diktator vergewaltigt nicht nur die Wahrheit.* The dictator does violence to more than the truth.

PRINC. PARTS: sich verhalten, verhielt sich,
hat sich verhalten, verhält sich
IMPERATIVE: verhalte dich!, verhaltet euch!,
verhalten Sie sich!

to behave, act; be the case

INDICATIVE	SUBJUNCTIVE	
	PRIMARY	SECONDARY

Present Time

	Present	*(Pres. Subj.)*	*(Imperf. Subj.)*
ich	verhalte mich	verhalte mich	verhielte mich
du	verhälst dich	verhaltest dich	verhieltest dich
er	verhält sich	verhalte sich	verhielte sich
wir	verhalten uns	verhalten uns	verhielten uns
ihr	verhaltet euch	verhaltet euch	verhieltet euch
sie	verhalten sich	verhalten sich	verhielten sich

	Imperfect
ich	verhielt mich
du	verhieltest dich
er	verhielt sich
wir	verhielten uns
ihr	verhieltet euch
sie	verhielten sich

Past Time

	Perfect	*(Perf. Subj.)*	*(Pluperf. Subj.)*
ich	habe mich verhalten	habe mich verhalten	hätte mich verhalten
du	hast dich verhalten	habest dich verhalten	hättest dich verhalten
er	hat sich verhalten	habe sich verhalten	hätte sich verhalten
wir	haben uns verhalten	haben uns verhalten	hätten uns verhalten
ihr	habt euch verhalten	habet euch verhalten	hättet euch verhalten
sie	haben sich verhalten	haben sich verhalten	hätten sich verhalten

	Pluperfect
ich	hatte mich verhalten
du	hattest dich verhalten
er	hatte sich verhalten
wir	hatten uns verhalten
ihr	hattet euch verhalten
sie	hatten sich verhalten

Future Time

	Future	*(Fut. Subj.)*	*(Pres. Conditional)*
ich	werde mich verhalten	werde mich verhalten	würde mich verhalten
du	wirst dich verhalten	werdest dich verhalten	würdest dich verhalten
er	wird sich verhalten	werde sich verhalten	würde sich verhalten
wir	werden uns verhalten	werden uns verhalten	würden uns verhalten
ihr	werdet euch verhalten	werdet euch verhalten	würdet euch verhalten
sie	werden sich verhalten	werden sich verhalten	würden sich verhalten

Future Perfect Time

	Future Perfect	*(Fut. Perf. Subj.)*	*(Past Conditional)*
ich	werde mich verhalten haben	werde mich verhalten haben	würde mich verhalten haben
du	wirst dich verhalten haben	werdest dich verhalten haben	würdest dich verhalten haben
er	wird sich verhalten haben	werde sich verhalten haben	würde sich verhalten haben
wir	werden uns verhalten haben	werden uns verhalten haben	würden uns verhalten haben
ihr	werdet euch verhalten haben	werdet euch verhalten haben	würdet euch verhalten haben
sie	werden sich verhalten haben	werden sich verhalten haben	würden sich verhalten haben

Examples: *Dieter hat sich ganz still verhalten. Ich kann mir sein Verhalten nicht erklären.* Dieter kept quiet. I can't explain his behavior.

verhandeln

to negotiate

PRINC. PARTS: verhandeln, verhandelte, verhandelt, verhandelt

IMPERATIVE: verhandle!, verhandelt!, verhandeln Sie!

	INDICATIVE	SUBJUNCTIVE	
		PRIMARY	SECONDARY
		Present Time	
	Present	*(Pres. Subj.)*	*(Imperf. Subj.)*
ich	verhandele*	verhandele*	verhandelte
du	verhandelst	verhandelst	verhandeltest
er	verhandelt	verhandele*	verhandelte
wir	verhandeln	verhandeln	verhandelten
ihr	verhandelt	verhandelt	verhandeltet
sie	verhandeln	verhandeln	verhandelten
	Imperfect		
ich	verhandelte		
du	verhandeltest		
er	verhandelte		
wir	verhandelten		
ihr	verhandeltet		
sie	verhandelten	*Past Time*	
	Perfect	*(Perf. Subj.)*	*(Pluperf. Subj.)*
ich	habe verhandelt	habe verhandelt	hätte verhandelt
du	hast verhandelt	habest verhandelt	hättest verhandelt
er	hat verhandelt	habe verhandelt	hätte verhandelt
wir	haben verhandelt	haben verhandelt	hätten verhandelt
ihr	habt verhandelt	habet verhandelt	hättet verhandelt
sie	haben verhandelt	haben verhandelt	hätten verhandelt
	Pluperfect		
ich	hatte verhandelt		
du	hattest verhandelt		
er	hatte verhandelt		
wir	hatten verhandelt		
ihr	hattet verhandelt		
sie	hatten verhandelt	*Future Time*	
	Future	*(Fut. Subj.)*	*(Pres. Conditional)*
ich	werde verhandeln	werde verhandeln	würde verhandeln
du	wirst verhandeln	werdest verhandeln	würdest verhandeln
er	wird verhandeln	werde verhandeln	würde verhandeln
wir	werden verhandeln	werden verhandeln	würden verhandeln
ihr	werdet verhandeln	werdet verhandeln	würdet verhandeln
sie	werden verhandeln	werden verhandeln	würden verhandeln
		Future Perfect Time	
	Future Perfect	*(Fut. Perf. Subj.)*	*(Past Conditional)*
ich	werde verhandelt haben	werde verhandelt haben	würde verhandelt haben
du	wirst verhandelt haben	werdest verhandelt haben	würdest verhandelt haben
er	wird verhandelt haben	werde verhandelt haben	würde verhandelt haben
wir	werden verhandelt haben	werden verhandelt haben	würden verhandelt haben
ihr	werdet verhandelt haben	werdet verhandelt haben	würdet verhandelt haben
sie	werden verhandelt haben	werden verhandelt haben	würden verhandelt haben

* 'e' preceding 'l' in these forms is usually omitted in colloquial speech. Some authorities, however, (*Duden: Rechtschreibung* v.g.) say it should be retained.

Examples: *Sie verhandeln noch über den Zeitplan.* They're still negotiating the schedule.

PRINC. PARTS: verhehlen, verhehlte, verhehlt,
verhehlt
IMPERATIVE: verhehle!, verhehlt!, verhehlen Sie!

verhehlen

to hide, conceal

	INDICATIVE		SUBJUNCTIVE	
			PRIMARY	SECONDARY
			Present Time	
	Present		*(Pres. Subj.)*	*(Imperf. Subj.)*
ich	verhehle		verhehle	verhehlte
du	verhehlst		verhehlest	verhehltest
er	verhehlt		verhehle	verhehlte
wir	verhehlen		verhehlen	verhehlten
ihr	verhehlt		verhehlet	verhehltet
sie	verhehlen		verhehlen	verhehlten

	Imperfect
ich	verhehlte
du	verhehltest
er	verhehlte
wir	verhehlten
ihr	verhehltet
sie	verhehlten

Past Time

	Perfect	*(Perf. Subj.)*	*(Pluperf. Subj.)*
ich	habe verhehlt	habe verhehlt	hätte verhehlt
du	hast verhehlt	habest verhehlt	hättest verhehlt
er	hat verhehlt	habe verhehlt	hätte verhehlt
wir	haben verhehlt	haben verhehlt	hätten verhehlt
ihr	habt verhehlt	habet verhehlt	hättet verhehlt
sie	haben verhehlt	haben verhehlt	hätten verhehlt

	Pluperfect
ich	hatte verhehlt
du	hattest verhehlt
er	hatte verhehlt
wir	hatten verhehlt
ihr	hattet verhehlt
sie	hatten verhehlt

Future Time

	Future	*(Fut. Subj.)*	*(Pres. Conditional)*
ich	werde verhehlen	werde verhehlen	würde verhehlen
du	wirst verhehlen	werdest verhehlen	würdest verhehlen
er	wird verhehlen	werde verhehlen	würde verhehlen
wir	werden verhehlen	werden verhehlen	würden verhehlen
ihr	werdet verhehlen	werdet verhehlen	würdet verhehlen
sie	werden verhehlen	werden verhehlen	würden verhehlen

Future Perfect Time

	Future Perfect	*(Fut. Perf. Subj.)*	*(Past Conditional)*
ich	werde verhehlt haben	werde verhehlt haben	würde verhehlt haben
du	wirst verhehlt haben	werdest verhehlt haben	würdest verhehlt haben
er	wird verhehlt haben	werde verhehlt haben	würde verhehlt haben
wir	werden verhehlt haben	werden verhehlt haben	würden verhehlt haben
ihr	werdet verhehlt haben	werdet verhehlt haben	würdet verhehlt haben
sie	werden verhehlt haben	werden verhehlt haben	würden verhehlt haben

Examples: *Sie sagen, Sie hätten nichts zu verhehlen, aber Sie haben uns doch vieles verhehlt.* You say you have nothing to hide, but you've concealed many things from us.

verkaufen

to sell

PRINC. PARTS: verkaufen, verkaufte, verkauft, verkauft
IMPERATIVE: verkaufe!, verkauft!, verkaufen Sie!

INDICATIVE	SUBJUNCTIVE	
	PRIMARY	SECONDARY
	Present Time	
Present	*(Pres. Subj.)*	*(Imperf. Subj.)*
ich verkaufe	verkaufe	verkaufte
du verkaufst	verkaufest	verkauftest
er verkauft	verkaufe	verkaufte
wir verkaufen	verkaufen	verkauften
ihr verkauft	verkaufet	verkauftet
sie verkaufen	verkaufen	verkauften

Imperfect

ich	verkaufte
du	verkauftest
er	verkaufte
wir	verkauften
ihr	verkauftet
sie	verkauften

Past Time

Perfect	*(Perf. Subj.)*	*(Pluperf. Subj.)*
ich habe verkauft	habe verkauft	hätte verkauft
du hast verkauft	habest verkauft	hättest verkauft
er hat verkauft	habe verkauft	hätte verkauft
wir haben verkauft	haben verkauft	hätten verkauft
ihr habt verkauft	habet verkauft	hättet verkauft
sie haben verkauft	haben verkauft	hätten verkauft

Pluperfect

ich	hatte verkauft
du	hattest verkauft
er	hatte verkauft
wir	hatten verkauft
ihr	hattet verkauft
sie	hatten verkauft

Future Time

Future	*(Fut. Subj.)*	*(Pres. Conditional)*
ich werde verkaufen	werde verkaufen	würde verkaufen
du wirst verkaufen	werdest verkaufen	würdest verkaufen
er wird verkaufen	werde verkaufen	würde verkaufen
wir werden verkaufen	werden verkaufen	würden verkaufen
ihr werdet verkaufen	werdet verkaufen	würdet verkaufen
sie werden verkaufen	werden verkaufen	würden verkaufen

Future Perfect Time

Future Perfect	*(Fut. Perf. Subj.)*	*(Past Conditional)*
ich werde verkauft haben	werde verkauft haben	würde verkauft haben
du wirst verkauft haben	werdest verkauft haben	würdest verkauft haben
er wird verkauft haben	werde verkauft haben	würde verkauft haben
wir werden verkauft haben	werden verkauft haben	würden verkauft haben
ihr werdet verkauft haben	werdet verkauft haben	würdet verkauft haben
sie werden verkauft haben	werden verkauft haben	würden verkauft haben

Examples: *Der verkäufliche Politiker verkaufte sich sofort an den Diktator. Er sagte: „Ich habe meine Seele nicht verkauft, nur verliehen."* The venal politician sold himself immediately to the dictator. He said, "I haven't sold my soul, just lent it."

PRINC. PARTS: verkehren, verkehrte, verkehrt, verkehrt

IMPERATIVE: verkehre!, verkehrt!, verkehren Sie!

to trade, traffic; frequent, visit; reverse, pervert

INDICATIVE	SUBJUNCTIVE	
	PRIMARY	SECONDARY
	Present Time	
Present	*(Pres. Subj.)*	*(Imperf. Subj.)*
ich verkehre	verkehre	verkehrte
du verkehrst	verkehrest	verkehrtest
er verkehrt	verkehre	verkehrte
wir verkehren	verkehren	verkehrten
ihr verkehrt	verkehret	verkehrtet
sie verkehren	verkehren	verkehrten

Imperfect

ich verkehrte
du verkehrtest
er verkehrte
wir verkehrten
ihr verkehrtet
sie verkehrten

		Past Time	
Perfect	*(Perf. Subj.)*	*(Pluperf. Subj.)*
ich habe verkehrt	habe verkehrt	hätte verkehrt
du hast verkehrt	habest verkehrt	hättest verkehrt
er hat verkehrt	habe verkehrt	hätte verkehrt
wir haben verkehrt	haben verkehrt	hätten verkehrt
ihr habt verkehrt	habet verkehrt	hättet verkehrt
sie haben verkehrt	haben verkehrt	hätten verkehrt

Pluperfect

ich hatte verkehrt
du hattest verkehrt
er hatte verkehrt
wir hatten verkehrt
ihr hattet verkehrt
sie hatten verkehrt

	Future Time	
Future	*(Fut. Subj.)*	*(Pres. Conditional)*
ich werde verkehren	werde verkehren	würde verkehren
du wirst verkehren	werdest verkehren	würdest verkehren
er wird verkehren	werde verkehren	würde verkehren
wir werden verkehren	werden verkehren	würden verkehren
ihr werdet verkehren	werdet verkehren	würdet verkehren
sie werden verkehren	werden verkehren	würden verkehren

	Future Perfect Time	
Future Perfect	*(Fut. Perf. Subj.)*	*(Past Conditional)*
ich werde verkehrt haben	werde verkehrt haben	würde verkehrt haben
du wirst verkehrt haben	werdest verkehrt haben	würdest verkehrt haben
er wird verkehrt haben	werde verkehrt haben	würde verkehrt haben
wir werden verkehrt haben	werden verkehrt haben	würden verkehrt haben
ihr werdet verkehrt haben	werdet verkehrt haben	würdet verkehrt haben
sie werden verkehrt haben	werden verkehrt haben	würden verkehrt haben

Examples: *Der Verkehr ist zu stark. Ich nehme den Bus. Er verkehrt alle zwanzig Minuten.*
The traffic's too heavy. I'm taking the bus. It runs every 20 minutes.

verklagen

to accuse; sue

PRINC. PARTS: verklagen, verklagte, verklagt, verklagt
IMPERATIVE: verklage!, verklagt!, verklagen Sie!

INDICATIVE	SUBJUNCTIVE	
	PRIMARY	SECONDARY

Present Time

	Present	*(Pres. Subj.)*	*(Imperf. Subj.)*
ich	verklage	verklage	verklagte
du	verklagst	verklagest	verklagtest
er	verklagt	verklage	verklagte
wir	verklagen	verklagen	verklagten
ihr	verklagt	verklaget	verklagtet
sie	verklagen	verklagen	verklagten

	Imperfect
ich	verklagte
du	verklagtest
er	verklagte
wir	verklagten
ihr	verklagtet
sie	verklagten

Past Time

	Perfect	*(Perf. Subj.)*	*(Pluperf. Subj.)*
ich	habe verklagt	habe verklagt	hätte verklagt
du	hast verklagt	habest verklagt	hättest verklagt
er	hat verklagt	habe verklagt	hätte verklagt
wir	haben verklagt	haben verklagt	hätten verklagt
ihr	habt verklagt	habet verklagt	hättet verklagt
sie	haben verklagt	haben verklagt	hätten verklagt

	Pluperfect
ich	hatte verklagt
du	hattest verklagt
er	hatte verklagt
wir	hatten verklagt
ihr	hattet verklagt
sie	hatten verklagt

Future Time

	Future	*(Fut. Subj.)*	*(Pres. Conditional)*
ich	werde verklagen	werde verklagen	würde verklagen
du	wirst verklagen	werdest verklagen	würdest verklagen
er	wird verklagen	werde verklagen	würde verklagen
wir	werden verklagen	werden verklagen	würden verklagen
ihr	werdet verklagen	werdet verklagen	würdet verklagen
sie	werden verklagen	werden verklagen	würden verklagen

Future Perfect Time

	Future Perfect	*(Fut. Perf. Subj.)*	*(Past Conditional)*
ich	werde verklagt haben	werde verklagt haben	würde verklagt haben
du	wirst verklagt haben	werdest verklagt haben	würdest verklagt haben
er	wird verklagt haben	werde verklagt haben	würde verklagt haben
wir	werden verklagt haben	werden verklagt haben	würden verklagt haben
ihr	werdet verklagt haben	werdet verklagt haben	würdet verklagt haben
sie	werden verklagt haben	werden verklagt haben	würden verklagt haben

Examples: *Der Nachbar droht, uns auf Schadenersatz zu verklagen.* Our neighbor is threatening to sue us for damages.

442

verklären

PRINC. PARTS: verklären, verklärte, verklärt,
verklärt
IMPERATIVE: verkläre!, verklärt!, verklären Sie!

to transfigure, glorify,
make radiant

INDICATIVE		SUBJUNCTIVE	
		PRIMARY	SECONDARY
		Present Time	
	Present	*(Pres. Subj.)*	*(Imperf. Subj.)*
ich	verkläre	verkläre	verklärte
du	verklärst	verklärest	verklärtest
er	verklärt	verkläre	verklärte
wir	verklären	verklären	verklärten
ihr	verklärt	verkläret	verklärtet
sie	verklären	verklären	verklärten

	Imperfect
ich	verklärte
du	verklärtest
er	verklärte
wir	verklärten
ihr	verklärtet
sie	verklärten

		Past Time	
	Perfect	*(Perf. Subj.)*	*(Pluperf. Subj.)*
ich	habe verklärt	habe verklärt	hätte verklärt
du	hast verklärt	habest verklärt	hättest verklärt
er	hat verklärt	habe verklärt	hätte verklärt
wir	haben verklärt	haben verklärt	hätten verklärt
ihr	habt verklärt	habet verklärt	hättet verklärt
sie	haben verklärt	haben verklärt	hätten verklärt

	Pluperfect
ich	hatte verklärt
du	hattest verklärt
er	hatte verklärt
wir	hatten verklärt
ihr	hattet verklärt
sie	hatten verklärt

		Future Time	
	Future	*(Fut. Subj.)*	*(Pres. Conditional)*
ich	werde verklären	werde verklären	würde verklären
du	wirst verklären	werdest verklären	würdest verklären
er	wird verklären	werde verklären	würde verklären
wir	werden verklären	werden verklären	würden verklären
ihr	werdet verklären	werdet verklären	würdet verklären
sie	werden verklären	werden verklären	würden verklären

		Future Perfect Time	
	Future Perfect	*(Fut. Perf. Subj.)*	*(Past Conditional)*
ich	werde verklärt haben	werde verklärt haben	würde verklärt haben
du	wirst verklärt haben	werdest verklärt haben	würdest verklärt haben
er	wird verklärt haben	werde verklärt haben	würde verklärt haben
wir	werden verklärt haben	werden verklärt haben	würden verklärt haben
ihr	werdet verklärt haben	werdet verklärt haben	würdet verklärt haben
sie	werden verklärt haben	werden verklärt haben	würden verklärt haben

Examples: *Sie spielten Schönbergs Verklärte Nacht.* They played Schönberg's Transfigured Night.

443

verkommen

to decay, go bad

PRINC. PARTS: verkommen, verkam, ist verkommen, verkommt
IMPERATIVE: verkomme!, verkommt!, verkommen Sie!

INDICATIVE	SUBJUNCTIVE	
	PRIMARY	SECONDARY

Present Time

	Present	*(Pres. Subj.)*	*(Imperf. Subj.)*
ich	verkomme	verkomme	verkäme
du	verkommst	verkommest	verkämest
er	verkommt	verkomme	verkäme
wir	verkommen	verkommen	verkämen
ihr	verkommt	verkommet	verkämet
sie	verkommen	verkommen	verkämen

	Imperfect
ich	verkam
du	verkamst
er	verkam
wir	verkamen
ihr	verkamt
sie	verkamen

Past Time

	Perfect	*(Perf. Subj.)*	*(Pluperf. Subj.)*
ich	bin verkommen	sei verkommen	wäre verkommen
du	bist verkommen	seiest verkommen	wärest verkommen
er	ist verkommen	sei verkommen	wäre verkommen
wir	sind verkommen	seien verkommen	wären verkommen
ihr	seid verkommen	seiet verkommen	wäret verkommen
sie	sind verkommen	seien verkommen	wären verkommen

	Pluperfect
ich	war verkommen
du	warst verkommen
er	war verkommen
wir	waren verkommen
ihr	wart verkommen
sie	waren verkommen

Future Time

	Future	*(Fut. Subj.)*	*(Pres. Conditional)*
ich	werde verkommen	werde verkommen	würde verkommen
du	wirst verkommen	werdest verkommen	würdest verkommen
er	wird verkommen	werde verkommen	würde verkommen
wir	werden verkommen	werden verkommen	würden verkommen
ihr	werdet verkommen	werdet verkommen	würdet verkommen
sie	werden verkommen	werden verkommen	würden verkommen

Future Perfect Time

	Future Perfect	*(Fut. Perf. Subj.)*	*(Past Conditional)*
ich	werde verkommen sein	werde verkommen sein	würde verkommen sein
du	wirst verkommen sein	werdest verkommen sein	würdest verkommen sein
er	wird verkommen sein	werde verkommen sein	würde verkommen sein
wir	werden verkommen sein	werden verkommen sein	würden verkommen sein
ihr	werdet verkommen sein	werdet verkommen sein	würdet verkommen sein
sie	werden verkommen sein	werden verkommen sein	würden verkommen sein

Examples: *Die ganze Familie, nicht nur ihr Haus, ist verkommen.* The whole family, not just their house, has gone to the dogs.

PRINC. PARTS: sich verlieben, verliebte sich,
hat sich verliebt, verliebt sich
IMPERATIVE: verliebe dich!, verliebt euch!,
verlieben Sie sich!

sich verlieben
to fall in love

	INDICATIVE	SUBJUNCTIVE	
		PRIMARY	SECONDARY
		Present Time	
	Present	*(Pres. Subj.)*	*(Imperf. Subj.)*
ich	verliebe mich	verliebe mich	verliebte mich
du	verliebst dich	verliebest dich	verliebtest dich
er	verliebt sich	verliebe sich	verliebte sich
wir	verlieben uns	verlieben uns	verliebten uns
ihr	verliebt euch	verliebet euch	verliebtet euch
sie	verlieben sich	verlieben sich	verliebten sich
	Imperfect		
ich	verliebte mich		
du	verliebtest dich		
er	verliebte sich		
wir	verliebten uns		
ihr	verliebtet euch		
sie	verliebten sich		
			Past Time
	Perfect	*(Perf. Subj.)*	*(Pluperf. Subj.)*
ich	habe mich verliebt	habe mich verliebt	hätte mich verliebt
du	hast dich verliebt	habest dich verliebt	hättest dich verliebt
er	hat sich verliebt	habe sich verliebt	hätte sich verliebt
wir	haben uns verliebt	haben uns verliebt	hätten uns verliebt
ihr	habt euch verliebt	habet euch verliebt	hättet euch verliebt
sie	haben sich verliebt	haben sich verliebt	hätten sich verliebt
	Pluperfect		
ich	hatte mich verliebt		
du	hattest dich verliebt		
er	hatte sich verliebt		
wir	hatten uns verliebt		
ihr	hattet euch verliebt		
sie	hatten sich verliebt		
			Future Time
	Future	*(Fut. Subj.)*	*(Pres. Conditional)*
ich	werde mich verlieben	werde mich verlieben	würde mich verlieben
du	wirst dich verlieben	werdest dich verlieben	würdest dich verlieben
er	wird sich verlieben	werde sich verlieben	würde sich verlieben
wir	werden uns verlieben	werden uns verlieben	würden uns verlieben
ihr	werdet euch verlieben	werdet euch verlieben	würdet euch verlieben
sie	werden sich verlieben	werden sich verlieben	würden sich verlieben
			Future Perfect Time
	Future Perfect	*(Fut. Perf. Subj.)*	*(Past Conditional)*
ich	werde mich verliebt haben	werde mich verliebt haben	würde mich verliebt haben
du	wirst dich verliebt haben	werdest dich verliebt haben	würdest dich verliebt haben
er	wird sich verliebt haben	werde sich verliebt haben	würde sich verliebt haben
wir	werden uns verliebt haben	werden uns verliebt haben	würden uns verliebt haben
ihr	werdet euch verliebt haben	werdet euch verliebt haben	würdet euch verliebt haben
sie	werden sich verliebt haben	werden sich verliebt haben	würden sich verliebt haben

Examples: *Tim verliebte sich in sie auf den ersten Blick.* Tim fell in love with her at first sight.

verlieren

to lose

PRINC. PARTS: verlieren, verlor, verloren, verliert
IMPERATIVE: verliere!, verliert!, verlieren Sie!

INDICATIVE	SUBJUNCTIVE	
	PRIMARY	SECONDARY

Present Time

	Present	*(Pres. Subj.)*	*(Imperf. Subj.)*
ich	verliere	verliere	verlöre
du	verlierst	verlierest	verlörest
er	verliert	verliere	verlöre
wir	verlieren	verlieren	verlören
ihr	verliert	verlieret	verlöret
sie	verlieren	verlieren	verlören

	Imperfect
ich	verlor
du	verlorst
er	verlor
wir	verloren
ihr	verlort
sie	verloren

Past Time

	Perfect	*(Perf. Subj.)*	*(Pluperf. Subj.)*
ich	habe verloren	habe verloren	hätte verloren
du	hast verloren	habest verloren	hättest verloren
er	hat verloren	habe verloren	hätte verloren
wir	haben verloren	haben verloren	hätten verloren
ihr	habt verloren	habet verloren	hättet verloren
sie	haben verloren	haben verloren	hätten verloren

	Pluperfect
ich	hatte verloren
du	hattest verloren
er	hatte verloren
wir	hatten verloren
ihr	hattet verloren
sie	hatten verloren

Future Time

	Future	*(Fut. Subj.)*	*(Pres. Conditional)*
ich	werde verlieren	werde verlieren	würde verlieren
du	wirst verlieren	werdest verlieren	würdest verlieren
er	wird verlieren	werde verlieren	würde verlieren
wir	werden verlieren	werden verlieren	würden verlieren
ihr	werdet verlieren	werdet verlieren	würdet verlieren
sie	werden verlieren	werden verlieren	würden verlieren

Future Perfect Time

	Future Perfect	*(Fut. Perf. Subj.)*	*(Past Conditional)*
ich	werde verloren haben	werde verloren haben	würde verloren haben
du	wirst verloren haben	werdest verloren haben	würdest verloren haben
er	wird verloren haben	werde verloren haben	würde verloren haben
wir	werden verloren haben	werden verloren haben	würden verloren haben
ihr	werdet verloren haben	werdet verloren haben	würdet verloren haben
sie	werden verloren haben	werden verloren haben	würden verloren haben

Examples: *Im Krieg haben sie alles verloren.* They lost everything in the war.

446

vermehren

PRINC. PARTS: vermehren, vermehrte, vermehrt, vermehrt
IMPERATIVE: vermehre!, vermehrt!, vermehren Sie!

to increase

INDICATIVE	SUBJUNCTIVE	
	PRIMARY	SECONDARY
	Present Time	
Present	*(Pres. Subj.)*	*(Imperf. Subj.)*
ich vermehre	vermehre	vermehrte
du vermehrst	vermehrest	vermehrtest
er vermehrt	vermehre	vermehrte
wir vermehren	vermehren	vermehrten
ihr vermehrt	vermehret	vermehrtet
sie vermehren	vermehren	vermehrten

Imperfect

ich vermehrte
du vermehrtest
er vermehrte
wir vermehrten
ihr vermehrtet
sie vermehrten

		Past Time	
Perfect	*(Perf. Subj.)*	*(Pluperf. Subj.)*
ich habe vermehrt	habe vermehrt	hätte vermehrt
du hast vermehrt	habest vermehrt	hättest vermehrt
er hat vermehrt	habe vermehrt	hätte vermehrt
wir haben vermehrt	haben vermehrt	hätten vermehrt
ihr habt vermehrt	habet vermehrt	hättet vermehrt
sie haben vermehrt	haben vermehrt	hätten vermehrt

Pluperfect

ich hatte vermehrt
du hattest vermehrt
er hatte vermehrt
wir hatten vermehrt
ihr hattet vermehrt
sie hatten vermehrt

		Future Time	
Future	*(Fut. Subj.)*	*(Pres. Conditional)*
ich werde vermehren	werde vermehren	würde vermehren
du wirst vermehren	werdest vermehren	würdest vermehren
er wird vermehren	werde vermehren	würde vermehren
wir werden vermehren	werden vermehren	würden vermehren
ihr werdet vermehren	werdet vermehren	würdet vermehren
sie werden vermehren	werden vermehren	würden vermehren

		Future Perfect Time	
Future Perfect	*(Fut. Perf. Subj.)*	*(Past Conditional)*
ich werde vermehrt haben	werde vermehrt haben	würde vermehrt haben
du wirst vermehrt haben	werdest vermehrt haben	würdest vermehrt haben
er wird vermehrt haben	werde vermehrt haben	würde vermehrt haben
wir werden vermehrt haben	werden vermehrt haben	würden vermehrt haben
ihr werdet vermehrt haben	werdet vermehrt haben	würdet vermehrt haben
sie werden vermehrt haben	werden vermehrt haben	würden vermehrt haben

Examples: *Der Milliardär wollte sein Vermögen vermehren.* The billionaire wanted to increase his fortune.

vernichten

to annihilate;
nullify

PRINC. PARTS: vernichten, vernichtete,
vernichtet, vernichtet
IMPERATIVE: vernichte!, vernichtet!,
vernichten Sie!

INDICATIVE		SUBJUNCTIVE	
		PRIMARY	SECONDARY
		Present Time	
	Present	(*Pres. Subj.*)	(*Imperf. Subj.*)
ich	vernichte	vernichte	vernichtete
du	vernichtest	vernichtest	vernichtetest
er	vernichtet	vernichte	vernichtete
wir	vernichten	vernichten	vernichteten
ihr	vernichtet	vernichtet	vernichtetet
sie	vernichten	vernichten	vernichteten
	Imperfect		
ich	vernichtete		
du	vernichtetest		
er	vernichtete		
wir	vernichteten		
ihr	vernichtetet		
sie	vernichteten	*Past Time*	
	Perfect	(*Perf. Subj.*)	(*Pluperf. Subj.*)
ich	habe vernichtet	habe vernichtet	hätte vernichtet
du	hast vernichtet	habest vernichtet	hättest vernichtet
er	hat vernichtet	habe vernichtet	hätte vernichtet
wir	haben vernichtet	haben vernichtet	hätten vernichtet
ihr	habt vernichtet	habet vernichtet	hättet vernichtet
sie	haben vernichtet	haben vernichtet	hätten vernichtet
	Pluperfect		
ich	hatte vernichtet		
du	hattest vernichtet		
er	hatte vernichtet		
wir	hatten vernichtet		
ihr	hattet vernichtet		
sie	hatten vernichtet	*Future Time*	
	Future	(*Fut. Subj.*)	(*Pres. Conditional*)
ich	werde vernichten	werde vernichten	würde vernichten
du	wirst vernichten	werdest vernichten	würdest vernichten
er	wird vernichten	werde vernichten	würde vernichten
wir	werden vernichten	werden vernichten	würden vernichten
ihr	werdet vernichten	werdet vernichten	würdet vernichten
sie	werden vernichten	werden vernichten	würden vernichten
		Future Perfect Time	
	Future Perfect	(*Fut. Perf. Subj.*)	(*Past Conditional*)
ich	werde vernichtet haben	werde vernichtet haben	würde vernichtet haben
du	wirst vernichtet haben	werdest vernichtet haben	würdest vernichtet haben
er	wird vernichtet haben	werde vernichtet haben	würde vernichtet haben
wir	werden vernichtet haben	werden vernichtet haben	würden vernichtet haben
ihr	werdet vernichtet haben	werdet vernichtet haben	würdet vernichtet haben
sie	werden vernichtet haben	werden vernichtet haben	würden vernichtet haben

Examples: *Sie hofften, den Feind vernichtend zu schlagen, wurden aber selber vernichtet.* They hoped to inflict a crushing defeat on the enemy but were themselves annihilated.

verraten

PRINC. PARTS: verraten, verriet, verraten, verrät
IMPERATIVE: verrate!, verratet!, verraten Sie!

to betray

INDICATIVE		SUBJUNCTIVE	
		PRIMARY	SECONDARY
		Present Time	
	Present	*(Pres. Subj.)*	*(Imperf. Subj.)*
ich	verrate	verrate	verriete
du	verrätst	verratest	verrietest
er	verrät	verrate	verriete
wir	verraten	verraten	verrieten
ihr	verratet	verratet	verrietet
sie	verraten	verraten	verrieten

	Imperfect
ich	verriet
du	verrietest
er	verriet
wir	verrieten
ihr	verrietet
sie	verrieten

			Past Time	
	Perfect	*(Perf. Subj.)*	*(Pluperf. Subj.)*
ich	habe verraten	habe verraten	hätte verraten
du	hast verraten	habest verraten	hättest verraten
er	hat verraten	habe verraten	hätte verraten
wir	haben verraten	haben verraten	hätten verraten
ihr	habt verraten	habet verraten	hättet verraten
sie	haben verraten	haben verraten	hätten verraten

	Pluperfect
ich	hatte verraten
du	hattest verraten
er	hatte verraten
wir	hatten verraten
ihr	hattet verraten
sie	hatten verraten

			Future Time	
	Future	*(Fut. Subj.)*	*(Pres. Conditional)*
ich	werde verraten	werde verraten	würde verraten
du	wirst verraten	werdest verraten	würdest verraten
er	wird verraten	werde verraten	würde verraten
wir	werden verraten	werden verraten	würden verraten
ihr	werdet verraten	werdet verraten	würdet verraten
sie	werden verraten	werden verraten	würden verraten

			Future Perfect Time	
	Future Perfect	*(Fut. Perf. Subj.)*	*(Past Conditional)*
ich	werde verraten haben	werde verraten haben	würde verraten haben
du	wirst verraten haben	werdest verraten haben	würdest verraten haben
er	wird verraten haben	werde verraten haben	würde verraten haben
wir	werden verraten haben	werden verraten haben	würden verraten haben
ihr	werdet verraten haben	werdet verraten haben	würdet verraten haben
sie	werden verraten haben	werden verraten haben	würden verraten haben

Examples: *Die Spione haben die Geheimnisse an eine fremde Macht verraten. Uns hat man nichts von der Sache verraten.* The spies betrayed the secrets to a foreign power. Nobody said anything to us about the matter.

verrecken

to die, (slang) croak

PRINC. PARTS: verrecken, verreckte, ist verreckt, verreckt

IMPERATIVE: verrecke!, verreckt!, verrecken Sie!

INDICATIVE		SUBJUNCTIVE	
		PRIMARY	SECONDARY

Present Time

	Present	*(Pres. Subj.)*	*(Imperf. Subj.)*
ich	verrecke	verrecke	verreckte
du	verreckst	verreckest	verrecktest
er	verreckt	verrecke	verreckte
wir	verrecken	verrecken	verreckten
ihr	verreckt	verrecket	verrecktet
sie	verrecken	verrecken	verreckten

	Imperfect
ich	verreckte
du	verrecktest
er	verreckte
wir	verreckten
ihr	verrecktet
sie	verreckten

Past Time

	Perfect	*(Perf. Subj.)*	*(Pluperf. Subj.)*
ich	bin verreckt	sei verreckt	wäre verreckt
du	bist verreckt	seiest verreckt	wärest verreckt
er	ist verreckt	sei verreckt	wäre verreckt
wir	sind verreckt	seien verreckt	wären verreckt
ihr	seid verreckt	seiet verreckt	wäret verreckt
sie	sind verreckt	seien verreckt	wären verreckt

	Pluperfect
ich	war verreckt
du	warst verreckt
er	war verreckt
wir	waren verreckt
ihr	wart verreckt
sie	waren verreckt

Future Time

	Future	*(Fut. Subj.)*	*(Pres. Conditional)*
ich	werde verrecken	werde verrecken	würde verrecken
du	wirst verrecken	werdest verrecken	würdest verrecken
er	wird verrecken	werde verrecken	würde verrecken
wir	werden verrecken	werden verrecken	würden verrecken
ihr	werdet verrecken	werdet verrecken	würdet verrecken
sie	werden verrecken	werden verrecken	würden verrecken

Future Perfect Time

	Future Perfect	*(Fut. Perf. Subj.)*	*(Past Conditional)*
ich	werde verreckt sein	werde verreckt sein	würde verreckt sein
du	wirst verreckt sein	werdest verreckt sein	würdest verreckt sein
er	wird verreckt sein	werde verreckt sein	würde verreckt sein
wir	werden verreckt sein	werden verreckt sein	würden verreckt sein
ihr	werdet verreckt sein	werdet verreckt sein	würdet verreckt sein
sie	werden verreckt sein	werden verreckt sein	würden verreckt sein

Examples: *Der Arme ist auf der Straße verreckt.* The poor guy croaked on the street.

PRINC. PARTS: verrichten, verrichtete, verrichtet, verrichtet

IMPERATIVE: verrichte!, verrichtet!, verrichten Sie!

to do, perform, execute

INDICATIVE

SUBJUNCTIVE

	PRIMARY	SECONDARY

Present Time

	Present	*(Pres. Subj.)*	*(Imperf. Subj.)*
ich	verrichte	verrichte	verrichtete
du	verrichtest	verrichtest	verrichtetest
er	verrichtet	verrichte	verrichtete
wir	verrichten	verrichten	verrichteten
ihr	verrichtet	verrichtet	verrichtetet
sie	verrichten	verrichten	verrichteten

	Imperfect
ich	verrichtete
du	verrichtetest
er	verrichtete
wir	verrichteten
ihr	verrichtetet
sie	verrichteten

Past Time

	Perfect	*(Perf. Subj.)*	*(Pluperf. Subj.)*
ich	habe verrichtet	habe verrichtet	hätte verrichtet
du	hast verrichtet	habest verrichtet	hättest verrichtet
er	hat verrichtet	habe verrichtet	hätte verrichtet
wir	haben verrichtet	haben verrichtet	hätten verrichtet
ihr	habt verrichtet	habet verrichtet	hättet verrichtet
sie	haben verrichtet	haben verrichtet	hätten verrichtet

	Pluperfect
ich	hatte verrichtet
du	hattest verrichtet
er	hatte verrichtet
wir	hatten verrichtet
ihr	hattet verrichtet
sie	hatten verrichtet

Future Time

	Future	*(Fut. Subj.)*	*(Pres. Conditional)*
ich	werde verrichten	werde verrichten	würde verrichten
du	wirst verrichten	werdest verrichten	würdest verrichten
er	wird verrichten	werde verrichten	würde verrichten
wir	werden verrichten	werden verrichten	würden verrichten
ihr	werdet verrichten	werdet verrichten	würdet verrichten
sie	werden verrichten	werden verrichten	würden verrichten

Future Perfect Time

	Future Perfect	*(Fut. Perf. Subj.)*	*(Past Conditional)*
ich	werde verrichtet haben	werde verrichtet haben	würde verrichtet haben
du	wirst verrichtet haben	werdest verrichtet haben	würdest verrichtet haben
er	wird verrichtet haben	werde verrichtet haben	würde verrichtet haben
wir	werden verrichtet haben	werden verrichtet haben	würden verrichtet haben
ihr	werdet verrichtet haben	werdet verrichtet haben	würdet verrichtet haben
sie	werden verrichtet haben	werden verrichtet haben	würden verrichtet haben

Examples: *Olaf hat seine Arbeit nicht verrichtet.* Olaf hasn't done his work.

versagen

to refuse; fail

PRINC. PARTS: versagen, versagte, versagt, versagt
IMPERATIVE: versage!, versagt!, versagen Sie!

INDICATIVE	SUBJUNCTIVE	
	PRIMARY	SECONDARY
	Present Time	
Present	*(Pres. Subj.)*	*(Imperf. Subj.)*
ich versage	versage	versagte
du versagst	versagest	versagtest
er versagt	versage	versagte
wir versagen	versagen	versagten
ihr versagt	versaget	versagtet
sie versagen	versagen	versagten

Imperfect
ich versagte
du versagtest
er versagte
wir versagten
ihr versagtet
sie versagten

Past Time

Perfect	*(Perf. Subj.)*	*(Pluperf. Subj.)*
ich habe versagt	habe versagt	hätte versagt
du hast versagt	habest versagt	hättest versagt
er hat versagt	habe versagt	hätte versagt
wir haben versagt	haben versagt	hätten versagt
ihr habt versagt	habet versagt	hättet versagt
sie haben versagt	haben versagt	hätten versagt

Pluperfect
ich hatte versagt
du hattest versagt
er hatte versagt
wir hatten versagt
ihr hattet versagt
sie hatten versagt

Future Time

Future	*(Fut. Subj.)*	*(Pres. Conditional)*
ich werde versagen	werde versagen	würde versagen
du wirst versagen	werdest versagen	würdest versagen
er wird versagen	werde versagen	würde versagen
wir werden versagen	werden versagen	würden versagen
ihr werdet versagen	werdet versagen	würdet versagen
sie werden versagen	werden versagen	würden versagen

Future Perfect Time

Future Perfect	*(Fut. Perf. Subj.)*	*(Past Conditional)*
ich werde versagt haben	werde versagt haben	würde versagt haben
du wirst versagt haben	werdest versagt haben	würdest versagt haben
er wird versagt haben	werde versagt haben	würde versagt haben
wir werden versagt haben	werden versagt haben	würden versagt haben
ihr werdet versagt haben	werdet versagt haben	würdet versagt haben
sie werden versagt haben	werden versagt haben	würden versagt haben

Examples: *Die Muskelkraft versagte der einstigen Olympia Weltmeisterin.* The former Olympic world champion's muscle-power failed her.

versehren

to wound, hurt, damage

INDICATIVE	SUBJUNCTIVE	
	PRIMARY	SECONDARY
	Present Time	
Present	*(Pres. Subj.)*	*(Imperf. Subj.)*
ich versehre	versehre	versehrte
du versehrst	versehrest	versehrtest
er versehrt	versehre	versehrte
wir versehren	versehren	versehrten
ihr versehrt	versehret	versehrtet
sie versehren	versehren	versehrten

Imperfect
ich	versehrte
du	versehrtest
er	versehrte
wir	versehrten
ihr	versehrtet
sie	versehrten

	Past Time	
Perfect	*(Perf. Subj.)*	*(Pluperf. Subj.)*
ich habe versehrt	habe versehrt	hätte versehrt
du hast versehrt	habest versehrt	hättest versehrt
er hat versehrt	habe versehrt	hätte versehrt
wir haben versehrt	haben versehrt	hätten versehrt
ihr habt versehrt	habet versehrt	hättet versehrt
sie haben versehrt	haben versehrt	hätten versehrt

Pluperfect
ich	hatte versehrt
du	hattest versehrt
er	hatte versehrt
wir	hatten versehrt
ihr	hattet versehrt
sie	hatten versehrt

	Future Time	
Future	*(Fut. Subj.)*	*(Pres. Conditional)*
ich werde versehren	werde versehren	würde versehren
du wirst versehren	werdest versehren	würdest versehren
er wird versehren	werde versehren	würde versehren
wir werden versehren	werden versehren	würden versehren
ihr werdet versehren	werdet versehren	würdet versehren
sie werden versehren	werden versehren	würden versehren

	Future Perfect Time	
Future Perfect	*(Fut. Perf. Subj.)*	*(Past Conditional)*
ich werde versehrt haben	werde versehrt haben	würde versehrt haben
du wirst versehrt haben	werdest versehrt haben	würdest versehrt haben
er wird versehrt haben	werde versehrt haben	würde versehrt haben
wir werden versehrt haben	werden versehrt haben	würden versehrt haben
ihr werdet versehrt haben	werdet versehrt haben	würdet versehrt haben
sie werden versehrt haben	werden versehrt haben	würden versehrt haben

Examples: *Sie ist versehrt und treibt jetzt Versehrtensport.* She is disabled and engages in sports for the handicapped now.

verstehen

to understand

PRINC. PARTS: verstehen, verstand, verstanden, versteht
IMPERATIVE: verstehe!, versteht!, verstehen Sie!

INDICATIVE	SUBJUNCTIVE		
	PRIMARY		SECONDARY

Present Time

	Present	(*Pres. Subj.*)		(*Imperf. Subj.*)
ich	verstehe	verstehe	verstände	verstünde
du	verstehst	verstehest	verständest	verstündest
er	versteht	verstehe	verstände	verstünde
wir	verstehen	verstehen	verständen	*or* verstünden
ihr	versteht	verstehet	verständet	verstündet
sie	verstehen	verstehen	verständen	verstünden

	Imperfect
ich	verstand
du	verstandest
er	verstand
wir	verstanden
ihr	verstandet
sie	verstanden

Past Time

	Perfect	(*Perf. Subj.*)	(*Pluperf. Subj.*)
ich	habe verstanden	habe verstanden	hätte verstanden
du	hast verstanden	habest verstanden	hättest verstanden
er	hat verstanden	habe verstanden	hätte verstanden
wir	haben verstanden	haben verstanden	hätten verstanden
ihr	habt verstanden	habet verstanden	hättet verstanden
sie	haben verstanden	haben verstanden	hätten verstanden

	Pluperfect
ich	hatte verstanden
du	hattest verstanden
er	hatte verstanden
wir	hatten verstanden
ihr	hattet verstanden
sie	hatten verstanden

Future Time

	Future	(*Fut. Subj.*)	(*Pres. Conditional*)
ich	werde verstehen	werde verstehen	würde verstehen
du	wirst verstehen	werdest verstehen	würdest verstehen
er	wird verstehen	werde verstehen	würde verstehen
wir	werden verstehen	werden verstehen	würden verstehen
ihr	werdet verstehen	werdet verstehen	würdet verstehen
sie	werden verstehen	werden verstehen	würden verstehen

Future Perfect Time

	Future Perfect	(*Fut. Perf. Subj.*)	(*Past Conditional*)
ich	werde verstanden haben	werde verstanden haben	würde verstanden haben
du	wirst verstanden haben	werdest verstanden haben	würdest verstanden haben
er	wird verstanden haben	werde verstanden haben	würde verstanden haben
wir	werden verstanden haben	werden verstanden haben	würden verstanden haben
ihr	werdet verstanden haben	werdet verstanden haben	würdet verstanden haben
sie	werden verstanden haben	werden verstanden haben	würden verstanden haben

Examples: *Sie haben mich falsch verstanden, weil Sie keinen Spaß verstehen.* You misunderstood me, because you have no sense of humor.

verstricken

to entangle, ensnare

INDICATIVE		SUBJUNCTIVE	
		PRIMARY	SECONDARY
		Present Time	
	Present	*(Pres. Subj.)*	*(Imperf. Subj.)*
ich	verstricke	verstricke	verstrickte
du	verstrickst	verstrickest	verstricktest
er	verstrickt	verstricke	verstrickte
wir	verstricken	verstricken	verstrickten
ihr	verstrickt	verstricket	verstricktet
sie	verstricken	verstricken	verstrickten
	Imperfect		
ich	verstrickte		
du	verstricktest		
er	verstrickte		
wir	verstrickten		
ihr	verstricktet		
sie	verstrickten		
		Past Time	
	Perfect	*(Perf. Subj.)*	*(Pluperf. Subj.)*
ich	habe verstrickt	habe verstrickt	hätte verstrickt
du	hast verstrickt	habest verstrickt	hättest verstrickt
er	hat verstrickt	habe verstrickt	hätte verstrickt
wir	haben verstrickt	haben verstrickt	hätten verstrickt
ihr	habt verstrickt	habet verstrickt	hättet verstrickt
sie	haben verstrickt	haben verstrickt	hätten verstrickt
	Pluperfect		
ich	hatte verstrickt		
du	hattest verstrickt		
er	hatte verstrickt		
wir	hatten verstrickt		
ihr	hattet verstrickt		
sie	hatten verstrickt		
		Future Time	
	Future	*(Fut. Subj.)*	*(Pres. Conditional)*
ich	werde verstricken	werde verstricken	würde verstricken
du	wirst verstricken	werdest verstricken	würdest verstricken
er	wird verstricken	werde verstricken	würde verstricken
wir	werden verstricken	werden verstricken	würden verstricken
ihr	werdet verstricken	werdet verstricken	würdet verstricken
sie	werden verstricken	werden verstricken	würden verstricken
		Future Perfect Time	
	Future Perfect	*(Fut. Perf. Subj.)*	*(Past Conditional)*
ich	werde verstrickt haben	werde verstrickt haben	würde verstrickt haben
du	wirst verstrickt haben	werdest verstrickt haben	würdest verstrickt haben
er	wird verstrickt haben	werde verstrickt haben	würde verstrickt haben
wir	werden verstrickt haben	werden verstrickt haben	würden verstrickt haben
ihr	werdet verstrickt haben	werdet verstrickt haben	würdet verstrickt haben
sie	werden verstrickt haben	werden verstrickt haben	würden verstrickt haben

Examples: *Wie hast du dich in so etwas verstricken können?* How could you get mixed up in something like that?

versuchen

to attempt, try; tempt; sample

PRINC. PARTS: versuchen, versuchte, versucht, versucht
IMPERATIVE: versuche!, versucht!, versuchen Sie!

INDICATIVE		SUBJUNCTIVE	
		PRIMARY	SECONDARY

Present Time

	Present	*(Pres. Subj.)*	*(Imperf. Subj.)*
ich	versuche	versuche	versuchte
du	versuchst	versuchest	versuchtest
er	versucht	versuche	versuchte
wir	versuchen	versuchen	versuchten
ihr	versucht	versuchet	versuchtet
sie	versuchen	versuchen	versuchten

	Imperfect
ich	versuchte
du	versuchtest
er	versuchte
wir	versuchten
ihr	versuchtet
sie	versuchten

Past Time

	Perfect	*(Perf. Subj.)*	*(Pluperf. Subj.)*
ich	habe versucht	habe versucht	hätte versucht
du	hast versucht	habest versucht	hättest versucht
er	hat versucht	habe versucht	hätte versucht
wir	haben versucht	haben versucht	hätten versucht
ihr	habt versucht	habet versucht	hättet versucht
sie	haben versucht	haben versucht	hätten versucht

	Pluperfect
ich	hatte versucht
du	hattest versucht
er	hatte versucht
wir	hatten versucht
ihr	hattet versucht
sie	hatten versucht

Future Time

	Future	*(Fut. Subj.)*	*(Pres. Conditional)*
ich	werde versuchen	werde versuchen	würde versuchen
du	wirst versuchen	werdest versuchen	würdest versuchen
er	wird versuchen	werde versuchen	würde versuchen
wir	werden versuchen	werden versuchen	würden versuchen
ihr	werdet versuchen	werdet versuchen	würdet versuchen
sie	werden versuchen	werden versuchen	würden versuchen

Future Perfect Time

	Future Perfect	*(Fut. Perf. Subj.)*	*(Past Conditional)*
ich	werde versucht haben	werde versucht haben	würde versucht haben
du	wirst versucht haben	werdest versucht haben	würdest versucht haben
er	wird versucht haben	werde versucht haben	würde versucht haben
wir	werden versucht haben	werden versucht haben	würden versucht haben
ihr	werdet versucht haben	werdet versucht haben	würdet versucht haben
sie	werden versucht haben	werden versucht haben	würden versucht haben

Examples: *Wir haben's oft versucht. Jetzt machen wir einen letzten Versuch.* We attempted it often. Now we'll make a last attempt.

PRINC. PARTS: verwalten, verwaltete, verwaltet,
verwaltet
IMPERATIVE: verwalte!, verwaltet!, verwalten Sie!

verwalten

to administer, manage

	INDICATIVE	SUBJUNCTIVE	
		PRIMARY	SECONDARY
		Present Time	
	Present	*(Pres. Subj.)*	*(Imperf. Subj.)*
ich	verwalte	verwalte	verwaltete
du	verwaltest	verwaltest	verwaltetest
er	verwaltet	verwalte	verwaltete
wir	verwalten	verwalten	verwalteten
ihr	verwaltet	verwaltet	verwaltetet
sie	verwalten	verwalten	verwalteten
	Imperfect		
ich	verwaltete		
du	verwaltetest		
er	verwaltete		
wir	verwalteten		
ihr	verwaltetet		
sie	verwalteten	*Past Time*	
	Perfect	*(Perf. Subj.)*	*(Pluperf. Subj.)*
ich	habe verwaltet	habe verwaltet	hätte verwaltet
du	hast verwaltet	habest verwaltet	hättest verwaltet
er	hat verwaltet	habe verwaltet	hätte verwaltet
wir	haben verwaltet	haben verwaltet	hätten verwaltet
ihr	habt verwaltet	habet verwaltet	hättet verwaltet
sie	haben verwaltet	haben verwaltet	hätten verwaltet
	Pluperfect		
ich	hatte verwaltet		
du	hattest verwaltet		
er	hatte verwaltet		
wir	hatten verwaltet		
ihr	hattet verwaltet		
sie	hatten verwaltet	*Future Time*	
	Future	*(Fut. Subj.)*	*(Pres. Conditional)*
ich	werde verwalten	werde verwalten	würde verwalten
du	wirst verwalten	werdest verwalten	würdest verwalten
er	wird verwalten	werde verwalten	würde verwalten
wir	werden verwalten	werden verwalten	würden verwalten
ihr	werdet verwalten	werdet verwalten	würdet verwalten
sie	werden verwalten	werden verwalten	würden verwalten
		Future Perfect Time	
	Future Perfect	*(Fut. Perf. Subj.)*	*(Past Conditional)*
ich	werde verwaltet haben	werde verwaltet haben	würde verwaltet haben
du	wirst verwaltet haben	werdest verwaltet haben	würdest verwaltet haben
er	wird verwaltet haben	werde verwaltet haben	würde verwaltet haben
wir	werden verwaltet haben	werden verwaltet haben	würden verwaltet haben
ihr	werdet verwaltet haben	werdet verwaltet haben	würdet verwaltet haben
sie	werden verwaltet haben	werden verwaltet haben	würden verwaltet haben

Examples: *Frieda ist die Verwalterin, die das Gut verwaltet.* Frieda is the manager who is administering the property.

verwechseln

to confuse; change by mistake

PRINC. PARTS: verwechseln, verwechselte, verwechselt, verwechselt
IMPERATIVE: verwechsle!, verwechselt!, verwechseln Sie!

INDICATIVE	SUBJUNCTIVE	
	PRIMARY	SECONDARY
	Present Time	
Present	(*Pres. Subj.*)	(*Imperf. Subj.*)
ich verwechsele*	verwechsele*	verwechselte
du verwechselst	verwechselst	verwechseltest
er verwechselt	verwechsele*	verwechselte
wir verwechseln	verwechseln	verwechselten
ihr verwechselt	verwechselt	verwechseltet
sie verwechseln	verwechseln	verwechselten
Imperfect		
ich verwechselte		
du verwechseltest		
er verwechselte		
wir verwechselten		
ihr verwechseltet		
sie verwechselten	*Past Time*	
Perfect	(*Perf. Subj.*)	(*Pluperf. Subj.*)
ich habe verwechselt	habe verwechselt	hätte verwechselt
du hast verwechselt	habest verwechselt	hättest verwechselt
er hat verwechselt	habe verwechselt	hätte verwechselt
wir haben verwechselt	haben verwechselt	hätten verwechselt
ihr habt verwechselt	habet verwechselt	hättet verwechselt
sie haben verwechselt	haben verwechselt	hätten verwechselt
Pluperfect		
ich hatte verwechselt		
du hattest verwechselt		
er hatte verwechselt		
wir hatten verwechselt		
ihr hattet verwechselt		
sie hatten verwechselt	*Future Time*	
Future	(*Fut. Subj.*)	(*Pres. Conditional*)
ich werde verwechseln	werde verwechseln	würde verwechseln
du wirst verwechseln	werdest verwechseln	würdest verwechseln
er wird verwechseln	werde verwechseln	würde verwechseln
wir werden verwechseln	werden verwechseln	würden verwechseln
ihr werdet verwechseln	werdet verwechseln	würdet verwechseln
sie werden verwechseln	werden verwechseln	würden verwechseln
	Future Perfect Time	
Future Perfect	(*Fut. Perf. Subj.*)	(*Past Conditional*)
ich werde verwechselt haben	werde verwechselt haben	würde verwechselt haben
du wirst verwechselt haben	werdest verwechselt haben	würdest verwechselt haben
er wird verwechselt haben	werde verwechselt haben	würde verwechselt haben
wir werden verwechselt haben	werden verwechselt haben	würden verwechselt haben
ihr werdet verwechselt haben	werdet verwechselt haben	würdet verwechselt haben
sie werden verwechselt haben	werden verwechselt haben	würden verwechselt haben

* 'e' preceding 'l' in these forms is usually omitted in colloquial speech.

Examples: *Lili hat ihn mit einem anderen verwechselt.* Lili mistook him for someone else.

PRINC. PARTS: verweilen, verweilte, verweilt, verweilt
IMPERATIVE: verweile!*, verweilt!, verweilen Sie!

to stay, stop, linger, tarry

	INDICATIVE	SUBJUNCTIVE	
		PRIMARY	SECONDARY
		Present Time	
	Present	*(Pres. Subj.)*	*(Imperf. Subj.)*
ich	verweile	verweile	verweilte
du	verweilst	verweilest	verweiltest
er	verweilt	verweile	verweilte
wir	verweilen	verweilen	verweilten
ihr	verweilt	verweilet	verweiltet
sie	verweilen	verweilen	verweilten
	Imperfect		
ich	verweilte		
du	verweiltest		
er	verweilte		
wir	verweilten		
ihr	verweiltet		
sie	verweilten		
		Past Time	
	Perfect	*(Perf. Subj.)*	*(Pluperf. Subj.)*
ich	habe verweilt	habe verweilt	hätte verweilt
du	hast verweilt	habest verweilt	hättest verweilt
er	hat verweilt	habe verweilt	hätte verweilt
wir	haben verweilt	haben verweilt	hätten verweilt
ihr	habt verweilt	habet verweilt	hättet verweilt
sie	haben verweilt	haben verweilt	hätten verweilt
	Pluperfect		
ich	hatte verweilt		
du	hattest verweilt		
er	hatte verweilt		
wir	hatten verweilt		
ihr	hattet verweilt		
sie	hatten verweilt		
		Future Time	
	Future	*(Fut. Subj.)*	*(Pres. Conditional)*
ich	werde verweilen	werde verweilen	würde verweilen
du	wirst verweilen	werdest verweilen	würdest verweilen
er	wird verweilen	werde verweilen	würde verweilen
wir	werden verweilen	werden verweilen	würden verweilen
ihr	werdet verweilen	werdet verweilen	würdet verweilen
sie	werden verweilen	werden verweilen	würden verweilen
		Future Perfect Time	
	Future Perfect	*(Fut. Perf. Subj.)*	*(Past Conditional)*
ich	werde verweilt haben	werde verweilt haben	würde verweilt haben
du	wirst verweilt haben	werdest verweilt haben	würdest verweilt haben
er	wird verweilt haben	werde verweilt haben	würde verweilt haben
wir	werden verweilt haben	werden verweilt haben	würden verweilt haben
ihr	werdet verweilt haben	werdet verweilt haben	würdet verweilt haben
sie	werden verweilt haben	werden verweilt haben	würden verweilt haben

* The most famous imperative in German literature, "Verweile doch du bist so schön" occurs in Goethe's *Faust* — a command Faust never really gives.

Examples: *Wir wollen nicht länger hier verweilen.* We don't want to stay here any longer.

459

verzehren

to consume

PRINC. PARTS: verzehren, verzehrte, verzehrt, verzehrt

IMPERATIVE: verzehre!, verzehrt!, verzehren Sie!

	INDICATIVE	PRIMARY SUBJUNCTIVE	SECONDARY
		Present Time	
	Present	*(Pres. Subj.)*	*(Imperf. Subj.)*
ich	verzehre	verzehre	verzehrte
du	verzehrst	verzehrest	verzehrtest
er	verzehrt	verzehre	verzehrte
wir	verzehren	verzehren	verzehrten
ihr	verzehrt	verzehret	verzehrtet
sie	verzehren	verzehren	verzehrten

	Imperfect
ich	verzehrte
du	verzehrtest
er	verzehrte
wir	verzehrten
ihr	verzehrtet
sie	verzehrten

			Past Time	
	Perfect	*(Perf. Subj.)*		*(Pluperf. Subj.)*
ich	habe verzehrt	habe verzehrt		hätte verzehrt
du	hast verzehrt	habest berzehrt		hättest verzehrt
er	hat verzehrt	habe verzehrt		hätte verzehrt
wir	haben verzehrt	haben verzehrt		hätten verzehrt
ihr	habt verzehrt	habet verzehrt		hättet verzehrt
sie	haben verzehrt	haben verzehrt		hätten verzehrt

	Pluperfect
ich	hatte verzehrt
du	hattest verzehrt
er	hatte verzehrt
wir	hatten verzehrt
ihr	hattet verzehrt
sie	hatten verzehrt

			Future Time	
	Future	*(Fut. Subj.)*		*(Pres. Conditional)*
ich	werde verzehren	werde verzehren		würde verzehren
du	wirst verzehren	werdest verzehren		würdest verzehren
er	wird verzehren	werde verzehren		würde verzehren
wir	werden verzehren	werden verzehren		würden verzehren
ihr	werdet verzehren	werdet verzehren		würdet verzehren
sie	werden verzehren	werden verzehren		würden verzehren

			Future Perfect Time	
	Future Perfect	*(Fut. Perf. Subj.)*		*(Past Conditional)*
ich	werde verzehrt haben	werde verzehrt haben		würde verzehrt haben
du	wirst verzehrt haben	werdest verzehrt haben		würdest verzehrt haben
er	wird verzehrt haben	werde verzehrt haben		würde verzehrt haben
wir	werden verzehrt haben	werden verzehrt haben		würden verzehrt haben
ihr	werdet verzehrt haben	werdet verzehrt haben		würdet verzehrt haben
sie	werden verzehrt haben	werden verzehrt haben		würden verzehrt haben

Examples: *Kai verzehrt zu viel Alkohol, weil er sich nach Tina verzehrt.* Kai consumes too much alcohol, because he's pining for Tina.

460

PRINC. PARTS: verzeihen, verzieh, verziehen,
verzeiht
IMPERATIVE: verzeihe!, verzeiht!, verzeihen Sie!

verzeihen

to pardon, forgive, excuse

	INDICATIVE	SUBJUNCTIVE	
		PRIMARY	SECONDARY
		Present Time	
	Present	*(Pres. Subj.)*	*(Imperf. Subj.)*
ich	verzeihe	verzeihe	verziehe
du	verzeihst	verzeihest	verziehest
er	verzeiht	verzeihe	verziehe
wir	verzeihen	verzeihen	verziehen
ihr	verzeiht	verzeihet	verziehet
sie	verzeihen	verzeihen	verziehen

	Imperfect
ich	verzieh
du	verziehst
er	verzieh
wir	verziehen
ihr	verzieht
sie	verziehen

		Past Time	
	Perfect	*(Perf. Subj.)*	*(Pluperf. Subj.)*
ich	habe verziehen	habe verziehen	hätte verziehen
du	hast verziehen	habest verziehen	hättest verziehen
er	hat verziehen	habe verziehen	hätte verziehen
wir	haben verziehen	haben verziehen	hätten verziehen
ihr	habt verziehen	habet verziehen	hättet verziehen
sie	haben verziehen	haben verziehen	hätten verziehen

	Pluperfect
ich	hatte verziehen
du	hattest verziehen
er	hatte verziehen
wir	hatten verziehen
ihr	hattet verziehen
sie	hatten verziehen

		Future Time	
	Future	*(Fut. Subj.)*	*(Pres. Conditional)*
ich	werde verzeihen	werde verzeihen	würde verzeihen
du	wirst verzeihen	werdest verzeihen	würdest verzeihen
er	wird verzeihen	werde verzeihen	würde verzeihen
wir	werden verzeihen	werden verzeihen	würden verzeihen
ihr	werdet verzeihen	werdet verzeihen	würdet verzeihen
sie	werden verzeihen	werden verzeihen	würden verzeihen

		Future Perfect Time	
	Future Perfect	*(Fut. Perf. Subj.)*	*(Past Conditional)*
ich	werde verziehen haben	werde verziehen haben	würde verziehen haben
du	wirst verziehen haben	werdest verziehen haben	würdest verziehen haben
er	wird verziehen haben	werde verziehen haben	würde verziehen haben
wir	werden verziehen haben	werden verziehen haben	würden verziehen haben
ihr	werdet verziehen haben	werdet verziehen haben	würdet verziehen haben
sie	werden verziehen haben	werden verziehen haben	würden verziehen haben

Examples: *Ich habe ihnen schon zu oft verziehen.* I've already forgiven them too often.

vorkommen

to occur; seem;
come forth

PRINC. PARTS: vorkommen, kam vor,
ist vorgekommen, kommt vor
IMPERATIVE: komme vor!, kommt vor!,
kommen Sie vor!

	INDICATIVE	SUBJUNCTIVE	
		PRIMARY	SECONDARY
	Present	*Present Time* (*Pres. Subj.*)	(*Imperf. Subj.*)
ich	komme vor	komme vor	käme vor
du	kommst vor	kommest vor	kämest vor
er	kommt vor	komme vor	käme vor
wir	kommen vor	kommen vor	kämen vor
ihr	kommt vor	kommet vor	kämet vor
sie	kommen vor	kommen vor	kämen vor
	Imperfect		
ich	kam vor		
du	kamst vor		
er	kam vor		
wir	kamen vor		
ihr	kamt vor		
sie	kamen vor	*Past Time*	
	Perfect	(*Perf. Subj.*)	(*Pluperf. Subj.*)
ich	bin vorgekommen	sei vorgekommen	wäre vorgekommen
du	bist vorgekommen	seiest vorgekommen	wärest vorgekommen
er	ist vorgekommen	sei vorgekommen	wäre vorgekommen
wir	sind vorgekommen	seien vorgekommen	wären vorgekommen
ihr	seid vorgekommen	seiet vorgekommen	wäret vorgekommen
sie	sind vorgekommen	seien vorgekommen	wären vorgekommen
	Pluperfect		
ich	war vorgekommen		
du	warst vorgekommen		
er	war vorgekommen		
wir	waren vorgekommen		
ihr	wart vorgekommen		
sie	waren vorgekommen	*Future Time*	
	Future	(*Fut. Subj.*)	(*Pres. Conditional*)
ich	werde vorkommen	werde vorkommen	würde vorkommen
du	wirst vorkommen	werdest vorkommen	würdest vorkommen
er	wird vorkommen	werde vorkommen	würde vorkommen
wir	werden vorkommen	werden vorkommen	würden vorkommen
ihr	werdet vorkommen	werdet vorkommen	würdet vorkommen
sie	werden vorkommen	werden vorkommen	würden vorkommen
		Future Perfect Time	
	Future Perfect	(*Fut. Perf. Subj.*)	(*Past Conditional*)
ich	werde vorgekommen sein	werde vorgekommen sein	würde vorgekommen sein
du	wirst vorgekommen sein	werdest vorgekommen sein	würdest vorgekommen sein
er	wird vorgekommen sein	werde vorgekommen sein	würde vorgekommen sein
wir	werden vorgekommen sein	werden vorgekommen sein	würden vorgekommen sein
ihr	werdet vorgekommen sein	werdet vorgekommen sein	würdet vorgekommen sein
sie	werden vorgekommen sein	werden vorgekommen sein	würden vorgekommen sein

Examples: *Wir hoffen, so etwas kommt nie wieder vor.* We hope nothing like that will ever happen again.

PRINC. PARTS: vorstellen, stellte vor, vorgestellt, stellt vor
IMPERATIVE: stelle vor!, stellt vor!, stellen Sie vor!

vorstellen
to set in front of; introduce

INDICATIVE	SUBJUNCTIVE	
	PRIMARY	SECONDARY

Present Time

	Present	*(Pres. Subj.)*	*(Imperf. Subj.)*
ich	stelle vor	stelle vor	stellte vor
du	stellst vor	stellest vor	stelltest vor
er	stellt vor	stelle vor	stellte vor
wir	stellen vor	stellen vor	stellten vor
ihr	stellt vor	stellet vor	stelltet vor
sie	stellen vor	stellen vor	stellten vor

	Imperfect
ich	stellte vor
du	stelltest vor
er	stellte vor
wir	stellten vor
ihr	stelltet vor
sie	stellten vor

Past Time

	Perfect	*(Perf. Subj.)*	*(Pluperf. Subj.)*
ich	habe vorgestellt	habe vorgestellt	hätte vorgestellt
du	hast vorgestellt	habest vorgestellt	hättest vorgestellt
er	hat vorgestellt	habe vorgestellt	hätte vorgestellt
wir	haben vorgestellt	haben vorgestellt	hätten vorgestellt
ihr	habt vorgestellt	habet vorgestellt	hättet vorgestellt
sie	haben vorgestellt	haben vorgestellt	hätten vorgestellt

	Pluperfect
ich	hatte vorgestellt
du	hattest vorgestellt
er	hatte vorgestellt
wir	hatten vorgestellt
ihr	hattet vorgestellt
sie	hatten vorgestellt

Future Time

	Future	*(Fut. Subj.)*	*(Pres. Conditional)*
ich	werde vorstellen	werde vorstellen	würde vorstellen
du	wirst vorstellen	werdest vorstellen	würdest vorstellen
er	wird vorstellen	werde vorstellen	würde vorstellen
wir	werden vorstellen	werden vorstellen	würden vorstellen
ihr	werdet vorstellen	werdet vorstellen	würdet vorstellen
sie	werden vorstellen	werden vorstellen	würden vorstellen

Future Perfect Time

	Future Perfect	*(Fut. Perf. Subj.)*	*(Past Conditional)*
ich	werde vorgestellt haben	werde vorgestellt haben	würde vorgestellt haben
du	wirst vorgestellt haben	werdest vorgestellt haben	würdest vorgestellt haben
er	wird vorgestellt haben	werde vorgestellt haben	würde vorgestellt haben
wir	werden vorgestellt haben	werden vorgestellt haben	würden vorgestellt haben
ihr	werdet vorgestellt haben	werdet vorgestellt haben	würdet vorgestellt haben
sie	werden vorgestellt haben	werden vorgestellt haben	würden vorgestellt haben

Examples: *Nina hat uns ihren neuen Freund vorgestellt.* Nina introduced her new boyfriend to us.

wachen

to be awake; keep watch;
guard

PRINC. PARTS: wachen, wachte, gewacht, wacht
IMPERATIVE: wache!, wacht!, wachen Sie!

	INDICATIVE	SUBJUNCTIVE	
		PRIMARY	SECONDARY
		Present Time	
	Present	*(Pres. Subj.)*	*(Imperf. Subj.)*
ich	wache	wache	wachte
du	wachst	wachest	wachtest
er	wacht	wache	wachte
wir	wachen	wachen	wachten
ihr	wacht	wachet	wachtet
sie	wachen	wachen	wachten
	Imperfect		
ich	wachte		
du	wachtest		
er	wachte		
wir	wachten		
ihr	wachtet		
sie	wachten		
		Past Time	
	Perfect	*(Perf. Subj.)*	*(Pluperf. Subj.)*
ich	habe gewacht	habe gewacht	hätte gewacht
du	hast gewacht	habest gewacht	hättest gewacht
er	hat gewacht	habe gewacht	hätte gewacht
wir	haben gewacht	haben gewacht	hätten gewacht
ihr	habt gewacht	habet gewacht	hättet gewacht
sie	haben gewacht	haben gewacht	hätten gewacht
	Pluperfect		
ich	hatte gewacht		
du	hattest gewacht		
er	hatte gewacht		
wir	hatten gewacht		
ihr	hattet gewacht		
sie	hatten gewacht		
		Future Time	
	Future	*(Fut. Subj.)*	*(Pres. Conditional)*
ich	werde wachen	werde wachen	würde wachen
du	wirst wachen	werdest wachen	würdest wachen
er	wird wachen	werde wachen	würde wachen
wir	werden wachen	werden wachen	würden wachen
ihr	werdet wachen	werdet wachen	würdet wachen
sie	werden wachen	werden wachen	würden wachen
		Future Perfect Time	
	Future Perfect	*(Fut. Perf. Subj.)*	*(Past Conditional)*
ich	werde gewacht haben	werde gewacht haben	würde gewacht haben
du	wirst gewacht haben	werdest gewacht haben	würdest gewacht haben
er	wird gewacht haben	werde gewacht haben	würde gewacht haben
wir	werden gewacht haben	werden gewacht haben	würden gewacht haben
ihr	werdet gewacht haben	werdet gewacht haben	würdet gewacht haben
sie	werden gewacht haben	werden gewacht haben	würden gewacht haben

Examples: *Unser Hund wacht über das Haus.* Our dog watches over the house.

PRINC. PARTS: wachsen, wuchs, ist gewachsen, wächst
IMPERATIVE: wachse!, wachst!, wachsen Sie!

to grow

INDICATIVE	SUBJUNCTIVE	
	PRIMARY	SECONDARY

Present Time

	Present	*(Pres. Subj.)*	*(Imperf. Subj.)*
ich	wachse	wachse	wüchse
du	wächst	wachsest	wüchsest
er	wächst	wachse	wüchse
wir	wachsen	wachsen	wüchsen
ihr	wachst	wachset	wüchset
sie	wachsen	wachsen	wüchsen

	Imperfect
ich	wuchs
du	wuchsest
er	wuchs
wir	wuchsen
ihr	wuchst
sie	wuchsen

Past Time

	Perfect	*(Perf. Subj.)*	*(Pluperf. Subj.)*
ich	bin gewachsen	sei gewachsen	wäre gewachsen
du	bist gewachsen	seiest gewachsen	wärest gewachsen
er	ist gewachsen	sei gewachsen	wäre gewachsen
wir	sind gewachsen	seien gewachsen	wären gewachsen
ihr	seid gewachsen	seiet gewachsen	wäret gewachsen
sie	sind gewachsen	seien gewachsen	wären gewachsen

	Pluperfect
ich	war gewachsen
du	warst gewachsen
er	war gewachsen
wir	waren gewachsen
ihr	wart gewachsen
sie	waren gewachsen

Future Time

	Future	*(Fut. Subj.)*	*(Pres. Conditional)*
ich	werde wachsen	werde wachsen	würde wachsen
du	wirst wachsen	werdest wachsen	würdest wachsen
er	wird wachsen	werde wachsen	würde wachsen
wir	werden wachsen	werden wachsen	würden wachsen
ihr	werdet wachsen	werdet wachsen	würdet wachsen
sie	werden wachsen	werden wachsen	würden wachsen

Future Perfect Time

	Future Perfect	*(Fut. Perf. Subj.)*	*(Past Conditional)*
ich	werde gewachsen sein	werde gewachsen sein	würde gewachsen sein
du	wirst gewachsen sein	werdest gewachsen sein	würdest gewachsen sein
er	wird gewachsen sein	werde gewachsen sein	würde gewachsen sein
wir	werden gewachsen sein	werden gewachsen sein	würden gewachsen sein
ihr	werdet gewachsen sein	werdet gewachsen sein	würdet gewachsen sein
sie	werden gewachsen sein	werden gewachsen sein	würden gewachsen sein

Examples: *Schöne Blumen wachsen in unserem Garten.* Beautiful flowers grow in our garden.

wagen

to dare

PRINC. PARTS: wagen, wagte, gewagt, wagt
IMPERATIVE: wage!, wagt!, wagen Sie!

INDICATIVE	SUBJUNCTIVE	
	PRIMARY	SECONDARY

Present Time

	Present	*(Pres. Subj.)*	*(Imperf. Subj.)*
ich	wage	wage	wagte
du	wagst	wagest	wagtest
er	wagt	wage	wagte
wir	wagen	wagen	wagten
ihr	wagt	waget	wagtet
sie	wagen	wagen	wagten

	Imperfect
ich	wagte
du	wagtest
er	wagte
wir	wagten
ihr	wagtet
sie	wagten

Past Time

	Perfect	*(Perf. Subj.)*	*(Pluperf. Subj.)*
ich	habe gewagt	habe gewagt	hätte gewagt
du	hast gewagt	habest gewagt	hättest gewagt
er	hat gewagt	habe gewagt	hätte gewagt
wir	haben gewagt	haben gewagt	hätten gewagt
ihr	habt gewagt	habet gewagt	hättet gewagt
sie	haben gewagt	haben gewagt	hätten gewagt

	Pluperfect
ich	hatte gewagt
du	hattest gewagt
er	hatte gewagt
wir	hatten gewagt
ihr	hattet gewagt
sie	hatten gewagt

Future Time

	Future	*(Fut. Subj.)*	*(Pres. Conditional)*
ich	werde wagen	werde wagen	würde wagen
du	wirst wagen	werdest wagen	würdest wagen
er	wird wagen	werde wagen	würde wagen
wir	werden wagen	werden wagen	würden wagen
ihr	werdet wagen	werdet wagen	würdet wagen
sie	werden wagen	werden wagen	würden wagen

Future Perfect Time

	Future Perfect	*(Fut. Perf. Subj.)*	*(Past Conditional)*
ich	werde gewagt haben	werde gewagt haben	würde gewagt haben
du	wirst gewagt haben	werdest gewagt haben	würdest gewagt haben
er	wird gewagt haben	werde gewagt haben	würde gewagt haben
wir	werden gewagt haben	werden gewagt haben	würden gewagt haben
ihr	werdet gewagt haben	werdet gewagt haben	würdet gewagt haben
sie	werden gewagt haben	werden gewagt haben	würden gewagt haben

Examples: *Karla hat es nicht gewagt, ihm die Wahrheit zu sagen.* Karla didn't dare tell him the truth.

wählen

to choose; vote

INDICATIVE	SUBJUNCTIVE	
	PRIMARY	SECONDARY

Present Time

	Present	*(Pres. Subj.)*	*(Imperf. Subj.)*
ich	wähle	wähle	wählte
du	wählst	wählest	wähltest
er	wählt	wähle	wählte
wir	wählen	wählen	wählten
ihr	wählt	wählet	wähltet
sie	wählen	wählen	wählten

	Imperfect
ich	wählte
du	wähltest
er	wählte
wir	wählten
ihr	wähltet
sie	wählten

Past Time

	Perfect	*(Perf. Subj.)*	*(Pluperf. Subj.)*
ich	habe gewählt	habe gewählt	hätte gewählt
du	hast gewählt	habest gewählt	hättest gewählt
er	hat gewählt	habe gewählt	hätte gewählt
wir	haben gewählt	haben gewählt	hätten gewählt
ihr	habt gewählt	habet gewählt	hättet gewählt
sie	haben gewählt	haben gewählt	hätten gewählt

	Pluperfect
ich	hatte gewählt
du	hattest gewählt
er	hatte gewählt
wir	hatten gewählt
ihr	hattet gewählt
sie	hatten gewählt

Future Time

	Future	*(Fut. Subj.)*	*(Pres. Conditional)*
ich	werde wählen	werde wählen	würde wählen
du	wirst wählen	werdest wählen	würdest wählen
er	wird wählen	werde wählen	würde wählen
wir	werden wählen	werden wählen	würden wählen
ihr	werdet wählen	werdet wählen	würdet wählen
sie	werden wählen	werden wählen	würden wählen

Future Perfect Time

	Future Perfect	*(Fut. Perf. Subj.)*	*(Past Conditional)*
ich	werde gewählt haben	werde gewählt haben	würde gewählt haben
du	wirst gewählt haben	werdest gewählt haben	würdest gewählt haben
er	wird gewählt haben	werde gewählt haben	würde gewählt haben
wir	werden gewählt haben	werden gewählt haben	würden gewählt haben
ihr	werdet gewählt haben	werdet gewählt haben	würdet gewählt haben
sie	werden gewählt haben	werden gewählt haben	würden gewählt haben

Examples: *Viele haben bei den letzten Wahlen nicht gewählt.* Many didn't vote in the last elections.

467

wähnen

to fancy, imagine, think

PRINC. PARTS: wähnen, wähnte, gewähnt, wähnt
IMPERATIVE: wähne!, wähnt!, wähnen Sie!

	INDICATIVE		SUBJUNCTIVE	
			PRIMARY	SECONDARY
			Present Time	
	Present		*(Pres. Subj.)*	*(Imperf. Subj.)*
ich	wähne		wähne	wähnte
du	wähnst		wähnest	wähntest
er	wähnt		wähne	wähnte
wir	wähnen		wähnen	wähnten
ihr	wähnt		wähnet	wähntet
sie	wähnen		wähnen	wähnten

	Imperfect
ich	wähnte
du	wähntest
er	wähnte
wir	wähnten
ihr	wähntet
sie	wähnten

				Past Time	
	Perfect		*(Perf. Subj.)*	*(Pluperf. Subj.)*
ich	habe gewähnt		habe gewähnt	hätte gewähnt
du	hast gewähnt		habest gewähnt	hättest gewähnt
er	hat gewähnt		habe gewähnt	hätte gewähnt
wir	haben gewähnt		haben gewähnt	hätten gewähnt
ihr	habt gewähnt		habet gewähnt	hättet gewähnt
sie	haben gewähnt		haben gewähnt	hätten gewähnt

	Pluperfect
ich	hatte gewähnt
du	hattest gewähnt
er	hatte gewähnt
wir	hatten gewähnt
ihr	hattet gewähnt
sie	hatten gewähnt

			Future Time	
	Future		*(Fut. Subj.)*	*(Pres. Conditional)*
ich	werde wähnen		werde wähnen	würde wähnen
du	wirst wähnen		werdest wähnen	würdest wähnen
er	wird wähnen		werde wähnen	würde wähnen
wir	werden wähnen		werden wähnen	würden wähnen
ihr	werdet wähnen		werdet wähnen	würdet wähnen
sie	werden wähnen		werden wähnen	würden wähnen

			Future Perfect Time	
	Future Perfect		*(Fut. Perf. Subj.)*	*(Past Conditional)*
ich	werde gewähnt haben		werde gewähnt haben	würde gewähnt haben
du	wirst gewähnt haben		werdest gewähnt haben	würdest gewähnt haben
er	wird gewähnt haben		werde gewähnt haben	würde gewähnt haben
wir	werden gewähnt haben		werden gewähnt haben	würden gewähnt haben
ihr	werdet gewähnt haben		werdet gewähnt haben	würdet gewähnt haben
sie	werden gewähnt haben		werden gewähnt haben	würden gewähnt haben

Examples: *Alexander ist wahnsinnig geworden und wähnt sich Napoleon.*
Alexander has gone mad and thinks he's Napoleon.

468

PRINC. PARTS: währen, währte, gewährt,
währt,
IMPERATIVE: währe!, währt!, währen Sie!

währen

to last

INDICATIVE	SUBJUNCTIVE	
	PRIMARY	SECONDARY
	Present Time	
Present	*(Pres. Subj.)*	*(Imperf. Subj.)*
ich währe	währe	währte
du währst	währest	währtest
er währt	währe	währte
wir währen	währen	währten
ihr währt	während	währtet
sie währen	währen	währten

Imperfect
ich währte
du währtest
er währte
wir währten
ihr währtet
sie währten

	Past Time	
Perfect	*(Perf. Subj.)*	*(Pluperf. Subj.)*
ich habe gewährt	habe gewährt	hätte gewährt
du hast gewährt	habest gewährt	hättest gewährt
er hat gewährt	habe gewährt	hätte gewährt
wir haben gewährt	haben gewährt	hätten gewährt
ihr habt gewährt	habet gewährt	hättet gewährt
sie haben gewährt	haben gewährt	hätten gewährt

Pluperfect
ich hatte gewährt
du hattest gewährt
er hatte gewährt
wir hatten gewährt
ihr hattet gewährt
sie hatten gewährt

	Future Time	
Future	*(Fut. Subj.)*	*(Pres. Conditional)*
ich werde währen	werde währen	würde währen
du wirst währen	werdest währen	würdest währen
er wird währen	werde währen	würde währen
wir werden währen	werden währen	würden währen
ihr werdet währen	werdet währen	würdet währen
sie werden währen	werden währen	würden währen

	Future Perfect Time	
Future Perfect	*(Fut. Perf. Subj.)*	*(Past Conditional)*
ich werde gewährt haben	werde gewährt haben	würde gewährt haben
du wirst gewährt haben	werdest gewährt haben	würdest gewährt haben
er wird gewährt haben	werde gewährt haben	würde gewährt haben
wir werden gewährt haben	werden gewährt haben	würden gewährt haben
ihr werdet gewährt haben	werdet gewährt haben	würdet gewährt haben
sie werden gewährt haben	werden gewährt haben	würden gewährt haben

Examples: *Wie lange wird das noch währen?* How long is that going to go on?

walten

to rule, govern

PRINC. PARTS: walten, waltete, gewaltet, waltet
IMPERATIVE: walte!, waltet!, walten Sie!

INDICATIVE	SUBJUNCTIVE	
	PRIMARY	SECONDARY
	Present Time	
Present	*(Pres. Subj.)*	*(Imperf. Subj.)*
ich walte	walte	waltete
du waltest	waltest	waltetest
er waltet	walte	waltete
wir walten	walten	walteten
ihr waltet	waltet	waltetet
sie walten	walten	walteten

Imperfect		
ich waltete		
du waltetest		
er waltete		
wir walteten		
ihr waltetet		
sie walteten		

	Past Time	
Perfect	*(Perf. Subj.)*	*(Pluperf. Subj.)*
ich habe gewaltet	habe gewaltet	hätte gewaltet
du hast gewaltet	habest gewaltet	hättest gewaltet
er hat gewaltet	habe gewaltet	hätte gewaltet
wir haben gewaltet	haben gewaltet	hätten gewaltet
ihr habt gewaltet	habet gewaltet	hättet gewaltet
sie haben gewaltet	haben gewaltet	hätten gewaltet

Pluperfect		
ich hatte gewaltet		
du hattest gewaltet		
er hatte gewaltet		
wir hatten gewaltet		
ihr hattet gewaltet		
sie hatten gewaltet		

	Future Time	
Future	*(Fut. Subj.)*	*(Pres. Conditional)*
ich werde walten	werde walten	würde walten
du wirst walten	werdest walten	würdest walten
er wird walten	werde walten	würde walten
wir werden walten	werden walten	würden walten
ihr werdet walten	werdet walten	würdet walten
sie werden walten	werden walten	würden walten

	Future Perfect Time	
Future Perfect	*(Fut. Perf. Subj.)*	*(Past Conditional)*
ich werde gewaltet haben	werde gewaltet haben	würde gewaltet haben
du wirst gewaltet haben	werdest gewaltet haben	würdest gewaltet haben
er wird gewaltet haben	werde gewaltet haben	würde gewaltet haben
wir werden gewaltet haben	werden gewaltet haben	würden gewaltet haben
ihr werdet gewaltet haben	werdet gewaltet haben	würdet gewaltet haben
sie werden gewaltet haben	werden gewaltet haben	würden gewaltet haben

Examples: *Endlich hat man Vernunft walten lassen.* Finally, reason prevailed.

wälzen

PRINC. PARTS: wälzen, wälzte, gewälzt, wälzt
IMPERATIVE: wälze!, wälzt!, wälzen Sie!

to roll, turn about

INDICATIVE	SUBJUNCTIVE	
	PRIMARY	SECONDARY
	Present Time	
Present	*(Pres. Subj.)*	*(Imperf. Subj.)*
ich wälze	wälze	wälzte
du wälzt	wälzest	wälztest
er wälzt	wälze	wälzte
wir wälzen	wälzen	wälzten
ihr wälzt	wälzet	wälztet
sie wälzen	wälzen	wälzten

Imperfect
ich wälzte
du wälztest
er wälzte
wir wälzten
ihr wälztet
sie wälzten

		Past Time	
Perfect	*(Perf. Subj.)*	*(Pluperf. Subj.)*
ich habe gewälzt	habe gewälzt	hätte gewälzt
du hast gewälzt	habest gewälzt	hättest gewälzt
er hat gewälzt	habe gewälzt	hätte gewälzt
wir haben gewälzt	haben gewälzt	hätten gewälzt
ihr habt gewälzt	habet gewälzt	hättet gewälzt
sie haben gewälzt	haben gewälzt	hätten gewälzt

Pluperfect
ich hatte gewälzt
du hattest gewälzt
er hatte gewälzt
wir hatten gewälzt
ihr hattet gewälzt
sie hatten gewälzt

	Future Time	
Future	*(Fut. Subj.)*	*(Pres. Conditional)*
ich werde wälzen	werde wälzen	würde wälzen
du wirst wälzen	werdest wälzen	würdest wälzen
er wird wälzen	werde wälzen	würde wälzen
wir werden wälzen	werden wälzen	würden wälzen
ihr werdet wälzen	werdet wälzen	würdet wälzen
sie werden wälzen	werden wälzen	würden wälzen

	Future Perfect Time	
Future Perfect	*(Fut. Perf. Subj.)*	*(Past Conditional)*
ich werde gewälzt haben	werde gewälzt haben	würde gewälzt haben
du wirst gewälzt haben	werdest gewälzt haben	würdest gewälzt haben
er wird gewälzt haben	werde gewälzt haben	würde gewälzt haben
wir werden gewälzt haben	werden gewälzt haben	würden gewälzt haben
ihr werdet gewälzt haben	werdet gewälzt haben	würdet gewälzt haben
sie werden gewälzt haben	werden gewälzt haben	würden gewälzt haben

Examples: *Wir wälzten uns vor Lachen.* We rolled over with laughter.

471

wandern

to wander, hike

PRINC. PARTS: wandern, wanderte,
ist gewandert, wandert
IMPERATIVE: wandre!, wandert!, wandern Sie!

INDICATIVE		SUBJUNCTIVE	
		PRIMARY	SECONDARY
		Present Time	
	Present	(*Pres. Subj.*)	(*Imperf. Subj.*)
ich	wandere*	wandere*	wanderte
du	wanderst	wanderest	wandertest
er	wandert	wandere*	wanderte
wir	wandern	wandern	wanderten
ihr	wandert	wandert	wandertet
sie	wandern	wandern	wanderten

	Imperfect
ich	wanderte
du	wandertest
er	wanderte
wir	wanderten
ihr	wandertet
sie	wanderten

			Past Time	
	Perfect		(*Perf. Subj.*)	(*Pluperf. Subj.*)
ich	bin gewandert		sei gewandert	wäre gewandert
du	bist gewandert		seiest gewandert	wärest gewandert
er	ist gewandert		sei gewandert	wäre gewandert
wir	sind gewandert		seien gewandert	wären gewandert
ihr	seid gewandert		seiet gewandert	wäret gewandert
sie	sind gewandert		seien gewandert	wären gewandert

	Pluperfect
ich	war gewandert
du	warst gewandert
er	war gewandert
wir	waren gewandert
ihr	wart gewandert
sie	waren gewandert

			Future Time	
	Future		(*Fut. Subj.*)	(*Pres. Conditional*)
ich	werde wandern		werde wandern	würde wandern
du	wirst wandern		werdest wandern	würdest wandern
er	wird wandern		werde wandern	würde wandern
wir	werden wandern		werden wandern	würden wandern
ihr	werdet wandern		werdet wandern	würdet wandern
sie	werden wandern		werden wandern	würden wandern

			Future Perfect Time	
	Future Perfect		(*Fut. Perf. Subj.*)	(*Past Conditional*)
ich	werde gewandert sein		werde gewandert sein	würde gewandert sein
du	wirst gewandert sein		werdest gewandert sein	würdest gewandert sein
er	wird gewandert sein		werde gewandert sein	würde gewandert sein
wir	werden gewandert sein		werden gewandert sein	würden gewandert sein
ihr	werdet gewandert sein		werdet gewandert sein	würdet gewandert sein
sie	werden gewandert sein		werden gewandert sein	würden gewandert sein

* 'e' preceding 'r' in these forms is usually omitted in colloquial speech.

Examples: *Das Wandern ist nicht mehr des Müllers Lust.* The miller doesn't like hiking anymore.

PRINC. PARTS: waschen, wusch, gewaschen, wäscht
IMPERATIVE: wasche!, wascht!, waschen Sie!

INDICATIVE	SUBJUNCTIVE	
	PRIMARY	SECONDARY
	Present Time	
Present	*(Pres. Subj.)*	*(Imperf. Subj.)*
ich wasche	wasche	wüsche
du wäschst	waschest	wüschest
er wäscht	wasche	wüsche
wir waschen	waschen	wüschen
ihr wascht	waschet	wüschet
sie waschen	waschen	wüschen
Imperfect		
ich wusch		
du wuschest		
er wusch		
wir wuschen		
ihr wuscht		
sie wuschen		
	Past Time	
Perfect	*(Perf. Subj.)*	*(Pluperf. Subj.)*
ich habe gewaschen	habe gewaschen	hätte gewaschen
du hast gewaschen	habest gewaschen	hättest gewaschen
er hat gewaschen	habe gewaschen	hätte gewaschen
wir haben gewaschen	haben gewaschen	hätten gewaschen
ihr habt gewaschen	habet gewaschen	hättet gewaschen
sie haben gewaschen	haben gewaschen	hätten gewaschen
Pluperfect		
ich hatte gewaschen		
du hattest gewaschen		
er hatte gewaschen		
wir hatten gewaschen		
ihr hattet gewaschen		
sie hatten gewaschen		
	Future Time	
Future	*(Fut. Subj.)*	*(Pres. Conditional)*
ich werde waschen	werde waschen	würde waschen
du wirst waschen	werdest waschen	würdest waschen
er wird waschen	werde waschen	würde waschen
wir werden waschen	werden waschen	würden waschen
ihr werdet waschen	werdet waschen	würdet waschen
sie werden waschen	werden waschen	würden waschen
	Future Perfect Time	
Future Perfect	*(Fut. Perf. Subj.)*	*(Past Conditional)*
ich werde gewaschen haben	werde gewaschen haben	würde gewaschen haben
du wirst gewaschen haben	werdest gewaschen haben	würdest gewaschen haben
er wird gewaschen haben	werde gewaschen haben	würde gewaschen haben
wir werden gewaschen haben	werden gewaschen haben	würden gewaschen haben
ihr werdet gewaschen haben	werdet gewaschen haben	würdet gewaschen haben
sie werden gewaschen haben	werden gewaschen haben	würden gewaschen haben

Examples: *Sie hat sich das Gesicht gewaschen. Er wird seine Wäsche waschen.* She washed her face. He will do his laundry.

wechseln

to change, exchange

PRINC. PARTS: wechseln, wechselte, gewechselt, wechselt
IMPERATIVE: wechsle!, wechselt!, wechseln Sie!

INDICATIVE	SUBJUNCTIVE	
	PRIMARY	SECONDARY
	Present Time	
Present	*(Perf. Subj.)*	*(Imperf. Subj.)*
ich wechsele*	wechsele*	wechselte
du wechselst	wechselest	wechseltest
er wechselt	wechsele*	wechselte
wir wechseln	wechseln	wechselten
ihr wechselt	wechselet	wechseltet
sie wechseln	wechseln	wechselten
Imperfect		
ich wechselte		
du wechseltest		
er wechselte		
wir wechselten		
ihr wechseltet		
sie wechselten		
Perfect	*Past Time*	
ich habe gewechselt	*(Perf. Subj.)*	*(Pluperf. Subj.)*
du hast gewechselt	habe gewechselt	hätte gewechselt
er hat gewechselt	habest gewechselt	hättest gewechselt
wir haben gewechselt	habe gewechselt	hätte gewechselt
ihr habt gewechselt	haben gewechselt	hätten gewechselt
sie haben gewechselt	habet gewechselt	hättet gewechselt
Pluperfect	haben gewechselt	hätten gewechselt
ich hatte gewechselt		
du hattest gewechselt		
er hatte gewechselt		
wir hatten gewechselt		
ihr hattet gewechselt		
sie hatten gewechselt		
	Future Time	
Future	*(Fut. Subj.)*	*(Pres. Conditional)*
ich werde wechseln	werde wechseln	würde wechseln
du wirst wechseln	werdest wechseln	würdest wechseln
er wird wechseln	werde wechseln	würde wechseln
wir werden wechseln	werden wechseln	würden wechseln
ihr werdet wechseln	werdet wechseln	würdet wechseln
sie werden wechseln	werden wechseln	würden wechseln
	Future Perfect Time	
Future Perfect	*(Fut. Perf. Subj.)*	*(Past Conditional)*
ich werde gewechselt haben	werde gewechselt haben	würde gewechselt haben
du wirst gewechselt haben	werdest gewechselt haben	würdest gewechselt haben
er wird gewechselt haben	werde gewechselt haben	würde gewechselt haben
wir werden gewechselt haben	werden gewechselt haben	würden gewechselt haben
ihr werdet wechselt haben	werdet gewechselt haben	würdet gewechselt haben
sie werden gewechselt haben	werden gewechselt haben	würden gewechselt haben

* 'e' preceding 'l' in these forms is usually omitted in colloquial speech.

Examples: *Wir haben nicht genug Geld gewechselt.* We didn't exchange enough money.

wecken

PRINC. PARTS: wecken, weckte, geweckt, weckt
IMPERATIVE: wecke!, weckt!, wecken Sie!

to wake, rouse

INDICATIVE		SUBJUNCTIVE	
		PRIMARY	SECONDARY
		Present Time	
	Present	*(Pres. Subj.)*	*(Imperf. Subj.)*
ich	wecke	wecke	weckte
du	weckst	weckest	wecktest
er	weckt	wecke	weckte
wir	wecken	wecken	weckten
ihr	weckt	wecket	wecktet
sie	wecken	wecken	weckten

	Imperfect
ich	weckte
du	wecktest
er	weckte
wir	weckten
ihr	wecktet
sie	weckten

Past Time

	Perfect	*(Perf. Subj.)*	*(Pluperf. Subj.)*
ich	habe geweckt	habe geweckt	hätte geweckt
du	hast geweckt	habest geweckt	hättest geweckt
er	hat geweckt	habe geweckt	hätte geweckt
wir	haben geweckt	haben geweckt	hätten geweckt
ihr	habt geweckt	habet geweckt	hättet geweckt
sie	haben geweckt	haben geweckt	hätten geweckt

	Pluperfect
ich	hatte geweckt
du	hattest geweckt
er	hatte geweckt
wir	hatten geweckt
ihr	hattet geweckt
sie	hatten geweckt

Future Time

	Future	*(Fut. Subj.)*	*(Pres. Conditional)*
ich	werde wecken	werde wecken	würde wecken
du	wirst wecken	werdest wecken	würdest wecken
er	wird wecken	werde wecken	würde wecken
wir	werden wecken	werden wecken	würden wecken
ihr	werdet wecken	werdet wecken	würdet wecken
sie	werden wecken	werden wecken	würden wecken

Future Perfect Time

	Future Perfect	*(Fut. Perf. Subj.)*	*(Past Conditional)*
ich	werde geweckt haben	werde geweckt haben	würde geweckt haben
du	wirst geweckt haben	werdest geweckt haben	würdest geweckt haben
er	wird geweckt haben	werde geweckt haben	würde geweckt haben
wir	werden geweckt haben	werden geweckt haben	würden geweckt haben
ihr	werdet geweckt haben	werdet geweckt haben	würdet geweckt haben
sie	werden geweckt haben	werden geweckt haben	würden geweckt haben

Examples: *Ich möchte bitte morgen um sieben geweckt werden.* I'd like a wake-up call at seven tomorrow, please.

wehren*

to restrain, check; prevent

PRINC. PARTS: wehren, wehrte, gewehrt, wehrt

IMPERATIVE: wehre!, wehrt!, wehren Sie!

INDICATIVE		SUBJUNCTIVE	
		PRIMARY	SECONDARY
		Present Time	
	Present	(*Pres. Subj.*)	(*Imperf. Subj.*)
ich	wehre	wehre	wehrte
du	wehrst	wehrest	wehrtest
er	wehrt	wehre	wehrte
wir	wehren	wehren	wehrten
ihr	wehrt	wehret	wehrtet
sie	wehren	wehren	wehrten
	Imperfect		
ich	wehrte		
du	wehrtest		
er	wehrte		
wir	wehrten		
ihr	wehrtet		
sie	wehrten		
		Past Time	
	Perfect	(*Perf. Subj.*)	(*Pluperf. Subj.*)
ich	habe gewehrt	habe gewehrt	hätte gewehrt
du	hast gewehrt	habest gewehrt	hättest gewehrt
er	hat gewehrt	habe gewehrt	hätte gewehrt
wir	haben gewehrt	haben gewehrt	hätten gewehrt
ihr	habt gewehrt	habet gewehrt	hättet gewehrt
sie	haben gewehrt	haben gewehrt	hätten gewehrt
	Pluperfect		
ich	hatte gewehrt		
du	hattest gewehrt		
er	hatte gewehrt		
wir	hatten gewehrt		
ihr	hattet gewehrt		
sie	hatten gewehrt		
		Future Time	
	Future	(*Fut. Subj.*)	(*Pres. Conditional*)
ich	werde wehren	werde wehren	würde wehren
du	wirst wehren	werdest wehren	würdest wehren
er	wird wehren	werde wehren	würde wehren
wir	werden wehren	werden wehren	würden wehren
ihr	werdet wehren	werdet wehren	würdet wehren
sie	werden wehren	werden wehren	würden wehren
		Future Perfect Time	
	Future Perfect	(*Fut. Perf. Subj.*)	(*Past Conditional*)
ich	werde gewehrt haben	werde gewehrt haben	würde gewehrt haben
du	wirst gewehrt haben	werdest gewehrt haben	würdest gewehrt haben
er	wird gewehrt haben	werde gewehrt haben	würde gewehrt haben
wir	werden gewehrt haben	werden gewehrt haben	würden gewehrt haben
ihr	werdet gewehrt haben	werdet gewehrt haben	würdet gewehrt haben
sie	werden gewehrt haben	werden gewehrt haben	würden gewehrt haben

* The reflexive verb, sich wehren, wehrte sich, hat sich gewehrt, wehrt sich means to defend one's self, to resist.

Examples: *Die Armee wehrt sich noch tapfer.* The army is still resisting bravely.

to yield, give way

INDICATIVE	SUBJUNCTIVE	
	PRIMARY	SECONDARY

Present Time

	Present	*(Pres. Subj.)*	*(Imperf. Subj.)*
ich	weiche	weiche	wiche
du	weichst	weichest	wichest
er	weicht	weiche	wiche
wir	weichen	weichen	wichen
ihr	weicht	weichet	wichet
sie	weichen	weichen	wichen

	Imperfect
ich	wich
du	wichst
er	wich
wir	wichen
ihr	wicht
sie	wichen

Past Time

	Perfect	*(Perf. Subj.)*	*(Pluperf. Subj.)*
ich	bin gewichen	sei gewichen	wäre gewichen
du	bist gewichen	seiest gewichen	wärest gewichen
er	ist gewichen	sei gewichen	wäre gewichen
wir	sind gewichen	seien gewichen	wären gewichen
ihr	seid gewichen	seiet gewichen	wäret gewichen
sie	sind gewichen	seien gewichen	wären gewichen

	Pluperfect
ich	war gewichen
du	warst gewichen
er	war gewichen
wir	waren gewichen
ihr	wart gewichen
sie	waren gewichen

Future Time

	Future	*(Fut. Subj.)*	*(Pres. Conditional)*
ich	werde weichen	werde weichen	würde weichen
du	wirst weichen	werdest weichen	würdest weichen
er	wird weichen	werde weichen	würde weichen
wir	werden weichen	werden weichen	würden weichen
ihr	werdet weichen	werdet weichen	würdet weichen
sie	werden weichen	werden weichen	würden weichen

Future Perfect Time

	Future Perfect	*(Fut. Perf. Subj.)*	*(Past Conditional)*
ich	werde gewichen sein	werde gewichen sein	würde gewichen sein
du	wirst gewichen sein	werdest gewichen sein	würdest gewichen sein
er	wird gewichen sein	werde gewichen sein	würde gewichen sein
wir	werden gewichen sein	werden gewichen sein	würden gewichen sein
ihr	werdet gewichen sein	werdet gewichen sein	würdet gewichen sein
sie	werden gewichen sein	werden gewichen sein	würden gewichen sein

Examples: *Sie mußten dem Feind weichen.* They had to yield to the enemy.

weihen

to consecrate; ordain; devote

PRINC. PARTS: weihen, weihte, geweiht, weiht
IMPERATIVE: weihe!, weiht!, weihen Sie!

INDICATIVE	SUBJUNCTIVE	
	PRIMARY	SECONDARY

Present Time

	Present	(Pres. Subj.)	(Imperf. Subj.)
ich	weihe	weihe	weihte
du	weihst	weihest	weihtest
er	weiht	weihe	weihte
wir	weihen	weihen	weihten
ihr	weiht	weihet	weihtet
sie	weihen	weihen	weihten

	Imperfect
ich	weihte
du	weihtest
er	weihte
wir	weihten
ihr	weihtet
sie	weihten

Past Time

	Perfect	(Perf. Subj.)	(Pluperf. Subj.)
ich	habe geweiht	habe geweiht	hätte geweiht
du	hast geweiht	habest geweiht	hättest geweiht
er	hat geweiht	habe geweiht	hätte geweiht
wir	haben geweiht	haben geweiht	hätten geweiht
ihr	habt geweiht	habet geweiht	hättet geweiht
sie	haben geweiht	haben geweiht	hätten geweiht

	Pluperfect
ich	hatte geweiht
du	hattest geweiht
er	hatte geweiht
wir	hatten geweiht
ihr	hattet geweiht
sie	hatten geweiht

Future Time

	Future	(Fut. Subj.)	(Pres. Conditional)
ich	werde weihen	werde weihen	würde weihen
du	wirst weihen	werdest weihen	würdest weihen
er	wird weihen	werde weihen	würde weihen
wir	werden weihen	werden weihen	würden weihen
ihr	werdet weihen	werdet weihen	würdet weihen
sie	werden weihen	werden weihen	würden weihen

Future Perfect Time

	Future Perfect	(Fut. Perf. Subj.)	(Past Conditional
ich	werde geweiht haben	werde geweiht haben	würde geweiht haben
du	wirst geweiht haben	werdest geweiht haben	würdest geweiht haben
er	wird geweiht haben	werde geweiht haben	würde geweiht haben
wir	werden geweiht haben	werden geweiht haben	würden geweiht haben
ihr	werdet geweiht haben	werdet geweiht haben	würdet geweiht haben
sie	werden geweiht haben	werden geweiht haben	würden geweiht haben

---

Examples: *Sie wurde zur Priesterin geweiht.* She was ordained a priestess.

478

weinen

PRINC. PARTS: weinen, weinte, geweint, weint
IMPERATIVE: weine!, weint!, weinen Sie!

to weep, cry

INDICATIVE	SUBJUNCTIVE	
	PRIMARY	SECONDARY
	Present Time	
Present	*(Pres. Subj.)*	*(Imperf. Subj.)*
ich weine	weine	weinte
du weinst	weinest	weintest
er weint	weine	weinte
wir weinen	weinen	weinten
ihr weint	weinet	weintet
sie weinen	weinen	weinten

Imperfect
ich weinte
du weintest
er weinte
wir weinten
ihr weintet
sie weinten

Perfect	*(Perf. Subj.)*	*(Pluperf. Subj.)*
	Past Time	
ich habe geweint	habe geweint	hätte geweint
du hast geweint	habest geweint	hättest geweint
er hat geweint	habe geweint	hätte geweint
wir haben geweint	haben geweint	hätten geweint
ihr habt geweint	habet geweint	hättet geweint
sie haben geweint	haben geweint	hätten geweint

Pluperfect
ich hatte geweint
du hattest geweint
er hatte geweint
wir hatten geweint
ihr hattet geweint
sie hatten geweint

Future	*(Fut. Subj.)*	*(Pres. Conditional)*
	Future Time	
ich werde weinen	werde weinen	würde weinen
du wirst weinen	werdest weinen	würdest weinen
er wird weinen	werde weinen	würde weinen
wir werden weinen	werden weinen	würden weinen
ihr werdet weinen	werdet weinen	würdet weinen
sie werden weinen	werden weinen	würden weinen

Future Perfect	*(Fut. Perf. Subj.)*	*(Past Conditional)*
	Future Perfect Time	
ich werde geweint haben	werde geweint haben	würde geweint haben
du wirst geweint haben	werdest geweint haben	würdest geweint haben
er wird geweint haben	werde geweint haben	würde geweint haben
wir werden geweint haben	werden geweint haben	würden geweint haben
ihr werdet geweint haben	werdet geweint haben	würdet geweint haben
sie werden geweint haben	werden geweint haben	würden geweint haben

Examples: *Das Kind weinte den ganzen Tag.* The child cried all day.

weisen

to point out, show

PRINC. PARTS: weisen, wies, gewiesen, weist
IMPERATIVE: weise!, weist!, weisen Sie!

	INDICATIVE	SUBJUNCTIVE	
		PRIMARY	SECONDARY
		Present Time	
	Present	*(Pres. Subj.)*	*(Imperf. Subj.)*
ich	weise	weise	wiese
du	weist	weisest	wiesest
er	weist	weise	wiese
wir	weisen	weisen	wiesen
ihr	weist	weiset	wieset
sie	weisen	weisen	wiesen
	Imperfect		
ich	wies		
du	wiesest		
er	wies		
wir	wiesen		
ihr	wiest		
sie	wiesen		
		Past Time	
	Perfect	*(Perf. Subj.)*	*(Pluperf. Subj.)*
ich	habe gewiesen	habe gewiesen	hätte gewiesen
du	hast gewiesen	habest gewiesen	hättest gewiesen
er	hat gewiesen	habe gewiesen	hätte gewiesen
wir	haben gewiesen	haben gewiesen	hätten gewiesen
ihr	habt gewiesen	habet gewiesen	hättet gewiesen
sie	haben gewiesen	haben gewiesen	hätten gewiesen
	Pluperfect		
ich	hatte gewiesen		
du	hattest gewiesen		
er	hatte gewiesen		
wir	hatten gewiesen		
ihr	hattet gewiesen		
sie	hatten gewiesen		
		Future Time	
	Future	*(Fut. Subj.)*	*(Pres. Conditional)*
ich	werde weisen	werde weisen	würde weisen
du	wirst weisen	werdest weisen	würdest weisen
er	wird weisen	werde weisen	würde weisen
wir	werden weisen	werden weisen	würden weisen
ihr	werdet weisen	werdet weisen	würdet weisen
sie	werden weisen	werden weisen	würden weisen
		Future Perfect Time	
	Future Perfect	*(Fut. Perf. Subj.)*	*(Past Conditional)*
ich	werde gewiesen haben	werde gewiesen haben	würde gewiesen haben
du	wirst gewiesen haben	werdest gewiesen haben	würdest gewiesen haben
er	wird gewiesen haben	werde gewiesen haben	würde gewiesen haben
wir	werden gewiesen haben	werden gewiesen haben	würden gewiesen haben
ihr	werdet gewiesen haben	werdet gewiesen haben	würdet gewiesen haben
sie	werden gewiesen haben	werden gewiesen haben	würden gewiesen haben

Examples: *Karin hat uns den richtigen Weg gewiesen.* Karin showed us the right way.

480

PRINC. PARTS: wenden,* wandte, gewandt, wendet
IMPERATIVE: wende!, wendet!, wenden Sie!

INDICATIVE		SUBJUNCTIVE	
		PRIMARY	SECONDARY
		Present Time	
	Present	*(Pres. Subj.)*	*(Imperf. Subj.)*
ich	wende	wende	wendete
du	wendest	wendest	wendetest
er	wendet	wende	wendete
wir	wenden	wenden	wendeten
ihr	wendet	wendet	wendetet
sie	wenden	wenden	wendeten
	Imperfect		
ich	wandte		
du	wandtest		
er	wandte		
wir	wandten		
ihr	wandtet		
sie	wandten		
		Past Time	
	Perfect	*(Perf. Subj.)*	*(Pluperf. Subj.)*
ich	habe gewandt	habe gewandt	hätte gewandt
du	hast gewandt	habest gewandt	hättest gewandt
er	hat gewandt	habe gewandt	hätte gewandt
wir	haben gewandt	haben gewandt	hätten gewandt
ihr	habt gewandt	habet gewandt	hättet gewandt
sie	haben gewandt	haben gewandt	hätten gewandt
	Pluperfect		
ich	hatte gewandt		
du	hattest gewandt		
er	hatte gewandt		
wir	hatten gewandt		
ihr	hattet gewandt		
sie	hatten gewandt		
		Future Time	
	Future	*(Fut. Subj.)*	*(Pres. Conditional)*
ich	werde wenden	werde wenden	würde wenden
du	wirst wenden	werdest wenden	würdest wenden
er	wird wenden	werde wenden	würde wenden
wir	werden wenden	werden wenden	würden wenden
ihr	werdet wenden	werdet wenden	würdet wenden
sie	werden wenden	werden wenden	würden wenden
		Future Perfect Time	
	Future Perfect	*(Fut. Perf. Subj.)*	*(Past Conditional)*
ich	werde gewandt haben	werde gewandt haben	würde gewandt haben
du	wirst gewandt haben	werdest gewandt haben	würdest gewandt haben
er	wird gewandt haben	werde gewandt haben	würde gewandt haben
wir	werden gewandt haben	werden gewandt haben	würden gewandt haben
ihr	werdet gewandt haben	werdet gewandt haben	würdet gewandt haben
sie	werden gewandt haben	werden gewandt haben	würden gewandt haben

* The weak forms of the past tense **wendete**, and of the past participle **gewendet** are also found.

Examples: *Im Frühling hoffte er, daß alles sich zum Besseren wenden würde.* In the spring he hoped that everything would take a turn for the better.

werben

to recruit; woo; court; solicit

PRINC. PARTS: werben, warb, geworben, wirbt
IMPERATIVE: wirb!, werbt!, werben Sie!

INDICATIVE		SUBJUNCTIVE	
		PRIMARY	SECONDARY
		Present Time	
	Present	*(Pres. Subj.)*	*(Imperf. Subj.)*
ich	werbe	werbe	würbe
du	wirbst	werbest	würbest
er	wirbt	werbe	würbe
wir	werben	werben	würben
ihr	werbt	werbet	würbet
sie	werben	werben	würben

	Imperfect
ich	warb
du	warbst
er	warb
wir	warben
ihr	warbt
sie	warben

INDICATIVE		SUBJUNCTIVE	
		Past Time	
	Perfect	*(Perf. Subj.)*	*(Pluperf. Subj.)*
ich	habe geworben	habe geworben	hätte geworben
du	hast geworben	habest geworben	hättest geworben
er	hat geworben	habe geworben	hätte geworben
wir	haben geworben	haben geworben	hätten geworben
ihr	habt geworben	habet geworben	hättet geworben
sie	haben geworben	haben geworben	hätten geworben

	Pluperfect
ich	hatte geworben
du	hattest geworben
er	hatte geworben
wir	hatten geworben
ihr	hattet geworben
sie	hatten geworben

INDICATIVE		SUBJUNCTIVE	
		Future Time	
	Future	*(Fut. Subj.)*	*(Pres. Conditional)*
ich	werde werben	werde werben	würde werben
du	wirst werben	werdest werben	würdest werben
er	wird werben	werde werben	würde werben
wir	werden werben	werden werben	würden werben
ihr	werdet werben	werdet werben	würdet werben
sie	werden werben	werden werben	würden werben

INDICATIVE		SUBJUNCTIVE	
		Future Perfect Time	
	Future Perfect	*(Fut. Perf. Subj.)*	*(Past Conditional)*
ich	werde geworben haben	werde geworben haben	würde geworben haben
du	wirst geworben haben	werdest geworben haben	würdest geworben haben
er	wird geworben haben	werde geworben haben	würde geworben haben
wir	werden geworben haben	werden geworben haben	würden geworben haben
ihr	werdet geworben haben	werdet geworben haben	würdet geworben haben
sie	werden geworben haben	werden geworben haben	würden geworben haben

Examples: *Die Senatorin versucht, uns für ihre Partei zu werben.* The senator is trying to recruit us for her party.

PRINC. PARTS: werden, wurde*, ist
geworden**, wird

IMPERATIVE: werde!, werdet!, werden Sie!

to become; shall or will†; be††

INDICATIVE	SUBJUNCTIVE	
	PRIMARY	SECONDARY

Present Time

Present	*(Pres. Subj.)*	*(Imperf. Subj.)*
ich werde	werde	würde
du wirst	werdest	würdest
er wird	werde	würde
wir werden	werden	würden
ihr werdet	werdet	würdet
sie werden	werden	würden

Imperfect
ich wurde
du wurdest
er wurde
wir wurden
ihr wurdet
sie wurden

Past Time

Perfect	*(Perf. Subj.)*	*(Pluperf. Subj.)*
ich bin geworden	sei geworden	wäre geworden
du bist geworden	seiest geworden	wärest geworden
er ist geworden	sei geworden	wäre geworden
wir sind geworden	seien geworden	wären geworden
ihr seid geworden	seiet geworden	wäret geworden
sie sind geworden	seien geworden	wären geworden

Pluperfect
ich war geworden
du warst geworden
er war geworden
wir waren geworden
ihr wart geworden
sie waren geworden

Future Time

Future	*(Fut. Subj.)*	*(Pres. Conditional)*
ich werde werden	werde werden	würde werden
du wirst werden	werdest werden	würdest werden
er wird werden	werde werden	würde werden
wir werden werden	werden werden	würden werden
ihr werdet werden	werdet werden	würdet werden
sie werden werden	werden werden	würden werden

Future Perfect Time

Future Perfect	*(Fut. Perf. Subj.)*	*(Past Conditional)*
ich werde geworden sein	werde geworden sein	würde geworden sein
du wirst geworden sein	werdest geworden sein	würdest geworden sein
er wird geworden sein	werde geworden sein	würde geworden sein
wir werden geworden sein	werden geworden sein	würden geworden sein
ihr werdet geworden sein	werdet geworden sein	würdet geworden sein
sie werden geworden sein	werden geworden sein	würden geworden sein

* The past tense form **ward** is sometimes found in poetry.
** In the perfect tenses of the passive voice, the past participle is shortened to **worden** after another past participle.
† When present tense is used as auxiliary in the future.
†† When used as the auxiliary in the passive voice.

Examples: *Noch ist nichts daraus geworden, aber es wird schon werden.*
Nothing's come of it yet, but it'll work out.

werfen

throw, hurl, fling

PRINC. PARTS: werfen, warf, geworfen, wirft
IMPERATIVE: wirf!, werft!, werfen Sie!

INDICATIVE	SUBJUNCTIVE	
	PRIMARY	SECONDARY

Present Time

	Present	*(Pres. Subj.)*	*(Imperf. Subj.)*
ich	werfe	werfe	würfe
du	wirfst	werfest	würfest
er	wirft	werfe	würfe
wir	werfen	werfen	würfen
ihr	werft	werfet	würfet
sie	werfen	werfen	würfen

	Imperfect
ich	warf
du	warfst
er	warf
wir	warfen
ihr	warft
sie	warfen

Past Time

	Perfect	*(Perf. Subj.)*	*(Pluperf. Subj.)*
ich	habe geworfen	habe geworfen	hätte geworfen
du	hast geworfen	habest geworfen	hättest geworfen
er	hat geworfen	habe geworfen	hätte geworfen
wir	haben geworfen	haben geworfen	hätten geworfen
ihr	habt geworfen	habet geworfen	hättet geworfen
sie	haben geworfen	haben geworfen	hätten geworfen

	Pluperfect
ich	hatte geworfen
du	hattest geworfen
er	hatte geworfen
wir	hatten geworfen
ihr	hattet geworfen
sie	hatten geworfen

Future Time

	Future	*(Fut. Subj.)*	*(Pres. Conditional)*
ich	werde werfen	werde werfen	würde werfen
du	wirst werfen	werdest werfen	würdest werfen
er	wird werfen	werde werfen	würde werfen
wir	werden werfen	werden werfen	würden werfen
ihr	werdet werfen	werdet werfen	würdet werfen
sie	werden werfen	werden werfen	würden werfen

Future Perfect Time

	Future Perfect	*(Fut. Perf. Subj.)*	*(Past Conditional)*
ich	werde geworfen haben	werde geworfen haben	würde geworfen haben
du	wirst geworfen haben	werdest geworfen haben	würdest geworfen haben
er	wird geworfen haben	werde geworfen haben	würde geworfen haben
wir	werden geworfen haben	werden geworfen haben	würden geworfen haben
ihr	werdet geworfen haben	werdet geworfen haben	würdet geworfen haben
sie	werden geworfen haben	werden geworfen haben	würden geworfen haben

Examples: *Wirf mir den Ball!* Throw me the ball.

484

wetzen

to whet; sharpen

INDICATIVE	SUBJUNCTIVE	
	PRIMARY	SECONDARY

Present Time

	Present	(Pres. Subj.)	(Imperf. Subj.)
ich	wetze	wetze	wetzte
du	wetzt	wetzest	wetztest
er	wetzt	wetze	wetzte
wir	wetzen	wetzen	wetzten
ihr	wetzt	wetzet	wetztet
sie	wetzen	wetzen	wetzten

	Imperfect
ich	wetzte
du	wetztest
er	wetzte
wir	wetzten
ihr	wetztet
sie	wetzten

Past Time

	Perfect	(Perf. Subj.)	(Pluperf. Subj.)
ich	habe gewetzt	habe gewetzt	hätte gewetzt
du	hast gewetzt	habest gewetzt	hättest gewetzt
er	hat gewetzt	habe gewetzt	hätte gewetzt
wir	haben gewetzt	haben gewetzt	hätten gewetzt
ihr	habt gewetzt	habet gewetzt	hättet gewetzt
sie	haben gewetzt	haben gewetzt	hätten gewetzt

	Pluperfect
ich	hatte gewetzt
du	hattest gewetzt
er	hatte gewetzt
wir	hatten gewetzt
ihr	hattet gewetzt
sie	hatten gewetzt

Future Time

	Future	(Fut. Subj.)	(Pres. Conditional)
ich	werde wetzen	werde wetzen	würde wetzen
du	wirst wetzen	werdest wetzen	würdest wetzen
er	wird wetzen	werde wetzen	würde wetzen
wir	werden wetzen	werden wetzen	würden wetzen
ihr	werdet wetzen	werdet wetzen	würdet wetzen
sie	werden wetzen	werden wetzen	würden wetzen

Future Perfect Time

	Future Perfect	(Fut. Perf. Subj.)	(Past Conditional)
ich	werde gewetzt haben	werde gewetzt haben	würde gewetzt haben
du	wirst gewetzt haben	werdest gewetzt haben	würdest gewetzt haben
er	wird gewetzt haben	werde gewetzt haben	würde gewetzt haben
wir	werden gewetzt haben	werden gewetzt haben	würden gewetzt haben
ihr	werdet gewetzt haben	werdet gewetzt haben	würdet gewetzt haben
sie	werden gewetzt haben	werden gewetzt haben	würden gewetzt haben

---

Examples: *Macheath grinste und wetzte sein Messer.* Macheath grinned and sharpened his knife.

485

widmen

to dedicate, devote

PRINC. PARTS: widmen, widmete, gewidmet, widmet
IMPERATIVE: widme!, widmet!, widmen Sie!

INDICATIVE	SUBJUNCTIVE	
	PRIMARY	SECONDARY

Present Time

	Present	(Pres. Subj.)	(Imperf. Subj.)
ich	widme	widme	widmete
du	widmest	widmest	widmetest
er	widmet	widme	widmete
wir	widmen	widmen	widmeten
ihr	widmet	widmet	widmetet
sie	widmen	widmen	widmeten

	Imperfect
ich	widmete
du	widmetest
er	widmete
wir	widmeten
ihr	widmetet
sie	widmeten

Past Time

	Perfect	(Perf. Subj.)	(Pluperf. Subj.)
ich	habe gewidmet	habe gewidmet	hätte gewidmet
du	hast gewidmet	habest gewidmet	hättest gewidmet
er	hat gewidmet	habe gewidmet	hätte gewidmet
wir	haben gewidmet	haben gewidmet	hätten gewidmet
ihr	habt gewidmet	habet gewidmet	hättet gewidmet
sie	haben gewidmet	haben gewidmet	hätten gewidmet

	Pluperfect
ich	hatte gewidmet
du	hattest gewidmet
er	hatte gewidmet
wir	hatten gewidmet
ihr	hattet gewidmet
sie	hatten gewidmet

Future Time

	Future	(Fut. Subj.)	(Pres. Conditional
ich	werde widmen	werde widmen	würde widmen
du	wirst widmen	werdest widmen	würdest widmen
er	wird widmen	werde widmen	würde widmen
wir	werden widmen	werden widmen	würden widmen
ihr	werdet widmen	werdet widmen	würdet widmen
sie	werden widmen	werden widmen	würden widmen

Future Perfect Time

	Future Perfect	(Fut. Perf. Subj.)	(Past Conditional)
ich	werde gewidmet haben	werde gewidmet haben	würde gewidmet haben
du	wirst gewidmet haben	werdest gewidmet haben	würdest gewidmet haben
er	wird gewidmet haben	werde gewidmet haben	würde gewidmet haben
wir	werden gewidmet haben	werden gewidmet haben	würden gewidmet haben
ihr	werdet gewidmet haben	werdet gewidmet haben	würdet gewidmet haben
sie	werden gewidmet haben	werden gewidmet haben	würden gewidmet haben

Examples: *Er hat ihr seinen letzten Gedichtband gewidmet.* He dedicated his last volume of poetry to her.

wiederholen

to repeat

INDICATIVE	SUBJUNCTIVE	
	PRIMARY	SECONDARY

Present Time

	Present	*(Pres. Subj.)*	*(Imperf. Subj.)*
ich	wiederhole	wiederhole	wiederholte
du	wiederholst	wiederholest	wiederholtest
er	wiederholt	wiederhole	wiederholte
wir	wiederholen	wiederholen	wiederholten
ihr	wiederholt	wiederholet	wiederholtet
sie	wiederholen	wiederholen	wiederholten

	Imperfect
ich	wiederholte
du	wiederholtest
er	wiederholte
wir	wiederholten
ihr	wiederholtet
sie	wiederholten

Past Time

	Perfect	*(Perf. Subj.)*	*(Pluperf. Subj.)*
ich	habe wiederholt	habe wiederholt	hätte wiederholt
du	hast wiederholt	habest wiederholt	hättest wiederholt
er	hat wiederholt	habe wiederholt	hätte wiederholt
wir	haben wiederholt	haben wiederholt	hätten wiederholt
ihr	habt wiederholt	habet wiederholt	hättet wiederholt
sie	haben wiederholt	haben wiederholt	hätten wiederholt

	Pluperfect
ich	hatte wiederholt
du	hattest wiederholt
er	hatte wiederholt
wir	hatten wiederholt
ihr	hattet wiederholt
sie	hatten wiederholt

Future Time

	Future	*(Fut. Subj.)*	*(Pres. Conditional)*
ich	werde wiederholen	werde wiederholen	würde wiederholen
du	wirst wiederholen	werdest wiederholen	würdest wiederholen
er	wird wiederholen	werde wiederholen	würde wiederholen
wir	werden wiederholen	werden wiederholen	würden wiederholen
ihr	werdet wiederholen	werdet wiederholen	würdet wiederholen
sie	werden wiederholen	werden wiederholen	würden wiederholen

Future Perfect Time

	Future Perfect	*(Fut. Perf. Subj.)*	*(Past Conditional)*
ich	werde wiederholt haben	werde wiederholt haben	würde wiederholt haben
du	wirst wiederholt haben	werdest wiederholt haben	würdest wiederholt haben
er	wird wiederholt haben	werde wiederholt haben	würde wiederholt haben
wir	werden wiederholt haben	werden wiederholt haben	würden wiederholt haben
ihr	werdet wiederholt haben	werdet wiederholt haben	würdet wiederholt haben
sie	werden wiederholt haben	werden wiederholt haben	würden wiederholt haben

Examples: *Wiederhole den Satz!* Repeat the sentence.

wiederholen

to bring/fetch back

PRINC. PARTS: wiederholen, holte wieder, wiedergeholt, holt wieder
IMPERATIVE: hole wieder!, holt wieder!, holen Sie wieder!

INDICATIVE	SUBJUNCTIVE	
	PRIMARY	SECONDARY

Present Time

	Present	*(Pres. Subj.)*	*(Imperf. Subj.)*
ich	hole wieder	hole wieder	holte wieder
du	holst wieder	holest wieder	holtest wieder
er	holt wieder	hole wieder	holte wieder
wir	holen wieder	holen wieder	holten wieder
ihr	holt wieder	holet wieder	holtet wieder
sie	holen wieder	holen wieder	holten wieder

	Imperfect
ich	holte wieder
du	holtest wieder
er	holte wieder
wir	holten wieder
ihr	holtet wieder
sie	holten wieder

Past Time

	Perfect	*(Perf. Subj.)*	*(Pluperf. Subj.)*
ich	habe wiedergeholt	habe wiedergeholt	hätte wiedergeholt
du	hast wiedergeholt	habest wiedergeholt	hättest wiedergeholt
er	hat wiedergeholt	habe wiedergeholt	hätte wiedergeholt
wir	haben wiedergeholt	haben wiedergeholt	hätten wiedergeholt
ihr	habt wiedergeholt	habet wiedergeholt	hättet wiedergeholt
sie	haben wiedergeholt	haben wiedergeholt	hätten wiedergeholt

	Pluperfect
ich	hatte wiedergeholt
du	hattest wiedergeholt
er	hatte wiedergeholt
wir	hatten wiedergeholt
ihr	hattet wiedergeholt
sie	hatten wiedergeholt

Future Time

	Future	*(Fut. Subj.)*	*(Pres. Conditional)*
ich	werde wiederholen	werde wiederholen	würde wiederholen
du	wirst wiederholen	werdest wiederholen	würdest wiederholen
er	wird wiederholen	werde wiederholen	würde wiederholen
wir	werden wiederholen	werden wiederholen	würden wiederholen
ihr	werdet wiederholen	werdet wiederholen	würdet wiederholen
sie	werden wiederholen	werden wiederholen	würden wiederholen

Future Perfect Time

	Future Perfect	*(Fut. Perf. Subj.)*	*(Past Conditional)*
ich	werde wiedergeholt haben	werde wiedergeholt haben	würde wiedergeholt haben
du	wirst wiedergeholt haben	werdest wiedergeholt haben	würdest wiedergeholt haben
er	wird wiedergeholt haben	werde wiedergeholt haben	würde wiedergeholt haben
wir	werden wiedergeholt haben	werden wiedergeholt haben	würden wiedergeholt haben
ihr	werdet wiedergeholt haben	werdet wiedergeholt haben	würdet wiedergeholt haben
sie	werden wiedergeholt haben	werden wiedergeholt haben	würden wiedergeholt haben

Examples: *Hole mir das Buch wieder!* Get the book for me again.

PRINC. PARTS: wiegen*, wog, gewogen, wiegt
IMPERATIVE: wiege!, wiegt!, wiegen Sie!

to weigh

INDICATIVE	SUBJUNCTIVE	
	PRIMARY	SECONDARY
	Present Time	
Present	*(Pres. Subj.)*	*(Imperf. Subj.)*
ich wiege	wiege	wöge
du wiegst	wiegest	wögest
er wiegt	wiege	wöge
wir wiegen	wiegen	wögen
ihr wiegt	wieget	wöget
sie wiegen	wiegen	wögen

Imperfect
ich wog
du wogst
er wog
wir wogen
ihr wogt
sie wogen

Perfect	*(Perf. Subj.)*	*Past Time* *(Pluperf. Subj.)*
ich habe gewogen	habe gewogen	hätte gewogen
du hast gewogen	habest gewogen	hättest gewogen
er hat gewogen	habe gewogen	hätte gewogen
wir haben gewogen	haben gewogen	hätten gewogen
ihr habt gewogen	habet gewogen	hättet gewogen
sie haben gewogen	haben gewogen	hätten gewogen

Pluperfect
ich hatte gewogen
du hattest gewogen
er hatte gewogen
wir hatten gewogen
ihr hattet gewogen
sie hatten gewogen

Future	*(Fut. Subj.)*	*Future Time* *(Pres. Conditional)*
ich werde wiegen	werde wiegen	würde wiegen
du wirst wiegen	werdest wiegen	würdest wiegen
er wird wiegen	werde wiegen	würde wiegen
wir werden wiegen	werden wiegen	würden wiegen
ihr werdet wiegen	werdet wiegen	würdet wiegen
sie werden wiegen	werden wiegen	würden wiegen

Future Perfect	*(Fut. Perf. Subj.)*	*Future Perfect Time* *(Past Conditional)*
ich werde gewogen haben	werde gewogen haben	würde gewogen haben
du wirst gewogen haben	werdest gewogen haben	würdest gewogen haben
er wird gewogen haben	werde gewogen haben	würde gewogen haben
wir werden gewogen haben	werden gewogen haben	würden gewogen haben
ihr werdet gewogen haben	werdet gewogen haben	würdet gewogen haben
sie werden gewogen haben	werden gewogen haben	würden gewogen haben

* **Wiegen** meaning *to rock, sway* is weak. PRINC. PARTS: wiegen, wiegte, gewiegt, wiegt.

Examples: „*Wieviel wiegst du?*" *fragte er die Dame im Zirkus.* "How much do you weigh?" he asked the lady in the circus.

wissen

to know (a fact)

PRINC. PARTS: wissen, wußte, gewußt, weiß
IMPERATIVE: wisse!, wißt!, wissen Sie!

INDICATIVE	SUBJUNCTIVE	
	PRIMARY	SECONDARY
	Present Time	
Present	*(Pres. Subj.)*	*(Imperf. Subj.)*
ich weiß	wisse	wüßte
du weißt	wissest	wüßtest
er weiß	wisse	wüßte
wir wissen	wissen	wüßten
ihr wißt	wisset	wüßtet
sie wissen	wissen	wüßten

Imperfect
ich wußte
du wußtest
er wußte
wir wußten
ihr wußtet
sie wußten

	Past Time	
Perfect	*(Perf. Subj.)*	*(Pluperf. Subj.)*
ich habe gewußt	habe gewußt	hätte gewußt
du hast gewußt	habest gewußt	hättest gewußt
er hat gewußt	habe gewußt	hätte gewußt
wir haben gewußt	haben gewußt	hätten gewußt
ihr habt gewußt	habet gewußt	hättet gewußt
sie haben gewußt	haben gewußt	hätten gewußt

Pluperfect
ich hatte gewußt
du hattest gewußt
er hatte gewußt
wir hatten gewußt
ihr hattet gewußt
sie hatten gewußt

	Future Time	
Future	*(Fut. Subj.)*	*(Pres. Conditional)*
ich werde wissen	werde wissen	würde wissen
du wirst wissen	werdest wissen	würdest wissen
er wird wissen	werde wissen	würde wissen
wir werden wissen	werden wissen	würden wissen
ihr werdet wissen	werdet wissen	würdet wissen
sie werden wissen	werden wissen	würden wissen

	Future Perfect Time	
Future Perfect	*(Fut. Perf. Subj.)*	*(Past Conditional)*
ich werde gewußt haben	werde gewußt haben	würde gewußt haben
du wirst gewußt haben	werdest gewußt haben	würdest gewußt haben
er wird gewußt haben	werde gewußt haben	würde gewußt haben
wir werden gewußt haben	werden gewußt haben	würden gewußt haben
ihr werdet gewußt haben	werdet gewußt haben	würdet gewußt haben
sie werden gewußt haben	werden gewußt haben	würden gewußt haben

Examples: *Ich weiß nicht, wie alt sie ist.* I don't know how old she is.

wohnen

PRINC. PARTS: wohnen, wohnte, gewohnt, wohnt
IMPERATIVE: wohne!, wohnt!, wohnen Sie!

to reside, live, dwell

INDICATIVE	SUBJUNCTIVE	
	PRIMARY	SECONDARY
	Present Time	
Present	*(Pres. Subj.)*	*(Imperf. Subj.)*
ich wohne	wohne	wohnte
du wohnst	wohnest	wohntest
er wohnt	wohne	wohnte
wir wohnen	wohnen	wohnten
ihr wohnt	wohnet	wohntet
sie wohnen	wohnen	wohnten

Imperfect
ich wohnte
du wohntest
er wohnte
wir wohnten
ihr wohntet
sie wohnten

	Past Time	
Perfect	*(Perf. Subj.)*	*(Pluperf. Subj.)*
ich habe gewohnt	habe gewohnt	hätte gewohnt
du hast gewohnt	habest gewohnt	hättest gewohnt
er hat gewohnt	habe gewohnt	hätte gewohnt
wir haben gewohnt	haben gewohnt	hätten gewohnt
ihr habt gewohnt	habet gewohnt	hättet gewohnt
sie haben gewohnt	haben gewohnt	hätten gewohnt

Pluperfect
ich hatte gewohnt
du hattest gewohnt
er hatte gewohnt
wir hatten gewohnt
ihr hattet gewohnt
sie hatten gewohnt

	Future Time	
Future	*(Fut. Subj.)*	*(Pres. Conditional)*
ich werde wohnen	werde wohnen	würde wohnen
du wirst wohnen	werdest wohnen	würdest wohnen
er wird wohnen	werde wohnen	würde wohnen
wir werden wohnen	werden wohnen	würden wohnen
ihr werdet wohnen	werdet wohnen	würdet wohnen
sie werden wohnen	werden wohnen	würden wohnen

	Future Perfect Time	
Future Perfect	*(Fut. Perf. Subj.)*	*(Past Conditional)*
ich werde gewohnt haben	werde gewohnt haben	würde gewohnt haben
du wirst gewohnt haben	werdest gewohnt haben	würdest gewohnt haben
er wird gewohnt haben	werde gewohnt haben	würde gewohnt haben
wir werden gewohnt haben	werden gewohnt haben	würden gewohnt haben
ihr werdet gewohnt haben	werdet gewohnt haben	würdet gewohnt haben
sie werden gewohnt haben	werden gewohnt haben	würden gewohnt haben

Examples: *Annie wohnt nicht mehr hier.* Annie doesn't live here any more.

wollen

to want; intend

PRINC. PARTS: wollen, wollte, gewollt (wollen when immediately preceded by another infinitive; see sprechen dürfen), will

IMPERATIVE: wolle!, wollt!, wollen Sie!

INDICATIVE	SUBJUNCTIVE	
	PRIMARY	SECONDARY

Present Time

	Present	(*Pres. Subj.*)	(*Imperf. Subj.*)
ich	will	wolle	wollte
du	willst	wollest	wolltest
er	will	wolle	wollte
wir	wollen	wollen	wollten
ihr	wollt	wollet	wolltet
sie	wollen	wollen	wollten

	Imperfect
ich	wollte
du	wolltest
er	wollte
wir	wollten
ihr	wolltet
sie	wollten

Past Time

	Perfect	(*Perf. Subj.*)	(*Pluperf. Subj.*)
ich	habe gewollt	habe gewollt	hätte gewollt
du	hast gewollt	habest gewollt	hättest gewollt
er	hat gewollt	habe gewollt	hätte gewollt
wir	haben gewollt	haben gewollt	hätten gewollt
ihr	habt gewollt	habet gewollt	hättet gewollt
sie	haben gewollt	haben gewollt	hätten gewollt

	Pluperfect
ich	hatte gewollt
du	hattest gewollt
er	hatte gewollt
wir	hatten gewollt
ihr	hattet gewollt
sie	hatten gewollt

Future Time

	Future	(*Fut. Subj.*)	(*Pres. Conditional*)
ich	werde wollen	werde wollen	würde wollen
du	wirst wollen	werdest wollen	würdest wollen
er	wird wollen	werde wollen	würde wollen
wir	werden wollen	werden wollen	würden wollen
ihr	werdet wollen	werdet wollen	würdet wollen
sie	werden wollen	werden wollen	würden wollen

Future Perfect Time

	Future Perfect	(*Fut. Perf. Subj.*)	(*Past Conditional*)
ich	werde gewollt haben	werde gewollt haben	würde gewollt haben
du	wirst gewollt haben	werdest gewollt haben	würdest gewollt haben
er	wird gewollt haben	werde gewollt haben	würde gewollt haben
wir	werden gewollt haben	werden gewollt haben	würden gewollt haben
ihr	werdet gewollt haben	werdet gewollt haben	würdet gewollt haben
sie	werden gewollt haben	werden gewollt haben	würden gewollt haben

Examples: *Wir wollen um die Welt fahren.* We want to travel around the world.

492

wühlen

to dig; burrow;
rummage; agitate

INDICATIVE	SUBJUNCTIVE	
	PRIMARY	SECONDARY

Present Time

	Present	*(Pres. Subj.)*	*(Imperf. Subj.)*
ich	wühle	wühle	wühlte
du	wühlst	wühlest	wühltest
er	wühlt	wühle	wühlte
wir	wühlen	wühlen	wühlten
ihr	wühlt	wühlet	wühltet
sie	wühlen	wühlen	wühlten

	Imperfect
ich	wühlte
du	wühltest
er	wühlte
wir	wühlten
ihr	wühltet
sie	wühlten

Past Time

	Perfect	*(Perf. Subj.)*	*(Pluperf. Subj.)*
ich	habe gewühlt	habe gewühlt	hätte gewühlt
du	hast gewühlt	habest gewühlt	hättest gewühlt
er	hat gewühlt	habe gewühlt	hätte gewühlt
wir	haben gewühlt	haben gewühlt	hätten gewühlt
ihr	habt gewühlt	habet gewühlt	hättet gewühlt
sie	haben gewühlt	haben gewühlt	hätten gewühlt

	Pluperfect
ich	hatte gewühlt
du	hattest gewühlt
er	hatte gewühlt
wir	hatten gewühlt
ihr	hattet gewühlt
sie	hatten gewühlt

Future Time

	Future	*(Fut. Subj.)*	*(Pres. Conditional)*
ich	werde wühlen	werde wühlen	würde wühlen
du	wirst wühlen	werdest wühlen	würdest wühlen
er	wird wühlen	werde wühlen	würde wühlen
wir	werden wühlen	werden wühlen	würden wühlen
ihr	werdet wühlen	werdet wühlen	würdet wühlen
sie	werden wühlen	werden wühlen	würden wühlen

Future Perfect Time

	Future Perfect	*(Fut. Perf. Subj.)*	*(Past Conditional)*
ich	werde gewühlt haben	werde gewühlt haben	würde gewühlt haben
du	wirst gewühlt haben	werdest gewühlt haben	würdest gewühlt haben
er	wird gewühlt haben	werde gewühlt haben	würde gewühlt haben
wir	werden gewühlt haben	werden gewühlt haben	würden gewühlt haben
ihr	werdet gewühlt haben	werdet gewühlt haben	würdet gewühlt haben
sie	werden gewühlt haben	werden gewühlt haben	würden gewühlt haben

---

Examples: *Emil wühlte in der Schublade herum, ohne seine Socken zu finden.* Emil rummaged around in the drawer without finding his socks.

493

wünschen

to wish; desire

PRINC. PARTS: wünschen, wünschte, gewünscht, wünscht
IMPERATIVE: wünsche!, wünscht!, wünschen Sie!

INDICATIVE	SUBJUNCTIVE	
	PRIMARY	SECONDARY
	Present Time	
Present	*(Pres. Subj.)*	*(Imperf. Subj.)*
ich wünsche	wünsche	wünschte
du wünschst	wünschest	wünschtest
er wünscht	wünsche	wünschte
wir wünschen	wünschen	wünschten
ihr wünscht	wünschet	wünschtet
sie wünschen	wünschen	wünschten
Imperfect		
ich wünschte		
du wünschtest		
er wünschte		
wir wünschten		
ihr wünschtet		
sie wünschten	*Past Time*	
Perfect	*(Perf. Subj.)*	*(Pluperf. Subj.)*
ich habe gewünscht	habe gewünscht	hätte gewünscht
du hast gewünscht	habest gewünscht	hättest gewünscht
er hat gewünscht	habe gewünscht	hätte gewünscht
wir haben gewünscht	haben gewünscht	hätten gewünscht
ihr habt gewünscht	habet gewünscht	hättet gewünscht
sie haben gewünscht	haben gewünscht	hätten gewünscht
Pluperfect		
ich hatte gewünscht		
du hattest gewünscht		
er hatte gewünscht		
wir hatten gewünscht		
ihr hattet gewünscht		
sie hatten gewünscht	*Future Time*	
Future	*(Fut. Subj.)*	*(Pres. Conditional)*
ich werde wünschen	werde wünschen	würde wünschen
du wirst wünschen	werdest wünschen	würdest wünschen
er wird wünschen	werde wünschen	würde wünschen
wir werden wünschen	werden wünschen	würden wünschen
ihr werdet wünschen	werdet wünschen	würdet wünschen
sie werden wünschen	werden wünschen	würden wünschen
	Future Perfect Time	
Future Perfect	*(Fut. Perf. Subj.)*	*(Past Conditional)*
ich werde gewünscht haben	werde gewünscht haben	würde gewünscht haben
du wirst gewünscht haben	werdest gewünscht haben	würdest gewünscht haben
er wird gewünscht haben	werde gewünscht haben	würde gewünscht haben
wir werden gewünscht haben	werden gewünscht haben	würden gewünscht haben
ihr werdet gewünscht haben	werdet gewünscht haben	würdet gewünscht haben
sie werden gewünscht haben	werden gewünscht haben	würden gewünscht haben

Examples: *Wir wünschen Ihnen alles Gute zum Geburtstag.* We wish you a very happy birthday.

494

würzen

PRINC. PARTS: würzen, würzte, gewürzt, würzt
IMPERATIVE: würze!, würzt!, würzen Sie!

to spice, season

INDICATIVE		SUBJUNCTIVE	
		PRIMARY	SECONDARY
		Present Time	
	Present	*(Pres. Subj.)*	*(Imperf. Subj.)*
ich	würze	würze	würzte
du	würzt	würzest	würztest
er	würzt	würze	würzte
wir	würzen	würzen	würzten
ihr	würzt	würzet	würztet
sie	würzen	würzen	würzten

	Imperfect
ich	würzte
du	würztest
er	würzte
wir	würzten
ihr	würztet
sie	würzten

		Past Time	
	Perfect	*(Perf. Subj.)*	*(Pluperf. Subj.)*
ich	habe gewürzt	habe gewürzt	hätte gewürzt
du	hast gewürzt	habest gewürzt	hättest gewürzt
er	hat gewürzt	habe gewürzt	hätte gewürzt
wir	haben gewürzt	haben gewürzt	hätten gewürzt
ihr	habt gewürzt	habet gewürzt	hättet gewürzt
sie	haben gewürzt	haben gewürzt	hätten gewürzt

	Pluperfect
ich	hatte gewürzt
du	hattest gewürzt
er	hatte gewürzt
wir	hatten gewürzt
ihr	hattet gewürzt
sie	hatten gewürzt

		Future Time	
	Future	*(Fut. Subj.)*	*(Pres. Conditional)*
ich	werde würzen	werde würzen	würde würzen
du	wirst würzen	werdest würzen	würdest würzen
er	wird würzen	werde würzen	würde würzen
wir	werden würzen	werden würzen	würden würzen
ihr	werdet würzen	werdet würzen	würdet würzen
sie	werden würzen	werden würzen	würden würzen

		Future Perfect Time	
	Future Perfect	*(Fut. Perf. Subj.)*	*(Past Conditional)*
ich	werde gewürzt haben	werde gewürzt haben	würde gewürzt haben
du	wirst gewürzt haben	werdest gewürzt haben	würdest gewürzt haben
er	wird gewürzt haben	werde gewürzt haben	würde gewürzt haben
wir	werden gewürzt haben	werden gewürzt haben	würden gewürzt haben
ihr	werdet gewürzt haben	werdet gewürzt haben	würdet gewürzt haben
sie	werden gewürzt haben	werden gewürzt haben	würden gewürzt haben

Examples: *Das Essen war seinen Eltern zu gewürzt.* The food was too spicy for his parents.

zahlen

to pay

PRINC. PARTS: zahlen, zahlte, gezahlt, zahlt
IMPERATIVE: zahle!, zahlt!, zahlen Sie!

INDICATIVE	SUBJUNCTIVE	
	PRIMARY	SECONDARY
	Present Time	
Present	*(Pres. Subj.)*	*(Imperf. Subj.)*
ich zahle	zahle	zahlte
du zahlst	zahlest	zahltest
er zahlt	zahle	zahlte
wir zahlen	zahlen	zahlten
ihr zahlt	zahlet	zahltet
sie zahlen	zahlen	zahlten

Imperfect

ich	zahlte
du	zahltest
er	zahlte
wir	zahlten
ihr	zahltet
sie	zahlten

Past Time

Perfect	*(Perf. Subj.)*	*(Pluperf. Subj.)*
ich habe gezahlt	habe gezahlt	hätte gezahlt
du hast gezahlt	habest gezahlt	hättest gezahlt
er hat gezahlt	habe gezahlt	hätte gezahlt
wir haben gezahlt	haben gezahlt	hätten gezahlt
ihr habt gezahlt	habet gezahlt	hättet gezahlt
sie haben gezahlt	haben gezahlt	hätten gezahlt

Pluperfect

ich	hatte gezahlt
du	hattest gezahlt
er	hatte gezahlt
wir	hatten gezahlt
ihr	hattet gezahlt
sie	hatten gezahlt

Future Time

Future	*(Fut. Subj.)*	*(Pres. Conditional)*
ich werde zahlen	werde zahlen	würde zahlen
du wirst zahlen	werdest zahlen	würdest zahlen
er wird zahlen	werde zahlen	würde zahlen
wir werden zahlen	werden zahlen	würden zahlen
ihr werdet zahlen	werdet zahlen	würdet zahlen
sie werden zahlen	werden zahlen	würden zahlen

Future Perfect Time

Future Perfect	*(Fut. Perf. Subj.)*	*(Past Conditional)*
ich werde gezahlt haben	werde gezahlt haben	würde gezahlt haben
du wirst gezahlt haben	werdest gezahlt haben	würdest gezahlt haben
er wird gezahlt haben	werde gezahlt haben	würde gezahlt haben
wir werden gezahlt haben	werden gezahlt haben	würden gezahlt haben
ihr werdet gezahlt haben	werdet gezahlt haben	würdet gezahlt haben
sie werden gezahlt haben	werden gezahlt haben	würden gezahlt haben

Examples: *Herr Ober, wir möchten zahlen, bitte!* Waiter, we'd like the check, please.

496

PRINC. PARTS: zeichnen, zeichnete, gezeichnet, zeichnet
IMPERATIVE: zeichne!, zeichnet!, zeichnen Sie!

to draw; sign

INDICATIVE		SUBJUNCTIVE	
		PRIMARY	SECONDARY
		Present Time	
	Present	(*Pres. Subj.*)	(*Imperf. Subj.*)
ich	zeichne	zeichne	zeichnete
du	zeichnest	zeichnest	zeichnetest
er	zeichnet	zeichne	zeichnete
wir	zeichnen	zeichnen	zeichneten
ihr	zeichnet	zeichnet	zeichnetet
sie	zeichnen	zeichnen	zeichneten
	Imperfect		
ich	zeichnete		
du	zeichnetest		
er	zeichnete		
wir	zeichneten		
ihr	zeichnetet		
sie	zeichneten	*Past Time*	
	Perfect	(*Perf. Subj.*)	(*Pluperf. Subj.*)
ich	habe gezeichnet	habe gezeichnet	hätte gezeichnet
du	hast gezeichnet	habest gezeichnet	hättest gezeichnet
er	hat gezeichnet	habe gezeichnet	hätte gezeichnet
wir	haben gezeichnet	haben gezeichnet	hätten gezeichnet
ihr	habt gezeichnet	habet gezeichnet	hättet gezeichnet
sie	haben gezeichnet	haben gezeichnet	hätten gezeichnet
	Pluperfect		
ich	hatte gezeichnet		
du	hattest gezeichnet		
er	hatte gezeichnet		
wir	hatten gezeichnet		
ihr	hattet gezeichnet		
sie	hatten gezeichnet	*Future Time*	
	Future	(*Fut. Subj.*)	(*Pres. Conditional*)
ich	werde zeichnen	werde zeichnen	würde zeichnen
du	wirst zeichnen	werdest zeichnen	würdest zeichnen
er	wird zeichnen	werde zeichnen	würde zeichnen
wir	werden zeichnen	werden zeichnen	würden zeichnen
ihr	werdet zeichnen	werdet zeichnen	würdet zeichnen
sie	werden zeichnen	werden zeichnen	würden zeichnen
		Future Perfect Time	
	Future Perfect	(*Fut. Perf. Subj.*)	(*Past Conditional*)
ich	werde gezeichnet haben	werde gezeichnet haben	würde gezeichnet haben
du	wirst gezeichnet haben	werdest gezeichnet haben	würdest gezeichnet haben
er	wird gezeichnet haben	werde gezeichnet haben	würde gezeichnet haben
wir	werden gezeichnet haben	werden gezeichnet haben	würden gezeichnet haben
ihr	werdet gezeichnet haben	werdet gezeichnet haben	würdet gezeichnet haben
sie	werden gezeichnet haben	werden gezeichnet haben	würden gezeichnet haben

Examples: *Wer hat dieses Bild gezeichnet?* Who drew this picture?

zeigen

to show, indicate, point out

PRINC. PARTS: zeigen, zeigte, gezeigt, zeigt
IMPERATIVE: zeige!, zeigt!, zeigen Sie!

INDICATIVE	SUBJUNCTIVE	
	PRIMARY	SECONDARY

Present Time

	Present	*(Pres. Subj.)*	*(Imperf. Subj.)*
ich	zeige	zeige	zeigte
du	zeigst	zeigest	zeigtest
er	zeigt	zeige	zeigte
wir	zeigen	zeigen	zeigten
ihr	zeigt	zeiget	zeigtet
sie	zeigen	zeigen	zeigten

	Imperfect
ich	zeigte
du	zeigtest
er	zeigte
wir	zeigten
ihr	zeigtet
sie	zeigten

Past Time

	Perfect	*(Perf. Subj.)*	*(Pluperf. Subj.)*
ich	habe gezeigt	habe gezeigt	hätte gezeigt
du	hast gezeigt	habest gezeigt	hättest gezeigt
er	hat gezeigt	habe gezeigt	hätte gezeigt
wir	haben gezeigt	haben gezeigt	hätten gezeigt
ihr	habt gezeigt	habet gezeigt	hättet gezeigt
sie	haben gezeigt	haben gezeigt	hätten gezeigt

	Pluperfect
ich	hatte gezeigt
du	hattest gezeigt
er	hatte gezeigt
wir	hatten gezeigt
ihr	hattet gezeigt
sie	hatten gezeigt

Future Time

	Future	*(Fut. Subj.)*	*(Pres. Conditional)*
ich	werde zeigen	werde zeigen	würde zeigen
du	wirst zeigen	werdest zeigen	würdest zeigen
er	wird zeigen	werde zeigen	würde zeigen
wir	werden zeigen	werden zeigen	würden zeigen
ihr	werdet zeigen	werdet zeigen	würdet zeigen
sie	werden zeigen	werden zeigen	würden zeigen

Future Perfect Time

	Future Perfect	*(Fut. Perf. Subj.)*	*(Past Conditional)*
ich	werde gezeigt haben	werde gezeigt haben	würde gezeigt haben
du	wirst gezeigt haben	werdest gezeigt haben	würdest gezeigt haben
er	wird gezeigt haben	werde gezeigt haben	würde gezeigt haben
wir	werden gezeigt haben	werden gezeigt haben	würden gezeigt haben
ihr	werdet gezeigt haben	werdet gezeigt haben	würdet gezeigt haben
sie	werden gezeigt haben	werden gezeigt haben	würden gezeigt haben

Examples: *Zeigen Sie mir, wie Sie das gemacht haben!* Show me how you did that.

498

zerstören

PRINC. PARTS: zerstören, zerstörte, zerstört, zerstört
IMPERATIVE: zerstöre!, zerstört!, zerstören Sie!

to destroy

INDICATIVE		SUBJUNCTIVE	
		PRIMARY	SECONDARY
		Present Time	
	Present	*(Pres. Subj.)*	*(Imperf. Subj.)*
ich	zerstöre	zerstöre	zerstörte
du	zerstörst	zerstörest	zerstörtest
er	zerstört	zerstöre	zerstörte
wir	zerstören	zerstören	zerstörten
ihr	zerstört	zerstöret	zerstörtet
sie	zerstören	zerstören	zerstörten
	Imperfect		
ich	zerstörte		
du	zerstörtest		
er	zerstörte		
wir	zerstörten		
ihr	zerstörtet		
sie	zerstörten		
		Past Time	
	Perfect	*(Perf. Subj.)*	*(Pluperf. Subj.)*
ich	habe zerstört	habe zerstört	hätte zerstört
du	hast zerstört	habest zerstört	hättest zerstört
er	hat zerstört	habe zerstört	hätte zerstört
wir	haben zerstört	haben zerstört	hätten zerstört
ihr	habt zerstört	habet zerstört	hättet zerstört
sie	haben zerstört	haben zerstört	hätten zerstört
	Pluperfect		
ich	hatte zerstört		
du	hattest zerstört		
er	hatte zerstört		
wir	hatten zerstört		
ihr	hattet zerstört		
sie	hatten zerstört		
		Future Time	
	Future	*(Fut. Subj.)*	*(Pres. Conditional)*
ich	werde zerstören	werde zerstören	würde zerstören
du	wirst zerstören	werdest zerstören	würdest zerstören
er	wird zerstören	werde zerstören	würde zerstören
wir	werden zerstören	werden zerstören	würden zerstören
ihr	werdet zerstören	werdet zerstören	würdet zerstören
sie	werden zerstören	werden zerstören	würden zerstören
		Future Perfect Time	
	Future Perfect	*(Fut. Perf. Subj.)*	*(Past Conditional)*
ich	werde zerstört haben	werde zerstört haben	würde zerstört haben
du	wirst zerstört haben	werdest zerstört haben	würdest zerstört haben
er	wird zerstört haben	werde zerstört haben	würde zerstört haben
wir	werden zerstört haben	werden zerstört haben	würden zerstört haben
ihr	werdet zerstört haben	werdet zerstört haben	würdet zerstört haben
sie	werden zerstört haben	werden zerstört haben	würden zerstört haben

Examples: *Im Krieg wurde die Stadt völlig zerstört.* The city was completely destroyed during the war.

499

ziehen

to pull; go

PRINC. PARTS: ziehen, zog, gezogen, zieht
IMPERATIVE: ziehe!, zieht!, ziehen Sie!

INDICATIVE	SUBJUNCTIVE	
	PRIMARY	SECONDARY
	Present Time	
Present	*(Pres. Subj.)*	*(Imperf. Subj.)*
ich ziehe	ziehe	zöge
du ziehst	ziehest	zögest
er zieht	ziehe	zöge
wir ziehen	ziehen	zögen
ihr zieht	ziehet	zöget
sie ziehen	ziehen	zögen

Imperfect		
ich zog		
du zogst		
er zog		
wir zogen		
ihr zogt		
sie zogen		

	Past Time	
Perfect	*(Perf. Subj.)*	*(Pluperf. Subj.)*
ich habe gezogen	habe gezogen	hätte gezogen
du hast gezogen	habest gezogen	hättest gezogen
er hat gezogen	habe gezogen	hätte gezogen
wir haben gezogen	haben gezogen	hätten gezogen
ihr habt gezogen	habet gezogen	hättet gezogen
sie haben gezogen	haben gezogen	hätten gezogen

Pluperfect		
ich hatte gezogen		
du hattest gezogen		
er hatte gezogen		
wir hatten gezogen		
ihr hattet gezogen		
sie hatten gezogen		

	Future Time	
Future	*(Fut. Subj.)*	*(Pres. Conditional)*
ich werde ziehen	werde ziehen	würde ziehen
du wirst ziehen	werdest ziehen	würdest ziehen
er wird ziehen	werde ziehen	würde ziehen
wir werden ziehen	werden ziehen	würden ziehen
ihr werdet ziehen	werdet ziehen	würdet ziehen
sie werden ziehen	werden ziehen	würden ziehen

	Future Perfect Time	
Future Perfect	*(Fut. Perf. Subj.)*	*(Past Conditional)*
ich werde gezogen haben	werde gezogen haben	würde gezogen haben
du wirst gezogen haben	werdest gezogen haben	würdest gezogen haben
er wird gezogen haben	werde gezogen haben	würde gezogen haben
wir werden gezogen haben	werden gezogen haben	würden gezogen haben
ihr werdet gezogen haben	werdet gezogen haben	würdet gezogen haben
sie werden gezogen haben	werden gezogen haben	würden gezogen haben

Examples: *Ute zog eine Blume aus dem Strauß.* Ute took a flower from the bouquet.

PRINC. PARTS: zwingen, zwang, gezwungen, zwingt
IMPERATIVE: zwinge!, zwingt!, zwingen Sie!

to force, compel

	INDICATIVE	SUBJUNCTIVE	
		PRIMARY	SECONDARY
		Present Time	
	Present	*(Pres. Subj.)*	*(Imperf. Subj.)*
ich	zwinge	zwinge	zwänge
du	zwingst	zwingest	zwängest
er	zwingt	zwinge	zwänge
wir	zwingen	zwingen	zwängen
ihr	zwingt	zwinget	zwänget
sie	zwingen	zwingen	zwängen
	Imperfect		
ich	zwang		
du	zwangst		
er	zwang		
wir	zwangen		
ihr	zwangt		
sie	zwangen		
		Past Time	
	Perfect	*(Perf. Subj.)*	*(Pluperf. Subj.)*
ich	habe gezwungen	habe gezwungen	hätte gezwungen
du	hast gezwungen	habest gezwungen	hättest gezwungen
er	hat gezwungen	habe gezwungen	hätte gezwungen
wir	haben gezwungen	haben gezwungen	hätten gezwungen
ihr	habt gezwungen	habet gezwungen	hättet gezwungen
sie	haben gezwungen	haben gezwungen	hätten gezwungen
	Pluperfect		
ich	hatte gezwungen		
du	hattest gezwungen		
er	hatte gezwungen		
wir	hatten gezwungen		
ihr	hattet gezwungen		
sie	hatten gezwungen		
		Future Time	
	Future	*(Fut. Subj.)*	*(Pres. Conditional)*
ich	werde zwingen	werde zwingen	würde zwingen
du	wirst zwingen	werdest zwingen	würdest zwingen
er	wird zwingen	werde zwingen	würde zwingen
wir	werden zwingen	werden zwingen	würden zwingen
ihr	werdet zwingen	werdet zwingen	würdet zwingen
sie	werden zwingen	werden zwingen	würden zwingen
		Future Perfect Time	
	Future Perfect	*(Fut. Perf. Subj.)*	*(Past Conditional)*
ich	werde gezwungen haben	werde gezwungen haben	würde gezwungen haben
du	wirst gezwungen haben	werdest gezwungen haben	würdest gezwungen haben
er	wird gezwungen haben	werde gezwungen haben	würde gezwungen haben
wir	werden gezwungen haben	werden gezwungen haben	würden gezwungen haben
ihr	werdet gezwungen haben	werdet gezwungen haben	würdet gezwungen haben
sie	werden gezwungen haben	werden gezwungen haben	würden gezwungen haben

Examples: *Man hat uns dazu gezwungen.* They forced us to do it.

Many prefix verbs, such as **anfangen, aufhalten, bedeuten,** and **empfinden,** are conjugated in this book. They represent, however, just a small fraction of the prefix verbs that exist in German. Basic verbs can use prefixes to extend and/or modify their meaning. Verb prefixes are grouped into separable, inseparable, and doubtful prefixes.

Separable prefixes: Most of these are words in their own right, usually prepositions or adverbs, such as **ab-, an-, auf-, aus-, bei-, ein-, her-, hin-, mit-, nach-, weg-, vor-, wahr-, zu-,** and **zurück.** In English we can say either "I turn (turned) on the light" or "I turn (turned) the light on." German, in the present and imperfect of simple sentences, has no choice and always puts the prefix at the end of the sentence or clause. Thus: **ich mache (machte) das Licht an** (I turn [turned] the light on). Separable prefix verbs separate the prefix in the present and imperfect of simple sentences only. In all other tenses and in dependent clauses, the prefix is not separated, as in the following dependent clauses: **sieh, wie ich das Licht anmache** (see how I turn on the light) and **ich will, daß du das Licht anmachst** (I want you to turn the light on). In the present perfect, we write: **ich habe das Licht angemacht** (no separation).

As pointed out in the remarks preceding the index on p. 566, many grammars and dictionaries list the infinitives of separable prefix verbs with a hyphen between the prefix and the basic verb to let you know that the prefix is separable. Normally, however, such infinitives are written without a hyphen. When an infinitive is used with **zu,** the infinitive comes between the prefix and the basic word. Contrast: **ich will das Licht anmachen** (I want to turn on the light) with: **ich versuchte, das Licht anzumachen.**

For examples of the complete conjugation of separable prefix verbs see **ankommen, sich anziehen, auskommen, ausstellen,** and **sich ausziehen. Steigen** (to climb) is conjugated, but its many prefix verbs are not. Among these are **einsteigen** (to get into a vehicle), **aussteigen** (to get off), **umsteigen** (to change [train, bus, etc.]), and **zusteigen** (to get on). **Besteigen** and **ersteigen** also exist, but they have inseparable prefixes.

Inseparable prefixes: These are **be-, emp-, ent-, er-, ge-, miß-, ver-,** and **zer.** They are never detached from their verbs and are not stressed. No **ge-** is added to form the past participle. These prefixes can affect the meaning of the basic verb in a variety of ways. A few of the more common ones, such as those listed below, should be noted.

Be- can make an intransitive verb transitive. That is, the verb will take a direct object instead of using a preposition to complete its meaning: **sie beantwortet die Fragen** instead of **sie antwortet auf die Fragen** (she answers the questions).

Ent- denotes separation or the start of something, as in **entfernen** (to remove), **entkommen** (to escape), and **entstehen** (to originate). It is sometimes translated by "dis-," as in **entdecken** (to discover).

Er- sometimes emphasizes the effort involved in the action: **erlernen** (to learn; to master), **ergründen** (to get to the bottom of).

Miß- has negative weight, as in **mißglücken** (to fail), **mißraten** (to turn out badly), and **mißbrauchen** (to misuse).

Ver- has a variety of functions. The most common have been described as making a verb "wrong" or "strong." For example, **versprechen** (to promise) is an intensification of **sprechen. Sich versprechen,** however, is "to misspeak." Note other reflexive uses in the meaning "wrong," such as sich **verwählen** (to dail a wrong number) and **sich verlaufen/verfahren** (to lose one's way walking/driving). Both meanings are used in this sentence: **Wenn ein Arzt ein Medikament verschreibt, muß er acht geben, sich nicht zu verschreiben** (when a doctor prescribes [writes a prescription] he must be careful not to make a mistake [in writing]).

Zer- indicates ripping or breaking apart, as in **zerreißen** (to tear up) and **zerbrechen** (to break into pieces; to shatter).

Doubtful prefixes: Prefixes in this category, such as **durch-, hinter-, uber-, um-, wieder-,** and **zwischen-,** can be used either as separable or as inseparable prefixes. They are separable when used literally and pronounced with the stress on the prefix, not the basic verb. Used figuratively, with the stress on the verb, not on the prefix, they are inseparable. See **wiederholen** (to repeat), an inseparable prefix verb, and **wiederholen** (to bring back), a separable prefix verb, for complete contrasting conjugations (pp. 487–488). "To translate" derives from Latin "to carry across." German uses **übersetzen** in both senses. Note the literal, separable prefix usage in: **der unterirdische Fährmann hat sie übergesetzt** (the subterranean ferryman carried them across). Contrast this with the inseparable prefix usage in: **Joseph Campbell hat gerne seine Werke ins Deutsche übersetzt** (Joseph Campbell liked to translate his works into German).

Modal auxiliaries: The word *modal* is related to "mood." Modal verbs describe an attitude to an action, rather than an action itself. Usually, modal verbs are followed by a complementary or "completing" infinitive.

Er will jetzt nach Hause gehen.

He wants to go home now.

Note that **zu** is not used with modals, and in simple sentences such as the example above, the complementary infinitive is placed at the end. In subordinate clauses, the modal is last.

Er sagt, daß er jetzt nach Hause gehen will.

He says (that) he wants to go home now.

The principal parts of the six modal verbs are given on p. xx. See also each verb where it occurs alphabetically in the book. In German, **müssen, können,** and th other modals can be completely conjugated, in all tenses. In English, forms such as "can/could" exist only in the present and past. "Must" is used only in the present. In the present indicative, modal verbs do not show the verb endings that you have learned, the ones highlighted on p. xiii. It is necessary to memorize them.

Omission of the infinitive: Often an infinitive is understood but not expressed with modal verbs. The two examples above could read: **er will jetzt nach Hause** and: **er sagt, daß er jetzt nach Hause will. Gehen** is implied and German speakers have no trouble recognizing it, just as speakers of English recognize the old-fashioned forms "let us away" or "we must away," in which "go" is understood but not expressed. German frequently omits the infinitive. It is colloquial to do so, because the verb is apparent from the context. For instance, **ich kann jetzt nicht** (I can't now) could refer to a variety of contexts: **ich kann jetzt nicht sprechen/gehen/schreiben/tanzen/singen/sagen/kochen** (I can't go/write/dance/sing/say/cook now).

The double infinitive construction: When a complementary infinitive is used in the future and in the present and past perfect (pluperfect), modal verbs use a construction called the "double infinitive." The future of modals is formed by the present tense of **werden,** the infinitive of the complementary verb, plus the infinitive of the modal verb.

Er wird bald nach Hause gehen wollen.

He will soon want to go home.

If **gehen** is omitted, the above reads: **er wird bald nach Hause wollen.**

Similarly, the present perfect and past perfect (pluperfect) of modal verbs are formed with a form of **haben,** the infinitive of the complementary verb, plus the infinitive of the modal verb.

Er hat (hatte) früh nach Hause gehen wollen.

He has (had) wanted to go home early.

If **gehen** were omitted, but understood, the sentence would read:

Er hat (hatte) früh nach Hause gewollt.

Modals, therefore, can be said to have two past participles, one with **ge-** when no complementary infinitive is present, and the infinitive that serves grammatically as a past participle when a complementary infinitive is present.

As in English, the verb comes first in the imperative. German imperatives are usually written with an exclamation point.

Bringe/bringt/bringen Sie mir meine Geige!

Bring me my violin.

In simple questions, the verb also comes first.

Reisen Sie mit Ihrer Geige?

Do you travel with your violin?

Indirect questions are introduced by interrogatives (question words), such as **ob, wann, wie,** and **wo.** They require *transposed* or *subordinate/dependent* clause word order. See 3c below.

Ich weiß nicht, ob Sie mit Ihrer Geige reisen.

I don't know if you travel with your violin.

Types of Word Order

1. *Normal* or *subject-verb* word order is used when a simple, declarative sentence (not a command or question) begins with the subject. No matter if the subject is short or long, the verb is the second unit of simple (noncompound) sentences. This is true for normal and inverted word order (see 2 below). Normal word order should pose no problem, because usage is as in English.

Der Geiger spielte in der neuen Konzerthalle.

The violinist played in the new concert hall.

Der Geiger und alle Mitglieder des Orchesters spielten in der neuen Konzerthalle.

The violinist and all the members of the orchestra played in the new concert hall.

2. *Inverted word order* or *verb-subject word order* is used when the sentence starts with some element other than the subject, a prepositional phrase, for example.

In der neuen Konzerthalle spielt jetzt der Geiger.

In the new concert hall the violinist is now playing.

As in *normal* or *subject-verb word order,* (see 1 above), the verb is the second unit or element in the sentence.

3. *Transposed word order* is used in subordinate (dependent) clauses. A subordinate clause is one introduced by:

    a. a subordinating conjunction (**als, da, daß, nachdem, seitdem, wo,** and others)

    b. a relative pronoun

    c. a question word

In transposed word order, the verb is placed at the end of the clause. If it is a compound tense—that is, one with a helping verb (auxiliary)—then the helping verb is placed at the end, after the infinitive in the future tense, or after the past participle in the present perfect and past perfect (pluperfect) tenses.

Ich hoffe, daß der Geiger hier spielen wird.

I hope the violinist will play here.

Der Geiger, den sie so liebt, wird uns besuchen.

The violinist whom she loves so much will visit us.

Ich weiß nicht, ob der Geiger schon gespielt hat (hatte).

I don't know if the violinist has (had) already played.

Verb Test 1

SENTENCE COMPLETION

Directions: Each of the following sentences contains a missing verb form. From the choices given, select the verb form of the tense that is required, according to the sense of the sentence, and write the letter of your choice in pencil on the line. Answers and explanations begin on page 539. The brief explanations will often refer you to conjugated verbs and more detailed grammatical explanations in this book for study and review. If you find that you made some incorrect choices, erase and fill in the correct letter. Then say the entire correct sentence aloud. Usually only one answer is possible, but occasionally two answers will be correct.

Tips: Look carefully at each sentence to determine basics. What is the subject? Is it 1st, 2nd, or 3nd person? Is it singular or plural? Remember that German sentences, more often than English ones, may start with some element other than the subject. In addition, keep an eye out for key words, such as today, tomorrow, yesterday, and next week. They will help you determine the tense.

1. Im Sommer _____ das Gras schneller als im Herbst.
   A. wachsen   B. wachse   C. wachst   D. wächst

2. Zur Wintersonnenwendfeier hat die ganze Klasse „O Tannenbaum"
   _____ .
   A. gesungen   B. singt   C. singen   D. sangen

3. Nach dem Theater _____ Uwe allein nach Hause gefahren.
   A. wird   B. hat   C. ist   D. soll

4. Als Kind _____ ich oft Käsekästchen.
   A. gespielt   B. spielte   C. spielen   D. spielst

5. Die anderen _____ schon alles getan, bevor ich ankam.
   A. haben   B. waren   C. sind   D. hatten

6. Der Zug _____ schon abgefahren, als wir den Bahnhof erreichten.
   A. ist   B. hatte   C. war   D. wird

7. Ich arbeite in einer Fabrik; mein Bruder _____ in einem Büro.
   A. arbeitet   B. arbeit   C. arbeiten   D. arbeite

8. Vor Jahren _____ er bei Volkswagen.
   A. arbeitet   B. arbeiten   C. arbeite   D. arbeitete

9. Wann _____ ihr zu uns kommen?
   A. werdet   B. werden   C. seid   D. wird

10. Der Angeklagte sagte, er _____ nichts von dem Verbrechen.
    A. weiß   B. wissen   C. gewußt   D. wüßte

11. Sie versprach mir, sie _____ es so schnell wie möglich tun.
    A. würde   B. werden   C. wird   D. würdet

12. Komm, _____ mit mir!
    A. tanzen Sie   B. tanz   C. tanzt   D. getanzt

13. Die Katze hat ihre Milch nicht _____ .
    A. getrunken   B. saufen   C. trinken   D. gesoffen

14. Der Baum hat schon seine Blätter _____ .
    A. verlieren   B. verlor   C. verloren   D. verliert

15. Wenn wir nur mehr Geld und Zeit _____ !
    A. hätten   B. haben   C. hatten   D. gehabt

16. Meine Schwester hat viele schöne Geburtstagsgeschenke _____ .
    A. bekommt   B. bekomme   C. bekommen   D. bekam

17. Ich will die Arbeit jetzt nicht _____ .
    A. gemacht   B. machen   C. mache   D. machte

18. Was _____ ich deinen Eltern sagen?
    A. soll   B. sollen   C. solle   D. sollte

19. Bis dann wird er es schon _____ .
    A. findet   B. gefunden haben   C. finden   D. gefunden

20. Sie hätten uns früher schreiben _____ .
    A. sollen   B. gesollt   C. sollte   D. sollten

Verb Test 2

DIALOGUE

Directions: The blank spaces in the following dialogue indicate missing verb forms. Choose the appropriate verb form according to the sense of what the speakers are saying and fill in the blanks. The situation is given below. Read the entire selection twice. After the second reading, make your choice. Then read the entire dialogue aloud with the correct forms.

Situation: You have arrived at Frankfurt International Airport and a customs official makes a spot check of your luggage.

Der Zöllner: Was gibt es in diesen zehn Flaschen?
Sie: Das ist Schnaps. Mein Opa in Tennessee hat ihn selbst _____ .

   1. A. brennt   B. brannte   C. brennen   D. gebrannt

Der Zöllner: Sie dürfen nicht so viel Schnaps einführen.
Sie: Aber ich will die Flaschen nicht _____ .

   2. A. verkaufen   B. verkauft   C. verkaufte   D. verkaufe

Der Zöllner: Wozu brauchen Sie so viele?
Sie: Ich _____ sie für meine Freunde in Deutschland mitgebracht.

   3. A. haben   B. habe   C. sein   D. werde

Der Zöllner: Das ist unmöglich! Das geht nicht!
Sie: _____ Sie nicht einen Schluck davon kosten?

   4. A. Möchten   B. Mag   C. Mochten   D. Möchtet

Der Zöllner: Ich nehme Ihnen die Flaschen weg.
Sie: Wie schade! Meine deutschen Freunde _____ unglücklich sein.

   5. A. wird   B. wurden   C. werden   D. geworden

Verb Test 3

PATTERN RESPONSES

Directions: Answer the following questions in complete sentences in the affirmative, using a pronoun for the subject. Add **auch** *(also).*

Model: **Suse lernt gut? Und deine Schwestern?**
You write: **Sie lernen auch gut.**

   1. Hans versteht gut. Und deine Schwestern?

   _____

   2. Lise schreibt schön. Und ihr Bruder?

   _____

   3. Wir haben schon gewählt. Und Sie?

   _____

   4. Elke geht es gut. Und ihren Freunden?

   _____

   5. Ich lese jeden Tag die Zeitung. Und Sie?

   _____

   6. Trude kann tanzen. Und ihre Brüder?

   _____

   7. Kai ist ins Kino gegangen. Und seine Freunde?

   _____

8. Wir haben gut gegessen. Und Sie?

___

9. Erna singt viele Lieder. Und Luise?

___

10. Nina hat sich schon gewaschen. Und Dieter?

___

11. Ursula hat sich die Haare gewaschen? Und ihre Schwestern?

___

12. Uwe sucht Arbeit. Und sein Bruder?

___

13. Meine Tante trinkt gern Tee. Und ihr Mann?

___

14. Hans kann Auto fahren. Und seine Schwester?

___

15. Hulda wußte die Antwort. Und die anderen Studenten?

___

16. Ich habe gut geschlafen. Und du?

___

17. Ute hat lange getanzt. Und ihre Schwestern?

___

18. Die Kinder haben jetzt großen Hunger. Und ihre Eltern?

___

19. Tina hat sich ein neues Kleid gekauft. Und ihre Schwester?

___

20. Frau Weber hat den Armen geholfen. Und ihr Mann?

___

SENTENCE COMPLETION

Directions: *Each of the following sentences contains a missing verb form. From the choices given, select the form required, according to the sense of the sentence. After checking the answers, erase any wrong choice(s) you may have made, enter the correct form, and read the sentence aloud.*

1. Morgen wird die Sonne wieder _____ .
   A. scheint   B. scheinen   C. geschienen   D. scheine

2. In Salzburg _____ es viel.
   A. regnen   B. geregnet   C. regne   D. regnet

3. Die Dichterin schlief ein und _____ von einem Paradiesgarten.
   A. träumte   B. träumen   C. geträumt   D. träumt

4. Um wieviel Uhr ist Elke _____ ?
   A. ankommen   B. ankam   C. angekommen   D. ankommt

5. Kai hat Ute Blumen _____ .
   A. schicken   B. schickte   C. schickt   D. geschickt

6. Ich möchte diese Bücher _____ .
   A. gekauft   B. kaufen   C. kauften   D. kauft

7. Mutter hat uns einen schönen Kuchen _____ .
   A. backen   B. bäckt   C. gebacken   D. buk

8. Vater _____ jetzt die Zeitung.
   A. lest   B. lesen   C. liest   D. gelesen

9. Ingolf _____ noch oft an Kopfschmerzen.
   A. gelitten   B. litt   C. leidet   D. leiden

10. Suzanne hat viele schöne Bilder _____ .
    A. malen   B. malte   C. malt   D. gemalt

11. Willi sagt, er _____ es jetzt nicht machen.
    A. konnte   B. könne   C. kann   D. können

12. _____ Sie sonst noch etwas?
    A. wünschen   B. wünscht   C. gewünscht   D. wünsche

13. _____ sie die Wahrheit gesagt?
    A. Haben   B. Hat   C. Hatte   D. Hatten

14. Im Sommer _____ Mutter wieder nach Deutschland.
    A. gefahren   B. fahren   C. fahrt   D. fährt

15. Die böse Königin fragte, wer die schönste im ganzen Land _____ .

    A. sei   B. wäre   C. ist   D. sind

16. Der Lehrer sagte, unser Sohn _____ nichts gelernt.

    A. hat   B. haben   C. habe   D. gehabt

17. Hast du meinen Bruder _____ ?

    A. gesehen   B. sahen   C. sehen   D. sahst

18. Die Richterin versuchte, recht zu _____ .

    A. handelt   B. handle   C. handeln   D. gehandelt

19. Wieviel _____ die Bananen?

    A. kosten   B. kostet   C. gekostet   D. kosteten

20. Sie hatte Angst, den Brief zu _____ .

    A. öffne   B. öffnete   C. öffnet   D. öffnen

Verb Test 5

DIALOGUE

Directions: In the following dialogue, blank spaces indicate missing verb forms. Pick the appropriate verb form according to the sense of the conversation and enter the letter of your choice on the line. Read the dialogue twice before making your choices.

Ulrike: Morgen habe ich nur noch eine Prüfung. Dann beginnen die Ferien.
Sie: Meine letzt Prüfung _____ übermorgen _____ .

  1. A. fand ...statt   B. findet ... statt
       C. würde ...stattfinden   D. hat ... stattgefunden

Ulrike: Hoffentlich mache ich ein gutes Examen.
Sie: _____ keine Angst! Du bekommst immer gute Noten.

  2. A. Haben Sie   B. Habt   C. Hab   D. Hätte

Ulrike: Im Sommer fahren meine Familie und ich nach Österreich.
Sie: Ich habe viel Arbeit und muß leider zu Hause _____ .

  3. A. bleibe   B. bleiben   C. bleibst   D. blieb

Ulrike: Letzten Sommer sind wir in die Schweiz gefahren.
Sie: Ihr _____ also jeden Sommer eine Urlaubsreise.

  4. A. macht   B. machen   C. gemacht   D. machtet

Ulrike: Ich wünsche dir viel Glück bei der Prüfung.
Sie: Und ich _____ euch eine gute Reise.

5. A. wünschen   B. wünsche   C. wünschte   D. wünscht

Verb Test 6

CHANGING FROM ONE VERB TO ANOTHER

Directions: The verb forms in the following commands are all in the imperative. Replace each verb with the proper command (imperative) form of the verb in parentheses. The imperative form you write must be in the same person as the one you are replacing. Remember that German has three ways of saying "you." (See p. xxxiv.) Therefore it has three command forms.

Model: **Lesen Sie den Satz! (schreiben)**
You write: **Schreiben Sie den Satz!**

1. Sagen Sie das Wort! (lernen)

   _____

2. Schreibe das Gedicht! (lesen)

   _____

3. Kommen Sie sofort! (gehen)

   _____

4. Öffne die Tür! (schließen)

   _____

5. Lesen wir den Brief! (schreiben)

   _____

6. Stell(e) den Koffer dort! (nehmen)

   _____

7. Spielen Sie das Lied! (singen)

   _____

8. Lerne das Stück! (spielen)

   _____

9. Eßt nicht so viel! (trinken)

   _____

10. Schauen wir uns den Text an! (ansehen)

    _____

11. Zieht euch schnell an! (ausziehen)

    _____

12. Empfiehl es deinen Freunden! (geben)

_____

13. Kaufe das Haus! (verkaufen)

_____

14. Frühstücke nicht zu spät! (essen)

_____

15. Tanze mit ihr! (sprechen)

_____

16. Kochen Sie nicht zu viel! (bringen)

_____

17. Beeilen Sie sich! (sich bedienen)

_____

18. Sprecht lauter! (beten)

_____

19. Verlier deinen Regenschirm nicht! (vergessen)

_____

20. Macht eure Yogaübungen! (lernen)

_____

Verb Test 7

CHANGING FROM ONE VERB TO ANOTHER

Directions: The following sentences are all in the future tense. Change them to the conditional, keeping the same subject and adding: , **wenn** ...

Model: **Ich werde mehr Zeit haben.**
You write: **Ich würde mehr Zeit haben, wenn ....**

1. Ich werde mit Paula gehen.

_____

2. Ich werde mit Paula tanzen.

_____

3. Ich werde Glück haben.

_____

4. Du wirst das Kätzchen lieben.

_____

5. Du wirst es gut machen.

_____

6. Er wird Geld haben.

_____

7. Sie wird reich werden.

_____

8. Man wird es tun.

_____

9. Ich werde das Buch lesen.

_____

10. Sie wird es nicht trinken.

_____

11. Wir werden das Geld leihen.

_____

12. Ihr werdet das Geschenk bekommen.

_____

13. Sie werden es sagen.

_____

14. Sie werden es wählen.

_____

15. Er wird es brauchen.

_____

16. Sie wird uns besuchen.

_____

17. Sie werden es wissen.

_____

18. Ich werde morgen kommen.

_____

19. Es wird besser werden.

_____

20. Wir werden essen.

_____

21. Ihr werdet lachen.

_____

22. Du wirst tanzen.

_____

23. Man wird es nicht glauben.

_____

24. Alle werden es kaufen.

_____

25. Er wird den Baum pflanzen.

_____

26. Die Blume wird blühen.

_____

Verb Test 8

PATTERN RESPONSES

**Directions:** Answer the following questions in the negative in complete German sentences. In answer (a), use **nein.** In answer (b), use **auch nicht** (either). Substitute a pronoun for the noun in your answers.

Models: (a) **Tanzen Sie?**   **You write:**   (a) **Nein, ich tanze nicht.**
             (Do you dance?)   (No, I don't dance.)
             (b) **Und Otto?**   **You write:**   (b) **Er tanzt auch nicht.**

1. (a) Arbeiten Sie?

_____

    (b) Und Eberhard?

_____

2. (a) Studiert Hulda?

_____

    (b) Und ihre Brüder?

_____

3. (a) Fährt Frieda jetzt nach Hause?

_____

    (b) Und du?

_____

4. (a) Schreien die Kinder?

_____

    (b) Und du und deine Freunde?

_____

5. (a) Kommt das Flugzeug an?

_____

(b) Und die Züge?

_____

6. (a) Bist du beschäftigt?

_____

(b) Und deine Eltern?

_____

7. (a) Hast du deine Hausaufgaben schon gemacht?

_____

(b) Und deine Schwester?

_____

8. (a) Haben Sie den neuen Film gesehen?

_____

(b) Und Ihre Freunde?

_____

9. (a) Ist Herr Braun zum Supermarkt gegangen?

_____

(b) Und seine Frau?

_____

10. (a) Ist Frau Weber zum Schwimmbad gegangen?

_____

(b) Und die Kinder?

_____

DIALOGUE

Directions: Fill in the blank spaces with the letter indicating the correct verb form. After reading the dialogue twice, enter your selections.

Situation: You are seated in an Inter City Express about to leave Munich for Hamburg. A young man approaches and asks if the seat next to you is taken.

Der junge Mann: Ist hier noch frei?
Sie: Ja, _____ Sie sich!

1. A. sitzen   B. setzen   C. saßen   D. gesessen

Der junge Mann: Um wievel Uhr _____ der Zug ab?

2. A. fährt   B. fuhr   C. gefahren   D. abfahren

Sie: Ich _____, in fünf Minuten, um neun Uhr.

3. A. glauben   B. glaubte   C. glaube   D. geglaubt

Der junge Mann: Wann _____ wir in Hamburg an?

4. A. kamen   B. gekommen   C. kommen   D. ankommen

Sie: Ich _____ nicht genau.

5. A. wußte   B. wissen   C. gewußt   D. weiß

Der junge Mann: Es _____ jetzt zu regnen.

6. A. begann   B. beginnt   C. beginnen   D. begonnen

Sie: Hoffentlich _____ wir schönes Wetter in Hamburg haben.

7. A. werden   B. würden   C. wird   D. worden

Der junge Mann: Ich glaube, wir _____ schon.

8. A. rollten   B. rollen   C. gerollt   D. rollte

Sie: Ja, es _____ schon neun Uhr zehn.

9. A. war   B. wird   C. ist   D. werden

SENTENCE COMPLETION

Directions: Each of the following sentences contains a missing verb form. Select one from the choices given and write the letter on the line.

1. Willst du heute Fisch oder Fleisch _____ ?
   A. eßt   B. essen   C. ißt   D. gegessen

2. Er hätte anders handeln _____ .
   A. sollen   B. gesollt   C. soll   D. sollte

3. Als wir in Regensburg waren, _____ es viel.
   A. geregnet   B. regnen   C. regnet   D. regnete

4. Als wir da waren, _____ die Sonne.
   A. schien   B. scheint   C. scheinen   D. geschienen

5. Hier ist Seife, wenn du dich _____ willst.
   A. gewaschen   B. waschen   C. wäschst   D. wasche

6. Wer hat diese Blumen _____ ?
   A. bringen   B. bringt   C. gebracht   D. brachte

7. Sie _____ im Garten.
   A. wuchsen   B. wächst   C. gewachsen   D. wachse

8. Hast du gut _____ ?
   A. schlafen   B. geschlafen   C. schläfst   D. schliefst

9. Wenn ich deine Uhr finde, _____ ich dich an.
   A. rufen   B. gerufen   C. rief   D. rufe

10. Herr Ober, eine Tasse Tee für meine Freundin. Ich _____ gerne ein Bier, bitte.
    A. hätte   B. hatte   C. haben   D. gehabt

11. Können Sie heute kommen? Nein, ich _____ nicht.
    A. kann   B. könnte   C. konnte   D. können

12. Wenn ich die Antwort gewußt hätte, _____ ich sie gesagt.
    A. gehabt   B. haben   C. hatte   D. hätte

13. Wenn ich mehr Zeit hätte, _____ ich die Arbeit machen.
    A. werden   B. wird   C. würde   D. geworden

14. Wenn ich mehr Zeit gehabt hätte, _____ ich die Arbeit gemacht haben.
    A. würde   B. geworden   C. werden   D. wird

15. „Koste es, was es ___, ich muß das Gemälde haben."
    A. wollen   B. wollte   C. wolle   D. will

16. _____ es dir in der neuen Heimal gut gehen!
    A. möge   B. mögen   C. mag   D. mochte

17. „Ich kann dir nicht helfen." „Du ____, wenn du wolltest."
    A. kannst   B. könntest   C. konntest   D. gekonnt

18. Sie glaubt, sie ____ einen interessanteren Roman schreiben können.
    A. hätte   B. hatte   C. gehabt   D. haben

19. Nach der Revolution schrie das Volk: „Es _____ die Republik!"
    A. leben   B. lebte   C. lebe   D. gelebt

20. Du _____ besser tanzen, wenn du mehr übtest.
    A. würdest   B. wirst   C. werdest   D. werdet

Verb Test 11

CHANGING FROM ONE TENSE TO ANOTHER

Directions: All the following verb forms are in the present tense, indicative. Change them to the present perfect, keeping the same subject. Remember that to form the present perfect—and all the other perfect tenses—English and German require a helping verb + the past participle. The helping verb is "to have" **(haben)** *in modern English. German, however, uses* **sein** *in addition to* **haben***. See "Present Perfect," p. xxviii, and "Sein Verbs," pp. xxiv–xxv.*

Model: **Du spielst.**
You write: **Du hast gespielt.**

  1. Du stellst.

    _____

  2. Du studierst.

    _____

  3. Er stirbt.

    _____

  4. Wir freuen uns.

    _____

  5. Sie kommt.

    _____

6. Wir verstehen nicht.

_____

7. Ich laufe.

_____

8. Ihr nehmt.

_____

9. Wir lernen.

_____

10. Sie geht.

_____

11. Er fängt an.

_____

12. Man darf.

_____

13. Du hast.

_____

14. Sie sind.

_____

15. Er setzt sich.

_____

16. Du verlierst.

_____

17. Sie gehen.

_____

18. Sie interpretiert.

_____

19. Ich spreche.

_____

20. Sie tanzen.

_____

21. Man weiß.

_____

22. Wir kommen an.

_____

23. Du kannst.

_____

24. Er träumt.

_____

25. Sie ißt.

_____

26. Ihr glaubt.

_____

27. Ich drücke.

_____

28. Sie stellt aus.

_____

29. Wir bringen.

_____

30. Sie sagen.

_____

Verb Test 12

COMPLETION OF VERB FORMS

Directions: Some forms of the present and imperfect add an extra **e**. Complete each verb form by writing the correct letter or letters on the blank lines. The infinitive and the stem are given. No strong (vowel changing) verbs are given in the imperfect.

Present Indicative

1. (sagen) Man sag__

2. (zeichnen) Du zeich__

3. (überraschen) Ihr__

4. (tanzen) Du tanz__

5. (bringen) Unsere Freunde bring__

6. (reiten) Wer reit__

7. (antworten) Er antwort__

8. (lernen) Du lern__

9. (arbeiten) Sie arbeit__

10. (sitzen) Die Kinder__

11. (streiten) Er streit__

12. (schießen) Du schieß__

13. (nützen) Es nütz__

14. (besuchen) Die Klasse besuch__

15. (scherzen) Du scherz__

Imperfect Indicative (Past)

1. (ducken) Er duck__
2. (frühstücken) Die Eltern frühstück__
3. (zeichnen) Die Lehrerin zeichn__
4. (tanzen) Du tanz__
5. (schwänzen) Ihr schwänz__
6. (antworten) Inge und Karin antwort__
7. (arbeiten) Ich arbeit__
8. (streben) Ihr streb__
9. (grollen) Ich groll__
10. (bedeuten) Das bedeut__
11. (spalten) Sie spalt__
12. (öffnen) Ich öffn__
13. (stöhnen) Die Soldaten stöhn__
14. (pachten) Uli und Olaf pacht__
15. (schmerzen) Es schmerz__

Verb Test 13

THE IMPERFECT

Directions: *In this crossword puzzle (**Kreuzworträtsel**) write the 1ˢᵗ person singular of the imperfect for each of the verbs given below. They are a small mix of regular (weak) and, mostly, strong verbs.*

Senkrecht
1. beißen
2. atmen
3. hassen
4. sehen
5. gehen
7. lieben
10. tun
11. sein
12. lügen

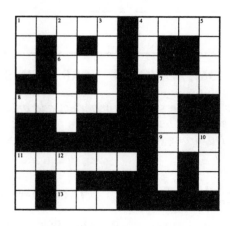

Waagerecht
1. brechen
4. singen
6. messen
7. liegen
8. haben
9. bitten
11. wollen
13. geben

Verb Test 14

DRILLING THE PERFECT TENSES

Directions: *Fill in the blanks with the correct auxiliary and past participle of the verbs given, in the tenses indicated.*

I. Present Perfect Indicative

1. Ich _____ den Hund _____ . (bürsten)

2. Die ganze Familie _____ aufs Land _____ . (fahren)

3. Wir _____ unsere Tante _____ . (besuchen)

4. Luise und Rolf _____ lange _____ . (tanzen)

5. Ich _____ es nicht _____ . (wollen)

6. Ich _____ es nicht tun _____ . (wollen)

7. Vor zwei Jahren _____ ihr Mann _____ . (sterben)

8. Man _____ uns alles _____ . (erzählt)

9. Uns _____ man nichts davon _____ . (sagen)

10. Die Lehrerin _____ lange auf der Universität _____ . (studieren)

11. Warum _____ ihr so früh _____ ? (gehen)

12. Ich weiß nicht, wer dieses Gemälde _____ _____ . (malen)

II. The Pluperfect

1. Die anderen _____ zu Hause_____ . (bleiben)

2. Dora _____ oft _____ . (lachen)

3. Niemand _____ etwas davon _____ . (wissen)

4. Der Gangster _____ die Polizei _____ (schmieren)

5. Die Professorin _____ das Gedicht anders _____ . (interpretieren)

6. Im Winter _____ der Teich _____ . (frieren)

7. Olaf _____ schon _____ . (ankommen)

8. Der Kritiker _____ das Buch gar nicht _____ . (lesen)

III. The Future Perfect Indicative

1. Die Kinder _____ _____ schon _____ _____ . (sich anziehen)

2. Den Tadsch Mahal _____ Sie bei Ihrer Indienreise wohl _____ _____ (sehen).

3. Bis dann _____ er es schon _____ _____ . (tun)

4. Der Hund _____ wohl _____ _____ , als er den Einbrecher hörte. (bellen)

IV. Subjunctive Forms

1. Sie sagte, sie _____ es gern getan, wenn sie Zeit _____ _____ . (haben)

2. Ich _____ es gerne getan haben, wenn es mir möglich _____
_____ . (sein)

3. Er sagt, er _____ nichts davon _____ . (wissen)

4. Du hättest dich beeilen _____ . (sollen)

Verb Test 15

WORKING WITH *WERDEN* IN THE PASSIVE

*Directions: The following sentences are all in the active voice. Change them to the passive, keeping the same tense. Remember that in English and German, the object in the active voice becomes the subject in the passive voice. **Geliebt werden**, p. 144, is fully conjugated in the passive.*

Model: **Der Kellner bringt das Essen.**
You write: **Das Essen wird vom Kellner gebracht.**

1. Die Schneiderin wird das Kleid machen.

_____

2. Die Reporterin berichtete darüber im Fernsehen.

_____

3. Wir haben diese Waren nicht bestellt.

_____

4. Man hatte den Wald gelichtet.

_____

5. Die Klasse liest jetzt das Buch.

_____

6. Er schrieb den Brief.

_____

7. Ich werde die Rechnung bezahlen.

_____

8. Die Schüler haben ihre Hausaufgaben gemacht.

_____

9. Die Pianistin hat die Sonate gespielt.

_____

10. Die Polizei hielt ihn auf.

_____

11. Der Gärtner pflanzt die Bäume.

_____

12. Der Hund hat das Steak gestohlen.

_____

13. Dora zog die Puppe aus.

_____

14. Die Katze trank die Milch.

_____

15. Die Tänzer tanzen den Walzer.

_____

16. Die drei Tenöre sangen die Arie.

_____

Verb Test 16

CHANGING FROM ONE TENSE TO ANOTHER

**Directions:** The following verb forms are all in the imperfect. Some are weak, many are strong verbs. Change them to the present perfect, keeping the same subject. You will need to review "Sein Verbs," pp. xxiv–xxv, and the principal parts of strong verbs, as conjugated individually, and also as systematized in the table on pp. xvi–xxi. Some strong verbs have the same vowel in the past participle and in the imperfect. Others do not.

Model: Du schliefst.   **You write: Du hast geschlafen.**

1. Wir tanzten. _____	**13.** Wir wünschten. _____
2. Du stelltest. _____	**14.** Ihr wart. _____
3. Sie schrieen. _____	**15.** Keiner schrieb. _____
4. Irma rauchte. _____	**16.** Es regnete. _____
5. Alle lachten. _____	**17.** Er wollte. _____
6. Wir lasen. _____	**18.** Ihr aßt. _____
7. Ich trug. _____	**19.** Keiner kam. _____
8. Wer fragte? _____	**20.** Die Katze soff. _____
9. Ich aß. _____	**21.** Ich lief. _____
10. Du gingst. _____	**22.** Er brauchte. _____
11. Wir blieben. _____	**23.** Wann starb er? _____
12. Ich träumte. _____	**24.** Du brachtest. _____

25. Sie sangen. _____ **28.** Sie fiel. _____

26. Es gelang. _____ **29.** Du fuhrst. _____

27. Ich setzte mich. _____ **30.** Es geschah. _____

Verb Test 17

SENTENCE COMPLETION

Directions: Fill in the missing verb form in each of the following sentences.

1. Gestern hatten Sie keine Zeit für mich. _____ Sie heute Zeit?
   A. hatten   B. gehabt   C. haben   D. hätten

2. Wenn ich ein Vöglein _____ , flög ich zu dir.
   A. war   B. wäre   C. bist   D. sei

3. Ich _____ die Arbeit gemacht haben, wenn ich Zeit gehabt hätte.
   A. würde   B. werde   C. bin   D. habe

4. Er hat es nicht machen _____ .
   A. kann   B. konnte   C. gekonnt   D. können

5. Um wieviel Uhr sollen wir _____ .
   A. ankommen   B. ankamen   C. angekommen   D. kamen an

6. _____ Sie den Ball!
   A. Warfen   B. Geworfen   C. Werfen   D. Werft

7. Wissen Sie, wer diesen Brief geschrieben _____ ?
   A. haben   B. hat   C. hatte   D. hattet

8. Ich glaube, daß er schon gegangen _____ .
   A. ist   B. sei   C. war   D. sein

9. Sie tut alles, um ihrem Mann zu _____ .
   A. geholfen   B. hilft   C. halfen   D. helfen

10. Sie hat Angst vor dem _____ .
    A. Fliegen   B. geflogen   C. fliegt   D. flogen

PRESENT PARTICIPLES

*Directions: In this word puzzle, find the present participle of each of the 19 verbs listed alphabetically below and draw a line around each one. To start you off, the first verb on the list (**beten**), whose participle is **betend,** is already done. The present participles are written horizontally, vertically, or backwards.*

beten		naschen
braten		sehen
dienen		sein
drücken		singen
ehren		tanzen
fliegen		tun
fließen		wachen
haben		weinen
lachen		wollen
leiden		

```
S F T F A W O L L E N D
I L A C H E N D S L I N
N I N F L I E G E N D E
G E Z L S N O C I V K K
E ß E Q R E H R E N D C
N E N B P N A Z N O I Ü
D N D R N D B M D S E R
Z D W A C H E N D E N D
B G I T U E N D T H E G
B E T E N D D V Q E N R
M R P N A S C H E N D Z
L E I D E N D J G D B L
```

DIALOGUE

Directions: Fill in the letter of each missing verb form by selecting the form appropriate to the sense of what the speakers are saying.

Situation: A ticket agent *(Schalterbeamter)* in Hamburg informs you that your rail pass is no longer valid and that you must buy a ticket.

Der Schalterbeamte: Ihr Bahnpaß ist nicht mehr gültig. Sie müssen eine Fahrkarte lösen. Wohin wollen Sie fahren?

Sie: _____ ich mit dem IC (Intercityzug) nach Bruchhausen-Vilsen fahren?

1. A. konnte   B. können   C. kann   D. könnte

Er: Mit dem IC können Sie nur bis nach Bremen fahren.
Sie: _____ der Zug nicht in Bruchhausen-Vilsen?

2. A. hält   B. haltet   C. hielt   D. halte

Er: In Bremen müssen Sie einen Bus nehmen.
Sie: _____ Sie mir bitte eine Bahn- und Busfahrkarte!

3. A. Gibt   B. Geben   C. Gebt   D. Gegeben

Er: Eine Rückfahrkarte oder einfach?
Sie: Ich weiß nicht, ob ich Sie richtig _____ habe.

    4. A. verstehen   B. verstanden   C. versteht   D. verstand

Er: Einfach ist nur die Hinreise. Mit einer Rückfahrkarte können Sie hin- und zurückfahren.
Sie: Einfach, bitte. Zweiter Klasse. Wieviel _____ das?

    5. A. kostete   B. kosten   C. kostet   D. kosteten

Verb Test 20
_____

CHANGING FROM ONE VERB TO ANOTHER

Directions: All the verb forms in the following statements are in the present perfect. Substitute the verb in parentheses for the verb given in the sentence. Rewrite the statement or question, keeping the same subject and tense (the present perfect).

| Model: | Wir *sind* nach Deutschland *gereist.* (fahren) |
| You write: | Wir *sind* nach Deutschland *gefahren.* |

| Model: | Wer *hat* die Tür *geöffnet?* (schließen) |
| You write: | Wer *hat* die Tür *geschlossen?* |

1. Karla *ist gegangen.* (kommen)

_____

2. Trude *hat* den Apfelstrudel *gebacken.* (essen)

_____

3. Paula *hat* die Aufgabe *geschrieben.* (lernen)

_____

4. Uta *ist* in Berlin *geblieben.* (sein)

_____

5. Wir *haben* nichts davon *gewußt.* (verstehen)

_____

6. Das Kind *ist* nach Hause *gerannt.* (laufen)

_____

7. *Hast* du das Paket *geschickt?* (bekommen)

_____

8. Ich *habe* das Glas *gewaschen.* (brechen)

_____

9. Was *hat* er *gewünscht?* (wollen)

_____

10. Erna *hat sich* darauf *gefreut.* (sich setzen)

11. Sie *haben* den Brief noch nicht *gelesen.* (erhalten)

12. *Hast* du die Arbeit *getan?* (machen)

13. Seine Großeltern *sind angekommen.* (sterben)

14. Wir *haben* das Haus *gekauft.* (verkaufen)

15. Sie *hat* Wien *gesehen.* (besuchen)

16. Sie *sind* nach Deutschland *geflohen.* (fliegen)

17. Es *hat* gestern *geschneit.* (regnen)

18. *Haben* Sie diese Waren *genommen?* (bestellen)

19. Sie *hat* ihre Puppe *gebadet.* (waschen)

20. Ich *habe* viel *gearbeitet.* (schlafen)

Verb Test 21

PRACTICE WITH SOME TRICKY TRANSLATIONS

The translations of some verb forms are "tricky" because: (a) several translations are possible, depending on the context; (b) it may be better, or necessary, for example, in questions and negative commands, to use "progressive" or "emphatic" verb forms in English, forms that are not used in German (see pp. xxvi–xxviii); and (c) some verbs, notably modal auxiliaries (see p. 503) and impersonal verbs (see pp. 561, 562), often cannot be translated literally.

Directions: Translate each of the following sentences in more than one way.

Model: Sie tanzt.   **You write:** She dances. She does dance. She is dancing.

1. Es gefällt mir.

2. Wir haben es gesehen.

_____

3. Ich ging oft.

_____

4. Wer hätte es wissen können?

_____

5. Er hat das Bier getrunken.

_____

6. Es freut mich.

_____

7. Schreiben Sie uns doch!

_____

8. Er sollte es tun.

_____

9. Sie hat den Brief geschrieben.

_____

10. Ich muß es tun.

_____

11. Wir konnten es nicht sagen.

_____

12. Sie arbeitete.

_____

13. Sie rauchten.

_____

14. Was ist geschehen?

_____

15. Er besuchte uns oft.

_____

16. Die Kinder spielten im Garten.

_____

17. Es blitzt.

_____

18. Er ist schon hier gewesen.

_____

19. Hast du gegessen?

_____

20 Sie haben nichts mitgebracht. (see: bringen)

_____

21. Sie wußte nichts davon.

_____

22. Susanne hat ihre Gemälde ausgestellt.

_____

23. Wir haben uns die Zähne geputzt.

_____

24. Mutter suchte uns überall.

_____

25. Sie hat ihm das Leben gerettet.

_____

26. Darf ich bitte sehen?

_____

27. Vater sprach sehr streng mit uns.

_____

28. Das Gras ist schnell gewachsen.

_____

29. Er hat sein Zimmer gereinigt.

_____

30. Ich habe etwas anderes gewählt.

_____

Verb Test 22

FINDING PAST PARTICIPLES

Directions: Find the past participle of each of the infinitives listed. When you find them, draw a line around each one. Bear in mind that some of the verbs included are separable and inseparable prefix verbs. See "Prefix Verbs," p. 502. Also review the perfect tenses on pp. xxviii–xxix, as well as the individual verbs, all conjugated in this book. **Angekommen,** the past participle of **ankommen,** the first verb on the list, has already been done to get you started. The past participles are written horizontally, vertically, diagonally, or backwards.

G	E	G	E	B	E	N	N	A	T	E	G
E	N	E	G	E	R	H	A	L	T	E	N
B	T	G	E	S	T	E	L	L	T	E	E
R	F	A	H	U	C	N	F	I	D	R	M
A	Ü	N	Ö	C	Z	V	E	N	G	K	M
U	H	G	R	H	I	R	U	E	E	L	O
C	R	E	T	T	F	F	G	S	L	Ä	K
H	T	N		E	R	L	H	E	E	R	E
T	A	O	B	E	N	X	Y	W	B	T	G
V	R	S	G	E	R	E	D	E	T		N
A	T	L	L	E	T	S	E	G	S	U	A

ankommen
ausstellen
befreien
besuchen
brauchen
entführen
erfinden
erhalten
erklären

geben
gehen
gehören
leben
reden
sein
stellen
tun

Verb Test 23

TRANSLATING VERB FORMS (English into German)

Directions: Translate the following sentences into German. In Test 21 you did the opposite. This is good practice because it helps you to master verb forms in German and English. Sometimes you can use either the imperfect or the present perfect. At other times, the one or the other will be preferable.

1. I like it.

_____

2. We've seen it.

_____

3. I used to go often.

_____

4. Who could have known it?

_____

5. He drank the beer.

_____

6. I'm glad.

_____

7. Do write us.

_____

8. He was supposed to do it.

_____

9. She wrote the letter.

_____

10. I've got to do it.

_____

11. We couldn't say it.

_____

12. She was working.

_____

13. They used to smoke.

_____

14. What has happened?

_____

15. He used to visit us often.

_____

16. The children played in the garden.

_____

17. There was lightning.

_____

18. He's already been here.

_____

19. Have you eaten?

_____

20. They didn't bring anything along.

_____

21. She knew nothing about it.

_____

22. Susanne exhibited her paintings.

_____

23. We have brushed our teeth.

_____

24. Mother was looking for us everywhere.

_____

25. She saved his life.

_____

26. May I see, please?

_____

27. Father spoke very sternly to us.

_____

28. The grass has grown fast.

_____

29. He cleaned his room.

_____

30. I have chosen something else.

_____

Verb Test 24

PRACTICING MODALS AND IRREGULAR MIXED VERBS

Directions: _Supply the correct form of the verb in parentheses in the tense indicated._

Model: Er (können) arbeiten.   **You write:** Er kann arbeiten.

I. Present Indicative
1. Die Kinder (wollen) spielen.

_____

2. Ich (mögen) jetzt nicht.

_____

3. Wir (können) singen.

_____

4. Ich weiß nicht, ob er tanzen (können).

_____

5. (Dürfen) man so etwas?

_____

6. Warum (wollen) du nicht?

_____

7. Du (sollen) nicht töten.

_____

8. Ihr (müssen) fort.

_____

9. Das (dürfen) Sie nicht.

_____

10. Ich weiß, wo er wohnt, aber ich (kennen) ihn nicht.

_____

II. Imperfect Indicative

1. Sie (können) nicht kommen.

_____

2. Er (denken) an die Heimat.

_____

3. Das Feuer (brennen) lange.

_____

4. Inge (wenden) sich an ihre Freunde.

_____

5. Ich (dürfen) es nicht versuchen.

_____

6. Die Soldaten (dürfen) alles.

_____

7. Die Astronomen (können) den neuen Planeten sehen.

_____

8. Wer (bringen) den Wein?

_____

9. Die Zeitung (nennen) Namen.

_____

10. Tatjana (senden) ihm einen Liebesbrief.

_____

III. Change the sentences in Group II to the present perfect. Remember that modal auxiliaries sometimes require a double infinitive construction.

1. Sie haben nicht _____ _____ .

2. Er hat an die Heimat _____ .

3. Das Feuer hat lange _____ .

4. Inge hat sich an ihre Freunde _____ .

5. Ich habe es nicht _____ _____ .

6. Die Soldaten haben alles _____ .

7. Die Astronomen haben den neuen Planeten _____ _____ .

8. Wer hat den Wein _____ ?

9. Die Zeitung hat Namen _____ .

10. Tatjana hat ihm einen Liebesbrief _____ .

PRACTICING VERBS WITH VOWEL CHANGES IN THE
2nd AND 3rd PERSON SINGULAR OF THE PRESENT INDICATIVE

Directions: Review the strong verbs in Groups IV (A and B), V, and VI, pp. xix–xx. Then write the correct form of the verb in parentheses for each of the sentences below.

Model: Paul (schlafen) noch.   **You write:** Paul schläft noch.

1. (Backen) du mir einen Kuchen heute abend?   _____
2. Die Professorin (lesen) sehr schnell.   _____
3. Mein Mann (essen) zu viel.   _____
4. Der General (befehlen) den Soldaten zu schießen.   _____
5. Die Lehrerin (helfen) mir viel.   _____
6. Luise (tragen) ein neues Kleid.   _____
7. (Sehen) du den Mond und die Sterne?   _____
8. Er (waschen) sich oft.   _____
9. Der Wind (blasen) kalt.   _____
10. Diese Blume (wachsen) nicht bei uns.   _____
11. (Geben) du mir das Geld dafür?   _____
12. Paula (schlagen) ihre Kinder.   _____
13. So etwas (geschehen) nicht oft.   _____
14. Mutter (raten) mir immer gut.   _____
15. Du (fahren) zu schnell.   _____
16. Es (brechen) mir das Herz, wenn ich an sie denke.   _____
17. Der Schnee (fallen) langsam.   _____
18. Der Professor (vergessen) oft seinen Regenschirm.   _____
19. Die Lehrerin (sprechen) immer freundlich mit uns.   _____
20. Am Ende (sterben) Hamlet.   _____

THE *DU* IMPERATIVE
(Familiar Singular Command Form)

Note: *The verbs in Group IV, p. xix, show the same vowel change in the **du** imperative as they do in the 2nd and 3rd person singular of the present indicative. The **du** imperative forms you are asked to supply in this puzzle are all from Group IV, A and B, and will therefore serve to reinforce what you studied for in Test 25.*

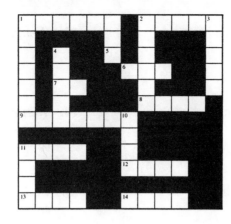

Senkrecht	Waagerecht
1. verderben	1. vergessen
2. sprechen	2. sterben
3. brechen	6. geben
4. treffen	7. essen
5. messen	8. helfen
(backwards)	9. befehlen
10. lesen	11. werfen
11. werben	12. sehen
	13. bergen
	14. nehmen

Verb Test 27

IDENTIFYING VERB FORMS

*Directions: Read the following literary passage twice. Then, identify the verb forms with their subject printed in **bold face** by giving (a) the infinitive of the verb form, (b) the name of the tense, and (c) the person and number of the verb form.*

Example: Sie haben

You write: (a) haben
                (b) present indicative
                (c) 3rd person plural

„**Haben Sie** nichts zu lesen?" fragte Lotte. **Werther hatte** nichts. „**Ich habe** Ihre Übersetzung einiger Gesänge Ossians noch nicht **gelesen**, denn **ich hoffte** immer, sie von Ihnen zu hören." Nachdem **Werther gelesen hatte, brach ein Strom** von Tränen aus Lottes Augen. **Werther warf** das Papier **hin, faßte** ihre Hand und **weinte** die bittersten Tränen. **Sie fühlten** ihr eigenes Elend, und **ihre Tränen vereinigten sich. Die Lippen** und **die Augen** Werthers **glühten. Werther hob** das Blatt **auf** und **las** halb gebrochen: „Warum **weckst du** mich, Frühlingsluft? **Du sprichst:** Morgen **wird der Wanderer kommen, wird** mich **suchen,** und **wird** mich nicht **finden."**

Adapted from Goethe's *Die Leiden des jungen Werther*

1. haben Sie
  a.
  b.
  c.

2. Werther hatte
  a.
  b.
  c.

3. ich habe gelesen
  a.
  b.
  c.

4. ich hoffte
  a.
  b.
  c.

5. Werther gelesen hatte
   a.
   b.
   c.

6. brach ein Strom
   a.
   b.
   c.

7. Werther warf hin
   a.
   b.
   c.

8. Werther faßte
   a.
   b.
   c.

9. Werther weinte
   a.
   b.
   c.

10. Sie fühlten
    a.
    b.
    c.

11. ihre Tränen vereinigten
    a.
    b.
    c.

12. Lippen und Augen glühten
    a.
    b.
    c.

13. Werther hob auf
    a.
    b.
    c.

14. Werther las
    a.
    b.
    c.

15. weckst du
    a.
    b.
    c.

16. du sprichst
    a.
    b.
    c.

17. wird der Wanderer kommen
    a.
    b.
    c.

18. der Wanderer wird suchen
    a.
    b.
    c.

19. der Wanderer wird finden
    a.
    b.
    c.

Test 1

1. **D** The grass grows faster in the summer than in the winter.
Wächst is the only correct form, since 3rd person sing. **Gras** is the subject. The unumlauted **wachst** is not 3rd person sing. but the **ihr** form (2nd person pl.). **Wachsen** belongs to those verbs whose 2nd and 3rd person sing. forms are umlauted in the present indicative. Similar verbs are **fahren, schlagen, tragen,** and **waschen.** You will find them listed under Groups V and VI in the table **Principal Parts of Some Strong Verbs—Arranged According to Pattern of Change** (pp. xix–xx). Please review them there.

2. **A** At the winter solstice party the whole class sang "O Tannenbaum" (O Fir Tree/Christmas Tree).
The past participle is clearly what is required here. English and German both use the past participle with an auxiliary. The helping (auxiliary) verb **haben** is in the 3rd person sing. because the subject is **Klasse.** German past participles often begin with **ge-** and this makes them easy to identify. Review past participles (p. xxiii).

3. **C** After the theater, Uwe drove home alone.
Fahren is one of the many verbs conjugated with **sein** in the perfect tenses. This sentence, like the preceding one, is also in the present perfect tense, but the auxiliary is **sein,** not **haben.** Please review "Sein Verbs" (pp. xxiv–xxv). Notice that in sentences two and three, the German present perfect was translated by an English past. This is often necessary, although sometimes a German present perfect can be translated as an English present perfect.

4. **B** As a child, I often played tic-tac-toe.
The imperfect is used for repeated action in the past. Review the imperfect indic. on pp. xxvi–xxvii. A is not correct because the past participle must have a helping verb to form a perfect tense, as in English.

5. **D** The others had already done everything before I arrived.
The pluperfect (or past perfect) is used for a past action completed before another past action. See p. xxviii.

6. **C** The train had already left when we reached the station.
Again, the pluperfect is necessary. But **fahren** and sep. prefix **abfahren** are **sein** verbs. Review them on pp. xxiv–xxv.

7. **A** I work in a factory; my brother works in an office.
If the verb stem ends in **t,** an **e** is inserted before the t ending of the 3rd person sing. and the 2nd person of the pres. tense, as well as before all the past (imperfect) endings beginning with **te.** This facilitates pronunciation and makes audible the distinction between the present and the past.

8. **D** Years ago, he used to work for Volkswagen.
Because his working at Volkswagen was a repeated, habitual action in the past, the imperfect is the correct tense. See pp. xxvi-xxvii. Also

recall the explanation for the last sentence and see the conjugated verb on p. 7.

9. **A**   When will you come to us?
Review the future on pp. xxviii–xxix. The present can also be used with a future implication. **Wann kommt ihr zu uns** (when are you coming/will you come to us) is synonymous. But the correct form of the auxiliary **werden** is what is required in the test sentence.

10. **D**   The accused said he knew nothing about the crime.
Review **wissen** and "Irregular Mixed Verbs" on p. xxi, as well as the subjunctive in "Indirect Discourse," p. xxxii.

11. **A**   She promised me she would do it as fast as possible.
Both English and German use the conditional, also known playfully as the "would shelf," here. Review it on p. xxix. Remember that both the future and the conditional use the infinitive, placed at the end of the clause.

12. **B**   Come, dance with me!
A is the formal imperative. You know that isn't right because **komm,** not **kommen Sie,** is the preceding imperative and both are addressed to the same person. Review the imperative on p. xxxiv.

13. **A**   The cat hasn't drunk its milk.
B and C are wrong because they are infinitives and the sentence has a helping verb, a sign that we want the perfect. Remember that **saufen,** not **trinken,** is used for animals, and for humans who guzzle.

14. **C**   The tree has already lost its leaves.
Remember that **ver-** is a sep. prefix and sep. prefix verbs never form the past participle with **ge-**.

15. **A**   If we only had more time and money!
This is a contrary-to-fact condition and the subjunctive is required. Review the subjunctive on p. xxx.

16. **C**   My sister got (received) many nice birthday presents.
Be- is an insep. prefix and therefore its past participle does not begin with **ge-.** The past part. is the same as the infinitive. But we have a helping verb here to form the pres. perf. tense.

17. **B**   I don't want to do the work now.
C and D are conjugated forms. In the future, in German and in English, we need the infinitive. Review the future on p. xxviii.

18. **A**   What shall I (am I supposed to) tell your parents?
D is also possible. But then the translation would be "What was I supposed to tell your parents." Modals have many idiomatic meanings and irregular forms that have to be memorized. Review them on p. xx.

19. **B**   By then he will have already found it.
C would not quite fit, because we'd have to translate it as "By then he will already find it," which is somewhat awkward. Therefore the future perfect is preferable to the future. Review both on pp. xxviii–xxix.

20. **A**   They (you) should have written us sooner.
Modals have two past participles. When used with a complementary (completing) infinitive, the past participle beginning with **ge-** is not used; instead, one that is identical to the infinitive is required. Review "Modal Auxiliaries," p. xx.

Test 2

1. **D**   The helping verb **hat** tells you that the present perfect is necessary. Review **brennen,** p. 65, and irregular mixed verbs, p. xxi.
2. **A**   **Verkaufen** is a complementary infinitive after the modal **will**. Review "Modal Auxiliaries," p. xxi.
3. **B**   **Mitbringen** is transitive (takes a direct obj.). Therefore the correct auxiliary with the past participle is **habe** here.
4. **A**   The imperfect subjunctive frequently substitutes for the conditional. As a matter of fact, the conditional of **mögen** is rarely used. **Möchten** (would you like) is frequently heard. The past tense, C, is not correct here.
5. **C**   Here the reference is to future time. Review the future on pp. xxviii–xxix.

Test 3

Note: Remember that unlike "also," German **auch** precedes adverbs and predicate adjectives (those that come after the nouns they modify). In addition, **auch** is never placed after the infinitive or the past participle. **Auch,** and **nicht,** are often moved around in German sentences to modify a particular element in the sentence. Therefore, every sentence below could start with **auch** preceding the subject. In that case you'd sometimes have to translate with "too," when "also" is awkward. German word order is not affected if you start with **auch**. Do so, as a supplemental exercise. There are sometimes subtle semantic (meaning) distinctions. For example, **sie können auch tanzen** (#6) means "they can also dance," which implies that dancing is one more thing they can do, whereas **auch sie können tanzen** means "they, too, can dance."

1. Sie verstehen auch gut. Study the forms of **verstehen,** p. 454.
2. Er schreibt auch schön. Study the forms of **schreiben,** p. 334.
3. Ich habe auch schon gewählt.
4. Ihnen geht es auch gut. Study the forms of **gehen** on p. 143.
5. Ich lese die Zeitung jeden Tag auch. Study the forms of **lesen** on p. 224.
6. Sie können auch tanzen. The pl. differs from the sing. only by the addition of an umlaut. You had to pay attention to that and also to the plural ending **e** on the possessive adj. **ihr.**
7. Sie sind auch ins Kino gegangen. Here again, it was necessary to recognize the pl. **seine Freunde** as distinct from the sing. **sein Freund.**
8. Ich habe auch gut gegessen. Study the forms of **essen** on p. 108.
9. Sie singt auch viele Lieder. Study the forms of **singen** on p. 358.
10. Er hat sich auch gewaschen. Study the forms of **waschen** on p. 473.
11. Sie haben sich die Haare auch gewaschen. Note that German uses the definite article (the) for parts of the body and articles of clothing when it is clear who the subject is.
12. Er sucht Arbeit auch. **Suchen,** p. 402, is weak (regular).
13. Er trinkt auch gern Tee. Study forms of **trinken** on p. 415.
14. Sie kann auch Auto fahren. Study forms of **können** on p. 199.

15. Sie wußten die Antwort auch. Study forms of **wissen** on p. 490.
16. Ich habe auch gut geschlafen. Study forms of **schlafen** on p. 315.
17. Sie haben auch lange getanzt. See **tanzen,** p. 404. Only an **n** in the plural makes the distinction between sing. **ihre Schwester** and pl. **ihre Schwestern,** so you had to look closely.
18. Sie haben großen Hunger auch. Study forms of **haben** on p. 166.
19. Sie hat sich ein neues Kleid auch gekauft. See explanation for 17.
20. Er hat den Armen auch geholfen. Study forms of **helfen** on p. 177.

Test 4

1. **B**   **Morgen** and **wird,** the auxiliary for the future, make it clear the future is required. Review the future on pp. xxviii–xxix.
2. **D**   The sentence makes a general statement about the rain in Salzburg. Therefore the present is necessary.
3. **A**   Both verbs, "fell asleep" and "dreamt," are in the imperfect, the tense used for narrating connected past events.
4. **C**   The presence of the auxiliary indicates that this is in the pres. perf. Review "Prefix Verbs," p. 502, and "Sein Verbs," pp. xxiv–xxv.
5. **D**   Here, too, the auxiliary **hat** means that we need the past part. to form the present perfect.
6. **B**   The infinitive is used here as a complement (completion) to modal **möchte.** See **mögen** and "Modal Auxiliaries," p. 503.
7. **C**   **Backen** has alternative forms in the present and imperfect, but the past participle, in the meaning "to bake," is always **gebacken.**
8. **C**   **Jetzt** is the key word here. It tells you that father is reading the newspaper "now," in the present.
9. **C**   The key word here is **noch** (still). Therefore the present is necessary. Without it, the present, or the imperfect (B), is possible (Ingolf suffers from/suffered from).
10. **D**   The auxiliary **hat** is a sign that we need the past participle to form the present perfect tense.
11. **B**   The best choice is B, because Willi is not being quoted directly. See "Subjunctive in Indirect Discourse," p. xxxii. Many are less grammatical in colloquial speech, however. Therefore, the indicative C (**kann**) is also heard.
12. **A**   The verb comes first when asking direct questions. If **sie** had not been capitalized, B would also have been correct and the translation would be "does she want/wish anything more." Since **Sie** is capitalized, only A is correct.
13. **A/B** Two choices are possible. For A, the translation is "have they told the truth?" B translates as "has she told the truth?" Because **sie** is not capitalized, "you" is not a translation possibility. See explanation for 12. Strictly speaking, C and D are also possible, though not likely. They are the pluperfect and mean "had." Therefore, if you wanted to argue the point, you couldn't lose on an incorrect choice here.

14. **D**   English and German both use the present with a future implication. German does so more often. The key word is **wieder.** Mother will be traveling to Germany "again" that is, she hasn't already done so.

15. **A/B** The subjunctive is used in indirect discourse (see # 11) and in indirect questions. What the wicked queen asked directly, in the indicative, was: „**Spieglein, Spieglein an der Wand, wer ist die Schönste im ganzen Land?"**

16. **C**   For explanations, see numbers 11 and 15.

17. **A**   The present perfect is the only possible choice.

18. **C**   This is the infinitive used in an infinitive phrase with **zu.**

19. **A**   Usually, you inquire in the present about how much something costs, but if you wanted to know how much the bananas "used to cost," the imperfect (D) would be used.

20. **D**   Note that infinitives in infinitive phrases come at the end of the sentence or clause.

Test 5

1. **B**   **Stattfinden,** p. 177, is a separable prefix verb. You want the present tense with a future implication here. The key word is **übermorgen** (the day after tomorrow). The future **wird übermorgen stattfinden** could also be used, but it wasn't one of the choices. Besides, two school friends would be likely to use the more colloquial present.

2. **C**   The formal imperative (A) is inappropriate and so is the familiar plural imperative (B). There is no need for the subjunctive (D). The familiar singular imperative often drops the **e** ending in colloquial speech. See p. xxxiv.

3. **B**   The complementary infinitive after the modal **muß** is required here. Review "Modal Auxiliaries," p. 503.

4. **A**   The subject is **Ihr,** the familiar plural. The present is used, as in English, for general statements.

5. **B**   Only the 1st person sing. of the present is correct.

Test 6

1. Lernen Sie das Wort! **Lernen,** p. 223, and **sagen,** p. 296, are weak (regular) verbs. The **Sie** imperative (command form) consists of the infinitive + **Sie.**

2. Lesen Sie das Gedicht! Study the forms of **lesen,** p. 224, and **schreiben,** p. 334.

3. Gehen Sie sofort! Study the forms of **gehen,** p. 143, and **kommen,** p. 198.

4. Schließe die Tür! Study the forms of **öffnen,** p. 254, and **schließen,** p. 320.

5. Schreiben wir den Brief! Study the forms of **lesen,** p. 224, and **schreiben,** p. 334.

6. Nimm den Koffer dort! Study the forms of **nehmen,** p. 249, and **stellen,** p. 384.

7. Singen Sie das Lied! Study the forms of **singen,** p. 358 and **spielen,** p. 366.

8. Spiele das Stück! Study the forms of **spielen,** p. 366, and **lernen,** p. 223.
9. Trinkt nicht so viel! Study the forms of **trinken,** p. 415, and **essen,** p. 108.
10. Sehen wir uns den Text an! Study the forms of **sehen,** p. 350, and **schauen,** p. 304. Both **ansehen** and **anschauen** are separable prefix verbs, and the prefix **an** is treated as in **anfangen,** p. 3, and **ankommen,** p. 4.
11. Zieht euch schnell aus! Study forms of **anziehen,** p. 6, and **ausziehen,** p. 12.
12. Gib es deinen Freunden! Study forms of **geben,** p. 139, and **empfehlen,** p. 87.
13. Verkaufe das Haus! Study forms of **verkaufen,** p. 440, and **kaufen,** p. 187.
14. Iß nicht zu spät! Study forms of **frühstücken,** p. 131, and **essen,** p. 108.
15. Sprich mit ihr! Study forms of **tanzen,** p. 404, and **sprechen,** p. 368.
16. Bringen Sie nicht zu viel! Study forms of **kochen,** p. 197, and **bringen,** p. 66.
17. Bedienen Sie sich! Study forms of **sich bedienen,** p. 18, and **sich beeilen,** p. 20.
18. Betet lauter! Study forms of **beten,** p. 45, and **sprechen,** p. 368.
19. Vergiß deinen Regenschirm nicht! Study forms of **vergessen,** p. 435, and **verlieren,** p. 446.
20. Lernt eure Yogaübungen! Study forms of **lernen,** p. 223, and **machen,** p. 235.

Test 7

Note: Please review the future and conditional on pp. xxviii–xxix. **Wenn** does not always follow a conditional. Sentences in the conditional can be complete on their own, but a clause introduced by **wenn** and containing the subjunctive is a frequent use of the conditional, as you will see later in Test 10 (#12, 13, 14, 20).

1. Ich würde mit Paula gehen, wenn …
2. Ich würde mit Paula tanzen, wenn …
3. Ich würde Glück haben, wenn …
4. Du würdest das Kätzchen lieben, wenn …
5. Du würdest es gut machen, wenn
6. Er würde Geld haben, wenn …
7. Sie würde reich werden, wenn …
8. Man würde es tun, wenn …
9. Ich würde das Buch lesen, wenn …
10. Sie würde es nicht trinken, wenn …
11. Wir würden das Geld leihen, wenn …
12. Ihr würdet das Geschenk bekommen, wenn …
13. Sie würden es sagen, wenn …
14. Sie würden es wählen, wenn …
15. Er würde es brauchen, wenn …
16. Sie würde uns besuchen, wenn …
17. Sie würde es wissen, wenn …
18. Ich würde morgen kommen, wenn …
19. Es würde besser werden, wenn …
20. Wir würden essen, wenn …

21. Ihr würdet lachen, wenn …
22. Du würdest tanzen, wenn …
23. Man würde es nicht glauben, wenn …
24. Alle würden es kaufen, wenn …
25. Er würde den Baum pflanzen, wenn …
26. Die Blume würde blühen, wenn …

Test 8

Note: When **nicht** negates the entire sentence, not a particular element in it, it goes at the end. But it is essential to remember that **nicht** precedes (a) infinitives and past participles, (b) adverbs and predicate adjectives, (c) prepositional phrases, and (d) separable verb prefixes. Remember also that English "do" is not used in German negatives. See pp. xxii–xxiii. See also the "Note" preceding the answers to Test 3.

1. (a) Nein, ich arbeite nicht.
   (b) Er arbeitet auch nicht.
   An **e** is added in some forms of the present because the verb stem ends in **t.** Study forms of **arbeiten,** p. 7.
2. (a) Nein, sie studiert nicht.
   (b) Sie studieren auch nicht.
3. (a) Nein, sie fährt nicht nach Hause.
   (b) Ich fahre auch nicht nach Hause.
   As noted in (c) above, **nicht** precedes prepositional phrases.
4. (a) Nein, sie schreien nicht.
   (b) Wir schreien auch nicht.
5. (a) Nein, es kommt nicht an.
   (b) Sie kommen auch nicht an.
   Ankommen, p. 4, is a separable prefix verb. See (d) in "Note" above.
6. (a) Nein, ich bin nicht beschäftigt.
   (b) Sie sind auch nicht beschäftigt.
   Beschäftigt is the past participle of **beschäftigen** (to busy). It is used here as a predicate adjective, that is, one that comes after the noun or pronoun it modifies. See (a) and (b) in "Note" above.
7. (a) Nein, ich habe sie nicht gemacht.
   (b) Sie hat sie auch nicht gemacht.
   Gemacht is the past participle. See (a) above.
8. (a) Nein, ich habe ihn nicht gesehen.
   (b) Sie haben ihn auch nicht gesehen.
   Once again, (a) above applies.
9. (a) Nein, er ist nicht zum Supermarkt gegangen.
   (b) Sie ist auch nicht hingegangen.
   (a) and (c) in the "Note" above apply.
10. (a) Nein, sie ist nicht zum Schwimmbad gegangen.
    (b) Sie sind auch nicht zum Schwimmbad hingegangen.
    Again, as in #9, (a) and (c) in the "Note" above apply. Also as in the preceding sentence, **hingehen** is used. With verbs of motion German often indicates "place to which" with **hin** and "place from which" by **her.**

Test 9

1. **B**   Review forms of **sich setzen,** p. 353. Both the exclamation point and the sense of the sentence indicate that the imperative is necessary here. English "set" and German **setzen** are the causative verbs of "to sit" and **setzen.** That is, if you "set" something someplace, you cause it to "sit" there.

2. **A**   The present is used with a future implication here. See p. xxvi. Reread the remarks concerning prefix verbs on p. 502 and note that **abfahren** is the first verb listed in the German-English Verb Index on p. 575. Study forms of **fahren,** p. 109.

3. **C**   The situation is in the present and the subject is **ich;** therefore only C is correct.

4. **C**   Once again, the present with a future implication is necessary. You can translate as "when do we" or "when will we arrive in Hamburg?" Study separable prefix **ankommen** on p. 4.

5. **D**   Study forms of **wissen** on p. 490 and review "Irregular Mixed Verbs" on p. xxi.

6. **B**   Study forms of **beginnen** on p. 26.

7. **A**   Instead of the present with a future implication, we have the future itself here. Review its formation on pp. xxviii–xxix. There is no reason to use the conditional (would) here (B). Since the subject is **wir,** C (**wird**) is wrong.

8. **B**   Here the present translates as the present, "we are already rolling," not the future. **Schon** is the key word.

9. **C**   You have just consulted your watch and you are saying what the time *is,* not what it "will be" (D) or what it was (A). You are also talking about what the time *is,* not what it is "becoming." Therefore the two forms of **werden,** B and D, are wrong.

Test 10

1. **B**   The complementary infinitive after a modal is necessary here. Review "Modal Auxiliaries." p. 503.

2. **A**   Remember that modals have two past participles, one that begins with **ge-, gesollt** (B) here, and one that resembles the infinitive. It is the latter that must be used when there is a complementary infinitive in a perfect tense.

3. **D**   **Als** is used for "when" to refer to a specific event in the past. Since the time is past, the imperfect (past) must be used. Review "Weather Expressions and Impersonal Verbs," pp. 561, 562.

4. **A**   See the previous explanation. The past participle (A) cannot be used as a verb without an auxiliary. Study forms of **scheinen** on p. 307 and review verbs like it in Group I B, p. xvii.

5. **B**   Complementary infinitives after modals are placed at the end of the clause except in subordinate clauses, such as the one here introduced by **wenn.** In a subordinate clause the finite (conjugated) verb goes at the end.

6. **C** Study forms of **bringen,** p. 66, and review irregular mixed verbs on p. xxi.

7. **A** If you were thinking of this sentence in context with the preceding one, then the imperfect is correct. The flowers grew in the garden and someone brought them to someone. The sentence by itself could also mean "it grows in the garden." Therefore B is also possible. **Sie** has many meanings. When using it, pay attention to the context and the ending on the verb.

8. **B** The presence of the auxiliary clearly indicates that the present perfect is required. Review **schlafen** and verbs like it in Group VI, p. xx.

9. **D** The subject is **ich** and the tense necessary is the present (with a future implication). Study forms of **rufen,** p. 291.

10. **A** **Ich hätte gern(e)** means "I would like to have." It, and **ich möchte** (I would like) are widely used in restaurants when ordering.

11. **A** This is a straight answer to a simple question. There is no need for the subjunctive and therefore the indicative is used.

12. **D** The subjunctive is required here because it is a contrary-to-fact condition. Subjunctive II (imperfect subjunctive) forms can substitute for the conditional. The forms **hätte** and **wäre** are very commonly used for the conditional or, here, for the conditional perfect. The sentence could have been expressed as follows: Wenn ich die Antwort gewußt hätte, würde ich sie gesagt haben.

13. **C** German and English use the conditional (would) here. What you have to be careful of is the use of the subjunctive in the first clause "If I had" (but I don't have). Therefore a contrary-to-fact condition exists, and the subjunctive is required. See pp. xxx–xxxi.

14. **A** German and English both use the conditional perfect here (would have). The first clause uses the subjunctive for a contrary-to-fact condition. See explanation for #13 above. The sentence could also have been expressed this way: Wenn ich mehr Zeit gehabt hätte, hätte ich die Arbeit gemacht. See explanation for #12.

15. **C** This is the so-called "hortatory" (urging someone to do something) or "optative" (expressing a wish or desire) subjunctive, often translated by "may" or "let." Its use is mainly literary, as in the quote from *Faust* on p. xxx. But #15 is a commonly used phrase and means "whatever it costs" or "no matter what the cost." More literally it translates as "Let it cost what it will (may)."

16. **A** "May" is related to German **mögen**. German **Tag, sagen, Weg, Honig** (honey), and many more words show the same **g>y** relationship. The optative subjunctive is used here to express a wish. See the explanation for 15 above.

17. **B** The subjunctive is necessary here. German, unlike English, distinguishes between **konnte** ("could" in the meaning "I was able" [the indicative used to state a fact]) and the subjunctive **könnte** ("could" in the sense "I might/would be able"). The 1st speaker here (#17) makes a statement in the indicative. The 2nd speaker uses the subjunctive, saying "You could (would be able to), if you wanted to."

18. **A** As in #14, the conditional perfect is used here. See the explanation for it. See also #2 above and "Modal Auxiliaries" for a discussion of the "double infinitive" construction. Remember that modals are "defective" verbs in English; that is, forms like "must," "should," and "can/could" do not exist in all the tenses.

19. **C** This is the hortatory/optative subjunctive, as discussed in the explanation for #15 and 16 above. See also p. xxx.

20. **A** This sentence, though similar to #12, 13, and 14, does not begin with the **wenn** (if) clause. The conditional is used in the 1st clause. It is possible to use it again in the 2nd **wenn** clause, but it would be a little awkward, though still correct, to have two conditionals: Du würdest besser tanzen, wenn du mehr üben würdest. As mentioned in #12, the imperfect subjunctive is often used instead of the conditional.

Note: For additional practice, return to Test 7 and complete the sentences on your own.

Test 11

1. Du hast gestellt. **Stellen** is a weak (regular) verb and should give you no difficulties.
2. Du hast studiert. **Studieren,** p. 398, does not use **ge-** to form the past participle. Most verbs ending in **-ieren** are of Greek or Latin origin. You will be able to recognize many of them easily: **telephonieren, kapitulieren, interpretieren.** Their past participles do not begin with **ge-.**
3. Du bist gestorben. See **sterben,** p. 385.
4. Wir haben uns gefreut. See **sich freuen,** p. 128.
5. Sie ist gekommen. See **kommen,** p. 198.
6. Wir haben nicht verstanden. **Verstehen,** p. 454, is an inseparable prefix verb. Such verbs do not form their past participles with **ge-.** See "Prefix Verbs," p. 502. Reread the "Note" preceding the answers to Test 8 and recall that **nicht** is placed before, not after, infinitives and past participles.
7. Ich bin gelaufen. See **laufen,** p. 214.
8. Ihr habt genommen. See **nehmen,** p. 249.
9. Wir haben gelernt. See **lernen,** p. 223.
10. Sie ist gegangen. See **gehen,** p. 143.
11. Er hat angefangen. See **anfangen,** p. 3 and "Prefix Verbs" p. 502.
12. Man hat gedurft. See **dürfen,** p. 83, and "Modal Auxiliaries," p. 503. Because no complementary infinitive is present, the past participle beginning with **ge-** is used.
13. Du hast gehabt. See **haben,** p. 166.
14. Sie sind gewesen. See **sein,** p. 351.
15. Er hat sich gesetzt. See **sich setzen,** p. 353.
16. Du hast verloren. See **verlieren,** p. 446, and #6 above.
17. Sie sind gegangen. See **gehen,** p. 143, and contrast with #10 above.
18. Sie hat interpretiert. See **interpretieren,** p. 184, and answer #2 above.
19. Ich habe gesprochen. See **sprechen,** p. 368.

20. Sie haben getanzt. See **tanzen,** p. 404.
21. Man hat gewußt. See **wissen,** p. 490, and review "Irregular Mixed Verbs," p. xxi.
22. Wir sind angekommen. See **ankommen,** p. 4, and "Prefix Verbs," p. 502.
23. Du hast gekonnt. See **können,** p. 199, as well as the answer to #12 above. Also review "Modal Auxiliaries," p. 503.
24. Er hat geträumt. See **träumen,** p. 411.
25. Sie hat gegessen. See **essen,** p. 108. Do not confuse with **sie ist.**
26. Ihr habt geglaubt. See **glauben,** p. 156.
27. Ich habe gedrückt. See **drücken,** p. 81.
28. Sie hat ausgestellt. See **ausstellen,** p. 11, and review "Prefix Verbs," p. 502.
29. Wir haben gebracht. See **bringen,** p. 66, and review "Irregular Mixed Verbs," p. xxi.
30. Sie haben gesagt. See **sagen,** p. 296.

Test 12

Note: Regular endings in the indicative of the present tense are:

ich ... e	wir ... en
du ... st	ihr ... t
er, sie, es ... t	sie, Sie ... en

These endings are added to the verb stem of most German verbs, with the exceptions of **sein, wissen,** and the modal auxiliaries. *Weak* verbs add the following endings to form the imperfect (past).

ich ... te	wir ... ten
du ... test	ihr ... tet
er, sie, es ... te	sie, Sie ... ten

But note the following:
   a. If the verb stem ends in **-d, -t, -m,** or **-n,** the vowel **e** is inserted in the 2nd and 3rd person sing. and the 2nd person pl. of the present. Such verbs also add an **e** in every form of the imperfect: sie atmet (she breathes); sie atmete (she breathed). This rule should be remembered primarily for verbs whose stem ends in **t,** because many verbs with a stem ending in **m** or **n** are exceptions: **er filmt; du lernst.**
   b. In the present tense of verbs whose stem ends in a sibilant (**s** sound), the **s** in the ending of the 2nd person sing. is omitted. This applies to verbs with a stem ending in **-s, -ß, -x,** or **-z.** The 2nd and 3rd person sing. are thus identical: **du ißt; er ißt.**

Present Indicative
   1. Man sagt.
   2. Du zeichnest. (See a. in "Note" above.)
   3. Ihr überrascht.
   4. Du tanzt. (See b. in "Note" above).
   5. Unsere Freunde bringen.
   6. Wer reitet? (See a. in "Note" above.)
   7. Er antwortet. (See a. in "Note" above.)
   8. Du lernst. (This is one of the exceptions noted in a. above.)

9. Sie arbeitet. (See a. in "Note," p. 549.)
10. Die Kinder sitzen. (This ending is regular. But, as noted in b. (p. 549), the 2nd (**du sitzt**) and 3rd persons sing. (**er/sie/es sitzt**) are identical.
11. Er streitet. (See a. in "Note," p. 549.)
12. Du schießt. (See b. in "Note," p. 549.)
13. Es nützt. (See b. in "Note," p. 549.)
14. Die Klasse besucht.
15. Du scherzt. (See b. in "Note," p. 549.)

Imperfect Indicative (Past)

1. Er duckte.
2. Die Eltern frühstückten.
3. Die Lehrerin zeichnete. (Compare with #2 in the answers for the present, and see a. in "Note," p. 549.)
4. Du tanztest. (The ending is regular. In the "Note," p. 549, b. refers only to the present.)
5. Ihr schwänztet. (Again, a regular ending.)
6. Inge und Karin antworteten. (See a. in "Note," p. 549. If no **e** had been inserted, then the imperfect would be indistinguishable from the present: Inge und Karin antworten.)
7. Ich arbeitete. (See a. in "Note," p. 549.)
8. Ihr strebtet.
9. Ich grollte.
10. Das bedeutete. (See a. in "Note," p. 549.)
11. Sie spaltete (she split) *or* Sie spalteten (you/they split). (**Sie** begins the sentence and is capitalized. Therefore, and because there is no context, several meanings for **sie** are possible. All forms of the imperfect add an **e**. See a. in "Note" above.)
12. Ich öffnete. (See a. in "Note," p. 549.)
13. Die Soldaten stöhnten. (Although the stem ends in **n,** no extra **e** is inserted. See a. "Note," p. 549.)
14. Uli und Olaf pachteten. (See a. in "Note," p. 549.)
15. Es schmerzte.

Test 13

The 1ˢᵗ person (**ich**) forms of the imperfect are identical to the 3ʳᵈ person forms. This is true of all verbs: weak, strong, irregular mixed verbs, and modal auxiliaries. Therefore all the forms in the puzzle are both 1ˢᵗ and 3ʳᵈ person sing. forms. To review strong and irregular verbs, consult the table "Principal Parts of Some Strong Verbs Arranged According to Pattern of Change," pp. xvi–xxi. For weak verb endings, see the note preceding the answers to Test 12.

Test 14

Review "Past Participles," pp. xxiii–xxiv and "Sein Verbs," pp. xxiv–xxv. Review also the several perfect tenses discussed on pp. xxviii–xxix. Each verb used is also fully conjugated among the 501 verbs. Refer to them in the main body of this book.

I. Present Perfect Infinitive

1. Ich habe den Hund gebürstet. Note the extra **e** in the past participle. Review the information given about verbs whose stem ends in **t** in "Note" a. preceding the answers to Test 12.
2. ist ... gefahren
3. haben ... besucht
4. haben ... getanzt
5. Ich habe es nicht gewollt.
6. Ich habe es nicht tun wollen. Remember that modals have two past participles. The one identical to the infinitive is used when there is a complementary infinitive, as here (6), but not in the preceding sentence (5). See "Modal Auxiliaries," p. 503.
7. ist ... gestorben
8. hat ... erzählt. Remember that **er-** is an inseparable prefix and does not have **ge-** in the past participle.
9. hat ... gesagt
10. hat ...studiert
11. seid ... gegangen
12. gemalt ... hat. The participle is usually placed at the end of the clause or sentence, as in the preceding 11 sentences. In subordinate clauses, however, such as the one here, introduced by **wer**, the auxiliary is at the end, immediately preceded by the past participle. In a direct question, the past part. would be at the end: Wer hat dieses Gemälde gemalt?

II. The Pluperfect

1. waren ... geblieben
2. hatte ... gelacht
3. hatte ... gewußt
4. hatte ... geschmiert. As pointed out in the answer for #2 in Test 11, most verbs ending in -**ieren** do not use **ge-** to form the past participle, as in #10 above. **Schmieren** and **frieren** (#6 below), however, are of Germanic origin and do use **ge-**.
5. hatte ... interpretiert. See preceding answer.
6. war ... gefroren

7. war ... angekommen
8. hatte ... gelesen

III. The Future Perfect Indicative
1. Die Kinder werden sich schon angezogen haben.
2. Den Tadsch Mahal werden Sie bei Ihrer Indienreise wohl gesehen haben.
3. Bis dann wird er es schon getan haben.
4. Der Hund wird wohl gebellt haben, als er den Einbrecher hörte.

IV. Subjunctive Forms
1. Sie sagte, sie hätte es gern getan, wenn sie Zeit gehabt hätte.
2. Ich würde es gerne getan haben, wenn es mir möglich gewesen wäre.
3. Er sagt, er habe/hätte nichts davon gewußt. (Both **habe** and **hätte** are possible here. See "Indirect Discourse," p. xxxii.)
4. Du hättest dich beeilen sollen. In the "double infinitive construction" the infinitive is used as a past participle. See #6 in the first group above and "Modal Auxiliaries," p. 503.

Test 15

Note: The passive in English and German always has a past participle, but German uses **werden** (not **sein**) as the auxiliary. Personal agent is expressed by **von** (by). As you should know, it is one of the prepositions that take the dative. Remember, too, that an **n** is added to most nouns in the dative plural. In addition to **geliebt werden**, p. 144, see also **werden**, p. 483, and note the two footnotes referring to the passive.

1. Das Kleid wird von der Schneiderin gemacht werden.
2. Darüber wurde von der Reporterin im Fernsehen berichtet.
3. Diese Waren sind von uns nicht bestellt worden.
4. Der Wald war gelichtet worden.
5. Das Buch wird jetzt von der Klasse gelesen.
6. Der Brief wurde von ihm geschrieben.
7. Die Rechnung wird von mir bezahlt werden.
8. Die Hausaufgaben sind von den Schülern gemacht worden.
9. Die Sonate ist von der Pianistin gespielt worden.
10. Er wurde von der Polizei aufgehalten.
11. Die Bäume werden vom Gärtner gepflanzt.
12. Das Steak ist vom Hund gestohlen worden.
13. Die Puppe wurde von Dora ausgezogen.
14. Die Milch wurde von der Katze getrunken.
15. Der Walzer wird von den Tänzern getanzt.
16. Die Arie wurde von den drei Tenören gesungen.

Test 16

1. Wir haben getanzt.	**16.** Es hat geregnet.
2. Du hast gestellt.	**17.** Er hat gewollt.
3. Sie haben geschrieen.	**18.** Ihr habt gegessen.
4. Irma hat geraucht.	**19.** Keiner ist gekommen.
5. Alle haben gelacht.	**20.** Die Katze hat gesoffen.
6. Wir haben gelesen.	**21.** Ich bin gelaufen.
7. Ich habe getragen.	**22.** Er hat gebraucht.
8. Wer hat gefragt?	**23.** Wann ist er gestorben?
9. Ich habe gegessen.	**24.** Du hast gebracht.
10. Du bist gegangen.	**25.** Sie haben gesungen.
11. Wir sind geblieben.	**26.** Es ist gelungen.
12. Ich habe geträumt.	**27.** Ich habe mich gesetzt.
13. Wir haben gewünscht.	**28.** Sie sind gefallen.
14. Ihr seid gewesen.	**29.** Du bist gefahren.
15. Keiner hat geschrieben.	**30.** Es ist geschehen.

Test 17

1. D The two sentences contrast the indicative and the subjunctive. The first states a fact (you had no time). The second translates as "would you [might you] have time." Refer to the answers in Test 10 for other examples of the imperfect subjunctive used for the conditional.

2. B Again, see the answer for #12 in Test 10. This is clearly a contrary-to-fact condition. A folk song begins this way: Wenn ich ein Vöglein wär', und auch zwei Flüglein hätt', flög' ich zu dir. (If I were a little bird and had two wings, I would fly to you.) Note that English, too, uses the subjunctive "were" here.

3. A See the explanations for #12 and 20 in Test 10.

4. D The double infinitive construction is required here. See "Modal Auxiliaries," p. 503.

5. A Review "Modal Auxiliaries," p. 503.

6. C The exclamation point indicates that this is the imperative.

7. B See the answer for #12 in Test 14.

8. A **Daß** is a subordinating conjunction and the auxiliary is therefore at the end.

9. D This is an infinitive phrase. Note that **helfen** is a verb that takes a dative object. See p. xxxiii.

10. A This is the infinitive used as a verbal noun. Whenever an infinitive is so used, it is capitalized, like all German nouns.

S	F	T	F	A	W	O	L	L	E	N	D
I	L	A	C	H	E	N	D	S	L	I	N
N	I	N	F	L	I	E	G	E	N	D	E
G	E	Z	L	S	N	O	C	I	V	K	K
E	ß	E	Q	R	E	H	R	E	N	D	C
N	E	N	B	P	N	A	Z	N	O	I	Ü
D	N	D	R	N	D	B	M	D	S	E	R
Z	D	W	A	C	H	E	N	D	E	N	D
B	G	I	T	U	E	N	D	T	H	E	G
B	E	T	E	N	D	D	V	Q	E	N	R
M	R	P	N	A	S	C	H	E	N	D	Z
L	E	I	D	E	N	D	J	G	D	B	L

Note: The present participle always ends in **d**. Almost all German verbs form the present participle by adding **d** to the infinitive. Two that don't are **sein** and **tun**. Both figure in the solution of the puzzle above. The present participle is used only as an adverb (adverbs never have endings) or an adjective and can therefore take endings like any other adjective, as for example in the idiom **mit einem lachenden und einem weinenden Auge** (with mixed feelings). **Lachend** and **weinend** both appear above. Do not confuse present participles with verbal nouns. Review both on p. xxii. See also #10 A in the preceding test (17).

Test 19

1. **C** D is also possible. But, as in English, indicative "can I" is preferable to subjunctive "could I." Review "Modal Auxiliaries," p. 503.
2. **A** You're asking "does the train stop?" This is a pres. indicative. Review **halten** and the strong verbs in Group VI, p. xx.
3. **B** The ticket agent has addressed you in the polite **(Sie)** form, and you use that form with him. The polite imperative is not difficult, since it is the infinitive + **Sie.** The exclamation point at the end also indicates that you want the imperative. See p. xxxiv.
4. **B** This is the past participle, used in the present perfect tense. The participle is usually at the end, but **ob** is a subordinating conjunction that introduces a subordinate clause. Therefore the auxiliary is at the end, preceded by the participle.
5. **C** The verb stem ends in **-t**. Therefore an extra **e** is added in the 1st and 2nd person sing. and the 2nd person pl. of the present indicative. See note a. preceding the answers to Test 12.

Test 20

Note: All the verbs used in this test are listed alphabetically in *501 German Verbs*. Review their conjugations. Review also "Sein Verbs," pp. xxiv-xxv. Many of the verbs used are inseparable prefix verbs, with no **ge-** in the past participle. See "Prefix Verbs," p. 502.

1. Karla ist gekommen.
2. Trude hat den Apfelstrudel gegessen.
3. Paula hat die Aufgabe gelernt.
4. Uta ist in Berlin gewesen.
5. Wir haben nichts davon verstanden.
6. Das Kind ist nach Hause gelaufen.
7. Hast du das Paket bekommen?
8. Ich habe das Glas gebrochen.
9. Was hat er gewollt? (There is no complementary infinitive here. Obviously, therefore, this is not the "double infinitive construction." See "Modal Auxiliaries," p. 503.)
10. Erna hat sich darauf gesetzt.
11. Sie haben den Brief noch nicht erhalten.
12. Hast du die Arbeit gemacht?
13. Seine Großeltern sind gestorben.
14. Wir haben das Haus verkauft.
15. Sie hat Wien besucht.
16. Sie sind nach Deutschland geflogen.
17. Es hat gestern geregnet.
18. Haben Sie diese Waren bestellt?
19. Sie hat ihre Puppe gewaschen.
20. Ich habe viel geschlafen.

Test 21

Note: Reread pp. xxvi–xxviii to remind yourself of the following:
   a. The present and imperfect can sometimes be translated by English progressive forms using "to be" and emphatic forms with "to do."
   b. The imperfect is used to narrate connected events in the past. It is also used for repeated, habitual events, commonly rendered by progressive forms in "-ing" or by "used to (do something)."
   c. The present perfect must often be translated as a simple past in English. Sometimes, as in the following, a present perfect can also be used, and may fit better, especially if **schon** (already) is present.

1. It pleases me. It is pleasing to me. It does please me. I like it.
2. We have seen it. We saw it. We did see it.
3. I often went. I often used to go. (Note that **oft** indicates repeated, habitual action, for which the imperfect is used.)
4. Who could have known? Who would have been able to know?
5. He has drunk the beer. He drank the beer. He did drink the beer.

6. It pleases me. It is pleasing to me. It makes me glad. I'm glad.
7. Write us. Do write us. **Note:** Here, the "flavoring particle" **doch** intensifies the meaning of the verb. Therefore, the intensive form with "do" is the best translation.
8. He should do it. He ought to do it. He was supposed to do it.
9. She has written the letter. She wrote/did write the letter.
10. I must do it. I have to do it.
11. We couldn't say it. We weren't able to say it.
12. She worked. She was working. She did work.
13. They smoked. They used to smoke. They were smoking. They did smoke.
14. What has happened? What happened? What did happen.
15. He visited us often. He often used to visit us (see #3 above). He did visit us often. **Note:** If **oft** were not present, we could also say: "He was visiting us." But the presence of "often" makes that translation awkward.
16. The children played in the garden. The children were playing/did play/used to play in the garden.
17. There is lightning. Lightning flashes. "It lightnings" and "it is lightning" are not good English.
18. He has already been here. He was already here.
19. Have you eaten? Did you eat?
20. They haven't brought anything along. They've brought nothing along. They brought nothing along. They didn't bring anything (along).
21. She knew nothing about it. She didn't know anything about it.
22. Susanne has exhibited her paintings. Susanne exhibited/did exhibit her paintings.
23. We have brushed our teeth. We brushed our teeth. We did brush our teeth.
24. Mother looked for us everywhere. Mother was looking for us everywhere. Mother did look for us everywhere.
25. She has saved his life. She saved/did save his life.
26. May I see, please? Am I permitted/allowed to see, please?
27. Father spoke very severely with us. Father did speak/was speaking very severely with us.
28. The grass has grown quickly. The grass grew fast. The grass did grow fast.
29. He's cleaned his room. He cleaned/did clean his room.
30. I have chosen something else. I chose something else. I did choose something else.

Test 22

```
G E G E B E N N A T E G
E W E G E R H A L T E N
B T G E S T E L L T E E
R F A H U C N F L D R M
A Ü N Ö C Z V E N G K M
U H G R H I R U E E L O
C R E T T F F G S L Ä K
H T N E R L H E E R E
T A O B E N X Y W B T G
V R S G E R E D E T N
A T L L E T S E G S U A
```

Test 23

Note: Refer to the explanations given in the "Note" and in the answers for Test 21. These answers are not always the same as the sentences in Test 21, because the English past can be either a German imperfect (past) or present perfect.

1. Es gefällt mir.
2. Wir haben es gesehen.
3. Ich ging oft.
4. Wer hätte es wissen können?
5. Er hat das Bier getrunken. *or* Er trank das Bier.
6. Ich freue mich. *or* Es freut mich.
7. Schreiben Sie uns doch!
8. Er sollte es tun.
9. Sie schrieb den Brief. *or* Sie hat den Brief geschrieben.
10. Ich muß es tun.
11. Wir konnten es nicht sagen. *or* Wir haben es nicht sagen können.
12. Sie arbeitete.
13. Sie rauchten.
14. Was ist geschehen?
15. Er besuchte uns oft.
16. Die Kinder haben im Garten gespielt. *or* Die Kinder spielten im Garten.
17. Es blitzte.
18. Er ist schon hier gewesen.
19. Hast du gegessen?
20. Sie haben nichts mitgebracht.
21. Sie wußte nichts davon. *or* Sie hat nichts davon gewußt.
22. Susanne hat ihre Gemälde ausgestellt. *or* Susanne stellte ihre Gemälde aus.
23. Wir haben uns die Zähne geputzt.
24. Mutter suchte uns überall.
25. Sie hat ihm das Leben gerettet. *or* Sie rettete ihm das Leben.
26. Darf ich bitte sehen?
27. Vater hat sehr streng mit uns gesprochen. *or* Vater sprach sehr streng mit uns.

28. Das Gras ist schnell gewachsen.
29. Er hat sein Zimmer gereinigt. *or* Er reinigte sein Zimmer.
30. Ich habe etwas anderes gewählt.

Test 24

Note: Review the principal parts of modal auxiliaries and of irregular mixed verbs on pp. xx–xxi. Review also the forms of each verb as they occur in this book.

I. Present Indicative

1. wollen	6. willst
2. mag	7. sollst
3. können	8. müßt
4. kann	9. dürfen
5. Darf	10. kenne

II. Imperfect Indicative

1. konnten	6. durften
2. dachte	7. konnten
3. brannte	8. brachte
4. wandte	9. nannte
5. durfte	10. sandte

III. Present Perfect Indicative

1. kommen können	6. gedurft
2. gedacht	7. sehen können
3. gebrannt	8. gebracht
4. gewandt	9. genannt
5. versuchen dürfen	10. gesandt

Test 25

1. bäckst	11. Gibst
2. liest	12. schlägt
3. ißt	13. geschieht
4. befiehlt	14. rät
5. hilft	15. fährst
6. trägt	16. bricht
7. Siehst	17. fällt
8. wäscht	18. vergißt
9. bläst	19. spricht
10. wächst	20. stirbt

Note: All the verbs above are strong verbs that also change the stem vowel in the imperfect and in the past participle. Study the principal parts of each individually as they occur among the 501 verbs in this book and review them in the groups on pp. xix–xx. Then, for further practice on you own, rewrite each of the 20 sentences in this test, first in the imperfect, then in the present perfect. Be careful to use the right form of **haben** or **sein.**

Test 26

¹V	E	R	G	I	ß		²S	T	I	R	³B
E					I		P				R
R	⁴T			⁵M		R				I
D	R				G⁶	I	B				C
I	⁷I	ß				C				H
R	F					⁸H	I	L	F
⁹B	E	F	I	E	H	¹⁰L
						I
¹¹W	I	R	F			E
I						¹²S	I	E	H
R
¹³B	I	R	G			¹⁴N	I	M	M

Test 27

Note: The imperfect is used to describe connected events in the past and is therefore much used in literature. See pp. xxvi–xxvii. Remember that in the present and imperfect, the separable prefix in verbs such as **hinwerfen** (7) and **aufheben** (13) is placed at the end. See "Prefix Verbs," p. 502. See also the explanation for #10 in Test 8. You are not asked to identify the infinitive **hören** that appears in the passage, used after **hoffen** in an infinitive phrase with **zu.** (See the answers for #18 and 20 in Test 4.) **Gebrochen** also appears. The past participle of the verb **brechen,** it is used here not as a verb, but as an adverb modifying **las.** Past participles can be used as adjectives or adverbs. See p. xxiii.

1. a. haben
   b. present indicative
   c. 3rd person pl.
2. a. haben
   b. imperfect indicative
   c. 3rd person sing.
3. a. lesen
   b. present perfect indicative
   c. 1st person sing.
4. a. hoffen
   b. imperfect indicative
   c. 1st person sing.

5. a. lesen
    b. pluperfect
    c. 3rd person sing.

6. a. brechen
    b. imperfect indicative
    c. 3rd person sing.

7. a. hinwerfen
    b. imperfect indicative
    c. 3rd person sing.

8. a. fassen
    b. imperfect indicative
    c. 3rd person sing.

9. a. weinen
    b. imperfect indicative
    c. 3rd person sing.

10. a. fühlen
    b. imperfect indicative
    c. 3rd person pl.

11. a. vereinigen
    b. imperfect indicative
    c. 3rd person pl.

12. a. glühen
    b. imperfect indicative
    c. 3rd person pl.

13. a. aufheben
    b. imperfect indicative
    c. 3rd person sing.

14. a. lesen
    b. imperfect indicative
    c. 3rd person sing.

15. a. wecken
    b. present indicative
    c. 2nd person sing.

16. a. sprechen
    b. present indicative
    c. 2nd person sing.

17. a. kommen
    b. future
    c. 3rd person sing.

18. a. suchen
    b. future
    c. 3rd person sing.

19. a. finden
    b. future
    c. 3rd person sing.

Weather Expressions and Impersonal Verbs

Weather Expressions

Weather-related expressions are usually impersonal, i.e., they are used primarily in the third person singular,

Ist Ihnen kalt? Mir ist warm.	Are you cold? I'm warm.
Es blitzt.	There is lightning
Es donnert.	It is thundering. There is thunder.
Es regnet.	It is raining.
Es schneit.	It is snowing.
Es hagelt.	It is hailing.
Es ist sonnig (windig, wolkig).	It is sunny (windy, cloudy).

Other examples of common weather expressions are:

Wie ist das Wetter heute?	How is the weather today?
Das Wetter ist schön (schlecht).	The weather is nice (bad).
Heute haben wir schönes (herrliches, schlechtes, scheußliches) Wetter.	Today we have nice (splendid, bad, awful) weather.
Der Wettergott ist uns (un)gnädig.	The god of the weather is (un)gracious to us.

In English we say, "It's raining cats and dogs." German expressions that are somewhat comparable are:

Das ist ein Hundewetter! Ein Sauwetter.
The weather is beastly (not fit to turn a dog out into).

Impersonal Verbs

In German weather expressions, the impersonal pronoun **es** usually is translated as "it" in English. Other expressions use the impersonal pronoun **es** in German but often have to be translated by a personal pronoun (I, you, we, they) in English. Some verbs used with impersonal constructions are:

fehlen—*to be lacking*	**gelingen**—*to be successful*
gefallen—*to be pleasing*	**gelten**—*to be valid, applicable*

The following example illustrates their usage.

„**Es gefällt uns hier nicht mehr. Nichts ist uns hier gelungen. Es fehlt uns an Zeit und Geld. Jetzt gilt es, ein neues Leben anderswo aufzubauen,**" **klagten sie.**
"We don't like it here anymore. We didn't succeed in anything here. We lack time and money. What must be done (we must do) now is to construct a new life somewhere else," they complained.

There are numerous other idiomatic constructions that are impersonal.

,,Wie geht es Ihrer Mutter?''	"How is your mother doing?"
,,Es geht ihr besser.''	"She's feeling better."
Es klopft.	There is a knocking.
Es brennt.	Fire!
Es zieht hier.	There is a draft here.

Other idiomatic impersonal constructions with **sich** and in the passive are common. Generally, literal translations are not possible.

,,Dieser Wein trinkt sich sehr leicht,'' sagte er.
,,Jetzt wird nicht mehr getrunken,'' befahl seine Frau.
"This wine is easy to drink," he said.
"There'll be no more drinking now," ordered his wife.
In Bills Ballhaus in Bilbao tanzte es sich gut. Dort wurde oft die ganze Nacht getanzt.
Bill's ballroom in Bilbao was a great place for dancing. Often there was dancing there all night long.
Da wurde einem 'was geboten für sein Geld.   (Brecht)
They really gave you something for your money there.

Proverbs and Idiomatic Expressions

Proverbs are worth pondering, even—perhaps especially—when they are contradictory. As the poet Paul Heyse put it: „**Wenn sich die Sprüche widersprechen/Ist's eine Tugend und kein Verbrechen./Du lernst nur wieder von Blatt zu Blatt,/Daß jedes Ding zwei Seiten hat.**" ("If proverbs contradict themselves,/It's a virtue, not a crime./You learn as you turn each page/That everything has two sides.")

Because they make generalizations, proverbs are often in the Present Tense:

Jugend ist Betrunkenheit ohne Wein.
Youth is intoxication without wine.
Wer liebt nicht Wein, Weib und Gesang bleibt ein Narr sein Leben lang.
Who loves not wine, woman, and song remains a fool his life long.
Was Hänschen nicht lernt, lernt Hans nimmermehr.
What Johnny doesn't learn, John will never learn. (You can't teach an old dog new tricks.)
Man lernt nie aus.
One is never done learning.
Unverhofft kommt oft.
The unhoped for comes often. (Expect the unexpected.)

Proverbs (**Sprichwörter**) can be classified according to grammatical or linguistic features. In the table of "Principal Parts of Some Strong Verbs—Arranged According to Pattern of Change," (page xvi) verbs in Groups V and VI add an umlaut to the "**a**" of the Infinitive in the second and third person singular of the present tense. The following proverbs are examples:

Der Apfel fällt nicht weit vom Baum.
The apple doesn't fall far from the tree. (Like father, like son.)
Wer andern eine Grube gräbt, fällt selbst hinein.
Who digs a ditch for others will fall in himself.
Morgenstund' hat Gold im Mund. Wer verschläft sich geht zu Grund.
Morning's hours are golden mouthed. Who oversleeps will come to grief. (Early to bed and early to rise make a man healthy, wealthy, and wise.)

The following idiomatic expressions use rhyme, alliteration (repetition of the same sound), or both. The first three examples are Infinitives, or Infinitives used as nouns:

sich schmiegen und biegen	to cringe, be submissive .
auf Biegen oder Brechen	by hook or by crook
Scheiden und Meiden tut weh.	Going away and staying away are painful.
mit Kind und Kegel (Haus und Hof) ankommen	to arrive with bag and baggage (kith and kin)
Eile mit Weile	make haste slowly

A modern update of the same sentiment is: „**Raste nie. Doch haste nie. Dann**

hast du nie die Neurasthenie. (Rest not. Yet haste not. Then you'll never have neurasthenia.)''

Stein und Bein schwören
to swear an oath by stone and bone (allusions to Thor's stone hammer and to bones associated with gods, and latter, with saints' relics)

außer Rand und Band sein	to behave wildly
Das hat kei' Kraft und kei' Saft.	That has no force and no juice. (That's insipid.)
unter Dach und Fach	safe and sound
Hülle und Fülle haben	to have great abundance
in Saus und Braus leben	to live riotously
Das ist nicht Fisch, nicht Fleisch.	That is neither fish nor fowl (flesh).
mit Rat und Tat	by word and deed

Because most Past Participles begin with **ge** and because all end in either **en** or **t**, they readily provide sound similarities (alliteration and assonance) and rhyme. Numerous proverbs, idioms, and expressions therefore pair Past Participles, as in:

Wie gewonnen, so zerronnen.	Easy come, easy go.
Aufgeschoben ist nicht aufgehoben.	Put off is not put away.
Besser aufgeschoben als aufgehoben.	Better late than never.
gestriegelt und gebügelt	all spruced up
mit gefangen, mit gehangen.	caught with, hanged with (guilty by association)
Gut begonnen ist halb gewonnen.	Well begun is half won (done).
Gesagt, getan.	No sooner said than done.

In the following expressions, the verbs are understood but not expressed:

Wie du mir, ich dir.	As you do (act, behave) to me, I do to you.
Ende gut, alles gut.	All's well that ends well.
Ich muß fort.	I must (go) away.
Ein Mann, ein Wort.	A man is as good as his word.

The modal auxiliary **können** (to be able) can also mean "to know" (a language), as in **Sie kann Japanisch.** (She knows Japanese.) It is possible, but less idiomatic to say: **Sie kann Japanisch sprechen.** (She can speak Japanese.) More common is: **Sie kann Japanisch (Griechisch, Deutsch, Italienisch).**

Another idiomatic use of **können** is "to be knowledgeable or capable" and **tun** (to do) is understood but not expressed:

Was kann er?	What is he capable (of doing)?
Er kann alles.	He can (do) everything.
Nein, er kann nicht viel.	No, he's not very knowledgeable.

When translating proverbs, it is often necessary to take many liberties in order to convey the basic idea. For instance, **"Eulen nach Athen tragen"** (to carry owls to Athens) is best translated as "to carry coal to Newcastle." The German proverb alludes to the owl as an emblem of the Goddess of Wisdom, Pallas Athena. Owls figured prominently on ancient Greek (Athenian) coinage and on the Acropolis.

Cobblers, miners, tradesmen, tailors, butchers, bakers, candlestick makers, and makers of most everything else—all have sayings idiomatic to their occupation. Some of these sayings have entered the language, even though the original connection with a particular pursuit may no longer be remembered by most speakers. You may enjoy compiling further lists of German proverbs, classified along grammatical or language lines, according to subject (many relate to eating, drinking, marriage, animals), or according to the idea or concept they convey.

Index

All the verbs conjugated in this book are listed in this index. In addition, a large number of the many possible prefix verb compounds of basic verbs are also included. Many prefix verbs like *bekommen*—to receive, and *ankommen*—to arrive, have been conjugated in this book and the student may refer to them in their alphabetical order. Those which have not been conjugated are followed by the basic verb in parentheses after it. Thus, *einatmen*—to inhale and *ausatmen*—to exhale, are both followed by *atmen*—to breathe.

To aid the student in identifying them, the pedagogical convention of indicating separable prefix verbs by placing a hyphen (-) between the prefix and the basic verb has been followed. Thus, the Infinitive *ankommen*—to arrive, appears in the index as *an-kommen*.

Verbs may have both separable and inseparable prefixes, for example *aussprechen*—to pronounce (separable) and *versprechen*—to promise (inseparable). In both cases the student is referred to *sprechen*.

Reflexive verbs have been listed alphabetically under the first letter of the verb itself and not under the reflexive pronoun *sich*.

The *to* of the English Infinitive has been omitted. In cases of prefix verbs not conjugated in the text, the basic verb has been given in parentheses. Separable prefix verbs have been indicated by a hyphen (-) between the prefix and the basic verb.

A

abandon **verlassen** (lassen)
abduct **entführen**
(be) able **können**
abound in **strotzen**
accept **an-nehmen** (nehmen)
accompany **begleiten**
accuse **beschuldigen, verklagen**
(become) accustomed **sich gewöhnen**
adjust **richten**
administer **verwalten**
admit **zu-geben** (geben)
advise **raten**
agree **zu-sagen** (sagen)
animate **beseelen**
annihilate **vernichten**
annoy **verdrießen**
answer **antworten, beantworten** (antworten)
appear **erscheinen** (scheinen)
arm **rüsten**
arrive **an-kommen**
ascertain **fest-stellen**
ask (a question) **fragen**
ask for **bitten** (um)
assent **bejahen**
(be) astonished **staunen**
attack **an-greifen** (greifen)

attempt **versuchen**
avenge **rächen**
avoid **meiden, vermeiden** (meiden)
(be) awake **wachen**

B

bake **backen**
bark **bellen**
bathe **baden**
be **sein; sich befinden**
beat **schlagen**
become **werden**
begin **beginnen; an-fangen**
behave **sich betragen** (tragen); **sich benehmen** (nehmen) **sich verhalten**
believe **glauben**
belong **gehören**
bend **biegen**
betray **verraten**
bind **binden**
(give) birth **gebären**
bite **beißen**
blacken **schwärzen**
bleed **bluten**
bless **segnen**
bloom **blühen**
blow **blasen**
boast **sich brüsten**
boil **sieden**

book buchen
break brechen
(eat) breakfast frühstücken
breathe atmen
brew brauen
bribe bestechen (stechen)
bring bringen
bring back wiederholen; zurück-
bringen (bringen)
brush bürsten
build bauen
burn brennen
burst bersten
buy kaufen

C

calculate rechnen
call rufen
caress kosen
carry tragen
carry out vollziehen (ziehen); hinaus-tragen (tragen)
catch fangen
change wechseln
chatter schwatzen
cheat betrügen
chew kauen
choke ersticken
choose wählen
circumcise beschneiden (schneiden)
clean putzen; reinigen
clean away räumen
climb steigen
close schließen; zu-machen (machen)
(catch a) cold sich erkälten
come kommen
come out aus-kommen
command befehlen; gebieten (bieten)
commit begehen (gehen)
commit (a crime) verbrechen (brechen)

comprehend begreifen (greifen)
conceal verhehlen; verbergen (bergen)
confess gestehen (stehen); bekennen (kennen)
confuse verwechseln
conquer siegen
consecrate weihen
consider erwägen; bedenken (denken); sich überlegen (legen)
consist (of) bestehen (aus) (stehen)
console trösten
consume verzehren
contain enthalten
contradict widersprechen (sprechen)
converse sich unterhalten
convert bekehren
cool kühlen
cook kochen
cost kosten
cover decken
create schaffen
creep kriechen
croak krächzen
cross-examine verhören (hören)
curse fluchen
cut schneiden
cut (classes, etc.) schwänzen

D

damage schaden
dance tanzen
dare wagen
darken trüben
decay verkommen
dedicate widmen
defy trotzen
delay säumen
depart ab-fahren (fahren)
describe beschreiben (schreiben)
designate bezeichnen
desire begehren

despise **verachten**
destroy **zerstören**
devour **verschlingen** (schlingen)
die **sterben; verrecken**
dig **graben; wühlen**
diminish **ab-nehmen** (nehmen)
disappear **schwinden; verschwinden** (schwinden)
discuss **besprechen** (sprechen)
disfigure **entstellen**
dispute **rechten**
dissolve **lösen**
distinguish **unterscheiden** (scheiden)
disturb **stören**
do **tun**
draw **zeichnen**
dream **träumen**
(get) dressed **sich anziehen**
drink **trinken; saufen**
drive **treiben**
drop **tropfen**
drown **ertrinken** (trinken); **ersaufen** (saufen)
duck **ducken**

E

earn **verdienen**
eat **essen; fressen**
educate **erziehen** (ziehen)
(feel) embarrassed **sich genieren**
embrace **herzen**
endeavor **trachten**
endure **aus-halten** (halten); **aus-stehen** (stehen); **ertragen** (tragen)
enjoy **genießen**
enliven **beleben**
entangle **verstricken**
entice **locken**
erect **errichten**
escape **entkommen; entgehen** (gehen); **entfliehen** (fliehen)
estimate **schätzen**

exaggerate **übertreiben** (treiben)
examine **untersuchen**
exclude **aus-schließen** (schließen)
excuse **entschuldigen**
execute (an order) **aus-führen** (führen)
exercise **üben**
exhale **aus-atmen** (atmen)
exhaust **erschöpfen**
exhibit **aus-stellen**
expel **vertreiben** (treiben); **aus-stoßen** (stoßen)
experience **erfahren** (fahren); **erleben** (leben)
explain **erklären**
exploit **aus-nutzen** (nützen)
(become) extinguished **erlöschen**

F

fail **versagen**
fall **fallen**
fear **fürchten**
feel **fühlen**
ferment **gären**
fight **fechten; kämpfen**
fill **füllen**
find **finden**
find out **heraus-finden** (finden); **erfahren** (fahren)
fit **passen**
flash **blitzen**
flee **fliehen**
fling **schmeißen**
flood **fluten**
flow **fließen; rinnen**
fly **fliegen**
foam **schäumen**
fold **falten**
follow **folgen**
forbid **verbieten** (bieten)
force **zwingen**
forget **vergessen**
forgive **vergeben**

freeze **frieren**
(be) frightened **erschrecken**

G

gain **gewinnen; zu-nehmen** (nehmen)
gape **glotzen**
get **kriegen**
get into (a vehicle) **ein-steigen** (steigen)
get out of (a vehicle) **aus-steigen** (steigen)
give **geben**
(be) glad **sich freuen**
glide **gleiten**
glitter **glänzen**
glow **glühen**
gnaw **nagen**
go **gehen**
grasp **fassen**
greet **grüßen**
grind **mahlen**
groan **ächzen; stöhnen**
grow **wachsen**
gulp **schlingen**
gush **quellen**

H

hang **hängen**
happen **geschehen; passieren; vor-kommen; sich zu-tragen** (tragen)
hate **hassen**
have **haben**
have to (must) **müssen**
heap **schichten**
hear **hören**
heat **heizen**
help **helfen**
help one's self **sich bedienen**
hit **hauen; schlagen**
hold **halten**
honor **ehren**

hop **hüpfen**
hope **hoffen**
hurry **sich beeilen**
hurt **schmerzen**

I

imagine **wähnen; sich vor-stellen** (stellen)
incite **hetzen**
include **ein-schließen** (schließen)
increase **vermehren**
indicate **hin-weisen** (weisen); **an-zeigen** (zeigen)
induce **bewegen**
inhale **ein-atmen** (atmen)
insist **bestehen** (auf) (stehen)
insult **beleidigen**
intend **vor-haben** (haben)
(be) interested **sich interessieren**
interpret **interpretieren**
interrupt **unterbrechen**
introduce **vor-stellen** (stellen)
invent **erfinden**
invite **ein-laden**

J

joke **scherzen**
jump **springen**

K

keep **behalten**
kill **töten, um-bringen** (bringen)
kiss **küssen**
knit **stricken**
knock **klopfen**
know **wissen; kennen**

L

lack **entbehren**
lament **klagen**

languish **schmachten**
last **währen**
laugh **lachen**
lay **legen**
lead **führen**
learn **lernen**
lease **pachten**
leave **weg-gehen** (gehen); **ab-fah-**
ren (fahren) **lassen**
lend **leihen**
let **lassen**
liberate **befreien**
lick **lecken**
lie (be situated) **liegen**
(tell a) lie **lügen**
lift **heben**
lighten **lichten**
like **gefallen, mögen, gern haben**
(haben)
listen to **lauschen**
live **leben**
load **laden; frachten**
long for **lechzen**
look **blicken, gucken**
loosen **lösen**
lose **verlieren**
love **lieben**
(be) loved **geliebt werden** (passive
of lieben)
(fall in) love **sich verlieben**

M

make **machen**
make happy **beglücken**
manufacture **her-stellen** (stellen)
marry **heiraten**
(get) married **sich verheiraten** (heiraten)
mean **bedeuten**
measure **messen**
meet **treffen, begegnen, kennen-**
lernen
melt **schmelzen**

mention **erwähnen**
move **bewegen, rücken, um-ziehen**
muffle **dämpfen**

N

name **nennen**
(be) named **heißen**
need **brauchen**
negotiate **verhandeln**
nibble **naschen**
nod **nicken**
note **merken**
nourish **nähren**

O

object **ein-wenden** (wenden), **aus-**
setzen (setzen)
obtain **erhalten, bekommen**
offer **bieten**
omit **aus-lassen** (lassen); **unterlas-**
sen (lassen)
open **öffnen, auf-machen** (machen),
auf-schließen (schließen)
operate (a business, etc.) **betreiben**
(treiben)
order **befehlen; bestellen** (goods)
originate **entstehen** (stehen)
overcome **überwinden**
owe **verdanken** (danken)

P

pack **packen**
paint **malen**
pardon **verzeihen**
participate **teil-nehmen** (nehmen)
paste **kleben**
pay **zahlen**
penetrate **dringen**
perceive **spüren, vernehmen** (nehmen), **wahrnehmen** (nehmen)

perform **verrichten** (richten); **auf-führen** (führen)

(be) permitted **dürfen**

(be) permitted to speak **sprechen dürfen**

pinch **kneifen**

(take) place **statt-finden**

plague **plagen**

plant **pflanzen**

play **spielen**

plunge **stürzen**

point out **weisen**

polish **schleifen**

possess **besitzen**

pour **gießen**

pout **schmollen**

praise **loben, rühmen, preisen**

pray **beten**

prefer **vor-ziehen** (ziehen)

press **drücken**

print **drucken**

promise **versprechen** (sprechen)

pronounce **aus-sprechei** (sprechen)

prove **beweisen** (weisen), **nach-wei-sen** (weisen)

pull **ziehen**

push **schieben**

put **stellen**

Q

quarrel **streiten**

R

radiate **strahlen**

rage **toben**

rain **regnen**

rape **vergewaltigen**

reach **reichen**

read **lesen**

receive **empfangen, bekommen, erhalten**

recognize **erkennen** (kennen); **anerkennen** (erkennen)

recommend **empfehlen**

recover **genesen**

recruit **werben**

refer to **sich beziehen auf** (ziehen)

refresh **laben**

refuel (get gasoline) **tanken**

refute **widerlegen** (legen)

reject **verwerfen** (werfen); **zurück-weisen** (weisen)

rejoice **frohlocken**

remain **bleiben**

remove **entfernen**

rent **mieten, vermieten** (mieten)

repair **flicken**

repeat **wiederholen**

reply **entgegnen**

report **berichten**

represent **dar-stellen** (stellen), **vertreten** (treten)

rescue **retten**

resemble **gleichen**

(be) resentful **grollen**

reside **wohnen**

respect **achten**

rest **ruhen**

restrain **wehren**

reward **lohnen**

ride (a horse) **reiten**

ring **klingen**

rinse **spülen**

roar **brüllen**

roast **rösten, braten**

roll **rollen, wälzen**

rub **reiben**

ruin **verderben**

rule **walten**

run **rennen, laufen**

rustle **rauschen**

S

salvage **bergen**

save **sparen, retten**

say **sagen**

scold **schelten**

scoop **schöpfen**

scratch **kratzen**
season **würzen**
seduce **verführen**
see **sehen, schauen**
seek **suchen**
seem **scheinen**
seize **greifen**
select **aus-suchen** (suchen), **aus-lesen** (lesen)
sell **verkaufen**
send **schicken, senden**
separate **scheiden**
serve **dienen**
set **stecken**
set up **auf-stellen** (stellen)
settle **schlichten**
shift **um-stellen** (stellen)
shine **scheinen, leuchten**
shoot **schießen**
shop **ein-kaufen** (kaufen)
shorten **kürzen**
shout **schreien**
shove **stoßen**
show **zeigen**
sift **sichten**
sigh **seufzen**
(be) silent **schweigen**
sing **singen**
sink **sinken**
sit **sitzen**
sit down **sich setzen**
sketch **entwerfen** (werfen)
slaughter **schlachten**
sleep **schlafen**
slip **schlüpfen**
smear **schmieren**
smell **riechen**
smile **lächeln**
smoke **rauchen**
snatch **haschen**
sneak **schleichen**
snow **schneien**
soar **schweben**
sparkle **sprühen**

speak **sprechen**
spend (money) **aus-geben** (geben)
spend (time) **verbringen** (bringen)
spin **spinnen**
spit **spucken**
split **spalten**
spoil **verwöhnen**
sprout **sprießen**
squirt **spritzen**
stand **stehen**
stand **stehen**
(be) startled **stutzen**
steal **stehlen**
step **treten**
stimulate **reizen**
sting **stechen**
stink **stinken**
stipulate **bedingen**
stir **rühren**
stoop **sich bücken**
stop **auf-halten, stehen-bleiben** (bleiben), **an-halten** (halten), **auf-hören** (hören)
storm **brausen**
stretch **strecken**
stride **schreiten**
strike **streichen**
strive **streben**
struggle **kämpfen, ringen**
study **studieren**
stuff **stopfen**
subjugate **unterwerfen**
succeed **gelingen**
succumb **unterliegen** (liegen)
suck **saugen, lutschen**
suffer **leiden**
suggest **vor-schlagen** (schlagen)
supply **versehen mit** (sehen)
support **stützen, unterstützen** (stützen)
(be) supposed to **sollen**
surprise **überraschen**
survive **überleben** (leben)
swear **schwören**

sweat **schwitzen**
sweep **kehren**
swell **schwellen**
swim **schwimmen**
swing **schwingen**
switch **schalten**

T

take **nehmen**
taste **schmecken, kosten**
teach **lehren, unterrichten** (richten)
tear **reißen**
tease **necken**
tell **erzählen**
thank **danken**
thicken **verdichten**
think **denken, sinnen, meinen**
thirst **dürsten**
thrive **gedeihen**
throw **werfen, schmeißen**
tie **schnüren, knüpfen**
torture **quälen**
trade **handeln**
traffic **verkehren**
transfer **versetzen** (sich setzen)
transfigure **verklären**
translate **übersetzen** (sich setzen),
  übertragen (tragen)
travel **fahren, reisen**
treat **behandeln** (handeln)
tremble **beben**
trust **trauen, vertrauen** (trauen)
turn **wenden**
turn out (well or badly) **geraten**

U

understand **verstehen**
(get) undressed **sich ausziehen**

unite **vereinigen**
use **verwenden** (wenden), **gebrauchen** (brauchen), **nutzen**
(be of) use **taugen**

V

(be) valid **gelten**
visit **besuchen**
vomit **sich erbrechen** (brechen),
  kotzen

W

wake **wecken**
walk **spazieren**
wander **wandern**
want **wollen**
wash **waschen**
weep **weinen**
weigh **wiegen**
wet **netzen**
whet **wetzen**
whisper **raunen**
whistle **pfeifen**
win **gewinnen**
wish **wünschen**
woo **freien, buhlen**
work **arbeiten**
wound **versehren**
write **schreiben**
write poetry **dichten**

Y

yawn **gähnen**
yield **weichen, nach-geben** (geben),
  ergeben (geben)

A

ab-fahren (fahren) depart
ab-nehmen (nehmen) diminish
achten respect
ächzen groan
anerkennen (kennen) recognize
an-fangen begin
an-greifen (greifen) attack
an-halten (halten) stop
an-kommen arrive
an-nehmen (nehmen) accept
antworten answer
an-zeigen (zeigen) indicate
sich an-ziehen get dressed
arbeiten work
atmen breathe
auf-führen (führen) perform
auf-halten stop
auf-heben (heben) pick up
auf-hören (hören) stop
auf-machen (machen) open
auf-schließen (schließen) open
auf-stellen (stellen) set up
aus-atmen (atmen) exhale
aus-führen (führen) execute
  (an order)
aus-geben (geben) spend (money)
aus-halten (halten) endure
aus-kommen come out, make do
aus-lassen (lassen) omit
aus-lesen (lesen) select
aus-nutzen (nutzen) exploit
aus-schließen (schließen) exclude
aus-sehen (sehen) resemble
aus-setzen (setzen) object
aus-sprechen (sprechen) pronounce
aus-stehen (stehen) endure
aus-steigen (steigen) get out of
  (a vehicle)
aus-stellen exhibit
aus-stoßen (stoßen) expel
aus-suchen (suchen) select
sich aus-ziehen get undressed

B

backen bake
baden bathe
bauen build
beantworten (antworten) answer
beben tremble
bedenken (denken) consider
bedeuten mean
sich bedienen help one's self
bedingen stipulate
sich beeilen hurry
befehlen order
sich befinden be, feel
befreien liberate
begegnen meet
begehen (gehen) commit
begehren desire
beginnen begin
begleiten accompany
beglücken make happy
begreifen (greifen) comprehend
behalten keep
beißen bite
bejahen assent
bekehren convert
bekennen (kennen) confess
bekommen receive
beleben enliven
beleidigen insult
bellen bark
sich benehmen (nehmen) behave
bergen salvage
berichten report
bersten burst
beschneiden (schneiden) circumcise
beschreiben (schreiben) describe
beschuldigen accuse
beseelen animate
besitzen possess
besprechen (sprechen) discuss
bestechen (stechen) bribe
bestehen (auf) (stehen) insist

bestehen (aus) (stehen) consist of
bestellen order (goods)
besuchen visit
beten pray
sich betragen (tragen) behave
betreiben (treiben) operate
betrügen cheat
bewegen move
bewegen induce
beweisen (weisen) prove
bezahlen pay
bezeichnen designate
sich beziehen auf (ziehen) refer to
biegen bend
bieten offer
binden bind
bitten (um) ask for
blasen blow
bleiben remain
blicken look
blitzen flash
blühen bloom
bluten bleed
braten roast
brauchen need
brauen brew
brausen storm
brechen break
brennen burn
bringen bring
brüllen roar
sich brüsten boast
buchen book
sich bücken stoop
buhlen woo
bürsten brush

D

dämpfen muffle
danken thank
dar-stellen (stellen) represent
decken cover
denken think
dichten write poetry

dienen serve
dringen penetrate
drucken print
drücken press
ducken duck
dürfen (to be) permitted
dürsten thirst

E

ein-atmen (atmen) inhale
ein-laden (laden) invite
ein-schließen (schließen) include
ein-steigen (steigen) get into (a vehicle)
ein-wenden (wenden) object
ehren honor
empfangen receive
empfehlen recommend
entbehren lack
entfernen remove
entfliehen (fliehen) escape
entführen abduct
entgegnen reply
entgehen (gehen) escape
enthalten contain
entkommen escape
entschuldigen excuse
entstehen (stehen) originate
entstellen disfigure
entwerfen (werfen) sketch
erfahren (fahren) experience, find out
erfinden invent
ergeben (geben) yield
erhalten obtain
sich erkälten catch a cold
erkennen (kennen) recognize
erklären explain
erleben (leben) experience
erlöschen to become extinguished
errichten erect
erscheinen (scheinen) appear
erschöpfen exhaust

erschrecken to be frightened
ersticken choke
ertragen (tragen) endure
ertrinken (trinken) drown
erwägen consider
erwähnen mention
erzählen tell
erziehen (ziehen) educate
essen eat

F

fahren travel
fallen fall
falten fold
fangen catch
fassen grasp
fechten fight
fest-stellen ascertain
finden find
flicken repair
fliegen fly
fliehen flee
fließen flow
fluchen curse
fluten flood
folgen follow
frachten load (freight)
fragen ask (a question)
freien woo
fressen eat
sich freuen be glad
frieren freeze
frohlocken rejoice
frühstücken eat breakfast
fühlen feel
führen lead
füllen fill
fürchten fear

G

gähnen yawn
gären ferment

gebären give birth
geben give
gebieten (bieten) command
gebrauchen use
gedeihen thrive
gefallen like
gehen go
gehören (hören) belong
geliebt werden be loved
gelingen succeed
gelten be valid
genesen recover
sich genieren feel embarrassed
genießen enjoy
geraten turn out (well or badly)
geschehen happen
gestehen (stehen) confess
gewinnen gain, win
sich gewöhnen to become accustomed
gießen pour
glänzen glitter
glauben believe
gleichen resemble
gleiten glide
glotzen gape
glühen glow
graben dig
greifen seize
grollen be resentful
grüßen greet
gucken look

H

haben have
halten hold
handeln trade
hängen hang
haschen snatch
hassen hate
hauen hit
heben lift
heiraten marry

heißen be named
heizen heat
helfen help
heraus-finden (finden) find out
her-stellen (stellen) manufacture
herzen embrace
hetzen incite
hinaus-tragen (tragen) carry out
hin-weisen (weisen) indicate
hin-werfen (werfen) throw down
hoffen hope
hören hear
hüpfen hop

I

sich interessieren (für) be interested (in)
interpretieren interpret

K

kämpfen struggle
kauen chew
kaufen buy
kehren sweep
kennen know (a person), be familiar with
kennen-lernen meet
klagen lament
kleben paste
klingen ring
klopfen knock
kneifen pinch
knüpfen tie
kochen cook
kommen come
können be able
kosen caress
kosten cost, taste
kotzen vomit
krächzen croak, caw
kratzen scratch
kriechen creep
kriegen get

kühlen cool
kürzen shorten

L

laben refresh
lächeln smile
lachen laugh
laden load
lassen let
laufen run
lauschen listen to
leben live
lechzen long for
lecken lick
legen lay
lehren teach
leiden suffer
leihen lend
lernen learn
lesen read
leuchten shine
lichten thin out, lighten
lieben love
liegen lie (be situated)
loben praise
locken entice
lohnen reward
lösen loosen
lügen tell a lie
lutschen suck

M

machen make
mahlen grind
malen paint
meiden avoid
meinen think
merken note
messen measure
mieten rent
mit-bringen (bringen) bring along
mögen like
müssen have to (must)

N

nach-geben (geben) yield
nach-weisen (weisen) prove
nagen gnaw
nähren nourish
naschen nibble
necken tease
nehmen take
nennen name
netzen wet
nicken nod
nutzen use

O

öffnen open

P

pachten lease
packen pack, grab
passen fit
passieren happen
pfeifen whistle
pflanzen plant
plagen plague
preisen praise
putzen clean

Q

quälen torture
quellen gush

R

rächen avenge
raten advise
rauchen smoke
räumen clear away
raunen whisper
rauschen rustle
rechnen calculate
rechten dispute
regnen rain

reiben rub
reißen tear
reiten ride (a horse)
rennen run
retten rescue
reichen reach
reisen travel
reinigen clean
reizen stimulate
richten adjust
riechen smell
ringen struggle
rinnen flow
rollen roll
rösten roast
rücken move
rufen call
ruhen rest
rühmen praise
rühren stir
rüsten arm

S

sagen say
saufen drink
saugen suck
säumen delay
schaden damage
schaffen create
schalten switch
schätzen estimate
schauen see
schäumen foam
scheiden separate
scheinen seem
schelten scold
scherzen joke
schichten heap
schicken send
schieben push
schießen shoot
schlachten slaughter
schlafen sleep

schlagen beat
schleichen sneak
schleifen polish
schlichten settle
schließen close
schlingen gulp
schlüpfen slip
schmachten languish
schmecken taste
schmeißen fling
schmelzen melt
schmerzen hurt
schmieren smear
schmollen pout
schneiden cut
schneien snow
schnüren tie
schöpfen scoop
schreiben write
schreien scream
schreiten stride
schwanken sway
schwänzen cut classes
schwärzen blacken, slander
schwatzen chatter
schweben soar
schweigen be silent
schwellen swell
schwimmen swim
schwinden disappear
schwingen swing
schwitzen sweat
schwören swear
segnen bless
sehen see
sein be, have (with 'sein' verbs)
senden send
sich setzen sit down
seufzen sigh
sichten sift
sieden boil
siegen conquer
singen sing
sinken sink

sinnen think
sitzen sit
sollen be supposed to, should
spalten split
sparen save (money)
spazieren walk
spielen play
spinnen spin
sprechen speak
sprechen dürfen be allowed to speak
sprießen sprout
springen jump
spritzen squirt
sprühen sparkle
spucken spit
spülen rinse
spüren perceive
statt-finden take place
staunen be astonished
stechen sting
stecken set, stick
stehen stand
stehen-bleiben (bleiben) stop
stehlen steal
steigen climb
stellen put
sterben die
stinken stink
stöhnen groan
stopfen stuff
stören disturb
stoßen shove
strahlen radiate
streben strive
strecken stretch
streichen strike
streiten quarrel
stricken knit
strotzen abound in
studieren study
stürzen plunge
stutzen be startled
stützen support
suchen seek

T

tanken refuel
tanzen dance
taugen be of use
teil-nehmen (nehmen) participate
toben rage
töten kill
trachten endeavor
tragen carry
trauen trust
träumen dream
treffen meet, hit
treiben drive
treten step
trinken drink
trocknen dry
tropfen drip
trösten console
trotzen defy
trüben darken
tun do

U

üben exercise
überleben (leben) survive
sich überlegen (legen) consider
überraschen surprise
übersetzen (sich setzen) translate
übertragen (tragen) translate
übertreiben (treiben) exaggerate
überwinden overcome
um-bringen (bringen) kill
um-stellen shift
um-ziehen move
unterbrechen interrupt
sich unterhalten (halten) converse
unterlassen (lassen) omit
unterliegen (liegen) succumb
unterscheiden (scheiden) distinguish
unterstützen (stützen) support
untersuchen (suchen) examine
unterwerfen (werfen) subjugate

V

verachten despise
verbieten (bieten) forbid
verbrechen (brechen) commit a crime
verbringen (bringen) spend (time)
verdanken (danken) owe
verderben ruin
verdichten thicken
verdienen earn
verdrießen annoy
vereinigen unite
verführen seduce
vergeben forgive
vergessen forget
vergewaltigen rape
sich verhalten behave
verhandeln negotiate
verhehlen conceal
sich verheiraten (heiraten) get married
verhören (hören) cross-examine
verkaufen sell
verkehren traffic
verklagen accuse
verklären transfigure
verkommen decay
verlassen (lassen) abandon
sich verlieben fall in love
verlieren lose
vermehren increase
vermeiden (meiden) avoid
vernehmen (nehmen) perceive
vernichten annihilate
verraten betray
verrecken die
verrichten perform
versagen fail
verschlingen (schlingen) devour
verschwinden (schwinden) disappear
versehen (sehen) supply
versehren wound
versetzen (sich setzen) transfer

versprechen (sprechen) promise
verstehen understand
verstricken entangle
versuchen attempt
vertreiben (treiben) expell
vertreten (treten) represent
verwalten administer
verwechseln confuse
verweilen linger
verwenden (wenden) use
verwerfen (werfen) reject
verwöhnen (sich gewöhnen) spoil,
pamper
verzehren consume
verzeihen pardon
vollziehen (ziehen) carry out
vor-haben (haben) intend
vor-kommen occur
vor-schlagen (schlagen) suggest
vor-stellen (stellen) introduce
sich vor-stellen (stellen) imagine
vor-ziehen (ziehen) prefer

W
wachen be awake
wachsen grow
wagen dare
wählen choose
wähnen imagine
währen last
wahr-nehmen (nehmen) perceive
walten rule
wälzen roll
wandern wander
waschen wash
wechseln change
wecken wake
weg-gehen (gehen) leave
wehren restrain
weichen yield

weihen consecrate
weinen weep
weisen point out
wenden turn
werben recruit
werden become
werfen throw
wetzen whet
widerlegen (legen) refute
widersprechen (sprechen) contradict
widmen dedicate
wiederholen repeat
wieder-holen bring back
wiegen weigh
wissen know (a fact)
wohnen reside
wollen want
wühlen dig
wünschen wish
würzen season

Z
zahlen pay
zählen (like zahlen but umlauted)
count
zeichnen draw
zeigen show
zerstören destroy
ziehen pull
zu-geben (geben) admit
zu-machen (machen) close
zu-nehmen (nehmen) gain (weight)
zurück-bringen (bringen) bring
back
zurück-weisen (weisen) reject
zu-sagen (sagen) agree
zu-sehen (sehen) look on
sich zu-tragen (tragen) happen
zwingen force

A

aß essen

B

band binden
barg bergen
barst bersten
bat bitten
befahl befehlen
befiehlt befehlen
befohlen befehlen
begann beginnen
begonnen beginnen
betrog betrügen
bewog bewegen
bin sein
birgt bergen
birst bersten
biß beißen
bist sein
blies blasen
blieb bleiben
bog biegen
bot bieten
brach brechen
brachte bringen
brannte brennen
bricht brechen
briet braten
buk backen

D

dachte denken
darf dürfen
drang dringen

E

empfahl empfehlen
empfiehlt empfehlen
empfing empfangen
empfohlen empfehlen
erschrak erschrecken
erschrickt erschrecken
erschrocken erschrecken
erwog erwägen

F

fand finden
ficht fechten
fiel fallen
fing fangen
flog fliegen
floh fliehen
floß fließen
focht fechten
fraß fressen
frißt fressen
fror frieren
fuhr fahren

G

galt gelten
gab geben
gebeten bitten
gebiert gebären
gebissen beißen
geblieben bleiben
gebogen biegen
geboren gebären
geborgen bergen

geborsten bersten
geboten bieten
gebracht bringen
gebrochen brechen
gebunden binden
gedacht denken
gedrungen dringen
geflogen fliegen
geflohen fliehen
geflossen fließen
gefochten fechten
gefroren frieren
gefunden finden
gegangen gehen
gegoren gären
gedieh gedeihen
gefiel gefallen
geglichen gleichen
geglitten gleiten
gegolten gelten
gegossen gießen
gegriffen greifen
gehoben heben
geholfen helfen
geklungen klingen
gekrochen kriechen
gelang gelingen
gelegen liegen
geliehen leihen
gelitten leiden
gelogen lügen
gelungen gelingen
gemieden meiden
genannt nennen
genas genesen
genommen nehmen

genoß **genießen**
gepfiffen **pfeifen**
gequollen **quellen**
gerieben **reiben**
geriet **geraten**
gerissen **reißen**
geritten **reiten**
gerochen **riechen**
geronnen **rinnen**
gerungen **ringen**
gerufen **rufen**
gesandt **senden**
geschah **geschehen**
geschieden **scheiden**
geschienen **scheinen**
geschliffen **schleifen**
geschlossen **schließen**
geschlungen **schlingen**
geschmissen **schmeißen**
geschmolzen **schmelzen**
geschnitten **schneiden**
geschoben **schieben**
gescholten **schelten**
geschossen **schießen**
geschrieben **schreiben**
geschrieen **schreien**
geschritten **schreiten**
geschwiegen **schweigen**
geschwollen **schwellen**
geschwommen **schwimmen**
geschwunden **schwinden**
geschwungen **schwingen**
gesessen **sitzen**
gesoffen **saufen**
gesogen **saugen**
gesonnen **sinnen**
gesotter **sieden**
gesponnen **spinnen**
gesprochen **sprechen**
gesprossen **sprießen**
gesprungen **springen**
gestanden **stehen**
gestiegen **steigen**
gestochen **stechen**

gestohlen **stehlen**
gestorben **sterben**
gestrichen **streichen**
gestritten **streiten**
getroffen **treffen**
gesungen **singen**
gesunken **sinken**
getan **tun**
getrieben **treiben**
getrunken **trinken**
gewann **gewinnen**
gewesen **sein**
gewichen **weichen**
gewiesen **weisen**
gewogen **wiegen**
gewonnen **gewinnen**
geworben **werben**
geworden **werden**
geworfen **werfen**
gewußt **wissen**
gezogen **ziehen**
gezwungen **zwingen**
gibt **geben**
gilt **gelten**
ging **gehen**
glich **gleichen**
glitt **gleiten**
griff **greifen**
grub **graben**
gor **gären**
goß **gießen**

H

half **helfen**
hast **haben**
hat **haben**
hieb **hauen**
hielt **halten**
hieß **heißen**
hilft **helfen**
hing **hängen**
hob **heben**

I

ist **sein**
ißt **essen**

K

kam **kommen**
kann **können**
kannte **kennen**
klang **klingen**
kroch **kriechen**

L

lag **liegen**
las **lesen**
lief **laufen**
lieh **leihen**
ließ **lassen**
liest **lesen**
litt **leiden**
log **lügen**
lud **laden**

M

mag **mögen**
maß **messen**
mied **meiden**
mißt **messen**
mochte **mögen**

N

nahm **nehmen**
nannte **nennen**
nimmt **nehmen**

P

pfiff **pfeifen**
pries **preisen**

Q

quillt **quellen**
quoll **quellen**

R

rang ringen
rann rinnen
rannte rennen
rieb reiber
rief rufen
riet raten
riß reißen
ritt reiten
roch riechen

S

sah sehen
sandte senden
sang singen
sank sinken
sann sinnen
saß sitzen
schalt schelten
schied scheiden
schien scheinen
schilt schelten
schlang schlingen
schlief schlafen
schliff schleifen
schloß schließen
schlug schlagen
schmilzt schmelzen
schmiß schmeißen
schmolz schmelzen
schnitt schneiden
schob schieben
scholt schelten
schoß schießen
schrie schreien
schrieb schreiben
schritt schreiten
schuf schaffen
schwamm schwimmen
schwand schwinden
schwang schwingen
schwieg schweigen
schwillt schwellen
schwoll schwellen
schwur schwören
sieht sehen
sind sein
soff saufen
sog saugen
sott sieden
spann spinnen
sprach sprechen
sprang springen
spricht sprechen
sproß sprießen
stach stechen
stahl stehlen
stak stecken
stand stehen
starb sterben
stieg steigen
sticht stechen
stiehlt stehlen
stieß stoßen
stirbt sterben
strich streichen
stritt streiten

T

tat tun
traf treffen
trank trinken
trat treten
trieb treiben
trifft treffen
tritt treten
trug tragen

U

überwand überwinden
überwunden überwinden
unterbrach unterbrechen
unterbricht unterbrechen
unterbrochen unterbrechen

V

verdarb verderben
verdirbt verderben
verdorben verderben
verdroß verdrießen
vergaß vergessen
vergißt vergessen
verlor verlieren
verstand verstehen
verzieh verzeihen

W

wandte wenden
war sein
wäre sein
warb werben
ward werden
warf werfen
weiß wissen
wich weichen
wies weisen
will wollen
wirbt werben
wird werden
wirft werfen
wirst werden
wog wiegen
wurde werden
wusch waschen
wußte wissen

Z

zog ziehen
zwang zwingen

3 Foreign Language Series From Barron's!

The **VERB SERIES** offers more than 300 of the most frequently used verbs.
The **GRAMMAR SERIES** provides complete coverage of the elements of grammar. The **VOCABULARY SERIES** offers more than 3500 words and phrases with their foreign language translations. Each book: paperback.

**FRENCH
GRAMMAR**
ISBN: 0-7641-1351-8
$5.95, Can. $8.50

**FRENCH
VERBS**
ISBN: 0-7641-1356-9
$5.95, Can. $8.50

**FRENCH
VOCABULARY**
ISBN: 0-7641-1999-0
$7.95, Can. $11.50

**GERMAN
GRAMMAR**
ISBN: 0-8120-4296-4
$7.95, Can. $11.50

**GERMAN
VERBS**
ISBN: 0-8120-4310-3
$7.95, Can. $11.50

**GERMAN
VOCABULARY**
ISBN: 0-8120-4497-5
$6.95, Can. $8.95

**ITALIAN
GRAMMAR**
ISBN: 0-7641-2060-3
$6.95, Can. $9.95

**ITALIAN
VERBS**
ISBN: 0-7641-2063-8
$5.95, Can. $8.50

**ITALIAN
VOCABULARY**
ISBN: 0-7641-2190-1
$6.95, Can. $9.95

**JAPANESE
GRAMMAR**
ISBN: 0-7641-2061-1
$6.95, Can. $9.95

**SPANISH
VERBS**
ISBN: 0-7641-1357-7
$5.95, Can. $8.50

**JAPANESE
VOCABULARY**
ISBN: 0-8120-4743-5
$7.95, Can. $11.50

**RUSSIAN
GRAMMAR**
ISBN: 0-8120-4902-0
$6.95, Can. $8.95

**RUSSIAN
VOCABULARY**
ISBN: 0-8120-1554-1
$6.95, Can. $8.95

**SPANISH
GRAMMAR**
ISBN: 0-7641-1615-0
$5.95, Can. $8.50

**SPANISH
VOCABULARY**
ISBN: 0-7641-1985-3
$6.95, Can. $9.95

Barron's Educational Series, Inc.
250 Wireless Blvd., Hauppauge, NY 11788 •
Call toll-free: 1-800-645-3476
In Canada: Georgetown Book Warehouse
34 Armstrong Ave., Georgetown, Ontario L7G 4R9 •
Call toll-free: 1-800-247-7160
www.barronseduc.com
Can. $ = Canadian dollars

Books may be purchased at your bookstore or by mail from Barron's. Enclose check or money order for total amount plus sales tax where applicable and 18% for postage and handling (minimum charge $ 5.95 U.S. and Canada). Prices subject to change without notice. New York, New Jersey, Michigan, and California residents, please add sales tax to total after postage and handling.

(#26) R 3/05

Helpful Guides for
Mastering a Foreign Language

2001 Idiom Series

Indispensable resources, these completely bilingual dictionaries in four major European languages present the most frequently used idiomatic words and phrases to help students avoid stilted expression when writing in their newly acquired language. Each book includes illustrative sentences. Each feature is easy to locate and designed with clarity in mind.

2001 French and English Idioms, 2nd
0-8120-9024-1 $16.95, Can $23.95

2001 German and English Idioms
0-8120-9009-8 $16.95, Can $23.95

2001 Italian and English Idioms
0-8120-9030-6 $16.95, Can $24.50

2001 Japanese and English Idioms
0-8120-9433-6 $16.95, Can $23.95

2001 Russian and English Idioms
0-8120-9532-4 $21.95, Can $31.95

2001 Spanish and English Idioms
0-8120-9028-4 $14.95, Can $21.00

201 Verb Series

The most commonly used verbs are presented alphabetically and in all their forms, one to a page, in each of the many foreign languages listed here. Features of this series include discussions of participles, punctuation guides, listings of compounds, the phrases and expressions often used with each verb, plus much more!

201 Arabic Verbs
0-8120-0547-3 $13.95, Can $17.95

201 Dutch Verbs
0-8120-0738-7 $14.95, Can $21.95

201 Modern Greek Verbs
0-8120-0475-2 $11.95, Can $15.95

201 Polish Verbs
0-7641-1029-9 $16.95, Can $24.50

201 Swedish Verbs
0-8120-0528-7 $16.95, Can $24.50

201 Turkish Verbs
0-8120-2034-0 $14.95, Can $21.00

501 Verb Series

Here is a series to help the foreign language student successfully approach verbs and all their details. Complete conjugations of the verbs are arranged one verb to a page in alphabetical order. Verb forms are printed in boldface type in two columns, and common idioms using the applicable verbs are listed at the bottom of the page in each volume.

501 English Verbs
0-7641-0304-0 $14.95, Can $19.95

501 French Verbs, 4th
0-7641-2429-3 $14.95, Can $21.95

501 German Verbs, 3rd
0-7641-0284-2 $14.95, Can $19.95

501 Hebrew Verbs
0-8120-9468-9 $18.95, Can $27.50

501 Italian Verbs
0-7641-1348-8 $14.95, Can $21.00

501 Japanese Verbs, 2nd
0-7641-0285-0 $16.95, Can $23.95

501 Latin Verbs
0-8120-9050-9 $16.95, Can $23.95

501 Portuguese Verbs, 2nd
0-7641-2916-3 $16.95, Can $24.50

501 Russian Verbs
0-7641-1349-6 $16.95, Can $24.50

501 Spanish Verbs, 4th
0-7641-2428-5 $14.95, Can $21.00

Books may be purchased at your bookstore, or by mail from Barron's. Enclose check or money order for total amount plus sales tax where applicable and add 18% for postage and handling (minimum charge $5.95). All books are paperback editions. New York, New Jersey, Miichigan, and California residents add sales tax. Prices subject to change without notice.

Visit our website at: www.barronseduc.com

Barron's Educational Series, Inc. • 250 Wireless Boulevard, Hauppauge, NY 11788
Call toll-free: 1-800-645-3476
In Canada: Georgetown Book Warehouse, 34 Armstrong Avenue, Georgetown, Ont. L7G 4R9
Call toll-free: 1-800-247-7160

(#33) R 3/05

GROWING UP FEELING GREAT!

To my wonderful wife, Nicole,
and our soon-to-be-born daughter.

GROWING UP FEELING GREAT!

THE POSITIVE MINDSET PUBERTY BOOK FOR BOYS

KEN STAMPER, MA, LMFT

ILLUSTRATED BY ANJAN SARKAR

ROCKRIDGE
PRESS

First Rockridge Press trade paperback edition 2022

Rockridge Press and the Rockridge Press logo are trademarks or registered trademarks
of Callisto Media Inc. and/or its affiliates in the United States and other countries and
may not be used without written permission.

For general information on our other products and services, please contact our
Customer Care Department within the United States at (866) 744-2665, or outside the
United States at (510) 253-0500.

Paperback ISBN: 978-1-63878-383-1 | eBook ISBN: 978-1-63878-552-1

Manufactured in the United States of America
Interior and Cover Designer: Jane Archer
Art Producer: Janice Ackerman
Editor: Mary Colgan
Production Manager: Lanore Coloprisco
Production Editor: Melissa Edeburn

Illustration: © 2022 Anjan Sarkar; p. 5: © Cait Brennan

Author photo courtesy of Jennifer Coudron Photography

10 9 8 7 6 5 4 3 2 1 0

CONTENTS

LETTER TO YOU

Welcome and congratulations! You're growing up and that is no small accomplishment. My name is Ken Stamper, and I'm a licensed therapist in California. For years I have worked with boys just like you. Perhaps more important, I was also once a young boy going through **puberty**. Like all boys your age, I had to deal with some big changes. Your body is changing, which can be exciting, but also a little scary! Your relationships are changing, too. Some of your interests might be different from what they were just a short time ago.

The good news is, you're amazing! Boys are beautiful and strong. It's true now and it always has been true. And I'm here to help you get through and make sense of all the difficult changes that are happening. I will teach you skills to help you grow and connect with yourself and with other people. This process won't always be comfortable because growth is never completely comfortable. But when you're finished with this book, you will be able to call on the skills you have learned to become the confident, strong boy you are destined to be.

1

MY GROWING EMOTIONS

It's perfectly natural that as your body grows and changes, your emotions will, too. Amazing, right? But it can also be a little confusing. The one thing you need to remember is that your feelings are okay. There are no wrong emotions. Some of them might be hard, but they're not wrong. You are you, and you are amazing and special. You get to feel however you feel. You'll probably discover that sometimes what you feel is different from what your friends feel. That's okay, too.

WHAT ARE FEELINGS?

Let's talk about emotions—or, as they are also known, feelings. There are six main emotions, sometimes called "primary emotions": joy, anger, sadness, disgust, fear, and surprise. These feelings are your instant reactions when something happens. Everyone everywhere experiences these emotions. It doesn't matter who you are or where you are from. It doesn't matter what gender you are. It doesn't matter how old you are.

Again, there is no such thing as a "wrong" feeling. No one can argue with your feelings. Not only is it not wrong to experience or express your emotions, it is important that you do so, even with supposedly "negative" feelings, like sadness, anger, frustration, and worry. You may be wondering why it's important to experience these emotions. Why can't we just stuff down emotions we don't like and pretend they aren't there? Because they are **universal**. We're all going to experience these emotions at one time or another, so it's important to accept them and experience them.

Let's talk about some of these feelings and how you can learn to accept them.

You Run the Show

You are in charge of your emotions, even though it might not always feel that way. Perhaps you've noticed lately that your emotions are getting stronger and more intense. It can feel confusing and a little weird. Let's talk about how puberty changes our emotions.

1. You might notice that you feel more sensitive. Maybe you're more aware of your appearance as your body changes. Something that didn't bother you much before, like being teased by a friend or an older sibling, might really bug you now. That's completely normal. A lot is happening inside your body, which we will talk about more later.

2. You might begin to think about things you didn't consider much before, like what it will be like to grow up, have a career, and maybe be a parent.

3. You might notice yourself thinking more about your **identity**. It's normal to start wondering who you are. You might notice differences

between yourself and others. It can also be really cool to try out different looks that make you unique and awesome!

Brain Expansion

Let's look at the parts of our brain that control our emotions. Four parts of the brain influence our feelings: the *amygdala*, *hippocampus*, *thalamus*, and *hypothalamus*. Together they team up and create the *limbic system*. Don't worry: You don't have to be able to pronounce any of these words. But knowing how everything works will help you better control your emotions and allow your body to operate like a smooth-running sports car.

AMYGDALA (UH-MIG-DUH-LUH): Sometimes this part of the brain is called the lizard brain because it has been part of animal brains for millions of years. Even dinosaurs had an amygdala! The amygdala manages our emotions, especially fear. It's important because a "fear alert" helps keep you safe. Have you ever noticed a rapid heartbeat or sweaty hands? The amygdala is telling you, through your body, that you are unsafe by sending you a "fight, flee, or freeze" message.

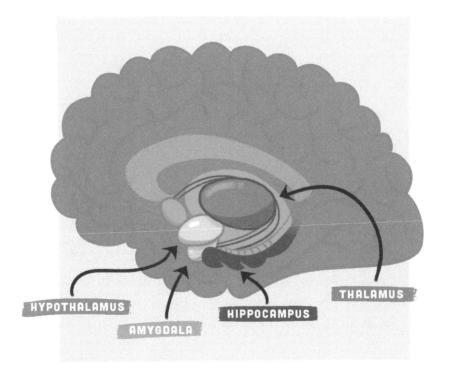

HYPOTHALAMUS (HY-POH-THAL-UH-MUS): This little part of the brain manages our need for sleep. It makes sure we feel grumpy and irritable when we don't get enough rest, so we will learn our lesson and get the proper amount of shut-eye the next night. It also helps us notice when we are hungry or thirsty, or too hot or too cold.

HIPPOCAMPUS (HIP-POH-CAMP-US): Nope, this word has nothing to do with large water-dwelling African animals. Instead, it helps us with learning and memory. Have you ever felt a little sad when you caught a whiff of something that reminded you of something from the past, like your grandma's house or your preschool? That's the hippocampus doing its thing.

THALAMUS (THAL-UH-MUS): This part of the brain passes on information between different areas of the brain. It tries to help us understand and interpret what we are feeling.

Hormones on the Rise

Like a wave gathering strength as it moves toward the shore, your **hormones** are increasing in strength during puberty. Hormones play a huge role in how you feel. Simply put, hormones are chemicals that your brain makes and sends all over your body. They drive your behavior when you feel like running when you are afraid, or when you hug an adult when you watch a scary movie.

Let's take a closer look at these hormones.

OXYTOCIN (OXY-TOS-IN): This hormone is sometimes known as the "love hormone." It helps us feel safe and secure with the people we love. When we hug a friend or relative, our brain sends oxytocin surging through our body, which is why we love to be loved. (Fun fact: When a trusted human pets a dog, the dog's brain releases oxytocin!)

SEROTONIN (SER-UH-TONE-IN) AND DOPAMINE (DOH-PUH-MEEN): These two hormones are known as "happy hormones." Serotonin is released when we exercise. When you play a sport or run around until your heart starts beating faster, your brain releases serotonin, which is why exercise is so good for improving your mood. Dopamine is what we feel as a reward for a job well done. If you get a good grade on a test and feel proud of yourself, it's because of dopamine.

MELATONIN (MEL-A-TONE-IN): Melatonin is the hormone that controls our sleep and wake cycles. Your body naturally produces more melatonin as it gets dark outside. One of the reasons it's a good idea to turn off devices at least an hour before bed is that the light from screens interferes with our body's melatonin production, which makes it harder for us to sleep deeply. If you don't sleep well, you are probably not going to feel well!

ADRENALINE (UH-DREN-A-LIN) AND CORTISOL (COR-TI-SOL): These related hormones are our protectors. Adrenaline pumps through our body when we feel fear and is part of the "fight, flee, or freeze" response. Cortisol is sometimes known as the "stress hormone" and is always present in small amounts. It helps remind you that you need to finish your homework or risk getting a bad grade. Both hormones help us feel safe and protect us from dangerous situations. But they can become a problem if they make us feel like we're in danger when we are actually safe.

We will talk more about how to manage difficult feelings in the next chapter.

"I FELT . . ."

Let's do some practice with what you are learning. Read the list of words and circle those that describe how you have felt over the past couple of days. This exercise is just practice, so don't worry about being perfect.

Angry	Embarrassed	Joyful
Anxious	Excited	Lonely
Bored	Guilty	Loving
Confident	Happy	Rejected
Confused	Hopeful	Sad
Courageous	Insecure	Scared
Disappointed	Irritated	Sensitive
Disgusted	Jealous	Shocked

MY EMOTIONAL SCORE

Are you ready to apply what you have learned to your life? Don't get nervous—it's not a real test. This exercise is just a way for you to find out more about yourself. And remember, it's okay if you aren't perfect!

Circle your response for each statement. You'll score your results at the end.

1. When I experience an uncomfortable emotion, like sadness or anger, I remind myself it is okay to feel the way I do and that feelings are temporary.

   a. Often
   b. Sometimes
   c. Never

2. When I need help understanding how I feel, I seek support from a trusted adult.

   a. Often
   b. Sometimes
   c. Never

3. I try to be a good listener even when I am having a hard day.

   a. Often
   b. Sometimes
   c. Never

4. When I experience uncomfortable emotions, I check to see if I am hungry, thirsty, or tired.

   a. Often
   b. Sometimes
   c. Never

5. I try to be helpful even when I am having a bad day.

   a. Often
   b. Sometimes
   c. Never

6. I resist blaming others for things that are my responsibility.

   a. Often
   b. Sometimes
   c. Never

Scoring: Give yourself 3 points for every A, 2 points for every B, and 1 point for every C. If your score was 11 or 12, you have a great understanding of your emotions. Keep reading this book to make it even better!

Express Yourself

When we have strong feelings, it's important to express them to a friend or trusted adult. (We will talk more about trusted adults in just a bit.) Maybe you want to share how excited you are about getting a high score on a video game. Maybe you feel hurt that you didn't get invited to a birthday party. Maybe you're confused about why the girl who was shorter than you at the beginning of the school year now towers over you. Whatever you're feeling, it's important to express your emotions so you can feel supported by others.

FEELING BETTER

Our bodies and minds are amazing. With a little practice, you can learn to self-regulate your emotions. Self-regulation means you can learn to deal with difficult feelings, like the "negative" emotions we talked about earlier, instead of fighting or acting out when you experience them. (Remember, there are no wrong emotions!)

Here are some great skills to help you learn how to become the master of your emotions.

Deep Breathing

We don't spend much time thinking about our breathing. But when our emotions get intense, like when we feel fear, anger, or anxiety, our breathing can become labored, and our chest might feel tight. Deep breathing can help calm you.

Here's a technique for doing deep breathing:

1. Sit comfortably in a chair, with your feet flat on the floor.

2. Inhale slowly for 4 seconds, letting your belly fill with air.

3. Hold your breath for a count of 4.

4. Exhale slowly through your mouth for 4 seconds.

5. Repeat the breathing cycle until you start to feel calmer.

Muscle Relaxation

When we are **anxious**, our muscles can tense up. This technique is a great way to relax.

1. Begin inhaling, and contract one muscle group (for example, ball your hands into fists) for 5 to 10 seconds.

2. Exhale and suddenly release the tension in that muscle group. As you let go of the tension, imagine stressful feelings flowing out of your body.

3. Relax for 10 to 20 seconds, then inhale and contract a different muscle group (for example, your thighs) for 5 to 10 seconds.

4. Exhale and suddenly release the tension in that muscle group.

5. Gradually work your way through the body, contracting and relaxing different muscles.

Mindfulness Practice

Mindfulness can help you find a calm place inside yourself no matter where you are. You just need to take the following steps:

1. Find the quietest space possible. It might be your bedroom, or it could be a special place outside in nature.

2. Find a way to feel comfortable in your body, whether it's sitting, lying down, or even walking.

3. Focus your attention.

If you are in nature, you can focus on your senses—what you are hearing, seeing, smelling, or touching.

Spend a minute sitting still or walking slowly. Focus on what you are experiencing through your senses, rather than on your thoughts, such as, "I hear a bird chirp. I feel the breeze against my face."

If you are at home, you can focus on your breath, just like in the deep breathing exercise described earlier. You can also try some other mindfulness exercises. You can do a few yoga poses or simple stretches. You can repeat a simple phrase, called a **mantra**, while sitting up straight and breathing calmly. Your mantra could be something like "I am good enough, and I will be okay."

Regular Exercise

Anything that gets your body moving and your heart beating faster is going to flood your body with happy hormones. The activity could be running, biking, swimming, playing your favorite sport, or dancing to your favorite song. You can do physical activities with your friends or on your own. Do whatever makes you feel good!

Getting Enough Sleep

Have you ever felt cranky at school after a poor night's sleep? When we don't get enough rest, we can begin to lose control of our emotions, like anger and irritation. Our bodies need sleep to rebuild after a hard day. If you don't feel rested each morning when you get up, you might need more sleep.

Here's how you can sleep better:

1. Turn off devices at least an hour before you go to bed. The light in screens blocks the production of melatonin, the hormone our body produces when we sleep.

2. Try to go to bed at the same time every night. A regular routine teaches the body when it is time to sleep.

3. Avoid eating snacks just before going to bed.

4. Use mindfulness skills to relax your body.

5. Listen to calming music or read a good book.

Self-Care

Self-care means just that: caring for yourself. The first rule of self-care is that self-care is not selfish. Sometimes you need to do things that help you take care of yourself. It can be anything that helps you feel good in your body, like exercising, getting a good night's sleep, or taking a hot bath. It can be settling into a comfy chair with a good book. It can be eating a tasty but healthy snack.

Self-care can also be doing things that are less fun but make you feel good afterward, like finishing a chore or your homework. Self-care can be creative, like writing in a journal, making art, or working on a hobby. It can mean taking a break from social media or spending time with people you love. There are many ways to support yourself through self-care.

Good Body Language

Body language is the physical expression of how we feel. Have you ever noticed that when you feel sad or disappointed, you slump your shoulders? Or have you stood with your head held high and your chest forward when you were feeling proud? You might be surprised to find out how body language affects the way you feel about yourself. The good news is, if you become aware of your body language in a given moment, you can change it.

You can practice adjusting your body language by standing in front of a large mirror. Imagine how you would feel if you were sad, angry, or scared. Let your body follow your feelings. How do you look? Now try to change your body language to show more positive feelings. How do you feel? You might be surprised by your results!

Talking It Out

When we are feeling overwhelmed, it can help to talk to someone. Sharing how you feel can have a powerful effect on your mood. Sometimes you get a different point of view from the person you are talking to, and sometimes it feels great to just sort through your feelings with someone else. Whether it is a friend, a sibling, a parent, or another trusted adult, be courageous and share how you feel. (Fun fact: The word *courage* comes from the Latin word for *heart*.)

Who Is a "Trusted Adult"?

Talking to friends or a sibling can be great. But talking to a trusted adult can be a wonderful way to get the **perspective** of someone who has gone through all the experiences you are now having. Who is a trusted adult? Someone who listens to you when you have a problem. Someone whose words and actions make you feel safe. Someone who respects your personal space. A trusted adult can be anyone who isn't a stranger. It might be a parent or older sibling, but it could also be a teacher or doctor. Essentially, a trusted adult is someone who respects you physically and emotionally and supports you in your feelings.

If you have a weird feeling in your gut about an adult, they may not be a safe person for you to confide in. Be sure to pay attention to these feelings.

I'M IN CONTROL

Now that you've learned some ways to get a handle on your emotions, are you ready for some practice? See if you can match each situation with a way to feel better. There are no right answers!

Feeling scared that you won't do well in a sport you play

Getting Enough Sleep

Feeling anxious about a test

Talking It Out

Feeling angry that you weren't allowed to play video games after school

Good Body Language

Feeling grumpy and irritable at school

Mindfulness Practice

Feeling a little depressed and low-energy when waking up

Self-Care

Feeling a little sad about something in the news

Deep Breathing

Feeling embarrassed because you tripped on the playground

Regular Exercise

2

MY GROWING MIND

· ·

You are growing up, and with that comes
some growing inside your head. That's right:
Your brain is along for the ride with the rest
of your body. As your mind grows, you will
experience some major changes, which can be
exciting—and a little scary. You are going to
discover many new abilities and talents, and
you'll try some new things. You'll also discover
that some things that used to be fun aren't
so interesting anymore. It is all part of the
process. With your growing brain also come
growing emotions, some of which you may
find difficult to manage. But you have already
learned some techniques to make sure you are
the master of your feelings.

MY INNER VOICE

Take a minute to imagine you are made up of different parts, and each part has its own role to play. All these parts work together like a great orchestra to create the awesome person that is you.

Most of the time, these parts work together in harmony. When they do, your **inner voice** (the way you talk to yourself in your head) is calm and positive. But sometimes the balance is thrown off and the parts don't work together so well. For example, maybe your test grade wasn't as high as you had hoped. Or maybe a friend said something that hurt your feelings. When you have this type of experience, your sense of calm is disturbed, and you might feel fearful or sad or angry. This reaction is normal and sometimes even necessary. There are no wrong feelings, but it is important to know you are not any one of these feelings. You are bigger than any of them, and you have the power to change how you feel, even if it seems really difficult. How do you change your feelings? With your thoughts.

Our thoughts, feelings, body sensations, and behaviors are all connected. If you ask a parent if you can spend the night at a friend's house and they say no, you might first *think* "That's unfair!" Then you might *feel* angry or disappointed. Then you might have a burning sensation in your chest *(body sensation)*. Then you might ball up your hands in fists *(behavior)*. These connections explain why you might get a stomachache when you are anxious: your feelings trigger a body sensation. They also cause you to feel good when you think about someone you care about and when you play outside with your friends. (Remember, exercise releases serotonin, one of the happy hormones.)

Together, your thoughts, your feelings, your body sensations, and your behaviors influence your inner voice. Your inner voice can be both positive (when you say kind things to yourself) and negative (when you say unkind things to yourself). So what can you do to help your inner voice be its best self?

1. Notice when you have a negative thought.

2. Attempt to change it into something good.

3. Notice how you feel when you are finished.

Here's an example: One of your friends gets recognition for something they did well, and you feel jealous. You might think something like "I wish that was me" and feel an urge to be mean to your friend. But you can challenge your jealous thought with something like "I'm glad they won. They worked really hard and I'm happy for them." You might find it difficult to challenge and change your thoughts at first, but it will get easier.

POSITIVE SELF-TALK

Sometimes it can be hard to tell the difference between your negative inner voice and your positive inner voice. Read the following statements. Circle the positive self-talk statements and cross out the negative ones.

The bad grade I got on my math test does not mean that I'm stupid.

I tried to play guitar, but it was hard. I'm not cut out to be a musician, and I should try something else.

I am a great friend and listener. Even though my friend is having a hard time, I can be supportive and helpful.

It's my fault that my parents are arguing.

If I try hard, I will be able to make new friends, even if it feels scary.

My friend probably thinks I'm a baby because I didn't want to spend the night at their house.

Now it's your turn. See if you can come up with two or three examples of positive self-talk that are meaningful to you.

....

....

....

FROM FEELING SELF-CONSCIOUS TO CONFIDENT

A big, challenging part of growing up can be dealing with increased **self-consciousness**. You may have already experienced it. Maybe you've had to give a presentation in front of the class, and while you were talking you wondered what your classmates were thinking. Maybe you have felt awkward about changes in your body and have wondered if other people notice. Maybe you don't want to admit that you still like to watch cartoons. All these feelings are normal! Self-consciousness is part of the incredible changes going on in your brain. *Confidence* means you are self-aware, which is definitely a good thing. It means you are thoughtful and considerate, because when you are self-aware you are aware of other people's feelings, too. But too much self-consciousness can sap your confidence.

How can you feel more confident? Work on not listening to the negative thoughts that make you self-conscious. When you're self-conscious, you are worried about what other people are thinking about you. But the thing is, you don't know what other people are thinking, even if you *think* you do. For example, if you make a mistake while giving a report in front of the class, you might think everyone else thinks you're stupid. But that's your own self-talk!

When you make a mistake, it's important to be gentle with yourself and remember that everyone messes up. Another thing that helps is developing a sense of humor about small goofs. If you can learn to laugh at your mistakes, you will become much less self-conscious.

The term *unconditional acceptance* means no matter what happens or what you do, you accept yourself and your mistakes as part of you and part of being human. Accepting yourself can help you go a long way toward not worrying so much about what others think of you.

Confidence comes from learning to trust yourself and your abilities. You may have difficulties and struggle along the way, but if you keep trying, you will learn and get better. It takes practice and **persistence** to become better at any skill, whether it is shooting baskets, playing an instrument, or speaking a second language. And you don't have to be perfect. Learning a new skill is challenging. You might need to work really hard on dribbling with your left hand (if you are right-handed),

you might struggle to get your fingers to work together on the guitar, and you will probably make some mistakes when you try to speak a different language, but that's okay! Your confidence can grow just by knowing you put in your best effort and that what you think of yourself is *way* more important than what others think of you.

Media Messages

Have you ever opened your Instasnaptok (or whatever social media you use) or turned on the TV and seen images that made you feel insecure about your body? The media bombards us with messages telling us we should look or act a certain way. As a result, we often wonder if we are good enough.

It's important to realize that actors and online influencers wear makeup, use special lighting to make them appear a certain way, and definitely look different in real life. It's also important to know that what you hear and see in the media isn't always true. It can help to check in with a trusted adult who might be able to help you sort through what is real and what is not. Always remember that your body is beautiful and unique, no matter its shape, size, or color.

FROM FEELING EMBARRASSED TO COMFORTABLE

Have you ever felt embarrassed? The answer is probably yes. Embarrassment happens to everyone, and it's part of being self-aware. When we are embarrassed, every second feels like an hour. Have you ever tripped in gym class or made a mistake playing a sport? That's okay! Have you ever given a wrong answer in class when the teacher called on you? Maybe you were thinking about something else. It can be embarrassing because you were caught not knowing the answer (and maybe not even knowing what the teacher was talking about). You can remind yourself that everyone's mind wanders from time to time. You can tell yourself that you will use the experience to maintain better attention next time. You can also recall times when you saw someone else make a mistake and it was not a big deal.

You are strong and have an inner voice that can help you maintain your cool, so you can allow yourself to be comfortable with whatever mistakes you make. You can also be sure that the feelings of embarrassment will go away in time. And you will discover that learning to deal with embarrassment can even make you stronger.

FROM FEELING ANXIOUS TO CALM

Anxiety comes from fear, one of our primary emotions. You might experience it as a rapid heartbeat, racing thoughts, lots of sweating, or clammy hands. Anxiety is totally normal. It helps keep us safe when something might be dangerous, like if you see a swarm of bees or are around an unfamiliar dog. But sometimes we feel anxious when there isn't any danger. This kind of anxiety is called "monkey mind," because our brain is acting like a pack of monkeys, super alert for danger and creating chaos. Have you ever seen monkeys running around and acting crazy at a zoo? That's what anxiety can feel like.

There are some good ways to deal with your anxiety. One way is to make friends with it. It might sound a little weird, but your anxiety exists to keep you safe, even if it is a bit much sometimes. Try keeping a journal and noticing when you feel most anxious. Think of your anxiety as part of you, but maybe a part you don't need to experience as much anymore. Have a conversation with your anxiety. Thank it for keeping you safe, but tell it that you want it to back down a little.

Remember when we talked about mindfulness in chapter 1? It can be super helpful for dealing with anxiety and getting back to a calm place, especially deep breathing (see page 13). Yoga and exercise are also great for helping with anxiety. Both can help you get into your body and out of your mind. They also send powerful serotonin signals to the brain that help calm the monkeys. And, of course, it is also important to know you can ask for help if you are struggling. Talking to a trusted adult, like a parent, teacher, or guidance counselor, can be a good way to get perspective from someone who has a lot of experience feeling anxious.

FROM FEELING ANGRY TO PEACEFUL

It's okay to be angry. Anger gets a bad rap because it can get mixed up with actions that hurt other people. But—and this is a big *but*—anger is not an action. It's a feeling, and feelings are always okay. Anger is normal and sometimes even necessary. If someone stole your bicycle, you'd probably be angry because of the violation of your personal property. Your reaction would be normal and appropriate. You might also be angry if someone posted something about you on social media without asking you first. Again, it's totally appropriate to feel angry in that situation. It means you have **personal boundaries** (also just called *boundaries*), which are a great thing. But responding by trying to hurt someone is not a good way to express your anger.

So what can you do to get back to feeling some peace? Remember the mindfulness tips in chapter 1. Breathing through your feelings can help. So can talking to a trusted adult who can understand your anger and give you some space to vent. You can also do something physical that does not harm yourself or someone else, like squeezing your fingers into a fist or punching something soft, like a pillow. You might even discover that your anger transforms into deeper feelings about the situation, and you might want to talk to the person who made you angry. Above all, remember that anger is a feeling, and feelings are never permanent.

Bullying

Bullying is aggressive behavior with the specific intention of hurting someone because the bully has, or thinks they have, more power than the other person. Bullying can happen in person or online (known as **cyberbullying**). Maybe you have experienced bullying. Maybe you have seen your friends get bullied. Maybe you have even been a bully yourself (or maybe all three are true). Bullying is an incredibly painful way to express anger, fear, or loneliness.

If you are being bullied or if you see someone else being bullied, talk to a trusted adult. They can give support and advice. If you are being bullied, you can say "STOP!" confidently and assertively. If it feels too difficult, walk away. A trusted adult can help you learn to find your confident inner voice. If *you* are behaving like a bully, stop for a moment. Think about the impact you are having on the other person. If you feel like being mean, find something else to do, like playing a video game or a sport. You might also want to rethink your friendships with bullies. What if they treated you the way you see them treating others? We should all treat other people the way we would like them to treat us.

FROM FEELING SAD TO HOPEFUL

Like anger, sadness gets a pretty bad rap. A lot of boys get the message from media, and sometimes from the adults around them, that they are not allowed to be sad. Most people do not want to feel sad, but sadness is a normal part of life. Some things make almost everyone sad, and it is important to let yourself experience this emotion. You need to feel all your feelings, even the hard ones. If you won't let yourself go through the difficult emotions, you won't be able to feel the really great ones, either—like joy! Even more important, if you let yourself feel sad and share your sadness with a good friend or a trusted adult, you will feel less alone and get some perspective.

Everyone feels sad sometimes. If your best friend moved far away, you would probably be very sad because you would miss hanging out with them. It's hard when someone we care about is no longer in our lives. But over time you would make new friends and feel better and more hopeful.

There are some great ways to deal with sadness. A lot of great art and music has been created by artists who were trying to deal with their sadness, which is why journaling, writing, painting, and music can be great outlets. Sometimes just listening to a

song or reading a story about sadness can help us feel less alone and more hopeful. As one song says, everybody hurts sometimes.

Keep in mind that if you are having trouble waking up in the morning, you don't want to eat, and you are not enjoying any of your usual activities, you might be **depressed**. If you're depressed, you might need help, so be sure to confide in a trusted adult about what you're going through.

Grief

Grief is a special kind of sadness that is caused by great loss, like the death of a loved one or a pet. You can think of grief as love that has no place to go because the person or animal you love is no longer with you. When someone you love dies, grief can feel incredibly intense and big, or it may seem like you don't feel anything at all. There is no wrong way to feel after you experience a loss. As with sadness, it can be helpful to write about your feelings, create art, play or listen to music, or talk with loved ones about your memories of the person or pet you lost.

FROM FEELING JEALOUSY TO GRATITUDE

Jealousy can be unpleasant. Although it is not a primary emotion, it is related to one: fear. Ultimately, jealousy is about insecurity and a belief—a fear—that you are not good enough. Sometimes people cope with jealousy in unhealthy ways, like bullying or spreading rumors about someone they are jealous of.

Almost everyone experiences jealousy at one time or another. Jealousy is normal and has been around forever (even Shakespeare wrote about it!). Maybe you experienced jealousy when a younger sibling was born. To a small child, it can feel like there isn't enough love left for you when another child arrives.

The good news is you are older now, and you can take some helpful steps when you feel jealous so you don't act out in a way that hurts yourself or others. Suppose you felt FOMO (fear of missing out) because you heard about a party that you weren't invited to. Being left out can feel awful. You could use mindfulness to remind yourself that you are enough, just as you are, and you don't need to compare yourself to others. Not being invited to a party doesn't mean there is anything wrong with you. You could also practice expressing gratitude for the friends and close relationships you do have.

FEELING GRATEFUL

Keeping a daily gratitude journal can be a great way to recognize and appreciate the terrific things you have in your life. Writing down what you're grateful for might feel a little awkward at first, but keep at it. Think of gratitude as being like a muscle that needs exercise to develop. Each day, try making a list of specific things you are grateful for. For example, you might note "my dad cooked my favorite meal for dinner" or "I got a great score on my math quiz." It's ideal to have a separate notebook for your journal, but a few sheets of paper will do. Make it a practice to record your gratitude for five minutes every night before bed. Pretty soon feeling gratitude will come easily.

1. Mom helped with my science project.

2. I had fun hanging out with Richard.

3. I had chocolate chips in my pancakes.

WORD JAR

By this point, you're probably catching on to one of the key points of this book: feelings (and thoughts) don't last forever. One way to put this idea into action is to write negative thoughts or feelings on pieces of paper and drop them into a jar. Shake it up with gusto! Leave the negative thoughts in the jar for twenty-four hours, then pull out the slips of paper and see if those thoughts or feelings have changed. You might be surprised.

HELPING ANDY
FEEL BETTER

Now that you have learned more about your feelings, see if you can give some advice to our friend Andy.

1. **Andy is angry that he has to get a tutor to improve his math grade. You:**

   a. Tell him he really needs help with math, and he should be excited about getting a tutor.
   b. Tell him you understand how he feels and listen to him talk about his anger.
   c. Suggest that math isn't really important and that he shouldn't take the tutor seriously.

   Answer: **B.** *Giving Andy space to talk about his anger will probably help him calm down, and it will make him feel like you understand how he feels.*

2. **Andy is getting cyberbullied by classmates about a shirt that he wore to class. You:**

   a. Listen to how Andy is feeling and suggest he seek out a trusted adult to help him solve the bullying problem.
   b. Help Andy get revenge on the classmates by spreading a nasty rumor about them.

Continued on next page »

c. Try to avoid Andy because you are afraid of getting bullied, too.

Answer: A. *Listening to Andy and suggesting he get help might help Andy put the bullying in perspective and stop it from happening.*

3. Andy is sad because his dog, Cooper, got hit by a car and died. You:

a. Suggest Andy get another dog to replace Cooper.
b. Ask about his favorite memories of Cooper and give Andy space to talk about his love for his pet.
c. Tell him Cooper was just a dog and he will get over it soon.

Answer: B. *Listening to Andy talk about what Cooper meant to him can help him deal with his grief.*

4. Andy is jealous because his brother got better grades than he did this semester. You:

a. Tell Andy he needs to work harder so he can get better grades next year.
b. Distract Andy by watching a movie with him.

c. Remind Andy that he is his own person, and mention some cool and unique things about him.

Answer: C. *It's easy to be jealous of a sibling, but showing gratitude for who he is can help Andy remember that he has his own great qualities.*

5. Andy feels embarrassed after making a mistake with his lines in the school play. You:

   a. Tell Andy he should work harder to get his lines right next time.
   b. Tell Andy it's no big deal and suggest that he'll feel better if he focuses on something else for a while.
   c. Listen to Andy and help him realize that making a mistake doesn't mean there is anything wrong with him. Remind him you are friends with him because he is a great person.

Answer: C. *Andy needs support so he can manage his feelings. He will appreciate knowing your support for him doesn't depend on anything that he does but rather who he is.*

3

MY GROWING RELATIONSHIPS

· ·

You might be noticing some changes in your relationships. It makes sense: With all the other changes you are going through, it would be surprising if your relationships didn't change, too. You might notice that you don't want to share as much with your parents as you used to, and you might feel more self-conscious when they ask about your day. You might notice your friendships changing as well. Maybe your interests are shifting, and you are feeling closer to some friends and more distant from others. You might even notice feeling more sensitive and emotional when friends say certain things. Maybe you have noticed you have been looking to certain adults as **role models** and **mentors** as you navigate these changes. All these experiences are okay. In this chapter, we will talk about what you can do to work through the big changes happening right now.

MY FRIENDS

As you get older, you will notice your friends playing a larger role in your life. It's important to have trusted adults that you can talk with, but there is something special about having peers that you can laugh and make jokes with, and with whom you can share the trials and tribulations of growing up. Having friends is a healthy, important part of life.

Here we are going to talk about some ways to make new friends, and some serious things to look out for, like dealing with **peer pressure**, feeling excluded, and understanding **consent**.

Making New Friends

Let's talk about some things you can do that will help you make new friends:

* Be kind

* Be curious

* Ask people about themselves

* Be a good listener

* Be **open-minded**

You probably have a pretty good idea of what kindness means, but you might not realize it's the glue that cements friendship. Being generous and considerate—like listening to a friend when they are upset about getting a bad grade—can be a great way to bond with someone. Above all, kindness is about **empathy**, or being able to put yourself in someone else's shoes. When you can do that, all your relationships become richer.

Curiosity also comes out of empathy. To be curious means wanting to know someone. Think about yourself for a minute. It feels pretty good when someone wants to get to know you, right? Think about someone you would like to get to know better. What do they like to do? What's their favorite band? Do they have any siblings? Being curious and following your curiosity will bring you closer to people.

When you are curious, ask people about themselves. Think about what you would want someone to ask you if they wanted to be friends with you. If you start to ask people about themselves, they will probably start to ask you about yourself. Before you know it, you are having a conversation about common interests.

Being a good listener means focusing on the person you are talking with. It can be hard because you might hear someone else mention something you want to talk about. But it is important not to interrupt while someone else is speaking; instead, just let them say what they have to say. You can jump in when they have finished. Again, it's all about empathy. Think about how good it feels when someone lets you talk and shows genuine interest in you.

Being open-minded means being willing to try new things or hear new ideas. For example, you might meet someone who is really into soccer when you prefer basketball. Sometimes it's hard not to try to convince others that what we  like is better. But you are more likely to connect with someone if you show curiosity and are receptive to what they like.

It's okay if you find yourself struggling to practice these traits. Remember to be kind to yourself, and next time you will be more aware of how you are interacting with others. Making friends takes practice, and practice requires a good attitude and a willingness to make mistakes.

Peer Pressure

Peer pressure is when you feel like you must follow the behavior of others in order to fit in. Most of us want to feel accepted, but sometimes we make decisions that are not true to our **values** for the sake of fitting in. When we really want to impress someone or be part of a group, it can be tough to stand up for ourselves. For example, you might feel peer pressure to bully someone you like so you can be part of the group. It can be hard to say no in these situations because you might worry the rest of the group members won't like you.

Almost everyone must deal with peer pressure as they get older. It's usually easier to know our boundaries and be comfortable saying yes or no to people we feel safe with. Boundaries involve many things, including our personal space, and it's not okay for anyone to violate our space without our consent (we will talk more about consent a little later). Boundaries are also the limits we set to protect ourselves from being hurt, controlled, or used by others. If you are feeling peer pressure to do something you don't want to do, it is probably because your boundaries are being violated.

Being or Feeling Left Out

As you become more self-aware, and sometimes self-conscious, you might feel left out when friends do something without you. It is important to remember that nothing is wrong with you.

Let's look at a situation where you might feel left out. Imagine you have a best friend, and the two of you have been BFFs since you met. But your best friend makes a new friend and asks you if the three of you can all hang out together. Maybe your best friend even wants to hang out with just the new friend. That can be a tough pill to swallow! But remember when we talked about jealousy in chapter 2? It can be helpful to use some of the skills you learned. Keep in mind that just because your BFF has made a new friend doesn't mean you aren't friends with them anymore. Instead, look at the opportunity to make a new friend by trying out some of the tips for making new friends (see page 46).

You may have noticed that people are starting to hang out more in groups. Sometimes these groups are open to others. These groups may have common interests, like playing video games or enjoying the same music. Sometimes, however, groups can form **cliques**. A clique is an exclusive group, which means others are *not* allowed to join. Clique members often use peer pressure on each other and behave in ways that might not feel good to you. Wanting to be part of a group is perfectly understandable, but you might want to think twice if being part of the group makes others feel bad.

Social Media

Social media has a lot of benefits. It helps us stay in contact with friends and family who do not live near us. It tells us what the latest trends are in music and fashion. It informs us about what is happening in the world. Through social media you might discover a new interest or passion. You might even become an **activist** by learning about injustice in the world. Engaging with social media can be really fun!

But there's a dark side to social media, too. It can lead to drama and cyberbullying. Not everything posted on social media is true, and it can be hard to know the difference between what is real and what is not. Your safety is extremely important, especially when you are talking online to someone you have never met in person, or if you are part of an online community.

Here are some safety tips to keep in mind when you're using social media:

1. Think carefully before you create an email address or a screen name. Always use a combination of letters and numbers that don't identify your gender or identity.

2. Never give personal information, like your name or address, to people you know only online.

3. If any online chat makes you feel uncomfortable or unsafe for *any* reason, exit the chat and tell a parent or other trusted adult what happened.

4. Think very carefully before posting anything on social media. Would you want the trusted adults in your life to see your post? That's a good guideline to follow to make sure you don't post things you will later regret.

Masculinity and the Media

Have you ever seen social media messages that urge boys to push through physical or emotional pain by "manning up" or "being a man"? Almost all boys hear such messages at some point. Many people believe that men should not allow themselves to feel sad or hurt and that they should be strong all the time. But there is absolutely nothing wrong with feeling hurt or being scared. Courage does *not* mean you never feel scared; it means you do something *even when you are scared*.

Consent

Here is a simple way to think about consent: no means no, and yes means yes. When you *give* permission to someone, it is consent. When someone else *gives you* permission, it is consent. Consent involves thinking about your own boundaries and respecting other people's boundaries. No one has the right to touch your body without your permission, and you do not have the right to touch another person's body without that person's permission. You also can't take other people's property without asking them first, and they can't take yours.

Consent is an extremely important issue online and on social media. If you want to share a group photo, ask the other people in the picture if they're okay with it. You can also ask people not to talk about certain topics in online chats.

Unfortunately, some people might get angry or express hostility when you set a boundary. But it doesn't mean you are wrong or your boundary is unreasonable. *You* are in charge of your body and your emotions.

MY HOME

When people think of families, it's often in traditional terms: a mom, a dad, two or three kids. But many types of families exist. No matter what your family looks like, other family members have a duty to help you grow and thrive, even as your relationship with them is changing.

As you get older, all sorts of things will change in your family relationships. Let's talk about some of the ways they will change so you can be prepared as you grow into your best self.

Roles and Responsibilities

No matter what a family looks like, each person has a unique role to play. You might not know exactly what these roles are, but you probably have certain responsibilities within your family, and they may be changing and increasing as you get older. You might be asked to do new chores because you are physically and emotionally more mature now. Growing up can definitely be a mixed blessing!

Sometimes these changes happen without anyone paying attention to how they might make you feel. Remember, your feelings matter. Try to feel empowered enough to talk to a trusted adult in

the household. Is it scary to take on a new role? Do you want even *more* responsibility? It's helpful to everyone (especially you!) if family members know how you feel.

Hanging Out with the Family

Some of the changes happening in your body might alter the ways you interact with your family. As we discussed earlier, you might want more privacy now, or you could feel self-conscious about talking about personal things. You also might not want to spend as much time with your family.

One of the great things about growing up and gaining responsibility is that you are going to be more able to share what you want to do with your family. For example, you might have once enjoyed having a pillow fight with your mom or dad, but you might not want to anymore. You can suggest trying something different.

You are going to need the support of your family to navigate the choppy waters you will sometimes run into when you are changing so quickly. For example, you might have a sibling you don't always get along with. (Or maybe you get along all the time—lucky you!) You and your family can still find ways to connect with activities. Some families have a designated night where they play board games, watch a movie together, or go to dinner. These are great ideas for staying connected.

You can also try using some conversation starters. Maybe you have wondered certain things about your parents or other family members. Here are some ideas for questions you might ask them:

* If you could change one thing about yourself, what would it be?

* What three things would you want with you if you were stranded on a desert island?

* If you could make a new family rule, what would it be?

* Name three things you are grateful for today.

* If you could pick the place for our next vacation, where would we go?

* If you could learn a new hobby, what would you choose?

* Would you rather sing every time you talked, or would you rather go to work (or school) in your underwear?

Sharing conversations can help a family grow closer. Questions like these can be a fun way to find out more about other family members. You will probably be surprised by some of their answers!

MY FAVORITE THINGS

Collect photos or drawings, or anything that is meaningful to you, and place them in a memory scrapbook. Having these mementos of good times, and even difficult times, can help you gain perspective as you get older. They will also show you how much you have grown. Use these boxes to write about or draw some things from your life right now that you want to remember when you are older.

Boundaries

Let's talk about how boundaries matter specifically within families. It's important that family members respect each other's privacy. As you get older, you might not want your brother or sister to just walk into your room without knocking. You can think of your boundaries as being like a house. The house has a front yard with a gate that can let people in the yard. You might let some people in your yard but not your house. You might allow some people in your house but not in your bedroom. The closer people are to you, the more comfortable you might be letting them into your personal space.

Hopefully you will want your family members to be close to you, but you get to decide what your boundaries are. You can set your boundaries by using "I" statements. For example, instead of saying "You made me feel upset when you walked into my room without knocking," you can say "I feel angry when you walk into my room without knocking." Do you see the difference? The first statement blames someone else for how you feel, which will usually cause the

other person to argue back ("I thought it was okay to come in because I've done it before!"). The second statement is simply you telling someone how you feel—and no one can argue with that.

MENTORS AND ROLE MODELS

One of the ways we learn about ourselves is by learning about the experiences of someone more experienced, sometimes called a mentor. A mentor can be any adult you know and admire, like a parent, a coach, a teacher, or another trusted adult. A good mentor has characteristics that help you learn. They are good listeners, ask questions about you, and respect your boundaries. A good mentor is also honest and candid, which means they will tell you hard truths you need to hear. For example, a mentor might tell you that you did poorly on an exam because you didn't study enough. You might want to protest, but you know deep down they are right. A good mentor will challenge you to grow emotionally even when it feels uncomfortable.

Mentors can help by answering questions. But it is important to remember that mentors are human beings, just like you, which means they are not perfect. They might do or say something that disappoints you or makes you question your feelings about them. That's okay, because a good mentor will be up for a conversation about your feelings.

Mentors are important people in our lives because we can talk about things we might not want to discuss with a friend, like seeking guidance about a difficult relationship or needing advice about a school project. There are some great mentoring programs through organizations like Boys and Girls Club of America and Big Brothers Big Sisters of America.

Role models are adults we admire, just like mentors, but you might not have a personal relationship with a role model. (Of course, a role model can become a mentor if you do develop a relationship.) You might admire this person from a distance because they have qualities you want to develop in yourself. Although it can be easy to admire someone simply because they are famous, ask yourself what you admire about them. For example, is it because they have a large following on Instasnaptok or because they have a personal quality you want to develop yourself?

No one can or should tell you who to have as a role model. You are capable of choosing role models on your own. But really think about who you want as a role model, and feel free to be choosy. Maybe you admire someone you know personally because they have qualities you would like to have. Maybe they aren't famous but you admire their honesty and **integrity**. Or maybe they have a profession or hobby that really interests you. Someone like that can also be a great role model.

MY ROLE MODELS

Listed below are some characteristics of a good role model. Which characteristics would you like your role model to have? Circle your top five. If you think of any important characteristics that aren't listed, feel free to add them!

Compassionate   Good Listener

Confident   Honest

Courageous   Humble

Creative   Kind

Enthusiastic   Loyal

Fun-loving   Open-minded

Funny   Reliable

Understanding

4

A NEW ME

. . . .

Congratulations! You did it. You have learned about the connection between your body and mind, and you have learned about your emotions and changing relationships. All the things that are happening in your body are pretty amazing, right?

Now you can take some of the tools you have learned and the awareness you have gained to navigate even the toughest emotional storms. As you do so, remember you are not alone. Your friends and classmates are going through their own changes, which might be different from yours.

With each day, your power and responsibility to make good choices becomes greater. You are human, so you will make mistakes along the way. That's okay—we all make mistakes. And just as you should have compassion for others, you should also remember to be kind to yourself.

GET TO KNOW THE NEW YOU

"Getting to know yourself" might sound like a strange idea. Who knows you better than you, right? But it's actually an important part of growing up. Knowing who you are can help you achieve your goals, make better decisions, and build stronger friendships. It will also help you be more confident because you'll discover all the awesome things that make up the person you are. Here are some tips to help you along the way.

Discover Your Values

Values are things that are important to you and can guide your life and your choices. Some values are **moral**, such as kindness, honesty, and **tolerance**. Others have to do with what brings you joy, like creativity, adventure, learning, or even just having fun. You can find out what yours are by thinking about people you admire and like to spend time with. What qualities do they have? Which ones do you share and which ones would you like to develop? Knowing your values can give your life purpose and direction. For example, if creativity is one of your values, you might want to try a new hobby, like art, dance, or theater. It could lead to you making new friends who share that value—which could make your life feel richer, more meaningful, and also more fun!

WHAT DO YOU VALUE?

Another way to discover your values is to notice what makes you feel good. Write about the top three things you like to . . .

Think about:

....

....

....

Talk about:

....

....

....

Continued on next page »

Learn about:

....

....

....

Spend time doing:

....

....

....

Where do your answers overlap? Can you think of
any values associated with your answers?

....

....

....

Learn Your Strengths and Weaknesses

Everyone has strengths and weaknesses: things they do well and things they need to work harder at. You probably have some idea of your own strengths and weaknesses. Take a moment to think of three things you're good at and three things that are challenging for you. They can be anything from math, spelling, and soccer to making friends, listening, and cleaning your room.

Sometimes people feel bad about their weaknesses, but keep in mind both your strengths and your weaknesses make you the person you are. Weaknesses are nothing to feel bad about. In fact, they can be opportunities to learn and improve. If everything was easy, your life would have no challenges—and it would get dull pretty quickly!

STRENGTHS AND WEAKNESSES

No one is perfect. We all have things we are good at and things that are more difficult for us. Circle your strengths and underline your weaknesses. Did you learn anything new?

Being a leader

Being on time

Cooking or baking

Drawing

Fixing things

Helping others

Imagining

Listening

Making friends

Making people laugh

Making up stories

Math

Organization

Patience

Reading

Running

Singing

Sports

Teamwork

Telling the truth

Video games

Writing

SET SOME GOALS

Do you have any goals? Chances are you do, even if you don't think of them by that word. Goals can be big or small, serious or fun, or short-term or long-term. A goal can be to learn to speak Italian or play bass guitar, but it can also be to build something awesome out of LEGO or invite a new friend to hang out. It can be to get better at something, like swimming or social studies, or to be more independent, such as by saving your own money or doing your chores without your parents telling you to. The important thing is that your goal matters to you. Goals can help you focus, and achieving goals can give you the **motivation** to keep setting more. Even very small goals make a big difference over time. If you spend ten minutes shooting baskets every day, you're practicing for more than an hour each week. By the end of the month, you'll definitely notice an improvement!

VISION BOARD

A vision board is great for setting goals and staying inspired. Gather a poster board; a stack of magazines, photos, or pictures printed out from websites; and all the arts and crafts supplies you can find, like crayons, markers, colored pencils, paints, glue sticks, scissors, and stickers. Glue exciting images on the board and decorate it as much as you want. Hang your vision board on your bedroom wall and look at it whenever you need some inspiration to keep going in pursuit of a goal or to set a new one. You can use this space to plan your vision board. In the boxes, draw or write about things that inspire you. To get started, think about different categories, like school, hobbies, fun things you like to do with your friends, subjects that interest you, and careers you might want to have in the future. Happy planning!

BEING A ROLE MODEL

Remember when we talked about role models in chapter 3? You can be a role model, too! As you change, you may find that younger kids start looking up to you just as you look up to people older than you. Remember, with great power comes great responsibility. As you grow emotionally and physically, you will be stepping into your power. You can be an example to younger kids and even your peers on how to grow up great. It's important to take this responsibility seriously. When your little brothers and sisters or other younger kids are around, pay attention to the choices you are modeling and the messages you are sending. If your little brother thinks you're cool—which he surely does!—he'll think what you're doing is cool, even if it's something you later regret. Look back at the role model characteristics you circled on page 63. How do you demonstrate these traits to kids who look up to you? Keeping their perceptions in mind will help you be your best self.

FEELING FANTASTIC

Even with all the new knowledge you've gained, you won't always be sure who you are as you grow up—or even when you're a grown-up. "Who am I?" is a big question with no limit to the answer. Even as you discover your values, learn your strengths and weaknesses, and set your goals, you are always growing and changing. Don't be afraid to try new things, even when it feels scary or uncomfortable. And don't shy away from your weaknesses. So, you think you're not great at bowling? Bowling can be fun anyway! You can laugh at your gutter balls and cheer when you knock down some pins. You'll have a lot more fun if you keep a positive attitude and give it your all than you would have hiding at home.

Everyone feels uncertain and self-conscious sometimes, even the people who seem most confident. When you are going through it, remind yourself it's normal. Every adult you know went through it and every kid younger than you will go through it, too. And remember, you don't need to be in a rush to grow up. It's not a race. Everyone matures at their own pace. All you have to do is be the fantastic person you are.

"I FEEL . . ."

How do you feel after reading this book? Take a minute to pay attention to your thoughts and feelings. Circle all the feelings you notice in your body right now. You can come back to this book whenever you want to practice techniques for managing and understanding your emotions.

Angry	Happy
Anxious	Hopeful
Brave	Nervous
Calm	Peaceful
Comfortable	Positive
Confident	Sad
Confused	Shy
Embarrassed	Supported
Empowered	Surprised
Frightened	Unsure
Grateful	

CONCLUSION AND CONGRATULATIONS

Congratulations on completing this book! I hope you've enjoyed reading it as much as I enjoyed writing it. My goal was to help you build new skills, work toward self-awareness, and develop a positive mindset that will guide you through this exciting, challenging, confusing, and amazing time in your life. You can look back at it any time to remind yourself of strategies for dealing with your changing emotions, thoughts, feelings, and relationships. You can use your new skills to empower yourself, support other people, and make the world a better place. Whatever you choose to do as you grow up, remember to always celebrate the amazing person you are.

GLOSSARY

activist: A person who works to bring about change for something they care very much about

anxious: Afraid, nervous, or uneasy

bullying: Unwanted, aggressive behavior that causes physical or emotional harm

clique: A small group of people who spend time together and do not want or allow other people to join them

consent: Permission for something to happen

cyberbullying: Bullying that takes place over electronic communication, such as cell phones, email, or social media

depressed: A state of deep unhappiness

empathy: The ability to understand and share the feelings of other people

grief: Deep sorrow or sadness, often caused by the death of a loved one

hormones: Special chemicals made in the body that cause something to happen

identity: The set of qualities that make a person who they are

inner voice: The way you talk to yourself in your head, which can be positive or negative

integrity: Doing what you believe is right even when it is difficult

mantra: A word or statement you repeat to yourself

masculinity: Qualities or appearance associated with boys and men

mentor: Someone who teaches or helps another person

mindfulness: Paying full attention to where you are, what you're doing, and how you're feeling in the moment

moral: Concerning what you believe to be right or wrong in how people behave

motivation: The force to keep going even when things are difficult

open-minded: Willing to accept the possibility of new ideas or try new things

peer pressure: When people your age try to get you to act a certain way or do certain things

persistence: Not giving up when things get hard

personal boundaries: Limits and rules you set for yourself regarding relationships with others and how they treat you

perspective: A person's unique point of view

puberty: The period during which kids emotionally and physically develop into adults

role model: A person who is looked up to as an example of how to behave

self-care: Taking actions to care for your emotional and physical health

self-consciousness: Feelings of discomfort or embarrassment in front of other people

tolerance: Willing to accept differences and accept other people for who they are

universal: Applying to everyone

values: A person's beliefs about what is important in life

RESOURCES

Books and Journals

Adventure Boys!: Crafts and Activities for Curious, Creative, Courageous Boys by Nicole Duggan

The Daily Feelings Journal for Kids: A Year of Prompts to Help Kids Recognize Emotions and Express Feelings by Nathan Greene

Gratitude Journal for Kids in 5 Minutes a Day: Fun Prompts and Activities for Thanks and Positivity by Melissa Klinker

Growing Up Great: The Ultimate Puberty Book for Boys by Scott Todnem

Growth Mindset Journal for Boys: A Space to Embrace Challenges, Set Goals, and Dream Big by Elizabeth Sautter and Gabriel Sautter Savala

Me and My Feelings: A Kids' Guide to Understanding and Expressing Themselves by Vanessa Green Allen

Mindfulness for Kids in 10 Minutes a Day: Simple Exercises to Feel Calm, Focused, and Happy by Maura Bradley

Online Resources

Big Brothers Big Sisters of America
bbbs.org

Boys and Girls Clubs of America
bgca.org

Boy Scouts of America
scouting.org

Your Life Your Voice
yourlifeyourvoice.org

INDEX

ACKNOWLEDGMENTS

Working on this book was a deeply humbling and at times challenging adventure. I could not have done it without the enormous help of a few people. First, I would like to thank my wonderful wife, Nicole, a writer and journalist, for giving me the encouragement and support I needed to write my first book. Second, thank you to the entire team at Callisto for giving me the opportunity, and especially to Mary Colgan for her seemingly infinite patience with a first-time author. I would also like to offer a special thanks to the young boys I have worked with, all of whom inspired me while on their journey to adolescence.

ABOUT THE AUTHOR

 **Ken Stamper** is a licensed marriage and family therapist in a private practice based in Berkeley, California. He works with people experiencing anxiety and depression within family systems. His practice is based on the values of inclusivity, appreciation of difference, and curiosity. Ken received his master's degree in integral counseling psychology from the California Institute of Integral Studies and is a member of the California Association of Marriage and Family Therapists.

Printed in the USA
CPSIA information can be obtained
at www.ICGtesting.com
LVHW061125200324
774801LV00025B/176

9 781638 783831